U0630309

世界传世藏书

【图文珍藏版】

心理学全书

刘凯⊙主编

第三册

线装书局

四、中小学生的心理健康状况

小学生的心理健康状况

社会、经济的飞速发展使人们的生活水平得到提高，也使人们日益承受着巨大的压力。成年人如此，本该天真烂漫的小学生也不例外。重压之下，小学生心理健康问题日益突出。我国心理卫生工作者从20世纪80年代初起对小学生心理健康状况做了大量的调查，取得了宝贵的第一手资料。

1983年，我国心理卫生工作者骆伯巍和陈家麟对江苏、浙江两省的1095名中小学生进行调查。结果显示，城市学生中各种心理卫生问题的检出率为18.77%，农村学生为14.22%；除神经功能障碍外，不良习惯、品性障碍以及多动症方面男生多于女生；除神经功能障碍以外，儿童多动症、不良习惯和品性障碍在小学三年级表现最突出。另外，有心理健康问题的学生比正常学生更多地表现出不乐观、不稳定、易激怒和过分忧虑等不良情绪特点，和自卑、孤僻、任性、不听话、易急躁、易冲动和粗心大意等不良性格特点。1987年，上海市精神卫生中心、世界卫生组织和夏威夷大学三方合作，对上海市4岁以上的幼儿以及小学到高中的学生进行了心理卫生调查。结果显示，有心理问题的孩子占调查总数的27%。主要表现为任性、厌学、攻击、冲动、焦虑、忧郁、出走、自卑等。1989年，北京市对2423名小学生进行的"儿童行为问题问卷"的调查发现，13.16%的儿童有行为问题。1995年，天津市对中小学生的心理健康调查表明，小学生中占28.9%的人有各种焦虑情绪。

1995年，有关工作者运用阿肯巴赫等的"儿童行为量表"，对山东省6个城市2941名6~11岁儿童行为的调查发现，有行为问题的占13.8%；对深圳地区2040名4~16岁儿童行为的调查发现，有行为问题的占13.3%；武汉地区对975名4~16岁儿童行为的调查发现，有行为问题的占11.5%；对内蒙古牧区1511名蒙古族儿童行为的调查发现，有行为问题的占9.6%。另外，上海市精神卫生中心的唐慧琴等人，联合19个省、市、自治区大中城市的心理卫生工作者，组成全国22个城市协作调查组，采用"儿童行为量表"中国标准化版，对24013名4~16岁城市儿童进行了测试。结果表明，各类行为问题的总检出率为12.93±2.19%，男性为13.4%，女性为12.5%。其中，4~5岁行为问题的检出率为14%，6~11岁行为问题的检出率为14.1%，12~16岁行为问题的检出率为10.86%，独生子女行为问题的检出率为13.5%，两个子女行为问

题的检出率为 12.1%，3 个以上子女中行为问题的检出率为 13.4%。

1997~1998 年，著名心理学家王极盛教授对北京市 8869 名小学生的心理健康状况进行了调查研究。结果发现，部分小学生存在不同程度的各类心理行为问题：有强迫现象者占 31.22%，其中轻度者占 28.9%，中度者占 2.0%，偏重度者占 0.3%；偏执者占 24.8%；敌对占 23.1%；人际关系有问题者占 31.4%；抑郁者占 32.6%；焦虑者占 28.6%；学习压力问题者占 36.7%；适应症者占 34.6%；情绪波动者占 35.0%；心理不平衡者占 35.0%。总体上，8869 名小学生中有 32.0% 的人存在心理健康问题，其中 28.0% 的是轻度问题，3.9% 的是中度问题，0.1% 为偏重度。

2001 年通过鉴定的"中小学心理素质的建构与培养研究"课题，是全国教育科学"九五"规划重点课题，由北京师范大学发展心理研究所沃建中博士主持。课题组按照国际标准，分别在北京、河南、重庆、浙江、新疆五个地区的 400 多所中小学抽样选取了 16472 名中小学生进行问卷调查研究。课题着重从中小学生的思维、自我概念、自我监控、动机和归因、学习能力自我评价、自我控制能力、情绪发展、人格发展、人际关系等九个方面的内容来考察我国中小学生心理健康状况。研究显示，小学生的心理问题比

王极盛

中学生更严重：存在"严重心理问题"的中学生占总数的 3%，小学生为 4.2%。按照"心理基本健康""有中度心理行为问题"和"有严重心理行为问题"三个考察方面来看，小学生的比例依次为 78.9%，16.4%，4.2%。其中，存在问题最多的是人际关系，达到了 36.7%。其次是情绪状态 31.2%，自我控制 21.3%，动机 14.3%，自我概念 11%，对自己学习能力的评价 8.6%。

沃建中博士解释说，小学生认为严重的问题在成人眼里或许并不严重，而当小学生有严重的感觉时就是容易出现问题的时候。这也恰恰是应该引起我们重视的时候。

中学生的心理健康状况

很长时期内，我国的教育模式是应试教育。过于强调考试成绩与升学率，致使家庭、学校只重视发展学生的智力因素和考试技能，忽视了学生心理素质的培养。另外，

现在的中学生基本上都是独生子女，父母望子成龙、盼女成凤心切，子女学业压力过重；中学生正步入青春期，对许多性问题好奇而迷惑，学校又没有给予及时、适当的性教育等。诸多因素的影响，使中学生们面临着巨大的心理压力，心理健康状况堪忧。

近年来，许多学者进行了大量的随机抽样调查。有的调查表明，4.5%的初中学生存在严重的心理健康问题，20.5%的学生有较明显的心理健康问题。初中生的主要心理健康问题表现在躯体化、强迫症状、忧郁、焦虑和敌对五个方面。教育方式、人际关系、性意识、学业压力、性信息刺激和社会支持是影响初中生心理健康的主要因素。部分调查运用《SCL—90自评量表》进行中学生心理测试，结果发现，心理健康存在问题的学生比率在10%以上的项目，初二学生有强迫、人际敏感、抑郁、敌对、恐怖、偏执等6项，初一学生除上述6项外还有"焦虑"1项；初一、初二学生躯体化、强迫、人际敏感、抑郁、焦虑、敌对、恐怖、偏执、精神症状等九个项目存在问题的学生比率平均为11.11%。另据新华社最近报道，"近年来，我国中小学生心理疾患发病率呈直线上升趋势。目前35%的中学生具有心理异常表现。"

中学生的心理健康问题主要表现为三大类。

1. 学习类问题

案例一

某中学有一初中女生，学习成绩不太好。老师经常找她谈话，要她努力提高；父母也说她不够努力，时刻提醒她要抓紧一切时间学习，争取考上重点高中；她感觉同学们也在嘲笑她笨。由于心理压力太大，她对学习彻底失去了兴趣，结果在新学期开学时，她带着父母给的1000多元学费出走，从此杳无音讯。

案例二

有一女生，初中时学习成绩很好，高分考入某重点高中。进入高中后，教师的教学方法不同以前，竞争对手也发生了变化，使她感到很不适应，学习成绩逐渐下降，出现了厌学情绪。她走进心理咨询室吐露心声："17年来我第一次感到自己的无能。每当看到父母期望的目光，就非常难过，不知如何做才能达到父母的要求。如今，苦闷、烦恼、忧愁、气愤充满头脑，看见书就又恨又怕，真想把它扔出去。"

学习是学生的首要任务，学习成绩是家长和学校最为看重的。强大的学习压力，是中学生产生心理问题的主要原因。

目前，厌学是中学生非常突出的心理问题。学习成绩不好的学生如此，即使成绩很好的同学也有这种倾向。除了上述案例中的厌学情况外，还有一些因其他心理原因引起的厌学状况。如因反应较慢常被人嘲笑而不愿上课的；因记忆、理解等能力稍差使成绩难以提高而对自己失去信心的等等。很多学生对学习表现出了强烈的焦躁、愤懑与无奈的情绪。虽然目前社会上大谈"减负"，但学校课业任务仍旧繁重、竞争依然激烈、父母的期望从未降低，学生的心理压力未见减轻。

除了厌学，考试焦虑也是一种学习类心理健康问题。很多学生平常学习不错，偶尔还可以给他人以指导，但一到考试就紧张，总怕自己考不好，他们拼命准备、夜不能眠，有的甚至还在考试前出现头痛、恶心、发烧等病症。考试焦虑严重影响了学生的考试成绩和身体健康。

2. 人际关系问题

人际关系问题也是困扰中学生的严重心理问题之一。中学生人际关系，主要包括与父母的关系、与老师的关系和与同学的关系。

（1）与父母的关系问题。与父母的关系问题，主要是因为父母与子女之间缺乏相互理解和沟通，或家庭关系不和谐，给孩子造成心灵伤害。例如，有位初中女生，父母经常吵架乃至大打出手，因此她不愿呆在家里，不愿见父母，整天就想往外跑，心里烦闷极了。她甚至觉得人活着很没意思，产生了厌世念头。还有位学生，经常和妈妈闹矛盾，听到妈妈的骂声就心烦，有时真想离家出走、永不回头。可看到妈妈有些发白的头发、疲倦的面容，又于心不忍。他每天生活在这种内心矛盾之中，心里很痛苦。

（2）与教师的关系问题。与教师关系不和带来的心理困扰，主要是由教师对学生不够理解而过多干涉学生的业余生活和正常交往，以及因学习压力而产生的对教师的反感所引起。例如，一位中学生偶尔向一位同班女生询问功课，被老师发现。这位老师不仅严厉地指责他，还把这事当成这个学生的小辫子，动不动就抓在手里揪一揪。老师的做法严重伤害了学生的自尊，致使他对老师产生了反感；有了对立情绪，进而影响对学业的兴趣。还有的中学生认为老师"处事不公正""偏袒成绩好的同学"等等。

（3）与同学的关系问题。与同学关系不好，也是中学生存在心理健康问题的原因和表现之一。例如，有位学生的一位好朋友总是不信任他，认为他为朋友的付出不够多，怀疑他的友谊，使他十分苦恼。有的学生因初中升到高中朋友越来越少，而怀疑世上没有真正的友谊，也交不到真正的朋友，进而对校园生活感到厌倦。

3. 情感类问题

中学生大多处于青春期，人的第二性征渐渐发育，性意识也慢慢成熟。此时，情绪较为敏感且不稳定、易冲动，对异性充满了好奇与向往，自然少不了许多情感的困惑，甚至造成心理困惑。

心理问题影响学习成绩

1. 心理素质与学习成绩

目前，对考试成功取决于哪些心理素质，心理学上主要有三种理论，即智商论、情商论和心商论。

（1）智商论。该理论认为人的成功取决于智力因素。人的智商高低决定了成功的与否。

智商论夸大了智商在考试中的作用。智商高、记忆力好，平时学到的知识就消化得好、记得牢，固然会有助于取得好的考试成绩。因此智商水平是决定考试成绩的一个很重要的因素。但重要归重要，不能因此而说它是唯一的决定因素。许多学生很聪明，平时学的也用功，但考试时总是发挥不好，可见其他因素对考试成绩也有举足轻重的影响。

（2）情商论。该理论认为情商的高低是成功的唯一决定因素，否认了智商论的观点。但情商论夸大了情商在成功中的作用，也是有失偏颇的。

（3）心商论。该理论是我国著名心理学家王极盛教授根据多年的心理学研究结果与经验提出的成功论。从心理学角度阐述了人的心理素质在成功中的地位和作用，是心理因素多类别、多要素、多品质的系统动态综合体。所谓多类别，是说心商论由四个相互联系、相互制约的系统组成，即成功的心理实现系统、成功的心理动力系统、成功的心理调控系统和成功的心理供给系统。多要素，是指四个系统中每个系统都包括的要素，如心理实现系统的多要素包括观察力、记忆力、想象力、思维力、智力技巧和实践能力等等。多品质，是指每个系统的每个要素包括的品质，如实现系统的观察力要素，包括观察力的准确性、敏锐性和全面性。心商论是较科学的成功理论。

人的一切活动都需要心理活动的指导；人的心理素质一定程度上制约着人的活动水平。学生的学习和考试活动自然也不例外。

学生的心理素质和学习成绩之间的关系可以分为两方面：

（1）心理素质影响平日学习效率。学生的心理素质好，情绪稳定，和同学、老师相处融洽，会免去许多影响学习的麻烦，所以平日的学习效率就会高一些。

（2）心理素质高低影响学生考试时的发挥。许多学生很聪明，记忆力又好，平时课堂上非常活跃，回答老师的问题时脱口而出。但一到考试，就特别紧张，平日的聪明劲没了，记的东西也跑得无影无踪，好多本来很简单的问题也答不出来，自然考试

成绩不好。

一个学生的智商水平是比较稳定的，不会通过某种训练而在短期内有很大的变化。相对来说，学生的心理素质是比较容易改变的，尤其对于中学生来说，正处在快速发育时期，可塑性强，心理素质可以通过不断地有素训练来加强。因此，迅速有效提高学生学习成绩的最根本方法应该是提高其心理素质。

2. 焦虑与学习成绩

焦虑是一种伴随某种不祥的事件即将发生的预感而产生的令人不愉快的情感，严重的焦虑表现为恐惧不安。心理学家曾经做过实验：如果把健康的兔子放在老虎旁边，无论如何照料兔子，兔子在恐惧心理影响下总会不久即死去。这种恐惧心理被心理学家称为"虎兔效应"。

据调查，目前我国有很大一部分中学生存在学习焦虑心理。学生的学习和健康成长受到严重负面影响。就像上述的兔子一样，学生的焦虑心理也是来自不祥预感而产生的不愉快情感。学习焦虑情绪可以分为两种：

（1）性格性焦虑，即由于性格不良因素导致学生遇到任何事都容易产生焦虑情绪。

（2）情境性暂时焦虑，即学生认为很重要的事情即将发生时出现的焦虑。如开学前的担心、作业检查前的不安、考试前的紧张等，都是学习焦虑的表现。情景性暂时焦虑是在特定的情境下产生的，会因条件的改变而形成或消失。

中学生的学习焦虑大多数属于第（2）种情况。

存在学习焦虑心理的学生，会不同程度地出现烦躁不安、心神不宁、心慌头昏等症状，甚至一见书本、一进课堂就感到头痛心慌。学习焦虑是因学习而产生，又反过来直接影响学习过程和学习成绩。焦虑学生害怕和讨厌学习，遇到学习困难很容易放弃，因而在学习过程中对知识和方法的掌握水平低、不牢固，导致学习成绩逐步下降。不仅如此，学习焦虑还会影响学生原有水平的发挥，表现为考试焦虑。如一些学生考试前异常紧张，吃不好、睡不着，考试时大脑空白、浑身冒汗，会做的题也做不出，考试成绩自然一团糟。

据调查，有学习焦虑心理的学生大多数是学习中等生和少数优等生。对于中等生，一方面他们担心沦为后进生、被人瞧不起而有强烈的学习愿望，另一方面又因焦虑心理而无法克服学习困难而很好地完成学习任务。少数优等生总想学习领先，总担心如果考不好老师、同学及家长的看法，导致在学习中对考分患得患失、焦虑不已，结果越急越学不好。

另外，学习焦虑会使学生产生心理障碍，直接影响到健康心理的形成。心理不健康的学生人际关系不好，心理耐挫力差，对文娱、体育等方面也不容易产生兴趣。总之，学习焦虑会阻碍学生的全面发展。

焦虑心理产生的原因有哪些呢？原因很多，除了心理特点决定因素以外，不科学的学生评价体系、外在的学习压力、社会舆论的压力等也是形成学习焦虑心理的重要原因。

（1）不科学的学生评价体系。我国的中小学教学评价体系，把着眼点放在传授知识和技能训练上，把考试成绩作为评价学生的唯一标准。于是，成绩好的学生就是好学生，能考上重点大学的学生就是"人才"。学生的特长和个性被忽视或排斥。这种评价体系，必然导致社会和家长以"分数高低论英雄"的心态来评价学校的好坏。自然学校、班级也以学生的分数高低论奖惩、排名次。这种评价氛围中，学生难免会承受巨大的压力和伤害，产生学习焦虑心理几乎是必然的。

（2）过重的学习负担。中学生学习负担过重，突出表现为学习要求过高、作业量过大、考试过于频繁等。虽然过重的学习负担早已引起社会各界的重视，但至今没有实质性的改观。我国中学教学用同一个教学目标、按照同一个教学要求去要求不同个性、不同兴趣爱好的个体，自然会形成部分学生能完成学习任务、部分学生无法完成学习任务而形成学习负担的局面。为了提高"差生"的学习成绩，老师们不断地加大学习量，使这些学生的学习负担更为沉重。过重的学习任务不仅不能提高学生的学习成绩，还会使学生产生厌学、焦虑乃至恐惧心理，危害到学生的健康成长。

（3）高考以分数为录取依据的政策。我国的高考制度以考分作为升学依据，从高分到低分依次录取。这种政策使教育陷进应试的沼泽，学校和学生片面追求考分而忽视全面素质的培养。过分地追求分数，使学生不可避免地产生焦虑心理。

那么，应该如何防治学生的焦虑心理呢？焦虑心理的防治是一个复杂的过程，需要社会、学校和个人等多层次的共同努力。从社会层面上说，全面实施素质教育、减轻学生负担是根本之策；从学校方面看，加强学生的心理健康教育是关键。目前实际教育状况下，主要应再以下几个方面加以努力：

（1）掌握正确的学习方法，提高学习能力。学习成绩不理想是产生学习焦虑心理的直接原因。因此，培养学习能力、提高学习成绩是克服焦虑心理的直接手段。学习成绩不理想的原因很多，大多数是因为缺乏科学的学习方法。因此，要掌握正确的学习方法，注意学习效率，如合理去安排学习时间、学习和工作有张有弛、不能拼命蛮干等等。

（2）注重培养良好个性品质和心理素质。个人的性格和心理素质是学生产生焦虑心理的内在原因。学校必须注重培养学生的良好个性品质、心理素质和行为习惯。要加强学生的耐挫教育，引导学生正确对待困难，通过集体活动和各种途径帮助学生发挥自己的长处，克服自卑感、树立自信心；要教育学生从小事做起，点点滴滴地去培养良好的行为习惯。例如，对于考试焦虑，可强迫学生做考前简单活动、引导学生考前放松，建议考后不去和别人对分数、只看错在什么地方等。

（3）克服自卑，树立自信。帮助学生克服自卑、树立自信是防治学生学习焦虑心理的重要手段。有学习焦虑心理的学生往往因成绩差而产生自卑感，并且总担心成绩不如别人、被别人瞧不起而产生心理压力。据调查，在中学阶段同学之间互相瞧不起的情况只是少数，因此这种心理压力多数是自己的疑心造成的。学校要引导学生正确对待考试和作业中的失误，引导学习焦虑的学生学会自己评价自己、享受自己成功的喜悦，不要过多考虑别人的评价。

（4）学会调节自己的情绪。学生的情绪对学习成绩有很大的影响。学习焦虑会使学生情绪不好，而情绪不好又会加重焦虑。学会善于调节自己的情绪，使自己经常处于愉快、恬静、欢乐的心境之中，是克服焦虑的良方。调节情绪的简单方法有音乐调节法、活动调节法和睡眠调节法等。

3. 抑郁与学习成绩

案例一

一位中学生，在新学期开学的时候，因为有几百元压岁钱而遭到几个高年级同学的抢劫，并在厕所里将他打了一顿。虽然伤不重，但他从此对学校产生了恐惧心理，经常逃课上网，然后一发不可收拾。不久，他患了抑郁症：经常坐在家里发呆，一天说不了几句话，饭也吃得很少。他本来学习成绩还不错，可是最后连高中也没考上，父母为此伤透了心。

案例二

小雅今年13岁，已经长成一个亭亭玉立的大女孩。她平时学习成绩很好，经常被学校评为三好学生。但小学毕业考试时，由于失误，她成绩不理想。于是，她认为自己是一个没有用的孩子，十分沮丧。可是她又无法向家人倾诉心里的感受，因为她的母亲早年因病去世，爸爸再婚，继母与她的关系一直不好。长期压抑之下，她逐渐出现了闷闷不乐、精神不振、沉默少语、睡眠不佳等症状，患了抑郁症。

抑郁是一种较持久的、忧伤的情绪体验，并伴有躯体不适和睡眠障碍等问题。抑郁多发生于青少年期，一般女孩多于男孩。青少年抑郁情绪主要表现为：由于在学校发生过一些矛盾，深感环境的压力；经常心烦意乱、郁郁寡欢；经常逃学或者要求父母为其调换学校；情绪低落，对一些原来喜爱的事情失去兴趣，对生活或学习提不起精神；不整理自己的东西，不关注自己的仪表；对于某次考试成绩提高无喜悦之情，甚至会感到忧伤和痛苦；有厌学情绪，学习时注意力不集中、容易疲劳，学习成绩明显下降；失眠、头晕、胸闷，身体感觉异常，特别注意自己的身体；女学生异常脆弱，常不知为何就哭哭啼啼；男学生异常警觉，认为有人在监视或谩骂自己及家人；不与父母交流，无论父母说的对否，都在默默抵触或发脾气；情况严重时，会出现自杀意识和行为。

目前，我国中小学生抑郁障碍（抑郁症或抑郁性神经症）患者明显增多。抑郁学生在发病初期，往往被老师和家长认为是简单的厌学和身体不适。于是经常被老师叫去单独做思想工作，学习上"吃小灶"。家长则强化"督导"、为孩子购买健脑安神的补品或药品。这些方法自然是没有效用的。随着病情的不断发展，有些学生不得不含泪辍学。家长们仍没醒悟，有的继续做孩子的思想工作，有的甚至去求神拜佛，有的干脆把孩子送进了精神病院。另外需要注意的是，有的学生意识到自己得了抑郁症，想求助于心理医生，可很多家长不信孩子心理有病，并且认为找心理医生是丢面子的事，因而加以阻拦，贻误了治疗时机。

青少年学生的抑郁心理是如何造成的呢？原因复杂多样，如学习压力过大、被同伴孤立、家庭不和睦、有抑郁家人等都属此列。对于高中生，患抑郁症的原因主要有两方面：一是心理发育不良，这是患病的内因。心理发育不良有多种类型和表现。如有些学生一味透支脑力读书，不会休整，无其他兴趣爱好；有些学生不能容忍别人超过自己，嫉妒心强；有些学生不容自己出错，事事追求完美；有些不善交流，性格内向；有些依赖性强，总想得到他人的同情理解，不能自强自立；有些很在意别人看法和评价，太过敏感，等等。二是家长、老师对学生期望高而引起心理压力，这是患病的外因。例如，有些家长为了孩子的学习包揽其他一切事务，动不动就表白对孩子的期望，使孩子觉得考不上大学对不起父母，心理包袱沉重；亲戚、邻里之间经常对孩子们进行相互关心和比较，使孩子觉得考不好就丢尽家族脸面；学校反复考试摸底排名，以成绩优劣安排前后座位，对那些有望考上大学的学生重点指导，使另一些学生的自尊心受到打击。内因和外因综合作用，学生心理难以承受而失衡、不堪重负而抑郁。

那么，怎样克服学生的抑郁心理呢？应注意这样几点：

（1）教师和家长应与青少年建立良好的信任关系，成为他们的朋友，然后引导他们从引起不良情绪的情境中摆脱出来。

（2）教师和家长要给他们机会与勇气，可以直截了当地表达自己的想法与感情、缓解心理压力。

（3）教师和家长要注意减轻青少年过重的心理负担，调整师生关系和亲子关系，鼓励他们放下心理包袱，鼓起必胜的信心和勇气。

（4）学生个人应该在平时加强体育锻炼，还可有目的地选择一些能产生希望、畅快的心情和增强自信的音乐，对矫正自己的抑郁情绪很有效果。

（5）抑郁症不是思想品行问题，不是神经衰弱和大脑缺乏营养，不是脑子里"长了东西"，更不是精神病。正确的诊断治疗应来自临床心理（精神）专科医生，家长不要乱下结论，贻误治疗时机。家长和个人都要积极配合医生的治疗。

4. 躯体化与学习成绩

案例一

一名小女孩叫小琳，今年 7 岁，马上就要读小学二年级了。眼见就要开学了，小琳却莫名其妙地全身上下不舒服。家长以为她生病了，送到医院诊治，医生却建议小琳去看心理医生。心理医生通过仔细询问解开了谜团。原来小琳因为上学期期末考试考得不好，担心开学后被老师批评、同学笑话，因此害怕开学去学校，慢慢引发了情绪障碍，进而产生了浑身上下不舒服的躯体化症状。

案例二

一名三年级小学生进课堂就心慌气短，经常昏倒，不得不断断续续请假。家长心急如焚，以为他得了什么脑病，于是带孩子求医。可医生经过检查，并未发现什么身体异常。后来经精神分析医生诊断，原来他得了"学校恐惧症"。医生说，这样的学生一谈到学校、课本、老师，一面对课堂、同学，就会心生恐惧，心理恐惧又躯体化，导致出现头晕、恶心、抽搐或者昏厥等生理反应，甚至行为反常。

所谓躯体化，就是说人心理上的失调反应在了身体上。除了上述案例的情况外，学生的躯体化症状还多出现在考试前。比如，很多学生平时身体不错，可一到考试就拉肚子，吃什么药也不管用，等考试完就什么事都没有了；有的学生在考试前不停地上厕所，尿频尿急；还有的同学每到考试就吃不下饭，甚至胃痛等等。心理问题躯体化，会严重影响学生的学习成绩，损害学生的身体健康，必须认真对待。

上述问题，很多的家长以及学生本身都不了解来由。他们通常以为是简单的身体不舒服，不知道是深层心理问题的躯体化表现，因此往往只是头痛医头、脚痛治脚。很明显这样只会暂时缓解症状，不会根治。

对于家长，正确的做法应该是在调节孩子的心理状态上下功夫，把孩子从心理不平衡调节到心理平衡，从过度紧张调节到适度紧张，帮助孩子克服厌学和学习恐惧情绪，那么躯体化症状就会逐渐消失。上面提到的"学校恐惧症"是导致身体不适的重要原因。对这样的孩子如不及时进行疏导治疗，耽误孩子的学习不说，还会渐渐使孩子形成自信心不足、遇到问题逃避、对人对事过于敏感、人际交往中总是防御戒备等具有明显缺陷的性格特点。治疗"学校恐惧症"主要有四种方法：

（1）家庭治疗法：家长要改变过于溺爱孩子的教育方式，与孩子进行更多的感情交流。如果家长本身存在心理问题，则要首先治疗自己。

（2）暴露疗法：采取一切办法强制害怕去学校的孩子留在学校。这种办法特别适用于上学不久的小朋友，但要注意配套的安全措施。

（3）支持性心理疗法：对患儿加以疏导、鼓励，耐心询问孩子的担心与焦虑，向他做出解释和指导，设法改善环境条件。

（4）系统脱敏疗法：家长和学校积极配合，有计划地使孩子减轻对学校的恐惧心理。刚开始的时候可以让孩子在校时间待短一点，以后逐渐延长。

对于有躯体化心理健康问题的学生自己来说，首先要正确认识问题的来由和严重性，要认真对待，但不要过于紧张。平时要注意自己的心理卫生，要像对待身体健康一样对待心理健康，要主动寻求家长和老师的帮助，研究躯体化问题的根由，找出应对方法，逐步解决问题。实在不行时，要及时找心理医生咨询。身体不适没有了，学生的学习质量、考试成绩自然会有一定程度的提高。

重视考试时的心理状态

时常会有这样的例子：某考生平时虽然学习努力，但成绩总是徘徊在年级十几名，但在高考中却名列前茅，师生皆惊讶地大呼其"超常发挥"；某考生平时学习努力，小考中成绩也总是数一数二，可高考却考得一塌糊涂，沦为落榜生，师生亦惊讶大呼"发挥失常"。

考试是一场智力竞赛，也是考生心理素质的测试和角逐。考前心理状态将直接影响能力的发挥，从而影响考试成绩。良好的心理状态是考试取得优良成绩的必要条件。"超常发挥"与"发挥失常"的现象，面似偶然实则必然："超常发挥"的学生平时学习努力，基础扎实，又因为他们没有来自家长和老师过高的期望值所带来的心理压力，能够以自信、轻松、愉悦的心理状态轻装上阵，所以会考出"超常成绩"；而"发挥失常"的学生基础知识也扎实，可平时学习好、众人期望高，心理压力很大，大考前心理过于紧张，影响了正常了思维，成绩必然受到影响。

那么什么样的心态才是良好的考前心理状态呢？根据长期的心理辅导实践和研究，

有利于临场考试的心理状态可表现为：自信、轻松、愉悦或适度的激动、注意力集中、精力充沛等。良好心理状态之下，平日知识的积累、思维的灵活性和敏捷性等都得以充分利用和发挥，必然会取得好成绩。

如何消除考前紧张、焦虑情绪，调整至良好的心理状态呢？

（1）首先要正确认识考前焦虑。日常生活中，当一个人面临对自己来说较为重要的事件（如关键性的考试、应聘、演讲等）时，感到焦虑和紧张是普遍和正常的。其实，根据心理学研究，适度的焦虑和紧张对集中注意力、发挥技能、提高效率有一定的积极作用。但是，焦虑和紧张过度就不好了，那会导致一系列的生理反应和情绪反应，如手掌冒汗、心跳加快、呼吸急促以及心烦气躁、情绪不稳等。考试前过度焦虑会造成注意力分散、记忆力减退、思维迟钝乃至大脑一片空白等现象。出现过度紧张和焦虑的根源，在于自己对即将发生的事件的结果的不祥预期或假设。这种预期或假设往往以语言、图像的形式在内心快速呈现，本人一般很难察觉，而只能体验到假设或预期造成的紧张、焦虑、自信心不足等应激反应。

显而易见，从根本上说，一个人的心理状态是他自己造成的。积极乐观的思维会对你产生积极的暗示，进而产生有利情绪；消极悲观的思维会产生消极暗示，进而产生不利情绪。因此，改善思维模式可以优化情绪、调整心理状态。

（2）注意正确的复习方法。平时一定刻苦学习，随着考期临近而减慢学习速度，使自己从身体到精神都放松一下，有意识地养精蓄锐。保持旺盛的精力去参加考试。

（3）考前要注意饮食和作息。考试前要保持好自己的饮食习惯，饮食宜清淡，不要太饱。考前几天就应逐步把生物钟调节为早睡早起，以保证考试期间精力充沛、头脑清醒、思路通畅、潜能得以发挥。不要早睡，也不要"开夜车"，力争保持日常节奏和一份平常心，以良好的心态去迎接考试。

（4）坦然面对考试，保持良好的情绪。保持良好的情绪状态是形成良好心理状态的重要方面。良好愉快的心境，有助于形成积极乐观的态度，克服困难，提高答题效率。相反，紧张、消沉、倦怠等不良心境会使大脑神经通路处于抑制状态，使回忆、思维发生障碍，阻碍答题进程。考前的学习情况、学校及家庭等各方面的压力，均会直接影响考试情绪。考生要尽量不为外部环境所左右，乐观坦然地面对考试，多想好的结果，努力稳定自己、树立自信，保持自己良好的情绪、稳定考前心理状态。应试时，不去设想考试结果，保持平静的心态，把精力和智力用到分析题目和拓展思路上去，而不是盘算得分的多少。

（5）战略上藐视、战术上重视，要有自信心。平时积累的知识、能力的训练达到什么程度，考试的结果就能达到什么程度。考前要本着"尽力无愧"的心态，不要忧虑和恐惧。考试时要细心有序，避免因慌乱而出错；做题时要合理安排时间，先把简单、熟悉的题做完，使心理安定，然后才能以平静的心境去解答难题。必胜的信心是良好心理状态的重要组成部分，从某种意义上说，信心就是力量，信心就是胜利。应考中要相信自己，鼓足信心，确信已做好充分的准备，一定能取得优良的成绩。

（6）进行一些考场身心放松活动。身心放松活动有多种。比如，想象放松法：想象自己心灵深处有一汪湖泊，湖泊十分平静，没有波澜、涟漪，湖畔有鲜花、树木，可使神智更加清醒；调整呼吸法：微闭双目，深深呼吸，使自己心平气静；三调并重法：调身、调心、调息可同时进行，辅之以动作，用双手轻轻挤压合谷穴，有利于考场快速放松。

五、父母心理与学生成绩

总是愁的父母

案例一：愁孩子学习不用功

某小学生学习不用功，爸爸妈妈为此费尽心思。说好的孩子不听，动手打吧，开始一两次管用，后来打也不行了，甚至招致孩子的激烈抵触，学习更不上心。无奈之下，孩子的妈妈四处寻求心理医生的帮助。她先到了当地一些咨询机构，感觉不满意，然后到了北京一所有名的医院。结果医生听完她的介绍后出语惊人："你这孩子，没别的办法，只有打！"孩子的妈妈顿时语塞。

许多年来，她和丈夫为了孩子的学习不知费了多少心思，孩子总是不用功，成绩始终没有长进，她简直感到绝望了。

案例二：愁孩子玩电脑上瘾

一个初中生本来在某市区重点中学读书，可最近却被妈妈送到了城郊一所农村中学去读了。为什么呢？原来，孩子在市区读书的时候迷恋玩电脑，又聊天又打游戏，每天一放学回家就蹲在电脑前面不动，一点也不看书做作业。妈妈很着急，为此说破了嘴皮，儿子就是不听，有时候还顶嘴。孩子马上要读初三了，妈妈怕这样下去最终连普通高中都考不上，就想出了上述方法，认为把孩子送到没有条件玩电脑的地方，孩子就会安心学习，而且在其他方面也可以得到锻炼。结果，想到孩子吃不了那个苦，第二天就背着行李跑回了家，怎么赶也不去了。这招也不好使，妈妈愁坏了。

案例三：愁孩子学习成绩好

一位女士的儿子今年14岁，在北京市海淀区某重点中学数学实验班学习，马上读初三了。这个实验班的学生学习成绩都很好，数学成绩尤其好，而且经过测试，他们的心理素质水平也很高。既然这位女士的儿子能进入实验班，各方面素质应该是不错的。可这位女士还是不放心，怕孩子考不上重点大学。为了做到万无一失，她找到心理医生，要求给儿子进行心理健康检测。医生劝这位女士不要过于操心，因为儿子已经很好了，不要过于干扰他。这位女士说："你不清楚，为了能让儿子顺利考上重点高中、重点大学，我的心理压力很大。现在考的好不代表以后考的好，特别是关键一场考不好怎么办？我的心绷得紧紧的，不敢有任何一点放松，就怕他将来考不上好大学。"

案例四：愁孩子没考上重点中学

一位女士的儿子很聪明，就是特别贪玩，学习不用功。家长催他，他总说："没关系，我考前突击就能考出好成绩。"快中考了，他仍然不认真学习，家长很着急，不停催他好好学习，他仍是同一副口气："没事，我考前一个月临时突击就能拿好成绩。"可结果，他中考考的不好，没考上重点中学。父母想把儿子送到该重点中学，可需要交很多钱，他们家根本拿不起。这位女士愁坏了，既想决心举债供儿子读重点高中，又怕儿子进去之后心理素质不行，仍然学习不好，结果不是两边落空吗？为此，她吃不下饭、睡不好觉，焦虑不安，得了心病。这位女士说："当初我妈妈生了我们兄弟姐妹好几个，我们学习都很好，都考上了大学，妈妈也没怎么操心。可现在倒好，尽管只有一个孩子，却操尽了心……"

案例五：愁孩子早恋

某校一名初一女生喜欢上邻班的男生，便给他写了封情书，从此两人谈起了恋爱。可不巧有一次，两人的情书被老师截获，并通知了双方的家长。于是，老师不停地找他们谈话，要求他们停止恋爱；家长更是施以重压，禁止他们来往。可女生振振有词："我知道现在谈恋爱有些早，可是我觉得自己也不是小孩子了，对待感情我自己会处理好的。你们这是干涉我的自由、侵犯我的隐私！"虽然他们拒绝断绝恋爱关系，但迫于多方压力，恋情转入了地下，反而更恋的痴迷，学习成绩逐渐下滑。两人的家长获悉两人仍在来往，气得不行，于是分别施以痛打。这下孩子急了，两人竟背起包离家私奔。为了孩子的早恋问题，父母简直愁白了头。

可怜天下父母心，中国的父母更可怜。中国的父母，尤其是母亲，为了孩子不知道操了多少心，付出了多大的代价。可他们的心思大多耗在了孩子的学习和考试问题上，最为关心的是孩子的学习成绩问题。就像上面的例子，有的孩子学习不好，母亲就想方设法地想让孩子提高成绩；有的孩子学习不错，母亲也想方设法，想让孩子更上一层楼；有的孩子学习已经冒尖了，可母亲又怕大考时出意外，仍不遗余力地在孩子的学习上下功夫。可孩子的心理健康问题，父母们却少有问津。结果呢，很多情况下，父母的努力要么付诸东流、毫无效果，要么使孩子发展偏颇，从小就遗留下了种种影响一生的心理问题。中国的父母们，应该多关心孩子的心理健康问题。

多关心孩子的心理健康

前面已经提到过，学生的心理素质、心理健康水平与学习成绩有必然的联系。一般来说，心理素质越好、心理健康水平越高的学生，学习成绩就比较好。因此，不能只从提高孩子的学习成绩考虑，家长们也应该多关心孩子的心理健康问题。

如今的家长们很在乎孩子是否吃得好、穿得好，过于重视孩子的学习成绩，而忽视了孩子的心理需求和心理成长。另外，家长们还往往把孩子的心理问题误认为是智力问题或行为问题，教育失当。当认识到孩子的心理出现问题的时候，家长们又不会对孩子进行积极的心理调适，常常束手无策。

那么，家长究竟应该如何来关心孩子的心理健康问题呢？下面的几点建议，希望有所帮助。

1. 家长首先要懂得，在新世纪、新形势下青少年应该具备什么样的心理素质

新世纪、新形势对青少年的心理素质有这样的要求：具有乐于奉献的精神、强烈的社会责任感、优良的意志品质、坚强的自信心和健全统一的人格；善于协调人际关系，对人理解、尊重、宽容；具有健康的竞争心理、耐受挫折的良好心理素质；对环境有机敏、灵活的应变、应激能力；对周围世界具有强烈的求知欲，具备独立、自觉获取信息和知识的智能，有敏锐、深刻的认识能力。

家长们应根据这样的要求，积极在孩子的心理素质培养上下功夫，使孩子具备在将来自我立足的素质。

2. 家长要学会如何爱孩子

家长爱孩子要注意防止几点误区：过度的纵容，使孩子对人无情；过度的保护，使孩子做事无胆；过度的溺爱，使孩子对人无爱；过度的挑剔，使孩子无路可走；过度的超量加压，使孩子精神崩溃；过度的替代，使孩子做事无能；过度的强制，使孩子被动无志。父母们必须警惕和重视这些爱的误区，否则会误了孩子的一生。

3. 注意观察、学会判断孩子心理变化

父母要时刻注意观察孩子的心理变化，判断孩子的心理问题。

孩子的心理异常主要表现在三个方面:

（1）情绪表现。心理异常的孩子会有不良情绪表现，如易怒、恐惧、焦虑、抑郁等。如果孩子有不愿上学、对学习没有兴趣、容易生气、与父母难以沟通甚至轻生的表现，则可能是得了抑郁症；如果孩子出现一上学就紧张、害怕、出汗、心慌、坐立不安等现象，则可能得了学校恐惧症；如果孩子一见人就紧张、害怕、出汗、心慌，经常回避有人的场合，上课不敢抬头看黑板，不敢看老师，不敢看同学，则可能得了社交恐惧症。

（2）行为表现。心理异常的孩子往往有学习困难、注意力不集中、多动、厌学、自伤乃至自杀、沉默少语、离群独处、过分活跃、有暴力倾向、喜欢偷东西等行为表现，还可能有反复洗手等强迫行为。

（3）生理表现。心理异常常会躯体化，使人患上心身疾病。比如头疼腹痛、恶心呕吐、厌食、贪食、失眠、耳鸣、尿频甚至全身不适等，但躯体检查又往往查不出问题。另外，心理异常的孩子还可能表现为过分关心外表，要么认为自己长得很丑，需要进行美容手术，要么认为自己很胖，整天减肥。

观察孩子可以通过横向和纵向两个角度：横向观察是指将孩子和同年龄的孩子相比；纵向观察是将孩子的现在和以前做一比较。

4. 做孩子的榜样

孩子会在潜移默化之中模仿自己的父母。父母应该以身作则，做孩子的榜样。这样不用父母费口舌，孩子就能受到深刻的教育和影响。

5. 多和孩子进行深入的交流和沟通，说话要言简意赅

父母应该多倾听孩子的心声，多和孩子进行良好的沟通，不必企图改变和强行塑造孩子，应该本着交流协商、顺其自然的原则。另外，教导孩子时说话要精练、"含金量"高，使孩子心悦诚服，而不要唠叨起来没完。那样容易让孩子产生逆反心理。

6. 理解和尊重孩子，培养孩子独立自主的精神

父母应该给予孩子理解和尊重，履行"爱护孩子的天性，发现孩子的特性，促进孩子的个性"的天职，培养孩子独立自主的精神，而不要成为孩子走向独立的绊脚石。

六、应对过重学习压力

学习压力过重的危害

案例一：难以忍受学习压力，3 名初中生结伴出逃

南京的 3 名中学生因不堪学习压力，结伴逃学，上网吧包夜，并离家出走。

一日，一名家长来到南京火车站向民警求助，称其女儿已经失踪一个星期了。随后民警与家长一起对火车站售票大厅、候车厅、进出站口展开搜寻。

半个小时后，1 男 2 女拖着行李疲惫不堪地跨进了候车厅。民警和家长立即上前拦住去路。

提起离家出走的原因，14 岁的少女刘洋哭着说，他们就读于南京浦口某中学。学习压力太大，每天早上五点半就要起床，中午只有一个半小时的休息时间，"堆积如山"的作业要做到晚上 12 点钟。如果完成不了还要受到老师的严厉批评，甚至还会通知家长到学校来。

为了解脱这种困苦，他们 3 人在一周前放学后出走，到网吧包夜寻找刺激。当他们发现家长、学校老师以及警方都在网上寻找自己时，3 人商议决定去无锡打工。

案例二：14 岁男孩因学习压力大，欲自杀

14 岁男孩因感到学习压力大产生了轻生的念头，将自己反锁在家中，打开液化气企图自杀。幸亏消防官兵火速赶到现场施救，才挽救了一个年轻的生命。

7 月 9 日晚 7 时许，包头消防支队三中队接到支队指挥中心调度：铁西区一住宅楼 3 楼一户家中有一男孩把门窗反锁，家中的液化气罐被打开，情况很危险。接警后消防官兵火速赶到现场。在现场消防官兵从男孩父亲那儿了解到：最近孩子总觉得学习压力大，几次说自己不想活了。刚才他发现家中门被反锁，并闻到液化气的味道时感觉到事情不妙，随即报了警。对现场情况分析后，官兵们马上展开了救援，最终将已经昏迷的男孩抬到楼下。呼吸到新鲜空气的男孩虽然睁开了眼睛，可却目光呆滞、浑身出汗，并且讲不出话来。看到这种情况，消防官兵将该男孩抬上消防车送往医院。经抢救，该男孩脱离了生命危险。

案例三：初三复读生学习压力大，跳楼身亡

随着每年一度中考的到来，考生们都在刻苦复习，迎接考试的到来。然而，2005 年 6 月 3 日清晨，西固区山丹街兰铝二区发生一幕悲剧。一名初三复读生在中考来临

世界传世藏书

心理学全书

教育心理学

之前，因不堪学习压力，竟从 12 楼跳下自杀身亡。

当日清晨 6 时左右，有小区居民听到"嗵"的一声，感觉什么东西掉到了楼下，遂打开窗户查看，发现楼下院子里竟躺着一个人。惊恐不已的他们赶紧下楼查看，原来是个男孩，遂报警。为了尽快确认男孩身份，警方请许多小区居民辨认，却无人认识。8 时 10 分，两名穿校服的男生来到现场，辨认发现跳楼男孩叫张通，今年 17 岁，是他们同学。8 时 40 分，张通的父亲张某闻听孩子的噩耗后赶到现场，挂着双拐的张某头上缠着纱布，神情十分严肃。

据张某讲，张通学习不好，去年未考上高中，现在兰州市二十八中复读。眼看中考来临，但他却三天打鱼两天晒网。6 月 2 日下午张通未去上学，晚上 7 时 30 分回家后，他严肃教训了张通一顿。6 月 3 日早上 6 时他和妻子上班去了，没想到孩子竟干出这种傻事。

据张通的几名同学讲，张通学习不好，曾因打架被学校开除过，后在兰州二十八中复读。一姓刘的大爷说，张通这娃活泼好动，见人很有礼貌，哪料到花季年龄竟选择不归路，如此凋零太可惜了。

从上面的几个例子，可见过重学习压力危害之一斑。当前，我国中小学生普遍承受着较大的学习压力，虽然减轻学生学习负担的呼声此起彼伏，但问题依然存在。有调查发现，小学一年级学生已经有相当一部分感到学习压力大，并且有此感受的学生人数随着年级的升高而增多。

所谓学习压力，是指学生在学习过程中所承受的来自环境的各种紧张刺激，及刺激所引起的学生在生理、心理和社会行为上可评估的异常反应。可见，学习压力包括三个基本构成因素：

（1）压力源，即来自学习环境的紧张刺激，如社会舆论的渲染、老师和家长的期望与敦促、同学间的竞争等。

（2）压力体验，即学生个体的内部紧张状态，如焦虑、紧张、挫折、强烈的情绪体验以及生理上的唤醒等。

（3）压力反应，如学生身体不适等躯体反应和逃学等各种行为反应。

学习压力过重，会直接导致学生的心理问题，使学生心理疾患发生率居高不下。学生不健康的心理如果长期得不到矫治，轻则导致学生"恐学症""恐考症"不断发生，重则使学生犯罪、自残甚至自杀，并使班级、家庭事端丛生。因此，学生、家长、老师乃至全社会都应该学会如何应对学习压力，保持心身健康。

896

学生自我应对过重学习压力

对于过重的学习压力，首先学生本身要学会自我减压。

1. 缓解学习压力，很重要的一个方面就是如何看待学习成绩

过分地在意学习的结果，难免造成过大的心理压力。不妨把考试看成是对自己前阶段学习质量的测验和改进的手段，不仅可以减轻自己的焦虑和压力，而且真正体现了考试自身的意义。其实，大部分老师、家长最看重的还是你学习的过程，只要你尽力去做了，家长和老师都不会真心责备你。有很多时候，害怕、担心等心理都是杞人忧天。与其如此，不如付诸行动，"只要行动就有收获，只有行动才有收获"。

2. 要明确学习的目的，树立积极、正确的学习态度

要将学习看作是成为社会栋梁之材、报效国家及父母、全面发展个人、获取个人幸福的必经之路。积极正确的学习态度制约着学生对学习的评价与体验，可以使学生乐于学习、勇于学习，不至于把学习看作是一种沉重的负担和痛苦。

3. 要学会自我解嘲

人生会碰到很多不如意的事，其实很多时候并非自己的过错，只是自己力量有限，或者是客观条件不允许，又或者是"运气不佳"，甚至属于天灾人祸。如果考试没考好，要客观分析原因，不要一味责备自己；要面对现实、调整心态，"提得起，放得下，想得开"，来点自我解嘲，不要陷入苦闷、烦恼、消沉的泥潭。

4. 科学用脑，有张有弛，提高学习效率

学习方法正确、效率高，取得好成绩的可能性就大；成绩好了，体验了成功的乐趣，自然就不会感觉到很大的学习压力。学习要努力，但不要一味埋头苦读，要有张有弛。比如学习累了就放下书本，到外面呼吸呼吸新鲜空气，或者听听音乐等等。还可以发挥创造性，自创有效的放松方法。如长春一个女中学生以写武侠小说来缓解学习压力，5 年时间写成了一部 58 万字的长篇武侠小说《墨色华年》。这位女生说："从上初一开始，学习生活就很累，我感觉心理压力特别大。那时候我很喜欢看武侠小说，所以我就开始尝试着把生活中自己和同学在重压之下心理的种种非正常状态，用武侠人物之间的情感冲突表现出来。这样既能把压抑的情绪发泄出来，又能满足我对写作的热爱。"

5. 要注意自己的心理卫生。经常保持一种愉快、和谐、宁静和相对稳定的积极情绪，这是有效学习的保障

要经常和老师、家长沟通感情、交流思想，或找同学倾诉心中的想法，这样可以

有效缓解压力。另外，如果发觉自己心理有异常倾向，无法克服时，应该及时寻求家长、老师或心理医生的帮助。

教师如何缓解学生的学习压力

缓解学生的学习压力是个社会性问题，需要全社会的共同努力，但教师负有最重要的责任。为了孩子的健康成长，每一个教师都应该尽其所能。教师帮助学生缓解学习压力，根本之策是转变教育观念，其次是教导学生缓解压力的适当方法。

（1）作为教师，首先要去除"成功唯有上大学一条路"的思想，真正树立素质教育的新理念。尽管使每个学生都能考上高一级的学校是美好愿望和教学目标之一，但不要把升学当成教育和学生学习的唯一任务。这样会造成了学生额外的心理负担。

（2）要树立正确的学生观，要相信学生、尊重学生、理解学生、鼓励学生。教师不仅仅要做知识的传授者，还应该做学生精神的关怀者，其实后者更为重要。只有做到了细察学生心理、心里理解学生、精神关怀学生，才能真正有效采取进一步行动，缓解学生的学习压力。

（3）在教学上，要树立"以学定教"的观念。老师不能只管完成课堂教学任务，而应该看学生是否真正掌握。如果学生上课不知老师所云，课后必定承受较大学习压力。

（4）要帮助学生树立正确的学习动机。学习动机是学生学习的根本动力；只有明确认识到学习的个人及社会意义，学生的学习才会有持久的动力。教师要注意不断帮助学生树立起各种短期目标，潜移默化地向学生灌输应有的社会理想，帮助学生将目光放远。

（5）要特别重视指导学生养成良好的学习习惯、掌握正确的学习方法。多数情况下，学生没有学习兴趣、学习有困难、成绩差并不是因为智力不高，而是因为没有养成良好的学习习惯、没有掌握正确的学习方法，导致效率低下，信心受挫。

（6）要经常鼓励学生，用树榜样、适当奖惩等方法激发学生的积极性；要切实帮助学生解决学习上的问题。

（7）对待学习成绩偏差的学生，教师不可蔑视或一味训斥，而应该给予更多的鼓励与关怀。中小学生的可塑性是很强的，偶尔或一时的成绩差并不能代表他就永远差。首先，要对症下药，帮助学生克服学习上的困难，同时要不时地给予鼓励。其次，要特别注意发现并发展学生在学习以外的优点和长处。

（8）要把"正确应对学习压力"作为经常性的教育和训练的内容，加强学生的心理健康教育，帮助学生学会心理调适的方法和技巧，使学生心理、人格得以正常发展。

（9）对于由于学习压力过重而明显表现出不良心理和行为的学生，老师要在自己尽力给予指导的同时，积极求助于心理咨询和治疗机构。在专业人员的指导下科学地辅导学生，帮助学生及时和彻底的矫治。

（10）要给学生补上"学会求助"这一课，使学生在遇到困难或心理上失去平衡的时候，学会与老师、家长或同学沟通，及时寻求有效的帮助，以克服困难、化解矛盾，而不至于独自做出过激的行为。

（11）要经常与学生家长进行沟通，了解学生的家庭表现及其家长的想法，帮助家长与学生之间进行沟通，纠正可能存在的不当家教方式，指导和协同家长共同努力减轻学生的学习压力。

（12）教导学生学会缓解学习压力的方法。例如，指导学生正确地看待考试。考试并不是对个人价值、成功能力或者未来幸福的测量，仅仅是一定学习阶段状况的考查，引导学生给自己一些积极的自我暗示，以积极的心态来看待考试、看待自己；建立自信和积极有效的学习行为；制订有一定灵活性的学习计划，合理安排学习时间，但计划弹性不可过大；避免去想一些不切实际的问题；学习累了要学会放松等等。

家长如何缓解孩子的学习压力

作为家长，应该如何帮助孩子缓解学习压力呢？

（1）家长首先要改变教育思想。由于我国应试教育体制的影响，学生家长过于重视孩子的学习考试分数，而不够注重孩子个性、心理和其他方面能力的发展。这种有失偏颇的教育思想，不仅给孩子造成了沉重的心理负担，而且束缚了其个性、独立自主能力和心理的发展。因此，家长必须转变思想，不要再盯住分数不放，而应该注重孩子的全面发展。这样孩子的学习压力会减轻许多。

（2）家长要学习一些家教技能，帮助孩子树立正确的学习动机，培养孩子的学习兴趣。学习兴趣和正确的动机是学习的持久动力。有了动力，才不会感到莫大的压力。帮助孩子树立正确的学习动机，需要家长的以身作则、潜移默化。培养孩子的学习兴趣，需要从其爱好入手。比如，孩子喜欢玩电脑，却讨厌数学，家长不妨从电脑中的数学知识入手，讲解有趣的数学故事，激发孩子对数学的学习兴趣。

（4）家长要了解孩子的学习特长和爱好，帮助其认识自身的优缺点，寻找适合孩子的学习方法。如此，孩子能找到学习的乐趣，缓解学习压力。

（5）给孩子制订合理的学习目标，使孩子既能达成又不很容易。实现了目标，孩子不仅学习上有了进步，而且体验到了成功的快乐，会增强学习信心，减轻学习压力。不要不切实际地给予孩子过高期望，那样会使孩子承受很大的心理压力。

（6）正确对待孩子的考试失败。孩子考试不理想，不要只知道没头没脑地训斥，应该帮助孩子认真分析不理想的原因，总结经验教训，并给予孩子安慰和鼓励。

（7）给孩子找个好的学习伙伴。独生子女在家学习往往会感到孤独、枯燥、有压力。家长可以在住所周围或亲朋好友中，为孩子找一个同年级或相邻年级的孩子，邀请其来与孩子一道学习。有了学习伙伴，孩子会感到有趣和学习起来也会轻松许多。

（8）与孩子的老师保持良好的沟通。和老师沟通，可以更深入了解孩子在学校的学习和各方面表现，及时发现存在的问题，有的放矢地和老师一同解决孩子的问题，缓解其学习压力，提高其学习成绩。

（9）为孩子提供良好的学习和成长环境。家庭环境的优劣在很大程度上会影响孩子的学习和健康成长。良好的家庭环境，包括适当的空间、合理的时间与和睦的家庭氛围。空间上，应该有利于孩子保持愉快的情绪、放松的精神和旺盛的精力。比如，孩子学习的地方要宽敞、温馨，颜色应以绿色和蓝色为佳。时间上，要合理安排，使孩子有张有弛。另外，不要在孩子面前闹家庭矛盾，这样会加重孩子的心理压力。

七、亲子关系援助

家长一贯认为"玉不琢不成器"，因此怎样教育下一代是父母始终关注的话题。本章主要以孩子为对象，介绍不同家庭环境带给孩子的种种困扰和心理影响。你知道家庭暴力对一个孩子究竟有多大的负面影响吗？你了解单亲家庭的孩子是怎样孤独无助吗？有缺陷的家庭结构是孩子出现心理缺陷的根源，你关注过那些留守儿童吗？他们的心灵寄所在哪里？亲子关系出现问题该怎么办？本章在介绍不同家庭环境下孩子的心理现状的基础上，针对在孩子的成长过程中经常会遇到的心理问题，并根据孩子的身心特点，提出相应的建议，希望对父母们建立和谐的亲子关系或改善亲子关系有所帮助。

（一）家庭暴力下的孩子

案例

小云的父母在她读初中的时候就离婚了，这一直让小云感到自卑，她想去寻找母亲，但是父亲的管教很严格，每天除了按时上学放学，其余的时间都要听从父亲的安排，稍有差池就会遭到一顿毒打。在一次次被打的经历中，小云已经绝望地意识到，不管她是怎样想念自己的母亲，都不可能再回到她的身边了，因为母亲早就决定丢下她了，不然这么多年她也不会一次都不来看她，对她的生死不管不顾。

转眼间，小云已经是个18岁的大姑娘了，同学们都很羡慕她，不仅因为她学习成绩优秀，人长得漂亮，更重要的原因是她有一个在大学担任教授的父亲。但是，谁也不知道她的成长环境——日复一日地在父亲的暴力下长大。无奈而愤怒的她还一度生出了"弑父"的念头，并计划着在杀了父亲之后自杀。

一个很偶然的机会，小云在翻看父亲订阅的废旧报纸时发现了一个心理学专栏，她顿时像抓到了一根救命稻草一样，心细的她记下了上面的联系电话和地址。那是一个公益栏目，主办人是一位法律工作者。后来这位法律工作者收到了小云寄去的信件——长达两万多字的声泪控诉，在信中，女孩向他诉说了自己的痛苦经历。

原来，早在父母还未离婚时父亲就有暴力倾向，家里争吵和冲突不断。小云回忆说，她那时候感到最为恐惧的事情就是放学回家和放假在家，因为家中无时无刻不是父母的争吵和拳脚相加的场景，很多次，她都要等父母睡了才敢回家，然后在厨房随便找点剩饭剩菜吃。

后来母亲决然选择了离婚，却没有选择带走小云。父亲是个高级知识分子，被妻子抛弃后在外面依旧受人尊敬，但回到家之后，他将自己对妻子的怨怒全部都发泄在孩子身上，动不动就对小云非打即骂。

父母离婚之后，有一次小云因为考试成绩不好，担心回家后被父亲打骂，便躲在街道的角落里不敢回去，结果父亲找到了她，像抓小鸡一样把瘦弱的她抓回了家，最后还是没能逃过一顿毒打。小云晕过去了，第二天醒来时发现自己在医院里，医生说她软组织受伤，耳膜出血。当时她的父亲也在场，但她却在父亲的眼神中看不到一点点愧疚和心疼，也是从那个时候开始，小云坚决不再喊他爸爸。

小云对父亲的仇恨随着时间的推移更加强烈了，再一次遭到父亲的毒打之后，小云生出了杀死父亲的念头。于是在父亲睡着了之后，她便迅速冲进厨房抄起一把菜刀，在举起菜刀砍向父亲的瞬间，小云失控地喊叫了一声，结果惊醒了父亲。最终，她还是被父亲控制住了，菜刀从手中脱落，随之而来的便是又一顿暴打。

这次"弑父"计划失败之后，小云更加无助了，她曾经试图去找母亲，希望母亲可以带她走出父亲的暴力阴影，但已经再婚的母亲却并未帮助她。父亲也从那次事件之后加倍小心了，他锁起了家中所有的刀具，即便如此，小云还是实施了第二次"弑

世界传世藏书 心理学全书 教育心理学

901

父"计划。然而，时刻保持警惕的父亲在她走进自己的房间时就清醒了，他一个翻身就躲过了小云的刺杀，只在床上留下一个深深的大洞……

当看完这封信之后，这位法律工作者已经被写这封信的女孩深深震惊了，他的强烈念头就是赶紧阻止她实施"弑父"的计划，否则这个18岁女孩的一辈子就完了。

经过这位法律工作者的努力，小云站在了他的面前，哭着控诉这么多年在父亲的暴力下成长的委屈和悲痛。与此同时，他也联系到了这位大学教授，要求见一面。在面谈中，他把小云写信向他求助的事情告诉了他，并希望了解这位父亲暴力行为背后的原因。这位大学教授并没有拒绝这次谈话，也许是因为都是男人的关系，他开始落泪并讲述了自己家庭的悲剧。

原来，因为和前妻的婚姻太过草率，婚后一直处于争吵的状态，但自己身为大学教授，碍于面子一直不敢离婚。每天的负面情绪被压抑，无处释放，最后慢慢养成了暴力习惯，先是打妻子，然后就是打孩子，离婚后小云就成了他的"出气筒"。而离婚是其前妻提出来的，这也使他很没有面子，所以满腹的愤怒和怨气只好全部都撒向了小云……最后，他恳求得到帮助，希望女儿不要再杀自己了，并保证再也不会对小云有任何暴力行为。

最后，经过这位法律工作者的从中调解，女孩放弃了报复的计划，父亲也停止了暴力行为，女孩最终以优异的成绩考取了名牌大学。但是，谁能够知道在这个18岁少女的心灵深处究竟藏有多少仇恨呢？不仅是对暴力父亲的仇恨，还有对自私母亲的绝望，更有那些被暴力笼罩的童年岁月，它们会给她今后的人生带去怎样的影响呢？不得而知。

帮助家庭暴力下的孩子学会心理"自救"

家庭暴力指的是，行为人使用捆绑、殴打、强行限制人身自由、残害等手段，或者在精神上施以折磨，比如谩骂、恐吓、讥讽、任意凌辱对方人格等，给其家庭成员的人身安全、精神健康等方面造成一定的伤害。如果是经常性、持续性的家庭暴力，就构成了虐待。而上述案例中的小云，在父亲的暴力行为下生活了十几年，已经构成了虐待。被虐待时的小云因为年龄小，社会经验不足，更不懂得如何保护自己，何况对自己施暴的还是亲生父亲，而长期积压的怨恨使她想用杀死父亲的方式来解救自己，这样的想法或做法其实是错误的。

调查显示，在农村有77.9%的孩童遭受父母的暴力，在城市中也有65.8%的孩子有家庭暴力的经历。孩子在这个时候是最茫然的，因为他们根本不知道该向谁求助，更找不到正确的保护自己的途径，只有凭借满腔怨恨做伤害自己和伤害对方的事。这样一来，孩子的一生就毁了，因此，遭遇家庭暴力的孩子必须学会自救。

通常情况下，孩子在遭遇家长的暴力行为之后，很容易在心理上出现问题，比如自卑、焦虑、恐惧、抑郁、警觉性高等，长此以往，孩子就会变得悲伤、敏感，甚至还会产生杀人或自杀的念头。因此，在这种情况下，孩子要鼓起勇气去寻求他人的帮助，而不是让自己陷入情绪和心理的困境，甚至是走上不归路。

心理学家认为，接到遭遇家庭暴力的孩子的求助时，心理医生应该从以下几个方面帮助他们走出困境。

1. 与孩子建立信任关系，耐心倾听孩子的倾诉，给予关怀的同时要了解重要信息，包括孩子所遭受的躯体、情感伤害等，是否存在被威胁的成分。受到暴力伤害后，孩子的精神和情感都出现了哪些症状和反应，譬如是否有罪恶感、恐惧感、无助感、自责、耻辱、愤怒等。除此之外，还要尽量去了解在其整个家庭中，是否还有其他的家庭成员遭受过家庭暴力等。一旦发现危险依然存在，要通知相关部门介入，必要时可以协助将孩子及其他受害者转移到安全的地方。

2. 必要时要把孩子带到医院进行躯体检查，确定其受伤状况及受虐待的证据；同时可以借助心理测试，帮助孩子确定是否存在心理病态问题，排查一切源自家庭暴力的神经损害或精神障碍等；对心理测试的结果进行分析，并以此为依据制定恰当的干预措施与康复目标，采用综合治疗性干预措施，即心理支持性、就业与社会学习性、心理动力性、家庭系统性的结合方案，最好是告知家庭暴力的受害者及其支持者。

3. 要了解受害者（即孩子）是否希望在保持家庭关系不破裂的前提下，结束这种家庭暴力的现状。

4. 如果在了解的过程中，受害者忽然开始为施暴者说话，为其暴力行为辩解并轻描淡写自己所受的伤害时，要直接指出其内心的矛盾和挣扎；必要的时候，可以运用面质技术（一种高难度的、高压迫性的技术，主要是挑战患者去检视自己的言行是否存在不一致，语言信息和非语言信息是否有矛盾，并同时指出冲突的根源所在），判断其受到暴力的严重程度是否存在淡化的倾向，并评价其认为施暴者会因为懊悔而停止暴力的倾向。

5. 与受害者共同回顾受到暴力侵害的图片、医疗报告以及被暴力虐待的过程；探测受害者是否认为施暴者对自己的暴力行为是合理的，或者觉得是由自己的某些言行引发的。如果是这样，就要对受害者进行心理疏导，使其意识到不管在什么条件下，暴力行为都不存在合理性。

6. 要评估受害者是否具有以自杀或杀害他人来摆脱困境的倾向和风险，并引导其认识到家庭暴力会给自己带来的正常范围内的影响，缓解其心理负担；还要积极鼓励受害者寻找并确认周围可以提供支持的亲朋好友，向他们说明现状，以便得到想要的支持。

7. 确定了可以为受害者提供支持的对象之后，心理医生要教给他们一些比较有效的保护受害者的手段，在确保自身安全的前提下与执法人员保持联系，必要的时候可以采用书面规划的方式。

8. 心理医生要向受害者讲述施暴者的心理历程，比如他们也会在暴力行为后产生懊悔或痛苦等情绪反应，以便获得受害者的谅解，但实质上却并非真正忏悔，只是在用这种方式来重新激活受害者继续忍受下去的希望。所以，受害者平时也要多阅读一些家庭暴力方面的书籍，扩大知识面，了解面对这些问题时应该采取的正确手段。同时，要引导受害者回顾以往的家庭生活状况，比如父母之间是否也存在暴力行为以及这些行为对自己的影响，受害者可以画一幅家庭成员关系图并标注出自己在情感和躯体受伤害之间的认知关系。

9. 及时鼓励和强化受害者恢复自信心，并引导其用积极的语言表述这次治疗将会取得的良好效果；引导并鼓励受害者就施暴者或中止与施暴者关系的矛盾心理展开讨论，阻断其不现实的预期，强调受害者要回归现实，对自己今后将要再次面对的暴力行为做好准备。

10. 正确引导受害者分析可能再次受到暴力侵害时的非理智性恐惧感，并尽量用比较理智的想法代替；尝试用聚焦问题的方式，启发受害者设想，如果暴力行为从未发生，他（她）的生活会是什么样，进而鼓励其排除万难，去拥有那样的生活，纠正以往不正确的思想和行为。

11. 学习必要的措施，保护自己的人身安全。学习一些心理调适技巧，避免受到心理伤害。尽量不与施暴者出现口角争执，采取正确的沟通方式；必要的时候采取法律措施保护自己或其他受害者的合法权益。

还给孩子一个健康的成长空间

孩子，尤其是尚未成年的孩子，不管是心理方面，还是在体力方面，都是社会的弱势群体。而家庭暴力的源头无非就是家庭成员之间存在的负面情绪过多，攻击性倾向严重，暴力行为成了他们释放内心愤怒情绪的一种行为需要。然而，这种情绪如果转化得好，就会成为正能量，反之就会导致暴力，成为具有破坏性的负能量。

心理学家认为，站在心理学的角度分析，暴力行为是可以预防的。但主要还是要提高家长的个人素质和情绪管理能力，认识到自己的一言一行将会对孩子造成巨大的影响。因此，心理学家从以下几个方面针对家长的暴力行为提出了干预措施：

1. 心理学家会引导施暴者（家长）认真分析愤怒爆发的过程，准确定位引起愤怒情绪的对象或诱因，寻找生活中（过去或现在）都有哪些痛苦的经历或伤害，激发自己的愤怒情绪；家长要口头承认自己会经常感到愤怒，追根溯源，找到引发自身暴力行为的根源所在，比如自己的父母都是如何表达自己的愤怒情绪的，看看他们处理愤怒的方式是否对自己产生了影响。

2. 帮助施暴者列出过去一段时间内，处理愤怒情绪的方式给自己的家庭成员，尤其是作为受害者的孩子带去的种种负面影响。

3. 引导施暴者学会正确处理愤怒的方式以及情绪的管理方法，比如尝试使用建设性的而非自我毁灭式的方法去表达自己的愤怒情绪，还可以采用理性情绪疗法帮助施暴者提高理性思维能力。

4. 鼓励施暴者分别给自己的家庭成员或使其感到愤怒的其他人写信，在信中表达出自己的不满或愤怒，包括这些不满或愤怒产生的原因；同样的，施暴者也要给受害者（孩子或配偶）写一封信，在信里表明期望得到原谅的心愿，并在接下来的家庭治疗性会谈中专门针对这两类信件进行探讨。

5. 引导施暴者和受害者一起参加家庭治疗性会谈，有序安排其交换各自对家庭暴力的看法和建议，并达成一个共识，相互约定一个解决冲突的办法，做出承诺，在今后遇到类似情景时要严格遵守约定与承诺，并在这个过程中学会换位思考和平息怒气的方法，共同找到一个契合点。

6. 具有暴力倾向的家长要多了解孩子的心灵世界，不要自私地将自己世界里的各种情绪带给孩子，用正确的教育方式代替暴力行为；平时也要多看一些情绪管理类的书籍，学会控制冲动行为，还给孩子一个健康的成长环境。

（二）单亲家庭里的孩子

案例一：

曼曼是一个年仅 11 岁的女孩，她的母亲和父亲早在她三岁那年就协议离婚了，曼曼懂事之后也询问过自己的爸爸是谁，但母亲只是简单带过。母亲不知道这个自小就缺乏父爱的女孩在看到自己的同学都有爸爸接送和参加家长会的时候是一种什么心情。

后来，曼曼在小姨家玩，无意中从表哥的口中得知，"你爸早就回老家了，他不要你了！"回家后曼曼就开始盘问母亲，希望得到一个答案。无奈之下，母亲就把整件事

告诉了她。原来，曼曼的生父周某是河南人，当年他在四川打工时认识了夏某，也就是曼曼的母亲，两人在工作中互生好感，后来就结婚了，婚后有了曼曼。

但平淡的生活还是摧毁了这个家庭，加上周某老家那边的压力，俩人最终达成协议——离婚，曼曼归夏某抚养。现在，周某已经在河南老家有了家庭和孩子，他也从来没有回来看过曼曼，所以，在曼曼的记忆中根本就没有父亲的存在。夏某一直单身，自己带着曼曼生活，也并未打算再婚。但曼曼可不这样想，自从知道了爸爸的事情后，她就认定自己是个不招人疼的孩子，爸爸已经离开了她，"那妈妈是不是也会不要我？"这样的疑问一直盘旋在她的脑海中。

有一天夜里，夏某突然肚子疼痛难忍，随后被送进急诊室，医生说是食物中毒。夏某觉得奇怪，自己平时做饭菜时都很小心，怎么会食物中毒呢？但她无论如何都不会想到是女儿动的手脚。这次生病之后，曼曼还是像以前那样乖巧，给妈妈倒水、喂饭。

大概一个月之后，夏某再次发觉身体不舒服，经常感到恶心和头晕，还伴随有隐隐的胃疼。去医院检查之后，医生说她患的是浅表性胃炎，这次她还是没有想到自己的女儿，认为是自己的口味过重引起的。然而，半个月后她的病情还是不见好转，夏某忽然担心起曼曼，她怕自己得了什么病，谁来照顾女儿呢？但就在当天的晚上，夏某无意间发现女儿在厨房悄悄往她的碗里放东西。看到这一幕，夏某全部明白了。

被母亲当场抓住的曼曼很恐慌，她哭着恳求妈妈不要离开自己。看着女儿流着泪水的眼睛，夏某也哭了。一个星期之后，夏某带着曼曼去了当地的一家儿童医院，在儿童保健科寻求心理医生的帮助。

在谈话的过程中，曼曼坦言自己放药粉在妈妈的饭碗里，只是想让她感到不舒服而已。"因为我害怕她也会像爸爸一样结婚，然后就不要我了。"她还说，以前在母亲感到不舒服或疲惫的时候，都会抱着她说："你就是妈妈生活的动力，我现在只有你了。"所以，她觉得只要妈妈觉得不舒服，就不会离开自己了。

心理医生认为，儿童在成长的早期都有对于安全感的需求，而这种需求只有父母才能满足。一旦父母不能满足，孩子就会变得焦虑，变得缺乏安全感，影响其身心的健康发育。一个11岁的小女孩因为担心被母亲抛弃而在其饭菜中下药，这不仅是一种错误的行为，更是孩子缺乏安全感的表现，应该引起家长的重视。

最后，在心理医生的指导和建议下，曼曼认识到了自己的错误想法和行为，并保证以后再也不会这样做了；同时，夏某也在谈话中了解到自己平时对孩子的照顾不足，缺乏及时的沟通，并愿意今后多与女儿交流，告诉她不管发生什么，妈妈都会留在她的身边。

案例二：

李某是"单亲孩子救援组织"的成员之一，在她读高中的时候父母就离婚了，而在此之前，父亲也一直在外地打工，好几年都回不了一次家。所以对她来说，父亲就像是一个遥远的神话，每个星期只能接到一个电话，她每次都会试图透过电话里的声音去了解父亲的点点滴滴，并盼望着早点与父亲见面。而父亲给了她一个承诺："只要你能够考上大学，我就回家看你。"

于是，为了这个美好的愿望，李某就拼命读书。然而，还没有等到她升高三，父母就宣布离婚了。要强的李某没有在任何人面前哭过，只在无数个深夜埋头苦读，在她看来，即便父母离婚了，但她和父亲之间的约定还是不会变的。

后来，她果真考上了全省最好的大学，当她把这一消息告诉父亲时，父亲竟然已经忘记了那个约定。李某难过地哭了，从此之后，她开始堕落，在大学里彻夜泡吧，夜不归宿，经常逃课，和同学的关系也不好。一个很偶然的机会，李某在浏览网页时，"单亲孩子救援组织"吸引了她的眼球。

她结识了这个活动的负责人杨某，慢慢接触后才发现杨某也是单亲家庭的孩子，他也是自小没有父爱，长大后才发现和他有共同经历的孩子很多，为了带给单亲家庭的孩子更多的关爱，他决定建立一个组织，把有单亲家庭背景的人们都聚集在一起，大家一起为还在单亲家庭里饱受折磨的孩子们做点力所能及的事情。

多次交流之后，李某渐渐想通了，心结也慢慢解开了，重新回到校园读书。业余时间，她会跟着杨某一起去做公益，免费帮助那些向他们求助的单亲家庭的孩子们，为他们做心理疏导工作，希望通过谈心的方式"拉他们一把"，不要陷在心理困境中走不出来，做出一些自毁前程的事情来。

单亲家庭里的孩子心理问题多

近年来随着离婚率的不断攀升，单亲家庭也在不断增加，许多孩子都成了大人们失败婚姻的牺牲品。单亲家庭出现的原因，通常以离异的居多，亦不乏丧偶或未婚先孕等情况。

而父母离婚以后，孩子一般都和母亲居住，因为大多数人会认可母亲与子女的关系更加密切一些。然而事实证明，有50%以上的母亲都不能保持离婚前那种融洽、和谐的亲子关系，甚至有许多母亲会在与孩子的长期相处中产生摩擦，直至关系恶化；有不少单亲母亲会对孩子过分溺爱或过分忽略；有的单亲父母会在离异后考虑重建家庭，以为这样孩子的生活就会得到改善，但实际上，大多数的孩子还是非常抵触的。

因为他们会担心自己得到的关爱被别人分走，也会变得更加敏感和多疑等，进而演变为愤怒和逆反的情绪。

心理学家认为，一个家庭的解体对孩子造成的心理影响是难以估量的。调查显示，单亲家庭里的孩子经常会出现的心理问题有：

1. 自闭心理。孩子是缺乏心理准备的，心理承受力又比成年人要脆弱，所以，突如其来的家庭破裂势必会给他们带来沉重打击，一时难以接受现实，这会使得他们变得郁郁寡欢，特别敏感。久而久之，情绪压抑无法释放，不愿意和人接触，对周围的人充满戒备心，生怕听到他人议论父母之间的事，更不会对他人敞开心扉，躲在自我封闭的世界里。有时候也会悄悄拿别人的父母和自己的比较，拿现状和过去做比较，心中不免生出悲凉之感，变得消极和自卑。

2. 自卑心理。失去了一个完整的家庭，也就相当于从此失去了父亲或母亲，这在孩子的心里是很残酷的现实，他们想不通父母为何要分开，难以理解父母的生活；当看到别人的父母都幸福地生活在一起时，他会打心眼里感到自卑，不愿在外面谈及自己的家庭，生怕被人知道后会遭到笑话。这种极力回避、不愿与人交流的行为会严重影响其人际交往能力，很容易诱发各种心理疾病。

3. 恐惧心理。失去安全感，这是导致恐惧心理的主要诱因，而孩子之所以失去安全感，还是因为父母的离异。当一个尚未成年的孩子生活在单亲家庭里，她（他）每天除了想念已经离开的父亲或母亲，还担心身边的母亲或父亲有一天会不会也离自己而去，这是造成孩子没有安全感的最主要原因。有些孩子还会采用极端的行为来满足心理需求，比如案例中的曼曼，她的出发点很简单，但做法确实带有危险性，如果不及时发现，后果将不堪设想。

4. 自责心理。孩子可能不知道父母之间究竟发生了什么，会把自己当作引发父母关系恶化的诱因。如果父母双方经常当着孩子的面吵架，这样的情况就更加明显，孩子会认为是自己的原因，进而产生内疚、自责的心理，对自己的个人能力和品质等，都会做出极低的评价。久而久之，在其他事情上，他们也会不由自主地把自己当成负有过错的那个人，总是被不安和焦虑情绪困扰。

5. 敌对心理。家庭是孩子避风的港湾，但这一港湾却随着父母离异而不再完整，对孩子而言，不仅仅是伤心、困惑和悲痛，还有强烈的愤怒直指父母中的一方，甚至还会将这种仇视转移到身边的人身上。长此以往，孩子就会变得孤僻和冷漠，导致情绪压抑、焦虑。如果这种情绪压抑过久，一旦爆发出来，就容易转化为具有攻击性的极端行为。

6. 妒忌心理。对孩子而言，物质再富足也满足不了他们在精神上的需求，有的单亲妈妈或单亲爸爸为了给予孩子富足的物质生活，每天不停地忙碌，很少有时间去陪伴孩子，这就更加令孩子感到孤单和无助了。当他们看到其他同学或伙伴拥有健全的家庭时，心里会羡慕，他们感到温暖，但这种温暖却不可能再属于自己。因此，羡慕会慢慢转变为妒忌，甚至是憎恨。有些单亲家庭的孩子会变得对单亲母亲或父亲特别依赖，不能正视忽略和短暂的分别，这些都有可能诱发心理障碍。

当孩子意识到自己的家庭不完整时，事实上他们已经具备了一定的辨识能力，但他们的内心世界和成年人却又是不同的，他们很难会从客观的角度上分析家庭破裂的原因，因此，他们的问题多半都会集中在心理上。所以，单亲父母要关注孩子的心理，如果以上心理问题得不到及时的调适，将会直接影响到孩子今后的身心发展状况。

帮助单亲家庭的孩子重获心灵温暖

第一，离异父母要关注孩子的心理变化，采取正确的教育方式。

1. 首先要告诉孩子正确看待父母离异的事实。明确地告诉孩子，大人们有自己的生活，分开也是逼不得已，而并非是他们的过错，纠正孩子在父母离异之后产生的自责心理；引导孩子用理智的思维去分析现实，说明父母的分开并不意味着他们将失去父母的其中一方，他们更加不会成为孤儿。

2. 帮助孩子找回自信心。孩子会因为父母离异而感到羞耻或自卑，这很正常，但单亲妈妈或单亲爸爸要重视孩子的这一心理转变，及时地表示关爱，使他们了解并认识到自己与其他孩子并没有区别，所以没有必要感到羞耻或自卑，甚至他们还会因此而变得更加懂事和努力。鼓励孩子多与同伴交流和玩耍，在生活中尽量不要用责备的语言去攻击孩子，转变表达方式，多用赞美的词语，帮助孩子找回自信心。

3. 多点陪伴，少点忽略。单亲家庭的孩子敏感而多疑，父母一方的离去早已触动了他们脆弱的神经，所以，单亲妈妈和单亲爸爸们要多花时间陪伴他们，不要认为物质上的富足就能够代替一切，因为孩子更需要的还是精神上的支持，只有精神和心理上的满足才能给予孩子足够的安全感。

4. 帮助孩子寻找生活乐趣，培养兴趣爱好。广泛的兴趣爱好会转移孩子的注意力，让他们不再去关注内心的悲伤和恐惧，同时还可以促进人际关系，结交更多的伙伴和朋友，并从中获得社会支持，找到倾诉的对象，这样内心就不会感到落寞和孤单，而同学和伙伴们也会更加理解和支持他们。

第二，社会和学校也要采取相应的保护措施。

任课老师和学校领导，特别是与单亲家庭孩子接触比较多的班主任和同学们，都不应该对单亲家庭的孩子存有任何偏见和歧视，在平时的交流中切忌使用挖苦之类的词语，主动与之接触并帮助他们克服学习上的困难。必要的时候，还可以由心理卫生专职教师为其做心理辅导，比如家访、谈心、组织专项集体活动等，以此来维护单亲家庭孩子的心理健康。

第三，单亲家庭的孩子们自己也要勇敢克服困难，学会"自救"。

1. 要用辩证的眼光去看待家庭解体的事实。不管父母由于什么原因而选择分开，既然已经成为事实，孩子们就要学会接受，理解和尊重父母的选择。不要把自己视为天下最为不幸的孩子，因为拥有这种经历的孩子很多很多，有的甚至境遇更糟，所以，要学会用辩证的眼光看待事实。如果父母勉强在一块，他们不会感到快乐，家庭环境不和谐，孩子也很难获得真正的快乐，分开了说不定对他们来说是件好事，而孩子们也可以把这次经历当作自己人生中的一次磨难，要在其中获得成长，将来才有能力去面对更加复杂的社会生活。

2. 提高适应环境的能力和自我保护的意识。随着家庭的解体，孩子的生活环境也会随之发生变化，此时需要培养适应环境的能力，重新去适应单亲生活的环境，学会坚强。有的单亲父母亲会在离异后将怨气撒在孩子的身上，对孩子要求苛刻，甚至出现虐待行为，这个时候，单亲家庭的孩子就要学会自我保护了，不要丧失自信心，必要的时候可以勇敢地求助老师、同学、新闻媒体、司法部门等。

3. 学会调节自己的情绪，克服自我封闭心理。心中有痛苦和悲伤，要找人倾诉，老师、好伙伴、亲戚等，平时多参加学校的集体活动，多与老师和同学沟通和交流，促进关系融合，培养兴趣和爱好，不要去想令自己难过的事情，学着去接受身边的人，帮助需要帮助的人，这样其实也是在接受自己和帮助自己。

（三）留守儿童缺失的心灵寄所

案例一：

2008 年 2 月 25 日，安徽太湖县晋熙镇天台联合小学开学了，校园里非常热闹，同学们纷纷领取了新课本。12 岁的章杨宇就在这个小学里读五年级，当天他和同学们一起去学校，然后一起放学回家，但他并没有把书本带回家，背后的书包是空的，新书被他放在课桌的抽屉里。回到家后，他看到爷爷正坐在桌子前和一群老人打麻将，便走上前问道："爷爷，我可以亲您一下吗？"爷爷布满皱纹的脸顿时乐开了花，他连连点头。

这一天是章杨宇的妈妈年后外出打工的第十天，那天晚上姑父本来说好要章杨宇去他家住的，但好久都等不到他，眼看天色已经暗了，姑父便打电话过去询问，章杨宇的爷爷说孙子也不在他家，他们又急忙打电话去学校，老师告诉他们章杨宇同学并不在学校。家人有些慌张，不知道孩子究竟去哪里了，便发动邻居一块展开搜索。大家几乎搜遍了全村，最终在@人迹罕至的祠堂后面发现了他，而此时，大家找到的只是章杨宇的尸体——祠堂后有一间小屋，他就吊在屋子伸出来的横梁上。

后来，人们在章杨宇的裤子口袋里发现了一张纸，确切地说，那是一封遗书，是他写给父母的遗书。在遗书中他向爸爸妈妈道歉，说自己再也不能去爱他们了，还说自己欠丽丽姐20元钱，希望父母替他还给她。最后他还说出了自杀的原因：每次父母的离开都令他很痛苦。而这封遗书的落款时间是正月十九日。

一直留在章杨宇身边照顾他的爷爷很悲痛，他说自己永远都忘不了那个吻。据了解，章杨宇的父母外出打工已经有好几年了，每年都是在春节回家，待几天就又走了，每回临走的时候，章杨宇都舍不得，但父母并没有因为他而留下来。小杨宇很懂事，学习成绩也非常好，爷爷告诉他，父母外出打工是为了让日子过得好一点。父母外出的这几年，小杨宇一直跟着爷爷和姑姑、姑父一起生活。

老人说，以往孩子都是在姑姑家，但这一年却怎么也不肯去了，他想让妈妈留下来，还在母亲临走的那天和她吵了一架，自己回家偷偷抹泪。而且小杨宇今年的暑假作业一个字都没动，不同以往，以前都是很积极，很早就完成了。说到这儿，老人很后悔，他认为这也许正是孩子出事前的征兆，但大人们却没有重视。

远在外地打工的母亲得知儿子出事的消息后，连夜赶回家，在他们简陋的房屋中为孩子操办后事。不知道她当时的心情如何，如果一早就料到会有这样的事情发生，她还会选择留下孩子、自己外出打工吗？挣的钱再多都已经挽回不了孩子的生命了，这不仅仅是这位母亲的悲剧，也是众多留守儿童的悲剧。

案例二：

2011年6月18日凌晨，在湖南省邵阳市某网吧内发生了一起命案，62岁的网管刘某被残忍杀害，胸腹部位中了四刀，咽喉部位被割了三刀，因失血过多死亡。接到报案后，警方感到震惊，在现场勘查后发现，这家网吧中没有监控设备，前来上网的人也不用登记身份证，也没有目击者作证，因此，现场根本找不到有效线索。

此后，警方就展开了几乎大海捞针般的搜索工作，确定重点嫌疑人，再对其进行全面摸底调查。直到8月1日那天，警方才将重点怀疑对象确定在一名14岁少年邓某的身上。逮捕这位少年之后，他对自己作案杀人的事实供认不讳。

原来，6月17日晚上，邓某在该网吧上网，到了凌晨两点左右网吧不能上网了，邓某只好去隔壁网吧，但隔壁早就关门了，于是他又折回来。回来后，他发现网吧里已经没有人了，网管也不在，便生出了偷盗的念头，环顾四周后迅速走到吧台处，打开抽屉准备拿钱，但还未到手就被网管刘某发现了，刘某当即就上前阻拦。没想到邓某随即从身上取出一把弹簧刀，接连在刘某身上刺出了七刀。刘某躺在地上不能动了，邓某便从桌子上拿走了一个挎包，最后在挎包中获得了十块钱和一部手机，这就是他杀人的全部"战果"。

邓某还称自己在杀人后并没有走远，而是在警察赶到现场后跑回来围观，看着警察在现场办案，然后离开。

事实上，邓某才14岁，从小就一直跟着外婆一起生活，父母都在外地务工，初中读的是寄宿学校，只有周末才回家，外婆因年纪大了也管不了他。据老师反映，邓某经常逃课去上网，周末即便回家了，也是在网吧里通宵打游戏，平时没钱用的时候就去做一些小偷小摸的事情，用偷来的衣服或鞋子换钱用。可见，他是典型的农村留守儿童，因为从小就缺乏管教，没有人关注他的心理和生活，更没有人在他走歪路时拉他一把，所以才走上今天的悲剧之路。

关注留守儿童的心理问题

在中国，总有这样一个弱势群体，在他们尚嗷嗷待哺的年纪里，父母就选择背井离乡，去遥远的大城市里打工，他们只能从电话里的声音和偶尔寄回来的汇款单或包裹里去体会生身父母的存在。他们渴望得到父母的关爱，渴望外面斑斓的世界，渴望有新衣服、新玩具，在应该享受花样年华的年纪里，他们只能把眺望的眼光放在父母远去的方向，久久盼望……

这就是中国的留守儿童，他们通常都是和父母亲中的一个人或祖辈、亲戚、朋友等一起生活，孤独地度过童年。据资料记载，2012年，我国教育部公布的义务教育随迁子女超过了1260万，义务教育阶段留守儿童达到2200万。

另据权威调查资料显示，我国农村留守儿童高达5800万，其中有57.2%是父母一方外出，留下另一方在家持家，42.8%是父母共同外出。在这些留守儿童中，有79.7%是由爷爷、奶奶、外公、外婆抚养，13%被寄托给亲戚和朋友，还有7.3%是没有固定的监护人或没有监护人。

多半的留守儿童都是由祖辈抚养，孩子缺乏父母的关爱和监护，在身心发育方面都很容易产生问题，特别是这些儿童正处在成长发育的关键阶段，无法从父母那里获得思想引导和价值观念的正确指导，很容易出现认知、价值观、心理发展等方面的缺陷，严重的还可能走上犯罪道路。

据调查发现，在留守儿童中，有心理问题的高达57.14%。由此，留守儿童的心理健康问题也成了一个严重的社会问题，亲情缺失、家庭教育缺失、学校管理缺失以及监护缺失等，这些都是引发留守儿童心理问题的主要原因。那么，留守儿童的心理都会出现哪些隐患呢？主要的表现又是什么？

1. 性格内向、孤僻。因为自幼就没有父母在身边给予照顾，父爱母爱缺失，这些孩子会在内心深处产生压抑感，不愿与人交流。爷爷、奶奶或外公、外婆的关爱毕竟不同于父母，他们在心灵深处依旧感到自卑，渴望父爱和母爱。

有调查显示，在外出打工的父母亲中，21.1%的父母都是一个星期和孩子联系一次，34.1%的父母亲是一个月和孩子联系一次，有的甚至更少。而他们回家看望孩子的频率也特别低，有的是半年回家一次，更多的则是一年回家一次，这种现象带给孩子的是无尽的思念和痛苦。长此以往，还会促使孩子产生逆反心理，使他们封闭自我，不愿与任何人交流和接触。

2. 内心自卑导致心理障碍。孩子也会相互比较，比如谁的爸妈更疼爱自己，谁的家庭更和谐等，有优越感的孩子会觉得很自豪，而有挫败感的孩子就会产生强烈的自卑。当父母长年不在身边，他们的生活就无法完整，身边就没有坚强的依靠，自卑让他们难以抬起头来接受一切，有些甚至自暴自弃，用毁灭自己的形式来表示反抗，比如故意不好好学习、逃课、偷盗，甚至是自杀或杀人。

3. 空虚寂寞心理。父母不在身边，很多孩子都会感到寂寞和空虚，他们不知道该做什么或者没有动力，寂寞心理会促使他们产生抑郁等问题，精神上的空虚感很容易引发行为上的出格，甚至是极端表现。曾经有媒体报道过一则新闻，一名13岁女孩在厕所产下一个女婴！这是多么令人震惊的事情，一个孩子又生下另一个孩子，是该怪罪这个女孩不自重，还是应该怪罪她的父母管教无方？但当人们得知她是一名留守儿童后，就全体沉默了。

4. 怨恨和仇视父母。儿童怎么会知道父母外出为的是什么，即便知道也无法理解，所以，他们会对父母的狠心行为感到怨恨，甚至会故意疏远父母，这些都对孩子的身心健康不利。

5. 盲目地反抗和逆反。父母不在身边，孩子就缺乏安全感，认为没有人可以保护自己，感觉自己总是在受欺负。所以，他们会因为小事而计较，警惕性高，不愿与人亲近，即便与人交流也充满敌意；而在老师或其他的监护人管教自己时，他们不愿接受，甚至认为他们没有资格管教自己。

留守儿童心理与行为问题干预

了解了留守儿童的心理问题以及容易出现的行为问题之后，社会各方面应当高度重视起来，其中留守儿童的心理问题是导致其行为偏差的根源。

为了让这些留守儿童健康成长，心理学家针对孩子们的心理健康提出了一套留守儿童心理保健措施：

首先，社会应该做到建立"留守儿童成长档案"，以学校为单位对全部留守儿童的生活状况和思想动态、学校教育状况以及家庭教育情况进行彻底调查，并逐一登记造册，建立起一份能够反映其进步和不足的成长档案，并且采取动态跟踪、归档、分类整理、信息共享的程序，以档案记录情况为准做好实际工作。

比如，2006年安徽和县总共有十万余人外出务工，他们的子女均留在家乡由亲友照顾，缺乏父母关爱和教育的孩子经常会有不良行为出现。为了解决这一问题，和县建立了"留守儿童托管制度"，各乡镇成立了留守儿童教育领导组，主要由妇联、共青团、教育机构以及留守儿童所在村的两委负责人等参加。

他们主要负责留守儿童的管理问题、教育问题，还建立了教育管理网络，镇村分别为留守儿童设立档案。领导组给每一个留守儿童都分配了联系人和指导监护人；学校每周要家访一次留守儿童，并且和联系人、监护人随时保持沟通和联系，方便对留守儿童的各方面情况进行跟踪了解和保护；他们也会定期地向留守儿童的家长汇报情况。

其次，学校应该做到的是：

1. 学校应配合实行留守学生普查登记。各中小学都应该在新学期开始时对报到学生的父母外出状况进行了解和调查，并逐一登记，建立起"留守儿童档案"，包括对孩子的个人情况、监护人情况等的了解和记录。

2. 让学校成为留守儿童的第二个家。学校可以发动教职工一起针对留守学生实行帮扶或建立结对帮扶制度，为孩子们送去温暖，让学校成为他们的第二个家；教师要做好家访工作，定期与留守儿童谈心；学校要定期召开帮扶教师、留守学生、临时监护人等参加的座谈会议，共同探讨留守儿童心理卫生和健康成长的问题；同时，学校有必要让留守儿童的家长与学校保持联系，双方保持互动，给予孩子更多的心理关怀。

3. 定期举办心理讲座。学校要重视心理健康教育，开展心理咨询辅导活动，给予留守儿童更多心理上的关注和精神上的支持。平时如果发现了心理有问题的学生，要及时对其进行心理疏导，排除他们在心理上可能存在的健康隐患，引导其培养积极向上的心态。

4. 加强培训。学校一方面要对留守儿童的监护人进行培训，专门介绍教育常识，帮助他们更好地了解孩子和教育孩子；另一方面，学校也应该给留守儿童开设培训课程，教导他们如何提高自我保护意识，增强其生活上的自理能力，引导孩子养成良好的生活习惯；同时，鼓励他们尝试学习坚强和自立，讲解父母在外挣钱的不易，教导他们要保持积极乐观的心态。

5. 开展丰富多彩的校园文化活动。学校要组织多样化的社会实践活动，为留守学生营造一个和谐、轻松的学习氛围，而且在举办活动和参加活动的过程中，也能很好地扩展留守学生的交际圈，有助于改正其不良的行为习惯，树立正确的人生观、价值观，渐渐走出自闭心理障碍的阴影。

最后，家长应该做到的是：

1. 外出打工要慎重。留守儿童问题的根源在于他们的父母，如果父母不外出，这些孩子就会沐浴在父爱和母爱之中，就不会出现留守儿童的种种问题。但事实上，很多父母也是迫于无奈，外出打工是因为经济困难。然而，转念一想，究竟是挣钱重要，还是孩子的前途重要？如果实在出于无奈，家长最好是慎重选择，可以让文化程度高的一方留在家里照顾孩子；如果双双外出，可以考虑把孩子带在身边，让他们在外地接受教育。总之，一切都要以孩子的前途为中心。

2. 与孩子保持沟通。外出务工的家长千万不要忽视了孩子，一定要经常地、定期地和孩子联系。如今的通信技术很发达，通电话也不再是难事，所以，要尽一切可能让孩子感受到来自远方的父亲和母亲的关爱；同时，还要和孩子的临时监护人或学校班主任保持联系，定期了解孩子的生活和学习状况，必要的时候要多鼓励和教育孩子，温暖他们的心灵。

3. 实行"代理"教育。父母如果均在外地打工，孩子托付给了亲戚或朋友照看，可以考虑为孩子寻找一个"代理妈妈"，好让孩子获得更好的教育，在生活和学习上得到更周全的照顾。

（四）独生子女的性格缺陷

案例一：

戚某是某高校学生，大二刚开学时，父母给了他两万块钱，包括学费和第一个月的生活费。但是，缴费截止日期早就过了，戚某却迟迟不肯上缴学费。学校多次催促，戚某始终支支吾吾。最后，学校只好联系戚某的父母。与其父母取得联系后，戚某才承认钱被自己花光了。但短短几天的时间，戚某居然将两万元花个精光，确实很令人震惊。

了解情况后，学校方面找戚某谈话，对其严加管束，还追问他用这些钱都做什么了。没想到面对老师的询问，戚某感到自尊心受挫，当天晚上就跑到学校附近的湖边准备自杀，然后打电话给他的父母告别，扬言自己将要从这个世界上消失了。父母在深夜接到这样的电话，焦急万分，赶紧打电话给学校。学校得知情况后，立即赶到现场劝解。只见戚某就坐在湖边，一条腿已经悬在半空中，民警也赶到了现场，和校长、老师、同学一起劝他回去。

戚某对着众人大喊："你们谁敢过来，我现在立马就跳下去！"校长与班主任只好站在原地，轮流劝解他，民警和同学们也纷纷劝他。大约持续了两个小时，戚某被同学和民警拉了起来，和父母报完平安之后，戚某回到了学校宿舍。

第二天，戚某的父母就重新给戚某打来了一万多块钱，戚某如数交了学费。据戚某的父母介绍，戚某是家里的独子，平时自尊心就很强，别人说不得也骂不得，小的时候脾气就很倔；而在老师的眼中，戚某算不上优秀，上学期期末考试还有好几门课都需要补考，但他在辩论赛上的表现很突出，口才很不错；戚某的同学则认为戚某有点自傲，平时花钱很大方，不怎么合群。

案例二：

小南是某大学的大一新生，以前一直和父母生活在一起，即便是读高中，也是由母亲陪读照顾的。所以，面对独立的大学生活，小南感到茫然。

第一堂课上，老师要求大家上台做自我介绍，但当小南站在讲台上时，她竟然紧张得面红耳赤，双腿发抖，最后一个字都没说。大学寝室一般都有四个女生合住，小南被分在了 401 宿舍；不久之后，小南发现自己被孤立了，其他三个女孩一块去吃饭，一块去参加社会实践、参加社团，唯独丢下她；到最后，她们索性不和小南说话了。

其实，一开始的时候，大家都在一起讨论过参加社团的事，结果这三个女孩都表

示愿意尝试，只有小南怯怯地说不想；而小南在和她们相处的时候，也明显感到她们对自己有意见，但有什么意见，她也不知道。不过，有时候她会隐隐地觉得是因为那件事。那是一个夜晚，同宿舍的娜娜生病了，其他两个舍友都起床陪她去医务室，挂了吊瓶才回来。当时，只有小南还躺在被窝里。之后，室友们对小南的态度就开始变了。

大一的生活令小南很苦闷，每天除了上课、吃饭、去图书馆，她就再也找不到其他的事情可做了，而且自从被舍友孤立之后，小南就感到很压抑，每天回到宿舍，就像活在地狱中一般。她想改变这样的处境，却不知道该怎么办；而她更担心的是，像她这样以后肯定适应不了社会，想改变却又害怕自己没有这个能力。她想起以前在家中，妈妈除了要她写作业之外，什么家务活都没有让她碰过，所以什么洗衣服之类的事情，都是在上大学了之后才开始学的。小南忽然感到心情沉重，她产生了退学的念头。

独生子女的心理问题及其成因

近些年来，很多研究表明，独生子女是心理问题和人格障碍的高发人群。但也有研究反对这种观点，认为独生子女和非独生子女并没有太大的不同，他们在成年之后，不管是在生活方式、学业事业，还是在婚姻状况方面，都与非独生子女没有太明显的差异。

事实上，独生子女是父母唯一的希望，是他们独一无二的宝贝，所以整个家庭几乎将所有的期望都放在独生子女的身上。但这些独生子女也因此而背负了更多的压力和"众望"，有的甚至因无法承受这种众望而出现个性偏差。心理和行为问题在独生子女中已经越来越普遍，他们有优厚的物质生活基础，更有聪颖的大脑，但就是在个性方面表现反常。

曾经有统计显示，在我国大约3.4亿17岁以下的未成年人里面，最少有3000万人存在各种学习、情绪以及行为等方面的障碍。调查还显示，中小学生患上心理障碍的概率在21.6%到32%之间，比较明显的是人际关系、情绪不稳以及学习这几个方面的问题。

心理学家研究发现，在小学生中，独生子女心理问题比较严重的占15%，在初中生中占20%，大学生占到25%的比例，而这些独生子女最为突出的心理问题主要有以下几个方面：

1. 依赖性强，难以独立。父母对独生子女过度关爱，甚至是事事包办，造成孩子对父母、对家庭产生依赖，比如父母往往会认为孩子最重要的事就是学习，所以，除了学习，他们不会让孩子动手做其他任何事情，在生活上给予他们无微不至的照顾。但这样很难培养孩子的责任心和独立性，对家长过度依赖将会给其今后的生活带来很多不便。

2. 性格孤僻。独生子女从小就没有兄弟姐妹，父母不在身边时，他们也只能自己待着，很少有同龄人的陪伴，有的只是和同班同学或邻居相处，时间相对不如非独生子女多。因此，在独生子女的内心往往有难以消除的孤独感。但父母往往没有更多的时间去陪伴他们，有的父母还把孩子交给祖辈照管。这样一来，对独生子女而言，交流对象少，内心压抑，长此以往会造成性格内向，也不善与人交流。

3. 任性、逆反。有些夫妻中年得子，他们在喜出望外之余，会把全部的希望和爱都倾注在孩子身上，独生子女在这样的家庭中受到的关注和爱护是超乎寻常的。也因为过高的期望，父母对孩子的要求是相当严格的，因此，孩子不得不听从父母的安排，在高要求、高期望中成长。这样的孩子内心是压抑的，很多本真的东西难以释放，长此以往，导致这些独生子女产生逆反心理，在青春期就容易出现叛逆行为，反抗父母的严格管教，甚至变得专横、冲动，做出令父母、社会感到失望和遗憾的事来。

4. 自尊心过强。从小就生活在鲜花和掌声里，父母从来都是有求必应，家里的一切开销基本上都是围绕着独生子女转，过惯了这般"众星捧月"的生活，独生子女的优越感是极强的。不仅物质生活充裕，而且还一直享受着精神上的鼓励和吹捧，他们已经习惯了被视为"最棒的""最优秀的""最出色的"，所以根本不会意识到自己也有不足，而拒绝批评和指责，虚荣心比较强。所以，当走出家门后，他们也不能接受批评，否则就会暴跳如雷，甚至任性地做一些出格的事儿。

5. 性格懦弱。父母的娇宠、优质的生活条件、顺利地成长环境，这些都会令独生子女养尊处优，不知道逆境为何物。所以，他们就缺少了锻炼意志的机会，一旦遇到困境，就会变得茫然、不知所措，做事也欠缺独立性，通常没有主见，意志力薄弱，情感脆弱，容易消沉。比如上述案例中的小南，不善交际，和舍友也难以相处，最终被孤立，还想到了退学，这些都是独生子女常见的性格和心理缺陷。

除此之外，有些独生子女因为小时候得到的关爱较多，而不懂得付出，所以，他们在人际交往中往往会表现得比较冷漠，对他人缺乏真诚和关心，有的还特别自私。在处理情绪方面，独生子女也比较欠缺情商。有些心理问题比较严重的，会表现为行为异常、人格异常、思维异常等。而引发以上心理问题的原因很复杂，也比较多，但归根结底还是跟这些独生子女的成长环境分不开。所以，心理学家从以下几个方面对独生子女心理问题的诱因进行了分析和归纳：

1. 父母的特殊行为的影响。这也是前文中反复提到的，即独生子女的父母对孩子寄予过高的期望，给孩子带来了沉重的心理压力；父母对孩子过分地保护和溺爱。

2. 家庭结构。生活在双亲家庭中的独生子女，在接受父母教育时，会受到比较及时的关注和引导，帮助其顺利地度过童年和青春期，成年之后的一般情况下不会有太多的心理问题；同时也避免不了一些负面影响的产生，比如孩子容易缺乏责任感、忍耐力、毅力和主见等。但如果家庭成员过多，对独生子女而言又是一个潜在的影响因素，孩子往往会为了获得关注而不断表现自己，因此会容易形成争强好胜、任性或怯弱、胆小、自卑等不良个性特征。如果是生活在单亲家庭中的独生子女，他们会因为欠缺父爱或母爱而更加具有耐力和自制力，有的性情温顺、善良、自尊、学习努力等，但也会因为单亲父亲或单亲母亲的教育不当而养成一些不良习惯。

3. 亲子关系和教育方式。父母性格温和，从不打骂孩子，这是典型的慈父慈母，他们能够尊重孩子的意见，给予孩子想要的温暖，会比较迁就孩子，在这种家庭中成长的独生子女一般性格都比较温和，热情开朗，但缺乏耐力；如果父母管教严格，用高标准要求孩子，这是严父严母类型的家庭，独生子女在这样的家庭氛围中一般都缺乏活力，很难与父母亲近，在父母面前表现得规规矩矩，一旦离开父母的视线便会无拘无束起来。在这种家庭环境下，独生子女容易缺乏自尊和自信，有强烈的逆反心理。

独生子女的心理健康干预措施

1. 家长应该采取合理的教育方式。家长应该避免将过多的期望都放在孩子身上，过高的期望往往会适得其反，不仅给孩子造成巨大的心理压力，严重时还会成为独生子女心理问题的根源，得不偿失；同时，父母对独生子女的管教也要讲究张弛有度，既不能过分宠爱，也不要过于严格，掌握好一个度，对孩子的健康成长非常重要。当然，家长应该充分了解孩子，针对孩子的独特个性和能力水平提出合理的要求和标准。

2. 要充分利用自身优势，为独生子女创造一个好的成长和学习环境。独生子女拥有比较优越的物质生活条件，一般都要比非独生子女有更好的成长环境。所以，家长需要充分利用这一优势，为孩子创造一个良好的成长环境和学习氛围。同时，更要注重与孩子在精神上的交流，满足其心理需求。

3. 鼓励孩子适当扩展人际交往，多参加社会实践。独生子女在家中没有兄弟姐妹，所以与同龄人接触的机会要比非独生子女少很多，家长应该多鼓励孩子有原则地结交朋友，多参加一些社会实践或符合个人兴趣的活动，培养其独立解决问题的能力和人

际交往能力。

4. 学校应该以教育为基础，注重各项素质的综合培养，给学生展示多方面才能的机会。学校应定期组织集体活动，培养学生的集体荣誉感、责任感，缓解独生子女过于以自我为中心的个性特征，增强其合作意识和分享意识。此外，应当及时对学生的行为做出评价，引导其树立正确的人生观和价值观，帮助其形成正确的是非观和善恶观。

（五）警惕青少年亲子关系紧张

案例

赵铭在父母的眼中一直是个很听话的孩子，但自从读了高中之后，他就变成了妈妈眼里的"逆子"。赵铭的爸爸在外地做生意，回家的次数并不多，而母亲单某就独自担起了照顾赵铭的责任。赵铭今年读高二，高二是个很重要的过渡阶段，但单某近期忽然发觉儿子起了变化，在家看书的时间变少了，经常吵着要零花钱，单某不给，他就扔下筷子走人。单某在电话里和老赵唠叨，她觉得孩子越来越难管了，而且几乎都不和她说话，每个周末回家，连眼皮子都不抬一下。单某心里很难过，好歹自己也是他的母亲，没想到现在儿子和自己不亲了。

单某以前在一家私立幼儿园做教师，她很热爱自己的工作，也很喜欢和孩子们打交道。而自从儿子读高中以后，加上丈夫在外经商，她就干脆辞职在家，专门负责儿子的饮食起居，做起了全职母亲。她喜欢在饭桌上给儿子灌输考大学的思想，讲得头头是道，但赵铭每次都是低头吃饭，开始时他还会还嘴，后来就索性不说话了。直到出现现在这种局面，用单某的话说就是"现在见面就当我是空气了，我说什么，他都不回应"。单某觉得委屈，后来便开始寻求心理医生的帮助。

见了心理医生的面，单某开始聊自己目前的状况。她说："我现在已经快是年过半百的人了，生儿子的时候都三十好几了，他就是我和老赵的宝贝，很多事都顺着他。现在他长成了一个17岁的小伙子，可不知道为什么，我越是关心他，他就越是和我疏远，他爸爸不怎么回家，反倒和他爸挺谈得来。

"我心里难受啊，他对我太冷淡了，我照顾他的生活，他每个星期回家一次，每次我都想方设法给他做各种各样好吃的，补身体补脑子，他想做什么我也很少去干涉。现在他读高二，马上就要升高三了，我叫他多花时间看看书，你说我有错吗？他怎么每次都冲我发火，脾气比他爸爸当年还要大。"

"我也在努力改变局面，我给他买了他平时最爱玩的游戏卡，让他在学习之余玩玩；还给他买了他喜欢的衣服，带他去一直想去的海洋馆，可即便这样，他还是不愿和我多说话，一句话不投机就红脸，再这样下去，我真担心我们母子俩相处不下去……"

心理医生听完单某的叙述，觉得很有必要和赵铭见一面。一个周末，单某说服了儿子，二人一起来到心理诊所，在赵铭的要求下，心理医生和他进行了单独的谈话。

赵铭说："她太小题大做了，这种事还来找心理医生……"没等赵铭往下说，医生就打断了他的话："小伙子，你要学会换位思考，你母亲是太痛苦了，她的心理压力很大。你难道不想和我说说你的心里话吗？"

在心理医生的引导下，赵铭说："她平时在家就有点小题大做，为了照顾我就辞职在家，每天就盯着我在干什么，我很烦，见到我不是问我考试成绩，就是和我讲考大学的好处，爸爸至少还关心我在学校和同学的关系好不好。我以前很享受她给我的一切，甚至还觉得自己很幸福，因为和别的同学比起来，我的家庭完整，父母对我关爱有加，但现在她越是关注我，越是要把所有精力都放在我身上，我就越是感到要窒息了。我想有我自己的生活和空间，她不该为了我放弃自己喜欢的工作，每天在家就会胡思乱想……"

听完赵铭的话，心理医生对老师和同学眼中的他很好奇，想知道，这样一个令母亲抓狂的孩子究竟在学校的表现如何。于是，心理医生来到了赵铭的学校。经过一番了解，才发现学校里的赵铭和他母亲眼中的儿子完全不一样。同学们都觉得赵铭很有责任心、团结、有集体意识、乐于助人，是个性格很好的人，也很有幽默感，在宿舍还经常讲笑话；而在老师的眼中，赵铭学习成绩不错，是大家眼中的好孩子，有礼貌，还虚心接受批评。

为什么赵铭在学校就有耐心接受老师的批评，和同学互动良好，而回到家就变得脾气暴躁、不愿与人交流呢？心理医生对单某坦言，那是因为单某管教得太严格，表面上似乎从不干涉他的事情，却无时无刻不在向孩子施加学习压力，对孩子的生活问题极少关心，也不过问他的人际关系．这正是问题的症结所在。

于是，心理医生给单某提出了以下几点建议：1. 对孩子的关心要不仅仅局限于学习，还需要有更多的思想交流，关注其生活变化和心理需求，要投其所好，不要一味强调学习；2. 注重沟通的技巧，外松内紧，不要在孩子面前表现得过分紧张，可以在私下里多关注其变化；3. 要讲究给予爱的方式，这个年龄段的孩子在接受爱的同时也注重心理感受，不要把自己的爱盲目地强加在孩子的身上，在关爱的同时，还要看看

孩子需不需要、这份爱他会如何解读等；4. 不要把过多的关注都压在孩子身上，更不要凡事都围着孩子转，给他独立的空间，试着以朋友的身份与之相处。

同时，心理医生也给了赵铭一些建议：首先，身为一个即将成年的孩子，即便学习的压力大，也要试着去理解父母的付出，不能否定了他们的爱；其次，学会控制和管理自己的情绪，不要把自己最亲近的人当作发泄的对象；再次，要明白自己内心需要的是什么，然后用正确的方式去交流，而不是埋在心里。

一段时间之后，单某果然发现儿子对自己的态度改变了很多；而赵铭也觉得母亲通情达理了很多。

常见的青少年亲子关系问题

亲子关系在法律上指具有法定的养育、监护以及赡养关系和自然血缘的关系，也就是指父母和子女之间的权利和义务关系。而在心理学上，亲子关系是指父母与子女之间的关系。

我们每个人来到世界上，首先需要面对的人际关系其实就是亲子关系，这是每个人身心健康成长的基础。父母与未成年子女之间的关系，是亲子关系中最为关键的一环，因为它关系到孩子将来是否有能力走向成功；孩子在该时期的性格形成、品质培养、意志的磨炼等，都是在为今后的人际交往做准备。尤其是在如今独生子女普遍较多的社会状况下，加上正值青春期，亲子关系的问题也就越来越多了，比如关系疏远、难以管教和沟通、脾气暴躁、不耐烦等。父母在这个时候越是想管好孩子就越难，于是，一个接着一个的亲子关系问题就来了。

也就是说，亲子关系并非是一个一成不变的关系体系，它会随着子女的逐渐成长和父母地慢慢老去而出现变化，比如，父母和孩子在某个阶段中可以相互适应，可一旦到了另外一个阶段时，就变得难以相处。也有的父母可以照顾和抚养好乖巧、依赖性强的孩子，却难以应付和管教顽皮、正值青春叛逆期的孩子。

这其实就是亲子关系的年龄阶段性——在发展阶段上出现适应困难。而当双方面对这种适应困难，都感到束手无策、努力却得不到任何缓解时，亲子关系就会变得紧张。亲子关系紧张影响家庭和谐，对孩子的身心发展不利。通常情况下，遭遇亲子关系紧张的孩子都会产生一定的心理不适，比如逃避心理、无故焦虑、烦恼、失去安全感等。

心理学家认为，引发青少年亲子关系紧张的原因并不是单一的，而是由多方面因素共同作用的结果：

1. 青春期的逆反心理。逆反心理在青少年中还是比较常见的，心理学家称之为"第二反抗期"，即青少年在进入青春期后，他们会认为自己已经长大了，不希望再被父母看成小孩子；而在父母的眼中，他们依旧是小孩子，年龄小、心理不成熟，还是会习惯性地去保护。那么，此时，孩子就会把这种保护当成是多余的、不可接受的爱，不满的情绪越积越多，最终由逆反的心理演变为逆反的行为。这是心理学上的"断乳期"，青少年会戴着质疑的"眼镜"去审视父母的所作所为，很容易造成父母与孩子紧张、对立关系的形成。

2. 父母与子女之间缺乏正确的沟通。进入青春期的孩子都希望摆脱父母的管束，要求自主和独立，他们在心理上产生封闭，但又会有选择性地向外界开放。所以，青少年是希望拥有一个属于自己的、不受父母干扰的独立空间，自己去体味成长过程中的苦与乐。但另一方面，他们也渴望被理解和关注，而此时，如果父母的关注都是学习，或者父母只一味强调自己的观点而忽略了他们内心的真实想法，就会造成亲子关系陷入紧张的局面。

3. 儿童早期的亲子依恋。所谓亲子依恋，其实是指孩子与父母建立的最为持久和强烈的情感联系，而儿童在早期的亲子依恋是其情感和情绪发展的重要基础，也就是个人情感发展的关键时期。孩子自出生到两三岁之间的这段时间是建立情感联系的最佳时期，如果父母在这段时间不能陪在孩子的身边，那将来就很难建立起亲密关系。

当然，还有其他的原因存在，这需要具体情况具体分析。譬如本节案例中的赵铭，在面对老师和同学时态度就很好，唯独在面对自己的母亲时脾气很大，这和他们母子在日常生活里的点滴相处分不开。赵铭对母亲的抱怨是长时间积累而成的，因母亲过度关注和强加给他一些他并不需要的爱，而他所需要的关爱母亲却又吝啬给予。解决这种亲子关系紧张的办法最好是相互沟通，把各自心里的想法都表达出来，各自做出改变，这样才能真正解决问题。

建立良好的亲子关系

心理学家认为，良好的亲子关系需要从心理出发，准确给自己和教育"定位"。

1. 父母学做孩子的"律师"，拒绝做"法官"。孩子正值青春期，犯错或出了点问题是很正常的事情，但有的家长会在这个时候迫不及待地站出来充当"法官"，一锤就给孩子定下了罪状。这是不可取的，更是不明智的，越是在这个时候，家长就越是应该顾虑到孩子的内心世界，他们在想什么，心理又是怎么样的一个状态，充分地去了解其需求和内心的想法。只有这样才能达到预期的目的，既保护了孩子的自尊心，保护了孩子的基本权利，又能够赢得孩子的信任。所以，在关键的时候，要做孩子的"律师"，考虑他（她）的利益和需求，一切从他（她）的角度出发，满足其心理需求。

2. 做孩子的"拉拉队"，而不是"裁判"。青春期的孩子需要鼓励，需要有赞赏，批评和否定的话语会令其反感；而且有些事情，父母不能以一个"裁判"的身份直接给他们判出胜负。好比当孩子在人生的跑道上奔跑时，最忌讳的就是来自裁判的失败判决，那只会让他们泄气，而相比之下，啦啦队传出的欢呼声却会带来更多的鼓励和肯定。所以，父母要投其所好，充分满足孩子青春期的心理需求，多些鼓励和肯定，少点责怪和否定，只有这样才能帮助孩子建立起自信心，达到家庭教育的目的。

3. 及时反馈积极信息，不要训斥。青少年在认识自己的过程中，需要得到外界的反馈信息，而父母则是最直接的反馈者，他们从父母那里得到的信息很关键，所以，家长应该给出及时的正面反馈，让青少年有更多的机会和途径去认识和了解自己；此外，父母在此时所扮演的角色也影响到双方的关系亲疏。

父母如果像个驯兽师一样，那孩子势必会产生畏惧，但如果能够转变角色，也就能够转变亲子之间的沟通方式。比如，给孩子更多自己做主的机会，在做选择之前，尽量先让孩子自己去决定，家长少提或者不提意见，让孩子走点弯路未尝不可，这样才能真正从中积累经验；在明知孩子选错了的情况下，千万不要急着去纠正，除非这个决定将会给孩子造成伤害，有时候出点小问题反而是一种成长；当然，在出了问题之后，也不要急着去责怪，一口否定了孩子的能力，而是继续给予他们自己做主的机会，这其实就是充分的信任。

4. 转变和重建教育模式。站在心理学的角度分析，亲子关系和教育应该立足于对孩子心理的理解。即一切都从理解出发，对青少年的行为进行心理层面的分析和解释，只有这样，父母才能真正找到正确的教育模式。

5. 心理沟通是桥梁。如果孩子考试不及格，回家后很少有父母会做到平心静气，但如果孩子考试得了满分，那么家里肯定喜气洋洋，这就是孩子的学习成绩给一个家庭带来的影响。心理学家认为，当孩子遭遇挫折时，他们最渴望得到的是鼓励和温柔地提醒，而并非一顿劈头盖脸的痛骂，所以，当孩子发现自己得到的是痛骂后，他们会失望。失望了还会敞开心扉和家长沟通吗？沟通不成功，孩子就不可能听话。

那如何才能沟通成功？是大嗓门、厉声厉气，还是一顿打骂之后换来的孩子的妥协？都不是，真正的沟通不是你说服了孩子，而是你们达成了心理上的共识。心理学家建议，家长在与孩子进行沟通时，要把80%的时间用来倾听，其余20%的时间用来说教，因为并不是你说得越多，最后达到的效果就越好。

而沟通的基础是理解，即理解孩子为何有某种需要，同时也要肯定孩子拥有满足这种需要的权利，甚至还可以承认自己也有这方面的需要，这并不会降低身为家长的地位，反而会拉近彼此的心理距离。有了这个前提，沟通就成功了一半。

在沟通的过程中，要表达源自真心的关注。比如在和孩子说话时，千万要放下手上的工作，不管你有多忙，这是一种尊重，更是在表达你的真心，孩子会感受到来自父母的真心关注，他（她）会觉得自己很重要，也乐于与父母沟通。

而一旦发现无法与孩子沟通下去的时候，心理学家建议，家长可以采用"大而化之"的问题，多问具体的细节，比如"今天在学校有没有遇到难以处理的事情啊？""今天上英语课有什么新的感觉吗？有没有觉得轻松了很多？"等，假如孩子真的不想回答，家长应该明智地选择暂时放弃，千万不要追着孩子不放。

当然，青少年也要学会自我调适，当与父母关系紧张时，不要一味抱怨，要学会理解父母，学会与父母沟通。如果希望得到父母的理解，青少年也要学着去理解父母，并适当地说出心里话。父母的生活时代和如今子女相差甚远，他们的思想或许还停留在以往的时代里，不能接受某些思想和观念也属于正常现象，但作为即将成年的子女可以想办法和父母沟通，试着换位思考，改变父母的某些观念也不是难事。此外，要保持好心态，善于表达自己的愿望，给父母机会去了解自己，避免出现误会或矛盾。

八、儿童障碍现状分析

对父母寸步不离——分离焦虑

你的宝宝是不是离不开你，不管你是去洗澡还是上厕所，他都黏着你不放？你走出房间，他就放声大哭，哭得你手忙脚乱，赶紧做完手边的工作，回到他身边？你的宝宝是不是害怕陌生人，邻居阿姨想要抱他一下，他就开始放声大哭，好像受了莫大的委屈一样？

这其实是儿童分离性焦虑障碍的表现。三四个月大的孩子，已经能够区分熟人和陌生人，并且对陌生人感到恐惧和逃避。五六个月的时候，孩子已经能够认得特定的对象，该对象通常都是养育他的妈妈。孩子和妈妈建立了依附关系，一睁开眼睛，孩子就开始搜寻妈妈的身影，看到妈妈就手舞足蹈，妈妈一离开，就感到害怕，大声哭泣。

分离焦虑来自孩子未发展的认知能力。成年人不会觉得一个人走出了房间，离开了视线，就会永远消失不见，但是小孩子会。孩子会认为，物体从眼前消失，就是彻底消失了。不管是物体还是人，只有在他视线里的才是真正存在的，他才能安心。

哭闹是分离焦虑的信号。对孩子来说，最直接的表达方式就是哭，这也是他们宣泄不满的方式。当孩子离开熟悉的环境和人时，就会产生强烈的焦虑感，感到不安。除了少数适应能力强的孩子，大多数孩子都有分离焦虑。程度轻的孩子会感到不安、不开心，若是严重，孩子会变得非常暴躁、哭闹，更严重的孩子会出现不良身体状况，如头痛、腹痛、恶心等。

3个月到两周岁，是孩子分离焦虑非常严重的时期。这段时间，父母要让孩子感受到关爱，满足他对安全感的需要。两岁之后，分离焦虑会减轻。3岁时，当孩子能与其他人进行活动时，分离焦虑的症状就会逐渐消失。

在这段时间里，如果父母没有给予孩子足够的关怀，让他感受到安全感，就会造成负面的影响：成年之后，孩子会没有自信，没有勇气面对新鲜事物。针对青少年焦虑症的研究表明，许多青少年的焦虑问题可以追溯到婴儿时期。

但是，如果孩子一哭，妈妈就去哄他，抱着他，容易让他养成用哭闹表达需要的习惯。遇到任何不满意的事情，孩子都会用哭闹的方式表达，如果父母一味地屈服，就会养成孩子的任性，这种情况很难处理。妈妈是最听不得孩子哭的，尤其是孩子因为害怕分离而哭泣时，妈妈就会心生怜悯，甚至产生罪恶感，因而放弃离开的念头。这时候，妈妈可以下定决心，用坚定的语气告诉宝宝："妈妈要离开，但是会回来。"不断重复这个模式，帮孩子建立恒存的概念。

一些缺乏知识又缺乏育儿经验的妈妈可能会走入误区。例如在孩子哭闹的时候，用恫吓的方式吓唬孩子，如说"再哭的话，老妖怪就来把你抓走"。这些方法只会加深孩子内心的恐惧，和把孩子关在"小黑屋"里是一个效果。用糖果、食物贿赂的方式也不太可取，应该说治标不治本。孩子哭闹是因为缺乏安全感，食物只能暂时地转移孩子的注意力，并不会取代父母带来的安全感。

另外，在孩子小的时候，尽量不要让其和陌生人独处。比如父母临时有事，把孩子托付给朋友或者邻居。孩子突然陷入陌生的环境，被迫和陌生人相处，自然会焦虑不安，大哭大闹，黏着父母不放。趁他睡觉的时候偷偷溜走，短暂地解决了孩子哭闹的问题，可等他醒来，发现妈妈不见了，同样还是会大哭大闹，其焦虑程度更强烈，这样也不行。妈妈这么做无异于在给孩子传递一个信息：闭上眼睛的话，妈妈就会消失不见。

开学第一天，幼儿园里哭声一片。新入园的孩子不让妈妈走，妈妈走了，孩子开始哭，上课哭，吃饭也哭，听见别人喊"妈妈"也要哭。在所有哭闹的孩子中，天天是最严重的一个。天天2岁半，活泼可爱，从出生就是妈妈亲自带他，妈妈准备上班后，就把他送到了幼儿园，可是，他的幼儿园生活每天都和泪水相伴。

天天坐在教室第一排，看见老师就说："我要回家！我要妈妈！"从进园第一天起，天天就比别人的孩子爱哭。妈妈要离开时，他紧紧抱着妈妈的大腿不放，不放妈妈走。别的小朋友入园第三天，大人离开之后哭一会儿，渐渐就会停止哭闹，和其他小朋友玩游戏。天天则不停地哭，不肯吃饭，不肯午睡，甚至不肯喝水，整天哭着吵着要妈妈。

老师在上课，他就吵着跟老师要电话："老师，给我妈妈打电话，我要打电话，打电话……"老师走到他身边，他就要求"抱抱"，老师每次都会抱他一会儿，把他放下来时，他就站在原地大声哭。后来，他知道老师不会抱他了，就跟着老师，拉着老师的手，老师走到哪里，他跟到哪里。老师把他放在教室里，告诉他不可以跟着，天天就坐在自己的座位上，吧嗒吧嗒掉眼泪，也不去和别的孩子玩。回到家里，他一步不离地跟着妈妈，妈妈离开一会儿，他就开始哭，常常跟妈妈说，"明天不去幼儿园了"，睡梦里也是叫着"妈妈，妈妈"。

很显然，天天的哭闹是因为分离性焦虑。由于天天平时都和妈妈待在一起，不与外界接触，妈妈也将全部心思放在孩子身上，对天天过于关爱和保护，从而使他胆小、害羞、过度依赖妈妈、不能适应外界环境，一旦和妈妈分开，就会出现分离性焦虑，而且比同龄的孩子严重得多。

在核心家庭里，孩子接触最多的就是妈妈，有时还会有爷爷奶奶、外公外婆，很少有和家庭以外的孩子接触的机会。为了避免孩子在入园之后不敢和陌生人接触，父母应该培养孩子和同龄人玩耍的机会，鼓励孩子将玩具、食物与人分享，培养其与人相处的能力，克服胆小、怕生的心理。

许多父母会以孩子小为理由，事事代劳，全程包办，其实这样做并不对。在孩子入园之前，最好培养孩子的生活自理能力。许多幼儿园现在不招收吃饭、穿衣、洗手、大小便等不能自理的孩子。况且，孩子总不能永远依赖父母，终究要学会自己解决问题。

在入园之前，父母也可以带孩子到幼儿园参观一下，给孩子一个适应的过程。爸爸妈妈可以陪孩子在幼儿园待几天，让孩子和老师、同学熟悉一下，以后逐渐减少陪伴时间，直到彻底把孩子放在幼儿园里。

处理好人生中第一个分离阶段，孩子才能对自己充满信心，对世界充满探索的好奇心。未来的人生还有许多次分离在等待，换牙时和乳齿的分离；青春期和初恋的分离；离家后和父母的分离；结婚后和原生家庭的分离……能否处理好这些分离，决定了一个人能否生活得幸福。

没人走进你心里——儿童自闭症

儿童自闭症，又称儿童孤独症，是广泛性发育障碍的一种，婴幼儿期就会出现相应症状，男性多见。儿童自闭症主要表现为缺乏交流，无法与父母建立依恋关系；语言发育落后，或者在正常语言发育后出现语言倒退；重复刻板的行为；70%的自闭症儿童智力落后，20%智力正常，10%智力超常。智力超常者主要表现为记忆力非常好，尤其是在机械记忆方面。有的孩子在绘画、艺术、计算机程序设计、复杂的运算等方面很有天赋。痛觉不太敏感，特别喜欢或恐惧某些声音、图像。

目前为止，儿童自闭症的原因尚不明确，但是有几个方面的影响因素，如遗传。研究证明，患自闭症的儿童，其同胞兄弟姐妹患自闭症的概率为10%，同卵双生子患病的概率为60%~90%。

器质性损害，如婴儿出生时的产伤、宫内窒息、中毒感染等导致的脑器质损害会导致自闭症。除此之外，先天性风疹病毒感染、巨细胞病毒感染可能和自闭症发病有关。神经递质方面，婴儿的淋巴数量减少、活性降低、抵抗感染的功能下降会导致自闭症的发生；中枢神经系统的神经递质，5—羟色胺或多巴胺的活性下降，伴有下丘脑功能障碍也会导致自闭症。也有人认为，自闭症儿童孤独、无法和他人建立感情联系和脑内内啡肽类物质异常有关。

安晨今年8岁，是家里的第一个孩子，他还有一个比他小5岁的妹妹，是在他被诊断为自闭症后出生的。安晨说话不太流畅，注意力不集中，在一个地方坐不长久，总是不能自我控制地走来走去，不和别人玩耍，却总是自娱自乐。他自娱自乐的方式就是用石头划墙，然后听石头和墙壁摩擦发出的刺耳声音。安晨脾气特别差，只要是他想要的东西，必须马上拿给他，比如他要打开电视或要某一个玩具，如果妈妈不能马上满足他的要求，他就在房间里大吵大闹，高声尖叫。

2岁的时候，安晨还会说"爸爸""妈妈"，站在地上喊"妈妈抱"。后来，他开始不爱说话，爸妈叫他名字，他好像没听见似的，没有反应。他兴趣很少，最喜欢坐在沙发上看电视。他吃的食物也很简单，每顿饭必须有番茄炒蛋，其他东西一律不吃。他还喜欢看太阳，早晨看，晚上看，早晨起来如果是阴天，他就会大哭。

3岁时，安晨还分不清"你""我""他"。别人问他"你几岁了？"他就跟着重复"你几岁了？"别人问"你叫什么名字？"他也跟着问"你叫什么名字？"吃饭时还像一岁小孩子一样，弄得桌子一片狼藉。

安晨能讲话时，只能说固定的内容，比如跟着天气预报念城市名，背诵广告词等，这时候，他非常专注，谁也不能打扰他。自从背下来"小猫钓鱼"的故事后，安晨时不时地背诵"小猫钓鱼"，但他对故事情节完全不理解，听他背诵就像听答录机一样，机械而刻板。

安晨第一次被送去幼儿园时，他对上课毫无兴趣。上课铃响了，他还在台阶上跳来跳去；在教室里，他喜欢不停地开门、关门，抢小朋友的食物；走在路上，他也不知道躲避危险。在幼儿园里，他从来不睡觉，做操也不知道排队，上课的时候走来走去，乱动别人的东西。

老师们都觉得安晨和别的孩子不太一样，有的地方显得特别笨，有些地方又特别聪明。最后由于给老师、同学带来了很多麻烦，安晨只在幼儿园待了3天，就被爸爸接回了家。后来，爸爸给他报读了几所幼儿园，可是他都没有待到一个星期，就被劝退了。安晨爸爸知道自己家的孩子和别人不太一样，他一直以为是智力上的问题，辗转到几个地方检查，才被确诊为自闭症。

此后，安晨一直待在家里，妈妈辞掉工作，一边照顾他，一边照顾妹妹。即使妈妈每天辛苦照顾他，他也并没有表现出对妈妈的感谢，连亲密的互动都很少有。妈妈和他待在一个房间里时，他仍然独自玩玩具，和小妹妹也没有情感互动。

自闭症的孩子活在自我的国度里，用和别人不同的角度看事物，但本身又不能自觉。从表面看来，自闭症孩子显得很自私，所说的言语大部分是为了满足自己的需求，与人互动时也只考虑自己。由于自闭症孩子言语表达存在障碍，当他感觉不舒服或焦虑时，不能用言语说明，而是使用肢体动作，因此，正常孩子和他们相处非常困难，即使是成年人，如果不懂得一些技巧，也无法接触自闭症儿童。

遗憾的是，许多父母都是孩子被诊断为自闭症之后才开始了解自闭症的。通常情况，父母发现孩子异常后，首先带他去看儿科，查不出具体的问题后，就以为孩子迟迟不会说话是发育晚，"贵人迟开口"，孩子重复玩一个玩具也只当是孩子性格安静，过分专注。等年龄大了，症状明显了才确诊，孩子已经错过了最佳治疗期。

实际上，如果在3岁开始训练，40%的自闭症孩子可以恢复正常或者接近正常。在最佳治疗年龄对自闭症儿童进行训练，虽然没有100%治愈的可能，但是能让孩子实现生活自理、适应社会、与人交往，甚至能通过训练从事某项工作。在发达国家，自闭症儿童在3岁左右被确诊，会随即开始进行矫治训练。3~6岁是最佳训练期。美国新泽西大学的研究证明，学前阶段经过训练的儿童智商有明显的提高。

不过，想要自闭症儿童成为某一领域的天才也不太容易。许多电影将自闭症儿童描述成速算天才或者密码天才，实际情况却不是这样。自闭症儿童中的确有一些智力超常的个体，但是他们并没有人们想象得那么天才。研究人员在实验中发现，自闭症儿童由于缺乏经验归纳和逻辑归纳的能力，在处理大型任务时显得很吃力。想要自闭症儿童成为密码界的黑客，貌似不太可能。

在数量极少的发展良好的个案中，有的自闭症儿童念完了中小学的课程，上了大学；有的人在从事设计方面的工作，虽然他们在成年后依然表现出自闭症的症状，但这并不妨碍他们的社会生活能力。如果听之任之，随着年龄的增长，自闭症症状非但不会好转，孩子还会表现出情绪、行为等方面的问题，走入更加自闭的状态。

孤独者的未来——自闭症成年后

根据联合国大会的决议，从2008年起，每年的4月2日是"世界自闭症日"。根据2011年全国残疾人普查统计，大陆的自闭症儿童已经超过100万，患病率在逐年上升，且有许多未被发现、诊断的具有自闭症倾向的孩子。

如今，社会对自闭症儿童的早期教育越来越重视，并且有相对完善的康复体系。但是从14岁之后，自闭症病人就无处可去了，人们尚没有找到合适的途径，帮助自闭症病人就业和融入社会。

患有自闭症的成年人要如何生活？什么样的工作适合自闭症病人？他们能结婚、生小孩吗？当父母老了，无力继续照顾，自闭症成年人要何去何从？这些不仅是自闭症病人的亲人需要面对的问题，也是整个社会需要面对的问题。

根据专业机构对自闭症病人的跟踪调查，实际自闭症病人中，没有一个人能结婚生子，大多数人和父母生活在一起，待在家里，从事重复的活动，或者什么都不做。时间越长，他们越不能积极地投入生活，严重时还会完全支配家人的生活。

由于自闭症病人存在严重的社交障碍，可想而知是无法走入婚姻的。正常人都期待在夫妻关系中获得情感上的互动和支持，自闭症病人显然做不到这一点。

如果是自闭症病人之间的结合，会更加麻烦，他们不仅无法互相扶持，还可能拖累家人。

目前来说，国内基本没有适合自闭症病人且受保护的就业机会，许多人在超龄之后便没有学校接受，也找不到工作。如果没有其他方式的外出活动，成年自闭症病人就只好待在家里。实际上，如果社会能够提供就业机会，让成年后的自闭症病人在受保护的情况下工作，同时能参加一些休闲活动，即使和家人住在一起，对病人和家人来说都是不错的选择。

对于自闭症病人来说，通过工作获得报酬是次要的，如果工作是他们喜欢的，同时能利用到他们的特殊技能，无疑会最大限度地提高自闭症病人的自尊心，降低他们的失调行为。但是，自闭症病人对工作环境的要求非常高。所谓"受保护的工作"，不仅在于工作环境的安全性，还包括有同情心、有见识的雇主，宽容的工作伙伴，工作内容不需要与人交往和交谈的能力，工作指令不能过于复杂，工作方法不可以常常变更，毕竟随机应变对自闭症病人来说非常困难。有些自闭症成年人对噪声、明亮的灯光过敏，工作场所就不能出现诸如此类的环境条件。

自闭症成年人即使有工作能力，但让他们正式负责一份工作也是非常困难。不是对自闭症病人有研究，了解他们心理、习性的专业机构，恐怕无力应对。工作开始前，需要有人给自闭症病人详细地解释每一个细节，如果他们感到心烦意乱，常会发火或者大声喊叫，这时候还需要有人照料、安抚他们的情绪。

几点上班、几点下班，什么时候开始工作、怎样到自助餐厅吃饭，更衣室和卫生间的位置所在……每一个细节都要考虑清楚，以确保一切能够顺利进行。即使如此，他们上班、下班的路上也可能遇到困难，如乘坐公交车坐过站，地铁误点或被取消，由于自闭症病人不能随机应变地应对周围环境，环境稍有变化，他们就会感到困惑和苦恼。

可一旦学会了工作规则，他们就会很努力而认真地工作。当然，这也有负面作用，因为过于追求完美，会降低工作效率。由于诚实、不会用心计，一旦工作顺利，雇主和同事了解他们的特殊障碍，自闭症病人会被周围人了解和接受，还会变成受欢迎的人。

念念不满6岁时被确诊为自闭症，在此之前，他一直被父母认为是耳朵有毛病。念念不会说话，也不与人交流、对视，父母带着他看了许多大医院的耳鼻喉科，都没有查出问题。后来有一位朋友偶然间提道："念念不会是自闭症吧？"结果父母带他到脑科医院检查，很快确诊为自闭症。

念念记忆力特别好。他能记住每一个日子，说出几月几日，他就能报出是星期几，但是如果有人问他："你是怎么做到的？"念念就会支支吾吾说不出来。虽然已经20岁，念念看起来像十六七岁的中学生，一脸稚嫩。他个子不高，脸上时常挂着笑容。

在特殊学校接受了9年的义务教育后，念念的未来成了父母的心事。他曾经被送到面点学校学习，后来发现他没办法进行复杂的面点制作。念念在家里待了一段时间，整天除了吃就是睡，或是在小区里游荡。爸妈去上班了，还要担心他在家里安不安全，会不会闯祸。有一天，念念想要出门，妈妈没有同意，上班之前，妈妈照常把念念锁在家里，把准备好的饭菜放在桌子上，可回家时，发现念念正蹲在阳台上，玻璃被打破了，头被卡在防盗铁窗里，还割破了手。看到念念头上和手上都是血的样子，妈妈吓坏了。

虽然念念记忆力非常好，但他连简单的算术题都不会做，"8块钱一斤的葡萄，买两斤多少钱？"妈妈经常给他出类似的算术题，可念念算不出来结果。念念爸爸担心他在学校培养的沟通能力会因为待在家里一点点退化，便到处打听，希望能帮他找到一个新的学校或者工作机会。后来，念念爸爸通过社工的帮助，联系到区图书馆。念念每个星期去图书馆三天，帮忙整理书籍。

20岁时，念念开始了他的第一份工作——图书管理员。虽说是图书管理员，但念念只负责整理图书、杂志的工作，由于与人沟通并不顺畅且不会操作电脑，念念并不能处理借书、还书的工作。整理的工作挺适合念念，逛超市的时候，念念总是忍不住帮人家整理货架。

正式上班之前，为了让他熟悉上班、下班的路线，妈妈带着念念坐了好几天公交车。上班第一天，妈妈偷偷跟着念念出门，一路目送他走进图书馆大楼。妈妈还用一问一答的方式教他如何和同事沟通。"你叫什么名字？""念念。""今年多大了？""20岁。"

在指导老师的带领下，念念将杂志按标签颜色分类，看到喜欢的封面，他会停下来念一下，这时指导老师会提醒他，"念念，不要开小差哦！"于是他将杂志放回书架，继续分类。工作不忙的时候，他则在书架间四处转，嘴里还念念有词，原来他在记每一本书的名字，"追忆似水年华第一卷，追忆似水年华第二卷，追忆似水年华第三卷……约翰克里斯多夫上卷……"发现放错的书，他会将书摆回原来的地方。其他管理员是凭标签将书籍归位，他则全凭记忆力。

每天上午，念念花两个多小时把归还的书重新上架，从头到尾，非常细心。接下来，他就在书架之间转来转去，记住每一本书的位置。有时候，指导老师会把他叫到身边，逗他说："念念，你觉得自己做得好吗？""好！"看他一本正经地回答把大家都逗乐，念念自己也跟着笑起来。

一个星期后，爸爸去图书馆接念念下班。指导老师告诉爸爸说："今天念念见到站在书架前的读者，问了一句'你需要帮忙吗？'"爸爸欣喜若狂，因为他知道，像念念这样的自闭症孩子是很难和别人主动沟通的。

自闭症病人的显著表现就是刻板行为。不断重复做一件事，喜欢整理，日常生活按照既定的时间表进行等，这些行为完全可以变成工作中的优势。如果社会能够提供适合的工作机会，自闭症病人也能发挥自己的一分力量，在这方面，欧美国家和日本做得非常好。

美国是最先发现自闭症的国家，并且投入了大量的人力、财力进行自闭症的相关研究，在法律和政府方面，也为自闭症病人创造了成熟的环境。法律规定，自闭症儿童作为残障儿童接受特殊教育——美国的特殊教育是义务教育，政府会给予资金援助。如果学校拒绝接收自闭症儿童，将受到严厉的行政处罚。

一些非营利组织则会根据自闭症病人的特点，培养他们的技能，同时培养他们与人接触的能力、眼神沟通的能力等。位于伊利诺伊州的一家非营利组织就聘请了一些阿斯伯格综合征病人——一种轻度自闭症——让他们负责查找软件中的 bug。自闭症病人有着软件测试仪需要的优秀品质：高度集中的注意力，对重复工作不感到厌烦，并且能记住一切细节。

日本和欧洲的一些社会福利机构同样接收自闭症成年患者，并且为他们提供工作的机会。日本东京北部有一个"榉之乡"，它是一家专门针对自闭症成年人的福利机构，那里接收 18 岁以上的自闭症病人。在那里，经过训练的自闭症成年人可以在手工织布组、电器元件组、烤面包组、陶艺组和废纸处理组工作，工作时有专业人员陪同，制作出来的产品都有一定的销路。"榉之乡"的运营费用则由国家、当地政府和病人家长共同负担。

相比之下，我国对自闭症儿童的教育并不完善，尤其是自闭症成年人。在落后的地区，自闭症儿童被看作弱智、脑瘫儿对待，只能进入培智学校接受教育，也缺乏针对性的训练，一旦错过最佳训练期，可能终身无法独立生活。在自闭症成年患者的就业和生活方面，我国几乎是一片空白。

教出来的坏孩子——品行障碍

今年 10 岁的杨野上小学五年级，是家中的独生子。在学校里，杨野不仅学习成绩差，而且处处惹是生非。低年级时，他只是上课不守纪律，喜欢和同学说话或玩玩具，下课乱跑乱窜，如果有人惹到他，他就拿起身边的东西打人。他曾经无数次因为不遵守纪律被罚站，或是因为不服从老师的安排被广播操比赛除名。到了高年级，杨野开始结交学校外面的朋友，通常都是临近高中的学生，此后，他开始说谎、逃学、旷课，有时拿着爸爸给他的钱请他的好哥们到网吧打游戏，有时候则抢低年级同学的钱或故意欺负低年级同学。

杨野如此顽劣，和家庭环境及父母的教育方式不无关系。杨野爸爸是一间小工厂的老板，平时工作很忙，除了给杨野充足的零花钱外，没有时间陪杨野，对杨野的内心世界也不甚了解。爸爸曾经答应杨野带全家人一起去香港迪士尼玩，可这个承诺始终没有兑现，为此，杨野对爸爸感到非常失望。升入高年级后，爸爸和杨野之间的交流越来越少，后来变成仅限于打骂，尤其是因为杨野在学校里闯祸，爸爸被老师叫到学校去之后，回到家里，爸爸就会给杨野一顿拳脚。

妈妈是一个没什么文化的家庭妇女，对杨野非常溺爱，不管杨野犯了什么错，她都不会管教。爸爸管教时，她则从旁阻拦，爸爸下手重了，她则抱着儿子对丈夫吼道，"他可是你唯一的儿子呀，你要打死他，就先打死我好了！"为了避免杨野挨打，妈妈常常隐瞒杨野的劣迹，直到杨野闯了祸，爸爸才知道儿子已经如此顽劣不堪。

从杨野的种种表现可知，他的行为属于儿童品行障碍。儿童品行障碍是发生于18岁以下儿童、少年身上，经常性发生明显违反与其年龄相应的社会规范或道德准则的行为。和一般的淘气、一时过失或年幼无知不同，儿童品行障碍是一贯的行为模式，其中包括说谎、打架、偷窃、伤害他人、虐待动物、破坏财物、逃学、离家出走、过早的性行为及触犯刑法的行为等。

造成儿童品行障碍的原因有很多，除了生物学因素、神经系统反应等原因外，最主要的原因来自学校教育、家庭教育和社会不良环境，其中家庭教育最为关键。如果父母关系不和、离异，父母对儿童过于骄纵、溺爱，或是管教过严，或是放纵不管，都会影响儿童的行为。父母脾气暴躁，遇到问题动辄打骂，不懂得和孩子沟通，若是家庭成员中有人打架、诈骗、赌博、偷盗等，则会给孩子树立一个糟糕的榜样。因为母亲和儿童相处的时间比父亲多，若是母亲具有犯罪史、酗酒和反社会行为，儿童出现品行障碍的比例会明显提高。

品行障碍儿童同时具有情绪不稳定，攻击性强、好冲动、适应性差等心理特点，这和父母早期对待儿童的方式有关系。父母粗暴地对待儿童或者故意回避儿童，儿童就会表现得更加充满敌意，喜欢违抗，久而久之发展为品行问题。如果在儿童早期，父母和孩子之间的依恋关系建立得不好，也会增加品行障碍发生的概率。

所有品行障碍开始于学业不良。在学校里，学习成绩是儿童获得自尊的主要方式，成绩不良带来的负面效应降低了儿童的自尊，为了重新获得自尊，儿童会选择其他途径，如欺负弱小的同学、和老师敌对、违反纪律，这些行为在引起老师、同学反感的同时，也引起了他们的注意，满足了儿童渴望被关注的需要。只可惜，顽劣行为只会让周围人对儿童的评价越来越低，使其在集体中处于孤立地位，继而永远失去童年的幸福和别人的尊重。

俏俏刚刚升入初中一年级，一个学期没有结束，爸爸已经被班主任老师请到学校三次了，每次都是因为她和同学发生冲突，最严重的一次是和同班的一个男生打架。俏俏的学习成绩不好，上课睡觉，回家不写作业，满嘴脏话，若是别人做事她不满意，便张嘴就骂人。

在初中生里，俏俏的打扮属于叛逆、前卫型。虽然学校要求所有学生要注意仪表，不允许染头发和戴首饰，俏俏却烫了卷发，头发凌乱地披在肩上，服装时尚，穿机车服，化浓妆，每天嘴里嚼着口香糖，神色傲慢，和老师说话都是抬着下巴看人。

俏俏的家庭条件不算好，父母都是初中毕业，平时做点小生意，每天早出晚归，在养育孩子的同时还要赡养两位老人。父母为了生活奔忙不休，经常无暇照顾俏俏，有时候，她则被一个人丢在家里。小学时，俏俏还算听话。自从上了初中，妈妈经常发现家里的钱丢失，质问俏俏时，俏俏就说是学校老师让交学费，两三次之后，妈妈发现情况不对，"学校怎么三天两头地要钱呢？"妈妈询问过班主任老师才知道，俏俏一直用交学费的名义偷、骗爸妈的钱。

和班主任深谈一次后，妈妈才知道俏俏在学校的恶行。她经常旷课，还和高年级的男生混在一起。妈妈回家质问她："为什么要和那些高年级的男生来往？"

俏俏理直气壮地说："反正你们也不关心我，管那么多干吗？"

"我就是关心你，才不让你和那些人来往的，他们都是些不学无术的孩子……"

"不许你这么说，他们都是我哥们儿，比你们还关心我呢，你们就知道挣钱。"

每次和俏俏讨论学校的事情，俏俏都态度恶劣地和父母顶撞。有一次俏俏太过放肆，爸爸狠狠地打了她一顿。第二天，俏俏离家出走，两天两夜没回家。爸妈害怕她做傻事，便报了警。一个星期后，民警在排查网吧时找到了她。爸妈为了管教她，只好把她送到了军事化管理的寄宿女校。

治疗品行障碍的儿童，首先要从家庭治疗开始，协调亲子关系，增加家庭成员之间的交流。许多父母虽然爱孩子，口口声声说"我做这一切还不是为了孩子"，但是他们往往忽略了孩子的想法，不清楚孩子最想要什么。

用平等的态度和孩子交流，用正确的教育方式矫正儿童的行为，而不是用动辄打骂的粗暴方式。品行障碍儿童的对抗性行为，即顶撞老师、忤逆父母等，多是来自外界对儿童的过高、过严的要求，以及过于强硬、命令式的态度。老师也好，父母也好，应该从孩子的实际情况出发，用鼓励和支持的态度引导儿童。

研究表明，生活在民主型家庭中的儿童要比生活在专制型家庭中的儿童少有对抗行为。父母将儿童当作一个有独立意识的个体看待，让他们决定穿什么样的衣服、到哪里玩、给爷爷买什么样的生日礼物，儿童的意见受到重视，心理上得到尊重，才会少用对抗的方式实现自尊。

漫不经心的小孩——多动障碍

每一对父母都希望自己的孩子聪明、懂事、学习好，尤其上学之后，乖巧而成绩出色的孩子不但受老师喜欢，也受同学喜爱。只是，并非所有孩子都能被众人喜欢，有一类孩子特别让人伤脑筋，他们注意力不能集中，经常在课堂上捣乱，打扰其他人，这些孩子是班级里的"捣蛋鬼"和"麻烦精"，他们还有另外一个称号——多动症儿童。

查查今年9岁，从幼儿园开始，他就表现得比其他孩子活泼。上小学后，情况有增无减。让他安静地坐在椅子上十分钟都非常困难，不是玩玩具，就是咬指甲，要么做鬼脸，逗身旁的同学哈哈大笑。教了他半年的李老师对他非常了解，只要他一开始晃椅子，就证明他要开始活动了。一开始是东张西望，接下来去招惹同桌、前后桌的同学，有时候老师正在讲课，他会大喊大叫地打断。

查查在家里的情况更糟糕。看到邻居小朋友拿了新玩具，查查就吵着自己也要。妈妈不给买，他就大喊大叫，甚至在地上打滚。他总是精力充沛，想同时做好几件事情，做作业时边做边玩，吃饭的同时看电视，手里还摆弄着变形金刚……虽然同时做很多事情，查查却总是虎头蛇尾，没有一件能从头到尾地完成。他的房间总是乱七八糟，妈妈给他整理好了，两个小时之后他就又给弄乱了。他的文具是坏的，课本是褶皱的，衣服上到处都是水彩和染料。

查查的注意力不能集中，但他头脑很聪明，学东西特别快。可由于好动，容易分心，经常开小差，他的成绩始终在班级的中下游。每次检查作业，查查都有特殊情况发生：有时候忘记写，有时候把作业本落在了学校里，有时候上课带错课本。作业写得丢三落四，对查查来说是家常便饭。

这些都不是最严重的问题，最严重的是查查的情绪。他的情绪非常不稳定，自制力比较差，易哭易怒，固执又急躁，常常为了小事大吵大闹，还和同学打架、摔东西。在家里时，由于父母、祖父母把他当宝贝，非常溺爱他，即使他捣乱或破坏东西，长辈也不会训斥他，因此他在学校非常冲动、任性，很难管教。

儿童多动症，又称为注意缺陷多动障碍，是一种以注意力不集中、多动和冲动为主要特征的行为障碍，还伴有学习困难等表现。在幼儿中，多动症是一种常见症状。目前为止，多动症病因并不十分清楚，研究显示可能和遗传、脑损伤、发育异常、心理因素等有关。

多动症儿童智力正常，少数有轻微的脑功能障碍，主要症状为注意力不集中、活动过度、冲动性行为和学习困难。多动症在婴儿期就有所体现，如婴儿手脚动个不停，很难哄，容易激怒。

对于多动症的治疗，由于病因尚不明确，很难对症下药。有人主张用镇静类药物来帮助儿童安静下来。然而事实证明，这些镇静药物很危险，稍有不慎，就可能给儿童造成语言损伤、厌食和警觉性降低等副作用。目前，学校和儿童行为矫治机构喜欢采用游戏治疗、言语治疗、认知疗法和行为矫正等方法，虽然过程缓慢，但不会对儿童造成伤害。

10岁的石头刚上四年级，却已经转了四所学校。对石头爸妈来说，他学习好坏并不重要，重要的是他能不能在一所学校长久地待下去。石头好动，爱玩，不爱学习，因为在课堂上打扰其他同学，好几个同桌都提出要调换座位，折腾了几次后，老师迫于无奈，将石头安排在教室的最后一排，没有人和他同桌。如此一来，石头好像被孤立了起来，平日里没有人理他，他也像脱离了班级一样，显得孤单、落寞。

石头爸爸知道这件事后，虽然觉得老师的做法不妥，却也无力改变石头多动的症状，不得已给他办了转学。爸爸以为换到一个新的环境，石头会有所变化，结果连续转了四所学校，石头最终还是会被同学孤立。爸爸担心，如此频繁地转学，石头要不断地适应新环境，对他的成长并没有好处。借着石头又和同学打架的契机，爸爸带他去看了心理医生，果不其然，石头被诊断为多动症。

为了不再给石头转学，石头爸爸和老师约定，一起帮助石头治疗多动症。爸爸、妈妈和老师一起用激励的方法教育石头，每到星期五，石头爸妈就会到学校

和老师交流他的表现。石头依然在犯错，比如惹恼身边的同学，上课时溜号，搞小动作等，每次犯错，老师都会提醒他，并且在事后告诉他怎样做是对的。如果石头表现出色，老师则会给予他适当的奖励。同时，老师会把他在学校的表现记录下来，反馈给石头爸妈，让他们按照同样的方法进行家庭教育。

一个学期后，石头的多动情况好了许多，他能静下来听一会儿课，有时候还会举手发言。虽然离取得优异的成绩、得到同学的认可还很远，石头爸爸已经很高兴了，"哪怕每天进步一点点，只要有进步就好，至少再也不用为了这个事儿给他办转学了。"

有一点需要明确，儿童好动并不等于多动。好动是儿童的天性，有些孩子很好动，甚至表现出类似多动症的症状，这和孩子的气质特点有关系。在多血质的孩子中，普遍表现就是活泼好动、情绪不稳、注意力和兴趣容易转移，做事不够专心。而且年龄越小，症状越明显。

另外，在同龄的孩子中，有些孩子比其他孩子聪明。学习同样的内容，智力平常的孩子学习吃力，智力超常的孩子则学有余力，书本上的知识一学就会，学习之外还有剩余的精力，他们就会表现出不注意听讲、偷偷讲话、搞小动作等行为。有些孩子则因为教养失当，养成了无法安静的习惯，习惯性行为一时间难以改变，给人印象就是注意力不集中、多动。在进行多动症诊断时，这些情况都是需要考虑并且予以排除。

在床单上画地图——遗尿症

连续一个星期，6岁的小蝶每天晚上尿床。为了不让奶奶发现自己尿床，小蝶把床单卷起来藏在了被窝里。奶奶发现她尿床后，提出要给她换隔尿垫，小蝶迷迷糊糊地吵着说："我没有尿床。"奶奶给她换被尿湿的被子时，小蝶也嚷嚷说："我没有尿床，不要换。"于是只能等她睡着了，奶奶再给她偷偷换干爽的被子。睡醒之后，小蝶发现被子和之前的不一样，会偷偷把搭在床架上的被子换回来。

白天，奶奶嘱咐小蝶说："今天晚上不要再尿床了，好吗？"小蝶难为情地答应，到了晚上，小蝶却又食言了。后来，小蝶自己都不好意思了，早晨起来主动报告说："奶奶，我又尿床了。"后来，见小蝶的尿床一直没有好转，奶奶给小蝶妈妈打电话。妈妈带小蝶去医院检查，医生说小蝶的尿床不是普通的尿床，属于遗尿症。

儿童在婴儿期时，不能自主控制膀胱的收缩，尿床是稀松平常的事儿。过了1岁，孩子就能在夜间控制排尿，尿床的现象也减少，大多数孩子在3岁半之后便不再尿床。如果孩子在 5 岁以后还继续尿床，白天也有尿裤子的现象，且达到一个月两次以上，就属于遗尿症。遗尿症是儿童期比较常见的病症，多见于男孩，男女比例为 2：1，6~7 岁之前发病率最高，多数人会随着年龄的增长自愈，也有部分人会持续到成年之后。

正常情况下，膀胱排尿功能受大脑控制，当尿液充满膀胱时，会刺激脊髓的排尿中枢，产生尿意，即使在睡眠阶段，大脑皮质依然能接受尿意冲动，保持膀胱的功能。但是，如果儿童的神经调节功能发育不全，或者发育失调，可引发遗尿症。

遗尿症可分为原发性遗尿和继发性遗尿两种类型。由心理原因造成的遗尿属于原发性遗尿，由泌尿系统疾病、大脑发育不全等原因造成的遗尿属于继发性遗尿。儿童若是受到强烈的精神刺激，如受到惊吓、睡前听恐怖故事、游戏过度、身体劳累等出现了遗尿现象，就是原发性遗尿。偶然的一次尿床之后，父母对孩子大声呵斥甚至体罚，会使孩子恐惧在夜间排尿，从而加重遗尿现象；生活环境突然改变，由于适应不良导致的暂时性遗尿，也属于原发性遗尿。

引发遗尿症的原因有很多。流行病学的资料显示，遗尿症具有遗传倾向，如果双亲有遗尿现象，后代出现遗尿的概率为 77%；双亲中有一人有遗尿现象，也会增加子女患遗尿症的概率。另外，父母的教育方式不当、没有及时训练儿童的排尿习惯、在孩子可以自主控制排尿时依然使用尿不湿、让孩子随意排尿，也会使孩子出现遗尿的现象。亲人的突然受伤、死亡，父母吵架、离异，母子长期分离和黑夜恐惧，都会导致孩子遗尿。担心被父母责骂、睡前提心吊胆、生怕再次尿床，结果会使得遗尿经久不愈。

苗苗是一个 7 岁的小男孩，性格内向、腼腆，像个小姑娘一样。因为他温顺可爱，长辈们常常叫他"喵喵"，意思是他像只猫咪一样可爱。苗苗遗传了父亲的聪明头脑，很有读书天分，只是性格有些软弱，遭到老师、父母的训斥时，他从来都不申辩，只是低着头，沉默相对。

从去年起，苗苗开始尿床。最初，父母以为他白天玩得太疯，累得起不来，也没有太在意。时间长了，苗苗还在尿床，父母开始着急了。听老人说，小孩子尿床可能是因为营养不足，妈妈就开始给苗苗补充营养，可两个月过去也没见什么效果。接着，妈妈又带他去看老中医，买回来几服药，妈妈每天逼着苗苗喝掉难闻的中药汤，苗苗不想喝，妈妈就责备他说："谁让你天天尿床了，尿床就得吃药。"

苗苗尿床的事在长辈之间传开后，大家喜欢开他的玩笑说："喵喵，昨天画地图了没有，这次画的是哪国地图啊？"有时候，来不及洗的床单晒在篱笆上，调皮的小朋友也会嘲笑他说："快看，快看，苗苗又尿床了。"面对父母的责难和周围人的嘲笑，苗苗每天睡觉都很紧张，尿床后也不敢吭声，有时候尿了也撒谎说没尿，有时候则故意用身体压住，害怕父母发现。

许多父母只关注儿童的器质性疾病，忽略了儿童的心理问题。遗尿已经让儿童感到害羞、焦虑和恐惧，如果父母对其责骂、威胁和惩罚，儿童会感觉更加委屈和忧郁，以致遗尿症状不会减轻，反而加重。很显然，苗苗的遗尿来自心理上的紧张。他本身性格比较腼腆、懦弱、胆小怕事，由于排尿训练不够，遗尿又遭到父母的责骂，导致心理上的紧张加剧。多种精神压力综合在一起，造成了苗苗长期的排尿失控。

不要小看儿童遗尿症，它可以直接导致儿童缺乏自信心、处事能力差、恐惧集体生活，严重者甚至难以和他人沟通、性格偏执、具有暴力倾向等。孩子虽小，但是他们也有自尊心，尿床之后，父母不应该责骂或体罚，更不应该把孩子尿床的事儿当作笑话到处宣扬。精神紧张和害羞会加重遗尿，且会影响孩子的心理发育。

对待儿童遗尿，首先应该让孩子放松下来，不要对夜间排尿过分恐惧，父母更不应该用责骂、体罚的方式处理儿童遗尿。加强排尿功能的训练，扩展膀胱容量，训练括约肌的功能，是治疗遗尿症的一个途径。儿童在学会控制膀胱运动后会感到非常自豪，相反，如果不能自己控制，他们会感到情绪低落。因此，当儿童能够自行排尿时，应该及时给予恰当的表扬和奖励，帮助儿童重拾信心。

在尝试训练儿童的排便习惯，消除其心理紧张的同时，最好改变儿童的生活习惯。下午四点之后少喝水，晚饭少吃流质食物、水分高的水果，如西瓜、生梨等，睡前不要喝水，以减少夜间膀胱的储尿量。睡前不要进行剧烈运动或看惊险刺激的电视，以至于孩子过度兴奋；养成睡前排便的习惯，将小便彻底排干净；摸清孩子夜间排尿的规律，在孩子尿床之前叫他起来排尿。

遗传还是模仿？——儿童口吃

儿童在2~3岁时最容易发生口吃。这一阶段，儿童掌握的词汇量少，发音器官尚未成熟，神经系统的调节能力比较差，因此容易形成口吃。如果儿童已经超过1岁半发音还不正确，超过2岁还不会说话，超过3岁说话还不能连成句子，超过5岁有造句错误，语言不流利，语言的节律、速度和抑扬顿挫都显得异常，说话吃力，声音大或声音小，或声音过度嘶哑，父母就应该意识到，孩子存在口吃的可能。

儿童口吃有心理和身体的因素。儿童在受到惊吓、惩罚、虐待，经历父母离异或家庭不和睦时，会在恐惧、焦虑的情绪下出现口吃；小儿癫痫、麻疹、热病、脑病、百日咳、鼻炎、扁桃腺发炎等症状也会影响呼吸和发声。如果家族中有口吃历史，儿童的某些负责发音的肌肉组织会遗传性地功能衰弱，从而影响发音。

研究证明，大部分口吃的儿童是模仿形成的，因为学口吃的人说话而变得口吃。尤其在幼儿学习说话的关键期，儿童的模仿性和受暗示性都特别强，如果亲戚、同学、邻居中有口吃的青少年或成年人，就会成为儿童模仿的对象。

7岁的可心是中心小学的一年级新生。可心说话比较晚，2岁以后才能说完整的句子。上学之前，可心就有点口吃，但是不太严重。上学之后，妈妈突然发现，他讲话断断续续的，着急的时候就说不出话来，有时候脸憋得通红，就是说不出下面的词语。

奇怪的是，可心在朗读课文、唱歌时并不口吃，遇到课堂发言、集体讨论时就开始口吃。和同学交谈时，调皮的孩子喜欢接他的话儿，感到窘迫的可心更说不出话来了。只要一着急，可心说话就断断续续，尤其在有人注意他的时候。如果同学们起哄，说他是"小结巴"，他就越发不能流利说话了。

新学期，可心每遇到一个新老师就会紧张得说话结巴。上美术课时，李老师一走进教室，同学们就呼啦啦围上去，可心也跟着同学围了过去。李老师说："我姓李，大家可以叫我李老师，你们都叫什么名字啊？"同学七嘴八舌地回答说："我叫欢欢""我叫思齐""我叫大川"……可心抢不过其他同学，就绕到李老师身后，拽着李老师的衣角。李老师回过头来，亲切地问他："小朋友，你叫什么名字啊？""我——我——我叫——"没等他说完，欢欢插嘴道："他叫刘可心，是个小结巴。"可心看了一眼欢欢，立刻涨红了脸。

户外活动时，可心跟着同学一起在垫子上玩"警察抓小偷"，喜欢组织活动的欢欢安排着人物角色。"思齐，你是警察"，"好的"思齐回答说。"大川，你也是警察。""太好了。""可心，你来当小偷吧！""我——不——想当小偷。我要当——"可心本来也想当警察，可是没等他说完，游戏已经开始了。大家都等着可心逃跑，然后抓他，可心只好不情愿地当了一回小偷。

可心的父母都是国家干部，口齿伶俐，表达清晰，没想到可心却说话结巴。为此，可心爸爸没少和他发脾气。可心之所以会结巴，都是因为在奶奶家住了半年。可心妈妈在他20个月时争取到一个在职进修的机会，没有时间照顾孩子，遂把可心寄养在乡下奶奶家。

奶奶是一个不爱说话的老人，平时只顾着让可心吃好穿好，没有注意到他说话。奶奶的邻居家有一个十多岁的小男孩，说话有点口吃，他经常到奶奶家玩，还好心帮

奶奶照顾可心。只可惜，可心跟着他学说话，渐渐地也变得口吃了。

妈妈把可心接回家后，慢慢发现可心说话有点问题，对孩子要求严格的爸爸经常打断可心说话，并且严厉地斥责他。听到爸爸责骂他说："都几岁了，连话都说不好！"可心更觉得受到打击。爸爸越是斥责，可心越是结巴。后来，妈妈带可心到保健站做了听力和言语方面的检查，经过测试，可心的听说器官都很正常，没有器质性的病变，也就是说，可心的口吃可以经过训练得到矫正。

儿童在 1 岁半以前，属于被动性语言阶段，他们听别人说话，而不能自主表达。1岁半之后，儿童才进入主动性语言阶段。此后几年里，孩子慢慢学会说话。儿童学说话就像学走路，大人学习某项技能一样，在没有达到稳定的水平之前，总会出现各种问题，有些儿童的口吃是暂时性的，随着年龄的增长，掌握的语言技能增强，口吃现象会自行消失。

口吃会给儿童的人际交往带来不便。因为沟通不畅，孩子容易孤独、退缩、胆怯，出现自卑心理，这样的人格特点反过来会加剧孩子的口吃。因此，发现孩子说话结巴时，父母不能大声训斥，更不能嘲笑孩子，要循循善诱，耐心地引导孩子。如果发现孩子的口吃状况有所改善，就要及时给予奖励，增强孩子的自信心。

如果有条件，可以带孩子到专门的语言训练机构，由专业人士指导孩子的发音和说话。通过反复训练，孩子可以摆脱结巴说话的毛病。如果儿童的口吃是由模仿而习得，应该避免孩子和口吃的成人接触，以免继续受到影响。

说话是一种技能，需要不断地练习。在日常生活中，父母利用一切机会和孩子交谈，练习讲话。在家里，让孩子念儿歌、讲故事、讲述学校里发生的趣事。口吃的孩子在讲话时会显得着急，结果越着急，说得越断断续续。父母可以引导孩子放慢说话的速度，这样可以减少口吃，也能让对方听清楚。当口吃现象消失了，再慢慢提高说话的速度。

MeCP2 基因突变——雷特氏症

雷特氏症是以奥地利医生安德里亚·雷特（Andreas Rett）的名字命名，因为他是第一个描述这种疾病的人。雷特医生一生致力于帮助智障儿童，1966 年，他首先报道了这种罕见的疾病病例，但在当时并未引起注意。后来，瑞典医生海格博格在 20 多年的临床工作中收集了 35 个病例，并于 1983 年，以"雷特氏综合征"命名这种罕见的疾病，在国际刊物上发表了他整理出来的病例。

雷特氏症是自闭症类群中的一种，是一种复杂的神经紊乱综合征，多发生在女童身上，病人有快速退化和发育迟缓的症状。从1岁起出现中枢神经系统衰退和多种严重的残疾；6~18个月大的幼儿出现智力迟钝，行动和呼吸困难，喜欢扭动双手，并且感到焦虑。有的人一生需要依赖他人的照顾才能生存，严重时可导致死亡。

雷特氏综合征分为四个时期。

第一个时期是早期停滞期。病人从6~18个月起，开始减少眼睛注视，对玩具丧失兴趣，学习和运动能力变差，有自闭症的表现。有的儿童则出现喂养困难、睡眠节律紊乱、过多的双手活动等。9~12个月，这些症状越来越明显。

第二个时期是快速发育倒退期。从1~3岁起，病人在持续数周到一年的时间里，出现刻板的手部动作，如搓手、绞手、拍手、吸吮手指、单手的手指搓动等；呼吸节律出现不规律，如屏气、呼吸频率增快等。此外还有步态不稳，运动困难，情绪不稳，易怒等，一半儿童出现惊厥。

第三个时期是假性稳定期。从4~7岁起，病人表现相对稳定，基本表现为自闭症的症状。此后数年或十年的时间里，病人对周围环境有一定的兴趣，个人反应能力、注意力、交流能力有所恢复。

第四个时期是晚期运动恶化期。从5~15岁到成年，病人活动减少，丧失行走能力，手部刻板动作减少，出现脊柱侧弯、四肢末梢的萎缩和畸形以及双足、双手变小，髋关节脱位、屈曲位膝关节的半脱位、踝关节的挛缩等症状，最后病人只能依靠轮椅生活。

由于雷特氏症非常罕见，病人很容易被误诊为自闭症或自闭症行为倾向。区别在于，自闭症病人的手部重复动作在两侧，雷特氏症病人的手部重复动作在人脸前面。此外，雷特氏症病人会出现大喘或呼吸快速。

1999年，美国得克萨斯州休斯敦市贝勒医学院的科学家发现了MeCP2基因的突变导致雷特氏症。研究人员认定，70%的雷特氏症病人是因为MECP2基因所致。由此也意味着，对神经元中的MeCP2蛋白进行替换或许可以治愈雷特氏症。

后来，一个澳大利亚的医学研究小组找到了另外30%的致病基因，即由于CDKL5基因失常，导致病人活动能力下降，出现癫痫和自闭等症状。研究人员在老鼠和接受治疗的病人身上进行研究，并在一位雷特氏症病人身上找到了变异的CDKL5基因。同领域的研究人员在其他国家的雷特氏症病人身上也找到了CDKL5基因。

雷特氏症目前无治愈方法。早发现、早治疗能延缓病情恶化，服用药物可改善部分症状。部分携带变异基因的孩子在最初的两年发育正常，之后便会出现语言、运动

方面的问题，伴有呼吸和认知困难。发现变异 CDKL5 基因的研究人员认为，通过研究胚胎，可为未出生和年幼的儿童进行治疗。

非常态电影院——《地球上的星星》

你在学生时代一定见过这样的同学：下课时，他们在操场上撒欢玩耍，揪女同学的辫子，把男同学打得流鼻血；上课时，他们喜欢看着操场，神游天外，脸上露出无人能领会的笑意；翻看课本，他们就开始皱眉头，表情看起来痛苦不堪，他们总是写

《地球上的星星》剧照

不出公式，记不住最简单的词语，十七减七再减五也算不出来，每次考试之后，拿试卷给爸妈签字是他们最头疼的事……

《地球上的星星》中主人公伊夏便是这样一个小男孩。伊夏九岁了，整天调皮捣蛋，连校服领带都打不好，考试成绩永远垫底。在老师眼中，他是一个问题学生，在教室外罚站是他的家常便饭。

伊夏的世界里充满各种新奇的事物，鱼儿、小狗、风筝甚至水纹和倒影，都让他觉得趣味无穷。在他眼里，书本上的字母是会跳舞的，玩具小火车是可以飞到空中的，连仰头喝水的动作都是值得模仿的，可是，他对家庭作业、数学运算一点都不在行。老师对他失望，同学们讥笑他。在同学之中，伊夏显得那么格格不入。在家里，门门功课第一的哥哥散发着耀眼的光芒，对比之下，父母对他的忍耐即将超过极限。

伊夏打架，逃课，成绩糟糕，父亲对他忍无可忍后，只好把他转到外地的一所寄宿学校。在那里一切都没有变化，伊夏没有爱上学习，也没有成为乖巧可爱的学生，更严重的是，他感觉自己被父母抛弃了。学校生活摧毁了伊夏的自尊心，他开始封闭自己、不再捣乱、不再说话，选择用满不在乎的态度应对老师的责罚、父母的误解和

同伴的嘲笑。

幸好，伊夏遇到了新来的美术老师尼克。尼可的教学风格和所有的老师都不一样，他的乐观和自由自在感染了每一个学生，他用启发的方式让学生自主思考，每一个学生都非常开心，唯独伊夏。尼克观察了伊夏一阵子，发现伊夏并非不爱学习，而是不能学习——他是一个有读写障碍的学生。伊夏无法把注意力集中在字母和数字上，他分不清"b"和"d"，"p"和"q"，写出来的"s"是反向的，单词里的字母是倒着排列的，算术本上写着"3×9＝3"。

读写障碍也称为读写困难，是一种特殊的学习困难。患有读写障碍的孩子除了阅读能力受限制外，书写、拼字能力也受影响。但是，读写障碍和智商并没有必然联系，应该这样说，它不是因为智商出了问题，而是智商表达的途径出了问题。

成年人和正常的孩子都无法想象有读写障碍的孩子在经历怎样的困难。认识字母、朗读句子、书写单词，对普通的学生来说是再容易不过的事情，可对有读写障碍的孩子来说，则是无法克服的障碍。他们认不清字母，读不懂句子，也无法书写。老师苦口婆心地教他们五个词语，一转眼的工夫，他们就忘掉了四个；第二天，头脑里又是一片空白。即使他们主观上很努力，也很难摆脱读写困难。

读写障碍是一种先天性疾病，具体病因尚不清楚，但是和神经系统发育有关，有的人是中枢神经系统异常所致，有的人是遗传因素所致。有研究表明，大约有4%的人受到读写障碍的困扰，他们有正常甚至超常的智商。可惜一些不了解读写障碍的老师和父母常常将孩子的读写障碍看作智力低下或是不求上进。

世界上有许多伟大的人物同样患有读写障碍，爱因斯坦、达·芬奇、爱迪生背不出字母表；迪士尼不会写字，于是用漫画与世界沟通；著名的推理小说家阿加莎·克里斯蒂不会读也不会写；好莱坞著名的演员汤姆·克鲁斯也是一个读写障碍者。

从读小学开始，汤姆·克鲁斯就不能像正常孩子一样阅读和学习，他阅读、拼写、写作和发音都有困难。实际上，他的妈妈和三个姐姐也遇到过读写障碍。他分不清各个字母有什么不同，甚至怀疑自己是个白痴，直到高中毕业，汤姆·克鲁斯基本上是一个文盲。后来，汤姆·克鲁斯进入演艺圈，读写障碍让他看剧本都成了困难。集中精力时，他就觉得沮丧、焦虑，在拍摄《壮志凌云》时，他在学习飞行员课程时遭遇挫折，一度让汤姆·克鲁斯非常灰心。

后来，汤姆·克鲁斯经人介绍认识了罗恩·哈伯德，一位科幻小说家，也是山达基教派的创始人。哈伯德帮助克鲁斯克服了读写障碍，他终于能像正常人一样阅读和

学习了。从此，汤姆·克鲁斯成了山达基教的忠实拥趸。

有读写障碍的人可能在其他方面特别有天赋，如音乐、绘画。伊夏就是一个有着超常绘画天赋的孩子，他有着天马行空的想象力。正是因为伊夏有着超乎常人的想象力，他才能在画纸上画出一个奇异、灵动的世界。人群中有许多特殊的人，他们看待世界的角度不同，他们的想法很独特，和大多数人相比，他们是少数派。但是，一旦展现了才华，他们将令世人叹为观止。天生具有绘画天赋的伊夏或许就是人群中的特殊者。

汤姆·克鲁斯

有一位老师说："像伊夏这样的孩子，根本就没有未来！"伊夏是幸运的，他遇到了尼克老师。在尼克眼里，所有孩子都是降临在凡间的星星，每个孩子都是独一无二的。他重视孩子的感受超过重视孩子的成绩，他不只教给学生知识，还教学生做人的道理。

像伊夏这般调皮捣蛋的孩子，就像是我们身边的孩子一样，他们很淘气，也很特别。可惜的是，没有老师像尼克一样，耐心地等待他们成长。电影中的问题也是现实中的问题，一位老师一节课需要教 40 个学生，怎么可能为 1 个学生进行特殊教学呢？如果老师不需要每年做一个速成课题，不需要每天写无聊的手写教案，不需要参与许多与教学无关的事情，想必每一位老师都能抽出一两个小时帮助像伊夏这样的学生。

伊夏虽然有读写障碍，但是有着过人的绘画天赋。现实中的许多孩子却深陷读写障碍中，并没有一种特殊的天赋眷顾。我国在读写障碍方面的研究已经达到了世界先进水平，实际应用却寥寥无几，许多家长和老师并不知道读写障碍是怎么回事儿。有读写障碍的儿童最好在 7~12 岁接受特殊学习方法的训练，错过了这个时间，读写障碍可能伴随孩子的一生。

再看一下伊夏的父母。伊夏的父亲有着体面的工作，一家人过着中产阶级的生活，可是，父亲和忙碌在都市里的大多数父亲一样，整天忙于工作，没有时间与耐心关注孩子心里的想法。伊夏的父亲和同龄人之间尚且能够换位思考，遇到问题能站在对方的立场上考虑。但是，他却不能将伊夏看作一个独立的个体，站在他的角度考虑问题，以平等而不是居高临下的姿态靠近伊夏的内心世界。

尼克因意见不同与伊夏的父亲发生争执时，对伊夏的父亲说："既然你那么喜欢比赛，你干脆养赛马啊，何必生孩子？非要逼孩子负担你的野心！"作为父母，很多人未曾真心了解过自己的孩子。就像伊夏的父亲一样，他爱伊夏，担心伊夏会因为成绩落后，被社会大趋势落下。这可能是许多父母都难以逃避的错误，将孩子看作生命的延续、梦想的延续，于是用各种理由逼迫孩子"上进"，却从来没有问过孩子，"学习让你觉得快乐吗？"

就像电影中的台词所说，"每一个孩子都是地球上的星星"。每一个孩子都是独立的个体，他们有自己的特质，有擅长和不擅长的地方，而成年人制定的评价标准，未必适用于所有的孩子。

第八章　说话心理学

一、揣摩对方心理，有效进行沟通

看清谈话对象的身份，然后再开口

中国有句谚语："到什么山唱什么歌，见什么人说什么话。"说场面话不看对象，常常让别人无法理解自己的本意，从而在无形之中与别人拉开了距离。反之，了解了对方的情况，并依据其情况，寻找与之相适应的话题和谈话内容，双方就会觉得谈话比较投机，彼此在距离上也显得比较亲切。对方会觉得你是一个极具亲和力的人，从而愿意与你相处。

1. 看对方的身份地位说话

几乎没有一个人在说话的时候不考虑到彼此的身份。不分对象，不看对方身份，都用一样的口气说话，是幼稚无知的表现。下级对上级、晚辈对长辈、学生对老师、普通人对于有名气地位的人等，不必表现得屈从。但在言谈举止上则不要过于随便，有必要表现得更加尊重一些。在不是十分严肃隆重的场合，身份较高的人对身份较低的人说话越随和风趣越好，而身份较低的人对身份较高的人说话则不宜太过随便，尤其在公众场合，说话要恰如其分地把握好自己与听者的身份差别。地位则是个人在团体组织中担负的职位和在社会关系中所处的位置。个人的社会地位不同，就会有不同的人生经历、社会职责和交际目的，对口才表达也会产生不同的需求。

例如与上司说话，或是探讨工作，我们应该尽量向上司多请教工作方法，多讨教办事经验，他会觉得你尊重他。所以，在工作中，即使你全都懂，也要装出有不明白的地方，然后主动去问上司："关于这事，我不太了解，应该如何办？"或"这件事依我看来这样做比较好，不知局长有何高见？"上司一定会很高兴地说："嗯，就照这样做！"或"这个地方你要稍微注意一下！"或"大体这样就好了！"如此一来，我们不但会减少错误，上司也会感到自身的价值，而有了他的帮助和支持，后面的事情就好

办得多了。

2. 针对对方的特点说话

和人交谈要看对方的身份、地位，还要看对方的性格特点，针对他的不同特点，采取不同的说话方式，这样才有利于解决问题。

春秋时期的纵横家鬼谷子指出："与智者言，依于博；与博者言，依于辨；与辨者言，依于要；与贵者言，依于势；与富者言，依于高；与贫者言，依于利；与卑者言，依于谦；与勇者言，依于敢；与愚者言，依于锐。"意思是说，和聪明的人说话，须凭见闻广博；与见闻广博的人说话，须凭辨析能力；与辨析能力高的人说话，须凭言语简要；与地位高的人说话，态度要轩昂；与有钱的人说话，言辞要豪爽；与穷人说话，要动之以利；与地位低的人说话，要谦逊有礼；与勇敢的人说话，不要怯懦；与愚笨的人说话，可以锋芒毕露。

一次，孔子的学生仲由问："听到了，就去干吗？"孔子说："不能。"又一次，另一个学生冉求又问："听到了，就去干吗？"孔子说："干吧！"公西华在旁听了犯疑，就问孔子："两个人的问题相同，而你的回答却相反。我有点儿糊涂，故来请教。"孔子说："求也退，故进之；由也兼人，故退之。"

孔子的意思是说，冉求平时做事好退缩，所以我给他壮胆；仲由好胜，胆大勇为，所以我劝阻他。

孔子教育学生因人而异，我们谈话也要因人而异。

3. 与异性谈话要注意距离

与同性和异性交流，在说话方式、措辞和态度上都应有所区分，尤其在与异性说话时，要注意关系的亲疏远近，选择适当的称呼用语，谈话中也要尽量避免一些模糊、暧昧的词语，否则容易引起误会甚至对方的反感。

一个男子在火车站候车，看见坐在身边的一位女士风韵迷人，便凑上前去搭讪。

男子："你这双袜子是从哪儿买的？我想给我的妻子也买一双。"

女士："我劝你最好别买了，穿这种袜子，会招来不三不四的男人找借口跟你妻子搭腔的。"

所以，男士同女士交谈，一定要对她们的心理有一定的了解，注意男女有别，一定要保持应有的距离，而不能把男人圈里的东西随便搬过来。此外，男性与女性说话，一般不宜贸然提起对方的年龄，尤其和西方女性交流时更要注意这一点。

不同的人在不同的情况下有不同的心态，有时候甚至不会从外部表现上明显地表露出来，这时作为表达者就应当洞察对方的心理，以便进行有效的交流。既然大家日常说话有差别，同样的话，可能对这个人说，他很愿意接受，而对另外一个人说，不但不接受，而且还产生了反感，不利于交流。所以遇到不同的人要说不同的话，"见什么人说什么话"，才能真正引来对方的好感。

好话也得看准时机说

孔子在《论语·季氏》里说："言未及之而言谓之躁，言及之而不言谓之隐，不见颜色而言谓之瞽。"这句话有两层意思：一是不该说话的时候说了，叫作急躁；二是应该说话的时候却不说，叫作隐瞒；三是不看对方的脸色变化，贸然信口开河，叫作闭着眼睛乱说。

这三种毛病都是没有把握说话的时机，没有注意说话的策略和技巧。说话是双方的交流，不是一个人的单方面行为，它要受到各方面条件的制约，如说话对象、周边环境、说话时间等等，所以说话要把握时机。如果该说的时候不说，时境转瞬即逝，便失去了成功的机会。同样的，如不顾说话对象的心态，不注意周边的环境气氛，不到说话的火候却急于抢着说，很可能引起对方的误解。如果信口开河，乱说一通，后果就更加严重。所以说话的时机掌握好了是相当重要的。

某学校为两位退休老教师举行欢送会。会上，领导非常得体地赞扬了两位的工作和为人。但是，两相比较之下，其中那位多次获得过"先进"的老教师得到了更多的美誉。这让另外那位老教师感到相当难过，所以在他讲完感谢的话以后，又接着说："说到先进，我这辈子最遗憾的是，我到现在为止一次都没有得过……"这时，另外一位平日里与他不合的青年教师突然开口说："不，不是你不配当先进，是因为我们不好，我们都没有提你的名。"一时间，原本会场上温馨感动的气氛被尴尬所取待。领导看气氛不对，马上接过话说："其实，先进只是一个名义罢了，得没得过先进并不重要，没有评过先进，并不代表你不够先进，我们最重要的还是要看事实……"这位领导本来是想要缓和一下气氛，但是反而使局面更糟糕。

其实，会场的气氛之所以会如此尴尬，最主要的还是退休老教师、青年教师，以及领导没有掌握好说话的时机。就算自己心里面有多少遗憾，这位退休老教师也不应该在欢送会这样的场合上讲出来。对于那位青年教师，也不应该在这样的场合上为了图一时之快，说一些刻薄的不近人情的话。场合出现尴尬的时候，领导也应该极力避开这个敏感话题，而不是继续在这个话题上唠叨不休。

所以，说话要注意时机，把握说话时机非常重要。这个过程，我们要在不同的时间、地点、人物面前说合适的话，该说话时才说话，而且要说得体的话。只要我们有充分的耐心，积极地进行准备，等待条件成熟，顺理成章地表达自己的观点，不仅能

赢得对方的开心，又能令自己舒心。具体来说，可以遵循以下原则：

（1）要看准时机再说话，要有耐心，积极准备，时机到了，才能把该说的话说出来。

（2）沉默是金，并不是说要一味地沉默不语，该说话的时候就不要故作深沉。比如，领导遇到尴尬情况了，就需要你站出来为领导打圆场，同事有矛盾了，需要你开口化干戈为玉帛。

（3）别人在说话的时候，不要随意插嘴打断人家的话。

（4）看准时机，说不同的话。这些话都要与当时的场合、时间、人物相吻合。

（5）该说话的时候要说话，因为有时候机会转瞬即逝，错过这个说话的时机，也许以后就不会再有机会了。

得体的幽默最能取悦人心

幽默使生活充满了情趣，哪里有幽默，哪里就有活跃的氛围。在人际交往中，幽默是心灵与心灵之间快乐的天使，得体的幽默最能够取悦人心，没有人会不喜欢能让自己开心的人，如果你能博得他人一笑，自然能够营造轻松愉快的谈话气氛，沟通起来就容易多了。

一个秃头者，当别人称他"理发不花钱，洗头不费水"时，他当场变了脸，使原本比较轻松的环境变得紧张起来。一位演讲的教授，也是一个秃头，他在自我介绍时说："一位朋友称我聪明透顶，我含笑地回答：'你小看我了，我早就聪明绝顶了。'"然后他指了指自己的头说，"我今天演讲的题目是外表美是心灵美的反映。"教授就这样开始了自己的演讲，整个会场充满了活跃的气氛。

同样是秃头，为什么不同的人得到的却是别人不同的认可，其间的缘故就是有没有幽默感。秃头的教授在自我介绍时运用自嘲的方式谈自己的秃头，继而又把自己的秃头和讲座的主题联系起来，表现出随和大度的个性，立刻活跃了气氛。

幽默家兼钢琴家波奇，有一次在美国密歇根州的福林特城演奏，发现听众不到一半，他当然很失望也很难堪，但是他走向舞台时却说："福林特这个城市一定很有钱，我看到你们每个人都买了两三个座位的票。"于是整个大厅里充满了欢笑，波奇也以寥寥数语化解了尴尬的场面。

由此可见，幽默不仅反映出一个人随和的个性，还显示了一个人的聪明、智慧以及随机应变的能力。生活中应用幽默，可缓解矛盾，调节情绪，促使心理处于相对平衡的状态。著名的喜剧大师卓别林曾说："通过幽默，我们在貌似正常的现象中看不出不正常的现象，在貌似重要的事物中看不出不重要的事物。"

幽默并非天生就有，而是需要自己用心培养。那么，怎样培养幽默感呢？

1. 要领会幽默的真正含义

幽默不是油腔滑调，也非嘲笑或讽刺。正如有位名人所言：浮躁难以幽默，装腔作势难以幽默，钻牛角尖难以幽默，捉襟见肘难以幽默，迟钝笨拙难以幽默，只有从容、平等待人、超脱、游刃有余、聪明透彻，才能幽默。

2. 扩大知识面

幽默是一种智慧的表现，它必须建立在丰富的知识基础上。一个人只有具有审时度势的能力、广博的知识，才能做到谈资丰富，妙言成趣，从而有恰当的比喻。因此，要培养幽默感，必须广泛涉猎，充实自我，不断从浩如烟海的书籍中收集幽默的浪花，从名人趣事的精华中撷取幽默的宝石。

3. 陶冶情操

幽默是一种宽容精神的体现，要使自己学会幽默，就要学会宽容大度，克服斤斤计较，同时还要乐观。乐观与幽默是亲密的朋友，生活中如果多一点趣味和轻松，多一点笑容和游戏，多一份乐观与幽默，那么就没有克服不了的困难，也不会出现整天愁眉苦脸、忧心忡忡的痛苦者。

4. 培养敏锐的洞察力

提高观察事物的能力，培养机智、敏捷的能力，是提高幽默的一个重要方面。只有迅速地捕捉事物的本质，以诙谐的语言做出恰当的比喻，才能使人们产生轻松的感觉。

当然，在幽默的同时还应注意，幽默既不是毫无意义的插科打诨，也不是没有分寸的卖关子、耍嘴皮。幽默要在入情入理之中，做到幽默而不俗套，让幽默为人们的精神生活提供真正的养料。

实话要巧说，坏话要好说

在生活中，人与人之间交流是避免不了的，同时说话的双方彼此都希望对方能对自己实话实说。但在某些特定的场合下，如顾及面子、自尊，以及出于保密等，实话实说往往会令人尴尬、伤人自尊，因此，实话是要说的，却应该巧说。那么该如何才能巧妙地去表达呢？如何才能说得既让人听了顺耳，又欣然接受呢？在这里介绍几点：

1. 由此及彼肚里明

两个人的意见发生了分歧，如果实话"实说"直接反驳就有可能伤了和气，影响团结。这个时候就需要我们采取这种方法，因为这样可能会避免一些麻烦。有这样一个例子：

一次事故中，主管生产的副厂长老马左手指受了伤被送往医院治疗，厂长老丁来病房看望时，谈到车间小吴和小齐两个年轻人技术水平较强，但组织纪律观念较差，想让他们下岗。老马当时没有表态，只是突然捧着手"哎哟哎哟"大叫。丁厂长忙问："疼了吧？"老马说："可不是，实在太疼了，干脆把手锯掉算了。"老丁一听忙说："老马，你是不是疼糊涂了，怎么手指受了伤就想把手给锯掉呢？"老马说："老丁，你说得很有道理，我这手受了伤需要治疗，那小吴和小齐……"老丁一下子听出老马的"弦外之音"，忙说："老马，谢谢你开导我，小吴和小齐的事我知道该怎么处理了。"

老马用手有病需要治疗类比人有缺点需要改正，进而巧妙地把用人和治病结合起来，既没因为直接反对老丁伤了和气，而且又维护了团结，成功地解决了问题。

2. 抓心理达目的

这就是要抓住人的心理，运用激将的方法，进而达到自己真正的目的。

一位穿着华贵的妇女走进时装店，对一套服装很感兴趣，但又觉得价格昂贵，犹豫不决。这时一位营业员走过来对她说，某某女部长刚才也看好了这套服装，和你一样也觉得这件服装有点贵，刚刚离开，于是这位夫人当即买下了这套服装。

这位营业员能让这位夫人买下服装，是因为她很巧妙地抓住了这位夫人"自己所见与部长略同"和"部长嫌贵没买，她要与部长攀比"的心理，用激将的方法进而巧妙地达到了让夫人买下服装的目的。

3. 藏而不露巧表达

运用多义词委婉曲折地表明自己要说的大实话。

林肯当总统期间，有人向他引荐某人为阁员，因为林肯早就了解到该人品行不好，所以一直没有同意。一次，朋友生气地问他，怎么到现在还没结果。林肯说，我不喜欢他那副"长相"。朋友一惊道："什么！那你也未免太严厉了，'长相'是父母给的，也怨不得他呀！"林肯说："不，一个人超过40岁就应该对他脸上那副'长相'负责了。"朋友当即听出了林肯的话中话，再也没有说什么。

很显然，这里林肯所说的"长相"和他朋友所说的"长相"根本不是一回事。林肯巧妙地利用词语的歧义性，道出了"这个人品行道德差，我不同意他做阁员"这句大实话，既维护了朋友的面子，又达到了自己的目的。

别人郁闷时，多说理解的话

有一位妈妈在火车上哄着她的小宝宝。

有一位乘客很好奇地把头凑过来看了以后就说："哇！好丑的宝宝！"

妈妈听了好难过，就一直哭、一直哭。

后来车子停到某一站，新上来了一些乘客。

有一位好心的乘客看她哭得这么伤心，就安慰她说："这位女同志你为什么哭得这么伤心呢？凡事都要看开点，没有解决不了的事情嘛！好了，好了，不要再哭了。我去帮你倒杯水，心情放轻松点嘛！"过了一会儿，那个乘客真的倒了一杯水给她说："好了，别再哭了，把这杯水喝了就会舒服点，还有这根香蕉是给你的猴子吃的。"

这位妈妈听了，差点哭晕过去。

笑话里面的那位好心的乘客还没有弄清女同志为什么在那儿哭，就随便安慰一通，当然会驴唇不对马嘴了。所以，首先应该知道别人郁闷的原因，然后对症下药，才能说出真正理解人的话，达到安慰的目的。

人与人之间情感的沟通，是交往得以维持并向更为密切方向发展的重要条件，是人对客观事物所持态度的内心体验。情感沟通由两部分组成：一是"共鸣"，即对同一事物或同类事物具有相仿的态度及相仿的内心体验；二是"振荡"，即由于"共鸣"而双方情绪相互影响，以致达到一种比较强烈的程度。前者是找到共同语言，后者是掏出心来。

吴倩十分认真地告诉她的好朋友李蓉，她想自杀。李蓉不去问她为什么，也不板起脸孔说教一番，而是说："是啊，我曾经也有过同样的想法，但是那天发生的一件事，使我看到了人为什么要勇敢地活下去……"

说完后，吴倩谈起了她的烦恼与苦闷。李蓉边听边点头，表示理解和关注。后来吴倩放弃了自杀的想法，她和李蓉的友谊也越来越深了。

要想与人进行情感沟通，就要注意对方。当对方对某一事物表露出一种情感倾向时，你就要对他所说的这件事表达同样的感受。情感沟通的程度，以每当回忆起这段交往时，所导致的兴奋程度为标准。比如，当你读到友人的来信，你俩的感情就绝不会变得冷漠。"不知怎的，你在上次谈论中的一举一动、一言一语都给我留下深刻的印象。我很高兴与你一起度过了那个下午……"当对方常常联想到这段交往时，就伴着愉悦的心境，则这种沟通也就达到了。

有许多女性被朋友冠以"知心姐姐"的美名，但凡朋友有心烦之事、郁闷沮丧时，都会找她们聊天，常常一聊就是一两个小时，聊过之后朋友的心情便好了很多。这些"知心姐姐"其实并没有学过心理学，也没有受过什么专门的训练，她们之所以能够抚慰失意者的心，秘密就在于她们总是试着理解对方的想法和处境，并做出"同感"的回应。她们从来不会说，"你怎么会这么做""你真是太傻了"，而是表示自己有时也会有这种想法。因此，对方就能毫无顾忌地说出自己的心事，进而得到解脱和安慰。

有一句话叫"理解万岁"。我们在自己碰到不如意的事情的时候总希望得到别人的理解，而在别人郁闷的时候却经常不能理解对方的心情，不能发自肺腑地说出理解的话。其实，如果设身处地想想，别人和自己是一样的，自己希望别人理解，别人又何尝不是？多说理解的话，别人自然就会把你当成真心朋友，赞赏你、信任你，把你当成知己。当别人遭遇不顺、心情烦闷时，最好多说一些理解的话，尽管可能无法帮对方解决问题，你的理解也能让对方感到安慰。因为发自内心的"同感"不是违心的附和，而是朋友间的理解，是心灵间的沟通。

婉转地说"不"

身边常有这样的人，一味地照顾别人的感受，凡事都习惯于说"是"，经常给别人面子，认为那是一种对别人的尊重。然而，他们没有意识到，自己拒绝的权利却没有得到别人的尊重。聪明的女人应该学会如何果断而巧妙地拒绝。

在日常生活中，热情帮助别人，对别人的困难有求必应，当然有助于建立融洽的人际关系。但生活中也常有这样的事，即别人有求于你的，恰恰是你感到为难的事。帮忙吧，自己确实有难处，不帮忙吧，又怕人家说你的闲话。还有的时候，你必须对别人的提问给予回答，一般说来，肯定的合乎对方期望的回答往往能使听者感到愉快，而否定的回答，尤其是直截了当地说"不"，则会使提问者感到失望和尴尬。拒绝就意味着将对方阻挡在门外，拂却了对方的一片"好意"，说"不"需要很大的勇气。

所以，拒绝别人也有一定的方法，说出来的话要能让对方接受，这样彼此之间的关系才不会受到影响。拒绝是一门艺术、一门学问，能体现一个人的综合素养。当别人对你有所希求而你办不到，不得已要拒绝的时候，你最好用婉言拒绝的方式。所谓婉言拒绝就是用温和曲折的语言，把拒绝的本意表达出来。与直接拒绝相比，它更容易被接受，它在很大程度上顾全了被拒绝者的颜面。

拒绝他人的一个好办法就是在对方提出请求后，不要马上回答，而是先讲一些理由诱使对方自我否定，自动放弃原来提出的请求，以减少对方遭到拒绝后的不快。

两个打工的老乡找到在城里工作的李某，诉说打工的艰难，一再说住店住不起，租房又没有合适的，言外之意是要借宿。李某听后马上暗示说："是啊，城里比不了咱们乡下，住房可紧了，就拿我来说吧，这么两间耳朵大的房子，住着三代人，我那上高中的儿子，晚上只得睡沙发。你们大老远地来看我，应该留你们在我家好好地住上几天，可是做不到啊！"两位老乡听后，就非常知趣地走了。

拒绝别人是一件很难的事，如果处理得不好，很容易就会影响彼此的关系，所以在拒绝别人的时候要婉转地说"不"。喜剧大师卓别林就曾说过一句话："学会说'不'吧！"学会有艺术地说"不"，才是真正掌握了说话的艺术。当你不得不拒绝别人时，也要讲究礼貌，这对于你的形象是大有益处的。人都是有自尊心的，一个人有求于别人时，往往都带着惴惴不安的心理，如果一开口就说"不行"，势必会伤害对方的自尊心，引起对方强烈的反感，而如果话语中让他感觉到"不"的意思，从而委婉地拒绝对方，就能够收到良好的效果。所以掌握好说"不"的分寸和技巧就显得很有必要。

1. 通过幽默的话拒绝别人

适当地在拒绝别人的时候加入一些调笑剂，不仅不让对方难堪，而且你自己心里也不会有太多的压力和内疚。

2. 推托其辞

例如你的一位同事请你到他家里吃饭，以便要你帮他做某事，你不便直接说"不"，就可找个理由推辞过去。你可以说家里或单位有事，因此不能去。这时，别人一般就会明白你什么意思了。

3. 用答非所问的方式婉拒对方

如果你的一位朋友邀请你星期天去看电影，你不想去时可以说："划船不错，咱们去公园划船吧！"

4. 拖延回答

例如你一位老乡对你说："你今晚到我这来玩吧！"你不想去时可以说："今天恐怕不行了，改天我一定会去的。"这样的话听起来比"没空，来不了"的回答，显然易于为对方所接受，至于下次什么时候来，其实也并没说清楚。

5. 先扬后抑

对于别人的一些想法和要求，可以先用肯定的口气表示赞赏，再来表达你的拒绝。这样不会伤害对方的感情，也为自己留下一条后路。

适当地随声附和，让交流更顺畅

每个人都希望自己所说的话能得到他人的重视，希望别人对自己的话感兴趣，这是人们的一种普遍心理，如果在谈话中总是得不到对方的回应，定会感到失落和无趣。因此，我们在与人交流时，不但要懂得耐心地倾听，更要学会适当地随声附和，恰当的附和说明你没有走神，一直在用心听对方说话，表达了你对说话者观点的赞赏，还对他暗含鼓励之意，这样，双方的谈话便会进行得更加顺畅。

例如：当你对他的话表示赞同时，你可以说："你说得太好了！""非常正确！""这确实让人生气！"这些简洁的附和让说话者为想释放的情感找到了载体，表明了你对他的理解和支持。同时，听者还可以用一些简短的语句将说者想传达的中心话题归纳一下，能够使说者的思想得以凸显和升华，同时也能提高听者的位置。

当然，我们还可以向说话者提一些问题。这些提问既能表明你对说话者话题的关注，又能使说者更愿意说出欲说无由的得意之言，也更愿意与你进一步交流。

一位老教授与5名学生闲聊着自己当年读研时候的杂事，说："你们现在的生活可真丰富，校园里有体育馆，校园外有游乐园。当年我在你们这个阶段，生活的世界里只有课堂、图书馆和宿舍。"

学生们微微一笑，教授继续说道："不过，那个时候精力都用在读书上也好，搞科研如果基础知识不扎实根本无法谈及创新。还记得我的一个课题是关于青藏高原地质变迁的问题，当时我不仅要查阅自然地理方面的资料，还要查很多地质演变与生物演化方面的资料。当时的科学根本没有现在这么发达，哪里有什么计算机、文献电子稿啊，完全依靠图书馆里纸质的资料，可比你们现在做项目难多了！"

说着，教授停了下来，拿起茶杯饮了两口。

这时，其中一个专心倾听的学生礼貌地问道："老师，您当年的研究方向是青藏高原的地质变迁问题，可参考资料却涉及区域内的生物演化，当时是不是很少有人将这两个角度结合考虑？"

教授会心地看了看这位"好问"的学生，然后得意地说道："很多时候，没人想到的地方你想到了，才会有意外的收获，才能够创新。不信，我们来举个现在的例子，就说说你现在的课题吧！"接着，教授在得意于自己创意思考的同时，更为那名巧妙提问的学生进行了很有创意的课题指导，而那4名只知道听的学生，却没得到教授丝毫的专门指导。

不仅如此，附和地倾听本身还是一种赞美。它能使我们更好地理解别人，有助于克服彼此问判断上的倾向性，有利于改善交往关系。在倾听别人谈话时，你已经把你的心呈现给对方，让对方感受到了你的真诚。我们去倾听别人的时候，也就是我们设身处地地理解他们的幸福、痛苦与欢乐的时候，使我们能够把对方的优点和缺点看得更清楚。而这些结论再通过我们有效的附和来传达给对方，这才能算是一次完美的交流。

认真倾听并在适当时间附和也有利于对方更好地表达自己的思想和情感。在对方明白我们的倾听是对他的尊重以后，他同样会认真地听我们说话，这样大家彼此的交流才能产生良好的效果。所以，在与人交流时，你若想获得对方的好感，想把交流愉快地延续下去，那么，请不要只是傻傻地倾听，要学着适时地附和。

多说"我们"，变成自己人

新婚宴尔，新娘对新郎说："从此以后，就不能说你的，我的，要说我们的。"

新郎点头称是，一会儿，新娘问新郎："亲爱的，我们今天去哪儿啊?"

新郎说："去我表姐家。"

新娘就不乐意了，纠正说："是去我们的表姐家。"

新郎去洗手间，很久了还不出来。新娘问："亲爱的，你在里面干吗呢?"

新郎答道："我在刮我们的胡子。"

这虽然是一则笑话，可是它体现了一个问题，即"我们"这个词可以造成彼此间的共同意识，拉近双方的距离，对促进人际关系将会有很大的帮助。

曾经有一位心理学家做了一项有名的实验，就是选编了三个小团体，并且分派三人饰演专制型、放任型、民主型的三位领导人，然后对这三个团体进行意识调查。

结果，民主型领导人所带领的这个团体表现了强烈的同伴意识。而其中最有趣的就是这个团体中的成员大都使用"我们"一词来说话。

经常听演讲的人，大概都有这样的经验，就是演讲者说"我这么想"不如说"我们是否应该这样"更能使你觉得和对方的距离很近。因为"我们"这个词，也就是要表现"你也参与其中"的意思，所以会使对方心中产生一种参与意识，按照心理学的说法，这种情形是"卷入效果"。

小孩子在玩耍时，经常会说"这是我的东西"或"我要这样做"，这种说法是由于小孩子的自我显示欲直接表现所造成的。有时在成人世界里，也会出现如此说法，而这种人不仅无法令对方有好印象，可能在人际关系方面也会受阻，甚至在自己所属的团体中形成被孤立的局面。

人心是很微妙的，同样是与人交谈，有的人说话方式会令对方反感，而有的人说话方式却会令对方不由自主地产生妥协。

事实上，我们在听别人说话时，对方说"我"，"我认为"带给我们的感受，将远不如他采用"我们"的说法，因为采用"我们"这种说法，可以让人产生团结意识。

"我"在英文里是最小的字母，千万别把它变成你词汇中最大的字。

在一次公司年会上，有位先生在讲话的前 3 分钟内，一共用了 6 个"我"，他不是说"我"，就是说"我的"，如"我的公司""我的花园"等。随后一位熟人走上前去对他说："真遗憾，你失去了你的所有员工。"

那个人怔了怔说："我失去了所有员工？没有呀，他们都好好地在公司上班呢！"

"哦，难道你的这些员工与公司没有任何关系吗？"

亨利·福特二世描述令人厌烦的行为时说："一个满嘴说'我'的人，一个独占'我'字、随时随地说'我'的人，是一个不受欢迎的人。"

在人际交往中，"我"字讲得太多并过分强调，会给人突出自我、标榜自我的印象，这会使对方与你之间筑起一道防线，影响别人对你的认同。

因此，会说话的人，在语言传播中总会避开"我"字，而用"我们"开头。下面的几点建议可供你参考：

1. 尽量用"我们"代替"我"

很多情况下，你可以用"我们"一词代替"我"，这可以缩短你和大家的心理距离，促进彼此之间的感情交流。

例如："我建议，今天下午……"可以改成："今天下午，我们……好吗？"

2. 这样说话时应用"我们"开头

在员工大会上，你想说："我最近做过一项调查，我发现 40% 的员工对公司有不满的情绪，我认为这些不满情绪……"

如果你将上面这段话的三个"我"字转化成"我们"，效果就会大不一样。说"我"有时只能代表你一个人，而说"我们"代表的是公司，代表的是大家，员工们自然容易接受。

3. 非得用"我"字时。以平缓的语调讲

不可避免地要讲到"我"时，你要做到语气平和，既不把"我"读成重音，也不把语音拖长。同时，目光不要逼人，表情不要眉飞色舞，神态不要得意扬扬，你要把表述的重点放在事件的客观叙述上，不要突出做事的"我"，以免使听者觉得你自认为高人一等，觉得你在吹嘘自己。

"不知道"是讨人喜欢的三字经

心理学家邦雅曼·埃维特曾指出，平时动不动就说"我知道"的人，头脑迟钝，易受约束，不善于同他人交往。迅速和现成的回答，表现的是一种一成不变的老一套思想；而敢于说"不知道"所显示的则是一种富有想象力和创造性的精冲。埃维特还

说："如果我们承认对这个或那个问题也需要思索或老实地承认自己的无知，那么我们自己的生活方式就会大大改善。"这就是他竭力倡导的态度和人们可以从中得到的益处。

古希腊著名哲学家苏格拉底讲过，"就我来说，我所知道的一切，就是我什么也不知道"。以最简洁的形式表达了进一步开阔视野的理想姿态。可以说，至今仍有很多人信奉苏氏这句名言。无论你多么伟大，无论你多么有才能，你也有你不知道的地方，说不知道并不是意味着你无能，反而在勇敢承认的同时你获得了更多的称赞。

有一位学问高深、年近八旬的老妇人。她以前是大学教授，会讲 5 种语言，读书很多，语汇丰富，记忆过人，而且还经常旅行，可以称得上是见多识广。然而，人们从未听到过她卖弄自己的学识或对自己不了解的事情假称通晓。遇到疑难时，她从不回避说："我不知道。"也不用自己的知识去搪塞，而是建议去查阅有关专著、资料，以做参考。看到老人的这一切，每个跟她接触的人才真正懂得了怎样才能被别人敬重，怎样才能获得做人的尊严。

其实，在任何国际学术会议的场合中，如果你注意的话就会了解，虽然开会的屋子里坐满了国际知名的科学家，但大家使用最频繁的一句话便是"我不知道"，或者是比较文绉绉的"在本项研究主题中，我们没有足够证据可得出任何可靠的结论"。

从事任何一种职业的聪明人，都有勇气承认，"没有人知道一切事情"的这个事实。他们常常说自己不知道，随后就去寻找他们所欠缺的知识。承认自己不知道无损于他们的自尊；对于他们来说，"不知道"是一种动力，并不是说出来就大失面子的话语，因为自己的"不知道"，反而会促使他们去进一步了解情况，求得更多的知识。

做人就要敢于坦诚地承认自己的不足和不知道，不要为了面子，强把自己说成是"万事通"，让自己真正地大失脸面。要知道知识是从"不知道"里面去争取的，而不是从你说"知道"里面去欺骗得来的。

二、巧妙赞美他人，拉近双方距离

马斯洛效应：任何人都需要尊重和赞美

1943 年，美国心理学家马斯洛发表了《人类动机的理论》一书，提出了著名的"马斯洛需求"理论，他认为，人类的需求从低到高分为 5 个层次，最基本的需求是生理需求，即温饱和安全感，在满足了生理需求之后，就会追求被爱、被尊重以及自我价值的实现等高层次的需求。既然人人都需要、都渴望被赞美，那么在与人交往的过程中，我们就应适当地满足他人的这种心理需求，多给人一些赞美和肯定，能够自然而然地拉近人与人之间的距离，使得彼此的关系更加和谐。

卡耐基去纽约的一家邮局寄信，发现那位管挂号信的职员对自己的工作很不耐烦。于是他暗暗地对自己说："卡耐基，你要使这位仁兄高兴起来，要他马上喜欢你。"同时，他又提醒自己：要他马上喜欢我，必须说些关于他的好听的话。而他，有什么值得我欣赏的呢？非常幸运，他很快就找到了。

轮到他称卡耐基的信件时，卡耐基看着他，很诚恳地对他说："你的头发太漂亮了。"他抬起头来，有点惊讶，脸上露出了无法掩饰的微笑。他谦虚地说："哪里，不如从前了。"卡耐基对他说："这是真的，简直像是年轻人的头发一样！"他高兴极了。于是，他们愉快地谈了起来。

当卡耐基离开时，他对卡耐基说的最后一句话是："许多人都问我究竟用了什么秘方，其实它是天生的。"卡耐基想：这位朋友当天走起路来一定是飘飘欲仙的。晚上他一定会跟太太详细地叙说这件事，同时还会对着镜子仔细端详一番。

可见，原本素不相识的两个陌生人，只因为一句真诚的赞美，立刻像好朋友一样攀谈起来，想必卡耐基下次再到这家邮局寄信时，一定会得到非常好的服务。其实，不仅是陌生人之间，相识的朋友同样希望得到你的赞美，此外，无论是不起眼的邮递员还是身份显赫的大人物，都一样渴望得到赞美。

法国总统戴高乐在访问美国时，在一次尼克松为他举行的宴会上，尼克松夫人费了很大的劲布置了一个美观的鲜花展台：在一张马蹄形的桌子中央，鲜艳夺目的热带鲜花衬托着一个精致的喷泉。精明的戴高乐一眼就看出这是女主人为了欢迎他而精心设计制作的，不禁脱口称赞道："女主人为举行一次正式的宴会一定花了很多时间来进行这么漂亮、雅致的计划与布置吧！"尼克松夫人听了，十分高兴。事后她说："大多数来访的大人物要么不加注意，要么不屑为此向女主人道谢，而他总是想到和讲到别人。"

戴高乐

面对尼克松夫人精心布置的鲜花展台，戴高乐没有像其他大人物那样视而不见或见而不睬，而是即刻领悟到了对方在此花费的苦心，并对这一片苦心表示了特别的肯定与感谢。戴高乐赞美的言语虽然简短，但很显然，尼克松夫人获得了深深的感动。

心理学家赫洛克曾做过一个十分有意义的实验：他把106名能力相等的被试者分为4组，第一组为表扬组，每次练习后都给予表扬和激励；第二组为受批评组，每次练习后都严加训斥；第三组为受忽视组，每次练习后基本不予评价，只是在一旁静听前两组所受到的批评与表扬；第四组为控制组，既不给予任何表扬与评价，也不让他们听到前两组的表扬与批评。然后让被试者做一组难度相等的练习题，每天做15分钟，共做5天。之后分别检测四组被试的学习效果，结果发现受表扬组的被试者学习成绩明显高于其他组，其次是受批评的，再次是被忽视的，最差的是被控制组。

然而，大多数人在生活中常常吝啬自己的赞美，因为周围的人对大家来说，太熟悉了。要么就是区区小事，不足挂齿，不用说什么；要么就是熟视无睹。每天我们走在干干净净的马路上去上班，都觉得无所谓，脏了该骂清洁工。父母为你呕心沥血，碾平了生活道路上的坎坷，我们却只知衣来伸手，饭来张口，他们在你眼里是"隐形人"。同事、亲戚和朋友时时都在关照你，你却受之泰然。美国著名心理学家威廉·詹姆斯说："人类本性上最深的渴望之一是期望被赞美、钦佩和尊重。"希望得到尊重和赞美，是人们内心深处的一种愿望。我们在赞美、鼓励别人的同时，也会改善自己与周围的关系，丰富自己的生存智慧。如果我们能够用真诚的心去赞美家人、同事和朋友，赞美我们身边的每一个人，一定能够得到更多人的喜欢和支持。

用恰如其分的话赞美对方

在人的一生中，有无数让他们引以为自豪的事情，这些都是一个人人生的闪光点。这些东西又会不经意地在他们的言谈中流露出来，例如："想当年，我……""我年轻的时候……"等等。对于这些引以为荣的事情，他们不仅常常挂在嘴边，而且深深地渴望能够得到别人由衷的肯定与赞美。抓住他人胜过于别人的引以为豪的东西，用恰如其分的话进行赞美，往往能起到出乎意料的效果。

每个人都有希望，年轻人寄希望于自身，老年人寄希望于子孙。年轻人自以为前途无量，你如果举出几点，证明他的将来大有成就，他一定会十分高兴，引你为知己；你如果说他父亲如何了不得，他未必感兴趣，最多你说明他是将门之后，把他与他的父亲一齐称赞，才对他的胃口。但是老年人则不然，他自己历尽沧桑，几十年的光阴，并未达到预期的目的，他对自己不再相信，不再有希望，他所希望的是他的子孙。你如果说他的儿子，无论学问能力都胜过他，真是个可造之才，虽然你是抑父扬子，当面批评他，他不但不会怪你，而且会十分感激你，口头上虽连连表示不敢当，内心却认为你是慧眼识英雄。可见说恭维话时对于对方的年龄，应该要特别注意。

　　对年轻人不妨语气稍为夸张地赞扬他的创造才能和开拓精神，并举出几点实例证明他的确能够前程似锦；对于经商的人，可称赞他头脑灵活，生财有道；对于有地位的干部，可称赞他为国为民，廉洁清正；对于知识分子，可称赞他知识渊博、宁静淡泊……当然这一切要依据事实，切不可虚夸。

　　在赞美别人的时候一定要情真意切，虽然人人都喜欢听赞美的话，但并非任何赞美都能使对方高兴。虚假的赞美会引起别人的反感。例如，当你见到一位其貌不扬的小姐，却偏要对她说："你真是美极了。"对方立刻就会认定你所说的是虚伪之至的违心之言。但如果你着眼于她的服饰、谈吐、举止，发现她这些方面的出众之处并真诚地赞美，她就一定会高兴地接受。

　　赞美别人时不妨采取翔实具体的方法。在日常生活中，人们有非常显著成绩的时候并不多见，更多时候人们都是默默无闻的平凡人。因此，交往中应尽量从具体的事件入手，善于发现别人哪怕是最微小的长处，并不失时机地予以赞美。赞美用语愈翔实具体，说明你愈了解对方，对他的长处和成绩愈看重。让对方感到你的真挚、亲切和可信，你们之间的距离就会越来越近。如果你只是含糊其词地赞美对方，说一些"你工作得非常出色"或者"你是一位卓越的领导"等空泛飘浮的话语，就可能会引起对方的猜疑，甚至产生不必要的误解和信任危机。到别人家里与其乱捧一场，不如赞美房间布置得别出心裁，或欣赏墙上的一幅好画，或惊叹一个盆景的精巧。如果主人爱狗，你应该赞美他养的狗；如果主人养了许多金鱼，你应该欣赏那些金鱼。赞美别人的工作成绩、最心爱的宠物、最费心血的设计，比说上许多无谓空泛的客气话要好得多。

　　赞美要合乎时宜。赞美的效果在于见机行事、适可而止，真正做到"美酒饮到微醉后，好花看到半开时"，这样你才能有影响力。赞美的话人人都爱听，但"真理向前跨越一步就是谬误"，适度的赞美，会使人心情舒畅；反之，则使人十分尴尬。为了使赞美达到应有的而不是相反的效果，合理把握赞美的"度"就成为赞美者们必须重视的问题。

　　赞美一定要在适合的时机说，要看清对方是一个什么样的人，如果对方是不苟言笑的人，那么就要注意自己的措辞。

　　最后要说，锦上添花固然好，雪中送炭更可贵。一位普普通通的下属住院了，领导亲自去探望时，说了这样一番话："平时你在的时候感觉不出来你作了多少贡献，现在没有你在岗位上，就觉得工作没了头绪、慌了手脚，你可一定要安心把病养好！"你

把下属当成左膀右臂，让他也认为自己很重要，这样赞美别人又怎么会不深得人心呢？

俗话说："患难见真情。"最需要赞美的不是那些早已功成名就的人，而是那些因被埋没而产生自卑感或身处逆境的人。他们平时很难听到赞美的话语，一旦被人当众真诚地赞美，便有可能振作精神，大展宏图。因此，最有实效的赞美不是"锦上添花"，而是"雪中送炭"。

赞别人没赞过的美，出其不意更动听

每个人都希望自己有更多的优点被别人赞美，因此要想你的赞美讨人喜欢，就不要跟在别人后面人云亦云，而是竭力去挖掘别人一些不为人知的优点，表现其赞美的独特性，让人得到一些新的刺激，这样效果反而更好。

比如对一个健美冠军，不要去赞美其长得真健壮、真美，因为可能电视、广播、报纸都已介绍过了，而且电台、广播、报纸的赞美不比我们的赞美更让人激动吗？此时，应该挖掘对方的不明显的优点去加以赞美，比如赞美其烹调手艺等。

学会寻找和发现别人与众不同的地方，你的赞美也要巧妙地与众不同；经常既恰到好处又实事求是地赞美别人，别人就喜欢你，你就容易得人心，同时也是你对自己的认可。

因为拍了《真善美》而红遍天下的影星茉莉·安德鲁丝，除了演技好、容貌美、歌声令人陶醉之外，还有一张伶俐的嘴。

有一天，她去聆听鼎鼎大名的指挥家托斯卡尼尼的音乐会，在音乐会结束之后，她和一些政要名流一起来到后台，向大指挥家恭贺演出的成功。

大家都夸奖指挥家："指挥得实在是棒极了！""抓住了名曲的神韵！""超水准的演出！"大指挥家一一答谢，由于疲累，而且这种话实在是听得太多了，所以脸上显出有些敷衍的表情。忽然，他听到一个高雅温柔的声音对他说："你真帅！"

抬头一看，是茉莉·安德鲁丝。

大指挥家眼睛亮了起来，精神抖擞地向这位美丽的女士道谢。

事后，托斯卡尼尼高兴地到处对人说："她没说我指挥得好，她说我很帅哩！"恐怕大指挥家还是头一回听到有人赞美他帅呢！

就这样，大指挥家把茉莉当成了挚友，时时去为她捧场。虽然只是一次见面，大指挥家就时常抱怨与她"相见恨晚"。

真正高明的赞美表现为独具慧眼。独具慧眼的赞美者善于发现被赞美者别人发现不到的优点、长处。比如，面对一幅油画作品，几乎所有的人都异口同声地叹道："真

是太绝了！""我再练 10 年恐怕也赶不上！"油画家对这样的赞美早就习以为常了。唯独有一个人细心，发现了与众不同之处，慢慢地说道："常言说，画如其人。您的画运笔沉稳，是和您刚正不阿的秉性、对人生与社会的深刻思考分不开的。这是您跟一般画家最大的不同点，也是最大的优点。"谈画论人，在行在理，独辟蹊径，巧妙地换了个新角度，令人耳目一新。他的赞美与众不同，技高一筹，非常讨画家喜欢。

此外，我们可能都有过这样的体验。当你夸奖朋友取得的成绩时，他会说："你不知道我付出了多少心血！"言语间仿佛有你不知其艰辛，只看结果不看过程的意思。相反，如果你说："真不错，一定花了你许多的心血吧！"他就会觉得心里舒服，认为你很了解他。可见，夸奖劳动的付出是必不可少的，甚至效果更佳。其实，很多人做事并不仅仅在乎结果，更注重过程。如果你人云亦云地夸奖他取得的成果，不但有势利之嫌，还会让人这样想："如果我失败了呢？"因而对你心生厌恶也未可知。

由此可见，赞美不是一味地奉承说好话，每个人都希望受到别人的关注，我们要学会发现别人身上隐藏的闪光点，把赞美的话说到点子上，才能达到最好的效果，如果人云亦云，在对方看来既乏味又粗糙，反而令人生厌。

背后赞美别人，更能让人开心

人人都爱听好话、受赞美，但好听的话、赞美的话也不一定要当着别人的面说，当面赞美别人，虽然也能拉近彼此的距离，但是难免带上一点恭维的成分，沾上奉承的色彩。但是，背后赞美别人就没有这些弊端，向第三个人间接地赞美别人，通常会被认为是发自内心的，是诚恳的，因此更容易让人相信和接受。背后赞美就是通过第三者在无意间转述自己对他人的好感或者赞美，或者通过创造某种特定的环境条件，让对方听到自己对他的评价。《红楼梦》中有这么一段：

史湘云、薛宝钗劝贾宝玉做官，贾宝玉大为反感，对着史湘云和袭人赞美林黛玉说："林姑娘从来没有说过这些混账话！要是她说这些混账话，我早和她生分了。"

凑巧这时黛玉正来到窗外，无意中听见贾宝玉说自己的好话，"不觉又惊又喜，又悲又叹"。结果宝黛两人互诉肺腑，感情大增。

因为在林黛玉看来，宝玉在湘云、宝钗、自己三人中只赞美自己，而且不知道自己会听到，这种好话就不但是难得的，还是无意的。倘若宝玉当着黛玉的面说这番话，好猜疑、使小性子的黛玉恐怕会说宝玉打趣她或想讨好她。

可见，背后赞美比直接赞美更明智，更容易打动对方。在背后说一个人的好话比当面说好话要好得多，你不用担心他不知道，你在背后说他的好话，很容易就会传到他的耳朵里。

一位妻子就非常懂得使用背后赞美的方法，让她的丈夫对她百依百顺、言听计从。结婚不久，闺中密友经常打电话和她聊天，每当别人问道："你现在还好吧？"她总是一脸幸福欢快地笑着说："他对我很好，只要我哪儿不舒服，他就叮嘱我吃药、喝水……还有他很会做饭，他做的水煮鱼好香好香……我工作忙的时候，他就收拾家务，比我打理得还好……"在她这样说的时候，她的丈夫一定就在她不远的地方，看上去似乎在忙自己的事情，其实正竖着耳朵听，心里高兴得不得了。其实，一开始他只会西红柿炒鸡蛋，收拾屋子也是偶尔为之。没想到，听到妻子在别人面前这样夸他，他就有了劲头去做，后来成了一个"模范丈夫"。

从心理学的角度说，当一个人发现别人对他的印象和评价与他自己期望的不一样，他就会自觉地调整和修饰自己的言行，以期符合别人对自己的看法。这位妻子深深懂得背后赞美的奥妙，轻松地把一个原本不出色的男人变成了模范丈夫。

背后说人坏话是令人讨厌的，一方面是背后说坏话，会有中伤别人的感觉；另一方面，人们会觉得背后的评价更能体现那个人内心的真实想法。同理，当他知道一个人在背后赞美自己的时候，他也会感觉你真的是这样想的，会更加高兴。

不要担心你在别人面前说另一个人好话，那些好话当事者不会听见，这世上没有不透风的墙，就算赞美传不到他本人的耳朵里，别人也会因为你在背后夸奖他人而更加敬重你。

故作不识赞扬对方，更能让人开心

人人都懂得要时常赞美别人，但很少有人懂得赞美的艺术，恰如其分的赞美只是基本要求，赞美他人不露痕迹才是真功夫。在某些特定的情况下，故作不识赞美对方便是一种巧妙的方法。

一个叫彭玉麟的官员，有一次路过一条狭窄的小巷。一个女子正在用竹竿晾晒衣服，一不小心竹竿掉了下来，正好打在彭玉麟的头上。彭玉麟勃然大怒，指着女子破口大骂起来。那女子一看，认出他是当地武将彭玉麟，不禁冷汗直冒。但她猛然间急中生智，便正色道："你这副腔调，像行伍里的人，这样蛮横无理，你可知彭玉麟就在此地！他清廉正直，爱民如子，如果我去告诉他老人家，怕要砍了你的脑袋呢！"

彭玉麟一听这女子夸赞自己，不禁高兴起来，而且又意识到自己的失态，马上心平气和地走了。

晒衣女子失手掉落竹竿，打在彭玉麟头上，可谓无意却很凑巧。所幸晒衣女急中生智，采用美誉推崇的方式来把他夸奖一番。她装作不知道对方是谁反而斥责对方蛮横无理，并且夸彭玉麟清廉正直，说向彭玉麟告状会治他的罪。这并非"当面"夸奖，却胜过当面夸奖，说得彭玉麟心里美滋滋的：自己在民间居然有这么好的吏治声誉，绝不应该为这些小事而损害形象。他幡然醒悟之后，便转怒为笑，一场眼看就要降临的灾祸就这样巧妙地化解了。

晒衣女子的这一招的确高明，一顶恰到好处的高帽往往能浇灭对方的怒火。因为维护自己在别人心目中的好形象是每个人本能的选择，在一番恭维话面前，谁还有心情去生气呢？

人们都希望自己在别人心目中能有好的名声，又经常不敢相信别人当面的夸赞，害怕这种夸赞是逢场作戏，而在私下里颇有微词。这时，一种特殊的赞美方式就派上用场了，这就是"故作不识夸对方"。像故事中的女子，就很好地用了这种方法，让彭玉麟高兴的同时，也给自己免了一灾。

传说当年康熙皇帝微服私访，到了太原地界，找一个客店住了下来。店家开始看他也就是一个财主，读过一些书，带着两个仆人来这里办事，也就没有特别地关照。谁知当天晚上，店家睡觉之前上茅厕，路过这个"财主"的房门时，听到里面说道："把朕的御扇拿来，这里真是太热了。"

这店家也是读过几天书的，他心里想："朕、御扇，这不是皇帝才能用的吗？难道这位客官是当今皇上？"想到这里，他不禁吓出了一身冷汗。

第二天康熙很早就起床活动身体了，待到走出屋门一看，见大门大敞着，过了一会儿，店家睡眼惺忪地从他的房里出来了，见到康熙忙作揖道："客官，起这么早啊？"

康熙很纳闷儿："店家，我还以为你这么早就出去了呢，原来才起床啊！那你这院门怎么不关？不怕晚上遭贼吗？"

店家听了呵呵笑道："客官，当今皇帝治理国家有声有色，我们小民有什么小冤屈，他老人家听说了都要亲自过问呢。尤其派到太原来的知府大人，更是没得说，没两年把这里治理得夜不闭户、路不拾遗。我这客店的门现在是爱关不关，就是忘了，让它大敞着一宿，也不会有事的。"

康熙非常高兴，等到回宫之后，马上传旨嘉奖山西巡抚和太原知府，还赏了那个店家一些银两。

康熙是我国历史上少有的贤明皇帝，常常通过微服私访来看看自己治理的天下到底是怎么样的。店家就是利用了他微服私访这个特点，假装不认识他，然后对他治理天下的成就大大赞扬了一把，让皇帝欢喜。

因为"不认识"，所以再多的赞美也不会像是溜须拍马，反而显得更加真实和自然，被赞美的一方也不会觉得难为情，只会在心里暗自高兴，这一点，与背后赞美别人有异曲同工之妙，不同的是，故作不识赞美对方，能够造成一种对方的美名远播的印象，就连素昧平生的陌生人都知道他的美名，这比背后赞美别人又更进一步。当然，"故作不识夸对方"，关键还是"不识"，如果对方明明知道你认识他，就更像是溜须拍马了。

适时地贬低自己，赞美他人

语言美在于含蓄婉转，很多时候不便于直截了当地赞美别人，在这种情况下，不妨换种方式来表达，效果是同等的，甚至会超过所期望的效果。这个诀窍就是适当地贬低自己。适当地贬低自己，也就相对地捧高了对方。即使是不善言辞、不善于称赞的人，也能轻而易举地使用这种方法，达到捧高他人的目的。

比如当我们参加某店铺开张的庆祝会时，即使那是一家不怎么样的店铺，我们也要依场合的不同为庆祝增添一些喜气。我们可以贬低自己，捧高对方，例如说："这店铺看起来真不错，室内的装潢也很考究。不像我经营的那家店，门没做好，窗户也是一大一小的。"这样将对方和自己做具体的比较，并有技巧地批评自己略逊一筹，对方会因被人高抬而唤起优越感，心中的舒坦自是不言而喻。相反的，如果以轻视的口吻对主人说："店铺的柜台再宽一点会比较好，你们下次再整修时，可要记住啊！"对方在庆祝会上听到这样毫不客气的批评，一定会大感不快，从此对你产生敌意，这就是不谙人情世故所要承受的恶果。

在某些情况下，贬低自己来捧对方，不只是为了抬高他人，也是一种低调做人的方式。当对方听你说"我前天做了一件丢脸的事情"时，想必他会心情轻松地听你继续说下去。因为炫耀自己会引起他人的反感；而谈及自己的失败经验，不但会增强对方的自尊心，更能因此打开对方的心扉，让他坦然地接受你。

适当地运用这种方法，可以避免过分锋芒毕露，从而给自己带来不必要的麻烦。低调做人，低姿态处世，在某些情况下适当地贬低自己，这才是明智之举。

借他人名义，让你的"捧"更受宠

俗话说："雾里看花花更美。"赞美之词未必要从你嘴里说出来。可以以第三者的名义。比如，若当着面直接对对方说"你看来还那么年轻"之类的话，不免有点恭维、奉承之嫌。如果换个方法说："你真是漂亮，难怪某某一直说你看上去总是那么年轻！"

可想而知，对方必然会很高兴，而且没有阿谀之嫌。

在一般人的观念中，总认为"第三者"所说的话是比较公正的实在的。因此，以"第三者"的口吻来赞美，更能得到对方的好感和信任。

1997 年，金庸与日本文化名人池田大作展开一次对谈，对谈的内容后来辑录成书出版。在对谈刚开始时，金庸表示了谦虚的态度，说："我虽然与会长（指池田）过去对谈过的世界知名人士不是同一个水平，但我很高兴尽我所能与会长对话。"池田大作听罢赶紧说："您太谦虚了。您的谦虚让我深感先生的'大人之风'。在您七十二年的人生中，这种'大人之风'是一以贯之的，您的每一个脚印都值得我们铭记和追念。"池田说着请金庸用茶，然后又接着说："正如大家所说'有中国人之处，必有金庸之作'，先生享有如此盛名，足见您当之无愧是中国文学的巨匠，是处于亚洲巅峰的文豪。而且您又是世界'繁荣与和平'的香港舆论界的旗手，正是名副其实的'笔的战士'。《左传》有云：'太上有立德，其次有立功，其次有立言，是之谓三不朽。'在我看来，只有先生您所构建过的众多精神之价值才是真正属于'不朽'的。"

在这里池田大作主要采用了"借用他人之口予以评价"的赞美方式，无论是"有中国人之处，必有金庸之作"，还是"笔的战士""太上……三不朽"等，都是舆论界或经典著作中的言论，借助这些言论来赞美金庸，既不失公允，又能恰到好处地给对方以满足。

假借别人之口来赞美一个人，可以避免因直接赞美对方而导致的吹捧之嫌，还可以让对方感觉到他所拥有的赞美者为数众多，从而心里获得极大的满足。

在生活中，要善于借用他人，特别是权威人士的言论来赞美对方，借此达到间接赞美他人的目的。权威人士的评价往往最具说服力，因此，引用权威言论来赞美对方是最让对方感到骄傲与自豪的，如果没有权威人士的言论可以借用，借用他人的言论也会收到不错的效果。

捧人要高低有"度"

捧人如果把握不好"捧"的分寸和尺度，肤浅的"捧"会让人感到乏味与空洞，使被捧者丝毫感觉不到一种荣耀，并会在你的言语中产生一种不安与困惑，进而对双方交际产生一些不良的后果。而适度的"捧"，可以使被"捧"者迅速产生认同感，进而对你报以信赖的态度，产生与你积极沟通交流的愿望。

总体来说，掌握赞美他人的艺术，需要我们在生活中多观察、多总结，只有这样，才能够准确恰当地运用它来达到我们与他人沟通的目的。对此，有些必须重视的问题

我们万万不可忽视:

1. "捧"要得体,不可过于夸张

夸张是语言的一种修辞方法,在赞美他人时适当地夸张一点能够有利于表达自己的感情,对方也乐于接受,但过分地夸张就有阿谀奉承、溜须逢迎之嫌,甚至会让对方怀疑你赞美他的真实目的。

董明娶了一个漂亮的妻子,大家都夸他妻子漂亮,董明心里也美滋滋的。他夸张地对妻子说:"你真漂亮,自从我娶了你之后,连电视都不想看了。"电视中美女如云,不可能个个都比不过他妻子。听了董明的赞美,妻子不屑地扔出"虚伪"二字。

夸张终归是夸张,如果夸张过度,赞美也就变了味。过分地夸张往往使赞美脱离了实际情况,让人感觉到缺乏真诚的东西。再如,对于一般的知识分子,你夸他智力超群,独树一帜,会令人生厌;对长相丑陋的女性,你夸她美貌过人,她会认为你在讽刺她。

2. 不要滥用吹捧

这里讲的滥用是指相对时期内对一个对象赞美的次数。次数太少,起不到应有的作用;次数太多,也会削弱应有的效果。而赞美的频率是否适中,是以受赞美者优良行为的进展程度为尺度的。如果被赞美者的优良行为同赞美的频率成正比,则说明赞美的频率是适度的;如果呈现反比的现象,则说明赞美的频率过高,已经到了"滥施"的程度。

3. 不要说外行话

赞美他人是对他人的认可和肯定。所以在赞美时,不能说外行话,要慎重选择赞美的角度,不要不懂装懂,落下笑柄。

有个年轻人本不懂诗,但有一个偶然的机会,他有幸遇到了一位诗人。年轻人趁机恭维道:"您的诗写得再好不过了,我读了好几遍也没读懂。"年轻人是只知其然,而不知其所以然,这位诗人的诗写得好,但究竟好在哪里?年轻人就说了外行话,用读不懂来形容,简直是在亵渎诗人的作品。

要想不说外行话,在赞美时需要注意:

(1)美言适可而止。心里要谦虚,赞美别人时有所保留,不要打肿脸充胖子,硬装内行。

(2)多用模糊语言。赞美行家,不要说得过细,因为他比你懂得多。如对书法家,说"你的字写得太好了,什么时候指点指点我"即可,没有必要说他的字好在哪里。

(3)类比熟悉事物。选择自己熟悉的事物作类比,以免出漏洞。

（4）看得远一点儿。赞美不仅要符合眼前实际，而且要高瞻远瞩，具有一定的前瞻性和预见性。

（5）某些东西具有相对稳定性，比如人的容貌、性格、习惯等，这方面比较容易赞美。而有些东西则不稳定，如人的行为、成绩、思想、态度等，若从长远考虑，赞美时要谨慎。

如果赞美人时仅限于就事论事，极易犯目光短浅的错误。

用"吹气球"艺术，恰当赞美男人

赞美男人就像吹气球，吹得太小不好看，吹得太大则会爆破。因此，赞美男人并非多多益善，而是要恰到好处。

有一个年轻人曾经给恩格斯写了一封热情洋溢的信，信中称赞恩格斯是一位无与伦比的革命导师，一位伟大的思想家，甚至称其为马克思的再现等，恩格斯并没有因为这封信而有丝毫的感动，反而生气地回信说："我不是什么导师、思想家，我的名字叫恩格斯。"恩格斯作为一位杰出的思想家，他不喜欢别人在赞美他时用似乎有些夸张的词汇，又因为他和马克思近几十年的友谊，他是非常尊敬马克思的，当然会忌讳别人称他为"马克思的再现"。

事实上，要对男人做到褒扬有度是有技巧的。

1. 有比较的赞美

两个人或两件事相比较，在夸奖对方的同时，让他意识到自己的优点和存在的差距，使对方对你的赞美深信不疑。

有一次，汉高祖刘邦与韩信谈论诸将才能高下。刘邦问道："你看我能指挥多少兵马？"韩信回答："陛下至多能指挥十万兵马。"刘邦又问："那你能指挥多少兵马呢？"韩信自豪地回答："臣多多益善耳。"刘邦笑道："既然你带兵的本领比我大，却为什么被我控制呢？"韩信很诚实地说："陛下不善于指挥兵，但善于驾驭将，这就是我被陛下控制的原因。"

刘邦自己也曾说过，统一指挥百万军队，战无不胜，攻无不克，他不如韩信。这是他做了皇帝以后对自己的评价。韩信的赞美，首先肯定了刘邦控制大臣为自己效命的能力，但又指明了他在带兵作战方面与自己相比有不足之处，正与刘邦的自我评价相吻合。话说得很实在、很坦诚，刘邦不但不怒，反而很满意。此时，韩信与刘邦关系已很紧张，如果他违心地恭维刘邦调兵遣将无所不能，恐怕刘邦不愿意听，甚至会怀疑他在吹捧、麻痹自己。

2. 根据对方的优缺点提出自己的希望

金无足赤，人无完人。对男人有所保留的赞美应既看对方的优点和长处，同时又看到他的弱点和不足，讲究辩证法。

常言道："瑕不掩瑜。"指出对方的缺点和不足，并提出一定的希望，不仅不会损害你赞美的力度，相反，却使你的赞美显得真诚、实在，易于被人接受。尤其是领导称赞男下属时，要有一是一，有二是二，把握分寸，要有所保留。可以多用"比较级"，慎用"最高级"。领导在表扬时，可以把批评和希望提出来。

对男人而言，有效的赞美不应该总是绝对化。像"最好""第一""天下无双"这类的帽子别乱戴。有个企业的广告词说："没有最好，只有更好。"就显示了企业的真诚承诺，而不是哗众取宠，华而不实，在消费者中影响很好。实际上，一般人都对自己有个客观的认识和评价，如果你的赞美毫无遮拦，就会让人感觉你曲意奉承，难以接受。

所以，赞美男人时必须记住：一个人的成绩和优点毕竟是有限的。许多伟人看自己时，也都是有所保留。因此，赞美男人，应当一分为二，有成绩肯定成绩，有不足也要说明不足，控制好赞美的度。

赞美女人，要能力和优点双管齐下

赞美女人漂亮、可爱当然可以获得她们的欢心，但现代社会女性的地位大大提高，"女人能顶半边天"。女性们也普遍有"我能干"的强烈愿望。如果能找到她们能力上的优点予以赞美，她们会非常高兴。

一次，小蒙去银行取钱，人很多，年轻漂亮的女职员忙个不停，看起来她有点不耐烦，估计她心情不是很好。小蒙很想跟她交谈，怎么开口呢？

观察了一会儿，小蒙发现了女孩的优点。轮到他填取款单时，他边看她写字边称赞说："你的字写得真漂亮！现在像我们这样的年轻人，能写这么一手好字的人，确实不多了。"

女职员吃惊地抬起头，听到顾客的称赞，她心情好了点，但又不好意思地说："哪里哪里，还差得远呢！"

小蒙认真地说："真的很好，看上去你像是练过书法，我说得对吗？"

"是的。"

"我的字写得一塌糊涂，能把你用过的字帖借给我练练字吗？"

女职员爽快地答应了，并约好了下午到办公室来取。一来二往，两人有了感情，并最终结成了良缘。

当然，在赞美女性有能力的时候，必须是由衷的，有人在赞美女性能力时往往表现出漫不经心："你的文章写得很好""你的这件事办得不错""你唱的歌很好听"……这种缺乏热诚的空洞的赞美并不一定能使女性感到高兴，有时甚至会由于你的敷衍而引起对方的反感和不满。

真正聪明的人在赞美女性能力时，则尽可能热情些、具体些。比如，上述三种情形，他会分别说，"这篇文章写得很好，特别是后面的这一问题有新意"，"这件事情办得不错，让我们学了一招"，"你的歌唱得不错，不熟悉的人没准还以为你是专业演员哩"。这种充满了真诚、自然的赞美，无疑会使女孩子愉快地接受。

三、用心与人交往，使他乐意助己

给予对方一个头衔，他更愿意鼎力相助

要想获得他人的鼎力支持，给予他人合适的头衔是非常有效的方式，这被无数事实反复证明是正确的。虽然头衔是虚的，不能增加人的经济收益，但却可以在极大程度上满足人的自我成就感。很多人都通过给予对方一个光辉闪耀的头衔来获得对方的鼎力协作。

斯坦梅茨是一位拥有异常敏锐的观察力和无法估计的才能的人。然而，在他就任通用电气公司的行政主管时，他所管理的事务却乱作一团，因此，他被撤销了行政主管一职，而担任顾问兼工程师。那么，怎样才能使这样一个事业上受挫的人不遗余力地投入到工作中，为公司效力呢？

这时，高层管理人员运用了一些奇妙的人事管理策略。他们给予了斯坦梅茨一个耀眼的头衔——"科学的最高法院"。一时之间，几乎公司上下所有的人都知道：有一个叫斯坦梅茨的工程师非常了不起，他被称为"科学的最高法院"。而斯坦梅茨也极力维护这个头衔所带给他的荣誉，他不遗余力地工作着，创造了很多奇迹，为通用电气的发展做出了极大的贡献。

头衔是一种公开化的赞誉，面对它，几乎没有人能够真正抗拒。头衔能够让许多人激动不已，能够激发他们的工作热情，当然，还能够赢得他们的忠诚。一个小小的头衔真的拥有这么巨大的魔力吗？其实，这当中是有其心理学依据的。

一方面，从个体心理学的角度看，当一个人被赋予某种头衔的时候，他对自己的

自我认知就发生了改变。潜意识中，他将自己和这种头衔统一起来，如果他不按头衔的要求去做的话他就会产生认知失调，也就是自我认知和言行冲突，从而产生心理不适。因此，为了避免认知失调的产生，他一定会以积极的言行来极力维系头衔带给他的荣誉。

另一方面，从社会心理学的角度看，当一个人被赋予某种头衔的时候，实际上是被赋予了某种社会角色。

著名心理学家津多巴曾经做了一个这样的实验：

参加实验的志愿者都是男性。津巴多将他们分成两组，一组扮演监狱里的"看守"，另一组扮演"犯人"。

一天后，几乎所有的参与者都进入了角色。"看守"变得十分暴躁而粗鲁，甚至主动想出许多方法来体罚"犯人"。而"犯人"则"垮"了下来，有的消极地逆来顺受，有的开始积极反抗，有的甚至像个看守一样去欺辱其他犯人。

人有一种将自身的言行与自己所扮演的角色统一起来的本能，人很难抛开自己所拥有的头衔而做出出格的事情。

如果想让别人做出改变，不妨给他一个与之相适应的头衔，让他觉得自己是这样的人，他便会表现得像这样的人一样。任何人都不甘于辜负好的名声，如果你乐于给他一顶桂冠，他就会乐于做出优秀的表现。

激起心理共鸣，让他感觉像是在帮助自己

心理学中，有一个概念叫共鸣，指人在与自己一致的外在思想情感及其他客体刺激影响下而产生情状相同、内容一致、倾向同构的心理活动和精神现象。在人际交往过程中，"心理共鸣"是一种以心交心的有效方式，也是一门非常微妙的相处艺术。求人的时候，如果你能激起对方的心理共鸣，事情自然就好办多了。

不过，虽然人与人之间本来就有许多地方是相同的，但是要产生共鸣，还需要相当的说话技巧。当你对另一个人有所求的时候，最好先避开对方的忌讳，从对方感兴趣的话题谈起，不要太早暴露自己的意图，让对方一步步地赞同你的想法，当对方跟着你走完一段路程时，便会不自觉地认同你的观点。

伽利略年轻时就立下雄心壮志，要在科学研究方面有所成就，为此，他希望得到父亲的支持和帮助。

一天，他对父亲说："爸爸，我想问您一件事，是什么促成了您同母亲的婚事？"

"我看上她了。"父亲不假思索地答道。

伽利略又问："那您有没有娶过别的女人？"

"没有，孩子。家里的人要我娶一位富有的女士，可我只钟情于你的母亲，她从前可是一位风姿绰约的姑娘。"

伽利略说："您说得一点也没错，她现在依然风韵犹存。您不曾娶过别的女人，因为您爱的是她。您知道，我现在也面临着同样的处境。除了科学以外，我不可能选择别的职业，我对它的爱有如对一位美貌女子的倾慕。"

伽利略

父亲说："像倾慕女子那样？你怎么会这样说呢？"

伽利略说："一点也没错，亲爱的爸爸，我已经18岁了。别的学生，哪怕是最穷的学生，都已想到自己的婚事，可是我从没想过那方面的事，以后也不会。因为我只愿与科学为伴。"伽利略继续说，"亲爱的爸爸，您有才干，但没有力量，而我却能兼而有之。为什么您不能帮助我实现自己的愿望呢？我一定会成为一位杰出的学者，获得教授身份。我能够以此为生，而且比别人生活得更好。"

说到这，父亲为难地说："可我没有钱供你上学。"

接着伽利略又说："爸爸，您听我说，很多穷学生都可以领取奖学金，这钱是公爵宫廷给的。我为什么不能去领一份奖学金呢？您在佛罗伦萨有那么多朋友，您和他们的交情都不错，他们一定会尽力帮忙的。他们只需去问一问公爵的老师奥斯蒂罗·利希就行了，他了解我，知道我的能力……"

父亲被说动了："嗯，你说得有理，这是个好主意。"

伽利略抓住父亲的手，激动地说："我求求您，爸爸，求您想个法子，尽力而为。我向您表示感激之情的唯一方式，就是……就是保证成为一个伟大的科学家……"

伽利略最终说动了父亲，他实现了自己的理想，成为一位闻名遐迩的科学家。

伽利略争取父亲的认可和帮助，采用的就是"心理共鸣"的方法。这种方法一般可分为以下四个阶段：

1. 导入阶段

先顾左右而言他，以对方当时的心情来体会现在的心情。例如，伽利略先请父亲回忆和母亲恋爱时的情形，引起了父亲的兴趣。

2. 转接阶段

伽利略巧妙地通过这句话把话题转到自己身上："我现在也面临着同样的处境。"

3. 正题阶段

提出自己的建议和想法。伽利略提出"我只愿与科学为伴"，这也正是他要说服父亲的主题。

4. 结束阶段

明确提出要求。为了使对方容易接受，还可以指出对方这样做的好处。伽利略正是这样做的，他说："……为什么您不能帮助我实现自己的愿望呢？我一定会成为一位杰出的学者，获得教授身份。我能够以此为生，而且比别人生活得更好。"

正是巧妙运用了"心理共鸣"的方法，伽利略终于达到了自己的目的，为最终实现自己的理想奠定了基础。在日常生活中，我们也不妨试着用这种方法求助别人，往往会带来让你满意的结果。

弱势时打张感情牌，激发同情心

正所谓"以情动人"，"情"最能开启人的心扉，真正唤起别人的共鸣和认同。现实世界里，聪明的人往往善于打"情感"牌，尤其在弱势的时候，这样更容易被他人认可、得到帮助。

在美国经济大萧条时期，有一位17岁的姑娘好不容易才找到一份在高级珠宝店当售货员的工作。在圣诞节的前一天，店里来了一位30岁左右的顾客，他衣衫褴褛，一脸的悲哀、愤怒，他用一种不可企及的目光盯着那些高级首饰。

这位姑娘要去接电话，一不小心，把一个碟子碰翻，6枚精美绝伦的金戒指落到地上，她慌忙捡起其中的5枚，但第六枚怎么也找不着。这时，她看到那个30岁左右的男子正向门口走去，顿时，她知道了戒指在哪儿。

当男子的手将要触及门柄时，姑娘柔声叫道："对不起，先生！"

那男子转过身来，两人相视无言，足足有一分钟。

"什么事？"他问，脸上的肌肉在抽搐。

姑娘一时竟不知说些什么。

"什么事？"他再次问道。

"先生，这是我第一份工作，现在找个事做很难，是不是？"姑娘神色黯然地说。

男子长久地审视着她，终于，一丝柔和的微笑浮现在他脸上。

"是的，的确如此。"他回答，"但是我能肯定，你在这里会干得不错。"

停了一下，他向前一步，把手伸给她："我可以为您祝福吗？"

他转过身，慢慢走向门口。姑娘目送着他的身⋯消失在门外，转身走向柜台，把手中握着的第六枚金戒指放回了原处。

这位姑娘成功地要回了青年男子拾到的第六枚金戒指的关键是，在尊重谅解对方的前提下，以"同是天涯沦落人"凄苦的言语博得对方的真切同情。对方虽是流浪汉，但此时握有打破她饭碗的金戒指，极有可能使她也沦为"流浪汉"。因此，"这是我的第一份工作，现在找个事做很难"，这句真诚朴实的表白，却饱含着惧怕失去工作的痛苦之情，也饱含着恳请对方怜悯的求助之意，最终感动了对方。对方也巧妙地交还了戒指。试想，如果这位姑娘怒骂，甚至叫来警察，也可能找回戒指，但姑娘的"饭碗"还保得住吗？

曹丕和曹植都是曹操的儿子，均能辞赋。在文学史上，父子三人合称"三曹"。曹操被汉献帝封为魏王后，在诸子中选立自己的继承人。长子曹丕虽被确定为继承人，但觉得自己的地位很不稳固，认为弟弟曹植是自己强有力的竞争者，曹植也未放弃希望。于是，两人都想方设法争宠于曹操。

有一次，曹操要率大军出征，曹丕与曹植都前去送行。临别时，曹植作了一篇洋洋洒洒的散文，极力称颂父王功德，并当众朗诵得声情并茂，使得曹操和他的左右文武大臣万分高兴。曹植也因此受到众人的夸奖。曹丕怅然若失。这时，他的谋士吴质悄悄建议他做出流涕伤怀的样子。等到曹操出发时，曹丕什么话也不说，只是泪流满面，趴在地上，悲伤不已，表示为父王将要出生入死而担忧。他一边哭着一边跪拜，祝愿父王与将士平安。曹操及左右将士都大为叹息。

这样一来，形势大转。曹操和左右大臣都认为曹植虽能说会道，但华而不实，论心地诚实仁厚远不如曹丕。一番考察和鉴别之后，曹操最终把曹丕定为自己的继承人。

曹丕心里知道，曹植才华横溢，而自己处于弱势，如果和他硬拼，无异于鸡蛋碰石头。于是，曹丕打出了感情牌，以父子之情感动曹操，最终达到了目的。

由此可见，弱势地位并非没有好处，如果能够巧妙地运用自己的弱势，从情感上打动对方，也能够顺利获得帮助。

互惠，让他知道这样做对他也有利

一位心理学教授做过一个小小的实验：他在一群素不相识的人中随机抽样，给挑选出来的人寄去了圣诞卡片。虽然他也估计会有一些回音，但却没有想到大部分收到卡片的人，都给他回了一张。而其实他们都不认识他啊！给他回赠卡片的人，根本就

没有想到过打听一下这个陌生的教授到底是谁。他们收到卡片，自动就回赠了一张。也许他们想，可能自己忘了这个教授是谁了，或者这个教授有什么原因才给自己寄卡片。不管怎样，自己不能欠人家的情，给人家回寄一张，总是没有错的。

这个实验虽小，却证明了互惠定律的作用。互惠是人类社会永恒的法则，它是各种交易和交往得以存在的基础。如果我们想要获得别人的帮助。就要制造互惠的效果，让对方知道这样做不仅是帮助你，也对他自己有利，这样别人才会心甘情愿地给你帮忙。

在长篇历史小说《曾国藩》中，有这么一节：

曾国藩初握兵权时，对待下属比较"吝啬"：在向朝廷保荐有功人员时，"据实上报"，一是一，二是二，有多大功劳就报多大功劳，不肯多报一点，更别说虚报那些无功人员了。这样一来，那些为他出生入死的下属就不乐意了，在以后的战役中，明显没有以前勇猛。曾国藩不明就里，直到有一天，其弟曾国荃对他说："大哥，弟兄们现在不卖力全是因为你的'据实上报'啊，你是朝廷大员，你可以修身齐家治国平天下，你可以百世流芳，这是你的追求。可弟兄们没有你那么高的追求，他们要的就是眼前的利益。弟兄们流血卖命打仗，图的是金银财宝和有个官职，你不给人家好处，谁给你卖命啊？"

一番话点醒梦中人，尽管曾国藩是个理想主义者，但在现实面前也只能妥协。

就像那些普通的"湖湘子弟"，他们不可能都在历史上留下自己的名字，也许他们也有对理想的追求，但眼前的实际利益无疑更能打动他们。

在现实生活中，人们往往离不开对利益的要求。从政也好，经商也好，若无利可图，谁也不会和你合作，为你所用。看透这一点，在博弈中才能进退自如。

所以，要打动对方，首先要考虑能够给对方什么，然后考虑自己能否给对方这些东西。简而言之，打动对方的方法是：首先考虑在自己能够接受的范围内能给对方什么好处。不给对方好处，对方就不予合作，你也无法获利。给的好处小了对方劲头不高，合作程度也就不大，你获利也就少。你只有给对方最大限度地好处，对方才能全力以赴，你也才能取得最大的利益。

登门槛效应：先提小要求，再提大要求

曾有社会心理学家做过一个经典而又有趣的实验，他们派了两个大学生去访问加州郊区的家庭主妇。首先，其中一个大学生先登门拜访了一组家庭主妇，请求她们帮一个小忙：在一个呼吁安全驾驶的请愿书上签名。这是一个社会公益事件，每年死在

车轮底下的人不知道有多少！不就是签个字吗，太容易了。于是绝大部分家庭主妇都很合作地在请愿书上签了名，只有少数人以"我很忙"为借口拒绝了这个要求。

接着，在两周之后，另一个大学生再次挨家挨户地去访问那些家庭主妇。不过，这次他除了拜访第一个大学生拜访过的家庭主妇之外，还拜访了另外一组家庭主妇。与上一次的任务不同，这个大学生访问时还背着一个呼吁安全驾驶的大招牌，请求家庭主妇们在两周内把它竖立在她们各自院子的草坪上。可是，这是个又大又笨的招牌，与周围的环境很不协调。按照一般的经验，这个有点过分的要求很可能被这些家庭主妇拒绝。毕竟，这个大学生与她们素昧平生，要求她们帮这么大的忙，真的有些难为她们。

实验结果是：第二组家庭主妇中，只有17%的人接受了该项要求，但是，第一组家庭主妇中，则有55%的人接受了这项要求，远远超过第二组。

对此，心理学家的解释是，人们都希望给别人留下前后一致的好印象。为了保证这种印象的一致性，人们有时会做一些理智上难以解释的事情。在上面的实验中，答应了第一个请求的家庭主妇表现出了乐于合作的特点。当她们面对第二个更大的请求时，为了保持自己在他人眼中乐于助人的形象，她们只能同意在自家院子里竖一块粗笨难看的招牌。

这个实验告诉我们，一个人一旦接受了他人的一个小要求之后，如果他人在此基础上再提出一个更高一点的要求，那么，这个人就倾向于接受更高的要求。这样逐步提高要求，就可以有效地达到预期的目的。心理学家把这种对别人提出一个更高要求之前，先提出一个别人很容易接受的小要求，从而使别人对进一步的更高要求、更容易接受的现象称为"登门槛效应"。

为什么会发生"登门槛效应"呢？

当你对别人提出一个貌似"微不足道"的要求时，对方往往很难拒绝，否则，似乎显得"不近人情"。而一旦接受了这个要求，就仿佛跨进了一道心理上的门槛，就很难有抽身后退的可能。因为当再次向他们提出一个更高的要求时，这个要求就和前一个要求有了顺承关系，让这些人容易顺理成章地接受。在这种情况下，比一上来就提出比较高的要求更容易被人接受。

日常生活中有许多利用"登门槛效应"的例子。比如一个推销员，当他可以敲开门，跟顾客进行交谈时，其实，他已经取得了一个小小的成功。在这种情况下，如果他能够说服顾客买一件小东西的话，那么，他再提出进一步的要求，就很可能被满足。

为什么呢？因为那位顾客之前答应了一个要求，为了前后保持一致，他的确会有可能接受进一步的要求。男士在追求自己心仪的女孩时，也并不是"一步到位"提出要与对方共度一生的，而是逐渐通过看电影、吃饭、游玩等小要求来逐步达到目的的。

有的孩子向妈妈要求，可不可以吃颗糖果？当妈妈答应他的时候，他可能会提出进一步的要求，那可不可以喝一小杯果汁呢？妈妈通常是会答应的。

这个心理效应给我们的启示是，在人际交往中，当我们要提出一个比较高的要求时，可以不直接提出，因为这个时候很容易被拒绝。你可以先提出一个较小的要求，一旦对方答应，再提出那个较高的要求，就会有更大的被接受的可能。

假如你要组织一次募捐活动，怎样才能征集到更多的募捐款呢？根据"登门槛效应"，调动你的思维，把你的想法写下来。

英国心理学家查尔迪尼曾做过一个募捐实验：对一部分人募捐时提出请求，并附加一句"哪怕一分钱也行"，结果其捐款人数比没有这句附加语的人数多两倍，并且募捐到的款额也不少。查尔迪尼的这个实验是否会给你一些启示呢？

当我们要请求别人帮忙或是做事的时候，你不妨运用"登门槛效应"，这样做会给你带来意想不到的收获。

不妨提一个更大的要求更容易取得成功

在生活中，我们经常可以见到这样一种现象：一个人提出了一个大要求后再提出一个同类性质的小要求，这个小要求就有可能被人轻易地接受。这一现象与"登门槛"恰好相反，因而人们称其为"反登门槛效应"。

美国著名的顾问尼一韦是贺华勃及罗克法芮等许多大名鼎鼎的人物常常向他咨询或让他做决策的人，他曾经很妥善地帮助他们解决了一个个非常难处理的事件。

当时，尼一韦在英国想请著名的阿丝狄夫人给刚在纽约动工的阿斯托尼亚大饭店举行奠基典礼。

"不行，"阿丝狄夫人说，"此事恕我不能遵命，你们之所以需要我，只是让我为你们的旅馆做广告而已。"

而尼一韦的话的确使她大吃一惊。"夫人，的确如此。"尼一韦接着说，"然而，你也不会一无所获的，你也可以借此接近广大群众。因为，这个典礼将由广播电视向全国转播。"后来他又向她声明，他们并不希望她发表什么演说，只是要她到场露一下面就行了，并且反复强调了此举的意义。最后阿丝狄夫人便应允下来，答应出席他们的奠基典礼。

　　从这我们可以看出，尼一韦能使阿丝狄夫人答应的真正原因，还是在于他开始的时候，使夫人感到出其不意的让步。

　　阿丝狄夫人说："他们需要我做广告，这是我不愿意的。然而，他却坦白地承认了这一点。在这一点上他表示出了让步。"接下来尼一韦迎合了阿丝狄夫人的心理去劝说，结果他终于取胜了。

　　这一效应在美国心理学家西阿弟尼等人 1975 年做的实验中得到了印证。他们要求第一组被试者做一件没有工资的工作，即当少年犯的顾问，每星期两个小时，至少做两年。毫无疑问，没有一个人答应这样的要求。当所有人都拒绝时，实验者马上问他们，是否同意做别的事情，只需要很少的时间，即带着少年犯到动物园游玩两个小时；对第二组被试者只提出了较小的要求，要求他们带那些少年犯到动物园游玩；对第三组被试者提出可以在两种要求中间选择一个。结果他们同意的百分率分别为 50%、16.7%、25%。

　　由此可见，运用这种"反登门槛效应"的效果是十分明显的。事实上，这种技巧在小商品市场中司空见惯。那些小商贩先漫天要价，然后再讨价还价，这时人们便以为他为此让步了，价格比较合理了，因此便接受了他们的要求。日常生活中，这类例子也比比皆是。例如，你想说服别人借给你 500 元，你可以先向他提出借 2000 元的要求，遭到拒绝后，待他向你解释原因时，你就可以说："既然 2000 元很难拿出手，那借 500 元总可以吧！"这样，他就有可能答应你这一较小的要求。

　　在人际交往中，我们也可以利用这种"反登门槛效应"，达到劝说别人接受意见的目的。劝说别人，并不意味着只是一味进逼，适当地退让和承认对方意见的合理性，倒显得通情达理，使人易于接受劝告。如果妻子只是劝说丈夫每天少抽几支烟，丈夫可能无动于衷，妻子进而要求戒烟，不许屋里有烟味，丈夫很可能赶紧让步，答应每天只抽 5 支烟，妻子也就达到要求丈夫少抽烟的预期目的了。

　　"反登门槛效应"的产生与心理反差的错觉作用密不可分。大要求与小要求会引起心理反差。一般来说，要求之间的差距越大，其心理反差也越大，给人的错觉也大。这正如鲁迅所说，你要求在墙上开个窗户，大家都反对；如果你提出要扒开屋顶，大家就同意开窗户了。因为开窗户这个小要求与扒屋顶这个大要求相比差得很远，大家以为自己得了便宜，免除了扒屋顶的后遗症，便答应了开窗户的要求。

　　实践证明，在社交中运用"反登门槛效应"是很有效的。在人际交往的过程中，我们要适当地运用"反登门槛效应"，以便达到我们使他人顺从、改变他人的目的。但是在运用"反登门槛效应"时，要注意以下几个方面：

我们要学会不露痕迹地使用"反登门槛效应"。在使用时一定要让对方处在无意识状态下。我们也要学会合理的让步法。一般来说，让步越大，其效应越大。但是，一旦被人认为这种让步是虚假时，其信任程度就发生了变化，他对你的让步就不信任了，从而不管你提什么要求，他都会认为是高的。

宣传与包装是增加成功筹码的利器

有一年，国际木材市场需求增加，价格上扬，某大型林场看准这一时机，将林场的木材推入国际市场，市场反应良好。然而好景不长，几个月后，由于市场竞争激烈，木材的价格大幅下跌，如果继续坚持出口，林场将每年亏损上千万元。面对危机，场长认为，在国际交易中他们是后起者，在强手如林的情况下，挤进去非常不容易，应想办法站住脚才行。如果一遇风险和危机就退出来，那么，想再占领市场就会更困难。于是他决心带领大家从夹缝中冲出去。为此，他亲自参加一些大型宴会，借此搜集信息，寻找合伙对象，开辟新市场。

在一次宴会上，场长遇到国外一家著名的家具生产集团的总经理。场长开门见山，表明希望那家公司能够把他们的林场作为原料采购基地。外方公司的总经理说："现在我们的原料供应系统很稳定，你有什么优势让我们把别的公司辞掉，而选用你们的木材？"场长不卑不亢地列举了该林场三大优势：第一，我们林场的木材质量有保证，有很高的信誉；第二，我们可以长期合作，保证长期供货，长期供应价格上我们可以给予一定的优惠；第三，我们林场有自备码头，能保证货运及时，并有良好的售后服务，更重要的一点是保证信守合同。场长在大谈林场的三大优势后，还不紧不慢地对外方总经理说，林场刚刚与国际上另一家知名公司签订了供货合同。那位经理听说连那样的大公司都与中方的这家林场签订了合同，看来林场实力不弱啊！他立即同意就供货问题正式洽谈。签订合同之前对木材进行现场检测。经检测，木林质地良好，是家具原材料的上上之选，经过一番讨论，双方正式签订了合同，使该林场在国际市场上站稳了脚。

故事中，那位场长没有刻意地恭维对方，而是底气十足地向对方提出要求，紧接着在不经意中道出自己与另一家公司签订了合同，无形中抬高了林场木材的身价，让对方对他刮目相看，如此一来，事情自然好办多了。

可见，人际交往中，手段一定要灵活，特别是在商业场合面对陌生人时，如果自身力量较弱，处于劣势，那么你不妨巧用一些包装与自我宣传手段，增加自身分量，为自己达到预期创造一些更好的条件。

当然，这种包装与宣传是有一定限度的，否则无限度地吹捧自己，名不符实，只能是玩火自焚。

让他做出承诺，就容易达到你的目的

心理学家托马斯·莫里亚蒂曾经在纽约市的海滩上做过这么一个实验，实验的目的是探究人的偷窃行为，观察旁观者会不会舍弃个人安全去阻止身边的偷窃者，以遏制犯罪行为的发生。

在实验中，实验人员会在海滩上随便找个人作为实验对象。开始的时候，实验人员会躺在距离实验对象大约 5 英尺的浴巾上，并且很惬意地听着收音机里传出来的音乐，享受着凉爽的海风。但几分钟之后，他会从浴巾上爬起来，向前面的大海走去。这时，第二位实验人员会假扮成一个小偷，他悄悄地来到第一个实验人员刚才待过的地方，拿起收音机迅速地离开现场。

可以想象：一般情况下，旁观者是不会冒险去阻止小偷的犯罪行为的。实验最终证明了这一观点。托马斯发现，在 20 次的实验中，20 人中仅有 4 人挺身而出，阻止小偷的犯罪行为，其他人都视而不见。

尔后，实验者又进行了 20 次实验，与上一次不同的是，这次实验略有改变，改变发生在实验人员离开时。这次，当实验人员离开的时候，他会对身边的实验对象说："您好，我想去游会儿泳，麻烦您帮忙照看一下我的这些物品好吗？"当然，每一个实验对象都答应了。这次实验的结果是 20 人中有 19 人挺身而出，成为阻止犯罪的孤胆英雄。他们中的很多人都追赶着小偷，迫使其停下来并做出合理的解释。而有的人则干脆问也不问，紧追上去，一把抢过他手里的收音机，并扬言叫警察来处理。

两个相似的实验，为什么会产生如此之大的差别呢？这可能会让很多人感到疑惑。其实，实验的结果就体现了承诺的力量。当实验者没有对物主做出承诺时，面对偷窃行为就不会有太大的责任感，即使不管，也不会受到道义上的谴责；而当实验者对物主做出承诺，答应物主的请求时，就会肩负起一种责任，要求自己说到做到，不能被对方觉得自己言而无信，于是就会为了保持言行一致。而做出一些努力。

一般情况下，人们会主动使行为与承诺保持一致，因为这通常被认为是一种良好的品行。一个人如果言行不一，那么就会失信于人，在以后的为人处世中恐怕会很难立足。而且在人们看来，言行一致是和超凡的智力、坚强的个性联系在一起的，代表着坚定和诚实。因此，不论从哪个方面来讲，人们都非常看重保持言行一致。这无形中就产生了一种有效的心理影响力，即用人们的承诺影响其行为。一般情况下，人们

一旦对别人做出承诺，就一定会尽力做到，在这种力量的作用下，不会轻易反悔自己做出的决定，即使有什么别的想法，也会极力克制，努力使承诺与行为保持一致。

这种心理效应，可以作为一种"影响力武器"应用到生活的各个方面，先巧妙地让人对你做出一定承诺，只要对方做出承诺，就会受到一种无形力量的牵制，不会轻易改变。因此，我们可以利用承诺的力量来促使人们做出某种行为。例如，某公司为了刺激销售员取得更大的成绩，在每一个阶段开始之前，都会要求销售员订下自己的销售目标，并要求他们把销售目标写在一张纸上。这个目标一旦写下来，就等于销售员对公司做出了一个承诺。于是，为了保持自己的言行一致，销售员必然会加倍努力，在规定时间之内兑现自己的承诺。最终，有效地调动了员工的积极性，提高了销售业绩。

俗话说："言必信，行必果。"这是我们为人处世的一种行为准则，它有很大的约束力，如果我们能够巧妙地使人们对自己做出承诺，那么就比较容易达到自己最初的目的。

四、有理有据有节，屡屡语出惊人

专业的观点更可信——心理观察：服从权威实验

专家的影响力有多大

人们经常利用专家的权威来帮助自己说服别人。例如，在电视广告上，经常可以看见专家们的身影和评论。

很多牙膏广告里都会有一位穿白大褂、戴眼镜的医学专家，让人一看就觉得非常专业。然后医学专家还会以十分专业的口吻向观众们说类似"经医学研究表明……"的话，让人们感觉这是通过专业研究得出的结果。

除此之外，在各类电视购物中也常会出现专家们的身影。大多时候，广告方都会通过专家的言论来增强自己产品的说服力，从而获得观众的信任，进而说服观众，让观众心甘情愿购买自己的产品。

那人们是否真的比较愿意相信专家们的言论或观点呢？专家们的言论是否真的能够增强说服力，帮助人们在劝说中说服别人呢？我们来看一个实验，实验的结果能够告诉我们问题的答案。

心理实验：权威的影响力

实验一

这是一个非常有名的单盲实验，实验是在一次心理学课上进行的，实验的被试是上课的学生，而实验者则是老师、实验助理等。作为实验的被试，所有学生都不知道跟实验有关的任何信息，在他们看来这只是一堂普通的心理课。整个实验的内容如下。

课堂上，老师为同学们请来一位教授，他将这位教授请到讲台中间，并告诉大家说，这位教授是位著名的化学家，他的研究成果世界闻名。这个时候，这名化学家一笑，拿出一瓶液体。他说，这是我新研发的一种化学物质，它虽然有强烈的气味，但是，对人的身体并没有坏处。说着，他打开了液体的瓶盖，故意让"气味"传到教室的每个角落。

然后，他告诉下面的同学们，请闻到"气味"的同学举手示意我。结果，大部分的学生都举起了手。但是，实际上，这只是心理学老师的一个实验，说的正是名人效应的影响。瞧，大家不都被名人效应影响了吗？其实，那瓶新研究的化学制剂，只是一瓶蒸馏水，没有任何气味；而这位著名的化学家也只是一名德语教师而已。

实验二

在1963年，心理学家阿伦森、特纳尔和卡尔·史密斯进行了一项诗歌评价实验。

在实验中，实验者请来一些被试，让他们对一些诗歌做出评价。被评价的诗歌其实是选自无名现代诗的九个节段，但是被试们并不知道。

在被试们评价完后，实验者再让被试读一篇别人对此诗歌中某一个节段的评论。在实验者的设计下，被试们读到的评论是他们自己最不喜欢的一节诗歌的评论，而这个评论比被试的评论要高。

实验者会告诉其中一部分被试，他们所看到的评论出自著名诗人艾利奥特之手；告诉另一部分被试他们所看到的评论是密西西比州州立师范学院的学生斯蒂恩写的。

最后，实验者再次询问被试们对于诗歌的评价。结果实验者发现，认为评论是著名诗人艾利奥特所写的被试比认为评论是学生斯蒂恩所写的被试，在态度上有更大的改变。

实验结论：权威也是一种说服力

从上述实验中，心理学家得出了如下结论。

结论：权威、高可信的信息源所提供的信息更具说服力。

说服策略：合理利用权威的影响力提高说服力

从两个实验的结果中，可以明显看出专家的魅力和影响力。即便事实已非常明显，人们也愿意改变自己的看法转而相信专家的观点。因此，我们可以把这种专家的权威

影响力运用到劝说中。

对于人们来说，专家是一种专业、权威的代表。而要想利用这种方法来提高你的说服力，首先我们需要明白哪些因素会影响一个人的权威性和可信度。

研究者通过总结，将影响一个人的权威性和可信度的因素归为有无专业训练、经验、技术和知识等几点。而这几点在一个人身上的表现就是他的学位、职称、地位、身份、职业、年龄等。当然，有时候人们还会从一个人的外表来判断，所以还会有"穿得很像一位专家"的说法。

所以，你在劝说的时候，可以通过抓住以上这些点来显示你所提供的观点的权威性和可信度。例如，借用一些专家、名人、权威及权威机构的评价；或与之建立联系，加强自身给人带来的专业感，穿正规的专业套装或职业装，在正式的场合进行劝说等。

名人都是我朋友——心理观察：名人广告实验

名人不是专家，但有时比专家管用

在上一节中，我们提到了广告中活跃的专家身影以及权威、专业的观点能够提高说服力的观点。

既然说到广告中活跃的专家人物，就不得不说活跃在广告中的另一大群体——明星。他们可能是娱乐明星，如代言伊利牛奶的王菲；有时也会是体育明星，如代言红牛饮料的林丹。但无论哪种明星，他们都拥有一个共同的特点，那就是都有一定的知名度，都是名人。

这是商家们试图利用名人的知名度来增强商品对顾客的影响力的典型做法。而事实也证明，名人的知名度确实能够让人们更加相信他们的观点，从而更加信赖或喜欢他们所代言的产品。

古希腊伟大的哲学家亚里士多德曾经提出，一个人的个人特点是他所拥有的最有效的劝导手段。而知名度就是一个人的特点之一。但是有研究表明并不是所有名人都具有很强的说服力，这其中有很多因素都会影响名人的说服力。这些因素有哪些呢？我们来看看心理学家是怎样通过实验找到答案的。

心理实验：名人的影响

心理学家曾经以名人、非名人和单面说服、双面说服为自变量设计了一个广告实验，研究了影响名人说服力的一些因素。

实验选取的被试是77名MBA进修班的学员，实验的内容是让他们看一段计算机广告，然后再对此进行评价。

按照实验目的，实验者将被试分成了四组，分别接受四种不同的实验处理。这四种实验处理分别是：名人的单面说服，名人的双面说服，非名人单面说服、非名人双面说服。即四组被试看到的广告是不一样的。

被试看完广告后，实验者询问被试关于广告的看法，结果发现第二组被试对广告的评价最高，第三组被试对广告的评价最差。实验者认为这说明了名人的双面说服效果最好，非名人的单面说服效果最差。

实验结论：名人的说服力受多种因素的影响

从上述实验中，心理学家得出了如下结论。

结论一：名人更具有说服力。

结论二：说服方式会影响说服力。

结论三：双面说服的效果更好。

关于名人对于广告效果影响的研究还非常多，通过总结，科学家认为名人的吸引力、可信度、专业性、与产品的一致性以及名人的负面信息都会影响到名人所代言的广告的说服效果。

说服策略：合理利用名人的影响力

从实验的结果发现，名人身上有很多因素都会影响到他们所代言的广告的说服效果，这些因素导致广告在改变观众的态度和看法上具有不同的影响力。因此，在利用名人的影响力提高说服力的时候，我们也要相应注意这些影响因素。只有这样才能最大限度地发挥名人的积极影响力，提高说服对方的可能性。具体来说，我们可以注意下面几点。

（1）说服时，用名人案例加以佐证

我们在说服他人的时候，可以列举名人的示例，或者用双方人际圈子内比较出众的人物的例子。这种说服方式让对方看到现实中的结果，可以增强说服力度。

（2）从事物的正反两方面进行劝说

上面的实验证明，在采用双面说服的时候，说服效果会更好。也就是说，单纯地向对方灌输事情的好处并不一定有好结果，反倒是既指明优点，又指出缺点或风险更让人信服。

（3）选用正面人物、正面案例

名人的专业度、正负面消息等也会对说服效果产生影响。这一点给我们的启示是，在用名人说服对方的时候，要选择社会上广泛认可的、正面形象比较突出的人物，而要避免选择负面消息较多的名人。例如，一向以慈善家身份出现的名人，可以更好地

引导募捐活动；而信用评价低、有道德丑闻的名人，则会让观众对其代言的产品产生怀疑。

真诚你用了几分——心理观察：真诚实验

虚伪的人最不值得相信

朋友有一个舍友，在宿舍里人缘一直不好。朋友说，其实这个人本来是个很热心的人，也很乐于帮助别人。之所以和别人的关系不好，原因就是这个人说话总爱打官腔，做事也让人感觉虚伪。所以宿舍里的人一直和她亲不起来。

相信所有人都一样，讨厌虚伪，喜欢真诚。因为你不知道虚伪的人说的话哪句是真的，做的事哪一件是真的，他们总是让人不敢相信。而在人际沟通中也存在这样的问题。

例如，很多人都讨厌见风使舵、阿谀奉承的人。这里有一部分原因是人们觉得这样的人没有真才实学。还有一部分原因是人们觉得这种带有目的性的赞美和讨好不真实、很虚伪。所以，在沟通与说服的过程中，如果你的表现让别人觉得不真实，很容易取得与期望相反的效果，甚至被人讨厌。

心理实验：最受欢迎的品质

1968年，美国心理学家安德森为了调查最受人们欢迎的品质，做了一项实验研究。实验的被试是大学生，而实验的内容则是要求这些被试在555个形容人性格品质的词汇中，挑选出自己最喜欢的品质和最讨厌的品质。

结果，实验者通过统计发现，在555个形容人性格品质的词汇中，被试们挑出的自己最喜欢的8个词汇，其中有6个都与"真诚"相关，例如真诚、诚实、忠诚、真实、信得过和可靠。而被试们评价最低的词汇则是说谎和假装。

实验结论：真诚是最受人们欢迎的品质

从上述实验中，心理学家得出了如下结论。

结论：真诚是最受人们欢迎的品质，虚伪和假装则是最令人讨厌的品质。

通过实验的结果，心理学家认为人们喜欢真诚的人，讨厌虚伪的人，并把这种人际现象称为真诚原则，即人们把真诚当作人际交往的最高点。

说服策略：让对方感觉到你的真诚最关键

实验结果表明，人们喜欢真诚，讨厌虚伪和假装。所以，在和人沟通、打算劝服对方的时候，我们首先需要获得对方的好感，让对方接受我们，愿意听我们讲述自己的观点。如果对方对我们有好感，很信任我们的时候，劝服对方将会事半功倍。所以，我们在沟通中要学会让对方感受自己的真诚。

我们经常会通过赞美对方让气氛变得融洽，以便进行后续的劝说行为。但是，赞美必须要有据可依，不能言过其实或无中生有，引起对方的反感。

另外，我们在的言谈中也要充分表达自己的诚意，不能提出不合理的要求，不要提及对方的忌讳，更不能谄媚。持尊重的态度，讲真诚的话，才是我们说服对方的关键。

说服也需要"形式主文"——心理观察：插队实验

"废话"需不需要说

不知道大家有没有遇到过这样的情境。当自己准备和对方打招呼的时候，对方直接来一句："不要拘泥于形式，直接进入正题吧！"

其实很多时候，我们与人沟通的时候并不会丢弃形式，尤其是在初次见面沟通的时候。我们会和对方热情地打招呼，介绍自己的一些基本情况，说一些"废话"，在做好铺垫后再进入沟通的正题。

但是从说服的角度来说，很多人都不喜欢这种形式主义，觉得它不但浪费时间，还显得很虚伪。性格直接的人则会说："何必弄那么多华而不实的形式主义，直奔主题好了，同意就是同意，不同意就是不同意，弄那么多干吗，不累吗？"

但是也有人说，形式是非常必要的，它是一种表达好感的方式，可以拉近两个人的距离，让对方更容易接受自己的意见和请求。

从人们对待形式的不同看法中，我们无法确定说服时需不需要形式的问候和解说。接下来我们就通过实验来看一下，我们的说服究竟需不需要形式？

心理实验：不同形式下的说服

哈佛大学心理系教授兰格曾经针对沟通过程中的形式与内容对沟通效果的影响，与同事们做了一系列研究。

实验一

1978 年，兰格教授与她的同事们以图书馆排队等候打印的学生们为被试，做了一个实验。

兰格教授找了一些实验助手，当看到一名学生要打印时，实验助手就跑去对这名学生说自己也要打印文件，可不可以先用一下打印机。其中兰格教授让实验助手选用了三种不同的方式进行询问。

第一种为没有理由的询问："我要打印五页文件，可以用下打印机吗？"

第二种是有理由的询问："我要打印五页文件，可以用下打印机吗？因为我赶

时间。"

第三种为形式理由的询问:"不好意思,打扰一下!我要打印五页文件,可以用下打印机吗?因为我有点东西要打印。十分抱歉!"

然后兰格教授记录三种询问方式下学生们是否同意先让实验助手打印。结果发现在第一种询问方式下,五分之二的学生都会拒绝实验助手的要求;在第二种询问方式下,94%的学生会同意实验助手的请求;而第三种询问方式下也有93%的学生同意实验助手的请求。

实验二

兰格教授还进行了另一项实验,对沟通内容与形式之间的关系进行了研究。

首先,教授在黄页上随机挑选了一些地址,然后给这些地址寄去一份只有五道题的简单调查问卷。其中按照问卷的指导语不同,可以将问卷分为两种。第一种为没有问候语的问卷,只要求收到问卷者填写问卷,并给了回寄的地址;而第二种则是先客客气气问候对方,再请求对方填写问卷,问卷开头写着"您好……请……"。而两种问卷的其他内容则完全相同。

最后,实验者统计这两种问卷的回收率,即统计收到两种问卷的人有多少人填写了问卷并寄了回来。结果,实验者发现,第二种问卷的回收率要明显高于第一种问卷。

实验结论:适当形式化的语言可以给人好感

实验者对两个实验进行了分析,在第一项实验中,第一种询问方式直来直往,很不讨人喜欢;第二种询问方式给出了合情合理的理由,能更好地说服对方;但是第三种询问方式,尽管"因为我有点东西要打印"是废话,居然也有93%的学生会答应实验者的请求,远远高于没有理由的情况。

所以实验者认为,在很短的时间内,人的大脑会形式化地处理信息,只抓住形式信息,而不在乎后面的内容。也就是说,学生们只要听到了"因为"两个字,并听到了一个"解释"就会选择答应别人的请求。

而第二个实验也充分说明了形式化的重要性,看上去客套的礼貌用语明显提高了问卷的回收率。因此,心理学家们得出如下结论。

结论:适当的形式化语言可以给人好感,增加说服的可能性。

说服策略:不要忽略形式化语言

其实实验存在一定的缺陷,首先实验中使用的都是一些简单的事情作为说服的内容,而生活中的劝说和说服内容不仅仅限于此,有时候需要对方答应的是一些更高的要求。

但是从实验中我们依然可以知道，当没有形式化的语言时，就算是简单的请求对方也不会答应。因此，我们在沟通中不能忽略形式化语言的要求。

有时候人们会觉得形式化的语言很多余，但若将形式化的语言全部排除掉，则只会令人觉得无礼，也很难得到对方的体谅和理解。

例如，销售人员想要说服客户购买自己的产品，如果不问候，不用礼貌用语，直接要对方买自己的产品，那对方肯定会觉得这个销售不讲礼貌，不尊重自己。客户自尊受损，自然也就难以同意销售的要求。

所以我们在说服的时候，不能摒弃形式化的语言。我们需要在适当的时候，运用一些形式化的语言来帮助我们说服对方。当然，如果对方非常反感这种形式化的语言，那么我们也可以选择不说。

好钢用在刀刃上——心理观察：考试演讲实验

哪些因素更重要

劝说可以通过多种方式进行，影响劝说结果的因素也有很多。在劝说中，只有合理地整合这些因素，才能达到更好的劝说效果，成功地说服对方改变态度。

研究沟通的心理学家发现，劝说过程中许多因素都会影响到劝说的效果，比如劝说的论据、事实逻辑、信息源的专业性、讲话的长度等。在劝说过程中，我们向对方传达的信息有限，所传达的信息也有主有次。所以哪些信息需要强调，哪些信息只需要提及，也是一个非常重要的问题。例如，我们不能将本书中所提及的影响因素一股脑儿地全部说给对方听，我们需要有计划、有顺序、有主次地向对方传达我们想要传达的信息。

所以，究竟应该如何处理这些信息的主次问题也是需要我们研究的一个问题。而接下来的这个实验也许会告诉你，在劝说中究竟应该如何处理这些信息。

心理实验：两种劝说变量的不同影响

心理学家佩蒂和卡乔波通过研究提出了两种劝说路径：中心路径和外围路径。中心路径是指人们有动机、有能力专注于沟通中的逻辑论证、思考内容的劝说方式。外围路径则是指人们不思考沟通中的论据，而受周边线索影响的情况。

佩蒂对此进行了实验研究。他将一群大学生作为实验被试，在实验中佩蒂将大学生分成两组，让他们去听一个关于大学毕业前是否要通过主修课综合考试的演讲。

实验共有三个水平的处理：卷入度、信息源、论证强度的差异。实验时，实验者先告诉被试中的一半人，目前学校正在考虑实施演讲中所提及的措施；而对另一半人则说，学校要等到10年后才会考虑实施演讲中所提及的措施。也就是说，对于前一部分学生来说，演讲中所提及的事情是一件非常现实、与自己密切相关的事情，即前一部分学生拥有高卷入度，是"高个人关联性者"。相应地，对于后一部分学生来说，演讲所提及的事情对他们没有多大的影响，他们的卷入度低，是"低个人关联性者"。

接着实验者将每种卷入程度的被试再分成两组，分别接受两个变量的处理。其中一组接受不同的信息源的处理，另一组接受不同论证强度的处理。

第一种处理，实验者将两种不同卷入程度的被试分组后，让被试们去听演讲，实验者告诉这组中的一半被试，给他们演讲的是某大学的著名教授；告诉另一半被试，给他们演讲的是一名高中生。这种处理目的在于造成不同的外围路径对说服效果的影响。

第二种处理，实验者带剩下的另一组学生被试去听演讲，其中一半被试听到的演讲中有高强度的论据，演讲中指出大学的教学素质会因综合考试而改进；而另一半被试听到的演讲里只有强度很弱的论据，演讲中指出多数学生愿意冒考试失败的危险迎战。这种处理的目的在于不同中心路径对于说服效果的影响。

被试听完演讲后，实验者要求他们填写一份关于评价演讲内容的表格，表格中的每一项都有从-10到+10的评分。实验者通过统计被试给的评分发现。在高卷入的被试组中，论据的质量比是否来自专家的意见更能说服人；而低卷入被试组中，被试们则更多受到信息是否来自专家的影响，而不太注重论据的质量。

实验结论：劝说过程中各种变量相互制约

实验者对实验结果进行分析，从高卷入组和低卷入组两种不同的实验结果中得出如下结论。

结论：劝说过程中各种变量是相互制约的，起的作用也不是独立的、绝对的。

也就是说，中心路径也好、外围路径也好，他们对于劝说的影响并不是绝对的，在不同的情况下，它们会与不同的变量产生不同的效果。但是，心理学家还是认为，中心路径在劝说中处于核心地位。通过强调论据达到的说服效果会更加稳定、值得推敲。而外围路径引起的劝说效果，则相对不够稳定、比较特殊。因此，心理学家认为，强论据和某些周边变量的综合利用可能会产生比较理想的说服效果。

说服策略：怎样看待不同变量的相互制约作用

从实验的结果可以看出，实验者在劝说过程中所强调的因素。即劝说的途径与很多的变量是相互制约、相互影响的，这些变量共同对劝说产生了作用。

这相当于化学实验中的化学反应，两种物质在不同条件下可能会发生不同的化学反应，生成不同的化学物质一样。同样的信息因素，在其他变量相互制约的影响下，在不同时候会对劝说产生不同的影响。

所以，在劝说过程中我们究竟应该以哪种信息为核心，也没有固定的答案。有时候强调论据会得到更好的说服效果，例如实验中的高卷入被试组的情况。而有时候，强调信息的来源会得到更好的说服效果，例如实验中的低卷入被试组的情况。

所以，劝说的关键还在于对对方的了解，以及对整个劝说过程的详细分析。即你在劝说中，应该先了解具体的情况，例如，劝说对象跟你要劝说的事情的相关性、劝说对象的性格，你的观点、论据的说服力等。然后再综合考虑各个变量及影响因素，选择一个相对较好的劝说计划，进行有主有次的说明。

如果你在劝说过程中发现你所提供的信息对劝说对象影响不大，然后你再考虑提供一些其他方面的劝说信息。如果你发现，你所提供的信息产生的影响力比较大，那就突出强调你所提供的信息，然后再辅助其他方面的信息加强说服效果。总之，你在劝说中要仔细观察劝说对象，以及对方对信息的反应，灵活利用劝说信息的说服力，选择影响力最大的信息进行说服。

说话，也是多多益善吗——心理观察：记忆容量实验

话越多，说服力不一定越强

我们在做幻灯片时，常会担心幻灯片上的内容过于简单，无法表达我们想要表达的全部信息。于是很多时候，我们幻灯片上的文字总是一段一段、密密麻麻的。可是看看那些专业广告策划人做的幻灯片，我们会发现，文字并不是越多越好。

其实在说服的过程中，我们也会出现这样的问题。例如，因为害怕自己表达的意思对方没有理解，或者是害怕无法说服对方，而说更多的话。

但是，就像用幻灯片传达信息一样，"说"得太多，并不一定会有好的效果。而且有时候，说话过多反而会让对方反感，削弱你的说服力。

例如，马克·吐温曾经因为教堂牧师的说教过于冗长，从一开始打算捐掉自己口袋里的所有钱，变成最终从捐钱的盘子中拿走了两元钱。

所以说，话并不是说得越多越好。那么，话究竟应该说多少，对方才能够接受呢？让我们从心理学的实验中寻找相关答案。

心理实验：我们的大脑能一次性加工多少东西

在对记忆的研究中，心理学家将记忆分成了三个记忆系统，其中短时记忆是个体

能够意识到的，是与正在进行的活动相关的记忆系统。例如，正在进行活动时接触到的信息。同时，因为短时记忆跟活动的相关性，有很多心理学家也把短时记忆称为工作记忆。

因为这个记忆系统的可意识性与活动的相关性，很多心理学家对短时记忆的容量进行了研究。1956 年，心理学家米勒发表了一篇文章，提出短时记忆的容量为 7±2 个组块。其中一个组块可以是一个数字、字母、音节，也可以是一个单词或短语。组块的大小及形式因个人的经验组织不同而有所差异。

米勒的这篇文章引起了广泛影响，在此之后很多研究者纷纷研究短时记忆的容量，而很多学者的研究也都证明了这个观点的正确性。

实验一

1974 年，心理学家西蒙把自己当做实验被试设计了一项实验。实验中，他阅读一些无关联的英语单词，然后再回忆。

他发现自己能立刻正确再现单音节单词和双音节单词的数量都是 7 个，而三个音节单词则是 6 个，但是由两个单词组成的短语则只能记住 4 个，更长些的短话只能记住 3 个。

实验二

1980 年，心理学家们设计了一项实验，对工作记忆的广度进行了测量。

实验中，实验者给被试呈现一系列句子让被试大声朗读，同时记住每句话的最后一个单词。实验结束时，实验者要求被试回忆每句末尾的单词。实验者用被试能够正确阅读并记住尾词的句子的个数来测量。

心理学家西蒙

这项实验的不同之处就在于要求被试能够正确理解句子并且记住单词。实验者在要求被试大声朗读句子的时候，就是要求被试对句子进行加工，然后让被试回忆，所以就是让被试对信息进行存储。在工作记忆中，被试需要同时完成理解与记忆两种工作，需要中枢执行系统和短时记忆回路同时工作，这符合工作记忆的理论概念。

实验的结果是，被试们能够记住的句子数为 2~5 个。

实验结论：短时记忆的容量为 7±2 个组块

从上述实验中，心理学家得出如下结论。

结论：人们的记忆时间并不长，短时记忆容量为7±2个组块。

说服策略：我们所说的话应该简短化、系统化

从实验中，我们可以知道，我们大脑能够同时加工的信息是非常有限的。

所以，我们在沟通过程中，应该在保证准确传达信息的基础上，适当将自己的话语简短化、系统化。

简短化很好理解，即将自己所说的话的内容进行精简，避免重复啰唆，以精简的语言表达出自己的意思。而系统化则是，通过一定的方法让自己所说的话组块化，以一种组块的形式将自己所说的内容分成7±2个部分表达。其中，比较实用的一种方法就是为自己将要说的内容编号。

首先，我们要做好准备，将要说的话进行大致梳理；其次，归纳所要表达内容的关键意思，并用尽量简短的语句提炼；最后，检查补充。

编号既可以让自己所说的话变得有条理，也能方便对方的记忆。如果一段话过长，容易让人产生疲惫心理，而将要说的内容编号就相当于给你所说的一段话分了几个小节，可以适当缓解人们的疲惫感。

不过，就算是对一段话编号也要注意编号下话语内容的长短。假如每一编号下有好几百字，那么一个编号下的内容就会使对方反感；而如果你所用的编号有几十个甚至几百个，那么这不但无法起到编号利于别人记忆的作用，还会增加对方的记忆负担。

根据短时记忆的7±2容量，我们需要尽量将编号的数量控制在一定范围内。有管理学家认为，一段话真正有用的重点可以在3点之内说完。所以，我们可以先用一句精练的话概括我们的意思，便于对方记忆，然后进行适当的补充，帮助对方理解。如此下来，相信可以轻松地让对方了解我们的意思，进而更容易接受我们的观点。

浓缩的才是精华——心理观察：新课程计划实验

罗列的论证与据点

写论文的时候，老师们经常教导学生，应该将论文的论据或者论证按点排列。但是却很少有人告诉学生，所谓的论据和论证究竟应该找多少才是最有效的。而大多数人似乎都认为，论据越多，说服力就会越强，所以如果不是有字数要求，估计写论文的时候，很多人会将自己所知道的论据都写上去。

不知道大家在说服他人的时候是不是也这样，以为自己所罗列的理由越多，自己的说服力就越强呢？

其实在上一节中，我们讲过，在说服中需要将自己的话适当地精简，以尽量简短

的话表达自己的意思，而提出的建议则是对自己所说的话进行编号。综合上一节的实验结论和编号的方法，再把它与进行说服时提出的论据相比，其实存在一定的相似之处。也就是说，当论据很多、很长的时候，可能也会因内容过多而对我们的说服产生负面影响。

但这只是猜测，事实究竟是怎样的呢？有人曾做过一项实验来探索，让我们跟着他的实验来寻找问题的答案。

心理实验：两个论据与多个论据的区别

西班牙研究人员为了研究论据是否越多越好，曾经以59名学生作为实验被试，进行了一项实验研究。

研究人员得到了老师们的配合，向这59名学生宣布，将要在他们身上实行一项新的课程计划，在这个课程计划中会有一次考试。而通过特殊的设计，实验者会让学生们极为反感这场考试。也就是说，这项考试变成了学生们都极不情愿参加的一场考试。

然后，实验者告诉学生们，他们可以反对这项计划，但是必须提出能够说服他们的理由，说出这个课程计划为什么不好。在59名学生被试中，一半被要求给出两个理由；而另一半则要求给出多个理由。

实验者将学生们的反对意见收上来，然后对这两部分学生的意见进行对比。结果发现，前者的说服力比后者更强，即只提出两个理由的学生们提出的理由更加有力。

实验结论：论据越多，单个论据的价值就越小

研究人员对实验结果进行了分析，认为这是因为与给出多个理由相比，只给出两个理由更加容易，而针对的目标也更明确。所以在只需要给出两个理由的时候，学生们的针对性更强。而当需要给出多个理由的时候，学生们就容易找一些相关的，但是针对性不强的理由来填补，这样反而会使理由的力度不够，使得单个理由的价值减小。所以研究人员得出了如下结论。

结论：针对某个观点提出的支持论据越多，每个论据的价值就越小。

说服策略：怎样看待论据的数量与单个论据的价值

从实验中我们可以看出，并不是论据越多越好，说服力的大小不一定与论据的多少成正比。从实验结果及研究人员对实验结果的分析来看，我们可以从中获得一些启示。

（1）适当注意论据的数量，不要让论据过多

从实验中，我们可以看到论据多了，说服力反而下降了，也就是说论据太多，并

不会增强说服力，有可能还会导致说服力下降。

而其中的原因，有可能是因为论据数量变少，所以说服者会挑选最有说服力、针对性最强的论据进行说服。而一旦论据数量变多，这种优势很可能就会丧失。人们会因为难度加大，而导致论据的针对性降低或者是论据之间存在重复，也就是说单个论据的价值受到了负面影响。

因此，在劝说与说服的时候应该适当注意论据的数量，不要让论据过多。

（2）注意每一个论据的价值

从实验中研究人员对实验结果的分析看，我们可以知道影响说服效果的是论据的价值。如果论据价值不高，那么论据数量再多也没用，还有可能会起反作用；相应地，如果论据的价值都很高的话，说服效果也会更好。

所以，在劝说与说服的时候一定要注意每一个论据的价值，即每一个论据都应该直指重点。

为你的观点加点"新意"——心理观察：模拟审判室实验

生活中的那些"新"东西

我们经常会在电视广告中或商场推销员口中听到这样的宣传语：某某提出了新看法、推出了新产品，总之就是离不开一个"新"字。

例如，制片公司、唱片公司等欲推出一位名不见经传的歌手、演员的时候，会冠之以"新人"的称号；讲座中，主讲人总会提到一些最新的观点和看法反映最新的学术成果；商家也会在推出一系列商品的时候说这是最新研制的产品，以此来吸引消费者的眼球。

当然，有时候人们更加信任老的东西，觉得那是已经尝试过的，被验证过的，所以刻意强调新东西反而会起到一种反作用。事实究竟是怎样的，对于说服来说，新观点和老观点，两者哪个更有说服力呢？

心理实验：旧观点与新观点的比拼

研究人员通过观察发现，人们大多时候对一些陈旧的、听过很多遍的观点往往自动屏蔽、充耳不闻，而对于新的观点和事物则会不自觉地进行关注。为了研究新观点给沟通带来的影响，在1965年的时候，西尔斯与弗里曼进行了一项实验研究。

实验中，实验者在实验室设置了一个模拟审判室的情境，实验的内容是向被试呈现一些论证，然后检验其说服效果。

根据实验目的，实验者将被试随机分为两组。实验者给两组被试呈现的是内容相同的论证。但是在说服第一组的时候，实验者告诉被试们这是最新研究得出的论证。而对于第二组的被试，实验者则没有对此进行强调。

在论证呈现完后，实验者询问并统计被试关于论证的态度和看法。发现第一组被试觉得论证更具说服力。

实验结论："新"观点更具有吸引力和说服力。

心理学家对实验的结果进行分析，认为这是因为人们的猎奇心理和对新东西的一种关注态度所导致的，因为新观点让人们感觉更加有趣，同时对自己又有极强的吸引力，所以在心理上他们会不自觉地受到一种暗示，觉得新观点更加正确。所以，从这个实验中，心理学家得出了如下结论。

结论：人们认为"新"观点更具有吸引力和说服力。

但是，通过进一步的研究，心理学家也提出了这样的观点，假如这个新信息与听众观点相反的话，那么可能会引起听众的强烈反对。说服策略：提出"新"观点说服对方

由于人们多半对新事物充满了好奇心，导致"新"观点对于人们的吸引力更大，认为"新"观点更有趣，更具有说服力。因此，在劝说过程中，可以借用"新"观点的吸引力来说服对方。

从实验得知，这种"新"观点并不一定是新的，就算是形式上的"新"东西．只要让对方认为汶县"新"东西就好。

当然在运用这种方法的时候，有两点也需要特别注意。

（1）确保你提出的"新"观点在对方看来是新观点

这种方法利用的是人们对于新事物的一种好奇、感兴趣的心理，虽然实验中实验者给两组被试呈现的是一样的论证，但是在实验组被试的角度看来，实验者给的就是最新的论证。

因此当你运用这种方法来提高自身说服力的时候，一定要确保你所提出的"新"观点在对方看来是真的新观点。

如果对方发现你所谓的"新"观点并不"新"，对方可能会认为你的话不可信。那么你的"新"观点就会起到相反的作用。

（2）注意劝说对象原有的态度

我们可以从后来心理学家的分析中看出，当"新"观点与劝说对象的原本态度和看法相反的时候，极有可能会引起对方的强烈反对。而这个观点在现实生活中也得到了很好的证明。

因此，在利用这种方法劝说他人的时候，你还需要先了解一下对方原有的态度。如果对方原有的观点和你的"新"观点是相反的，那也要谨慎使用。

五、知己知彼，掌握对方心理

让对方"一见你就有好心情"——心理观察：情绪实验

话要趁对方高兴的时候说

人们在说服别人答应自己某种请求时，一般会选择在别人高兴的时候说，避免在对方不高兴、心情烦躁或愤怒的时候说。因为这样别人答应我们请求的概率会更高。甚至，有时候人们会通过某些方式让沟通对象有一个好心情，从而提高对方答应自己请求的可能性。

人们这种行为的倾向性，可能来自个人的经验判断，也有可能来自逃避负面情绪的本能。例如，孩子在父母情绪不好、板着脸的时候，就会老老实实，不提出过多的要求；而在父母高兴的时候，就会大胆地提自己的要求。

而事实上，人们在心情好的时候确实会变得相对更好说话，对别人的意见或者请求更容易接受，如果这些生活中的事情无法让你相信对方的好心情会帮助你说服对方，那么来看下面的实验，实验会告诉你，好心情的影响力。

心理实验：电话亭里的硬币

心理学家通过生活观察与实验研究了解到，一个人的情绪可以影响一个人对事物的评价与态度。而在研究态度与行为的时候，心理学家们也发现个体的态度对其行为有非常重要的影响。从这些实验得出的结论进行推理，我们可以推测出一个人的情绪状态也会影响他的行为。

那事实究竟是怎样的呢，有心理学家设计了一项实验，来验证情绪对个体行为的影响。

实验一

心理学家选择了路边的一个电话亭作为实验场所，然后设计了两种实验情景。

第一种是在电话亭中放 10 美分硬币，第二种是电话亭里不放钱。而来电话亭打电话的人则会碰到两种情景中的一种。然后实验者躲在附近等待不知情的人去电话亭里打电话。也就是说，这个实验是一个单盲试验，实验的被试完全不知道任何跟实验有关的信息。

当被试打完电话，从电话亭里出来的时候，实验者抱着一堆书籍之类的东西走过来，当从被试面前走过时，实验者故意让书掉落到地上。最后实验者统计帮助捡起掉落在地上的书本的人数。

实验者将两种情景下被试的行为反应进行比较，结果发现，碰到第一种情景的人，也就是在电话亭中捡到了10美分硬币的人中有90%以上的人会帮忙捡书。而碰到第二种情景的被试，也就是没有在电话亭捡到钱的人当中，只有5%的人会帮助实验者捡起掉落的书。

实验二

如果上面这个实验的说服力不够强的话，那么我们再来看另一个实验。1990年布莱斯等人做了一项情绪与态度改变的实验。

实验开始前，实验者先让参与实验的被试们回忆生活中快乐或悲伤的事件，让他们分别陷入一种正面或负面的情绪中。然后，实验者立即让被试们听一段关于学生会费是否应调涨的演讲。其中有一组被试听到的演讲中，内容上的逻辑严谨，论证强大；而另一组被试听到的演讲，则是内容上逻辑松散，论证力度薄弱。

演讲完后，实验者询问所有的被试对于演讲的看法。结果发现，处于负面情绪的被试们都相对比较注意论证内容，当演讲内容较有说服力时，他们之中改变态度的人数更多。而处于积极情绪的被试，即心情好的被试，无论论证强弱，都有很多被试相信演讲者。

实验结论：当一个人心情好的时候更乐于相信并帮助他人

从上述实验中，心理学家得出如下结论。

结论：当一个人心情好的时候会更容易相信他人，乐于帮助他人，这个时候向他提出意见或请求帮助会更容易被接受和答应。

从实验的内容和结果来看，该实验只是研究了好心情对助人行为的影响，但是心理学家认为，这个实验证明了一个人的情绪确实会影响到他的行为。

说服策略：利用对方的好心情来说服他

从实验中可以看出，当个体拥有一个好心情的时候，更愿意帮助他人，也更容易接受他人的请求。也就是说利用对方好心情，趁着对方心情好的时候进行说服，将会使你事半功倍。而在利用对方好心情的时候，也有两点需要注意。

（1）学会准确辨别对方的心情

人有七情，且情绪也是复杂多变的，这就要求我们首先要学会辨别对方的心情好是坏。如果无法准确辨别对方的心情，那必然无法选择合适的时机说服对方。如果错将对方的坏心情当成好心情，反有可能会使自己被对方的坏心情牵连，给对方留下一个不好的印象。

而判断一个人的心情是好是坏，则可以通过对方的表情、肢体语言、眼神、说话的声调等来判断。这些都需要你在日常生活中多加观察和积累，仔细甄别。

（2）主动创造机会，让对方拥有一个好心情

你不仅需要学会利用对方的好心情，也要学会让对方的心情变好。一个人的心情不可能总是好的，更多的时候，人们处于一种相对较平静的状态。因此，在劝说中，对方不一定时时有好心情。而相对于被动地等待，你更应该主动创造机会帮对方营造一个好心情。

找到"假想敌"——心理观察：恐惧唤醒实验

恐惧情绪可以帮人们更快做出决定

在前面的章节中，我们已经说了很多种劝说别人的方法，而生活中还有一种常用的改变别人态度与行为的劝说方法，那就是通过唤醒对方的恐惧来说服对方。

通过这种方式达到说服目的现象在生活中也十分常见，例如，提倡节约用水的广告语会这样写："世界上最后一滴水将是人的眼泪。"呼吁戒烟的人员会说："继续吸烟，你的呼吸系统就会老化病变，最后可能导致肺癌！"

可见，唤起恐惧的办法会被人们普遍地运用在劝说过程中，不过唤起对方的恐惧真的能够提高说服力，帮助你成功地说服对方吗？心理学家对此进行了实验研究，跟着他们的研究足迹，我们可以找到这问题的答案。

心理实验：恐惧下的态度改变

实验一

1966 年，戴伯斯与利文撒尔做了一项实验。实验的被试是一群大学生，实验的内容是劝说这群大学生进行破伤风预防注射。其中，实验者在劝说过程中会向实验被试，即这群大学生听众指明破伤风的严重性、致命性和易感染性，再告诉被试进行预防注射十分必要。

实验时，实验者将这群大学生分成了三组，让他们接受三种不同程度的说服。对于第一组被试，实验者在劝说过程中将破伤风病描绘得非常逼真，病状呈现得非常清楚，并尽量使每件事都显示出一种令人恐惧的情景。所以第一组被称为高恐惧条件组。

而相对于第一组被试，第二组被试接受的是中等程度的恐惧劝说，被称为中恐惧条件组。第三组被试，被唤起的恐惧程度则最小，被称为低恐惧条件组。

劝说结束后，实验者询问被试进行破伤风预防注射的重要性，让他们对自己想做预防注射的程度进行从1级到7级的等级评估（1级最弱，7级最强）。并且统计在此后一个月内去大学附近的保健医院进行预防注射的大学生人数。

通过对数据进行统计分析，实验者发现高、中、低三组被试做注射的意向等级分别为5.17、4.73和4.12，被试中做注射的人数百分比分别为22%、13%和6%。这说明了，唤起的恐惧程度越大，态度和行为发生相应改变的人数就越多。

但是也有人认为，唤起的恐惧情绪并不是越强烈，说服效果就越好。1953年，贾尼斯和费希巴赫的一个关于饭后刷牙的劝说实验得到的结果就说明了，唤起恐惧后的说服效果反而不如没有被唤起恐惧时的说服效果好。为了研究是什么原因导致了这两种不同结果的出现，心理学家进行了另外的实验研究。

实验二

1976年，罗杰斯和梅博恩发表了一篇论文，文章中指出恐惧唤起是否能够有效地让态度发生改变，取决于三个因素及其相互作用。它们分别是：事件的有害性、事情发生的可能性和处理方法的有效性。

为了验证这个设想的正确性，实验者设计了一套实验。实验的被试是一些吸烟很厉害的学生，在实验中，被试们被分成两组，实验者分别对其进行程度不同，但目的相同的劝说宣传活动。

第一组被试为低有害组，实验中，实验者让他们观看一部影片的前半部分，讲述的是一个患肺癌的男子发现自己患了病，然后去医院诊治以及外科医生进行手术准备的过程。

第二组为高有害组，实验者除了让被试们观看到跟低有害组同样的内容外，还让他们观看长达5分钟的肺切除的手术镜头。

接着，实验者让两组被试填写一份测量恐惧唤起的问卷。问卷填写完后，实验者再次将两组被试各自分成两小组，让这两个小组的被试分别阅读两篇关于肺癌发生的可能性的短文。其中一小组被试阅读高可能性短文，文中指明一个人只要吸烟，患肺癌的可能性就增大；余下的另一小组被试则阅读低可能性短文，文中指明尽管吸烟能引起肺癌，但一个特定的吸烟者得这种病的可能性并不大。

两个小组还要分别阅读另两篇关于处理方法有效性的短文，其中一个小组阅读的是高有效短文，文中指出停止吸烟是避免患肺癌的最有效方法；而剩余的另一个小组则阅读低有效性短文，文中指出即便戒烟也难以保证不患肺癌。

最后，实验者要求每个被试填写一份问卷，对患病可能性和处理的有效性进行等级评定，并指出他们自己是否打算采用这种处理方法。统计被试的问卷数据，实验者发现：高有害组的被试比低有害组的被试表现出更大的恐惧；读了高可能性短文的被试比读低可能性短文的被试认为更有可能得肺癌；读了高有效性短文的被试比读低有效性短文的被试中有更多人相信戒烟处理的效果，表现出戒烟的必要性。

当分析不同实验处理得到的交叉效果时，实验者发现在"高可能性"条件下，"高有效性"对被试态度改变所起的作用十分显著；而在"低可能性"条件下，"高有害性"对被试态度的改变起的作用则不大。

而实验者从问卷上还发现，"高可能性"实际上会产生消极作用，它会让被试觉得戒烟对改善未来健康的效果很小，所以被试们反而准备增加每天的吸烟量。

实验结论：在一定的情况下，恐惧唤醒可以提高一个人的说服力

从上述实验中，心理学家得出如下结论。

结论一：大多数情况下恐惧唤起可以增强说服力，帮助个体成功地说服对方。

结论二：太强的恐惧唤起容易引起反作用。

结论三：劝说效果是由恐惧唤起的程度和其他的变量综合作用决定的。

说服策略：巧妙利用恐惧的力量

从实验和心理学家的研究中可以看出恐惧唤醒在大多时候都可以起到增强说服力的效果，但并不是任何程度的恐惧对说服都能够起到良好的效果，而且由于恐惧对说服的效果还与其他变量相关。因此，在劝说过程中可以得到几点相关的启示。

（1）注意唤起的恐惧程度

我们从实验中可以得知，过高的恐惧唤醒容易产生负面作用，而过低的恐惧唤醒又难以达到相应的效果。因此在劝说过程中想要通过唤起对方的恐惧来增强自己的说服力的话，就一定要注意对恐惧程度的把握。

心理学家建议，在劝说过程中最好唤醒对方中等程度的恐惧。而你，可以根据劝说中具体针对的事情选择相应程度的恐惧唤醒。

（2）注意相关变量的控制与把握

从实验中可以看出，恐惧唤醒是否能够加强说服力，改变对方的态度与行为确实跟事件的有害性、事情发生的可能性和处理方法的有效性这三个因素有关。

因此，在通过唤起对方的恐惧情绪来增强我们说服力的时候，我们除了要控制唤醒的恐惧程度，还要注意对相应其他变量的控制。

例如，对方对事物本身的认知是一种什么倾向，应该让对方怎样看待事物，形成一种什么样的观点，你的恐惧唤醒才会有效？

借鉴第二个实验的实验结果，你会发现当事情发生的可能性较低的时候，说服对方改变态度的成功率就较低，因此在劝说中应该让对方形成一种事件发生的可能性很高的认知。而处理方法的高有效性则能够在事情有害性较高和发生的可能性较高的时候，有效地增强我们的说服力，改变劝说对象的态度。

说服，从"听"开始——心理观察：倾听实验

没有听的人，就没有说话的欲望

在人际沟通中，倾听，一直都被大家所强调与重视，认真听别人说话是对说话者的一种尊重。而从生活经验上来看，人们确实不愿意对着一个没有在听自己讲话的人一直讲话。

例如，在生活中我们也经常遇到这样的情况，本来正在和一个人聊天，你说着话的时候，对方因为某些原因没有听你讲话，而是将注意力放在了其他地方。你会觉得有些生气，有点郁闷，于是你也就没心思继续讲下去了。

有的时候可能并不是因为对方没有听而生气，而是因为对方没有听导致说话者认为自己所说的话对方根本不感兴趣，于是说话者也就认为没有再说下去的必要了。

例如，你想邀请一个人一起看世界杯足球赛，你滔滔不绝地跟对方讲这场比赛将会有哪些著名的球员到场，比赛是多么地让人期待。但是对方一直没有听，你就会觉得对方对球赛是不感兴趣的，所以也就不想继续说下去了。

可见，在沟通中，倾听是促使沟通顺利进行的重要因素。它的重要性是否真如大家所猜测的这样呢，我们来看心理学家是怎样验证的。

心理实验：聆听者与说话者

实验一

美国激励专家罗勃曾在美国的一所大学中进行了一项关于倾听的实验。这项实验是在这所大学的课堂上进行的。但教授对于实验一无所知，而听讲的学生中大部分都是实验者所找的托儿，即配合实验者完成实验的人。

实验者在课堂中场休息时找到这位教授，并请他到企管大楼去取一些学校排定的课程资料。教授走了之后，实验者请在下面听讲的所有学员待会儿在课堂上表现出最恶劣的聆听态度，并进行了演练。

一会儿，教授取完课程资料回来，继续上课。学生们依照计划首先拍手对教授表示欢迎。在接下来的时间里，只要教授一开口，学生们就依计划发挥演技，对教授爱答不理，表现出自己恶劣的聆听态度。

实验中，教授的反应是重点。实验者发现，面对学生们恶劣的聆听态度，这位可怜的教授变得张口结舌、觉得困惑、变得难过。教授近乎乞求地问学生："你们在干什么呢？"

实验二

除了罗勃的实验之外，有人通过实验同样发现了倾听的重要性。他们选择了一群水平相当的推销员作为实验被试，让他们一起接受六个月的训练，并让他们去卖同样的商品。

经过一定的训练，再通过对推销员的销售技巧、习惯和个人性格等的严格审核，实验者保证了这些推销员之间的推销技巧没有太大的差异。

按理来说，这一批推销员们的推销成果应该没有多大差别，但事实上他们的推销成果却有高有低，差别很大。

实验者对可能导致这种情况出现的因素进行分析，结果发现在说服力最高的10%的推销员中和说服力最低的10%的推销员之间，存在着一点差异。

说服力最低的10%的推销员在每一次推销中平均说话时间长达30分钟；而说服力最高的那10%的推销员则在每一次推销中平均只说话12分钟。也就是说服力最高的10%的推销员花了更多时间听他们的顾客讲话。

而对表现平平的推销员调查则发现，他们说话的时间一般会比客户多三倍。

实验结论：倾听在沟通与说服中起着非常重要的作用

从实验一中教授的反应可以看出，当一个人在讲话时没有人倾听，或者对方的聆听态度恶劣的时候，容易让说话者产生焦虑、难受、愤怒等情绪。而且这种负面情绪会掩盖说话者对聆听者的好感，如实验中，就算学生们一开始表现出欢迎也无法在后面的授课中让教授产生良好的情绪。

而实验二则更为直接地告诉我们，在劝说过程中，话说得多反而不如倾听得多更能够获得对方的好感，成功说服对方。

通过上述实验，心理学家得出如下结论。

结论：倾听在沟通与说服中起着非常重要的作用。

说服策略：话不需说太多，倾听最重要

通过上面的实验，我们可以从中得到一个启示：在劝说过程中，并不是话说得越多越好，留下足够的倾听时间反而能够取得更好的劝说效果。而现实却是，很多人在劝说中害怕对方不能明白自己的意思，不够了解自己的观点，所以通过说更多的话来表达自己的想法。从而在劝说中的沟通一直占据说的主导地位，而没有扮演好倾听的

角色。因此，我们要改变这种观念，从而帮助我们更有效地说服别人。

（1）只讲必要的话

有句古话叫作"言多必失"，可见话说多了并不是好事。在前面的内容中我们也曾提到，说话要恰到好处，只要论点明确、论据充足即可。滔滔不绝反倒容易暴露自身的缺点，或是引起对方的质疑。另外，我们掌握太多说话的机会，会让对方感到压抑，容易引起对方的反感。

（2）认真倾听对方的话

认真地倾听别人讲话是对他人的尊重，在倾听对方讲话时，不能三心二意，让对方感觉受到了怠慢；也不能一言不发，只听不说。认真地听对方讲话，恰当地表示认同或适当提出自己的看法，可以拉近与对方的距离；另外，认真倾听可以获取对方更多的信息，有可能帮助自己找到新的突破口，说服对方。

别人都这样做了，你怎么还不行动——心理观察：从众实验

在他人的影响下，你会怎样

还记得香飘飘奶茶的广告吗？也许你已经不记得广告画面了，但是估计你会记得里面有这样一句广告语："一年卖出三亿多杯，杯子连起来可绕地球一圈！"而现在商家又对广告语做了细微的调整，里面卖出奶茶的数量从三亿变成了七亿。

这句广告词在引起消费者注意的同时，也引来了不少人的吐槽。大家纷纷认为商家有夸大销售量的嫌疑。那商家为什么要这样做，为什么给观众们摆出一个这样大的数字？难道，买的人多了就说明这种奶茶很好喝吗？

姑且不论观众们会怎么想，单从商家的目的来考虑，做广告当然是为了说服更多的人来买广告中的产品；也就是商家认为这种方式可以提高自己的说服力，提升产品的销量。

而这种方法是否奏效，人们是否会被这句广告语吸引，跟随大多数人的选择呢？我们来看一些实验，看心理学家会给出怎样的答案。

心理实验：大家的选择与自己的选择

实验一

美国社会心理学家所罗门·阿希在1952年做了著名的"从众实验"。在实验中，一开始坐在房间里的5名被试其实是阿希的实验助手，也就是俗称的"托儿"，我们称之为"伪被试"。一位学生应邀来到实验室里当被试，当他赶到实验室时，已经有5名被试提前坐在了前5个座位上，他自然坐到了6号的位置上，当然，他并不知道前面

几个人其实是实验人员的助手。

在他坐好后，主试拿出了一些卡片，每次主试都会向被试展示两张卡片，一张卡片上是 a、b、c 三条不一样长的线段，另一张卡片上是一条标准线段 x。被试的任务是，当主试向他们展示这两张卡片时，判断出在 a、b、c 三条线段中，哪一条线段与 x 等长。

这名学生认为，这个任务实在是太过简单。因为前几次进行得非常顺利，所以这名学生开始变得有些漫不经心，但是，就在他觉得无聊时，他发现前面的人竟然与他的观点不一样。最奇怪的是，前面 5 个人的想法都与他不一致。他认为是 b 与 x 等长，为什么前面 5 个人都信誓旦旦地说 a 与 x 是等长的呢？

这名学生想，应该是自己看错了。于是，他选择了与前面的人相同的答案。但是，当这样的情况连续发生时，这名学生开始疑惑了……

实验结果显示，只有 25% 的被试没有做出从众行为，其余的被试均做过 1 次或 1 次以上的从众行为，所有被试的人均从众行为达到了 33%。

也就是说，大多数人会为了与群体中的大多数保持一致，而选择错误的答案，即使这与自己的观点相悖。但是，实际上，每个人在独立作答时，判断错误的概率都微乎其微。

实验二

阿希的实验影响非常大，很多研究人员都开始再次重复这个实验，验证从众现象的存在，而实验的结果也无一不证明了人们的从众心理。当人们在对说服力进行研究的时候，也研究了从众心理对说服的影响。

1982 年，《应用心理学》上刊登的一篇研究报告提到了一项实验。在这项实验里，实验人员挨家挨户请求人们为一项慈善活动募捐，在说服对方募捐的同时实验人员向每户人家出示一份该小区已经捐款的人员名单。

结果，实验研究人员发现，所呈现的捐款人的名单长度会影响看到名单的人进行捐款的可能性。当名单越长的时候，看到名单的人捐款的可能性就越大。

实验结论：多数人会有从众心理

通过上述实验，心理学家们得出如下结论。

结论：多数人都存在一种从众心理，容易在群体压力下怀疑、改变自己的观点与行为。

说服策略：利用群体的影响力说服对方

实验结果显示，人们都有一种从众心理，容易在群众的影响下怀疑、改变自己的观点与行为。因此，我们在劝说对方时也可以巧妙运用群体的力量。

第一，我们可以利用对方身边人影响对方。我们可以参照实验中的做法，列举对方身边人的态度和行为，从而增强自己的说服力；第二，我们可以动用其他人的力量。例如，请几个有影响力的人与自己一起劝说对方。或者分几次单独劝说对方。

团体规定力量大——心理观察：团体公约实验

你没有注意到的说服

大多时候，说起沟通与劝说，人们最先想到的是销售或者生活中的劝说，例如，销售人员劝服客户购买自己的产品，一个人说服另外一个人改变观点、态度等。而很少有人会想到，劝说其实也存在于管理中。

例如，在读大学时，学校为了让学生们展示自己的研究结果，会定期举办科技节。这是一项学生自愿参加的活动，但是由于班上同学的积极性不够，组织委员经多次劝说仍然无法调动起大家的积极性。最后，组织委员改变策略，直接规定每个人都必须参加。而这项规定则成功地让班里的大部分人改变了自己的决定，准备参加科技节活动。

可见，劝说同时存在于管理中，有时候管理中的一些规定是另一种形式的说服。

那这种"规定"的说服力怎么样，我们是否可以把它利用到我们的劝说过程中呢？我们来看看心理学家的相关实验。

心理实验：被说服的产妇

这次实验是以医院中刚生下孩子的产妇为实验被试。实验者将这些产妇随机分成两组，实验者要求医生在产妇离开医院回家时，告知产妇要给孩子喂鱼肝油和橘子汁。对于第一组被试，实验者采用个别劝导的方式，即医生分别告诉产妇，为了孩子的健康，应该每天给孩子喂鱼肝油和橘子汁；对于第二组被试，实验者采用团体公约的告知方式，即让产妇看一项医院的明文规定，规定上写着：根据科学研究得出的结论，鱼肝油和橘子汁能保证刚出生的婴儿的健康，因此，每位产妇回家后必须给孩子喂食鱼肝油和橘子汁。

一个月之后，实验者对参与此次实验的产妇逐个调查，了解她们的执行情况。结果发现，采用团体公约的方法，即通过医院的明确规定要给孩子喂食鱼肝油和橘子汁的产妇全部照办，而且效果明显要比第一组好。可见，团体公约比个别劝说更能改变人们的态度。

实验结论：团体规定具有一定的说服力

通过上述实验，我们可以明显看出不同的劝导方法得到的说服效果也不一样，因此可以得出如下结论。

结论：团体规定对个体具有一定的说服力，并且团体规定对改变个体态度的效果比个别劝说的效果更好。

说服策略：利用团体规定提高说服力

控制与管理从某种角度上来说，其实是更高程度的说服，因此从这个实验中，我们可以得到一些启示，在适当的情况下，我们可以利用团体规定来说服对方，从而达到说服的目的。

由于团体规定的特殊性，对方没有义务或者不会心甘情愿听我们的规定，所以在日常劝说中，我们可以利用某个专家对某个团体的规定，间接说服交流对象。而在利用这种方法的时候需要注意的是要找准对方所在的团体，提出具有说服力的规定。

我们可以根据每个人身上的不同特点，将一个人划分到多个团体中。例如，别人可以将你划归到跟你职业相同的人群中，也可以将你划归到所在公司的员工群体中，还可以将你划归到某一兴趣小组中等。所以，我们在劝说对方时，应该清楚对方的所属团体，并找到对对方最有效的团体规定，这样在同对方交流时，我们的话语会更具说服力。

记得抓住拴风筝的线——心理观察：投票选举实验

说服中的思维陷阱

在人际沟通中有一项控制技巧，就是谈话者在说话的时候设置一些思维陷阱。通过给对方设立一个思维框架，让对方的思维朝着自己想要的方向发展，从而让对方的态度、观点或者行为也相应改变。

我曾经看到朋友这样教育说服他的孩子要努力读书。首先，他通过询问孩子一些问题，引导孩子认识到不努力读书可能导致的消极后果，让孩子意识到不努力读书的话，生活中确实会出现一些麻烦。例如，会因为不识字、不懂英文而看不懂新款手机中的使用说明书导致无法使用新款手机。然后，再一步一步引导他的孩子找到解决这种困境的方法——努力读书。最后，让孩子头脑中形成应该努力读书的观点。

很多政治家或律师也很喜欢使用这样的方法，让对方的思维逐渐陷入自己预设的情景中，从而顺利地达到自己的说服目的。这种方法究竟有没有效？有人曾经做了一项实验，这项实验可以验证思维框架的作用。

心理实验：你会再次选择他吗

为研究不同的思维引导会对说服造成怎样的影响，科学家们做了下面的实验。

实验被试是 69 名大学生，他们在实验中被随机分成了两组。实验的内容是让这些大学生从小李和小张两名候选人中投票选出自己支持的对象。

实验开始后，实验者先向被试们讲述小李和小张两人各自的观点和政策。然后实验者分别让两组被试做出一个选择，其中第一组被试在"我支持小李"或者"我反对小李"中做出选择，而第二组被试则被要求在"我支持小张"或者"我反对小张"中做出选择。其次，被试们还被要求评估自己对两名候选人的喜好程度，其等级从"强烈支持"到"强烈反对"。

接着，实验者向所有的被试指出这两名候选人的缺点和不足，然后再次让被试们评估自己对两名候选人的喜好程度。

实验者统计被试们前后两次的评估结果，发现两组被试中那些通过反对一名候选人来支持另一名候选人的被试更难改变自己的观点。即两组被试中，选择了"我反对小李"或者"我反对小张"的被试在第二次评估中改变态度的人相对来说更少。

实验结论：不同的思维框架，对态度改变的影响不一样

实验者对实验结果进行分析，认为实验中做出"反对"选择的被试的思维一开始就因为选择而被固定在反对候选人的思维模式上，所以当实验者再次呈现两个候选人的缺点与不足的时候，被试们依然站在反对的立场上，所以选择接收的信息仍是被反对的候选人的缺点和不足，而忽视了描述他们所支持的候选人的缺点和不足的信息。他们的思维模式会让他们对信息进行选择性加工，从而再次肯定自己的选择。

而对于选择的是"支持"的被试态度的改变，实验者认为除了思维上的原因，还可能因为人们对负面信息的反应更为强烈。因为他们一开始关注的是自己所支持的候选者，所以当实验者讲述两个候选者的不足时，由于思维习惯他们最关注的还是自己所选的候选人的信息，而这个时候负面信息的影响变大，直接造成到了被试态度的改变。

所以实验者得出如下结论。

结论一：思维框架可以引导一个人看问题的角度。

结论二：当我们站在反对的立场思考问题时，更难改变自己的观点和态度。

说服策略：掌控对方的思考方向

实验的结果显示了思维框架对于人们态度的影响，证明了一定的思维引导确实可以引起劝说对象态度的改变。从这里我们可以获得一些启示。

（1）学会诱导、掌控别人的思维

在劝说的过程中，我们可以利用思维引导的方法来增强自己的说服力，加大说服对方的可能性。

而想要成功地引导别人的思维，我们首先要有全局观，要把整个过程前前后后的事情都考虑周到。然后才能有目的、有步骤地引导对方。

而在这种思维引导过程中最重要的就是要把握对方的心理，我们如果能够准确地把握对方的心理活动，那么思维的引导也就成功了一半。所以，在思维引导的时候，我们需要足够了解对方，并且在说出一句话后也要站在对方的角度去思考一下。

除此之外，在诱导的过程中，你还可以通过巧妙的暗示，试图让对方说"是"等方法来引导对方的思维。

（2）注意负面信息的影响

从实验中，我们还可以看到负面信息对人的影响也比较大，因此在劝说过程中要谨慎把握负面信息的影响。

对此，卡乔波博士的一个实验能够说明原因。博士让被试看三种不同类型的图片：激起积极情感的图片（如美食或者漂亮的衣物）、激发消极情感的图片（如刀疤脸、死猫）和令人产生中性情感的图片（如盘子、电吹风）。

实验时，博士同时记录下被试们大脑皮层的活动。结果发现，大脑对消极类刺激物的反应更强烈。

所以，我们可以适当利用一些负面信息来改变劝说对象的态度，但是也要注意自己的负面信息对劝说对象的影响。

真真假假，你看准了吗——心理观察：真假笑容实验

笑容背后的真实情绪

我们在前文的实验提到过，说服的过程中要面带微笑，以此来获得对方的好感。但是在说服的过程中，不仅仅是你在笑，对方也会回应你，给你一个甜甜的微笑，所以你还需要对对方笑容中所包含的信息进行了解。因为不同的笑容有不同的含义，如果不加以区分，你就无法正确地判断对方的真实想法，也无法判断对方对你的话有多大程度的认同，你是否真正打动了对方。

例如，当我们在跟客户谈判的时候，对方一直保持着笑容，看上去非常自信。但极有可能对方的笑容是假的。可能对方心里也挺没底，但是为了说服你，也让你对其充满信心，则会让自己在你的面前一直保持着"自信的笑容"。

所以，在人际沟通中应对对方的笑容加以区分，理解笑容中的真正含义非常重要。而下面的实验将会告诉你，应该如何辨别真假笑容。

心理实验：真假难辨的笑容

1862 年，法国解剖学家杜彻尼·博洛尼对人面部肌肉的收缩方式进行研究，他将人类面部肌肉的活动放大并进行分析发现，人的笑容由面部两套肌肉组织控制：以颧肌为主的肌肉组织和眼轮匝肌肌肉组织。

其中以颧肌为主的肌肉组织控制眼部以下的基本笑容，可以使嘴巴微咧，双唇后扯，露出牙齿，面颊提升，将笑容扯到眼角上。而眼轮匝肌则控制眼部周围的肌肉，可以使眼部肌肉收缩让眼睛变小，眼角出现皱褶，即"鱼尾纹"。但前者的活动个体可以控制，而后者却只能在个体真正快乐的情况下出现。所以博洛尼认为当以颧骨为主的肌肉组织和眼轮匝肌都发生变化时的笑容为真笑，而只有颧骨肌肉群活动的笑容则为假笑。

除此之外，其他关于微笑的研究也不少。

美国有研究人员做了一项实验，对真假笑容进行了研究。实验很简单，实验者为每位被试配备了一台电脑。在被试打开电脑进入测试页面后，首先看到的是一些非常可爱的婴儿的视频，然后被试需要在电脑上填写一大段关于自己的资料。填完后，被试点击"提交"按钮，结果被试会发现他的资料提交失败，而填写的所有资料信息都被删除，需要重新填写。

当被试们进行这一系列操作时，电脑上方的摄像一直开着，在被试们不知情的状况下录下了他们在整个实验过程中的面部表情。

实验者猜测，当被试们看到可爱婴儿的视频时露出的是真心的笑容，而当自己填写的资料被删除的时候，露出的微笑则不是因为内心真正的快乐，因为被试们在这个时候内心多数是沮丧的。

最后，通过对比被试们前后的表情变化，实验者发现真实的笑容出现的速度更慢一些；相对来说，沮丧的笑容则出现得较快，消失得也比较快。

实验结论：真假笑容在面部表现上是不一样的。

从实验中，实验者得出如下结论。

结论一：真正的笑容出现得较慢，而假笑相对而言出现得快，消失得也快。

结论二：真笑与假笑在面部表现上有所不同。

说服策略：仔细辨别对方的笑容

在辨别对方的真假笑容时，首先看的应该是对方的眼睛，通过眼睛看对方有没有笑意。然后再把点扩大，从对方的眼睛周围的肌肉入手，辨别对方笑容的真假。

研究认为，如果对方的眼睛上部分的肌肉往下收缩，下部的肌肉往上收缩，眼睛周围的肌肉像要挤到一块的样子，那就有可能是假笑。而真实的笑容，眉头中间的部位是舒展开的，眼睛则会因为眼部周围肌肉的收缩而变小。

通过辨别对方的真假笑容，可以帮我们更好地判断目前的形势，为我们接下来将要以何种方式、何种话语，从哪个角度说服对方提供了一定的帮助。

六、面对意见分歧，积极协商解决

不要将交流想得那么难——心理观察：团体交流实验

无法沟通的两个人

在沟通和劝说的过程中，人们经常会有这样一种心理，那就是："对方和我根本就不是一类人，我们之间差别太大，根本无法达成共识！"或者认为对方不可能理解自己的看法，想要说服对方不现实，所以劝说一开始就抱着一种对方和我不是同一种人的心态，容易给接下来的交流带来消极影响。

生活中有很多这样的现象，例如，大学期间，朋友和她的舍友一直不和，而导致她们不和的不过是由于两人的习惯和性格不同而产生的一些小摩擦。我曾经劝朋友，和对方开诚布公地谈一次，也许事情并不像想象的那么糟。但朋友认为，对方是一个极其小气且不讲理的人，绝对不会接受别人的意见，如果开诚布公地进行交流，最终的结果肯定是两人不欢而散。

可见，部分人十分排斥同他人交流。而事实是怎样的？结果会不会如人们所想的那样糟糕呢？我们来看下面的实验。

心理实验：对于交流，你怎么看

心理学家发现人们对于两个不同群体之间的沟通和交流总是抱着一种消极的看法。

而这种看法也让人们对生活中的很多事情抱有消极态度，因而部分人会直接采取其他方式来解决面临的问题，例如暴力。

为了研究两个群体之间交流和沟通是否真如人们所想象的那么消极，哈佛大学的心理学家丹尼尔设计并进行一项实验研究。他招募了38名志愿者作为实验被试。并且告诉被试们，他们需要参加一次群体交流活动，这次活动的时间期限为5天，且在交流活动期间，他们需要每天写一篇关于群体交流的日记。日记中需要记录他们自己的感受和行为。

实验开始后，实验被试被随机分为两组。实验者要求第一组被试在每天的群体交

流前写日记，让他们写下自己对即将展开的交流活动的猜想，即想象中的感受和行为。而第二组被试，实验者则要求他们在交流后写日记，所以第二组被试记录的是自己关于交流活动的实际感受和行为。

最后，实验者对两组被试的日记进行比较。结果实验者发现相对于第一组被试，第二组被试对交流活动的感受和看法更为积极。也就是说，从被试们的日记中体现了实际交流的结果远远好于他们之前臆想的结果。

实验结论：现实中的沟通交流比人们预想的要积极

通过上述实验，实验者得出如下结论。

结论：实际上的沟通交流比人们预想的效果好。

说服策略：不要将交流看得过于消极这样的实验结果让那些排斥与人沟通的人产生了新的希望，也让我们重新思考了在劝说别人过程中需注意的问题。

我们劝说别人是为了让对方改变其看法，支持我们的观点。所以，从某种程度上来说，劝说是因为谈话双方有着不同的观点或看法。而这种差异会将你和劝说对象分到两个群体中，让你产生一种"对方和我不同，沟通难以达成共识"的感觉。

当你把自己和劝说对象放在两个群体中时，就会将你们之间的差异和分歧估计的越来越大，也会对你们之间的沟通看得越来越消极。

首先，消极的态度会影响你的自信。众所周知，你的自信和心态将直接影响说服的结果。其次，如果你将你们分在不同的两个"阵营"，夸大彼此之间的差异，那对方也只会将这种差异拉大，从而加大你说服的难度。

所以，你应该要做的是，积极看待两人之间的沟通，寻找你和劝说对象的相似点，让你自己和对方都认为你们是同一个群体的人。这样不仅会增加你的自信心，也可以让对方更乐于接受你的观点。关于这一点，前文做过详细的解释，此处不再赘述。

他的哪些特点会成为你说服他的阻力——心理观察：人格特点与说服实验

是什么阻碍了你成功说服对方

在第4章和第5章中我们分别讲了如何从我们自身和劝说对象出发说服对方。但劝说也是一个双方互动的过程，而交谈双方可能会在这一过程中产生摩擦、冲突等问题。而这些问题就会影响到我们劝说的结果，阻碍我们成功说服对方。

所以，在劝说过程中，我们还需要有针对性地了解那些阻碍我们说服对方的因素。

究竟哪些因素会成为我们成功说服对方的阻力呢？我们不妨先从对方的个人特点来分析，看看对方的个性是否会影响我们说服对方。

心理实验：哪些人更容易被说服

在生活中，我们常常发现不同的人，被说服的难易程度也不一样。例如，个性固执的人更不愿听从别人的意见，改变自己的观点；而有些人却缺乏主见，容易顺从别人，听从别人的意见行事。这表明，在劝说中，对方的性格和个性特点会影响说服的难易程度。

1969，麦圭尔根据一项研究的结果提出，低自尊的人并不尊重自己的看法，因此遇到压力时很容易放弃。高自尊的人往往很看重自己已确立的观点，在遇到他人的说服或攻击时常会认为是对自己价值的贬损，因此加以抵制。

此后，许多学者研究得出的结果也都表明，低自尊者往往比高自尊者更容易被说服。

除此之外，心理学家们还做了进一步的实验研究。

实验一

除了自尊之外，人们一般都会认为劝说对象的智商水平也是影响说服的一大因素，认为智商高的人更难以被说服。但事实上却并非如此。

1976 年，伊格利和沃伦进行了一项关于"智商、理解力和看法改变"的研究。

研究结果表明，高智商者与低智商者相比，并不是在所有的劝说中都会显示出前者更难被说服的现象。在论点很难的时候，或者劝说者的阐述和论证存在漏洞的时候这种现象才会出现。

实验者认为这是因为高智商能够帮助个体理解相对较困难的信息，能够帮助个体寻找出论点中的漏洞。

实验二

除了自尊、智商水平等个体因素会影响到被说服的难易程度，人们认为性别也是影响说服难易程度的因素。他们认为女性比男性更敏感，从而也更加容易发生态度改变。

但伊格利和卡莱进行了将近 150 项研究。最终通过研究结果指出，男女在可说服性上的差异很小。即便存在着差异，也多是因人们对不同专业的了解程度不同而造成的。

当面对一个自己不熟悉、不自信的领域时，无论男女，都比较容易被说服。相应地，当面对双方之中一方更加自信，而另一方不自信的领域时自信的那一方会更难被说服，而不自信的那一方则比较容易被说服。

实验结论：个体的某些人格因素以及心理特点会影响到说服的难易程度

从上述研究成果中，心理学家得出如下结论。

结论一：个体人格中的某些因素以及心理特点会影响说服效果。

结论二：低自尊的人更容易被说服。

结论三：个体的智商与被说服的难易程度无直接关系，只有当说服过程中涉及使用智商理解信息、发现信息漏洞的时候，智商才会影响到说服效果。

结论四：男女在被说服的难易程度上没有区别。

说服策略：怎样看待不同个体的说服的难易程度

从实验中可以看出，不同个体，因为人格特点不同会导致对其说服的难易程度也不一样。这就告诉我们在劝说之前应该对自己的劝说对象有一定的了解。

这样做，可以帮助我们做好劝说前的准备工作。例如，应该准备哪些说服信息去说服对方才能达到理想的说服效果。虽然男女在被说服的难易程度上没有差别，但是，当信息是他们所不了解的领域的时候，他们就会因不自信而变得更容易被说服。针对这一点，我们可以视对方的性别提供不同的说服信息，来提高说服的效果。

同样，在应对不同智力、不同自尊水平的对象时，我们可以有针对性地选择更好的劝说方式。因此，了解你的劝说对象的信息，同样能够帮助你说服对方。

态度越坚定，就越难被说服——心理观察：态度公开化实验

他的态度是否坚定

在劝说中，我们一般都是想要对方认同我们坚持的观点、看法或者行为。例如，父母想通过劝说让自己的孩子意识到长时间上网有害健康，应该减少上网时间；销售人员想通过劝说让顾客认为他们所销售的产品是物超所值的，从而花钱买下自己的产品；下属通过劝说想让上司认为自己的提议是值得采纳的等。

所以说服其实是让对方形成一种态度，或者改变对方的态度和看法。其中让对方改变态度是在对方原有的态度上进行的。所以，很多人都猜测劝说对象对原有态度的执着程度会影响我们说服的难易程度。

例如，大家可能会认为说服一个严格的素食主义者吃肉会比说服一个中等程度的素食主义者吃肉更难。原因是严格的素食主义者不沾任何荤腥，自身杜绝荤腥的态度十分坚决；而中等程度的素食主义者对于食物界限的坚守则没那么严格。

不过，这一切都是人们主观上的猜测，而事实上劝说对象对原有态度的执着程度是否会影响劝说的难度呢？我们来看下面的实验。

心理实验：说出来的看法

1955 年，多伊奇与杰勒德进行了一项实验。实验中一共有四组被试，实验时，实

验者首先让四组被试对一项刺激物进行最初的判断与评估。即让实验被试对实验者所呈现的刺激物形成自己的看法与态度。

然后，对于第一组被试，实验者告诉他们无须把自己的看法和态度做公开或私下的说明，只要自己明白就好，因此这组被称为无承诺组。

而第二组被试，实验者则要求他们将自己对实验者所呈现的刺激物的态度与看法写在一块魔术板上。这种魔术板其实是一种儿童玩具，在一块板上覆盖一张玻璃纸，在玻璃纸上人们可写字、绘画，而把玻璃纸揭离玻璃板后，字画就会消失，不留任何痕迹。其中，被试被允许在听到他人做出反应后再发表自己的看法。这组被称为弱私下承诺组。

第三组为强私下承诺组，实验者要求被试们将自己对刺激物的看法写在一张纸上，并告诉他们这些写着他们看法的纸会被实验者收上去，但是被试不用在纸上签名。

而第四组则是公开承诺组，实验者要求这一组的被试们将自己的看法与态度写在一张纸上，并且签上自己的名字。而且实验者告诉他们这张纸会收上去。

在经过这些处理之后，被试中的许多假被试，即实验者找的为配合实验的助理人员，按照实验的设计发表了一致的意见，然后再由真被试发表自己的看法。

最后，实验者统计真被试发表的看法是否与他们一开始形成的看法一致，并统计各个被试组中态度发生改变的人数。

结果发现，第一组被试中有24.7%的人改变了自己原有的态度，让自己的态度符合假被试们提出来的一致看法。而第二组被试中则有16.3%的人改变了自己的最初看法。第三组被试和第四组被试中改变自己看法，追随群众的人数则只占5.7%。

实验结论：坚决执着的态度更难改变

通过上述实验，研究者得出如下结论。

结论：人们对原有看法的执着与信奉程度越高，态度就越难以被改变。

在许多人看来，对一种态度的坚持与执着会体现在这种态度的公开化与行动化上。即当一个人对于自己的一种看法公开的程度越大，在行动上表现越多，那说明这个人对这种态度的执着程度与信奉程度越高。

而从另一个角度来看，这项实验也说明了当人们以某种方式公开了自己的态度之后，这种态度将更加难以改变。

说服策略：评估对方对原有态度的执着程度

虽然公开化和行动化不能作为判断个体对态度执着程度的唯一标准，但却也在一定程度上反映了个体对态度的执着程度。例如，大部分在语言和行为上都表现出非常讨厌甜食的人确实非常讨厌甜食。

所以，从实验中，我们可以获得下面这些启示，它们有助于我们更顺利地说服对方。

首先，在劝说对方改变态度之前，先评估一下对方对原有态度的执着程度。因为，这将会告诉你需要做多少准备去说服对方。

其次，让对方的一些态度"公开"，可以使对方更加坚定自己的态度。这可能跟个体需要保证认知、态度和行为的一致性有关，因为个体只有在这三者保持一致的时候才会觉得心理平衡，所以当你的劝说对象将某种态度或看法在行为上公开后，就会在一定程度上让对方的认知和态度跟公开的态度保持一致。

例如，在劝说中，让对方对你的一些提议和看法说出"是"的肯定回答，或者让对方说出自己的真实感受，都可以帮助你引导对方建立一种态度和看法。从而达到劝说的目的。

说服，不一定要否定对方——心理观察："死刑"态度实验

怎样对待劝说对象提出的观点

我们知道在遇到冲突的时候，有时适当强硬的态度反而能够更好地解决冲突，说服对方，在冲突中达成一致。但这种强硬，是指自己的态度强硬。在沟通和劝说中还有另一方，对于对方的态度我们又该如何处理呢？

很多人都这样认为，因为劝说最终的目的就是要改变对方的看法，所以这种改变只有在反对对方的观点和看法的基础上进行。这样会导致沟通一开始，我们对于劝说对象的观点就显示出一种强烈的否定态度。例如，很多人都会在劝说中说类似"你这种想法是不对的"的话来反对对方，试图让对方认可自己的观点。

但多数人在自己的观点被否定的时候内心都会感到不舒服或者生气。所以很多时候，这种直接的反对与否定反而更容易让谈话陷入僵局。因此在劝说中采取否定对方观点的做法貌似并不明智。

那么在劝说过程中，究竟应该怎样对待对方的原有观点呢？如果不否定的话，是否要肯定它呢？来看一下心理学家的实验。

心理实验：包容下的影响力

美国一位心理学者艾克曼曾做过一项实验。实验开始前，他先对一些学生做了一项关于死刑制度的调查，并从调查的结果中筛选出反对死刑制度的学生。而筛选出的这一群学生就是这个实验的实验被试。

实验时，实验者与这群反对死刑制度的学生辩论，试图说服学生们赞成自己的观

点，即让学生们改变自己的看法，发现死刑制度的合理之处。因为考虑到实验的目的，实验者在和学生们辩论的时候，不能强烈反对学生们的观点，对于学生们的观点采取一种包容的态度。在和学生们辩论的时候，实验者对于学生们发表的观点，大量使用"原来如此""对"等字眼。

最后，实验者再次检测这群学生们对于死刑制度的态度和看法，看他们的态度是否有所改变，是否被实验者说服。结果，艾克曼发现，学生们大部分被他说服，改变了自己原来的看法。

实验结论：包容对方，能够提高说服的可能性

心理学家对这个实验的实验结果进行分析，认为实验者在与学生们辩论的时候，面对学生们提出的看法使用"原来如此""对"等字眼来作答，展现的是一种包容的态度。这种包容让对方觉得自己的看法被肯定、被接受。在这种情况下，对方很容易变得自鸣得意，从而不再刻意坚持自己的观点。而他们一旦改变原来的坚定态度，他们就更容易被说服。因此，实验者得出如下结论。

结论：包容对方，更容易说服对方。

说服策略：通过包容对方的观点，让对方放松警惕

我们从实验的结果可以明显看出，包容在说服中产生的效果。因此，在劝说中，我们也应该受到启发，不要一味反对、否定对方的观点，而是应该包容对方的观点，从而提高说服对方的可能性。

其实这是一种让对方放松警惕和拉近彼此之间距离的做法。在心理上，每个人都不愿承认自己是错误的，而完全接受别人的观点，改变自己的看法。所以多数时候，人们的内心很反感别人直接否定自己，而一旦觉察他人想要改变自己的观点时，心里立刻就会提高警惕，努力维护自己的看法。

所以，当你在劝说过程中包容对方时，就会模糊你们之间的对立地位，容易让对方将你看成"自己人"。在这样的情况下，我们说服对方的可能性必然会得到提高。具体来说，我们可以参照以下两点。

（1）认可对方的观点

如果对方的观点是有道理的，我们要尽量地表示包容。

（2）避免使用强烈带有否定语气的词汇

在说服的过程中，即便对方的观点是我们所不认同的，也不要直接否定对方，例如"你说的话不对""我不同意"等；而应该选择较温和的语气，如"我有另外的看法""你不能以偏概全"等。然后，尝试从其他角度切入，慢慢说服对方。

包容对方只是说服对方的一种方法，而这种方法应该在什么时候使用，是否应该结合其他的技巧使用，结合哪些技巧使用会更好，还需要我们在实践中慢慢摸索。

出其不意，用小礼物俘获"芳心"——心理观察：互惠实验

利益，能够让人们放下什么

我们常听人说："人为财死，鸟为食亡。"生活中很多事情都因为一个"利"字，人们可以因为利益的驱使去做一些自己本不愿做的事情。例如，有人可以因为利益去选择一份自己不喜欢的工作；有人可以因为利益而选择一位有钱人做自己的人生伴侣。

可见利益对一个人的影响力非常大。既然如此，我们是否可以将这种影响力用到劝说中呢？

事实上，很多人在劝说的时候也会以利益吸引对方来达到说服的目的。例如，销售员会给顾客赠送一些小礼品。那这种手段究竟能否在劝说中真正起作用呢？

我们来看一下心理学家们做的实验，从实验中你会找到答案。

心理实验：利益背后的选择

实验一

丹尼斯·里根教授曾做过一项非常经典的实验。

这是一项销售实验，他让一个实验人员化装为彩券销售员向顾客销售彩券。在正式销售前，这个实验人员先给一部分顾客发放免费可乐。而另一部分顾客则没有。然后实验人员再向顾客销售彩券。

最后他们统计所有顾客购买彩券的情况，结果发现，那些事先获赠一罐免费可乐的顾客从实验人员那里购买的彩券的张数比那些没有事先获得免费可乐的顾客要多两倍。

实验二

大卫·斯托梅茨和同事们也做了一个相关实验。

实验在餐馆里进行，主要目的是看服务员在结账的时候有无赠送顾客糖果对顾客给出的小费数量是否有影响。

在实验中，服务生按照实验要求在为顾客取来账单的同时，送给顾客糖果。其中一共有三种情况：不赠送糖果、赠送一颗糖果、赠送两颗糖果。

然后实验者统计在这三种不同情况下顾客给的小费，发现只得到一颗糖果的顾客跟那些没得到糖果的顾客相比，小费高出了 3.3%；而得到两颗糖果的顾客跟那些没得到糖果的顾客相比，小费高了 14.1%。这是一种令人惊奇的改变，服务员赠送出价格

只有几关分的两颗糖果，但是却得到了更高的小费。

除此之外，实验者还让服务生以不同的方式把两颗糖果赠送给顾客。他让服务生在送出一颗糖果后转身离去，但这只是一个动作，服务员不用走远，他们又返回客人身边，拿出另一颗糖果赠送给顾客。结果，实验者发现相对于那些没得到糖果的顾客，在这种情况下的顾客给的小费额度提高了23%。

实验结论：利益能够增强说服力

实验者认为利益可以在一定程度上提高说服力，增加劝说对象的积极反应，而且利益的多少也会影响说服力。例如，在实验二中，服务员赠送糖果数量不同，顾客给的小费也差别很大。这种猜想在实验的后半部分得到了更好的证明。实验者巧妙设计服务员转身但又折返的行为，让顾客产生"服务生对我很有好感，所以才会折返送我第二颗糖"的想法。而显然，这种行为很好地讨好了顾客，从而会让顾客愿意给服务员更多小费。因此实验者从上述实验中得出如下结论。

结论一：适当给对方一些利益能够增强我们的说服力。

结论二：劝说对象得到利益的多少及得到利益的方式都会直接影响我们的说服力。

说服策略：合理给予对方一定的利益提高你的说服力

从上面的实验结论中，我们可以得到如下启示。

（1）在劝说过程中适当给对方一些利益

从两个实验的实验结果可以看出，在给予对方一定的利益之后，从对方那里会改变更多。因此，你在劝说中也可以利用这一点，通过给予对方一定的利益从对方那里获得更多的积极反应，即增强自己说服对方的可能性。

其实这是说服中的一个互惠原则，而事实也证明运用这个策略的确能够增强一个人的说服力。生活中也有很多人利用这个原则来提高谈判或劝说的成功率。

因此你在劝说中也可以适当地给对方一些小利益，从而加大劝说成功的可能性。

（2）注意给予对方利益时给对方带来的感受

从实验中可以看出，在一定的情况下，给对方的利益越多，对方的积极反应就越大。这反映了更多的利益，也能带来更大的说服力。这很好理解，例如，超市促销的时候，同一种商品，通常赠送的礼品越多，购买的顾客也就越多。

但是实验结果也说明，利益的多少并不是直接影响积极反应的关键。你给对方的利益，有时候会在一定程度上让对方感觉到心理平衡或者让他们觉得自己占了便宜，有的时候则是让对方觉得自己受别人喜爱和尊重。无论怎样，这都让对方在心理上获得了满足，而这种心理满足才是最重要的，所以他们愿意对你做出积极的行为反应。

这也是为什么价值仅有几美分的糖果以及换一种糖果的给予方式能够换来更多小费的原因。

因此，如果你想通过给予对方一定的利益来获得对方的积极反应，就要仔细观察自己的行为给对方带来的心理感受，让对方得到心理上的满足，那么你的方法才是有效的。

（3）交流重真诚，切勿利益化

从后续的实验研究中，如果服务员将这项技巧利用在所有的顾客中，让顾客知道自己并不是特殊的，认为这不过是服务员的一种赚取小费的手段，最终会引起顾客的反感。

因此，我们在劝说的时候，也要注意不要让对方觉得我们表现出来的好感是假的，是存有目的性的。以免对我们的劝说产生负面影响。

在对方心里"放火"——心理观察：动机实验

利益驱使没有用的时候怎么办

大多时候，在劝说和谈判中都会涉及利益问题。有时候是物质上的，有时候则是情感上的。而人们多数时候考虑更多的是自己的感受和利益。因此当人们劝说时，往往会暗示对方如果按照自己的想法执行将获得的利益与好处，从而帮助自己说服对方。

例如，手机促销员会极力向自己的客户表明现在购买手机能够参加哪些活动，相对于平时而言会优惠多少钱、获得哪些附赠礼品、买下这款手机会给你的生活带来多少便利等。从而让顾客产生一种自己获得了多重利益的感觉，成功说服顾客购买手机。

但是利益驱使并不是任何时候都有用，而且有时候这种建立在利益上的说服效果并不稳定。因此想要获得良好的说服效果，我们还要有其他方法。让我们一起来看看下面的实验。

心理实验：行为背后的动机

心理学研究的是人们的心理与行为，而行为受动机驱动，所以对内心动机的研究也是心理学的一大板块。

心理学家对行为动机进行了一个基本的划分，将动机分为外部动机和内部动机。

外部动机是指由于外部诱因（如金钱、物质、惩罚等）引起的驱动行为的动力。内部动机则是由个体内部驱动力（如好奇心、成就感、价值观等）引起的动机。

心理学家通过观察发现，人们往往更倾向于把自己的行为归因于外部动机，而忽视内部动机。

实验一

1971年，心理学家德西进行了一项实验研究。他邀请了一些大学生作为实验被试来参与他的实验。实验的内容就是解答智力题。

在第一阶段，大家一起答题，但没有任何的物质奖励；在第二阶段，一部分学生答题会获得1美元的物质奖励，另一部分学生依然没有任何奖励；在第三阶段中，学生们可以自由活动，并考虑是否要继续完成接下来的答题任务。

人们通常认为，当有物质奖励的诱惑时，人们应该更加积极才对。但是，事实并非如此。在第二阶段中得到了奖励的学生大部分不愿意继续答题，而没有得到奖励的学生却愿意继续完成答题任务。

实验二

除了德西做的这项实验外，其他心理学家也对此进行了实验研究。有一位心理学家曾经招募一些志愿者进行了另一项实验。实验中，实验者告诉参加实验的志愿者，实验是为了研究在某些特定状况下人类的生理反应。

实验中，实验助理首先在被试的身上接上一些电线，并告诉被试这是为了测量他们的心跳、血压、呼吸以及皮肤表面的微电流反应。

接着，实验助理端出一盘炸蟋蟀，让被试们吃，告诉被试实验研究想要知道的是被试们吃炸蟋蟀时候的生理反应。在被试吃完炸蟋蟀后，助理将事先商议好的实验报酬发给被试，被试们得到的是两种不同的实验报酬，其中一部分被试得到了10美元的报酬，而其余的被试则得到了50美元的报酬。

然后，助理告诉被试实验已顺利完成，不过为了在将来进一步提升实验品质，需要被试们填写一份问卷。问卷向被试们询问的是有关实验的地点安排是否合理、指导语是否明确、实验的报酬是否吸引人、炸蟋蟀好不好吃等问题。

最后，实验者对被试们的问卷进行比较与分析，发现相对于得到50美元的被试，只得到10美元的被试更多地做出了积极反馈，认为实验的地点安排合理、指导语明确、报酬较吸引人，炸蟋蟀也比较好吃。

实验结论：外部诱因引起的行为强度、持久性不如内部动机

通过上述实验，心理学家得出如下结论。

结论一：外部诱因引起的行为强度、持久性不如内部动机。

结论二：外部诱因会对个体的行为和内部驱动力产生负面影响，使内部驱动力下降。

说服策略：学会激发对方的内部动机

在劝说中，人们总习惯给对方一些物质上的"小恩惠"来说服对方。而很多时候这种方法确实能够帮助人们提升自己的说服力，说服对方。但是在某些特殊时候，你出于长远考虑，想要保持一种比较稳定、持久的说服效果。这时，想要成功说服对方，就要学会激发对方的内部动机。

例如，激发对方的兴趣，或让对方体验到物质利益以外的收获。例如，在说服对方买手机的时候，可以通过引起对方对手机的兴趣，或者让对方认为拥有这种手机是一个人品位的象征，从而在心理上获得满足。

小心控制你的情绪——心理观察：情绪传染实验

劝说中的情绪力量

情绪能够影响一个人的行为和决策。兴奋、愤怒、悲伤、绝望等情绪都可能让一个人做出冲动的行为或决定。当我们与人沟通时，自身也会带有各种情绪。例如，生活中，当我们心情愉悦时，对待别人也常常会笑容满面，充满耐心，即便在和对方沟通时遇到一点小麻烦也相信这不是问题，会积极解决；而当我们情绪低落时，内心常常是对于一点小问题就想回避，也提不起精神和对方交流解释，甚至会出现因一点小问题沟通不畅便和对方争吵起来的情况，结果双方都不甘示弱，越吵越凶，最终出现两败俱伤的结局。

可见，好的情绪能够缓和气氛，增加成功说服对方的概率；而不好的情绪则会造成剑拔弩张的氛围，不利于说服和沟通，而且，情绪的传染性会让这种情况变得更糟糕。

心理实验：会传染的情绪

研究人员从日常生活中发现情绪似乎具有传染性，为了验证这一看法，研究者们进行了一系列实验。

实验一

美国洛杉矶大学医学院的心理学家加利·斯梅尔曾经做了一项实验来验证情绪的传染性。

他让一个乐观开朗的人和一个整天愁眉苦脸、抑郁难解的人待在一个小房间内，不到半个小时，这个乐观的人也变得郁郁寡欢了。

斯梅尔随后又做了一系列实验。结果证明，一个人只要20分钟就有可能受到他人低落情绪的传染。而且，敏感性和同情心越强的人，越容易受到坏情绪的传染。这种情绪传染的过程是在不知不觉中进行的。

实验二

1991 年，美国北达科他州立大学的两位心理学家开展了一项微笑实验。他们选择了很多购物中心作为实验场所。在实验中，一名研究人员会随机向来往人群中的某位陌生人微笑，而另一名研究人员则偷偷地躲在附近的小吃摊后面观察人们的反应。经过数小时的微笑和观察后，他们发现，当研究人员对陌生人微笑时，大约有一半的人会回应研究人员一个微笑。

实验三

关于情绪传染的研究有很多，其中很多研究都表明当人产生一定的情绪的时候，会分泌一些信息素，这些信息素会引起周围的人的大脑皮层中控制同一种情绪的部位变得活跃，从而导致了情绪传染。

在一项实验中，实验者招募了 40 名从未跳过伞的志愿者作为实验被试，然后将实验被试分成两组。第一组实验被试在实验者的安排下准备跳伞，当然这是他们人生中第一次跳伞。

在跳伞之前，实验者在第一组实验被试的腋下安装了吸汗垫，以便收集第一组被试们从高空起跳到安全落地这一过程中所产生的汗水。在被试安全落地后，实验者立即取出吸汗垫，从中采集汗水。实验者认为在第一次跳伞中，被试们多数充满了恐惧情绪。

接着，实验者将收集到的汗水样本给第二组被试们闻。当第二组被试们闻这些汗水样本的时候，实验者同时对他们的脑部活动进行监测。结果实验者发现第二组被试在闻过这些汗水样本后，脑中控制恐惧产生的部分开始变得活跃。

实验结论：情绪可以传染

通过上述实验，研究人员得出了如下结论。

结论：情绪是可以传染的。

说服策略：学会利用自己的情绪影响对方

正因为情绪是可以传染的，所以在沟通和说服中，我们可以利用自己的情绪去影响对方，同时也要警惕不要被对方的情绪所传染。

（1）控制自己的情绪

情绪控制的方法有很多，最典型的就是逆向思维法，即通过思考结果反过来控制情绪。例如，当情绪较为冲动时，想一下自己现在的处境，如果任凭情绪控制自己行为的话可能会出现的结果，将这个结果与自己想要达到的结果放到一起，从而把自己的注意力转移到自己想要达到的目标上，让自己冷静下来。

关于情绪控制的方法还有很多，如转移注意力法、深呼吸法等。总之，我们要学会控制自身过于激动的情绪，理智地对待自己的不良情绪，这样有利于我们同对方更好地沟通、交流。

（2）利用自己的情绪去影响对方

谈话双方的情绪会相互影响，而且说服对象的情绪会直接影响我们的说服效果。一般情况下，对方消极的情绪会对我们的说服产生不良影响。所以，在沟通和劝说的过程中，让对方保持一个好心情非常重要。而如何让对方拥有一个好心情，在劝说中，我们就应该控制好自己的情绪，让自己的情绪去感染对方，从而达到让对方与我们同步的目的，营造出一种良好的沟通氛围，帮助我们达到说服目的。

（3）不要被对方的情绪所控制

在劝说中，除了可以利用自己的情绪影响对方之外，也要注意不要被对方的情绪所传染，让对方控制自己的情绪。

从个人的体验中可以知道，情绪可以影响一个人的行为，甚至让其失去理智。一旦在劝说过程中失去理智，被情绪所控制就很容易丧失主动权，做出不合理的决定，从而导致劝说失败。

七、妙语寒暄，投其所好巧沟通

说好客套"场面话"，做一个知理懂礼的人

你是否有过这样的经验，当你偶然进入一个陌生的地方，那里有你熟悉和不熟悉的朋友，他们看见你来了，立即起身用几句客套话对你表示欢迎，然后请你坐下来寒暄几句。这样一来，双方的感觉都会不错，感情自然也会更进一步。"场面话"是交谈的润滑剂，它能在陌生人之间架起友谊的桥梁。由于两人初次见面，对彼此都不太了解，容易陷入无话可说的尴尬场面。这时我们不妨以一些"场面话"为开头，比如："天气似乎热了点！"或者"最近忙些什么呢？"。虽然这些"场面话"大部分并不重要，然而，正是这些话才使初次见面者免于尴尬的沉默。而同时，最为重要的是，会不会说"场面话"是一个人懂不懂礼数的重要表现。从心理学的角度看，人们都喜欢与知晓礼数的人交谈。为此，说好客套场面话，是敲开陌生人心理大门的一个重要方面。

古典名著《红楼梦》中，就有许多经典的场面话。在《刘姥姥进大观园》一回

中，刘姥姥找到周瑞的娘子时，两人就用了许多场面话来进行寒暄。

周瑞娘子迎出来问："是哪位？"刘姥姥忙迎上来问道："好呀，周嫂子！"周瑞娘子认了半天，方笑道："刘姥姥，你好呀！你说说才几年呀，我就忘了。请家里来坐吧！"刘姥姥边走边笑道："你老是贵人多忘事，哪里还记得我们呢。"来至房中，周瑞娘子命小丫头倒上茶来吃，在问些别后闲话后，又问姥姥："今日是路过，还是特来的？"刘姥姥便说："原是特来瞧瞧嫂子你，二则也请请姑太太的安。若可以领我见一见更好，若不能，便借嫂子转达致意罢了。"

在这段对话中，刘姥姥与周瑞娘子说的大部分都是场面话。刘姥姥通过一番场面话，让周瑞娘子觉得，刘姥姥虽然是个出身寒酸的人，但还是很懂礼数的。而同时，刘姥姥也化解了自己寒酸的身份，之后双方再聊起正题就显得亲切许多，自然，周瑞娘子也会给刘姥姥一个见主子的机会。一些本来不好开口的话，经过场面话的客套之后，听起来就舒服多了。因此，在交际过程中，一定要重视场面话的作用，特别是当你与陌生的人或不熟悉的人交往时，场面话无疑是清除距离障碍的第一把钥匙。

在交际过程中，经常使用客套话、场面话和寒暄语，可以消除陌生心理，促成彼此间的良好交往，正如培根说过的："得体的客套和美好的仪容，都是交际艺术中不可缺少的。"所以，会交际的人应当像司机精通交规一样，熟悉和掌握好各种客套话。

一般来说，"场面话"有以下几种：

1. 当面称赞人的话

诸如称赞小孩子可爱聪明，称赞女士的衣服大方漂亮，称赞某人教子有方……这种场面话所说的有的是实情，有的则与事实有相当的差距，听起来说起来虽然"违心"，但只要不太离谱，听的人十之八九都感到高兴，而且旁人越多他越高兴。因为事实上，每个人都愿意听赞美的话，尤其是赞美公开化的话，对方接受起来也更乐意。

2. 当面答应人的话

和陌生人交往，如果对方希望你帮什么忙，即使你不能帮忙，也不能当面拒绝。因为场面会很难堪，而且会马上得罪人。你可以说这样一些场面话，诸如"我全力帮忙""有什么问题尽管来找我"等。给足对方面子，不至于让他下不来台，他也会觉得你是个顾全大局的人。

另外，我们要记住一些特定场合下有针对性的客套话。比如在打扰别人或者给对方添麻烦时，要真诚地说一声"对不起""不好意思"，一旦没有了这句话，对方可能很长时间还对此事耿耿于怀；在求人办事后，要真诚地说声"谢谢""拜托您了"，如果没有这句客套，对方会认为你求人的态度不够真诚或者认为你不懂礼节，对你的印

象大打折扣；在做报告或者讲话时，可以先这样客套一下："我的讲话水平不高，讲得不好，还请大家见谅"，"如果讲得不好，还望大家多多指正"……这类客套话表面上看似随口而出，实际上确实起到了表现自身涵养的作用。

下面是一些特定场合的客套话：

（1）初次见面说"久仰"，再别重逢说"久违"。

（2）等候客人说"恭候"，客人到来说"光临"。

（3）未及欢迎说"失迎"，起身作别说"告辞"。

（4）看望他人说"拜访"，请人勿送说"留步"。

（5）陪伴朋友说"奉陪"，中途告辞说"失陪"。

（6）求人帮忙说"劳驾"，求人方便说"借光"。

（7）请人解答说"请教"，盼人指点说"赐教"。

（8）麻烦别人说"打扰"，请人办事说"拜托"。

（9）向人祝贺说"恭喜"，赞赏他人说"高见"。

会说场面话的人，都是交际场中的老手，即使是陌生场合，不论遇到多高身份的人也不会冷场。可见，场面话的运用就像一把打开话匣子的钥匙，它可帮助你和陌生人顺利地谈话。因此，在与陌生人说话的时候，我们需要掌握一些"场面话"的说法，并在三言两语之间，就能轻松让对方为我们打开心门！

制造惺惺相惜的感觉，交谈更容易

同理心是指在人际交往中，能够体会对方的情绪和想法，理解对方的立场和感受，并站在对方的角度思考和处理问题的能力。换句话说，同理心就是站在对方立场思考的一种方式。在既定已经发生的事情中，把自己当成对方，想象自己是由于何种心理导致了这样的情况发生。在整个心理过程中，由于自己先接纳了这种心理，所以也就接纳了对方的这种心理，最后谅解了这种行为和事情的发生，这与古人所说的"己所不欲，勿施于人"如出一辙。在人与人之间的沟通过程中，"同理心"始终扮演着重要的角色。利用同理心说话，就是我们站在对方的角度，同情、理解、关怀对方，接受对方的内在需求，并感同身受的予以满足。利用同理心说话，可以从对方言语的细微处体察对方的心理需求，从而通过语言表达出"惺惺相惜"的感觉，最终影响其心理。

保险员李小姐一进门便开门见山说明来意："王先生，我这次是特地来请您和太太及孩子投入寿保险的。"可是，王先生却异常反感地说："保险是骗人的勾当！"李小姐并没有生气，微笑着问道："噢，这还是第一次听说，您能给我说说吗？"王先生说："假如我和太太投保三千元，这三千元现在可买一部兼容电脑，二十年后再领回的三千元，恐怕连电视机都买不到了。"李小姐又好奇地问："这是为什么呢？"王先生很快地回答："一旦通货膨胀，物价上涨，即会造成货币贬值，钱就不经花了。"通过这样的问话，李小姐对王先生内心的忧虑已基本了解。

李小姐首先维护王先生的立场："您的见解有一定的道理。假如物价急剧上涨二十年，三千元不要说黑白电视机都买不了，怕只够买两棵葱了。"王先生听到这里，心里很高兴，但接着精明的李小姐又给他解释了这几年物价改革的必要性及影响当前物价的各种因素，进一步分析我国政府绝对不会允许旧社会那样的通货膨胀的事情发生的道理，并指出以王先生的才能和实力，收入可望大幅度增加。说也奇怪，经李小姐这么一说，王先生开始面带笑容，相谈甚欢，当然，李小姐最终获得了成功。

李小姐成功的秘诀就在于利用同理心说话，站在对方的立场来思考，设身处地，洞悉对方的心理需求，再进行引导，影响对方心理，最终说服了王先生。由此可见，灵活地运用同理心说话能够有效地影响对方心理，站在对方的角度思考问题，与对方实现内心的对话，最终达到操纵其心理的目的。

卡耐基租用了某旅馆大礼堂讲课。一天，他突然接到通知，租金要提高3倍。卡耐基前去与经理交涉。他说："我接到通知，有点震惊，不过这不怪你。如果我是你，我也会这么做。因为你是旅馆的经理，你的职责是使旅馆尽可能盈利。"紧接着，卡耐基为他算了一笔账，将礼堂用于办舞会、晚会，当然会获大利。"但你撵走了我，也等于撵走了成千上万有文化的中层管理人员，而他们光顾贵旅社，是你花再多的钱也买不到的活广告。那么，哪样更有利呢？"经理被他说服了。

卡耐基所使用的心理策略"如果我是你，我也会这么做"，其实就是"同理心"。当他站在经理的角度时，经理心中已经降低了防备心理，然后，卡耐基抓住了经理的兴奋点，使经理心甘情愿地把情感的天平倾向了卡耐基这边。

那么，如何利用同理心说话，与对方惺惺相惜呢？

1. "你的话有一定的道理……"

当对方表露出与自己全然不同的想法时，你应该以同理心说话"你的话有一定的道理……"并通过语言分析强化对方想法的正确性，站在对方的角度，再进行积极引导，通过同理心产生的作用影响其心理，达到操控其心理的目的。

2. "如果我是你，我也会这样做"

汽车大王福特说："假如有什么成功秘诀的话，就是设身处地替别人着想，了解别

人的态度和观点。"于是，当对方说出了自己的决定时，我们应该强调对方这种做法的合情合理性，了解对方现在的心理矛盾，以感同身受影响其心理，再巧妙地说服对方。

3. "咱们都是一家人……"

当你仔细观察对方身上所具备的特征之后，你会发现在你们之间其实也有许多相同点，而我们需要的就是传递出"咱们都是一家人……"这样的信息，通过同理心来影响对方。比如"张先生，我也姓张，咱们五百年前可是一家人啊""王姐，您也是东北人啊，真是太巧了，我也是东北的"。

4. "同是天涯沦落人"

相同的经历会有相同的感受，相同的感受自然会惺惺相惜，我们要巧妙地利用同理心说话，比如"你以前在广东工作过？我早些年也在广州工作过""李姐，咱们做女人真的是不容易啊，既要照顾家庭，又要照顾孩子，生活压力真大啊"，以此来影响其心理，达到说服对方的目的。

不经意的赞美之言，让对方悦耳及心

在社交活动中我们常常会与陌生人打交道，最易接近陌生人的方式就是赞美。学会赞美陌生人，有助于与陌生人缩短距离，以达到交往的目的，提高交往的效果。因为，从心理学的角度来说，在这大千世界中，每个人都很渴望别人的赞美。人的一生中，需要自我定位、自我欣赏、自我发现，更需要他人的肯定、鼓励和真诚的赞美。陌生人也是如此，如果能在初次见面中就能说出令对方悦耳的赞美之言，必定能让对方打开心扉。

心理学家威廉·杰尔士也说："人性最深切的需求就是渴望其他人的欣赏。"也正是因为这样，赞美具有一种不可思议的推动力量。对一个人真诚的赞美，正如沙漠中的甘泉一样让人的心灵受到滋润。而当你赞美他人的时候，别人也就会在乎你存在的价值。与陌生人之间，关系就会越进一步。双方的关系也会融洽起来。

古人云："好话一句三冬暖，恶语一句六月寒。"我们都知道，和陌生人说话，说好话跟说坏话的结果一定是不相同的，为什么有的人不去说赞美的话呢？这并不是因为他们不愿意赞美，而是因为他们还没有掌握赞美这门艺术。

赞美别人尤其是赞美陌生人并不是盲目的。那么，究竟怎样才能较好地把握住赞美陌生人的艺术呢？

1. 在赞美陌生人之前，要对所赞美的对象有个初步的了解

古人云：言为心声。首先要观察对方的举止，倾听对方的言谈。根据其口音，判

断对方是南方人还是北方人、家乡是哪里的等；通过其言谈，可以透露其职业的蛛丝马迹，每个人的言谈举止都会带有职业的特点；观其色，通过其表情可以观知其好恶，对什么较感兴趣。了解了这些，你对陌生人发赞美就不会毫无边际，而会通过自己的赞美引起对方的注意，激发其兴趣，达到你要赞美她（他）的目的。比如，"看您的穿着这么得体，一定是服装方面的行家里手，这件事我想听听您的高见。"这句话能使对方对你产生好感，觉得你很有礼貌。

2. 真诚地赞美

无论是赞美熟人还是陌生人，真诚都是第一条原则。虚伪和做作是苍白无力的，唯有真诚地赞美才会春风拂面。虚情假意的赞美，往往被人认为是讽刺挖苦或者是溜须拍马，会让人感到恶心，被他人鄙视。俗话说："心诚则灵。"要赞美陌生人，首先自己要做个有心人、细心人和热心人，了解被赞美对象的思想、生活、工作、学习情况，发现他们每一个细小的优点或长处，并进行及时的赞美，切忌虚情假意。

真诚地赞美来自内心深处，是心灵的感应，是对被赞美者的羡慕和钦佩，能使对方受到感染、发出共鸣的关键。

3. 及时赞美

很多人做了好事或者获得了成功，都很想得到赞美，但是世界上任何事物无不以时间、地点、条件为转移。很多事情，只要时过境迁，就没有办法再追回了。所以，请记住，和陌生人说话，如果你突然发现了一些别人身上的优点，那么就不要再犹豫了，也不要羞怯，请立刻告诉他。这个是最能赢得别人好感的方法。

4. 赞美有度

赞美陌生人也要掌握一定的原则，要保持恰当的距离，因为陌生人之间互不了解，有很多职业具有不同程度的保密性，所以称赞时，不要像对老朋友那样随意，否则，会引起对方的反感。

赞美时不要口无遮拦，要把握赞美的尺度，这样才能做到恰如其分。赞美不到位或者言过其词都会产生相反的效果。

总之，在与陌生人萍水相逢时，要把握好着眼点和契机，这时的赞美不可太具体、详细，内容要宽泛，要显得热情真诚，不要做作。究竟如何赞美，还要具体情况具体分析，若只是生搬硬套，不看对象只会造成事与愿违。真诚、得当、有度，才能使你的赞美成为敲门砖，才能触及对方的心理，与其迅速拉近距离，增进感情！

谨言慎行，不用语言的刀子伤人

中国有句古话"说者无心，听者有意"，你明明只是无心地说了一句话，却"有

意"地伤害到了别人。轻则引起对方的反感，重则给自己引来灾祸。可见，说话是要注意分寸的。尤其是与陌生人说话，因为彼此不了解，如果不谨言慎行，很容易让对方产生不快的情绪。而从另一个角度说，与人说话，尤其是与陌生人说话，是要讲究水平的。让对方觉得你是得体的人，才会让对方从心底产生继续与你交往的意愿。《史记》记载了这样一个故事：

平原君赵胜的邻居是个瘸子。一天，平原君的小妾在临街的楼上，见到瘸子一瘸一拐地到井台去打水，大声讥笑了一番。这位身残志坚的仁兄心生不忿，于是找到赵胜反映这一情况，要求赵胜杀了这个小妾。见赵胜犹豫，此兄劝说道："大家都认为平原君尊重士子而鄙贱女色，所以，士子们都不远千里来投奔您。我不过是有些残疾，却无端遭到你的小妾的讽刺、讥笑。所谓士可杀而不可辱，请你为我做主。否则旁人会认为您爱色而贱士，从而离开您。"平原君这才恍然醒悟，终于毅然斩了这个说话没有分寸的小妾，并登门道歉。

故事里的小妾就是因为说话没有分寸才引来灾祸，历史上因一言不慎引来杀身之祸的人多不胜举，可见注意说话的分寸是件多么重要的事情。当然，我们与人交际，不注意说话的分寸不至于有如此严重的结果，但我们要赢得陌生人的好感，成功操纵陌生人的心理，必须过好这一关。

通过上面的故事，我们可以得知，如果你想在社交场合中成为一个受欢迎的人，就必须时刻提醒自己不要犯无心伤人的错误。而要做到这一点，你应该知道以下两点：

1. 谈话的禁忌

我们要想在陌生人心理建立起良好的口碑，赢得好人缘，你必须知道下面几个谈话的禁忌，从而在谈话中避开这些暗礁：

（1）别把自己隐私拿出来大谈特谈。虽然说在与人交往时，适当的自我暴露可以拉近与对方的距离，但你的话题一直围绕着自己的隐私，就会引起对方反感，觉得你是一个没有分寸的人。

（2）不要询问别人的隐私。要记住："男不问收入，女不问年龄"，不要触碰交往过程中的这个大忌讳。如果你在和陌生人谈话时问起这些，那么，你需要动一个大手术，因为问这些问题是无知和没分寸的表现。

（3）别总盯着别人的健康状况。有严重疾病的人，如癌症、肝炎等，通常不希望自己成为谈话的焦点对象。不要做个大嘴巴，对初次见面的人说："听别人说，您一直在治疗肝病，是吗？"这样你会成为对方最想痛揍的人。

（4）让争议性的话题消失。除非你很清楚对方立场，否则应避免谈到具有争论性的敏感话题，如宗教、政治、党派等而引起双方抬杠或对立僵持的情况。

（5）不要随便评价别人。如果你实在忍不住要谈论谣言，去找你最贴心的朋友，不要拉着一个陌生人听你絮叨他完全不感兴趣的东西。没有人愿意第二次与一个造谣生事的人交往。

以上列出的忌讳，完全值得我和你重视，哪怕只是偶尔犯这样的错误，对方也会以为你是个没有分寸的人。

2. 掌握说话的分寸

要让说话不失分寸，除了提高自己的文化素养和思想修养外，还必须注意以下几点：

（1）维护别人的自尊心。每个人都是有自尊的，那些有某些显而易见的缺陷的人，自尊心会反而更坚强。所以，说话时，一定要留意对方的敏感点，比如对方身材矮小，你就最好不要在谈话中提起身高的问题等。你避开这个话题，会让对方觉得你是个识大体的人，进而对你多了一份尊重。

（2）客观才能得人心。这里说的客观，就是尊重事实，实事求是地反映客观实际，应视场合、对象，注意表达方式。没有人喜欢与那些首次交往就主观臆测、信口开河的人交往。

（3）不要让自己过于兴奋。与陌生人说话，我们提倡的待人接物方式以热情温和为佳，态度保持宠辱不惊，切勿太过兴奋，以至于口不择言，伤害他人。

（4）注意语言的地域差异。不同地域存在不同的文化差异，在某些人看来是很平常的说话方式却很可能会影响到对方的情绪。因此，我们与陌生人说话的时候，最好仔细思量，用普通话和对方交流。

（5）善意很重要。所谓善意，也就是与人为善。说话的目的，就是要让对方了解自己的思想和感情。俗话说：良言一句三冬暖，恶语伤人六月寒。在人际交往中，如果把握好这个分寸，那么，你也就掌握了礼貌说话的真谛。

会说话，说好话，也是一门艺术。与陌生人说话，我们说的每一句话，都会给对方带来心理反应，反应效果如何就要靠自己把握。掌握好语言的分寸，你和对方的交往氛围将会保持和谐愉快，有助于感情的升温。

言多难免语失，巧妙挽回局面

在日常交际中，无论是凡人还是名人，都免不了随时发生一些言语失误。虽然，这其中的原因各有不同，但失言造成的后果却是极为相似的，有时会贻笑大方，有时会纠纷四起，有时甚至不堪收拾。当然，失言并不是有心的过错，不过，却是交际失误，那么，失言后该怎么办呢？千万不要觉得话既已经说出去了，就这样，不补救，不承认错误，这是极为错误的方法。失言后，我们应该谨慎、坦然地面对，虽是无心之过，但也要诚恳地承认自己的错误，以求得他人的认同。然后，再寻思一些方法进行补救，挽回失言带来的局面，这样才能最大限度地降低失言带来的严重后果。

有一次，纪晓岚光着膀子与几人在军机处聊天，正巧乾隆带着几个随从突然到访，其他人一见皇帝来了，连忙上前接驾，躲在后面的纪晓岚心想：如果自己就这样光着膀子接驾，岂不是亵渎了万岁？可能，皇帝并没有发现自己，还是先躲一下为好。于是，急忙之下，纪晓岚钻到了桌子底下藏了起来，其实，这一举动被乾隆看在眼里，他故意装作没看见，却在椅子上坐了下来。

纪晓岚在桌子底下缩成一团，大汗淋漓，却不敢出声，过去了很长时间，他没听见乾隆说话的声音，以为他走了，就问身边的同僚："老头子走了没有？"这话被乾隆听见了，他厉声问道："纪晓岚，你见驾不接，我且不怪罪于你，你叫我：'老头子'是什么意思？你要一个字、一个字地给我说清楚，否则，别怪我无情！"

乾隆

纪晓岚赶忙从桌子下钻出来，连称："死罪！死罪！"接着，慢慢解释道："万岁不要动怒，奴才所以称您为'老头子'，的确是出于对您的尊敬。先说'老'字，'万寿无疆'称'老'，我主是当今有道明君，天下臣民皆呼'万岁'，故此称您为'老'。"

乾隆听了，点点头，纪晓岚继续说道："'顶天立地'称为'头'，我主是当今伟大人物，是天下万民之首，'首'者，'头'也。故此称您为'头'。至于'子'字嘛，意义更明显。我主乃紫微星下界，紫微星，天之子也，因此天下臣民都称您为天'子'。"乾隆听了，笑了，这事就这样过去了。

对皇帝失言，这可是大事，弄得不好是要掉脑袋的。知道自己失言后，纪晓岚却不慌不忙，慢慢解释，补救自己的失言，在整个回答过程中，他言辞诚恳，态度谦逊，而且，又以灵敏的应变能力巧妙地圆场，这些都获得了乾隆皇帝的认同。

失言本是一时之过，却往往能一失足成千古恨。因此，在日常生活中，一旦自己失言了，哪怕你没有想到补救的办法，但是，只要你能承认自己的过失，诚恳地道歉，想必也能赢得他人的原谅。有的人在失言后不仅不追悔自己的过失，反而为自己辩解，这样就让人讨厌了，而你的言行也得不到对方的认同。

司马昭与阮籍正在上早朝，忽然有侍者前来向司马昭报告："有人杀死了你的母亲！"放荡不羁的阮籍不假思索便说："杀父亲也就罢了，怎么能杀母亲呢？"此言一出，满朝文武大哗，认为他"有悖孝道"。阮籍也意识到自己言语的失误，忙解释说："我的意思是说，禽兽才知其母而不知其父。杀父就如同杀禽兽一般，杀母呢？就连禽兽也不如了。"一席话，竟使众人无可辩驳，而阮籍避免了杀身之祸。

在意识到自己失言后，阮籍及时补救了自己的言语失误，以借题发挥，巧妙地平息了众怒。采取一定的补救措施或者矫正之术，去避免言语失误带来的难堪局面，这是失言后首要做的工作，如此，也才能获得他人的认同。

1. 坦率道歉

如果因为自己无心之说，而伤害了对方，或者造成了尴尬的局面，我们应该坦率地道歉，补救失误，我们可以会所："说那样的话我深感遗憾，我愿意向你道歉。"以一份坦率的胸襟来面对自己的过失，以诚恳的态度赢得他人的认同。

2. 及时补救

失足了可以再站起来，失蹄了可以重新振作，而我们失言后依然可以用语言进行弥补，只要我们懂得随机应变，就能弥补自己语言的过失。比如，将错话加在他人头上"这是某些人的观点，我认为正确的说法应该是……"又或者，将错就错，干脆重复肯定，然后巧妙地改变错话的含义，将本来的错误变成正确的说法。

八、言语及心，把话说到心坎儿里

关键时刻一语中的，让对方无言以对

中国有句俗语："最后的赢家才是真正的赢家，要笑就要笑到最后。"这句话一点也不假。生活中，与人交往的过程中，只有手握底牌，才能出奇制胜。我们可能经常看到法官这样审查嫌疑人：刚开始嫌疑人总是否认自己的犯罪事实，但他没想到的是，正当自己为自己的罪行辩护的时候，法官却突然指出他言语间的漏洞或者拿出关键性证据。此时，他只好对自己的罪行供认不讳，和盘托出自己的罪行。同样，这一道理也可以运用到生活中的沟通场景中，如果对方否认某些事实，我们不妨在关键时刻一

语中的，让对方无言以对。

我们来看一个这样的职场故事：

某公司新来一个员工小王，他似乎有点小偷小摸的坏毛病。

这天，大家都已经下班回家了，但小王还想在公司继续上会儿网。正巧，他看见经理办公室的门还开着，好奇心使他悄悄地进去看了一下。巧的是，办公桌的抽屉也没有上锁，里面放着厚厚的一叠钱。面对金钱的诱惑，小王心动了，于是，他就做了件顺手牵羊的事——拿走了几张百元大钞，并且，他很有自信地认为，没有人会发现。

但实际情况并不是如此，第二天一大早，经理就在办公室嚷嚷起来了：

"你们谁偷了我办公室的钱？办公室怎么还有这样偷偷摸摸的人啊……"但没有一人承认。这时候，经理秘书想出了一个招儿。

他把大家招到会议室，然后说："今天早上，清洁工周大姐来找过我，说昨天有人进了经理的办公室……"后面的话，秘书并没有说，然后他接着说："经理已经答应我，这件事不会追究，但希望这位同事能主动给经理发个邮件，经理不会公开这件事。"

会后，小王给经理发了邮件，并将钱转回到了经理的账上。经理一直夸自己的秘书是个"军师"的料子。

秘书让偷钱人小王不打自招的秘诀在于，他编造出了周大姐曾经看到这个嫌疑人的"作案过程"的虚假事实，然后假装一语中的，从而让小王乱了方寸，不打自招。并且，他采取了软硬兼施的措施，他给了对方"不再追究"的保证，在权衡利弊得失后，小王也只好承认偷钱的事实。

可见，当我们不知对手虚实的情况下，可以"使用"证人这张王牌投石问路。而在知晓事实的情况下，"证人"更能让对方心服口服。另外，当他人对我们产生怀疑时，我们也可以采用这一心理策略：

客户："请问我买的房子，大概什么时候可以收楼呀？"

销售员："一般情况下，是签完合同，收到首期房款三个月之后。"

客户："要这么长时间呀，一个月时间行不行呢？"

销售员："如果要求一个月时间收楼的话，装修人员就要赶工。您都知道慢工出细活，赶工的时候，容易忙中出错，最后影响您房子的装修质量，那就划不来了。"

客户："噢，是这样呀。那就按正常时间收楼吧！"

案例中的销售员运用的计策就是让客户晓以利害，给对方施加了心理压力，在权衡之下，客户接受销售员提出的"不"，同意按时收楼。

当然，在使用这一心理策略的时候，我们还需要注意：

1. 把握时机，到顺风顺水的时候再说话

比如，在生意场上，在谈判中，有些时候你能清楚地感觉到事情正在越变越糟。你应该采取守势，退后一步，现在的情势不适合马上反击。很多人在自己处于劣势的时候拼命地试图证明自己，其实不妨退守一步。记住，在你处在劣势的时候，不要急着马上反击，等一等机会总会到来，那时你才能出奇制胜。

2. 胜者总是笑到最后，最后表态

你还应该在最后说话的时候尽力最大化你的优势，先观察你对手的动作，尽量让对手先表态，然后根据对方的心理变化适时地调整自己的策略。到最后的时候，一语中的，让对方心服口服。

重视最后几句话的影响力

近因效应是指人们识记一系列事物或某人的言论时对末尾部分的项目的记忆效果优于中间部分项目的现象。当你所传递的前后信息间隔时间越长的时候，近因效应就越明显，原因在于前面的信息在记忆中逐渐模糊，从而使近期信息在短时间记忆中更为突出。心理学认为，人的记忆受到"近因效应"的影响，在交往过程中，我们对他人最近、最新的认识占了主体地位，使过去的一些评价得以改变。换句话说，就是我们在说最后一句话或留下最后一个印象时，对方往往是记得最牢的。

在生活中我们经常都会经历这样的场面：两个朋友在一起愉快地聊天，可是，告别的时候，她居然说了一句很恶劣的话。那么，无论之前的畅谈是多么愉快，我们都会把最后一句话留在心里，并挥之不去，而且，这句话所造成的影响将波及彼此的关系。相反，本来对那个人的印象并不好，但分别时她居然说"认识你真高兴，我觉得今天你真漂亮，咱们下次再聊"，那么你会觉得以前不好的都随之而去，从此对她有了好的印象。其实，这些都是心理学上的近因效应在起作用。

曾国藩在最初和太平军的交锋中，一直处于劣势，于是在奏折中称自己"屡战屡败"。但他幕下的一个师爷看了说，不要这样写，而是将四个字的位置调动了一下，变成了"屡败屡战"。曾国藩恍然大悟，把奏折改了过来，交了上去。结果一个"常败将军"的形象变成了败而不馁、坚韧不拔的形象。

其实，在这里我们不难看出，在整个说话过程中，最后一句话往往决定了整句话的基调。比如，上司对下属说"这个月总能超越上个月的销售额吧，虽然这个月销售出去的产品很少"，或者说"虽然这个月销售出去的产品很少，总能超越上个月的销售

额吧"。其实，这两句话的意思是一样的，但就是因为语句排列的顺序不同，给对方的印象却是迥然不同的。前者给对方留下悲观的印象，后者给对方留下乐观、积极的印象。相比较而言，后者传递的言语暗示会更容易影响其心理。

谈判过程中，虽然张先生一再表现出合作的诚意，但对方公司负责人就是不为所动，甚至言辞犀利地拒绝："我觉得你们公司不合适做咱们的合作伙伴，您现在提出的一些要求都是毫无作用的。"张先生遗憾之余，还是面带微笑说："谢谢贵公司能在百忙之中抽出时间与我公司会谈，以后我还会为咱们的合作继续努力。"说完了，还亲自把对方谈判代表送到宾馆门口。次日，张先生却意外接到了该公司的邀请电话。

张先生利用告别时"近因效应"挽回了合作伙伴，促成了谈判的成功。工作中的洽谈并不是一两次就能完成，即便双方已经达成了协议，但毕竟是合作伙伴，说不定以后还能遇到。

收尾最后一句话给未来做好铺垫，同时，给对方留一个好的印象，这都是十分重要的。

1. "今天真的很愉快"

即使在谈话即将结束的时候，我们也要向对方传递友好的信息，否则有可能你无意的一句话就毁掉了前面的整个沟通。比如"今天真的很愉快""我觉得你是个很不错的聊天伙伴，下次有空再过来玩""谢谢你今天的盛情招待，我过得十分愉快"等，给对方留下好的印象，有利于进一步接触或者下一次合作。

2. 简洁有力的告别语

在结束整个谈话的时候，告别语不宜过多，如果你总是絮絮叨叨"今天我真高兴，没想到你会邀请我到你家来，这真是我的荣幸啊……那我走了啊，哎，你就别送了"，这样对方会觉得你很啰唆，之前对你好印象都会消失不见；相反，如果你用简洁有力语言告别"今天过得很愉快，谢谢你，再见"，对方会觉得你是一个做事果断的人，对你更有好感了。

3. "你能给我这份工作吗"

一般情况下，参加面试结束时很少会注意最后一句话，其实在大多数情况下，最后一句简单的话会收到意想不到的效果。我们可以在最后一句话传递期待的心理："你能给我这份工作吗？""我最晚什么时候能得到回音？""如果因为种种原因你没有在最后期限通知我，我可以联系你吗？"你所传达的期待心理，会使他人对你的印象大大改观，最后一句话有效地影响了其心理，或许你最后就得到这份工作了。

以己度人，挖掘对方欲望点

投射效应是指将自己的特点归因到对方身上的倾向，即以己度人，认为自己具有某种特性，对方也一定会有与自己相同的特性，于是，他们把自己的感情、意志、特性投射到对方身上并强加于人的一种认知障碍。比如，一个善良的人认为对方也是善良的，一个敏感多疑的人，则往往会认为别人都是不怀好意的。投射效应使我们对他人的知觉产生失真，我们在对他人形成印象时，有一种强烈的倾向就是假定对方与自己有相同之处，但实际上对方所具备的特性却是全然不同的。由于投射效应更倾向于以自己是什么样的人来知觉他人，而不是按照被观察者的真实情况进行知觉，因而，投射效应是一种严重的认知心理偏差，它会给正常的人际交往带来严重的负面效应。所以，在日常交际中，我们需要克服这样的心理，善于从言谈比较中挖掘对方的欲望点，继而影响其心理。

1964 年，刚从海军学校毕业的吉米·卡特，遇到了海军上将里·科弗将军。当将军让他谈谈自己的事情的时候，吉米·卡特为了获得里·科弗将军的喜欢，骄傲地谈起了自己在海军学院的成绩，他说自己在全校 820 名毕业生中，名列 58 名。他自认为将军听了他的成绩后一定会对他刮目相看，没想到将军却没有任何反应地问道："你尽力了吗？为什么不是第一名？"这句话让吉米·卡特不知道如何回答。

吉米·卡特与将军的对话验证了错误投射现象带来的负面影响，心理学研究发现，在日常生活中，人们总是不自觉地把自己的心理特征强加在对方的身上，认为自己是这样想的，对方也应该有同样的想法，并试图通过这样的想法去影响他人，最终却适得其反。

投射效应主要有两种表现形式：一是感情投射，也就是认为对方的喜好与自己有相同之处，继而按照自己的思维方式，试图来影响其心理；二是缺乏客观性的认知，他会以自己的价值判断去过度地赞扬喜欢的人，或者贬低厌恶的人。其实，投射效应告诉了我们一个道理，即每个人的心理都是不同的，我们不要己心度人，需要在言谈比较中挖掘出对方的欲望点，准确投射，这样才能有效地影响对方心理。

心理专家认为，人与人之间内心深处所想的事情，是彼此完全不同的两个状态，每个人都有自己的欲望点。这就是需要我们在日常交际中，善于用语言挖掘出对方的欲望点，懂得他人的心理，再以自己的语言来影响其心理。在这里，心理专家的言外之意就是指要想对他人心理施加影响，只有挖掘出对方的欲望点，懂得他人心思之后，才更容易施加影响。

1. 自己的喜好无法正确衡量别人

俗话说："物以类聚，人以群分。"这就是人们心理活动的一种折射，在投射效应的驱使下，人们的行为常常有失偏颇，继而不能更好地影响他人心理。比如，你自己很喜欢吃西餐，并不代表对方就会喜欢吃西餐。因此，我们在交际中不要以自己的喜好来衡量别人，这样造成的结果只会适得其反。

2. 通过言语比较洞悉其心理

如果自己喜欢吃火锅，你可以试着询问："你觉得火锅怎么样？"假如对方回答："火锅还行吧，我倒觉得牛排挺不错的。"通过言语比较，对方所中意的应该是牛排而不是火锅；假如对方回答："我最喜欢火锅了。"那么，他的喜好应该和你差不多。

3. 利用惯性思维

税务员假装不相信，问道："唉，据我所知你没有这个肚量。"店主有点生气："什么！我没有那个肚量，这算什么呀！自从今年来，我哪个月不卖个两万多呀。""那好，你先把这几个月所漏的税额补交了吧！"税务员说道。这里，税务员所使用的就是惯性思维，利用其欲望点洞悉其心理。

悉心聆听，把话说到心坎里

沟通是双方通过语言或非语言来交流思想感情的过程，因此，在沟通过程中，我们不仅需要说话，也需要适当的聆听。是否能够通过语言来影响其心理，就决定于你是否悉心聆听了。良好的聆听会为你捕捉到许多有效的信息，而这些信息将决定于你是否能够成功地操控他人心理。说话是一个传递信息的过程，把话说到位，不仅关系到是否准确表达自己的思想，而且还在于自己的思想是否被对方所接受并产生共鸣。换句话说，把话说好，关键在于把话说到对方心坎上，以此影响其心理。那么，如何把话说到对方心坎儿上呢？这就需要我们善于通过聆听来洞悉对方的心理需求，再利用语言将自己的思想传递给对方，满足其心理需求，达到影响他人心理的目的。

有一天，车上的乘客很多，而这时又上来了一位抱小孩的妇女。电车售票员小丽像往常一样对乘客们说："哪位同志给这位抱小孩的女同志让个座儿。"但她连喊了两次，却无人响应。小丽并没有着急，缓缓地站了起来，用期待的眼神看了看靠窗口的几位小伙子，提高了嗓音："抱小孩的那位女同志，请您往里走，靠窗坐的几位小伙子都想给您让座儿，可就是没有看见您。"话音刚落，"呼啦"一声，几位小伙子都不约而同地站了起来让座。这位女同志坐下以后，光顾喘气定神，忘记对让座的小伙子道谢，小伙子面露不悦的神色。小丽看在眼里，心中明白，她忙中偷闲，逗着小孩子说："小朋友，叔叔给你让了座儿，你还不谢谢叔叔。"一语提醒那位妇女，连忙拍着孩子说："快谢谢叔叔，快谢谢叔叔。"那小伙子听到"谢谢叔叔"时，连声说："不客气。"

小丽不过说了最简单的几句话，却产生了这么大的魔力，秘诀就在于她能够通过察言观色聆听出他人的心理需求，这里的聆听并不只是单纯地"听对方的言语"，还需要"聆听"对方的非语言暗示。小丽通过"聆听"对方的非语言暗示，了解到对方的心理需求，恰到好处地说出几句话，句句都在对方心坎儿上。

19世纪，在奥地利的维也纳，妇女们喜欢戴一种高高耸起的帽子。她们进剧场看戏也不愿将帽子脱下，以致后排的观众被挡住视线。这些后排的观众纷纷去找剧场经理提意见，于是，经理就上台请在座的女观众脱帽，然而说了半天妇女们也不予理睬。最后经理又补充了一句话："那么，这样吧，年纪大一点的女士可以照顾，不必脱帽。"这句话一出，全剧场的女士竟齐刷刷地把帽子脱了下来。

虽然，妇女们并没有发表任何意见，但她们的行为却透露出这样的信息"戴着高高耸起的帽子是为了使自己变得年轻美丽"，剧场经理"聆听"出了她们的心理需求，针对其心理，说出这样的话"年纪大一点的女士可以照顾，不必脱帽"，暗示出"如果你觉得自己年纪比较大，那就别脱帽吧"，一句话说到了妇女们的心坎儿上，她们纷纷脱下了自己的帽子，因为谁也不想承认自己年纪大。

在沟通过程中，我们需要积极地聆听，让对方尽可能地传递出更多有效的信息，以听出对方的兴趣点，这样我们才有机会把话说到对方心坎儿上，从而影响其心理，最终赢得对方的信任。

1. 表示理解

有时候，即使我们不能认同对方的做法，也需要表示出理解，"您说得很有道理，我非常理解您""谢谢您，如果我站在您的位置，也会有与您一样的想法"。话说到了对方心坎儿上，他会不自觉地受你影响。

2. 维护对方的自尊心

美国著名的哲学家詹姆斯曾经说过："人类天性的至深本质就是渴求为人所重视。"当对方的表述有些偏颇的时候，我们需要维护对方的自尊心，尽量以委婉的表达方式传递这样的信息"您说得非常有道理，但我相信，每个企业，毕竟都有它存在的理由。"

3. 具体而新颖的赞美

每个人都渴望别人的赞美与认同，当我们察觉出对方有这方面的心理需求的时候，需要给予具体而新颖的赞美之词，比如"您的声音真的非常好听""听您说话，我就知道您是这方面的专家""跟您谈话我觉得自己增长了不少见识，谢谢您了"。这些恰到好处的赞美会触动对方内心，继而赢得对方的信任，最终达到影响对方心理的目的。

触碰对方"软肋"，令对方信服

软肋原指胸腔的肋骨，这一部位容易被他人攻击，后来用作形容事物的缺陷、弱点等容易发生问题或遭受破坏的地方，同时，也指一个人的痛处、小辫子、脆弱点，等等。事实上，每个人都有致命的弱点，有可能是贪图金钱，有可能是刚愎自用，有可能是曾经的痛处。假如我们能够在沟通时用言语适当地触碰对方的这些"软肋"，他就会因为心理防线被瓦解而降服于你。"软肋"是一个很好的利用工具，任何人都不想自己的软肋被击中，一旦最薄弱的地方都击垮了，那他还有什么不能答应的呢？当然，"软肋"这样的地方并不是随便触碰的，需要拿捏好一个"度"，适当地触碰会令其心理发生变化，相反，稍微过分，对方就有可能会逼急而"跳墙"。

某广告公司策划了一次宣传活动，为了给宣传活动造势，他们打算请一位明星来代言。但是，明明已经签订了合约的经纪人却以档期已满为理由拒绝出席此次宣传活动，眼看宣传活动马上就开始了，广告公司不得不放出狠话："如果现在咱们不能达成协议，新闻界就会坚持把整件事情的内幕刊登出来，到了那个地步，我也不知道怎么样才能合法地把新闻压制下去，对此，你有什么高见呢？"

利用对方的"软肋"给予适当的压力，这会令对方更容易做出决定，他会在压力之下不得不答应你的请求。如果我们想影响他人的心理，我们必须首先了解对方这个人。最关键在于了解其软肋所在，在他们心中有何种欲念，有怎么样的性格特征。然后，我们再根据对方的对方的性格，寻求其弱点，用他们的喜好去引诱他们，这样我们就可以支配其意志，达到影响其心理的目的。

20世纪80年代，我国曾与SIAP公司的商务代表、技术代表关于在我国兴办化肥厂的有关事项进行谈判。双方都非常重视这个建设项目，双方完成了可行性研究报告，经有关人员的反复论证，选择了具有优越港口条件的秦皇岛市作为建厂地点。可行性研究报告刚刚结束，科威特石油化学公司得知此消息，便立即表态，愿参与此项目，与中方合资办厂，并派出了谈判代表。

可是，出乎意料，谈判一开始，对方听了我方介绍完该项目的前期工作，就断然表示："厂址选在秦皇岛不合适，你们所做的一切工作都是毫无用处的，要从头开始!"这话无异于晴空霹雳，一时难以提出反驳意见，谈判陷入僵局气。我方一代表却猛地起身发言："我们为了建设这个化肥厂，安置了……看来这事项要无限地拖延下去了，那我们也只好把这块地让出去! 对不起，我还有别的事情需要料理，我宣布退出谈判，今天下午我等候你们最后的决定!"三十分钟后，情势急转直下，对方表态："快请代表先生回来，我们强烈要求迅速征用秦皇岛的土地!"

谈判最终取得成功的秘诀在于，我方代表抓住了对方的"软肋"，他不愿意真正地舍弃秦皇岛这个占据优势的地理位置，当我方代表说"那我们只好把这块地让出去了"的时候，一下子击中了对方的要害，令其不得不降服于自己。

在人际交往中，我们要善于抓住对方的"弱点"，即软肋。在某些时候，只要抓住了对方的这些弱点，就会使他们不得不听命于你的安排。当然，当我们想办法抓住对方软肋的时候，还应该避免对方抓住自己的软肋。

1. 用语言巧妙暗示

即使你清楚对方的软肋在哪里，也不要直接说出来，而是通过语言巧妙暗示，否则有可能会激怒对方，比如"你也知道，如果我把这些照片交给你夫人或者你的上司，后果肯定……"暗示对方你已经抓住了"软肋"，逼其就范。

2. "如果你不怎么样，那么后果将会很严重"

既然已经抓住了对方的软肋，就要向对方施加一定的压力，这样才会有效地影响对方心理。换句话说，你应该说清楚如若不答应将产生什么样的后果，比如"如果你不及时采取行动，到时候我可控制不了失态的蔓延"，施加一定的压力，达到操控其心理的目的。

3. 孤注一掷，发出最后警告

有时候，对方希望通过威胁来达到自己的目的，但事实上，他并不能真正地割舍那部分利益。面对对方这样的心理，我们应该将计就计，孤注一掷，发出最后警告"那我们实在没有办法，看来只好与下面一家公司签约了，今天我有事先告辞了，希望你尽快给我答复"。如此将计就计，他难道还不降服吗？

九、慧语仁心，用沟通消除隔阂

说话委婉也要让人听得懂

古人云："言有尽而意无穷，余意尽在不言中。"在日常交际中，我们需要做到言语委婉，当然，更需要通俗易懂，这样才能达到良好的沟通。言语委婉，就是将那些重要的、该说的部分故意隐藏起来，或者故意说得不明显，却让对方明白自己所表达的思想感情；通俗易懂，也就是我们要注意自己使用的语言，简单易懂，说话的目的在于得到他人的理解，而对方是靠自己的听觉来理解我们的话语的，如果我们在说话的时候，尽用些生僻、晦涩的语句，那么，对方就会觉得枯燥无味，不知所云。言语委婉而又通俗易懂，不仅仅是一种语言表达艺术，更是一种语言风格，它直接体现了驾驭语言的高明技巧，使之成为一种良好的沟通方式，真正消除了横在彼此之间的隔阂。

在日常生活中，有的话不便多说，或者不必直说，这时候就需要借助委婉的表达方式，有的人认为说话委婉就是故意布下迷阵，模模糊糊，让对方听不懂。其实，并不是这样，委婉的表达方式只不过是换了一种说法，比较间接，但你所说的言语应该是通俗易懂的，这样，即使你表达得比较含蓄，但对方还是能够清楚地明白其中隐含的意思，这样，双方的沟通才会更加顺畅。

有时候，我们需要向对方表达一些不好的意思，比如请求、批评等，这些话不容易说出口，而且，一旦这些话说得不好，还会得罪人，也为自己惹来了麻烦。这样，我们就可以灵活运用语言的多样化特点，把话说得委婉且通俗易懂，这样，不仅较好地传达了我们的意思，而且，更容易打动他人。

著名心血管病专家洪昭光教授在做报告时，运用了大量的群众易于接受、喜闻乐见的语言，通过生动有趣的故事和易学易记的"顺口溜"，让大家一听就懂，一懂就用，一用就灵。一般来说，作医学报告，都会有许多专业术语，比如，一天要摄取热量2200千卡、饱和脂肪酸8%、胆固醇少于300mg等，但你给老百姓讲这些，让人听了摸不着头脑，也没法操作。而洪昭光教授改用口诀"一、二、三、四、五，红、黄、绿、白、黑"就好记多了。其中的许多语言，让人听后难以忘怀。如"健康面前人人平等，遵循健康规律，你的身体就可能一生平安"，早已"润物细无声"地改变着人们的健康观念和生活方式。

据说，洪教授的报告，尽是场场爆满、听众如云，他的演讲稿更是十分抢手、火热得很，不论是高层领导、专家学者，还是基层群众、普通百姓。对他都十分欢迎，除了他拥有鲜明的医学观点外，其中很重要的就是他的语言通俗易懂、生动形象。

那么，在日常的语言表达中，如何才能做到说话委婉而又通俗易懂呢？

1. 话在明，意在暗

面对朋友的盛情款待，你可以含蓄地说"谢谢，看这水果多新鲜啊，可惜我刚刚吃完饭，没有胃口吃了，真是太遗憾了"，这样主人听了心里会很受用，而你也表达了自己的含义。

2. 正话反说

有时候，你可以说一些与本意完全相反的话语，让对方自己去领悟，从而接受你的建议。比如，领导征求意见，一位下属说："我对你很有意见，你太不爱惜自己身体，工作起来太玩命，要知道，身体是革命的本钱啊！"

3. 个性化的语言

语言生动有趣，最根本的要求就是尽可能使用自己的语言，不能老是去套用别人的话，这样既具有个性，又有新鲜感。需要注意的是，要避免堆砌"时髦词"，或者把别人的东西生拼硬凑在一起，乍听起来挺"新鲜"，可是细细品味起来，似是而非，很不准确。

4. 口语化的语言

有的人说话的时候像念文件，听起来像个老学究，让人昏昏欲睡。所以，讲话都应尽可能口语化。对此，应尽量用短句，少用很长的句子，尽可能地少修饰句子；善用口语词汇。

5. 形象化的语言

我们在说话的时候要把一些抽象的、概念化的，或者较难理解的、枯燥无味的内容加以形象化处理，给人以较直观的感受。这样的讲话，通俗易懂，易于他人很好地接受。

说话别太刻薄，给他人留面子

中国人历来比较注重面子的价值，在官场上、酒桌上、社交场合，人们都把自己的面子看得比什么都重要，誓死捍卫自己的面子。"面子"这个古老的中文词汇在它诞生之初就有了非比寻常的意义，以至于我们很多人无法不重视它的存在。当人们在无法判断某人的才华能力或权力地位的时候，就会观察其是否能博得面子来判断其为人。

于是乎，就诞生了这样一句话"交际场上，面子大过天"，大多数人明白这样的道理，自然也就懂得了在交流沟通时维护到他人的面子。

可是，对于某些人来说，他们偏偏不认这个死理，说话咄咄逼人，信口开河，丝毫不顾及别人的情面，以至于闯下大祸。在日常交际中，最忌讳的是沟通出了问题，本来只要见好就收，对方也就不再声张了，可有的人就是嘴巴闲不住，硬是多说了那么几句或一句，结果，扫了对方的面子，搅黄了整个沟通，而且，也得罪了对方，这简直是得不偿失。所以，在某些交际场合，你想表达什么观念或意见，尤其是涉及情面的事情，见好就收吧，别不留情面，否则，苦头只有你自己吃。

有一天，一位穷朋友从乡下来到京城皇宫门前求见明太祖。朱元璋听说是以前的老朋友，非常高兴，马上传他进殿。谁知这位穷朋友一见朱元璋端坐在宝座上，昔日的容貌并没有发生太大的变化，便忘乎所以地说："我主万岁！您还记得我吗？从前你我都替人家放牛，有一天我们在芦花荡里把偷来的豆子放在瓦罐里清煮。还没等煮熟，大家就抢着吃，甚至把罐子都打破了，撒了一地的豆子，汤也都泼在泥地上。你只顾满地抓豆子吃，不小心连红草叶子也送进嘴里，叶子哽在喉咙里，苦得你哭笑不得，还是我出的主意，叫你用青菜叶子吞下去，才把红草叶子带下肚里去……"这个人还想继续说下去，可朱元璋早就听得不耐烦了，嫌这个孩提时的朋友太不顾情面，于是大怒道："推出去斩了！推出去斩了！"

后来，这件事让另外一个穷朋友知道了，心想这个老兄也太莽撞了，对于曾经与朱元璋的旧情，只需见好就收，何必说了那么一大堆，反而扫了朱元璋的面子。于是，他心生一计，信心十足地去见他小时候的朋友，也就是当今的皇帝。这个穷朋友来到京城求见朱元璋，行过大礼，这个人便说："我皇万岁万万岁！当年微臣随驾扫荡泸州府，打破罐州城，汤元帅在逃，拿住了豆将军，红孩儿挡关，多亏了菜将军。"朱元璋一听，不禁大笑，他认出了眼前的这个是孩提时的朋友，心中更为此人巧妙地暗示他们小时候在一起玩耍的事而高兴，于是让他做了御林军总管，留在了自己的身边。

同是儿时朋友，所受到的待遇却是迥然不同。前者说话太莽撞，不懂得见好就收的道理，最终那位穷朋友非但没有讨到好处，反而赔上了自己的性命；而后者只是简单地聊了儿时的趣事，见好就收，其中还包含了对朱元璋的敬仰，最后他做了御林大将军。

1. 给对方留面子，就是给自己面子

许多人不知道这样一个道理，你若是给了别人面子，其实就是给自己面子。可能，在现阶段，对方的处境并不怎么样，但是，你也没必要赶尽杀绝，硬是要扫了他的面子。凡事多与人为善，今天你给对方留面子，日后他肯定会把这面子留给你。

2. 避开对方过往的敏感旧事

隐私就是不可公开或不必公开的某些事情，有可能是缺陷，有可能是秘密。因此，我们在进行语言交流的过程中，需要避开彼此的隐私，即使无意中提到了那么一两句，也需要见好就收，别不留情面。

3. 得饶人处且饶人

在生活中，有可能会出现这样的情况：对方无意之中犯下了错误，可你却总是揪着对方的错误不放，说话越来越过分，丝毫不顾及对方的情面。其实，不管对方是无意的还是有意，既然错误已经发生了，再说那么多的话也于事无补，所谓"得饶人处且饶人"，批评的话也见好就收吧，别不留情面，他日对方若有了出头之日，定会向你讨这旧耻雪恨。

话不在多，在理就行

那些会说话的人之所以会获得成功，并不在于他说了多少话，而在于他说的话在理。在日常生活中，我们常说"话不在多在理"，意思是，一个人说话不应该求多，而是求理，只要你说的话有道理，哪怕你只说了一句话，那也能达到很好的沟通效果；相反，如果你说的话根本没有道理，哪怕你说了上百句，也有可能达不到真正的沟通。

在生活中，我们经常看见有的人喋喋不休，滔滔不绝，可说来说去，都没有哪句话能占理，结果，可想而知，对方完全不想与你沟通，因为跟一个不讲理的人沟通简直就是出力不讨好，既没能达成一致的意见，反而伤了和气。而且，有的人根本就是无理取闹，由于说不过对方而恼羞成怒，结果，不管是不是在理都乱说一气，他这时的目的不在于沟通，而在于发泄怒气，当然，最终的结果是自己亲手建筑了彼此之间的"隔阂"。

有一次，王娟和几位朋友带着孩子在一起吃饭，席间谈到了早恋的话题。一个朋友的儿子已是初二的学生了，王娟便开玩笑地问那个孩子："你有没有女朋友？"没想到，那小伙子却很直白地回答："没有女朋友多让人瞧不起啊！"听到这话，王娟想到了自己正在上初一的儿子。

在回家路上，王娟琢磨着要与儿子好好沟通关于早恋的事情，她苦思冥想该怎么问这个问题，太直白了怕孩子受不了，太委婉了又不知道从哪里入手，结果，想了半天也没有想到什么好主意。

回到家后，王娟假装无意地和孩子聊起了学校的事情，她问道："你们班的学习风气怎么样?"孩子回答说:"就那样呗!"王娟干脆进入了正题,问道:"噢,是这样!那……那你们同学有没有因为搞对象而影响学习的?"孩子说:"啊?有吧!具体我也不太清楚,人家搞又不告诉咱!"王娟故意开着玩笑,问道:"噢,那……那……你有没有搞啊?"孩子轻松地回答说:"没有,不用担心。"王娟不太相信,试探地问:"那有没有女同学给你写字条啊?"孩子有点不耐烦了,说道:"没有啊!怎么会有呢!你烦不烦啊,老问这个!"王娟也不知道该说什么好了,干脆和孩子讲起了大道理,什么早恋会很耽误学习的,而且,初恋成功的比率是很低的,你现在不成熟,所以现在看上的以后会不满意的。孩子很不情愿地点点头。一场谈话就这样艰难地结束了。

在整个谈话过程中,妈妈的话比较多,而孩子的回答总是三言两语。本来,当家长的是想告诉孩子一些道理,可是,由于话太多,虽然句句在理,但孩子也没能听进去,这样的沟通只能说是失败的。在生活中,经常出现这样的情况:父母说很多的话,但孩子却表示"我不懂你在说什么",原来,在孩子看来,父母说的那些所谓的大道理其实都相当于废话,孩子根本就没能听进去。不妨试试简单地讲道理,话不在多,而在理,只要你说的话真的有道理,需要减少说话的内容,这样。对方更容易听进去。

1. 话说得越多,效果却越小

很多人在表达自己意见的时候,很想把心中所有想说的话都说完,但是,他们常常忽略了这样一个问题,那就是话说得越多,效果却越差。对方在听你说话的时候,常常是能听进少量的几句,对于重复过多的大道理,他们很排斥,根本不想去听。结果,你在那里啰唆了一大堆,对方却什么也没听进去。

2. 有理的话,三言两语即可

有道理的话,越短小越有效,通常是三言两句即可。当你向对方讲道理的时候,切记话不要太多,而需要有理。并不是每个人都不愿意听人讲道理,但是,如果你总是一而再再而三地重复那些老掉牙的事情,相信再好的耐心也被消磨殆尽了。因此,无论是我们向别人讲道理,还是表达自己的意见,需要记住"话不在多而在理"的道理。

语言的逻辑性和针对性对沟通很重要

在生活中,不少人做事做得十分漂亮,然而,让他们把自己的想法说一说,却总是说不清楚,或是词不达意,或是泛泛而谈。他一个人说得滔滔不绝、口若悬河,但是,对方却面面相觑、不知所云,这就是说话没有逻辑性和针对性。在日常交际中,我们说话要有逻辑性和针对性,做到一针见血、言简意赅,这样对方才能明白你到底说的是什么，也才不至于在你的话语中找到漏洞。古人语："山不在高，有仙则名；水不在深，有龙则灵。"说话也是如此，话不在多，但一定要有逻辑、有针对性。在现代如此高速的生活节奏下，没有人愿意花太多的时间来听你的长篇大论，所以，我们在说话的时候，不要绕圈子，不要南辕北辙，而要把话说到点子上，有话则说，长话短说，无话不说，这样才能准确地传达自己的意见，使沟通顺畅地进行。

吴先生是广州某地区有名的房地产大亨，资产逾十亿。有一年他带着自己的团队从广州飞往某大城市，准备投资当地的房地产，寻找合作伙伴。

在经过一段时间的市场调研后，吴先生约了一家大型房地产企业的负责人进行谈判。当双方坐在了谈判桌前，那位负责人立即对自己公司做了较为详细的介绍，表现得精明能干，并且通晓市场行情，这令吴先生颇为欣赏。听了那位负责人对合资企业的宏伟计划后，吴先生似乎已经看到了合资企业的光辉前景。吴先生正准备签约的时候，那位负责人似乎还言犹未尽，他又颇为自豪地侃侃而谈："我们房地产公司拥有一千多名职工，去年共创利税五百多万元，实力绝对算是雄厚的……"

听到这里，吴先生显得有点不悦，心想：你公司一千多人才赚了几百万，就显得那么自豪和满意。这令吴先生感到非常失望，离自己预定的利润目标差距太大了。如果选择这样的负责人经营公司的话，就很难有较高的经济效益和利益。于是，吴先生当即决定终止合作谈判。

其实，如果那位负责人不说最后那句沾沾自喜的话，这次谈判也许就会以另一种结局告终。那位负责人最后几句不着边际、缺乏逻辑性和针对性、画蛇添足的话，不仅会让自身的缺点暴露无遗，而且令吴先生失去了合作的信心，最终撤回投资意向，仅仅因为几句话就失掉了一次大好的合作机会，实在是得不偿失。

在日常生活中，我们经常可以看到，有的人总是喋喋不休、滔滔不绝地高谈阔论，但由于其语言缺乏逻辑性和针对性，没有把话说到点子上，所以显得词不达意、语无伦次，让旁边的人听而生厌；还有的人说话毫无逻辑，一会说在这里，一会说到了那里，说什么话都不会经过仔细思考，显得很没分寸。其实，这样说话会事倍功半，不仅达不到沟通的目的，反而会给沟通带来阻碍。

那么，如何使自己的语言具有逻辑性和针对性呢？

1. 说话要在理

一句话听上去是否有理，就看看这句话是否有逻辑性，一般而言，那些有逻辑性的话语大多能清楚地表达一定的意见。而语言是否有逻辑性，就在于我们能不能清楚地将意思表达出来。因此，说话要有理，利用语言准确、清楚地表达自己的思想，这样，我们思维的逻辑性也要得到提高。

2. 说话要有中心点

在生活中，我们经常听到一些人在说话的时候，一般会采用"一""二""三"，其实，这样分点叙述只是说话逻辑性的一个表象，并不能完全代表这个人说话有逻辑性。说话有逻辑，是表明你说话有一个中心，然后你所说的其他话都是围绕这个中心的，没有其他的枝叶。所以，说话之前应该把自己要说什么，先说什么后说什么，重点说什么，都要在脑子里快速地整理好，这样，时间长了，你说话就会观点清晰，富有逻辑性。

3. 把话说到点子上

说话有针对性，也就是要将话说到点子上。在语言交际中，为了建立良好的交际关系，为了打动对方，话不在说得多，而在说到点子上。因此，我们在开口之前，应该让自己的舌头在嘴里转个几圈，把那些多余的废话转掉，说一些简单明了的话。做到一开口就往点子上说，千万不要东拉西扯，让对方不知所云。

用强大的语言感染力征服他人

在日常交际中，我们说话要表现出一定的气质，且极具感染力，这样才能更好地展现出我们自身的魅力与形象，也才能更好地打动对方。如果你的说话软绵绵，毫无生气，死气沉沉，那么，对方就对你的话失去了兴趣，也会对你说话水平感到质疑。我们在说话的时候，应该潇洒一些，使语言更富有生气，富有感染力，这才是语言表述中一个极为重要的方面。说话的目的是为了更好地沟通，要去调动对方的情绪，这样才能更好地打动对方。

在生活中，我们经常看到这样的场面：自己一个人在唱独角戏，对方却显得躁动不安。如果我们的说话换来的只是对方毫无反应的场面，那只能证明这次沟通的失败；相反，如果你的语言极富感染力，能够使对方喜笑颜开，那么，证明这次沟通是成功的。如何才能使语言有感染力呢？有时候，我们可以运用一些幽默的语言来调动对方的情绪，因为幽默的语言能够给别人带来快乐。如果我们在说话的过程中，使用一些幽默语言，就可以调动对方的情绪，还可以展现自己的语言魅力。

在2000年8月举行的南部非洲发展共同体首脑会议上，曼德拉一连串妙语连珠的幽默话语征服了上千名与会者。曼德拉作为南非前总统出席了开幕式，主要是为接受南共体授予他的"卡马勋章"。他走到讲台前说："这个讲台是为总统们设立的。我这位退休老人今天上台讲话，抢了总统的镜头。我们的总统姆贝基一定很不高兴。"话音刚落，笑声四起。这时，主持人为他搬来一把椅子，请他坐下说话。他在谢过主持人后说："我今年82岁，站着讲话不会双手颤抖得无法捧读讲稿，等到我百岁讲话时你再给我把椅子搬来。"会场里又是一阵笑声。曼德拉在笑声后开始正式发言。

讲到一半，他把讲稿的页次弄乱了，不得不来回翻看。他脱口而出："我把讲稿页次弄乱了，你们要原谅一位老人。不过，我知道在座的一位总统，在一次发言时也把讲稿页次弄乱了，而他自己却不知道，照样往下念。"这时，整个会场哄堂大笑。"其实，讲稿不是我弄乱的，秘书是不应该犯这样一个错误的。"结束讲话前，他说："感谢你们把用一位博茨瓦纳老人名字命名的勋章授予我这位老人。我现在退休在家，如果哪一天没钱花了，我就把这个勋章拿到大街上去卖。我肯定在座的一个人会出高价收购的，他就是我们的总统姆贝基。"这时，姆贝基情不自禁地笑出声来，连连拍手鼓掌，会场里掌声一片。

曼德拉幽默的语言调动了人们的情绪，打动了在场的观众，使得数万的观众心甘情愿为之鼓掌呐喊。

那么，在现实生活中，我们如何才能使自己的语言具有强大的感染力呢？

1. 使用幽默的语言

幽默的语言可以为你的说话带来趣味性，那么，再枯燥的话题在加入了幽默的语言之后，都会变得有趣起来。而这恰恰增加了语言的感染力，吸引对方的注意力，能够专注地听自己讲话，以便达到更好的沟通效果。

2. 选择合适的话题

几乎所有的人都会怀疑，自己选择的话题是否能提起对方的兴趣，其实，只有一个方法能让他感兴趣：点燃自己对话题的狂热，再感染对方，这样，就不怕吸引不了对方的兴趣了。

3. 适当的真情流露

另外，说话的时候，需要全情投入，不要抑制自己的情感，真实情感的流露能为你的语言增添一定的感染力。

回避矛盾要懂得含蓄

含蓄地回避矛盾，这是一种战术，简单地说，就是当自己处于劣势的时候不便直接与对方抗衡，而采取你进我退，你退我进，如此巧妙地回避，躲过对方的进攻。而且，在日常交际中，我们在进行语言表达的时候，也常常会用到这样的口才心理策略。含蓄地回避矛盾，其实就是一种拖延战术，目的是为了找到沟通的最佳点，可以说是

为了争取更多的时间来使沟通顺利进行。同时，回避了沟通中的矛盾，打开了轻松愉快的语境，这样，更能打动对方。

在沟通过程中，当对方采取言语攻击的时候，或者，沟通本身出现了障碍的时候，我们可以含蓄地回避矛盾，远离原来所谈的话题，巧妙地躲过彼此之间的矛盾，突破沟通的隔阂，让沟通得以顺利进行。有人说："说话要越短越好。"但是，大量事实证明，使用简短的语言并不是单刀直入地说，我们可以把话说得含蓄，巧妙回避矛盾，然后，一针见血地提出自己的意见，这样，将更容易打动对方。

在一次新闻界的餐会之中，美国总统艾森豪威尔应大家的要求站起来说话。他说："大家都知道，我不是善于言辞的人。小时候我曾经去拜访过一个农夫，我问这个农夫：'你的母牛是不是纯种的？'他说不知道，我又问：'这头牛每个星期可以挤出多少牛奶呢？'他也说不知道。最后，他被问烦了，就说：'你问我的我都不知道，反正这头牛很老实，只要有奶，它都会给你。'"艾森豪威尔笑了笑，对所有在场的新闻界人士说："我也像那头牛一样老实，反正有新闻，一定都会给大家。"这几句话让大家哄堂大笑，记者纷纷都明白过来。

艾森豪威尔在这里就使用了含蓄的语言表达方式，他并没有正面回答新闻记者的问题，而是兜着圈子告诉大家："你们没事就别紧追着我问，反正我有新闻一定会给你们的嘛！"而且，语言恰到好处地表达了自己对新闻媒体总是紧紧追问的反感，而且，含蓄而又幽默的表达方式令在场的人都忍俊不禁，为整个餐会营造了愉快的氛围。

在我们日常交际中，经常会或多或少地运用到这样的语言策略。比如说话绕圈子，绕道而行；用比喻、影射的方法举例说明；讲故事、寓言；找出彼此之间的关系；采用游击战术，不正面冲突，拖延时间，静观其变，等等。

那么，我们在回避矛盾的时候，应该注意哪些问题呢？

1. 保持平和的心境

遭遇对方的言语攻击，我们需要做的就是不要激动，学会控制自己的情绪。在这时候保持平和的情绪，这对自己十分有利，一方面可以表现自己的涵养，另一方面保持平和的情绪，可以冷静、从容地思考出最佳的对策。

2. 含蓄地表达

对他人无理的言语攻击，我们可以含蓄地表达自己的不满情绪，但不宜锋芒毕露，而是需要旁敲侧击，可使对方无小辫子可抓，这样的表达方式更有效果。

十、妙言妙语解围，气氛轻松愉快

致歉要诚恳而巧妙，怨气才能化解

俗话说："智者千虑，必有一失。"一个人再聪明，再能干，也总有失败犯错误的时候。著名军事家孙子曾说："过也，人皆见之；更之，人皆仰之。"在日常生活中，我们都不可避免地会做错一些事情，但是，做错了事情并不可怕，只要能够及时认识到错误并改正错误，及时向对方诚恳地道歉，这样就会解开矛盾，缓解笼罩在彼此之间的怨气。与人交往，有可能会说错话，有可能会做错事，这就难免会得罪到他人，使原有和谐友好的人际关系有了裂痕。但是，在错误发生之后，如果我们能及时道歉，主动承担责任，一般情况下，是能够得到对方的原谅的。当然，假如你发现自己错了，却不愿意道歉，甚至处处找借口为自己辩解，这样的结果不仅得不到朋友的谅解，反而还会受到道德上的谴责。因此，我们不能小看了道歉的作用，而且，我们还需要学会有技巧地道歉，这样才能赢得对方的谅解。

从卡耐基家步行几分钟，就可以到达森林公园。因此，卡耐基常常带着一只叫雷斯的小猎狗到公园散步。因为他们在公园里很少碰到人，又因为这条狗友善而不伤人，所以卡耐基常常不替雷斯系狗链或戴口罩。

有一天，他们在公园遇见一位骑马的警察，警察严厉地说："你为什么让你的狗跑来跑去而不给它系上链子或戴上口罩？你难道不知道这是违法吗？""是的，我知道。"卡耐基低声地说，"不过，我认为它不至于在这儿咬人。""你认为！你认为！法律是不管你怎么认为的。它可能在这里咬死松鼠，或咬伤小孩，这次我不追究，假如下次再被我碰上，你就必须跟法官解释了。"警察再次提出了警告。

卡耐基照办了，可是，他的雷斯不喜欢戴口罩，他也不喜欢这样做。一天下午，他和雷斯正在一座小坡上赛跑，突然，他看见那位警察大人正骑在一匹棕色的马上。卡耐基想，这下栽了！他决定不等警察开口就先发制人。他说："先生，这下你当场逮到我了。我有罪。你上星期警告过我，若是再带小狗出来而不给它戴口罩，你就要罚我。""好说，好说，"警察回答的声调很柔和，"我知道没有人的时候，谁都忍不住要带这样一条小狗出来溜达。""的确忍不住。"卡耐基说道，"但这是违法的。""哦，你大概把事情看得太严重了，"警察说，"我们这样吧，你只要让它跑过小山，到我看不到的地方，事情就算了。"

在这个案例中，卡耐基使用了一个口才心理策略，那就是先发制人，率先批评自己，这使对方有一种被尊重的感觉。因为，当卡耐基一个劲儿地责备自己的时候，警察已经呈现出宽容的态度。如果我们免不了会受到责备，为什么不自己先认错呢？至少，谴责自己总比挨别人批评好受得多。当你清楚地知道对方将准备责备你的时候，不妨先把对方责备你的话说出来，这样一来，对方一定会以宽大、谅解的态度来对待你。

诚恳而巧妙的道歉，能够挽救友谊危机，化解尴尬气氛，继而巩固友谊，推进新的人际关系的发展。不过，在这其中，道歉也是需要技巧的，比如，温斯顿·丘吉尔对亨利·杜鲁门的第一印象十分不好，后来他告诉杜鲁门，自己曾一度严重地低估了他。他仅用了一句高明的恭维话表示出了自己的歉意。

1. 道歉用语

诚恳的道歉需要适宜的道歉用语，比如"对不起""请原谅""很抱歉""请你转告王先生，就说我对不起他""对不起，是我的错""我错怪你了""不好意思，给你添麻烦了"，等等。

2. 把握道歉的最佳时机

当你发现自己说错了话或者做错了事情的时候，就需要及时地道歉，道歉是越及时越有效果，我们很难想象在几十年后才说"对不起"会发生什么事情。当然，道歉的最佳时机还应该选在双方都心平气和的时候，在对方情绪比较好的时候，他更容易接受你的道歉。

3. 先批评自己

道歉并不是等对方的责备已经来了再道歉，这时候你已经激起了对方的怒火，因此，我们需要先发制人，率先批评自己，这样对方就不好意思再责备你了，而且，也会宽容地谅解你的错误言行。

4. 巧借物传情

如果直接道歉不太适合，可以选择打个电话或写封致歉信，也可以请一位彼此信任的朋友或同事代为转达歉意。等对方心情平复之后，再登门致歉赔礼。

把僵局打破的往往只是几句话

在日常交际中，人们常常因固执己见而争论不休，因为一句不适当的话而冷场，或者因为突发状况而形成难堪情境，等等，各种原因都会造成僵持的局面，难以缓和的气氛横亘在交流双方之间，整个场面就如同冰山一般冷掉了。这时候，作为当事人或者局外人，需要适时地说几句话来打破僵局，化解尴尬的气氛，使交流得以正常地进行下去。其实，生活中难免发生一些猝不及防的意外事情，这会让当事人遭遇尴尬或不快，甚至引发了不必要的麻烦，轻则令人恼心，重则在心里结下疙瘩。在这时候，如果利用突发事件与语言之间的玄妙之处进行机智的解答，就会使当事人转忧为喜，也会使紧张的气氛得以缓解。峰回路转，只需要三言两句就打破了僵局，通过语言影响他人心理，为大家营造愉快的气氛。

有一次小娜和几个同事一起去参加省里的业务考试，当她们走进考场时，只见阿梅的桌子上钉有三颗大钉子，且凸出很高。不难想象，这不仅会刮衣服，同时也会影响答题的速度。阿梅一脸的怒气要求监考老师换桌子，可监考老师说："现在不能换，别违反考场纪律！"阿梅气得柳眉倒竖，连说："真倒霉，不考了。"小娜见了连忙说："有几颗钉子算什么！"阿梅说："你说得轻松，这可是三颗钉子，躲都躲不过去呢！"小娜说："你太幸运了，我还求之不得呢！"阿梅说："你别拿我开心了，这么倒霉的事要让你碰上，你还能说幸运？"小娜说："你知道这三颗钉子说明了什么吗？这叫板上钉钉！说明你今天的三科考试铁定都能过关。"阿梅听后马上转怒为喜："借你吉言，我要是三科都及格了就请你吃饭。"结果一个月后发布成绩，阿梅果然三科都顺利过关。

本来桌子上有三颗大钉子是令人生气的，更何况还需要坐在这里考试？这时候，小娜为了打破僵局，在阿梅气恼成怒的时候，将"板上钉钉"的俗语与考试联系了起来，积极的联想，冒出吉言"三科铁定都能过关"，这话正好说到了阿梅的心里。于是，僵化的气氛化解了，阿梅在小娜的吉言下获得了好成绩。

在日常交际中，如何利用三言两语打破僵局呢？

1. 幽默解说

在交际场合，过于严肃和枯燥的气氛往往不被人们所接受，这时候就需要用幽默的语言把它变得灵活些、有趣些。有时候，一个敏感的问题就使整个场面僵掉了，甚至妨碍了正常交际的进行，这时候就可以通过幽默的解说将问题诙谐化解，打破僵局，使交际得以顺利进行。

2. 强调问题的合理性

有时候对方可能是因为在特定的场合做出了不合时宜、不合情理的举动，这令旁人看起来很费解，导致了整个局面的僵持，这时候我们就需要自己找一个角度或借口，强调对方行为的合理性，这样就能打破僵局，缓解气氛。

3. 利用谐音巧解

有一个火车司机的车牌号码是"16444"，亲戚朋友都说这个数字不吉利，车主一下子无言以对，这时候，有人却说"大爷，你这个号码好，它们可以理解为'多拉发发发'，只要你多拉货，就一定能发财"，利用谐音巧解，打破了僵持的局面。

4. 逆向思维

面对突如其来的尴尬局面，当事人无可奈何的时候，我们可以跳出固定思维，从问题、事情的反面去思考，做出让双方都满意的解释，打破本来僵持的局面。

巧妙打圆场，帮他人夺回面子

中国人素来爱面子，尤其是在人际交往中，更是处处怕失了面子，这也是中国人的普遍心理。但人们在处理人际关系的时候，也会因经验或能力的不足而面临尴尬的局面，或与客户争吵，或被上司批评，或被同级嘲笑等，此时，他们都希望能保住面子，保持尊严。此时。如果我们能巧妙地打圆场，帮对方找到一个台阶，从而让他摆脱难堪的局面。那么，对方一定会从心底感激我们。

老诗人严阵和一位青年女作家访问美国，在一所博物馆广场散步时，恰巧有两位美国老人在旁休息，看见中国人来，他们很热情地迎上来交谈。其中一位老人为表达对中国人的感情，热烈地拥抱那位女作家，并亲吻了一下，女作家十分尴尬，不知所措。另一位老人也抱怨那老人说，中国人不习惯这样，那拥抱过女作家的老人像犯了错误似的呆立一旁。老诗人严阵赶快上前微笑着说："呵，尊敬的老先生，你刚才吻的不是这位女士，而是中国，对吗？"那老人马上笑道："对，对！我吻的是中国！"尴尬气氛在笑声中烟消云散了。

老诗人严阵的一句打圆场的话，解除了因错误亲吻而带来的尴尬。而从这个外国老人的角度看，他一定也从心里感激严阵给他的这个台阶。而所谓打圆场，是指交际人双方争吵或处于尴尬处境时，由第三者出面进行调解的一场方法。打圆场运用得好，有利于打破僵局，解决问题，还可以融洽气氛、消除误会、缓和矛盾、平息争端、联络感情。

可见，交际中遇到尴尬的场面时，做到审时度势，准确把握双方的心理，然后运用说话技巧，借助恰到好处的话语及时出面打圆场，化解尴尬，维护交际活动的正常进行，就显得十分重要和宝贵，也确实是十分必要和值得重视的。

那么，我们在交际中，怎样才能不失时机地打好圆场呢？

1. 找个借口，给对方台阶下

有些人之所以在交际活动中陷入窘境，常常是因为他们在特定的场合做出了不合时宜或不合情理的事情，于是就进一步造成整个局面的尴尬和难堪。在这种情形下，最行之有效的打圆场的方法，莫过于换一个角度或找一个借口，以合情合理的解释来证明对方有悖常理的举动在此情此景中是正当的、无可厚非的和合理的，这样一来，对方的尴尬解除了，正常的人际关系也能得以继续下去了。而我们在无形中也多交了一个朋友。

2. 侧面点拨

侧面点拨即不做直言相告，而是从侧面委婉地点拨对方，使其明白自己的不满，打消失当的念头。这一技巧通常借助于问句的形式表达出来。如：

小李与小王是一对好朋友，彼此都视对方为知己。有一次，本单位的青年小张对小李说："小李，我总觉得小王这小子为人有点太认真了，简直到了顽固的地步，你说是不是？"小李一听小张的话顿生反感，心想：你这小子在背地里贬损我的好朋友缺德不缺德？但他又不好发作，于是假装一本正经地说："小张，我先问你，我在背后和你议论我的好朋友，他要是知道了会不会和我反目为仇？"小张一听这话，脸"刷"地红了，不吭声了。

这里，小李就使用了委婉点拨的技巧。面对小张的发问，他没有直接回答"是"还是"不是"，而是话题一转，给对方出了个难题，而这个难题又正好能起到点拨对方的作用，既暗示了"小王是我的好朋友，我是不会和你合伙议论他的"，又隐含了对小张背后议论、贬损小王的不满。同时，由于这种点拨较委婉含蓄，所以也不致让对方太难堪。

3. 审时度势，让各方都满意

有时在某种场合中，当交际双方因彼此不满意对方的看法而争执不休时，很难说谁对谁错，作为调解者应该理解争执双方此时的心理和情绪，不要厚此薄彼，以免加深双方的差异，并对双方的优势和价值都予以肯定，在一定程度上来满足他们的自我实现心理，在这个基础上，再拿出双方都能接受的建设性意见，这样就容易为双方所接受。

4. 转移话题，营造轻松气氛

当尴尬或僵局出现时，有些人由于情绪上的冲动，往往会在一些问题上互不相让。在打圆场时，不妨岔开他们的话题，转移他们的注意力。

在交际场合中，如果某个较为严肃、敏感的问题弄得交谈双方都很对立，甚至阻碍交谈正常顺利进行时，我们可以暂时让它回避一下，通过转移话题，用一些轻松、愉快的话题来活跃气氛，转移双方的注意力，或者通过幽默的话语将严肃的话题淡化，

使原来僵持的场面重新活跃起来，从而缓和尴尬的局面。

如朋友之间为了某个问题争得面红耳赤，僵持不下时，可以适时说一句"要把这个问题争得明白，比国家足球队赢球还难"；或者说一个笑话，让双方的情绪平缓下来，在轻松的气氛中让尴尬消失殆尽，使交际活动得以顺利进行。

有时候当人们因固执己见而争执不休时，造成僵局难以缓和的原因往往已不是双方的看法本身，而是彼此的争胜情绪和较劲心理在作怪。实际上，对某一问题的看法本身常常并不是固定不变的常数，随着环境的变化和角度的转移，不同乃至对立的看法可能都是合理和正确的，因此，我们在打圆场时要抓住这一点，帮助争论双方换一个角度来看待争执点，灵活地分析问题，使他们认识到彼此看法的相对性和包容性，从而让双方停止无谓的争论。

总之，打圆场是一种语言艺术，但打圆场必须从善意的角度出发，以特定的话语去缓和紧张气氛，调节人际关系，而从我们自身来说，掌握交际双方的心理，运用说话技巧，帮人夺回面子，也可以使我们在交际场合左右逢源。

缓和气氛，先让矛盾双方适度降温

人与人之间相处，常常因为利益、立场、观点、地位的不同而处于相互对立的位置上，这个时候说话难免会有中伤与被中伤的情况。而相互攻击、相互中伤的时候气氛难免会紧张，这个时候要学会使用语言上的一些技巧，使得气氛慢慢缓和，这样就能让双方避免感情用事使对话进入死胡同，从而使双方的关系不至于弄僵。

伊丽莎白和约翰是兄妹俩，在感恩节这一天，他们为了两星期前一件微不足道的小事吵了起来，而且升级为一场大战。现在，他们彼此见面都不说话，但伊丽莎白还是想和哥哥和解，于是伊丽莎白就主动给哥哥打电话说：

"哥哥，我是伊丽莎白，我想抱歉地对你说一声'对不起'，那天全是我的错。你知道，我一直很尊重你。那天我昏了头，想都没想就和你大吵大叫了起来，你能原谅我那天愚蠢的行为吗？"

约翰说："当然，伊丽莎白。那天也不全是你的错，我也感到很抱歉。"

伊丽莎白

你看，约翰已经知道了不全是妹妹的错。当伊丽莎自主动揽过所有的责任时，她就已经显示出了她的示弱、承诺和诚挚，这也就迫使哥哥约翰不得不检讨自己在这场争论中的责任。如果伊丽莎白将这场争论的部分责任归在约翰的身上，那极有可能激怒对方，并使两个人之间的冲突升级；而伊丽莎白聪明的解决方式有效地解除了对方的戒备之心，并很快地缓和了双方紧张的气氛，使两人的关系顺利地走上了和平之路。

要打破僵局、缓和气氛并不是一件容易的事情，这要求其中一方不仅要具有智慧，而且还要有涵养和风度，不要怕被拒绝，想方设法与对方建立心理相容关系，缩小或消除双方之间在心理上的距离。具体做法如下：

1. 揽过全部责任

为自己或为某种僵局承担起全部责任而不是指责对方，那你就掌握了迅速打开恢复双方关系大门的钥匙。

人们常犯的一个错误就是，总是随意地批评对方："你做的事情让我很失望……"或者"原本我就觉得那样做不对……"记住，不要因为他或你的任何行为而去责怪对方，不要刻意降低自己在错误中应该承担的责任。

向对方解释你所作所为的严重性，不要指望把双方的责任分得那么清。如果有必要，你可以有意识地夸大自己应该承担的那部分责任，你身上的责任越重，或你把自己的问题说得越严重，对方对你也就会越宽容。这样一来，紧张的气氛自然就会得到缓和，为矛盾的进一步解决营造了良好的氛围。

2. 请求原谅

诚恳地请求对方原谅，让对方处在一个主动的位置上，这是你必须要做的弥补错误的一部分，这样才有可能巩固你和对方和平相处的战略。

3. 主动示好

通过赠送对方一件或轻或重的私人礼品，你就向对方表明了立场：为了确保你们的良好友谊，你已经花费了许多的心思、时间和精力。

巧妙补救失言的四个技巧

"人有失足，马有失蹄。"在交际过程中，无论凡人名人，都免不了发生言语失误。虽然其中原因有别，但它造成的后果却是相似的，或贻笑大方，或纠纷四起，有时甚至不堪收场。

经验不足的人碰到这种情况，往往懊恼不已，心慌意乱，越发紧张，接下去的表现更为糟糕。如果我们能来个将错就错，借题发挥，把错话说"圆"，则可以轻松地摆脱窘境。言多语失时，最重要的就是要镇定自若、处变不惊，飞速地转动大脑思考弥

补口误的方法。

在实际生活中，遇到失言的情况，有四个补救的小技巧可供参考：

1. 改义法

这种方法就是在错话出口之后，能巧妙地将错话续接下去，最后达到纠错的目的。其高妙之处在于，能够不动声色地改变说话的情境，使听者不由自主地转移原先的思路，不自觉地顺着自己的思维走，随着自己的语言表达而产生情感波动。

在一次婚宴上，来宾争着向新人祝福。有一位女士激动地说道："走过了恋爱的季节，就步入了婚姻的漫漫旅途，你们现在就好比是一对旧机车……"其实她本想说"新机车"，却一时口误，霎时举座哗然。这对新人的不满更是溢于言表，因为他们都是各自离异，历尽波折才牵手成功的，自然以为刚才之语隐含讥讽。那位女士发觉言语出错，连忙住口。她的本来意思是要将一对新人比做新机车，希望他们能够少些摩擦，多些谅解。但语既出口，若硬改过来，反而不美。她马上镇定下来，不慌不忙地补充了一句："你们现在就好比是一对旧机车装上了新的发动机。"此言一出，举座称妙。继而，她又深情地说道："愿你们以甜美的爱情为润滑油，开足马力，朝着幸福美满的生活飞奔吧！"餐厅顿时掌声雷动。

2. 引申法

迅速将错误言辞引开，避免在错中纠缠。比如可以接着那句话之后说："我刚才那句话还应做如下补充……"然后根据当时的情境，做出相应的发挥，这样就可将错话抹掉。

一次，上海东方电视台著名节目主持人袁鸣应邀到海口市主持"狮子楼京剧团"建团庆典。由于去得匆忙，一上场，袁鸣就闹了个口误："现在我荣幸地向大家介绍光临狮子楼京剧建团庆典的各位来宾……今天参加庆典的有……海南师范学院党委书记南新燕小姐。"这时，台下缓缓站起一位白发苍苍的老教授！咦，小姐变成了老翁！全场沉寂之后是一片哄笑……

可袁鸣自有妙招："对不起，我这是望文生义了——不过，南教授的名字实在是太有诗意了。一见到南新燕三个字，我立刻想起两句诗：'旧时王谢堂前燕，飞入寻常百姓家。'这南飞的新燕是一幅多么美丽的图画！就像我们今天的情景：京剧一度是清末的宫廷艺术，是流行于我国北方的戏曲，但是现在已经从北方流传到南方，跨过琼州海峡，飞到海南……这又是一幅多么美妙的图画啊……"

话一说完，顿时掌声、欢呼声四起。

袁鸣"口误"引起哄笑，当然先要道歉，但道歉之后并没有"服输"，而顺便立意，快速完成了新的命题构思——浓墨重彩描绘了两幅画面：一是古诗之画，意在赞美老教授名字寓有诗意；二是现实之画，扣住京剧历史的话题，紧密联系"狮子楼京剧团"建团庆典的现场语境，天衣无缝，显示了一个主持人临场发挥的功力。

3. 移植法

这种方法就是把错话移植到他人头上。比如说："这是某些人的观点，我认为正确的说法应该是……"这就把自己已出口的某句错误纠正过来了。对方虽有某种感觉，但是无法认定是你说错了。

赵峰是上海人，就读于复旦大学，本科毕业直升读硕士，硕士毕业以后找到了一个很不错的工作。一次，赵峰和小刘一起去吃饭，席间说到上海的交通问题，在上海土生土长的赵峰顺口发表评论："上海这几年交通恶化实在是因为外地来的大学生太多，都说应该实行严格户口制度，二三流大学的家伙就不要再给他们机会了。"说完之后，他立刻意识到，小刘本人就是二流学校毕业，从四川到上海来发展的，于是他连忙补救道，"当然，这是少数人的说法，这种说法太片面了，任何学校都有优秀的毕业生，而上海市的建设与发展，也离不开在上海的各地的人共同努力。"

4. 转移法

巧妙地转移话题和分散别人的注意力。说错了话，要学会巧妙地转移话题，化解尴尬场面。比如用幽默或玩笑的方式转移目标，把紧张的话题变成轻松的玩笑等，也可以巧妙地运用"挪移"手法，把别人的注意力吸引到其他方面。

一位老师普通话不过关，有一次上语文课，讲到某一问题要举例说明时，把"我有四个比方"说成了"我有四个屁放"，一时教室里像炸开了锅，学生笑得不可收拾。老师灵机一动，吟出一首打油诗："四个屁放，大出洋相，各位同学，莫学我样，早日练好普通话，年轻潇洒又漂亮。"老师的机智幽默赢得了学生的热烈掌声。

这位老师四两拨千斤，一首打油诗，就把自己的口误，变成了对同学的激励，同学们在反思之余，自然就不会再把"四个屁放"当乐子了。

在社交中，发生口误在所难免，此时不管你是一味发窘还是拼命掩饰，都会使事情更为糟糕。这时候要稳住心神，以上面四个小技巧为基点，积极寻找适当的补救方法。但这关键是要看一个人的应变能力，应变能力反映一个人的机智和修养。当然，应变能力是以人生经验为基础的，只有多次实践，并总结经验，才能变得聪明老练。

十一、巧用心理暗示，引导掌控他人

巧妙提出意见，令对方意识到不足

沟通是一种复杂的心理交往，而每个人的微妙心理、自尊心往往在里面起着重要的控制作用，稍微触及它，就有可能产生不愉快。所以，对一些只可意会不可言传的事情、可能引起对方不快的事情，比如提出对方的不足之处，这时候不能直言相告，只能通过语言暗示来达到目的。在说话时，我们需要真诚，但却不一定要真实，比如对方是一个长相欠佳的人，你一见面就说："你长得真难看！"相信对方在自尊心受伤的同时也会恶语相向，和谐的人际关系也随之消失。基于每个人的微妙心理和自尊心，所以，我们在说话时尽量利用语言来传达心理暗示，巧妙提出意见，不伤和气地令对方意识到自己的不足之处。

有一天，有个倒卖香烟的商人正滔滔不绝地大谈抽烟的好处。不一会儿，从听众中走出来一位老人，他大声说道："女士们，先生们，对于抽烟的好处，除了这位先生讲的以外，还有三大好处哩！我不妨讲给大家听听。"商人一听见老人说的这话，转惊为喜，连忙向老人道谢："十分感谢您了，老先生。我看您气宇不凡，说话动听，肯定是位学识渊博的老人，请您把抽烟的三大好处当众讲讲吧！"老人微微一笑，立刻讲起来："第一，狗见到抽烟的人就害怕，就逃跑。"台下的人显得莫名其妙，商人则暗暗高兴。"第二，小偷不敢到抽烟人家里去偷东西。"台下的人很是不解，商人则喜形于色。"第三，抽烟者永远年轻。"台下的一片轰动，商人则满面春风，得意扬扬。

不料老先生接着说："女士们，先生们，请安静，我还没说清楚为啥会有这样三大好处呢！"商人十分高兴地说："老先生，请您快讲呀！""第一，在抽烟的人中驼背的多，狗一看到他们以为拾石头打它哩，它能不害怕吗？"台下的人发出了笑声，商人则吓了一跳。"第二，抽烟的人夜里爱咳嗽，小偷以为他没有睡着，所以不敢去偷东西。"台下的人一阵大笑，商人则大汗直冒。"第三，抽烟的人很少有长寿的，所以永远年轻。"台下的人一片哗然。

老先生并没有直接批评商人的行为，而是先表示赞同商人的说法，再一步步通过语言表达出自己的想法，这样就收到良好的效果。正所谓"曲径通幽，渐入佳境"。

丘吉尔说："要让一个人有某种优点，你就要说得好像他已经具备了这种优点。"有可能身边的朋友遇到困难就畏首畏尾，或者办事时总是犹豫不决，那么这时候你可以通过言语来暗示："这样畏首畏尾的不是你以前的表现啊！"当你给他戴上应该具备优点的帽子时，由于给他一个良好印象的"定位"，因而，他会在言语中意识到自己的不足。在这一过程里，你已经操纵了他的心理，并引导他走进了你的"布局"，最终他会为此而奋斗，从而改变自己的一些缺点。假如你直接对他说："你这个人真笨，什么事情都做不好。"这样会伤害对方的自尊心，也会伤了彼此的和气。

那么，如何运用一些不伤和气的话来巧妙暗示对方身上的不足之处呢？

1. 委婉含蓄，巧妙暗示

委婉含蓄的语言表达是一种艺术，这样的表达方式比口无遮拦、直言不讳更能体现出自己的修养。直言不讳虽然简单明了，但容易刺伤对方的自尊心，影响到他人心理产生不愉快的情绪，继而造成和谐人际关系的破裂。而委婉含蓄的表达显得礼貌得体，使对方听起来轻松自在，心情愉快，也更容易使人接受。当你通过语言暗示给对方的时候，实际上已经操控了其心理。

2. 直言直语伤人，何不绕个弯

每个人的心理都是极其微妙的，间接比直接更能产生有效的影响效果。一针见血地指出对方的缺点，尽管你的出发点是好的，但直言直语的杀伤力却是很强的，很容易就让别人下不来台。如果你绕个弯，用言语暗示的方式来提醒对方，这样的效果远比直言直语更令人满意。

3. 使用"是的……但是……"这个句式

对别人可以先肯定后否定，学会使用"是的……但是……"句式。比如，一位职工在象棋大赛中得了冠军，但技术考核成绩却不理想，车间主任找他谈话时说："是的，你象棋比赛得第一，使我们车间也感到光荣。但是，如果你在学技术中也同样有股钻劲和拼搏精神，技术考核成绩也会领先的，这就两全其美了。"对方在听到夸奖时产生了愉悦的心情，这意味着他已经"掉"入了你布好的局，而你也成功地影响了他的心理。

4. 永远不说"你错了"

大多数人都具有武断、嫉妒、猜忌、傲慢等缺点，都有固执己见的毛病，所以我们难以向别人承认自己错了。如果对方真的错了，你想让他意识到自己的错误，也应该回避"你错了"或类似的词语。比如，当你直言不讳地指出"你错了"的时候，会给对方心理造成伤害，这也是自己不想看到的情景。

暗语传递信息，令对方知趣

语言暗示，也就是不明说，而用含蓄的语言使人领会。当我们为了某种目的，在

无对抗的条件下，通过交往中的语言，用含蓄、间接的方式表达出一定的信息，使对方接受自己的意见或观点。在日常交际中的一些场合，许多话都不便于直说，这时可以利用言语暗示来传递一些信息，暗示所采取的方式可以是含蓄的语言，但一定要对方能够明白你所表达的意思，那么操控他人心理的目的就达到了。通过大量事实证明，暗示比直言快语更能凸显出表达效果，因为它所表现出来的婉转曲折，总是给人以愉快的心情。

从前，有个酒店老板，脾气非常暴躁。一天，有个客人来喝酒，才喝了一口，嘴里便叫："好酸！好酸！"老板听后大怒，不由分说，把客人绑起来，吊在屋梁上。这时来了另一位顾客，问老板为什么吊人，老板回答："我店的酒明明香醇甜美，这家伙硬说是酸的，你说该不该吊人？"来客说："可不可以让我尝尝？"老板殷勤地给他端了一杯酒，客人呷了一口，酸得皱眉眯眼，对老板说："你放下这个人，把我吊起来吧？"

这位客人通过言语暗示出强烈的讽刺，这样的表达方式既显得委婉含蓄，又显得十分艺术。在很多时候，我们会对他人的行为或者语言感到不满，而语言暗示恰好能够得体礼貌地表达出自己的想法。

在日常生活中，很多时候我们都无法直接表达自己的想法，这时候就需要暗示来表达，于是就出现了一语双关、含沙射影、指桑骂槐等旁敲侧击的艺术性语言。既然可以用暗示的语言来表达自己的厌恶，当然，我们也同样可以用暗示的语言来表达喜欢。

1. 含蓄表达爱情

通过话语暗示来表达爱情，这可以使话语本身具有一定的弹性，不至于对方一拒绝就没有挽回的余地，而且，这也符合恋爱时的羞怯心理。

2. 委婉表达讥讽之意

在日常交际中，直接辱骂别人，听者当然很容易就能听出来。但如果对方是利用暗示语言来侮辱人，我们就更应该注意了，这时不仅要善于听出别人的恶意，还应该"以其人之道还治其人之身"。比如，安徒生戴了一顶破帽子，过路人取笑"你脑袋上边那个玩意是什么？能算是帽子吗？"安徒生随即回道："你帽子下面那个玩意是什么？能算是脑袋吗？"

3. 暗示拒绝

有的人喜欢用暗示来投石问路，这时你也可以用暗示来拒绝对方。比如，面对老乡借宿的请求，李先生这样暗示拒绝"城里比不了咱们乡下，住房可紧了。就拿我来说吧，这么小的屋子居然住着三代人……你们大老远地来看我，不该留你们在我家好好地住上几天吗？可是没有办法啊！"老乡只好知趣地走了。

4. 暗示自己的不满

有时候，面对他人的错误，我们也最好以双关影射之言来暗示他，迫使对方意识到自己的错误。比如，顾客发现汤里有一只苍蝇，巧妙暗示老板"对不起，请您告诉我，我该怎样对这只苍蝇的侵权行为进行起诉呢？"

巧用话语暗示，打消他人的疑虑

在日常交际中，由于我们的一些话语或者行为，有可能会使对方心中充满疑虑，这时候如果不及时打消对方的疑虑，交流就无法继续进行下去。当然，我们可以通过言语暗示把自己的想法传递给对方，使对方能够打消心中的疑虑。一般而言，每个人对于自己心中的想法有保密的冲动，他们不希望自己的心思被别人看穿。鉴于对方这样一种心理，即便我们猜中了对方正在焦虑的事情，也不能直接说出来，而是巧用话语暗示，正所谓"曲径能通幽"。

李大娘去商店买布料，导购员小王迎上去打招呼："大娘，您买布吗？您看这布多结实，颜色又好。"不料，李大娘听了并不高兴，反而嘀咕起来："要这么结实的布有啥用，穿不坏就该进火葬场了。"对大娘这番话，小王不能随声附和，但不吭声又等于默认了。她想了想，便笑眯眯地说："大娘，看您说到哪儿去了。您身子骨这么结实，再穿几百件也没问题。"一句话说得李大娘心头发热，不但高高兴兴买了布，还直夸小王心眼好。

刚开始，小王就一个劲地介绍产品的话，而这些正切中了李大娘的要害之处——李大娘担心自己的身体状况。当小王说布料"结实"的时候，李大娘心里肯定不好受。为了打消李大娘心中的疑虑，小王说大娘"身子骨这么结实"，暗示出大娘身体好的事实，消除了李大娘的自卑心理。话说到了点子上，简单的几句话就说得大娘眉开眼笑。在与大娘的整个谈话过程中，小王通过试探、话语暗示操控了对方的心理，也达到了自己的目的。

李娜小姐因公出差，在火车上与一位男士坐在了一起。火车开了没多久，男士就主动打招呼，李娜觉得自己一个人挺闷，于是就和他攀谈了起来。两人就一些话题聊了起来，可是，聊着聊着，那位男士竟然将话题一转，贸然发问："你结婚了吗？"李娜顿时心生厌恶，迟迟不回答，男士见李娜突然变得不高兴，显得有点不知所措。为了打消男士心中的疑虑，李娜解释说："先生，我听人说过这样的话'对男人不能问收入'，所以刚才我并没有问你的收入；'对女人不能问婚否'，所以你这个

问题我不能回答了。请你谅解。"那位男士听李娜这样一说，尴尬地笑了笑，就不再说话了。

面对男士的唐突问题，如果李娜保持沉默，就会显得不太礼貌。为了打消对方心中的疑虑，也为了给对方一个台阶下，李娜巧妙用语言暗示出自己拒绝回答问题的真实原因，同时，这也使男士意识到自己言语的失礼之处。

在日常交际中，我们该如何巧妙运用话语暗示来达到自己的目的呢？

1. 巧妙引用第三方的话

销售员在向顾客推销的过程中，当他说自己的产品是如何如何好的时候，对方通常都会怀疑他所说的话以及其产品质量。这时候，不妨换一种方式来说这件事情，就可以大大消除顾客的疑虑。巧妙引用第三方的话，向对方说出产品的评价，这就是打消顾客疑虑的好方法。比如，你可以这样说"我的邻居已经用了三四年了，仍然好好的"。言语中暗示出产品质量绝对能过关，虽然邻居并不在旁边，但这已经有效地打消了对方心中的疑虑。

2. 通过比较来暗示

销售员在推销产品的过程中，可以把退款保障期定为竞争对手的两倍，立即突显出自己的"竞争力"。比如，"产品在销售之后28天内，若发现质量问题，我们承诺百分之百全额退款，而一般的产品退款保障期只有14天……"通过比较暗示出自己的优势特点，从而来打消对方心中的疑虑。

"弦外之音"让对方领会你的深意

在日常交际中，对于一些难以启齿的需求，我们无法直接开口说出来，而是需要借助含蓄的语言才能达到表达的目的。很多时候，我们不得不向他人提出自己的所需所求，有可能是对方没有意识到的尴尬问题，也有可能是求人办事，这时候含蓄的表达效果远远高于直截了当。含蓄表达是从侧面切入，暗中点明自己要表达的意思，换句话说，就是把话说在明处，把含义却藏在话的暗处。在正常交际中，我们要善于用含蓄的语言来表达自己的需求，传递出话语的"弦外之音"。

王伟到总经理家请求帮忙，经理夫人热情接待了，也很有礼貌地端茶递水。王伟为了和经理套近乎，竟然开始高谈阔论起来。眼看天色已经很晚了，孩子也要早点休息，可王伟还显得意犹未尽。于是，经理夫人收拾了一下茶几上的杂物，对丈夫说："小王这么晚来找你，你快点给他想个办法，别让他总是这样等着。"又对小王说："您再喝杯茶吧！"一时之间，王伟领会了夫人的话，很知趣地告辞了。

天色越来越晚，经理夫人想要休息了，但王伟还在继续高谈阔论，出于礼貌，夫人不可能直接说"今天已经很晚了，我们都要休息了，你还是早点回去吧"。于是，夫人通过含蓄的表达暗示了自己的真实需求。看似表面上是帮王伟说话，实际上却传递了另外一个信息，这种因情因势的表达，语言得体，又达到了自己的目的。

纪伯伦曾经说："如果你想了解一个人，不是去听他说出的话，而是去听他没有说出的话。"一般情况下，我们都不会轻易地把自己真实的意见或者想法直接说出来，但这些感情或意见却总会在我们的语言表达里表现得清清楚楚。所以，在沟通的过程中，我们不仅需要听得出别人的"弦外之音"，而且还要善于去传递自己的"言外之意"。

战国时期，楚国发兵攻打齐国，齐威王决定派能言善辩的淳先生去赵国求救。他让淳先生驾上马车十辆，装上黄金一百两，淳先生见了放声大笑，连系帽子的带子都笑断了。齐威王就问："先生是嫌这些东西少吗？"淳先生说："我怎么敢嫌少呢？""那你刚才笑什么呀？"齐威王又问道。淳先生止住笑声，说道："大王息怒，今天我从东面来时，看见有个农民在田里求田神赐给他一个丰收年，他拿着一只猪蹄和一坛子美酒，祈祷说'田神啊田神，请你保佑我五谷成熟，米粮满仓吧！'他的祭品那么少，而想得到的却是那么多，我刚才想到了他，所以禁不住想笑。"齐威王领悟了他的隐语，马上给他黄金一千两，车马一百辆，白璧十对。最后，淳先生出使了赵国，搬来了十万精兵。

淳先生通过讲述自己经历的一件事情，暗示齐威王"拿很少的东西，却想得到更多的帮助"，这样造成的结果肯定是求救失败。在整个谈话过程中，淳先生并没有直接表达自己的想法，而是处处用隐语作巧妙暗示，这样既没有损害齐威王的面子，又达到了自己成功进谏的目的。

毫无疑问，在交际中我们是需要"言外之意"的，因为在很多时候，说话不能太直白、太明了。比如，给上司提意见的时候，不能表现得比上司还强；批评对方的不足之处，不能伤害他人的自尊。

那么，如何含蓄地表达，才能让对方领会隐藏在话语中的真实需求呢？

1. 通过说话方式传达自己的需求

在日常交际中，我们通常都会把自己的真实情感隐藏起来，但事实上在我们的言谈中却时刻流露出"蛛丝马迹"。这时，说话方式便是一个透露给对方内心所想的"窗口"，我们的说话方式不一样，所反映出的真实需求也不同，注意自己的说话方式，便能够把自己的真实需求传递给对方。比如，对他人表示心怀不满或者有敌意时，我们

的说话速度就变得迟缓，而且显得比较木讷。

2. 说话的表情

有的人对自己的喜怒哀乐从不掩饰，有的人习惯于不动声色地掩饰自己的情绪，所以，我们在与别人交谈的时候，要学会用表情来传递自己的真实需求，比如面对同事的诉说，你表示"我当然也很关心"，但脸上却分明显得很漠然，传递着"谁有空来管这件事啊"，对方也会领会到你不耐烦的情绪。

3. 巧妙穿插"暗语"

我们的表述方式与表述习惯会传递出某些信息，这样你可以在言语中穿插一些暗语，"我会试着把这件事安排进工作进度中"，你所传递给对方的信息就是"我早就安排好了，你怎么不早一点告诉我呢"。

用言语引导对方按自己的思路走

语言是我们用来表达、交流思想的工具，我们在传递信息、抒发胸臆、交流感情，几乎总是通过语言行为去完成的。于是，在我们运用语言进行交际的过程中，可以根据自己的意图、语言的环境以及其他各方面的因素，使用藏而不露的话语，也就是俗称的"暗语"。虽然，在一般情况下，我们并没有办法去操控他人的想法、语言以及行为，对方的心理变化完全是在我们控制之外。但是，暗语却可以巧妙达到操控他人心理的目的，比如通过藏而不露的语言给予对方一定的心理暗示，引导对方按自己的思路走。

在美国经济大萧条时期，17岁的莉莎好不容易找到一份在高级珠宝店当售货员的工作。在圣诞节的前一天，店里来了一位30岁左右的贫民顾客。他衣着破烂不堪，一脸的悲哀、愤怒。莉莎要去接电话，一不小心，把一个碟子碰翻，六枚精美绝伦的钻石戒指落在地上，她慌忙捡起其中的五枚，但第六枚怎么也找不着。这时，她看到了那个30岁左右的男子正向门口走去，顿时，她醒悟到了戒指在哪里。

当男子的手将要触及门柄时，莉莎柔声叫道："对不起，先生！"那男子转过身来，两人相视无言，足足有一分钟。"什么事？"他问，脸上的肌肉在抽搐。"什么事？"他再次问道。

"先生，我是头回工作，现在找个事做很难，是不是？"莉莎神色黯然地说。男子长久地审视着她，终于，一丝柔和的微笑浮现在他脸上。"是的，的确如此，"他回答说，"但是我能肯定，你在这里会干得不错。"停了一下，他向前一步，把手伸给她："我可以为您祝福吗？"莉莎立刻也伸出手，两只手紧紧地握在一起，她用低低的但十分柔和的声音说："也祝您好运!"他转过身，慢慢走向门口。莉莎目送着他的身影消失在门外，转身走向柜台，把手中握着的第六枚戒指放回原处。

本来是一起盗窃案，但莉莎却巧妙利用暗示的含蓄方式达到了自己的目的。"对不起，先生!"莉莎首先用了礼貌用语，向对方传递了友好的信息，如果口气过重就有可能造成男子逃跑。同时，莉莎也传达了两层言外之意：你有偷盗戒指的嫌疑；你放心，我不会用粗暴的方式对待你。"我是头回工作"，暗示我和你也一样"同是天涯沦落人"，借以引起情感上的共鸣；"现在找个事儿做很难"，言外之意是你把这枚戒指拿走，我可就丢了工作；"是不是"，通过非疑问句，借以男子进一步思考，同时扩大了暗示效果。在整个沟通过程中，莉莎都是通过语言暗示，引导男子按自己的思路走，最终说服了男子，也达到了自己的目的。

有一次，秦王和中期发生了争论，结果中期赢了，而秦王却输了。中期若无其事、大摇大摆地走出了皇宫。秦王大怒，暴跳如雷，决心要把中期杀掉，以解心头大恨。这时，在秦王身边有个和中期要好的人对秦王说："中期这个人实在是个暴徒，一点也不懂规矩。他幸好遇到大王这样贤明的君主才能活命。如果遇到桀纣那样的暴君，早就没命了!"秦王一听，也就不好再加罪于中期了。

中期朋友简单的几句话，却暗示了几个含义，其中既有对中期的指责，又暗示了若杀中期就是暴君，相反的意思就是不杀中期就是贤君，如此引导秦王这样一想，也就不好再对中期下手了。

1. 传递友好信息

在刚开始的交谈中，我们有必要通过语言暗示出自己的真诚与友好，比如"您好"等，这样对方才会愿意听你说话，而你才能够顺利引导对方的思路。

2. 站在对方的角度

在叙述事情的过程中，需要站在对方的角度上，先认同对方的观点，博取了他的信任，再把自己的意见传递给对方，这样他更容易接受，也更容易朝着你的思路去想。比如"正如你所说的那样，他一点也不懂规矩，幸好遇到你这样的老板，否则早就被炒鱿鱼了"。

3. "我和你一样"

在交谈中，没有什么比"我和你一样"更能引起对方情感上的共鸣了。当对方认为与你是情感想通的时候，他对你已经消除了戒备心理，甚至愿意被你说服，同时，你也操控了其心理。

用故事和举例，让对方明白你的用意

在很多时候，我们会有一些难以言说的话，或者不便于表达的想法，这时候我们可以借助于讲故事或者举例子，婉转地表达出自己的想法和建议，让对方明白自己的用意。无论是讲故事，还是举例子，我们都是通过一些事例来传达自己的观点。如果直接说出自己的意见或想法，对方有可能会拒绝接受，这就需要具有隐晦性而又有代表性的事例来加以表达，一方面可以省去了直接表达带来的弊端，另一方面还可以增强一定的说服力，同时，这样的表达方式也更容易让对方接受，继而影响到对方的心理。

战国时代，齐国有一个名叫淳于髡的人。他的口才很好，也很会说话。他常常用一些有趣的隐语，来规劝君主，君王不但不生气，而且乐于接受。当时齐国的齐威王，本来是一个很有才智的君主，但是，在他即位以后，却沉迷于酒色，不管国家大事，每日只知饮酒作乐，而把一切正事都交给大臣去办理，自己则不闻不问。因此，政治不上轨道，官吏们贪污失职，再加上各国的诸侯也都趁机来侵犯，使得齐国濒临灭亡的边缘。

虽然，齐国的一些爱国之人都很担心，但是，却都因为畏惧齐王，所以没有人敢出来劝谏。有一天，淳于髡见到了齐威王，就对他说："大王，为臣有一个谜语想请您猜一猜：某国有只大鸟，住在大王的宫廷中，已经整整三年了，可是他既不振翅飞翔，也不发声鸣叫，只是毫无目的的蜷伏着，大王您猜，这是一只什么鸟呢？"齐威王本是一个聪明人，一听就知道淳于髡是在讽刺自己，像那只大鸟一样，身为一国之尊，却毫无作为，只知道享乐。而他也不想做一个昏庸的君王，沉思了一会儿之后便毅然的决定要改过，振作起来，做一番轰轰烈烈的事，因此他对淳于髡说："嗯，这一只大鸟，你不知道，它不飞则已，一飞就会冲到天上去，它不鸣则已，一鸣就会惊动众人，你慢慢等着瞧吧！"

淳于髡所引用的"隐语"实际上就是讲故事或者举例子，把自己劝谏的内容通过隐晦的方式传达给君王，这样一种进谏方式无疑会受到君王的喜欢。而且，齐威王本人也是一个非常有智慧的人，他很喜欢听隐语，虽然他不喜欢听别人的劝告，但淳于髡这样婉转的劝告却让他愉快地接受了。在一番言语之中，齐威王接纳了淳于髡的劝告，意味着他的心理受到了影响。

自古以来，那些颇具智慧的大臣在向君王进谏的时候，都会采用到这样的表达方式。比如，在"邹忌讽齐王纳谏"中，邹忌并没有直接说出自己的建议，而是通过举例子来表达自己的想法"臣诚知不如徐公美。臣之妻私臣，臣之妾畏臣，臣之客欲有求于臣，皆以美于徐公。今齐地方千里，百二十城，宫妇左右莫不私王，朝廷之臣莫不畏王，四境之内莫不有求于王：由此观之，王之蔽甚矣"。

所以，我们在交谈过程中，若是遇到不好说的话或者不好表达的意见，也可以巧妙地通过讲故事、举例子来传达给对方，让他明白自己的用意。

1. 选择有代表性的故事或例子

在谈话中讲故事或者举例子，都可以起到使谈话内容具体、增强说服力的作用。但是，我们在选择故事或例子的时候，需要注意其代表性。如果你讲了一个很长的故事，但却因为不具备代表性而使对方不知所云，这样就无法达到沟通的效果。

2. 注意故事或例子的适当性

当我们在讲故事或举例子的时候，还需要注意其量的适当性，不能老是在谈话中讲故事、举例子。偶尔在谈话中穿插一个故事或例子，这样让人很新鲜，但经常使用也会使人心生厌烦的。

3. 注意表达的隐晦性

当我们在选择讲故事或者举例子的时候，肯定是想避免直接表达带来的弊端。因此，即便是在讲故事，或者举例子，我们也要注意表达的隐晦性，不能直白地在故事中阐明自己的想法。我们所需要表达的想法和意见，完全可以借助于故事或例子去做婉转表达，这样才能更好地影响对方的心理。

十二、言语动人，三两句话征服人心

用语言暖场，创造舒适谈话氛围

生活中，我们与人打交道，会遇到这样的情况：大家似乎都不愿意主动开口而导致了场面冷清、尴尬，此时，我们该如何是好？要知道，开口交谈是人际交往中最重要的步骤之一。处理好这一步可以使交谈气氛迅速融洽起来，使我们结识很多朋友，而处理不好会引起尴尬，失去很多机会。可见，用语言暖场是我们要掌握的重要心理策略。而用语言暖场，并不是毫无章法的。我们来看看下面这个故事：

有一个人请客，看看约定的时间快到了，还有一些客人没来，大家等的焦急。主人心里更是焦急。随口便说："怎么搞的，该来的客人还没来？"一些敏感的客人听了心想："该来的没来，那我们是不该来的了？"于是便悄悄地走了。主人一看，又走了

几位客人，便越发急了，便说："怎么这些不该走的客人都走了呢？"剩下的人一想："走的是不该走的，那我们剩下的便是该走的了。"于是又都走了。最后只剩下一个跟主人比较亲近的朋友，看了这种局面，就劝他说："你说话前应考虑再三，否则说错了。就不容易收回来。"主人大叫冤枉，急忙解释说："我并不是叫他们走啊！"朋友一听，心想："不是叫他们走，就是叫我走了。"于是也走了。

在这个故事中，主人本是想打破沉寂，活跃一下现场的气愤，但却因为说错话，让在座的客人认为自己是"该走的"而相继离开。可见，暖场的话也不是随随便便说的。有人因为会表达而说出让大家都舒服的话而受欢迎，有人则因为表达方式不当而在人际交往中吃亏。因此从人们的心理角度看，每个人都希望别人能说出自己喜欢听的话。

因此，我们要想做好暖场工作，需要从以下几个方面努力：

1. 保持良好的说话态度

曾有这样一个故事：

一天，一位年轻的女孩来到一位神父面前倾诉自己的烦恼。神父明白了女孩的缺点，就是喜欢说些闲话伤害别人，其实她心眼儿倒不坏。神父说："你不应该谈论他人的缺点，我知道你也为此苦恼。不过为了赎罪，你要到市场上买一只鸡，走出城镇后，沿路拔下鸡毛并四处散布。你一定要不停地拔，直到拔完为止。你做完之后告诉我。"女孩照办了，然后去见神父。神父说："你已经完成了赎罪的一部分，现在你要进行第二部分。你必须回到原来的路上，捡起所有的鸡毛。"女孩难为情地说："这可能吗？风已经把鸡毛吹得到处都是了。我只能捡回一部分，但不能捡回所有的。""没错，我的孩子。你那些脱口而出的愚蠢话语不也是如此吗？说出去了想收也收不回来。以后当你想说别人的闲话时，请闭上自己的嘴，不要让那些愚蠢的言行如同邪恶的羽毛散落在路旁一样，想收也收不回来。"

从这个故事中，我们可以得出这样的启示：人际交往，我们说出的话就像那些"散出去的鸡毛"，是很难收回来的，尤其是在公共场合下，我们的每一句话都会产生或好或坏的影响。正是这样，无礼的言行就像留在他人心中的伤疤难以愈合。一针见血地指出他人的缺点，他人可能会错把自己的好心当成恶意对待，这岂不是费力不讨好。因为自己说话方式不妥当，别人会把自己的忠言当作胡言乱语，要么敬而远之，要么置之不理。说话太鲁莽，不经过大脑思考说出来的话，只会伤人伤己。

2. 以对方感兴趣的话题暖场

一般而言，说话时要选择大家都感兴趣的话题，而不是只顾自己说，否则他人就会感到厌倦，也就是我们常说的：没有共同语言。如果我们能很好地找到共同感兴趣的话题，会使他人感到自己很亲切，很了解他，找到了知己，双方也会快乐不已，使之感情更加深厚。那么，在公共场合，我们可以选择大家都关注的一些话题，比如，时事政治、体育、房价等，即使在场的人不是很了解这些，但也能说上几句，也不至于插不上话。当大家你一句我一句的开始谈话时，我们的语言也就起到了暖场的作用了。

3. 巧用幽默

公共场合，适度幽默能迅速引起大家的注意，并能起到良好的沟通作用。有这样一个故事：

公共汽车上，一中年妇女提着带鱼上车，蹭脏了中学生小刚的新衣服。中年妇女说："衣服脏了没关系，回家洗洗就行了。"小刚笑了："阿姨，我该说的话让你给说了，我只有说'对不起'了！"

众人向小明投来赞许的目光，中年妇女也被这幽默的批评羞红了脸。

可见，公共场合，说话中巧妙运用幽默能够起到很好的效果，它既表明一个人是否具有道德修养，还能使交往和谐，化解矛盾与冲突。

古人曰："口者，心之门户也。"语言表达的技巧是沟通心灵的桥梁。是否会说话，不仅使自己开辟出更广阔的交往空间，而且能使他人感到快乐与温馨。人际交往，尤其是公共场合，学会如何暖场是掌握说话艺术的重要部分！

说话低调，让人感到你容易亲近

中国有句俗语："低调做人，高调做事。"这其中的低调做人就包含说话这门艺术。尤其是当双方地位悬殊，而对方的地位较低时，与之说话，如果我们低调一下，会满足普通人的自尊心理需求，会给对方容易亲近的印象，这样的讲话方式理所当然地会受到对方的欢迎。

美国有位总统，在庆祝自己连任时开放白宫，与一百多位朋友亲切"会谈"。

"小时候哪一门功课最糟糕，是不是也挨老师的批评"小约翰问总统。"我的品德课不怎么好，因为我特别爱讲话，常常干扰别人学习。老师当然要经常批评的。"总统告诉他说。

总统的回答，使现场气氛非常活跃。

有一位叫玛丽的女孩，她来自芝加哥的贫民区。她对总统说，她每天上学都很害怕，因为她害怕路上遇到坏人。

此时，总统收起笑容，严肃地说："我知道现在小朋友过的日子不是特别如意，因为有关毒品、枪支和绑架的问题，政府处理得不理想，我希望你好好学习，将来有机会参与到国家的正义事业之中。也只有我们联合起来和坏人做斗争，我们的生活才会更美好。"

总统告诉小朋友们，自己的过去和他们一样，也常被老师批评，但只要经过自己的努力，也会成长为有用的人。总统在认同小朋友对社会治安担心时，还鼓励小朋友参与正义事业，因为那样正义者的力量会更大。

总统放低姿态的谈话方式使小朋友们发现，总统和他们之间没有任何距离，也像他们一样是普通人，是可亲近的、可以信赖的"大朋友"，从而紧紧抓住了小朋友的心。即使场外的大人们看到这样的对话场面，也会感到总统是一个亲切的人。

可见，与地位低者说话时放低姿态，不仅拉近了双方的距离，而且更容易沟通，更容易让对方从心理上接受自己。

那么，我们具体该怎样运用低调说话这一心理策略呢？

1. 沉默是金，不要抢着发言或说话

真正的说话技巧，并不是不放过任何一个说话的机会，而是懂得适时地说话。低调说话，就是需要我们懂得沉默。也就是说，任何时候，我们都不要抢着发言，即使对这个问题有处理办法，也只是建议别人该如何去做，而不是说应该怎样去做。说话低调，可以给自己留下回旋的余地，不至于让自己尴尬与难堪。沉默是金，这也许并非人生箴言，却也是许多风雨人生的凝聚。早在白居易的诗中，就有了"此时无声胜有声"的意境。到了语言所表达的极限，便需要用沉默来体会和理解。当我们沉默的时候，就给了对方更多的说话机会，自然得到对方的好感。

2. 不要当面指出别人缺陷和过错

任何人都是爱面子的，尤其是当自己犯了错或者有某种缺陷时，更是希望别人不要指出来。但生活中，总是有那么一些人，与人交谈，只顾一时口舌之快，有意无意地对他人造成了伤害，有时一句侮辱性的语言完全可能把深厚的友情葬送。因为，没有人能彻底忘掉别人对他的侮辱，即使那个人曾经有恩于他，或者他们曾经是好朋友，所有这一切，都无法弥补你在语言上对他人造成的伤害。

3. 开玩笑也有分寸

小李是帅哥，他现在在一家外企上班。正是因为他英俊的长相，他在上大学时有"恋爱专家"的雅号，而毕业后，他在众多的女友中选上了貌若天仙的丽。也许是为了炫耀自己的能耐，小李带着丽去参加朋友聚会。

就在大家天南海北闲谈的时候，"快嘴"王换了话题，谈起了大学校园罗曼蒂克的爱情故事，故事的主人公自然是"恋爱专家"小李。"快嘴"王眉飞色舞地讲述小李如何引得众多女生趋之若鹜，又如何在花前月下与女生卿卿我我。丽开始还觉得新奇，但越听越不是味，终于拂袖而去。小李只好撇下朋友去追丽。

实际上，我们都知道，"快嘴"王不是有意要揭小李的伤疤，但他的追忆往事确实使丽难以接受，无端捅出娄子。这不仅使小李要费不少周折去挽回即将失去的爱情，而且使在场的人心里也不高兴。可见，有时候口下留情很重要，开玩笑可以活跃气氛，但玩笑也不能乱开，否则，你就会成为不受欢迎的人。说话应该谨言慎行，给语言的刀子加上一把鞘。

从以上三点，我们可以看到，说话谦虚低调不光是美德，更是一种明智的说话策略！也是我们在人际交往中必须要掌握的处世方法！

将忠言顺耳说，令他人心怀感激

俗话说："人无完人。""尺有所短，寸有所长。"每个人都有可能犯错误。我们犯错误，并不能说明我们一无是处。我们指出别人的错误或过失，不能不顾对方的颜面。只有注意方式方法，做到忠言也能顺耳，才能让他人不仅不怨恨反而感激；而如果我们坚持"忠言逆耳，良药苦口"的原则，说话过急或过火，必然会招致对方厌烦。当然，过轻或过迟，对方则可能根本意识不到。所以，只有及时和含蓄地提出批评或错误，让忠言不再变得逆耳，才能发挥应有的作用。当然这里说的含蓄应遵循不失实、不就轻的原则。

那么，我们怎样才能做到忠言顺耳又能说到对方心里去呢？

1. 先讲自己的过失

在日常生活中，所有的批评和建议如果只提对方的短处而不提他的长处，对方肯定会感到心理上的不平衡，或者感到委屈。最有效的办法之一就是先讲自己的缺点和过错。

因为你讲出自己的错误，就能给对方一种心理暗示：你和他一样都是犯过错的人，这就会激起他与你的"同类意识"。在此基础上再去批评或给对方建议，对方就不会觉得失面子了，因而也就更容易接受你的批评和建议，你的忠言也通过顺耳的方式传递给了对方。这也算含蓄的一种方法。

2. 委婉表达，含蓄指出对方的过错

人都是有自尊心和荣誉感的，有的人之所以不愿接受批评或建议，主要是由于怕触伤自己的自尊心和荣誉感。为此，我们在给他人批评和建议时，如果能找到一种含

蓄委婉的方法，反而更能达到使其改正错误的目的。

齐景公在位的时候，雪下了三天不转晴。景公披着狐皮大衣，坐在朝堂一侧台阶上。晏子进去朝见，站了一会儿，景公说："奇怪啊！雪下了三天，可是天气不冷。"晏子回答说："天气真的不冷吗？"景公笑了。晏子说："我听说古时候好的君主自己吃饱了却想到别人的饥饿，自己暖和了却想到别人的寒冷，自己安闲了却想到别人的劳苦，现在您不曾想到别人啊！"景公说："好！我受到教诲了。"于是命人发放皮衣、粮食给饥饿寒冷的人。在里巷见到的，不必问他们是哪家的；巡视全国统计数字，不必记他们的姓名。士人已任职的发给两个月的粮食，病困的人发给两年的粮食。孔子听到后说："晏子能阐明他的愿望，景公能实行他认识到的德政。"

这段文字记述晏子同齐景公的一段对话，提醒执政要重视百姓疾苦。晏子劝谏，并不是采取直言的方式，而是从天气入手，让齐景公自己认识到自己不顾百姓疾苦的过失，进而产生了"我受到教诲了"这样的感叹。俗话说，伴君如伴虎，直言劝谏很可能招来杀身之祸，委婉劝谏才是既能让君王接受又能保全自己的最佳方式。

现代社会，人际交往中，采用委婉方式表达对方过失也不失为一个好方法。

3. 欲抑先扬，给足对方甜头后提出

一家皮革厂接了一笔生意——为某私营单位生产一批皮具。双方订立合同，限定日期必须生产完成。如果到期还未完成，皮革厂须承担责任，赔偿损失。皮革厂经理原以为可以按时交工，但不料进的一批材料出了问题，必须停止生产，重新寻找材料。眼看限期已迫在眉睫，依照合同要负担相当大的损失赔偿，情急之下，皮革厂不得不派一位协调员去该单位当面交涉。

派去的协调员走进那家单位，恰好碰到了经理。这位协调员首先问道："在这地方，尊姓是否只有您一家呢？"

那位经理听了这样一句突然的问话，惊奇地说道："什么？是真的吗？你怎么知道？"

协调员笑着说道："这是我今天早上想要到您这里来时，从电话簿上看出来的。"

经理被好奇心打动了，随手将电话簿翻开来看，果然不错，于是很高兴地说道："啊，这我还是第一次知道呢！如果不是你告诉我，我还不会知道这么有趣的事呢！我的姓氏本来是很少的，我的祖先从前住在××，那里与我们同姓的人家本也不多，我现在搬到此地来营业，还不到二十年。"

经理说完后，那位协调员再接着赞美那位经理办公室布置优美，业务发达，工厂的规模宏大，产品精良。那经理听了他的话是乐不可言，并请他到厂中去参观一下，最后还邀他一同去午餐。

协调员在与经理用餐期间一直不提自己的来意，因为经理心中早已知道他的来意了。如果他自己提出来，经理一定会设辞推托。饭后，经理忽然自己开口说道："你今天的来意，我早已知道了，想不到你对我这么宽容和气。其实，那批货我们也不是急着要，这样，我把提货的日期再往后延迟半个月吧，请你放心好了。"

协调员的目的终于达到了。

当我们遇到这样的情况，可能会直陈对方合同的不合理性，然后直接告诉对方让其推迟提货日期。但若真这样，皮革厂就会至少承受一半赔偿损失的危险。因为在你的严斥下，该单位经理可能一气之下置之不理。那么，到头来损失最大的还是自己。而这位协调员的聪明之处就在于先对该单位经理进行一番夸赞，然后让对方看清自己的目的，这样，他就在无声中完成了劝说的任务。

我们说："良药苦口利于病，忠言逆耳利于行。"说的是这个道理，但却不是日常交流中能运用的法则。人和人的感情不仅需要培养，更需要维护，而且规劝批评别人，正是以维护的目的去做的，那么，我们何不让苦口的良药也裹上糖衣呢？把劝谏的话说甜，甜到对方心里，对方必定接受并感激你！

应酬场要和谐，"礼貌话"要多说

生活中，我们对那些说话彬彬有礼的人总是充满好感。因为人们总是把"礼貌"与其他一些品质联想在一起，比如：有修养、真诚等。我们与人交际，就是希望能得到别人的认可，从而达到我们的交际目的。而语言是交际的外衣，我们要想有良好的交际效果，就要从语言入手，应酬场不忘说些礼貌话，让人产生积极的心理，看到我们的素质和修养，从而对我们另眼看待。

我们来看下面这两个语言故事：

故事一：

古时候，有个年轻人骑马赶路，时至黄昏，住处还没着落，忽见前面来了一老农，他便在马上高声喊道："喂，老头儿，离旅店还有多远？"老人回答："五里！"年轻人策马飞奔，向前驰去。结果一跑十多里，仍不见人烟。他暗想，这老头真可恶！非得回去整治他不可。并自言自语道："五里，五里，什么五里！"

猛然，他醒悟过来，这"五里"不是"无理"的谐音吗？于是拨转马头往回赶。见那位老农还在路边等候。他急忙翻身下马，亲热地叫了一声："老大爷"。话没说完，老人说："你已经错过了路头，如不嫌弃，可到我家一住。"

故事二：

在茂密的山林里，一位樵夫救了一只小熊，老熊对樵夫感激不尽。有一天樵夫迷路了，遇见了母熊，母熊安排他住宿，还以丰盛的晚宴款待了他，翌日晨，樵夫对母熊说："你招待得很好，但我唯一不喜欢的地方就是你身上的那股臭味。"母熊心里快快不乐，说："作为补偿，你用斧头砍一下我的头吧！"樵夫按要求做了。若干年后，樵夫又遇到了母熊，他问："你头上的伤口好了吗？"母熊说："噢，那次疼了一阵子，伤口愈合后我就忘了。不过那次你说过的话，我一辈子也忘不了。"

从这两则故事中，我们发现，懂得礼貌用语是我们获得良好人际关系、求人办事成功的前提。懂得礼貌性地说话，是一个人最基本的素质，人们对那些没有素质的人往往采取的都是敬而远之甚至是厌恶的态度。俗话说："好言一句三冬暖，恶语伤人六月寒。"人际间相处是平常的事，也是一件微妙的事。一张笑脸带着一声问好能带给他人好心情；相反，一句粗话恶语却会破坏人们良好的情绪。坏的情绪和好的情绪都容易传染。良好、自然的环境和融洽的人际关系是大家共同创造出来的，好的环境需要每个人共同创造和维护。

的确，如果在与人交际中，说话时都能说文明话、礼貌话，少一些失礼的语言，不管对方是熟人还是陌生人，内心多一些善意，多说一些真诚祝福的话，我们的交际圈子就会更加和谐，这样的和谐环境对我们的生活、工作都大有帮助。

那么，人际交往中，我们该怎样说"礼貌"话呢？

1. 真诚地说话

人与人之间交往，无论是雇主关系，还是朋友关系；无论是亲戚还是顾客，相互之间都应真诚相待。只有真诚，才能换取真诚。如果我们只是把"礼貌话"当成一种场面语言，那么就会不显真诚，即使这场面话说得再好，也不会获得对方的信服。

2. 掌握一些礼貌用语

礼貌用语要文明雅致、措辞恳切、热情真挚、口气和蔼、面带微笑，主要有以下几个方面：

问候的用语：早晨好，您早，晚上好，晚安。

答谢的用语：请多关照，承蒙关照，拜托。

赞赏的用语：太好了，真棒，美极了。

挂念的用语：身体好吗，怎么样，还好吧！

理解的用语：太忙了只能如此，深有同感，所见略同。

征询的用语：你有什么事情，需要我帮您做什么，如果您不介意的话，我可以做……吗。

　　道歉的用语：对不起，请原谅，实在抱歉，真过意不去，完全是我们的错。

　　常用的客套话：慢走，留步，劳驾，少陪，失敬，久违，久仰，恭喜。

　　俗话说，"一句话能把人说跳，一句话也能把人说笑。"言语是思想的衣裳，谈吐是行动的羽翼。它可以表现一个人的高雅，也可以表现一个人的粗俗。言谈高雅即行动之稳健；说话轻浮即行动之草率。也就是说，人际交往中，如果我们想要接通情感的热线，使交际畅通无阻，就应该得体地说好"礼貌话"。谈话中，习惯用礼貌语言，就会让人感到"良言一句三冬暖"，使感情顿时亲切融洽起来。

重要的话留三分，让他人说出重点

　　中国有句俗话："话到嘴边三分留。"的确，人际交往中，我们与人说话，切不可占尽先机，而应把重要的话留三分，给他人表现的机会，让其说出关键点。这样，对方会从心里感激我们让给他的表现机会，进而对我们产生好感。法国哲学家拉·罗切福考尔德说过：如果你希望得到敌人，就超过你的朋友；但若想得到朋友，就让他们超过你吧！为什么这么说？因为从心理的角度看，当朋友超过我们时，他们便充满了成就感；但情况若是相反，他们会深感羞耻并充满嫉妒。与人说话，同样是这个道理，让他人充满成就感，能使我们结交友谊，掌握交际的主动权。我们来看看下面的故事：

　　有一次，纽约报纸的财经专页上刊登了一则大型广告，招聘具备特殊能力和经历的人，卡贝利斯对照这则广告应征了，并把简历寄出。几天后，他接到一封面试邀请信，面试前，他花费几个小时的时间在华尔街寻找这家公司创始人的一切消息。

　　面试开始了，他从容不迫地说："我非常庆幸自己能够和这样的公司合作。据我了解，这家公司成立于28年前。当时只有一间办公室和一名速记员，对吗？"

　　几乎所有的成功人士都喜欢回忆创业之初的情景。这位老板也不例外，他花了很长时间来谈论自己如何以450美元现金和一个原始的想法创业，并如何战胜了挫折和嘲笑。他每天工作16~18个小时，节假日也不休息，最终战胜了所有的对手，现在华尔街最知名的总裁也要到这里来获取信息和指导，他为此深感自豪，而这段辉煌经历也的确值得回忆，他有资格为此骄傲。最后，他简要地询问了卡贝利斯的经历，然后叫来副总裁说："我认为这就是我们需要的人"

　　卡贝利斯先生之所以会应聘成功，是因为他掌握了一些经历千辛万苦的成功人士的心理，那就是，他们都喜欢缅怀自己的过去，并希望得到他人的敬仰。掌握这一心理后，他大费周折地研究未来雇主的成就，表现出对他的强烈兴趣，他还鼓励对方更多地谈论自己，而这一切都给老板留下了美好的印象。试想，如果他主动说出未来雇主的创业史，即使语言再精彩，恐怕也只会让对方觉得你只是个很好的演说家，而不是"他们需要的人"。所以，如果你想赢得朋友，就请记住：给他人说话的机会，把重要的话让给对方说。

那么，我们怎样才能让对方说出这一关键话呢？

1. 提问法

我们要想把表现的机会让给别人，就要为别人创造说话的契机，而提问是一种很好的引导法。就像故事中的卡贝利斯先生问雇主："当时只有一间办公室和一名速记员，对吗？"面对这一提问，对方一般都会顺着问话者的思路回答问题。

2. 不要打断别人说话

交际中，与人说话，我们可能会遇到另外一种情况，那就是你不同意别人的观点，这时你也许很想打断他，但是最好不要这样做，人们在自己还有一大堆意见要发表的时候，是不会注意到你的，所以要保持开阔的心胸耐心听下去，并诚恳地鼓励他人把意见完整地表达出来。

这种方法在商业中同样适用。让我们来看看，下面是一个使用此方法的销售代表的故事。

美国最大的汽车制造公司决定购买一整年用的装饰织物。3个重要生产厂家都提供了自己的织物样品。汽车公司进行了检验并发出通知，每家公司都有机会派一名销售代表在指定的日子里为争取合同做出陈述。

其中一个厂家的销售代表R先生，抵达该地时正患有严重的喉炎。

轮到他和公司总裁见面时，他已经说不出话来了，连轻声耳语也很困难，他被带进一间屋内，发现里面坐着纺织品工程师、销售代理、营销总监以及公司总裁。他站起身来，费劲地想要说话，但只能发出嘤嘤声。这些人围坐在桌子旁，于是他在便签上写道：先生们，我嗓子哑了，无法说话。

"我可以替你说话"，总裁说，说完，这名总裁就把R显示的样品陈列出来并逐一说明其优点，关于产品品质的一场生动讨论就此展开。总裁既然是替R先生说话，很自然站在了R先生这一边，而R先生做的只是微笑，点头和打一些手势。

这场特别会议的结果是R先生赢得了合同，装饰织物需求量高达50万码，总价值160万美元，而这是这位销售代表迄今为止拿到的最大订单。

从这个故事中，我们假想一下，如果这位销售代表没有失声，则很可能会失去这份合同。可见，让他人讲话的回报竟是如此丰厚。

3. 寻求帮助法

也就是说，我们在与人说话的时候，不要显得无所不知，关键时候，你不妨跟对方说："这个问题我还真不清楚，您能帮我跟大家解释一下吗？"很明显，这样一说，话语权就交到了对方手里。同时，也能体现对方的能力，这是变相地给对方增光添彩。

一个精明的英国人曾经说过："一个人在世界上可以有许多事业，只要他愿意让别人替他受赏。"的确，我们与人交际也是这个道理，说话留三分，让他人说出关键点，给他人表现的机会，在别人心中留下好印象，你会发现这种做法将会有利于长远的利益和奋斗目标！

聊天闲扯也有技巧

日常生活中，我们与人交流感情的一个重要方式就是聊天。知己是如何来的？多半都是通过聊天聊出来的，也就是人们常说的闲扯，闲扯带有随意性，但闲扯也有技巧，天南海北的闲扯，不仅不能增进感情，还会让别人觉得无趣。我们如若能从对方的心理出发，说出对方喜欢听的话，给对方带来愉悦的情绪，便能拉近与对方之间的距离。

那么，闲扯有哪些技巧呢？

1. 选择合适的话题

在与他人聊天时，话题的选择很重要。一旦话题不对，就难以与对方顺利聊下去，所以，寻找好的话题是顺利聊天的关键所在。

有些人认为，聊天时只有那些不平凡的事才值得谈。因此朋友见面想开口时，往往满脑子都在苦苦思索，企图找到一些怪诞、惊奇的事件或相当刺激的新闻来当话题。但实际上，我们的生活是朴实的，这类话题毕竟是少数。而且，如果我们每天与对方谈新闻，毫无新鲜感可言。

事实上，我们都是普通人，所关心的问题也比较普通，比如，孩子大了，到哪个学校读书比较好；花卉被虫子咬了，该用什么药；养个什么宠物比较好；猪肉又涨价了等。

话题的选择最好能就地取材，依照当时所处的环境选取话题。比如，如果你和对方相遇在朋友家里，不妨与对方聊一聊与主人的关系："听说您和某先生是战友？"这样，无论问得对与不对，都不会引起不愉快。

除此之外，你还可以向对方了解一些他熟悉、感兴趣的问题。如果对方是销售员，你可以问他："你销售什么产品？生意好不好做？"因为这是对方熟悉的话题，所以对方很容易就能开口。如此，你们就能按这条路子聊下去了，可以聊聊产品、行业前景

等问题。

有个笑话说：某君以伶牙俐齿见长。有人向他请教有什么诀窍，他说："其实非常简单，就看他是什么人，对什么东西感兴趣，然后你和他谈他感兴趣的东西就可以了。比如，对方是屠夫，你就和他谈猪肉；如果对方是厨师，你就和他谈菜肴。"请教者又问："那如果屠夫和厨师都在场怎么谈？"他说："那我就谈红烧肉。"

当然，这是个笑话，但足以看出合适的话题对聊天的重要性。

总之，只要有了好的话题，就不愁谈不下去了，也就不会出现聊天中无话可说的尴尬局面了。

2. 用热情带动聊天气氛

如果你选择的话题与你长期的经历、追求或者爱好有关，那么你是不难打动你的聊友的。

缺少热情的谈话和聊天无疑是枯燥乏味的，也没有人愿意迎合。就比如你在与朋友聊你开车，因为超速而被警察发现了。实际上，对方希望听到的不是你的轻描淡写，而是希望听到你当时的感受，希望你能说出你看着警察写罚单时的情况。你将当时的情况描述得越详细，越精彩，就越能吸引听众。

所以，在与人聊某些话题时，你的话语中有多少激情，就会激起多少听众的激情。

3. 用兴趣打开交谈的突破口

与人聊天的时候，会出现一些头疼的问题，不管我们说什么，对方都表现出一副不在乎的样子。其实，这是因为，你说的话令对方不感兴趣，要想让对方打开话匣子，我们需要从对方的兴趣入手。如果可能的话，你应尽量找出对方最感兴趣的事，然后从这个方面去接近他。倘若没有机会，或这种机会不易得到，也该尽可能选择对方最大的兴趣去聊。我们主要的目的，就是要让对方对你产生兴趣，这样才能让聊天继续下去。

某文艺编辑曾讲过一段故事。他邀一位名作家写稿，该作家非常难合作，各报社的编辑对他大伤脑筋。因此，这个编辑在与作家见面前也相当紧张。

一开始果然不出所料，怎样都谈不拢。作家一味说："是吗？""或许是吧？""这我还真不清楚"，闹得这位编辑很是头痛，只好打定主意，改天再来，于是闲说起来。

他把几天前在一本杂志上看到的有关该作家作品近况的报道搬出来，说："您的大作最近要翻译成英文，在美国出版了？"作家见对方如此关心自己，就很感兴趣地听下去。编辑又说："您的写作风格能否用英文表现出来？"作家说："就是这点令我担心……"

这位编辑在遇到这位"难对付"的作家后，开始转变了聊天的策略，抓住对方的心理。从对方感兴趣的作品入手，从而打开了交谈的突破口，令交谈继续下去。

4. 不要轻易否定别人

如果你在与别人聊天或交谈时，出现了与对方相左的观点，特别是你想说服对方接受你的观点时，那么你最好不要一上来就否定对方的观点，说他的观点是错误的、荒谬的，这样你一定不会获得你想要的结果。相反，如果你能机智、委婉地说出你的观点，然后将对方引导到其他话题来，从而让他们忘记自己原来的观点，这是能将话题继续下去的明智之举。

比如，对方在你的面前指责你一个非常熟悉的朋友："他这个人脾气太坏，那次我们一起去谈某项业务，结果与对方负责人没说三句话，就在饭店吵了起来。"你可以问他："哦，是吗？在哪家饭店？"对方回答后，你们不妨就哪些菜比较有特色聊一聊，将话题引开。

5. 避开别人的痛处

事实上，每个人都有自己的忌讳，人人也都讨厌别人提及自己的忌讳。我们是在与他人聊天或闲扯时，就要避开这类话题，把握分寸，不要伤害到别人的自尊心。

掌握以上聊天技巧，我们就能把话说到对方心里去并产生积极的作用，也就是，对方会产生愉快的情绪，也就愿意与我们亲近了。

十三、巧妙求人办事，达成最终所愿

一步步说理，令对方欣然接受

登门槛方式也就是心理学中所说的"登门槛效应"，是指一个一旦接受了他人的一个微不足道的要求，为了避免认知上的不协调，或想给他人以前后一致的印象，就有可能接受更大的要求。这种现象，犹如登门槛时要一级台阶一级台阶地登，这样能更容易更顺利地登上高处。其实，在日常交际中，不仅仅女人，是所有人都有一种在他人面前保持形象一致的心理需求，他们不希望自己被看作是反复无常、莫名其妙的。基于人们这样的心理，我们需要巧妙利用等门槛效应，一步步说理，会令对方欣然接受。

豆豆早晨喜欢赖床，每天早上到了八点才起床，爸爸向豆豆提出了要求："以后每天早上提前两个小时起床读书。"豆豆听了立即表示抵触，妈妈见此情景，用商量的语气说道："那先每天提前十五分钟起床好吗？"豆豆听了马上就答应了，过了一段时间，妈妈又提出再提前十五分钟起床的要求，豆豆也很爽快地答应了。就这样，用了不到两个月的时间，豆豆完全做到了每天提前两个小时起床。

在这里，妈妈所使用的口才心理策略，就是典型的登门槛效应。比如，对一个推销员来说，当他可以令顾客打开门，跟顾客展开交谈时，其实，他就取得了一个小小的进步。在这样的情况下，假如他能够说服顾客看一看他的产品的话，那么，他就可以再提出"购买产品"的要求，而且，这样的要求很有可能被满足。

美国社会心理学家弗里德曼与弗雷瑟在1966年做了这样一个现场实验：实验者让助手到两个居民区劝人们在房前竖一块写有"小心驾驶"的大标语牌。在第一个居民区向人们直接提出这个要求，结果遭到很多居民的拒绝，接受的仅为被要求者的17%。在第二个居民区，先请求各居民在一份赞成安全行驶的请愿书上签字，这是很容易做到的小小要求，几乎所有的被要求者都照办了。几周后再向他们提出竖牌的要求，结果接受者竟占被要求者的55%。

弗里德曼

同样都是竖牌的要求，却产生了截然不同的结果，为什么呢？原因在于当你向对方提出一个微不足道的要求时，对方难以拒绝，否则，就显得太不近人情了。于是，一旦接受了这个请求，就仿佛跨越了一道心理上的门槛。当再次提出较高的请求时，这个要求和前一个请求有了继承的关系，对方就容易顺理成章地接受。

在钟表店里，一只组装好的小钟，放在了两只老钟的当中，其中一只老钟对小钟说："天啊，这么小的钟等你一年走完3200万次恐怕便吃不消了。"小钟吃惊地说："要走那么多次，我可办不到。"另一只老钟说："别听他胡说，你只要每一秒'滴答'一下就可以了。"小钟将信将疑说："啊！这么简单吗？"就这样，小钟很轻松地在每秒的"滴答"声中，不知不觉走完了一年，他回过头一算，果然摆了3200万次。

登门槛效应给我们的启示就是，当我们需要向对方提出一个比较大的要求时，可以先不直接提出，因为这个要求很容易被对方所拒绝。在这时，我们可以先提出一个较小的要求，一旦被答应，再提出那个较大的要求，这时候才会有更大的被接受的可能性。当我们在说服对方的时候，也需要灵活运用这一效应。

1. 哪怕……也好

心理学家 D·H·查尔迪尼代替某慈善机构做一次募捐活动，他对一些人说了一句话"哪怕一分钱也好"，结果这些人的募捐要远远高于另外一些人。当我们再向对方说出"哪怕……也好"的时候，就会产生登门槛效应，使得对方欣然接受我们的请求。

2. 先提出小要求，再提出大一点的要求

在生活中，当我们需要别人帮忙的时候，不妨先提出一个小小的要求，假如你是糖果店的营业员，你可以说"这是我们店刚进的新品种，清甜可口，甜而不腻，请您随便品尝，千万不要客气"，对方在"恭敬不如从命"的心理状态下品尝了糖果，这时候你再提出"购买"的要求，对方一定不会拒绝的。或许遇到困难的时候，温柔地说"这个问题我不是很理解，你可以帮帮我吗"，然后"那这个问题也可以帮我看一下吗"，假如对方没有拒绝，那我们的目的就达到了。

巧妙展现自己的"利用价值"

在生活中，有的人在求人办事时会抱着"有事有人，无事无人"的态度，他们把他人的帮助看作是理所当然的行为，当自己的诉求得到了回应，把自己的事情办好之后就不再理睬对方了。有着这样心态的人大多数都会被社会抛弃，当他再次需要帮助的时候，相信是没有人会给予帮助的。其实，在日常交际中，人与人之间是建立在互惠互利的基础之上的，没有互惠互利，就没有互信互助。鉴于人们这样的心理，当他在面对你的诉求的时候，其实很想知道你是否有一定的"利用价值"，换句话说，他的效劳会不会换来一点回报。于是，在求人办事的过程中，如果你的言语中透露出了自己的"利用价值"，大多数情况下，对方都会乐意帮助你的。所以，作为提出诉求的我们应该尽量展现自己的"利用价值"，以此获得他人的帮助。

俗话说："无利不起早。"没有一个人愿意去做那些没有好处的"无用功"，只要你了解了对方这样的心理，继而主动满足其欲望，他就会乐意为你效劳。"以利诱之"，对方会觉得这次不会白忙活，因此，他们在办事的时候，就会主动地为解决问题。

小然换了新房子，可自己对粉刷和装修都一窍不通，这时她想到了朋友艳艳，艳艳平时工作不忙，最重要的是她对装修房子很在行。于是，小然拨通了艳艳的电话："艳艳，我是小然，你最近忙吗？要是不忙的话，你来我这里住几天吧，可以当作散心或者旅游，我管你食宿。""行啊！"艳艳爽快地回答，"不过，我这边有点小事需要你帮忙，就是帮我看看房子怎么装，你不介意吧？"小然提出了要求，"好，没问题。"艳艳一口就答应了。

小然言语里透露出令人欣喜的可"利用价值"："来这里住几天""散心或旅游""管食宿"。虽然，这样的"恩惠"是出于朋友之间的亲密关系，但是，对方无形之中也会觉得有点"愧疚感"，至少白吃白住，心里多少都有点过意不去。于是，出于心中的那点"愧疚感"，以及给予帮助后的"补偿心理"，对方定会乐意效劳。因此，要想他人为你效劳，就应该大方展现自己的"利用价值"，这会让对方更加乐意为你效劳，而那些所谓的"利用价值"，不妨就作为给对方的酬谢了。

所谓的"利用价值"，一方面是作为求人者，你是否有可利用的价值，简单地说，互惠互利的基础是否存在，假如你是一个毫无能力的人，对方凭什么帮你呢？另一方面则是，你是否可以承诺给对方一些利益方面的东西，也就是我们常说的"利诱"。

大学生黄东刚刚大学毕业，被分配到山东某钢铁总公司工作，由于嫌厂里工资低，他进厂不久后就偷偷跑到南方打工去了。过了一段时间，他回厂里准备取走档案，正好碰上才上任的女主管。黄东以为女主管要批评他几个月没上班的事，但出乎他的意料，女主管开口就说："从国家大局讲，人才流动是大趋势，你走是对的。你们收入低，我也没有关心到你们，这是我的失职，不过，上次由于人事变动，空缺了许多职位，我就想好好栽培像你这样的年轻人，如果你愿意继续留下来，估计不出两年，你就会坐上我的位置。"接着，女主管详细介绍了公司的薪资待遇，以及今后的发展，黄东听得热血沸腾。

主管不愧是一位优秀的领导，她的一席话，使这位原本要南飞的"孔雀"留了下来。当然，说服黄东继续留下的话语中，隐藏着一定的"利诱"，这成为黄东留下来最关键的因素。

1. 以利诱之

在求人办事的过程中，我们要善于通过言语"利诱"，表明自己的回报之心，毕竟利益比空口说教更有效果。也许，在你提出诉求的时候，对方会有所犹豫，在这关键时刻，你指出自己的诉求和他合作有利的地方，这样他自然会乐意为你效劳。

2. 建立互惠互利的基础

在请求对方帮助之前，你应该清楚对方为什么会帮助你？你凭什么能让他来帮助你？毕竟有一部分人是为了利益而生存的，那么你就可以利用这样一种方法：直接告诉对方在帮助你之后获得什么样的利益，利诱对方帮助自己渡过难关。

其实，人与人之间的关系就是互惠互利，当对方意识到自己在付出之后还能有所获得的时候，他一定毫不犹豫地答应你的诉求。所以，在求人帮忙的时候，好口才的人要懂得"利诱"，适时表明自己的"酬谢"，满足对方心理。

话不在多，但要看准时机

那些会说话的人之所以会获得成功，并不在于他说了多少话，而在于他掌握了说话的时机。正所谓"言多必失"，成功者更注重把握说话的时机，不管在什么场合都显得落落大方，说话的时候说得很充分，不该说的时候一句话也不说。口齿伶俐，在各种场合口若悬河、滔滔不绝，这是很多人所向往的场景，但如果自己在不适当的时机口无遮拦，说了错话，说漏了嘴，这也是难以弥补的过失。著名作家大仲马说过："不管一个人说得多好，你要记住，当他说得太多的时候，终究会说出蠢话来。"我们每个人都应牢牢记住这句至理名言，要明白言不在多，但一定要把握说话的时机，这样才能深入地影响对方的心理。

有一个经营印刷业的老板，在经营了多年之后萌发了退休的念头。他原来从美国购进了一批印刷机器，经过几年使用后，扣除磨损费应该还有 250 万美元的价值。他在心中打定主意，在出售这批机器的时候，一定不能以低于 250 万美元的价格出让。有一个买主在谈判的时候，针对这台机器的各种问题滔滔不绝地讲了很多缺点和不足，这让印刷业的老板十分恼火。但是他在自己刚要发作的时候，突然想起自己 250 万美元的底价，于是又冷静了下来，一言不发，看着那个人继续滔滔不绝。结果到了最后，那人再没有说话的力气，突然蹦出一句："嘿，老兄，我看你这个机器我最多能够给你350 万美元，再多的话我们可真是不要了。"于是，这个老板很幸运地比计划多卖了整整 100 万美元。

正所谓"静者心多妙，超然思不群"。一些习惯于滔滔不绝的人往往是最沉不住气的人，一旦遇到了冷静的对手，他就最容易失败，因为急躁的心情让他们没有时间考虑自己的处境与位置，也不会静下心来思考有效的对策。而在上面这个案例中，那位啰唆不停地买主正好中了老板无意设下的"陷阱"，不等对方发言，就迫不及待地提出建议价格，等于自己拿空子让别人钻。

言不在多，少说话可以使自己有更多的时间思考，经过思考之后，再找准说话时机，这样说出的话会更精彩。在日常交际中，我们应该少说话，特别是当一个比自己更有经验的人在场的时候，如果自己说得太多了，就无异于自曝其短，这样继续下去的结果将对自己很不利。

一家小公司与一家大公司进行了一次毛衣谈判，大公司的代表依仗自己的实力，滔滔不绝地向对方介绍情况，而小公司的代表则一言不发，埋头记录。大公司的代表讲完后，征求对方代表的意见。小公司的代表好像突然睡醒了一样，迷迷糊糊地回答说："哦，讲完了？我们完全不明白，请允许我们回去研究一下。"于是，第一轮会谈结束。

几星期后，谈判重新开始，小公司的代表声称自己的技术人员没有搞懂对方的讲解。结果大公司代表没有办法，只好再次给他们介绍了一遍。谁知，讲完后小公司代表的态度仍然不明朗，仍是要求道："我们还是没有完全明白，请允许我们回去再研究一下。"就这样，结束了第二次的会谈。

过了几天后，第三次会谈小公司的代表还是一言不发，在谈判桌上故伎重演。唯一不同的是，这次，他们告诉大公司，一旦有讨论结果立即通知对方。过了一段时间，大公司觉得这次合作已经没戏的时候，小公司的代表找上门来开始谈判，并且拿出了最后的方案，以迅雷不及掩耳之势逼迫大公司，使对手措手不及。最后，达成了这一项明显有利于小公司的协议。

一家小小的公司居然能够打败大公司，在谈判中获得了成功，关键在于小公司懂得沉默，懂得掌握说话的时机。在说话时机尚未成熟的时候，他们一直不说话，使对方摸不着头脑，同时也为自己赢得了时间去研究对手的方案，给了大公司措手不及的一击。可见，说话看准时机比说话多更有效，它能起到滔滔不绝完全达不到的效果。

那么，在日常生活中，我们该如何看准说话的时机呢？

1. 占据优势时少说话

在谈话过程中，我们完全占据了优势的位置，这时候需要少说话，正所谓"桃李不言，下自成蹊"，对方在无措之时自会露出破绽。

2. 不了解情况时少说话

有时候，在不了解对方的情况时不要盲目地乱说，这有可能会给对方提供可乘之机，使自己遭受很大的损失。所以，在不了解对方情况的时候，不要轻易把话说出口，需要谨慎用语。

3. 气氛不对时少说话

当自己或对方的情绪正在激烈的时候最好少说话，这时候一旦开口不慎就会引发一场争执。最佳的说话时机是等双方都冷静下来，能够心平气和地谈话才安排时间交谈，只有这个时候双方的交流才能顺利进行下去。

动之以情的言语，使人无法抗拒

在与人相处的过程中，情是最能触动人心的，正所谓"欲晓之以理，必先动之以情"。一般情况下，当我们与他人展开交谈的时候，彼此都会产生一种防范心理，双方都不为所动。这时候，你要想说服对方，就需要消除对方的防范心理。从一定程度上说，防范是一种潜意识里的自卫心理，也就是当我们把对方当作假想敌时产生的一种自我保护。而消除对方这种防范心理最有效的方法就是以情动人，通过那些充满真情的话语使对方感到你是朋友而不是敌人，用真情去瓦解对方筑起来的"防范墙"，继而有效地影响其心理。真情，可以是嘘寒问暖，可以是予以关心，可以是予以帮助等。所以，我们在日常交际中，要善于用情说话，使对方无法抗拒。

罗斯福是美国第26任总统，他是一位善于用情说话的人。有一次，他仆人的太太问总统："鹌鹑鸟长得是什么样子？"仆人太太从没有见过鹌鹑鸟，于是，罗斯福总统详细地描述了一番。过了很长一段时间，罗斯福却突然亲自打电话给仆人太太说："在你窗口外面恰巧有一只鹌鹑鸟，你这时候往外看，可能还看得到。"每次，他经过仆人的小屋，就算是看不到人，也会轻声地叫出："呜，呜，呜，安妮！"或"咆，咆，詹姆斯！"这是他路过时一种友善的招呼。

实际上，罗斯福总统之所以能成为美国伟大的领导人之一，就在于他在运用语言时善于以情动人，而不是以权压人。他们在做报告或者讲话的时候，运用朴实无华的语言，亲切入耳，具有较强的感染力，能赢得人们的喜爱。

"的姐"把一男青年送到指定地点时，对方掏出尖刀逼她把钱都交出来，她装作害怕交给歹徒200元钱说："今天就挣这么点儿，要嫌少就把零钱也给你吧！"说完又拿出30元的零用钱。见"的姐"如此爽快，歹徒有些发愣。"的姐"趁机说："你家在哪儿住？我送你回家吧！这么晚了，家人该等着急了。"见"的姐"是个女子又不反抗，歹徒便把刀收了起来，让"的姐"把他送到火车站去。见气氛缓和，"的姐"不失时机地启发歹徒："我家里原来也非常困难，咱又没啥技术，后来就跟人家学开车，干起这一行来。虽然挣钱不算多，可日子过得也不错。何况自食其力，穷点儿谁还能笑话我呢！"见歹徒沉默不语，"的姐"继续说："唉，男子汉四肢健全，干点儿啥都差不了，走上这条路一辈子就毁了。"火车站到了，见歹徒要下车"的姐"又说："我的钱就算帮助你的，用它干点正事，以后别再干这种见不得人的事了。"一直不说话的歹徒听罢突然哭了，把200多元钱往"的姐"手里一塞说："大姐，我以后饿死也不干这事了。"说完，低着头走了。

在上面这个案例中，的姐的话语里充满了真情，感动了那个穷凶极恶的歹徒，最终达到了说服对方的目的。心理学家指出："情感如同肥沃的土地，道理好比种子。没有情感的沃土，道理的种子再好，也发不了芽。"

我们在说服对方的时候，更需要以情动人，否则，即使你说再多的道理。对方还是会不为所动。

1. 话语中注满真诚

谚语说："真诚贵于珠宝，信实乃人民之珍。"要想自己的话语能够打动对方，就需要在话语里注满真诚，只有真诚才能打动人。如果你仅仅是几句花言巧语或者虚情假意地表达，反而令对方厌恶。

2. 把话说到对方的心里

人都是有感情的，说话能做到动之以情，晓之以理，就是最完美的沟通。我们在说话时要注意对方的反应，学会从对方的反应中修正自己的话语，尽可能把话说到对方心里。把说说到对方心里，才能真正地打动人。

3. 站在对方的立场说话

如果你在说话时总是想着自己，光顾着自己，这样说出来的话是不会有感情的。因此，我们应该处处为他人着想，让自己站在对方的立场说话，这样说出的话才有感情，才能打动对方。

说话避开险境，别踏入对方"雷区"

说话，是我们天天都在做的事情，但善于说话，能准确、清楚地表达自己的意图，使对方乐意接受，却是一件不太容易的事情。心理学家理查得·班得勒说过，当你对他人说话时，你不是想给他传递信息，就是想改变他。但在这过程中，对方是否会接受你的意思，你的沟通目的是否能够实现，却又是另外一回事了。其中的症结点在于你是否说了避讳的语言，或者把话题置于危险的境地，这将会关系到你沟通的成与败。许多人说话不经过大脑思考，只图嘴巴痛苦，常常"语出惊人"，踏入"雷区"，最后导致了整个沟通的失败。其实，善于说话并不是一件很简单的事情，那将意味着你所说的话能够令对方乐意接受，而且，你的话语能够巧妙绕过险境，直入对方心里，继而影响对方心理。沟通是双向的交流，它的成败不取决于你说了什么，而是取决于对方的反应，对方不接受你所说的话，那你说得再多也没用。所以，为了让对方乐意接受，我们在说话时需要避开险境，把"危险语"吞进肚子里，这样才能有效地影响他人心理。

古代有一个国王，一天晚上做梦，满嘴的牙都掉了。第二天，他找了两位解梦的人。国王问："梦见满口牙全掉了，到底是怎么一说？"第一个解梦人说："皇上，这个梦的意思是，在你所有的亲属都死去以后，你才能死，一个都不剩。"皇上一听，非常生气。第二个解梦人说："至高无上的皇上，您将是您所有亲属当中最长寿的一位呀!"同样的内容，同样的事情，两个人有两种不同的说法。第一个把皇帝说生气了，皇帝龙颜大怒，杖他一百棍；然后，拿出一百个金币，奖给第二个解梦人。

上面这个案例中，同样的一件事情，两人表达的同一个意思，为什么一个挨打，一个却受赏呢? 分析他们所说的内容，我们就可以明白了。在沟通过程中，往往因为一两个"危险词语"而使整个话题都处于危险的境地，第一个解梦人话里出现了"死"这样的危险字眼，而且还不止出现一次；第二个解梦人却从另外一个角度巧妙地解释为"长寿"。于是，两人话里的字眼不同，最终两人的待遇也千差万别。

在日常交际中，有一些话题是沟通的"雷区"，稍有不慎就会粉身碎骨，所以，我们应该尽可能地避开这些危险区，避开一些敏感、危险的词汇，这样才能促使沟通的顺利进行。

1. 避开隐私

隐私就是不可公开或不必公开的某些事情，有可能是缺陷，有可能是秘密。因此，我们在进行语言交流的过程中，需要避开彼此的隐私，这既是一种礼貌，同时，也可以很好地保护话语的"安全性"。

2. 切勿不懂装懂

我们并不是万能博士或者百事通，即使自己知识渊博，但总有一些方面不如人，总有不懂得的一些知识。因此，无论是面对有教养有知识的人，还是面对一个默默无闻的人，我们都应该谦虚谨慎，不可妄发言论。

3. 避开忌讳

在谈话过程中，我们需要避开一些忌讳，比如关于"死""棺材""寿材"等；对方的生理缺陷，比如"残疾人"；对一些不可公开的事物行为，比如"大小便"等，这些避讳词语都是需要避开的。

4. 避开粗口秽语

在交流过程中，我们需要避开粗口秽语，使用文明的语言。言语粗鄙是最无礼的语言，而且，有可能会为自己带来一些不必要的麻烦。

十四、谈吐优雅不俗，真诚打动人心

谈吐优雅举止不粗鄙

一个不修边幅，举止粗鲁、满嘴齐东野语的人，给人留下的印象是粗鄙和野蛮，交谈之中多数是话不投机半句多，往往没说上几句话就会让别人产生厌恶的情绪，甚至连和他互道寒暄的表面文章也懒得去做。而一个衣装考究，仪表堂堂，谈吐间优雅从容，哪怕是开个玩笑都带有含蓄的幽默感的人，所体现出的涵养气质就会把对方征服，更愿意倾听他，并且觉得受益匪浅。

孔子说："无友不如己者。"鼓励人们和优秀的人士交往，获得个人境界的提升。人们都愿意和有气质有内涵的人成为朋友，而对粗鲁的人却是厌恶到了极点。因此，在交际场中，我们要学会运用正确的讲话方式，每一个词汇，讲话时的姿势、表情都要做到优雅大方，这样才能获得别人的好感。

优雅的谈吐举止，措辞的技巧和先天的条件没有丝毫的联系，主要来源于后天不懈的努力和追求，谈吐优雅不是一朝一夕之功，而是要在日积月累之中才能完成。要想做到文质彬彬谈吐优雅，并不是装腔作势就能解决问题，刻意模仿好修养人士的外形而不注意内心文化修养的提升，最终不过是邯郸学步，东施效颦，适得其反。

因此，在日常生活中，我们要注意这方面知识的学习和技能的培训，大致说来，练就优雅的口才主要有以下几种方式。

1. 在生活中加强知识沉淀

俗话说"厚积薄发"。一个人收缩自如的谈话能力绝不仅仅是技巧性的问题，而是在经过了对生活的思考、学习和研究之后才有的结果。因此，在生活中，你不能忽视学习的重要性，需要每天为自己充电，对于所见所闻要观察思考表面和内在的东西，从中提炼思考能力和概括能力，并以此来作为提升自己的一个有效途径。只有这样，你才能在张开口的时候不至于心虚，避免让别人对你皱起眉头，甚至转身离开。

2. 表情自然，举止得体

与人相识，第一印象是最重要的。在见面的时候，双方都需要自我介绍一番，自我介绍的过程，也正是展现一个人修养品质的过程。一定要做到举止优雅、仪表大方，表情自然而又不失亲切真诚的微笑。在自我介绍的时候，万万不能毫无自信唯唯诺诺，更不能面红耳赤，双手不知道放在什么地方，两眼只知道盯着脚尖，这样会有失风度。

在自我介绍的时候，我们可以将手放在胸前，语气自然、表情从容，语速不急不缓，语音清晰优美，这样才能获得别人较高的评价。

3. 充满自信，切忌自大

与别人交谈的过程中，每个人都想获得对方的认可和重视，这就需要一个有效的自我推销和包装方法。推销自己的前提是做到自信，只有自信的心态才会使人发挥出正常的状态。因此，我们不妨用闲聊的方式，来展示自己的特长以及才华，比如将自己的能力穿插在个人经历的讲述中去，用谦逊的语气来陈述，让别人了解你的同时又不会觉得你是在自吹自擂。假如用自我炫耀的口气大肆渲染个人能力的话，给人的印象是自高自大，别人就会对你失去信任感，因此，你一定要注意谈话的方式和掌握适度的原则，给人留下自信、谦虚而又不卑不亢的深刻印象。

4. 措辞要谨慎

与人交往的过程中，难免要在事业以及对社会现象的认识上有一定的交流。措辞的问题至关重要。比如在谈论社会现象的时候，万万不能运用一些"道德沦丧""世风日下"等偏激因素太浓的词语，以免给人带来愤世嫉俗的错误印象。在交际中讲究温文尔雅，但并不是华而不实的夸夸其谈，满口子曰诗云，炫耀一个人的见多识广博学多才，而是要有礼有节，既不能说出粗俗的话，更不能像掉进书袋，否则的话，就会弄巧成拙，让别人不屑与你进行更进一步的交谈。

声音也可以做"美容"

我们在谈吐中的每一句话，既向别人传递了信息，又表达了个人的思想观点。因此，要想达到我们预期的目的，不仅要在语言的组织形式上下一番工夫，更需要在声音上进行必要的处理。因为往往很多时候，一个精辟的见解，经过严密的思维和美妙的辞藻表达出来并不能产生理想中的效果，既不能让别人对我们所要表达的信息有一个完整的把握，又无法让别人对我们的思想有一个正确的了解。造成这种现象的原因，就是因为我们在说话的时候音质出现了缺陷。如果音质上面出现了缺陷，就会让我们的口才大打折扣。因此，我们应该对自己的声音做一下必要的"美容"。

无论是男性还是女性，说话的声音都是十分重要的。一个音色柔美动听的女人，很容易被周围的人所接受；一个说话充满磁性的男中音，远比声音纤细毫无阳刚之气的男声有魅力。电视上的播音员，从外表上来看不是最出众的，但是他们的声音却是出类拔萃的，也由此得到了观众的认可和喜爱。

有很多人羡慕别人完美的音质，觉得他们的声音是自然天成。其实，那些声音中

充满了美感的人，并非是在口才上有着高人一等的天赋，而是经过了不断的努力才取得了成就。就好像我们常常为了拥有健美的身材而刻意锻炼自己是一样的，为了一个美妙的声音我们也应该付出一定的努力。

为了能够达到理想中的声音效果，我们不妨从以下几个方面入手。

1. 选择适合的音调

同样的话用不同样的语调来表达，所取得的效果是不一样的。一般情况下，不急不缓的速度，中等的声音更能给人一种亲切自然和自信的感觉；过高的声音、过快的语速就会显得说话的人性格过于急躁，心无城府，过于幼稚和偏执，会让人产生厌恶的情绪；说话的声音过低，语速缓慢，这样的人可能是没有自信，优柔寡断，看待事情比较悲观，处理事情畏首畏尾，放不开手脚，能够让人产生审美的疲劳。一个人的语调反映出一个人的内心世界、情感和态度，因此，在谈论一个话题的时候，要保持说话的语调与内容相符合。比如在讲述故事的时候可以选择娓娓道来的形式，表达决心的时候可以气运丹田让声音显得浑厚而又响亮。要想做到音调合适，还需注意以下细节：说话干脆利落，不拖泥带水。劝说他人的时候要诚恳委婉，不能用命令的口吻。传递信息的时候，要准确完善，不能遗漏和误传。发起倡导的时候适当提高分贝，使语言增加力度。

2. 把握说话的音量

影响人的交谈或思考的环境声音称为噪声。在生活中，一个人说话的声音过大，就会让人产生反感，认为此人可能是装腔作势或者是色厉内荏。但是音量太小的声音也未必能够引起人们的喜欢，听起来过于费劲，又让人可怜，觉得此人是一个怯弱的人。由于听者所处的远近不同，谈话者所处的环境各异，因此要注意找到与不同场合相适应的音量，以让人听得清楚而又不产生厌烦情绪为原则。

3. 做到声情并茂

古人说生于情发于声，就是强调说话时要注意感情的因素，声音只是传递的工具，它的源头却是人的内心的情感。声音、语调、词汇等元素都是为感情服务的。如果声音失去了感情的依托，就会变得空洞僵持，犹如失去了水源的枯木，毫无生气可言，因此在说话的时候，要注意用感情去感染和打动听众，只有充满感情的文章才是好文章，同样充满感情的谈话才是成功的谈话。

让语言成为你的"第二张脸"

很多伟大人物是因为口才而名垂青史、万古流芳的，一个个的成语故事记载了他们的妙语连珠和谈吐不凡，成了中华民族文化基因。比如自荐的毛遂，出使楚国不辱使命的晏婴，舌战群儒的诸葛亮等。一个个的人物形象和他们的口才连接在一起，成为我们的一个历史图腾，千百年来，被一代代的人们传诵和学习。

语言是一门高深的艺术，是表达思想感情的有效形式。深得这种艺术精髓的人，绝不会勉强别人、压制别人，更不会绑架别人的思维，而是巧妙地将别人的思想与自己的言论相接轨，准确、贴切、生动地表达和沟通，让别人对他充满欣赏和崇拜之情。

语言是人的第二张脸，深邃的思想、精辟的见解、睿智的话语会给人留下风流倜傥的印象，而肤浅的思维、庸俗的观念、轻佻的言谈则会留下粗俗不堪的印象。我们在生活之中经常强调要注意自己的形象，而形象之中最大的组成部分则是我们的语言和讲话方式。因此，我们要用广博的知识，优雅的谈吐来作为自己的第二张脸，来提升个人的魅力。

那么，该怎么样让口才成为自己的第二张脸呢？我们可以从以下几个方面入手：

1. 谈吐文明

文质彬彬是我们中华民族对一个人提出的基本要求。因此，在说话的时候，我们要避免粗话脏话。现在，有很多的人把粗鲁的语言当成豪爽，交际场合中谈论一些不雅的下流段子，以此来吸引眼球。这样自然会引来别人的目光，但那些眼光中所带有的感情成分绝对没有一个是赞赏的，绝大部分人会对这样的人嗤之以鼻，认为和这样的人交往是对自己人格的侮辱，品位的降低。哪怕你有着侠义心肠，喜欢助人为乐，平日里乐善好施，但是因为一句粗俗的话就会抹杀你全部的优点，在别人的眼里，你会成为一个地地道道的山野村夫。因此，在说话的过程中，我们要避免脏话粗话，多使用文明用语。在条件许可的情况下，可以引用一些真理性的语言，来显示个人的修养。

2. 禁用鼻音

很多人由于长期形成的坏习惯，在和别人交谈或者是发表意见的时候，经常会发出"嗯""喔""哼""切"之类的声音。这些话虽然不是粗话脏话，但会给人一种漫不经心的感觉，感情细腻的人甚至会认为这种发音是对别人人格的不尊重，或者表现了你对交谈者的不重视而对你产生反感。

3. 谨慎使用流行语

或许是娱乐电视节目看得过多，上网时间太长的原因，越来越多的人在谈话中都夹杂了一些流行语。用"哇塞"表示惊讶，用"噢耶"表示兴奋，要么就是用"偶"

"东东""囧""潮"等词语代替固有的语言。讲这些话的人自以为跟上了时代的步伐，走进了先进者之列，而实际上却并非这样。在校的孩子用这些流行语言可以证明充满活力，但是走上社会开始频繁交际的成年人再说这些词就显得不合时宜，要么让人觉得是在装嫩，要么让人觉得脑残，还没有摆脱幼稚的阶段。年过而立的人讲这些流行语，会显得不伦不类，有失身份。

4. 有修养

有修养的人在谈话的时候都会掌握分寸，懂得礼数，用词规范清雅，不会因为和别人的意见相左而去争辩和驳斥，不会为了满足自己的好奇心、猎奇欲而谈论别人的私生活，更不会用言语去揭别人的伤疤，让人无地自容，下不了台阶。哪怕别人有了错误也不会用教训的口气去指责，而是委婉地进行劝说。当别人在言谈之中无意侵犯自己的时候，也不会以牙还牙地进行报复。在交际场合，有修养的人能够做到知礼节，知轻重。能够做到彬彬有礼，进退如仪。有修养的人因为能够达到高尚的境界，也就取得了别人的尊重。

言语有度，避免触碰别人的"软肋"

这个世界上，每个人的人生经历和成长过程都有着和别人的不同之处。他们都有自己值得炫耀的经历和成就，自然也有着不愿让外人所知的隐私和伤痛，因此每个人都有敏感的话题和语言的"软肋"。当你在和别人进行谈话的时候，一定要注意对方的身份，尽最大限度了解他的性格和经历，掌握好谈话的分寸，以免在无意中侵入对方心灵的禁区，在伤害别人的时候也给自己带来不必要的麻烦。

俗话说"男不问薪水，女不问年龄"，其实不该问的何止是这些话题，包括对方的工作状况、家庭纠纷、事业进展以及计划等这些内容我们最好不要去打听，更没有必要为了满足个人的好奇心而给别人带来不快。我们应该知道，说话的时候要注意尊重对方的隐私，只有尊重对方的隐私，才能让人感觉到人格上受到了尊重。

当你想向对方询问一些话题的时候，最好不要脱口而出，而是要仔细地思考一下是否会涉及对方的隐私，如果因为这些话题给对方带来不快，就尽可能地去避免它，只有这样才能让对方很快地接受你，对你产生良好的印象，和你建立深厚的友谊。

一般来说，一个人的"语言软肋"包括以下几点：

1. 生理的缺陷

任何一个男人都希望有一个魁梧的身躯和充满阳光的面孔；任何一个女人也都渴望拥有沉鱼落雁和倾国倾城的容颜。但是，上天往往不遂人愿，大部分人都会有这样那样的缺陷和不足，尽管这些属于客观的存在，但是爱美的心会让他们去刻意地回避这些话题。比如：发福的人忌讳别人说"肥"的评价，秃顶的人忌讳"光芒四射"的语言，身高不足的人忌讳"武大郎"的称呼。相貌平平的人忌讳"丑八怪"的评价，跛足者忌讳"地不平"的戏谑，驼背者忌讳"忍辱负重"的玩笑话，等等。这些生理的缺陷往往就会成为一个人自卑的源泉，自卑的心态也就造成了他们把这些生理缺陷当成了语言的软肋。因此，当我们谈话的时候，应该注意别人的生理缺陷，不能用一些自以为无伤大雅的话来刺激对方，给他们带来心理上的伤害，使之对你产生厌烦和仇恨的心理。这不仅仅是口才技巧的问题，更是做人的道德要求。

2. 不堪回首的往事

每个人的生命历程都会存在一些大大小小的挫折，在挫折之中有些人会做出一些违背心性的选择，这是很正常的现象。但是，经历过这些挫折的人，往往会因为当时的选择而成为心中永远放不下的思想包袱。他们对这一段的经历总是忌讳莫深，自然不愿意拿出来和人分享，更不愿意有人旧事重提。因此，当我们了解了一个人的过去之后，更应该进行选择性的谈话，回避对方的恋爱受挫、事业低谷等经历，免得给对方带来不快。

3. 追悔莫及的错误

"人非圣贤，孰能无过"是一个很浅显的道理，不过每个人有着自己的是非评价标准，有时候会为了在别人看来十分微小的错误而不肯原谅自己，长时间郁郁寡欢。以至于想到自己曾经犯过的错误和无法挽回的损失而感到忏悔和自责，也就更不愿意让别人来提及这些追悔莫及的经历。当别人无意或有意地谈论到这些话题的时候，当事人就会面红耳赤，无地自容。

以别人的痛楚和忌讳为乐事的人，是缺乏修养和道德的，因此，我们应该尽量避免这类错误的发生，以免带来恶劣的影响。那么，我们怎样做才能不给别人带来伤害呢？我们不妨从以下几个方面着手，来取得良好的效果。

（1）出言谨慎。把对方的忌讳视为语言禁区，以免触到对方的伤痛。比如在官场失意人的面前慎言飞黄腾达，在感情受挫人的面前少提夫唱妇随的案例等，以免给对方的心理带来不快和压力。

（2）用词委婉。很多的忌讳是谈话者双方无法避免的，但是即使是在这种情况下也不要直来直往，而是要采用比较委婉的方法，尽量不要让对方显得难堪。比如，面对一个考研屡受挫折的人，你不能直冲冲地问："考不上了怎么办？"不妨说："假如你不想上研究生的话会怎样选择呢？"这样就会给对方以应有的尊重，接下来话题才能顺

利进行。

（3）岔开话题。一个人说话再谨慎也不能避免冒犯别人的忌讳之处。当因为个人的失言而给别人带来不愉快的时候，不能着急地去解释，那样的话只会越描越黑，倒不如机制巧妙地岔开话题，让双方都能从尴尬的气氛中解脱出来。比如王某和赵某两个朋友聊天，谈及赵某的哥哥为什么年过而立还孑然一身的时候，赵某随口来了一句："他曾经谈过几个对象，但是因为女方嫌他个子太矮而告吹了。"刚说完，却记起了王某是也是矮个子的人，赵某便急中生智地说："其实，有资料表明，矮个比高个更精明，寿命也更长。就说我哥哥吧，他最近翻译出版了一部英国长篇小说，你是英语教师，正要请你指正呢！"赵某巧妙地把话题转开，在不动声色之间做到了亡羊补牢。

柔声细语比言辞凌厉更容易打动人

有人说女人是用水做的，所以女人说话都是轻言细语，这本身就是作为女人的特质。女人的心都会特别的柔软，她们的心思极敏感又显得很脆弱，很容易感动又很容易生气。于是，当她们碰到一些事情，已经触及内心最柔软的部分时，看着那楚楚可怜的样子，谁都会心疼。女人们在求人办事的重要时刻，不妨适时地说几句柔软的话，甚至可以可怜兮兮地掉下几滴眼泪，就可以换来对方的同情心，使彼此之间在情感上靠近，并产生共鸣，这就为事情的成功奠定了基础。这种"柔情攻略"的求人办事之术尤其适用于女性，因为不管女性的内心多么强韧，她所展现在人前的形象永远是一副娇弱的样子，再加上说话时的柔软的声调，再是铁石心肠的人也会心软。

班级要到一家商店参加社会实践活动。第一次派了一个同学去联系，那个同学说话很不礼貌，开口闭口就谈市里有命令，你们应该接待我们，结果遭到了商店的拒绝。第二次又派了一个女同学去联系。女同学在经理办公室外面等到经理办完了事，才轻轻敲门，得到允许后进到屋里，她拿出介绍信，恳求说："叔叔，我们有件事想麻烦您和商店里的叔叔阿姨……请您大力支持……谢谢您啦"。这一番话说得经理心里暖暖的，他当然不会再拒绝了。

在求人办事的过程中，利用话语来博得对方真切同情的说话技巧会给对方一种慰藉，一种体贴。像这种通过言语示弱来博得同情，其目的在于使整个话题重心不偏不倚，使对方获得一种心理上的满足，从而达到影响他人心理的目的，而自己的问题也可以圆满解决了。

顾客 A 挑选商品时间过长，女售货员让他慢慢挑，又去招待顾客 B，顾客 A 怒气冲冲地指责道"你这是什么服务态度，你没看见我先来，他们后来吗？为什么扔下我不管了。"女售货员耐心地把话听完，慢条斯理地说道："请原谅，我们店生意忙，对您服务不周到，让您久等了，我服务态度不好，欢迎您多提宝贵意见。"温温和和的一句话，把顾客 A 也说得不好意思了"我说话不好听，请您原谅。"

人们总是不由自主地同情弱者，不愿意袖手旁观置之于不顾，而比较容易答应弱者的请求。当对方不愿意帮忙或者正犹豫不决的时候，我们不妨开口就"装可怜"，激起对方的保护欲，一旦对方觉得你的说法真实可信，他很有可能就会做出让步，答应你的请求。求人办事，要放得下面子，做个可怜人，以情乞悯，以达到自己的目的。

约翰固执地爱上了商人的女儿柯尼亚，但柯尼亚始终拒绝正眼看他，因为他是个古怪可笑的驼子。这天，约翰找到柯尼亚，鼓足勇气问："你相信姻缘天注定吗？"柯尼亚眼睛盯着天花板答了一句："相信。"然后反问他，"你相信吗？"他回答："我听说，每个男孩出生之前，上帝便会告诉他，将来要娶的是哪一个女孩。我出生的时候，未来的新娘便已经配给我了。上帝还告诉我，我的新娘是个驼子。我当即向上帝恳求'上帝啊，一个驼背的妇女将是个悲剧，求你把驼背赐给我，再将美貌留给我的新娘'。"当时，柯尼亚看着约翰的眼睛，并被内心深处的某些记忆搅乱了。她把手伸向他，之后成了他最挚爱的妻子。

约翰通过柔情的话语赢得了爱情，他的话语触碰到了柯尼亚心中最柔软的位置。在日常生活中，只要我们能够运用合适的说话技巧，就很有可能达到自己的目的。

1. 煽情需有度

虽然，"柔情攻略"这样的说话方式显得有点"煽情"，但是它却不失为是一种很好的说服对方给予帮助的方法。当然，如果你总是说一些有利于自己的话时，对方通常都会怀疑你所说的话，这时候不妨借他人之口，说自己之事，让别人来替你说话，这样来激发对方的同情心。

2. 软刀子更扎人

充满感情的话语是能够打动人心的，假如一个娇弱的女人能够有感情地提出自己的诉求，甚至把自己当下的难堪情境说一说，对方多少都会因为同情而给予你帮助的。在求人办事的过程中，我们需要以一个弱者的姿态来赢得对方的同情。当然，这里所说的示弱并不是真的示弱，只不过是以话语来博得对方的同情，以达到自己的目的。俗话说："软刀子更扎人。"这说的就是以话语来赚怜的说话技巧吧！

说话真诚，直入人心

曾经打败过拿破仑的库图佐夫，在给叶卡捷琳娜公主的信中说："您问我靠什么魅力凝聚着社交界如云的朋友，我的回答是'真实、真情和真诚'。"真诚，是说话成功的第一乐章，把话说得真诚，如此，话才足以动听，也才能够打动人心。白居易曾说："动人心者莫先乎于情。"隐藏在话语里的至真至诚往往能使"快者掀髯，愤者扼腕，悲者掩泣，羡者色飞"。把话说得漂亮，并不在于华丽辞藻的堆砌，而是话语里蕴含的真意、诚意。说话如果只求外表漂亮，而缺乏了其中的真诚，那么，它所开出的只能是无果之花，或许，这能欺骗别人的耳朵，但却无法欺骗别人的心。对于经常出入交际场合的女人，如果要想打动他人的心，就必须先使自己动情。

在日常生活中，说话流利、滔滔不绝、一泻千里，虽然语言表达十分流畅优美，但若是缺少了其中的真意诚意，那就失去了所有的吸引力。如此的说话就如同一束没有生命力的绢花，很美丽但不鲜活动人，缺少魅力。在说话过程中，我们首先应该想到的是如何把自己的真诚融入语言中，如何把自己的心意传达给他人，因为只有当对方感受到你的真诚的时候，他才会打开心门，接受我们表达的看法，而彼此之间才会有继续交流的机会。毕竟，只有把话说得真诚，话才会动人，也才会打动人心。

当公司规模还比较小的时候，王姐作为公司的领导，她总是亲自出门推销产品。而每次碰到砍价比较厉害的对手的时候，她总是真诚地说："我的公司只是一家小作坊，这大热天的，工人们在炽热的铁板上加工制作产品，汗流浃背，他们该是多辛苦啊，但是，一想到客户，他们依旧努力工作，好不容易制造出了这些产品。为了回报这些辛苦的工人，我们还是按照正常的利润计算方法，你看如何？"

听了这样真诚的话，客户开怀大笑，说："许多来找我推销产品的人在讨价还价的时候，总是说出种种不同的理由，但是你说得很不一样，句句都是在情理之中。我也能理解，你和你手下的工人都不容易，好吧，我就按你开出的价格买下来好了。"

王姐的成功，在于真诚的说话态度，她的话语充满了情感，描述了工人工作的辛苦、创业的艰辛。从表面上看，语言本身并无矫饰，异常的淳朴，但是，正是语言的真诚、自然，唤起了他人内心深切的同情。恰恰是王姐通过语言表达出来的真诚，换来了对方真诚的合作。在生活中，人与人之间应该以真诚相待，不管是朋友还是老板，当你袒露了自己的真诚，相应地，你也将收获对方给予的真诚。

北宋词人晏殊以说话真诚著称。就在晏殊十四岁的时候，有一次参加殿试，宋真

宗出了一道题。晏殊看到了试题之后，说："陛下，十天以前我已经做过这个题目了，就请陛下另外再出一个题目吧！"宋真宗见晏殊如此真诚，对他十分信任，并赐予了"同进士出身"。

晏殊在任职期间，其他大小官员都出去吃喝玩乐去了，他却在家里与朋友们闭门读书。有一次，宋真宗点名要晏殊担任辅佐太子，对此，许多大臣都很疑惑，怎么会点一个"同进士出身"的人呢？宋真宗说："近来大小官员经常出门吃喝玩乐，唯有晏殊与朋友们每天在家读书、书写文章，如此自我谨慎，难道不是最合适的人选吗？"晏殊听了，笑了，他向宋真宗谢恩，然后解释道："其实我也是一个喜欢游玩的人，但因家里贫穷无法出去，如果我有钱，也早就溜出去玩了。"宋真宗听了，十分赞叹晏殊说话的真诚，对他也就更加信任了。

美国总统林肯曾说："一滴蜂蜜要比一加仑胆汁能吸引更多的苍蝇。人也是如此，如果你想赢得人心，首先就要让他相信你是他最真诚的朋友。那样，就会像一滴蜂蜜吸引住他的心，也就是一条坦然大道，通往他的理性彼岸。"用真诚的话语打动人心，这本来就是最佳的沟通方式。

1. 唯有真诚的语言才能打动人心

著名演说家李燕杰说："在演说和一切艺术活动中，唯有真诚，才能使人怒；唯有真诚，才能使人怜；唯有真诚，才能使人信服。"生活中，与人交谈，贵在真诚。古人说得好："功成理定何神速，速在推心置人腹。"在语言交流过程中，只要我们捧出一颗至真至诚的心，对方何以不感动呢？说话的最终是为了沟通，为了打动人心，话语中的真诚无非就是打开对方心灵之门的钥匙。用自己的心去弹拨对方之心，

林肯

用自己的情去打动对方，如此，才能使听者闻其言，知其声，见其心。

2. 语言的关键在于是否表达了真诚

其实，在语言交流过程中，语言的真诚，不论对说话者还是对听者来说，都是极为重要的。说话的魅力，不在于说得多么流畅，多么滔滔不绝，而在于是否善于表达真诚。有着较高语言修养的女人，不见得一定是口若悬河的人，而是善于表达自己真诚实意的人。在语言交流中，如果你能用得体的语言来表达你的真诚，你就很容易赢得他人的信任，与他人建立融洽的关系。那么，对方就有可能会喜欢听你说话，或者

答应你提出的要求。而那些打动人心的真诚话语，才可以说是"一字千金"。

十五、遇事处变不惊，巧言妙语应对

玩笑间抹去尴尬，谈笑间打破窘局

在社交场合中，往往会遇到令人发窘的尴尬问题，在这种时候我们要学会处乱不惊，寻找从狼狈的境地中解脱的办法，将自己的思想调整到自由、活跃的状态，用机智的语言来为尴尬的各方打圆场，打破窘迫的局面。

每个人都希望自己在社交场合中做到从容不迫，但是现实却和理想有着很大的距离。在具体的交际中，我们经常会遇到一些让我们措手不及的突发状况。这时候往往会让每一个在场的人都感到异常尴尬，下不了台。如果僵持在那里，只顾及自己不自在的话，别人也会和我们一样感到压抑，最终也会让气氛变得十分凝重，也会让原本可以顺利办成的事情僵持在那里。一个会说话的人能够巧妙地运用一句玩笑话抹去意外发生的尴尬，改变人们的处境和心情，营造出一份特有的气氛，让社交场合重新回到欢快和愉悦当中。

金亚楠和老板陪一位外商用餐。老板热情地请外商点菜，备受感动的外商在看了菜单之后，一时兴起，说了句中国话"tu tou si"，讲完之后又朝着老板笑了笑。谁知老板却火冒三丈，当即指着外商大骂："你，洋鬼子死！"原来，外商在说"土豆丝"的时候因为发音不准被老板听成了"秃头死"，正好老板就是光头，外商的微笑也让老板误以为是嘲笑，因此就气冲冲地朝着外商大骂了起来。

当金亚楠告诉老板老外的真实意思时，老板顿时暗自后悔刚才的冲动。而外商对老板的斥骂感到不解，同时对他的粗鲁也面露愤怒。双方陷入了巨大的尴尬之中。

为了避免这次因误会而错失的机会，金亚楠便用英语向对方解释道："在我们中国有'打是亲，骂是爱'的俗语，刚才我们老总的行为其实是事先精心安排好的，他并不是要骂您，而是一种示好的方法。可能是因为您对中国文化不太了解的缘故，对他的举止感到不喜欢……"

外商听到之后，转怒为喜，笑着说："这实在是太有趣了，不过，我可不可以不死啊？我还以为你们老板不喜欢吃'秃头死'呢……"外商发出阵阵爽朗的笑声，而老板听到"秃头死"这三个字却总感到不舒服。

金亚楠便继续开玩笑说："我们老总很喜欢'秃头'，就是不喜欢'秃头死'啊！"

"哈哈，那就只喜欢'秃头'好了，'秃头'真的是很不错的！"外商继续哈哈大笑着，老板的脸色也缓和了许多。

面对突发性的事件，没有任何人能够做好事先的准备。而交际场合中尴尬窘迫的现象又是时常发生并且表现不一的，因此，在我们处理这些尴尬的事件时，一定不能拘泥于某个固定的模式，而是要善于分析和思考，从而做出具体的恰当的反应，只有这样才能化窘迫为谈笑，化尴尬为正常。

以下三种方法只是作为参考：

1. 转移话题

在交际场合中，往往会遇到一些比较严肃的话题，交际的双方难以在这些事情上达成一致的意见，从而阻碍交谈的正常进行。那么在这个时候，就要刻意地去回避一下，将谈话转移到其他的话题上去，用一些轻松愉快的谈话内容来改变一下紧张的局面，转移双方的注意力。这样就能有意识地将意见分歧较大的话题淡化，让原来僵持的场面重新变得宽松愉悦起来，把给双方心理带来的负面影响降到最低的范围之内。

2. 给对方寻找台阶

社交场合的窘困局面，并不仅仅是因为意见分歧较大的事情所导致，还有的时候是因为一些人对客观时间地点环境因素的疏忽，讲出的话明显地不合时宜，从而造成了整个交际场合的难堪和尴尬。在这种事情出现的时候，对不合时宜的谈话内容进行大声地斥责只会让局面更加尴尬。最行之有效的方法，就是转化一下角度，将这一话题说下去，来为那些有悖常理的话进行合理的解释，寻找其立足的理由。这样一来，不仅有效地解除了尴尬局面，更能让对方对你充满感激，从而从心里愿意和你进行长久的交往。

3. 善意曲解，消除误会

在交际场合中，交谈双方难免会因为一时的疏忽而说出一些不合时宜或者是带有歧义的话，从而让别人产生误解，心理上感到不愉快。在这个时候，直接的解释往往起不到太大的作用，倒不如采取故意曲解的方法，对那些不合时宜的话装作不知其意，而是顺着这个话题继续说下去，从善意的角度进行解释或者打圆场。这种看则无心实则刻意地去接话方法，会很快地将局面朝着有力的方向引导和转化。那些尴尬的局面也将会随着故意的曲解而不复存在。

为自己"开脱"，也是一种智慧

在遇到尴尬场面的时候，并不是每一次都能够有人出来为你打圆场，替你开脱。

要想让自己摆脱窘迫的场面，就应该依靠你的聪明才智来为自己开脱。

生活千变万化，什么样子的怪问题都可能遇到，而对付这些怪问题的方法，就是做出迅速灵巧的变通，千万不可以被对方的问题困死陷于被动。当你被人刁难的时候，你可以给人似是而非，雾里看花的感觉，可以用"大约、最近、前后、方便的话"等词汇来解决这些问题，为自己开脱。

在一次巡游江南的时候，雍正皇帝和刘墨林来到苏州看到了一尊弥勒佛。雍正皇帝突然指着佛像问："他为什么对着我笑呢？"这个问题有点难以回答，毕竟佛像见了谁都是一脸笑容可掬的样子，但是刘墨林又不能直说，否则就显得自己没水平。于是他就回答说皇帝是文殊菩萨转世，是当今活佛，佛见佛故笑。刘墨林原以为雍正皇帝会为此开怀大笑的，不曾想，皇帝话锋一转又问他："那么，为什么佛见了你也笑呢？"刘墨林不愧为大才子，十分机敏地回答道："佛是在嘲笑臣成不了佛。"

刘墨林由于刚刚说了佛见佛笑，如果依然这样回答的话，那么他自己也就成了佛，有和皇帝平起平坐的意思，说不好会有诛九族的大罪，因此就把佛的笑说成了是对他的嘲笑，既巧妙地让自己开脱，又给皇帝戴了一顶大大的高帽。

在千变万化的生活中，我们会经常遇到让自己感到为难的问题，如果不去回答的话，显得自己没有礼貌，选择面对的话却有可能会给自己带来一些伤害，那么，就要学会巧妙地为自己开脱。

一般来说，为自己开脱的方式不外乎以下几点：

1. 模糊回答

有些问题让你感到不好意思说出口的时候，你可以用模糊的语言来进行回答，这样既能不失礼数，又能很好地维护自己的面子。比如有一个目不识丁的人，有人问他："你是否读过《十日谈》？"他就回答："最近不曾"。其实这只不过是一种遁词罢了，实际上他根本就不曾知道有这么一本书。还有一次，别人问他是否看过《莎士比亚全集》，他就回答说"英文没读过。"这样就会给人一种误解，他比较了解莎士比亚的作品，能够读懂英文，但是时间太忙，只是看了别人的翻译，等以后抽时间再去读原汁原味的莎士比亚。此言一出，别人不禁对他肃然起敬。

2. 暗示性语言回答

有时候别人向你问话的时候，你感觉如果直言相告可能会让他难以接受，如果不回答的话又说不过去，那么你就不妨讲一些暗示性的话语，做到既能让对方了解事情的真相，又能巧妙地让你得到开脱。

在宋朝时期，有一个叫孙山的人和一个同乡一起上京赶考。到了发榜的那一天，孙山考中了进士，不过是最后一名，而他的同乡却落榜了。后来，他的同乡感觉脸上无光，就留在了京城，而孙山则回到了家里。回到家后，那位同乡的父亲急切地向他打听儿子是否考中。孙山觉得，如果直言相告的话，同乡的父亲可能难以接受，自己也可能会落一个得意忘形的评价，于是他就随口念了两句诗给那位同乡的父亲听："解名尽处是孙山，贤郎更在孙山外。"那位同乡的父亲听后，明白了他的意思，就转身走了。

3. 故意装糊涂

在和别人交谈的时候，如果老老实实地回答别人的问题，很可能就会陷入对方设置的陷阱之中，让你无法下台。在这种情况下，你不妨装作没有听懂，用糊涂的回答来应对别有用心的提问。

在一次记者招待会上，有一个外国记者问王蒙："请问，20世纪50年代的您和80年代的您有什么不同和相同的地方吗？"这位记者是别有用心的，他提问的用意可以说是路人皆知。这时候王蒙却从容不迫地回答说："我在20世纪50年代的名字叫王蒙，在80年代也叫王蒙，这是相同的地方，但不同的是，当时我才20多岁，现在却已经年过半百了。"

记者提问的目的是让王蒙谈一下对中国国内改革形势的感受，又不好直冲冲地进行提问，就给王蒙一个限定的年代的范围，而王蒙却故意曲解对方的本意，只从自己的年龄变化上来回答问题。这个回答是无懈可击的，既给了对方一个答案，又没有给对方任何有效的信息，还不能让他抓出破绽。

避开"敏感区"，别让对方下不来台

心理学家们通过研究发现，每个人都有着自己特殊的"敏感区"，这个敏感区域包括个人的隐私过错以及自尊和做事底线等。每个人都不愿意在别人面前过多地暴露出个人的隐私或者以前的错误，更不愿意让个人的尊严受到别人的伤害。因此我们在交际活动中，一定要注意不要触及对方的敏感区，更不要让对方觉得当众受到侮辱。哪怕是为了改正别人的缺点而进行必要的劝说，也要注意正确的方式和方法。

《菜根谭》里有这样一句话很有道理："径路窄处，留一步与人行；滋味浓时，减三分让人尝。"这句话的意思就是在告诉我们，做什么事情都要先考虑一下别人，而作为日常生活中必不可缺的说话更要如此，一定要坚持一个原则，不能够在别人面前口无遮拦，更不能为了一时的心直口快而侵犯别人的隐私，进入别人的敏感区，让别人下不了台。

王小姐是一家公司的员工，担任文秘工作。她是一个聪明伶俐的小女孩，总能给别人提供真诚和无私的帮助。但是，像这样一个有着很多优点的小女孩，却无论如何也不能获得别人的喜欢，相反的，还有不少人在远远地躲着她，在一些朋友聚会中也会故意"忘记"招呼她。这主要是因为王小姐的性格比较爽朗，经常喜欢开一些恶作剧的玩笑，常常让朋友们感觉下不了台。

有一次休息的时候，她的一位同事神秘地说："你们看看这张照片是谁的？"等大家挤过来看的时候才发现是一个橘子皮，顿时就感觉索然寡味，都退回到了自己的座位上，而王小姐却大呼小叫地说："你拿李建的照片做什么？"这下子，李建感觉受到了莫大的侮辱，气得涨红了脸，而一些好事的同事就给他起了个"橘子皮"的外号。从此之后，李建见到王小姐就远远地躲开了。

还有一次，一个同事穿着一身新西装来到公司，别人都微笑友好地对他说："您今天可是真精神啊，这件衣服很适合你。"这时候王小姐又口无遮拦地说："你这件衣服也太不上档次了吧，是不是今年的款式还说不准呢。"那位同事对服装是十分讲究的，听王小姐这么一说，脸色顿时变得铁青。

王小姐不仅对同事这样，对老板也同样如此。有一次，老板和客户签协议，客户看到老板龙飞凤舞的签名之后，夸奖道："您的签名可是真气派呀。"老板刚想谦虚几句，没想到王小姐却不知趣地抢过话头："我们老板练了三个多月了，能不气派吗？"此言一出，让老板和客户都陷入了巨大的尴尬之中。

王小姐之所以不被朋友们所欢迎，原因就在于她不懂得如何去尊重别人，以为讲一些肆无忌惮的话能够活跃气氛，无伤大雅，而最终的结果却表明了她的做法和想法是错误的。每个人都有着自己的性格，各自所敏感的东西也会与众不同，我们在交际中一定要注意尊重对方的人格，在谈吐之间尽量不要涉及对方的敏感地带。

我们应该在以下几个方面多注意：

1. 可以适当地开玩笑，但是不能以讽刺他人为目的

玩笑话一般能起到活跃气氛、缓和人际关系的作用，但是有些人在开玩笑的时候不懂得适度的原则，喜欢讽刺、攻击、责怪他人，尽管可能会引起短暂的笑声，却给被嘲笑者的心理上留下巨大的阴影，甚至会造成一些意想不到的后果，让本来十分宽松的气氛显得过于紧张和难堪。

2. 任何谈话都不要涉及他人的隐私

无论处在任何场合下，也无论对方和自己是多么的熟悉，都不要在交谈的内容中涉及对方的隐私。俗话说"言者无意听者有心"，有时一句无心的话，在别人听来可能

就是一种讽刺和侮辱，从而对你产生极其恶劣的印象。

3. 千万不要拿别人的短处来说事

在社交场合总有那么一些人，喜欢用别人的生理缺陷和生活缺陷来当谈资，作为炫耀自己的一种方式。比如说些"你的头上没有头发，是不是想无法无天啊""你那几个月不洗的臭脚可以熏死一屋子人啊"等，这样就会让别人对他产生很大的厌烦情绪，从内心里也不愿意和这种人打交道。

好好做自己，不要在意他人的评说

在生活中，我们经常会遇到一些不顺心的事情，比如自己的正确意见不被别人接受，个人的做事方式难以取得别人的理解等，这些不愉快往往会把我们推进十分尴尬窘迫的境地。每当碰到这种情形的时候，有的人会沉不住气，要么为自己的意见和建议进行大声地争辩，要么指责别人的迂腐或者是别有用心的破坏。当一个人采取这种方式的时候，就会显示出手忙脚乱、情绪失控等表现，这样只会使事情更加恶化，却不会使问题得到最终的解决。既然这样只能给别人留下笑柄，那么我们倒不如改用沉默的态度来对待它。当你采用沉默的态度时，就能够显示出你的不在乎和不介意，也就能够在气势上征服对方。我们应该知道，只有缺乏实力没有信心的人才会十分看重别人的脸色和评论，而真正的强者，却是不会介意任何外在因素的。

赵普是北宋时期著名的政治家，是宋太祖和宋太宗时期的宰相。他在做宰相期间，经常向皇帝推荐有才能的人担任官职。

有一次，赵普向宋太祖推荐一名有能力的官员，但是太祖并没有采纳他的建议。赵普并没有知难而退，第二天上朝的时候又将举荐的奏折递了上去，宋太祖依然没有答应。

赵普仍然没有放弃，在第三天的时候又把举荐奏折递了上去。太祖看到他连续三天都上同样的折子，感到十分愤怒，怒气冲冲地把奏折撕了个粉碎，咆哮着说："你只是一名宰相，并不是皇帝，要不这大宋的江山交给你来管算啦！"满朝文武听了，都为赵普捏了一把汗，而赵普却并没有表现出丝毫的慌乱，也没有进行辩解，只是默默地把那些撕碎的纸片一一捡起来，回到家里仔细地粘好。到了第四天上朝的时候，他将粘好的奏折恭恭敬敬地递到龙案上，静静地等待太祖的批复。

太祖知道拗不过他，只好长叹一声，准了他的折子。

事后，太祖就问赵普说："如果我当时还是不批准你的折子，你会怎么办呢？"

赵普回答说："如果您不批准的话，我还是会上奏这件事的。"

太祖笑问："难道你就不怕我杀了你吗?"

赵普说："陛下一再强调任人唯贤,臣是按您的旨意办事,自然内心无愧。何况,陛下是尧舜之君,并非残暴好杀之人,故而臣也没有任何害怕的地方。"

太祖听了,不由得大笑起来,又对赵普的忠心耿耿进行了一番夸奖。

古希腊有一句民谚说:"聪明的人,借助经验说话,而更聪明的人,根据经验不说话。"赵普就是那一个更聪明的人。在宋太祖的盛怒之下,他如果旁征博引、引经据典地讲一些大道理,后果可能不堪设想。因此,沉默是一种品格,沉默也是一种境界,沉默使人获得力量,沉默的人生是智慧的人生,沉默的境界是有力量的境界。

有些人在交际生活中,无法接受口舌上的失利,总要做出拍案而起的动作,这样或许能显示出一个人的血性,但更多表现的却是不成熟和好冲动的心理特征。这样的做派,或许能在争论中占上风,但却失去了风度,最终必将是得不偿失。

在工作和生活中的一些交际场合里,面对尴尬和窘迫以及慌乱的场景,如果我们做不到泰山崩于前而色不变的境界,那么就不妨克制一下自己,做到以下三点:

1. 不失礼

交际场合是最注重礼节的地方,哪怕处在盛怒之中,也要保持一定的礼节,以表现出你的修养和心胸。比如,当别人在你面前说些刺耳的话时,你不能因为怒火中烧而对别人恶言相加,更不能有饱以老拳的粗鲁行为,最佳的选择是沉默和冷静,如果做不到这一点的话,可以运用口才的技巧进行得体的反驳和纠正,只有这样才会消除别人对你的误解或者捉弄。如果用失礼的行为去对待的话,只会起到越描越黑的负面效果。

2. 不失态

当一些不如意的事情出现在你身边的时候,从很大程度上来说,这也是一次见证你人生态度和处事修养的机会。言语上的不合或者事情上的不顺心给一个人内心带来的波动是很正常的现象;当然面部表情发生相应的变化也在情理之中。不过,凡事都需要讲究一个度,我们应该学会控制自己的情绪,不能让面部表情处于阴晴不定的状态,努力做到喜怒不形于色。因为一个人的失态,就表明了感情冲动难以控制,更表明了一个人思想上的不成熟。失态之后做出的种种举动,在别人看来,是十分幼稚和荒唐的,经常处于感情失控状态下的人,在交际场合中也就很难受到别人的欢迎。

3. 不失言

失言和失态是因果的关系。人很容易在失态的张狂下口不择言,对别人恶言相加,从而造成严重的后果。人们常说"口舌如利剑"，一些不合时宜的言语很容易伤害到别人的感情，更会给自己带来无尽的麻烦。因此，在尴尬窘迫的处境中，你应该控制自己的情绪，哪怕有任何正当的理由，也要在停顿一分钟之后说出你要说的话，只有这样，才不会"祸从口出"，给自己惹下麻烦。

临危不乱，冷静应对麻烦事

处境不变、临危不乱是一个成功者的必备素质。一个成熟的人绝不会因为一些外部环境的变化而显得惊慌失措，他们能够让自己保持镇静，经过快速的思考之后做出迅速地决断，采取正确的行动去改变不利的客观现实。

公元 383 年，前秦皇帝苻坚率领百万大军南下，扬言数日之内吞并东晋，一统天下。消息传到建康之后，朝廷上下一片恐慌。作为宰相的谢安却没有表现出丝毫的慌乱，镇定自若地派谢石、谢玄等人率领八万北府军前去迎敌。当时有些人害怕建康不保，准备派精锐部队保卫京师。却被谢安拒绝了，别人问他这样做的理由，谢安却笑而不答。谢安心里明白，苻坚虽然来势汹汹，但却内部矛盾重重，百万大军之中都有厌战情绪，没有多少战斗力，这次必将大败而归。

谢玄在出发之前，心中忐忑不安，向谢安询问对策，谢安只是淡淡地回答了一句"一切我都安排好了"，之后便绝口不提军事。谢玄心里还是没底，又派部将张玄去打听，谢安依然没有回答，反而邀他下起棋来。此时的前秦军队已经到达了长江边上，张玄心里十分恐慌，在下棋的时候想着前方的战事，结果屡屡败在了神气安然的谢安手里。

后来，晋军大捷的战报传来，谢安依然在和别人下棋。他看完战报之后，不动声色地把它放在了一边。客人忍不住问他，谢安的回答依然是淡淡的："没什么，孩儿们已经破敌了。"一直到下完棋，客人告辞之后，谢安才抑制不住心头的喜悦，高兴地走回家中，却没有发现他木屐底上的屐齿已经断了。

在大军压境之下，养尊处优已久的满朝文武大臣们都成了热锅上的蚂蚁，每个人都陷入了空前的恐慌之中。身为宰相的谢安能够处事不乱，坦然地面对这巨大的变故，这并不是他的故作玄虚，更不是因为他做了一些"夜观天象"准备，而是他对前秦的国情了如指掌，对这场战争也早就有了胜算。如此胜算，并非是他拥有料事如神的本领，而是源于他个人的知识积累和思考分析能力。

俗话说："仓中有粮，心里不慌。"每个人都渴望在纷杂的外相之中认识事物的本质，做出正确的推算，让自己的谈吐做到一语惊人、一语中的，但是这种本领却并不

是来自先天的遗传，而是来自后天的锻炼。这种"君子不言，言必有中"的口才是以足够的个人修养和文化底蕴作为基础的。如果你想成为这方面的人才，就不妨从提高个人的素养、开发个人的潜能入手，做一个胸有成竹的谈话者。

如何让自己"仓中有粮"做一个成竹在胸的谈话者呢？以下几条可以作为参考：

1. 广泛地阅读

古人有言"家事国事天下事，事事关心"，那么要想成为一个关心天下事的人，就要进行广泛的阅读。从报纸、杂志、书本上了解社会动态、国家大事，通过对这些动态和变化的了解和思考，来提升你的分析能力和辨别能力。

在日常生活中，我们每天都要和报纸杂志打交道，那么在阅读的时候，最好养成做笔记的习惯，把一些好的句子和观点记下来，哪怕是每天只记上一两句，但是随着时间的推移，就会积土成山，你的文化修养也就有了显著的提高。文化修养得到提升之后，看问题就能更深刻，就能够通过现象认识本质，从而在谈论一些问题的时候也就避免了盲目和肤浅。

2. 积累名言警句

名言警句虽然字数比较少，但却能很精炼地指出一些东西，表明一个道理。短小的名言警句是前人在经过深思熟虑之后提炼出的精华，我们不能因为它的篇幅较小而去忽视它。在听别人说话或者是看书的时候，多注意积累一下这方面的知识，久而久之，你的谈话题材和资料就会越来越多，分析能力也会越来越强，口才也就会越来越成熟。

3. 关注日常生活，勤于思考，提高判断力

生活是一本读不完的书，也是一切知识和思想的根源。因此，在平常的生活中，要注重对生活的观察和思考，身边的事情无论大小，都要进行有目的的关注，这样才能吸取自己所需要的东西。在和别人谈话的时候，不要停留在客气的层面上，要注重倾听，因为，每个人都有自己的闪光点，通过别人的谈话，你也可以学到很多个人需要的东西。只有注意对生活的观察和思考，才能有更好的知识积累，培养你在言谈之中的分析能力和辨别能力。所谓"厚积薄发"，正是这个道理。

三言两语让取笑者自取其辱

在生活中，我们会遇到一些自高自大者的讥笑和嘲讽，为了捍卫我们自己的尊严，我们就要采取一定的应对措施对其进行反驳，让取笑者折服，不敢再小瞧自己。正确的方法，不仅能够化解自己的尴尬，还会让一心想看我们笑话的人处于窘迫的境地中

而自食其果，自取其辱。

有一个农民大爷骑着毛驴进城赶集。路边的西瓜摊上有一个年轻人正在吃西瓜，那位年轻人见了他大声地招呼说："喂，天气这么热，你干脆停下来休息一会儿，过来吃块西瓜吧，我请客！"大爷不认识这个年轻人，听他这么一说，就客气地回答说："谢谢你的好意了，我还要忙着赶路呢，西瓜就不吃了。"谁知那个年轻人却斜着眼，怪腔怪调地说："哎哟喂，老爷子，我是在问驴呢，你搭的哪门子腔？"大爷一听，非常气愤。他跳下驴，照准驴脸就左右开打，"啪啪"地打了几巴掌，边打边骂："你这头爱撒谎的驴，出门的时候我问你城里有男朋友吗，你说没有。你没有男朋友，人家为什么会请你吃西瓜？"那个年轻人听了，脸上挂不住，只好灰溜溜地逃跑了。

那个小伙子本来是想用驴来取笑一下大爷，没想到自己却成了驴的"男朋友"，最终落了个自取其辱。

面对别人的提弄和取笑，我们既不能默不作声，又不能因为愤怒而丧失了理智，应该选择正确得当的方法进行有力的反击。

1. 反唇相讥

反唇相讥绝不是简单地以牙还牙，而是在别人说出侮辱性的话语时，抓住对方的一句话或者是一个词语、一个比喻的漏洞，运用对方错误的语言逻辑，将一些侮辱和讽刺性的话来反赠与他，让他推辞不得而又哑口无言，搬起石头砸自己的脚。

2. 扬长避短

由于别人的取笑都有一种先发制人的优势，被取笑者在一开始的时候就会处于不利的地位，在这个时候，就要充分地发挥自己的长处，去攻击对方的短处，那么就会很快地将劣势转化为优势，将被动转化为主动，也就会让取笑你的人很快地处于下风。

1984年，73岁的里根参加美国总统竞选。他的竞选对手嘲笑他老态龙钟，绝不会有大的作为。而里根却幽默地应对说："我之所以对总统大选充满信心，就是因为我的对手太年轻而没有经验。"

里根的这一巧妙反驳，将年龄大和经验多联系在了一起，从而消除了年龄大给他带来的不利局面，也就让对方的嘲讽失去了立足之地。

3. 先冒犯，再狡辩

有时候，我们会面对一些地位较高的人的提弄与嘲笑，在两者身份地位不相称的时候，不妨先硬碰硬一次，之后再进行一番花言巧语的辩解，做到既能维护个人的尊严，又让对方觉察出自己的错误，从而改变对你的态度。一般情况下，狡辩是比较令人反感的，这种形式也多是在不得已而为之的情况下才会采用。

颜触拜见齐宣王的时候，齐宣王为了打掉他的威风，就坐在大殿上，用倨傲嘲笑的姿态如唤宠物般的口气说："触，走过来！"

齐宣王的这种态度是十分无礼的，颜感触到十分尴尬，为了捍卫自己的尊严，他就学着宣王的口气说："王，走过来！"

齐宣王听了，怒不可遏，对颜触呵斥道："寡人是君，你是臣，你有资格叫我走过去吗？"

里根

颜触辩道："说起道理来应该这样，因为我果真走过去，那是仰慕王的势利，而我叫王走过来，是让王表示他趋奉贤士。如果叫我做仰慕势利的事，还不如让王做趋奉贤人的君主好啊！"齐宣王听后觉得有道理，也感觉到了自己的错误，就亲自走下殿来，邀请颜触进去。

当我们面对别人的嘲笑时，如果怒气冲天，不仅不利于事情的解决，反而还有可能落入别人预先设定的圈套中，也会危害到自己的形象。如果选择躲避和忍让，就会让对方觉得你是个软弱可欺的人，从而变本加厉地去嘲笑捉弄你。这个时候，你就要运用正确的语言艺术来应对，让对方自食苦果，自取其辱。

十六、良言诤语暖心，方可劝慰他人

理解他人苦恼，把话说到心里去

"给不幸的人送去最贴心的安慰，是一个女人的美德。"女人善解人意，语言温婉动人，往往能够带给不幸的人温暖和慰藉，减轻他人痛苦。人生的道路往往逆境多于顺境，坎坎坷坷，苦恼最是难免，除了当事人需要自我调节，还需要朋友最贴心的安慰。人们往往很难忘记曾经和自己一起分担痛苦、在不幸中给自己温暖和力量的那个人，女人要学会担当这一角色，才能有更多的患难与共的真心朋友，关键时刻才能获得更多的帮助和关怀。

然而，并不是所有安慰的话都可以让人感动，只有掌握一定的技巧，才能说得贴心，让人感到欣慰和感激，怎样给不幸的人送去最贴心的问候呢？首先要站在对方的角度，理解他人的苦恼，才能说到对方心里去。

1. 多倾听对方的苦恼

安慰一个人，听比说更重要，很多人并不需要你的安慰和帮助，只是需要一个静静听他诉说的人。聆听时最好不要追问事情的前因后果，也不要急于去做判断，给对方一定的自由空间，让他去诉说自己的感受，更能分散苦闷的心情。

某女孩和老公吵架，向闺蜜诉说她的烦恼，其实，吵架的原因并不重要，也不大，主要是女孩子身在外地，总觉得孤单，心理敏感，感觉老公和家人合伙欺负她。这种因为远离家人和好友，远离熟悉的人，而产生的孤独、郁闷和委屈是很多新婚的年轻女人都体会过的。朋友只是静静听她反复诉说，然后告诉她自己也有过这种感受"事不大，但感觉特别委屈，特别想流泪。"一下子说到了女孩子的心坎里。

2. 理解他人苦恼

由于生活实践、家庭背景、所受教育的不同，每个人对苦恼都有不同的理解，在有些人眼中很严重的事，在另一些人眼中似乎"不值一提"。当试图安慰一个人时，首先要理解对方的苦恼，接纳对方的世界，不要迫不及待地提出自己的见解，还更不要对对方的感受妄加评断。安慰者必须先放弃自己根深蒂固的成见，真正站在对方的角度去看他所面临的问题，走进对方的内心世界，才能对对方的痛苦感同身受。

3. 用真情实意的关怀贴心问候对方

贴心的问候，往往能一下说到对方的心坎里，安慰时最好先问别人的感觉，比如"你感觉好些吗？我能为你做点什么？"或者"你愿意和我说说发生了什么吗？说不定我能帮上你"。这些贴心的关怀性语言可以让对方感觉到你真诚的关心，和帮助对方的意愿，从而让对方内心充满温暖。

切忌一些缺少感情色彩的僵硬安慰，比如"不要担心""不要难过""一切都会好起来的""勇敢点""请节哀"等这类套话因为司空见惯，而缺少关怀，往往很难真正打动人心。

纽约怀特普兰的一名心理治疗专家露斯·罗森菲尔德说："别拿你的情绪去影响他——更别指望让他接受。你需要做的就是认真倾听，接受你朋友的情感，理解这种情感。"唯有理解，才更贴心，唯有理解和关怀，才能让朋友感到温暖和力量。

表达理解，说最贴心的话

被戴安娜王妃誉为"洁白的小天鹅"的英国著名童星艾莉在 12 岁时患上骨癌，准备截肢。手术前亲朋好友和热心观众都闻讯来探望、安慰她。有的说："别难过，说不准还会出现奇迹，还有机会慢慢站进来呢！"那个说："你是个坚强的孩子，一定要挺

住，我们都在为你祈祷。"艾莉一言不发，默默地向所有的人有礼貌地以微笑致谢。戴安娜也来到了小艾莉的病床前，她把艾莉搂进怀里说："好孩子，我知道你一定很伤心，痛痛快快地哭吧，哭够了再说。"艾莉一下子泪如泉涌。自从得了病以后，什么样的安慰话都听过，就是没有人这么说过，艾莉觉得最能体贴、理解她的就是这样的话！

最能宽慰一个人的话就是对自己情感的理解和感同身受，这样的话往往使不幸者感受到自己找到了一个"同盟者"，一个最能体会自己内心感受的人。怎样表达自己对不幸者的理解来宽慰对方的心呢？

1. 不要直接表达"理解"

很多人安慰别人时通常会说"你的心情，我理解，但一切都会过去的"或者"我理解你的心情，因为我也曾经……"这些不痛不痒的话不会带给不幸人任何的温暖和贴心的感觉，相反啰唆自己曾经的经历和如今的平静心情还会招致反感。

2. 把你理解的感受讲出来

比如"你一定非常痛苦""你很郁闷吧""其实也知道没什么，还是感到特害怕，是吧？""觉得特委屈，是吗？"或者把对方内心的隐秘感觉讲出来"你是不是很担心，很焦虑？放心吧，等真正事到临头了，你反而会镇静下来，这个我有体验。"对方的心往往能够放松下来。

3. 帮对方分析原因

如果能够分析对方沮丧情绪的原因，安慰起来就能事半功倍。比如一个女人离婚了，很难过，但很多朋友安慰都无效。她的某个知心好友则开导她"你是不是觉得自己拴不住老公的心，怕被别人笑话？你是不是觉得男人被别人抢了特不甘心？我反而觉得离婚对你来说是种解脱。"经过朋友的一番分析，女人也觉得自己是"当局者迷"，自己对上一段婚姻没有那么留恋，不过是不甘心而已，也就走出了离婚的阴影。

4. 提供有效的方法

比如戴安娜安慰中有一句"痛痛快快地哭吧，哭够了就好了"。理解别人的情绪，那么怎样对付这种情绪呢？不妨准备两三个好用的小招数，面对刚刚跟男友分手的小姐妹，"别郁闷了，咱们一起逛逛街去吧，买两条新裙子，把自己打扮得漂漂亮亮的，心情好了，眼睛更亮，咱再挑更好的。"当然，挑选的小招数最好能够投其所好，和对方的性格相合。否则，对方哭得跟泪人似的，劝她"别伤心了，打场球就好了"肯定是没用。对方是焦灼还是郁闷，是伤心还是痛苦，是恐惧还是担心，不同的情绪有不同的应对招数。了解朋友的心情和性格，才能说出最贴心的话，才能宽慰对方。

作为朋友，把自己对于不幸者的心情的理解讲出来，也许就能帮助他们透过迷雾看清自己真正的情绪和伤心的原因，才能更快走出人生的迷雾。

巧妙劝慰失意之人

面对人生中的不如意，不同的人心理是不同的，但相同的一点是：如果他们面对比他们幸运的人，会产生自怨、气馁、灰心、丧气的复杂感觉，这就是为什么不要在失意的人面前说得意的话。而面对比他们更加不如意的人他们则会产生自得、幸运的感觉，失望、消极的情绪自然被"知足"取而代之。

所以安慰一个受到挫折、情绪沮丧的人，不妨诉说他人的烦恼、痛苦，采用这种"比下有余"的方法，也会让他们暂时从失意中解脱出来，继而产生"幸好我还没有到那个地步""比起他们来，我这点挫折又算什么"的感觉，从而冲淡他们的失意感，使之更加振奋。

这种方式的安慰要怎样表达更有效呢？

1. 语气要诚恳、同情

叙述别人遇到的麻烦，态度应该诚恳，同时要表示自己的同情和无能为力的遗憾，否则会被朋友误会你对第三者的麻烦感到幸灾乐祸，从而疑心对自己也存在幸灾乐祸看热闹的心理。千万不要说"他当时比你现在还惨""可怜他就没你这样的好运气了……"这样直接的比较之言会让对方非常反感。可以说"听说某某也和你有过同样的经历……"然后直接把对方遭遇到的麻烦、困难叙述出来，不要与被安慰人做比较，更不要说"再看看你，这点小事算什么？"最后不妨提点对方一句"你是不是应该乐观点？"

2. 可以对比着说

不是两个人的对比，而是第三者痛苦经历和现状对比着说，比如先叙述对方曾经遭遇的挫折，再说现在他生活得很好，功成名就，然后归结为"所以说，天将降大任于斯人也，必先苦其心志，这点麻烦，其实就是对你的一个考验，可见你以后是要有大成就的。""你看自古一帆风顺的，哪个能有大的业绩，哪个功成名就的人，不是经过大风大浪的？你现在若能闯过风浪，必然能否极泰来。"或者"我相信你也能像他一样闯过风雨。"

3. 切忌"知足常乐"式的表达

安慰一个人是为了使之平和快乐，如果只是讲一讲别人的痛苦经历，然后希望对方"知足常乐"或者"你还是幸运的，有什么不满足呢？"就会使对方陷入安于现状、不思进取的陷阱，就失去了安慰的意义。一定要在劝慰中让对方看到自己的优势和长处，让对方看到希望，以图东山再起。比如"我觉得，你在某方面还是比他明智的，所以没他栽那么大跟头，以后肯定还有更多机会。"就是比较好的一种劝慰语言。

总之，让一个人意识到自己是幸运儿的方法，就是让他看到比他更不幸的人，失意对比更失意，就会有一种对比的自得，这种自得往往也能产生一种力量，带一个人走出人生的低谷。

用积极阳光的言语安慰病人

人在生病的时候，往往会焦躁、沮丧、情绪低落，经常心烦意乱或胡思乱想。整天面对医院枯燥的白色，也往往会使人陷入慌乱，如果能用生动阳光的语言给对方的生活增添些乐趣和希望，他们的心情就会稍微好转。但想要真正达到安慰病人的目的，则必须讨巧，讲究一些谈话技巧也是有必要的。

1. 交谈要有针对性

一般和病人或者家属的交谈，离不开对病情和养生之术的探讨，事先对病人的病况、情绪、相关疾病的保养有所了解，安慰就会更有针对性。比如有些病人对自己所患疾病是否能治愈没有信心，可以多介绍其他相类似疾病病愈的例子，让患者相信医生，就可以减少忧虑。有些病人则对经济负担过于看重，可以介绍一些实际的办法，比如争取医保、单位补助、大病保险的预付等能分散病人的担忧，也可劝慰对方"着眼健康""不彻底治愈反而会反复花费更多费用"。如果病人只是厌烦医院枯燥的生活，可以多讲些有趣的事，多闲聊，也可帮对方带些书籍、刊物、手工编织等对方喜欢的消遣时光的物品。

2. 真诚、坦率安慰别人

病中的人情绪会更加敏感，最好不要用怜悯、紧张、隐秘的方式谈话，否则，病人会以为自己的病情有什么"内情"，对病愈反而不利。诚恳地劝慰对方保重身体，技巧就在于交谈时的音量要恰当不要过低，语气要温和真挚而不怜悯嘲笑，用词婉转而不令人生疑。尽量让患者以为你探望之后，为他感到愉快，心情轻松，真心为他病情好转而高兴，这样更有利于减轻病人的心理压力。

3. 多谈一些开心的事情

从患者单位的事情、家中的事情或者他关心的事情中，挑选一些轻松愉悦地讲给对方听，或者征询患者的意见，都可以让对方感到自己受重视，感到家庭、单位离不开自己，才能更有利于患者的恢复。很多同事在探望病人时往往会安慰对方"单位的事不用你担心，有我们呢，你好好养病"反而让病人觉得自己无足轻重或者自己将因为疾病而被替代，加重患者的思想负担，于病情更加不利。

4. 尽量轻描淡写放轻松

谈论患者的病情时，要尽量轻描淡写，放轻松点，不要语气沉重，更忌窃窃耳语，更不能与其谈论有可能增加忧虑和不安的消息与话题。可以说："多幸运呀，我也想生点小病，好好地休息几天。"或者"这点小病痛，有几天就又能活蹦乱跳了，我们还等着你给我们唱歌呢！""你真幸运，最近我们忙得脚不沾地了。"让对方的心情不自觉地就轻松愉快起来。

总之，探望病人时一定要懂得什么话可以说什么话不可以说，应该怎样说，让对方感到更温暖，才能达到鼓励病人与病魔做斗争的信心，也才能让病人真正感激你。

温和贴心的语言减轻对方悲伤

人生在世，命运神秘莫测，不如意事八九，面对痛失亲人爱侣、失恋、失业等不幸和痛苦，我们常常需要朋友的安慰帮我们洗脱悲伤，对方也一样。对着那些悲伤的面孔，我们常常会觉得无助、无能为力，似乎任何的安慰都难以达到他们的内心。其实，技巧高超的安慰虽然不可能真正消灭痛苦，但可以给他们的内心带来温暖和希望，减轻悲伤。

心理学家也提醒我们："安慰不等同于治疗，治疗是要使人改变，借改变来断绝苦恼；而安慰则是肯定其苦，不试图做出断其苦恼的尝试。"因此，在安慰的过程中，主要不是提供解决的方法，给对方明确的见解或者干预对方的情绪，而主要用倾听等方式了解并认同对方的痛苦，用温和贴心的语言减轻悲伤的程度。

具体略与技巧：

1. 认同他们的痛苦

认真倾听他们的痛苦，不要轻易询问或做出指责、评判或安慰之言，你的倾听就是对对方最大的安慰。当朋友失恋，他们不希望你指责他们或已经分手的伴侣，过多的评判也许会引起对方不必要的反感。失业也同样如此，指责对方的上司或公司、质疑他们的能力或公司的公平是最不明智的一种行为。对于失去亲人的朋友，不要轻易提及死者，更不要轻易表示理解和怜悯，最好的办法是劝他们忘记那些无可挽回的不幸，询问对方对今后的生活有什么打算。

2. 允许他们发泄

无论是对方失去理智地谩骂、唠叨、哭泣，都是一种发泄的方式，无论他们的遭遇是不是公平的，遭受痛苦的初期，他们都可能态度偏激，这时候不要劝解，更不要批评，跟随他们一起指责对方更是不明智的。发泄也是一种疗伤的过程，这时候最好静静任由他们发泄，让他知道你支持他的心意。

3. 少谈论自己

在安慰他们的时候，最好少谈论自己，无论你是否有过类似的经历，你的经验都不足以应付他人的情绪。你是去提供关心和帮助的，一定要多关注对方的感情最好不要说类似于"我理解你的心情和处境""我曾经也……"之类的话，有把自己的处事态度强加给朋友的嫌疑，最好改为"我很痛心你失去了……我能帮你做点什么吗？"更能体现你对对方的关怀。

4. 不要表现出你的怜悯

当一个人失去自己的亲人、恋情、事业的时候，往往是最软弱的时候，心灵也往往最敏感，特别是平时自尊心很强的人。要给人安慰，但一定不要表现出你的怜悯，诸如"可怜""可叹""不平"之类的话最好不要轻易说出来。

5. 陪对方走一程

面对对方的痛苦，不妨用陪在对方身边的方式来纾解对方心中的痛苦，邀对方一起吃个饭，三五亲密朋友聚一聚，时不时和朋友一起去散散心，都能帮助他们减轻内心的痛苦。

6. 实用的几句劝慰

亲人逝去时——"听到这个消息，我也很难过，能为你做些什么吗？""我很痛心你失去了亲人，我能帮到你吗？""你一定很痛苦，有什么需要帮忙的，尽管开口"

失恋时——"分手总是让人难过的，但是往事如烟，忘掉不开心的事情，开始新的生活吧！""感情破裂总让人难以承受。有什么需要我帮忙的，随时找我。"

失业时——"塞翁失马，焉知非福。一定还有更好的机会等着你，不要气馁。好好为未来打算一下吧！""这太突然了，我很遗憾，但我知道有更好的工作在等着你。咱们好好想想看有哪些合适的机会。"

用夸赞来安慰，给对方以勇气

当一个人遇到挫折的时候，最好的安慰不是鼓励，而是夸赞，对他之前努力的确定、认同和赞扬会解开对方对自己能力的质疑，给对方以勇气和鼓励，比直接的鼓励更能深入对方的内心，坚定对方的信心。尤其是有远见、有智慧的女性的夸奖更能带给对方更多勇气，对于男人来说，女性在低谷时期的夸赞是坚持的源泉，对于女人来说，来自同性的夸赞更为难得，因此也更能给她们坚持下去的勇气。

怎样用夸赞来安慰一个人呢？仅仅是赞美是不够的，略带恭维的赞美如果用于取得成果时，怎样都不会有大错，如果用于遇挫，则可能被对方误会是一种讽刺，必须要谨慎运用，才能真正起到安慰的效果，给对方以勇气和力量。

1. 肯定对方先期的努力

这种肯定一定要理性，最好加上一些分析，类似于"我一直觉得你很棒"实际上没有什么效果。如果能够切中要害地做一些分析，比如"我觉得你这个项目选得很好，很贴近客户，而且也做出了很多努力，现在虽然效果不显，也许是时机还没有成熟，再等一段时间，或者加大宣传的力度，反馈也要时间的，不要丧气嘛！"或者"你一直都很谨慎周密，我相信不会有大的纰漏，这只是一种缓冲。""我觉得你很努力，很勤奋，大概还需要一点运气，不是说'成事在天'嘛，等待时机，一定会成功的。"这种饱含信任和欣赏的赞赏，往往更能给对方鼓励。

2. 夸赞中含有鼓励和信任

在夸赞对方的同时表现出自己的鼓励和信任，往往能让对方信心大增，鼓起勇气。面对挫折的境遇，一个人往往容易对自己的能力或行事方法出现质疑和动摇，他们需要旁观者的认同、鼓励来确定自己的行为。如果对方的方法没有问题，只是时机或者努力不够，劝慰者最需要做的就是要帮对方确认他的能力和行事方法，告诉对方"你的做法没有问题，我相信只要你能坚持到最后，就一定能够成功。"或者"你的努力是大家有目共睹的，我们都很佩服你，至于结果如何，我相信一定是一次比一次更好，这些进步大家都看在眼里，不要灰心，就一定能达成所愿。"

3. 指出对方的不足

鼓励性质的话很多时候不能给对方多大的实惠，能坚定对方的信心，但不一定有所助益。如果能够分析出问题所在，和对方一起分析出挫折、失败的原因，找出症结所在，则更有助于对方理智思考存在的问题和缺陷，有助于对方完善自己的计划和行动，对走出困境往往更有助益。当然，这种安慰更需要讲究方法和技巧，否则更容易弄巧成拙，可以先赞扬，然后找出问题，比如"我觉得这个计划做得很棒很完美，也很贴近现实，但实施人行动力不足，分工不够明确，导致整个项目太拖沓，太混乱，把大家都拖入了困境。现在更正还不算晚，相信一定会更顺利"这种就事论事的安慰实用性很强，往往能"一语惊醒梦中人"。

总之，用夸赞的方式来安慰对方，对方往往很容易接受，更能从中获得坚持下去的勇气，还有助于对方将你引为知己，不失为一种好的劝慰方式。

第九章　博弈心理学

一、展开心理博弈，把握致胜关键

生活中，总是有些人能够先一步洞悉他人的想法，步步抢占先机；甚至有些人无论何时都能说服他人，将对方与对手玩弄于股掌之间。也许你会说，这些能力都是天生的，这些人注定会被光环围绕，但是我要告诉你：你没有他们受欢迎，没有他们成功，并不是因为你运气不好，或是能力太差，而是你还没有掌握社交过程中的心理博弈术。

囚徒困境：进可逼人就范，退可唬人套话

囚徒困境心理至少有两个用法：利用对方个体之间的信息不对等，逼迫他们中的单个个体甚至全部个体与你合作；让对方某一个体认为同伴已经"招供"，来从对方处哄骗到有用的信息。而且，利用囚徒困境心理时，不必拘泥于身份高低。不仅可以以上对下，也可以以下对上，成功实现"弑主"。

一对盗贼被捕，但警察并没有足够的证据证明两人有罪，于是将两人分开囚禁不让两人见面，并给两人以相同的谈判条件：如果一方招供而另一方不招供，那么招供的一方判一年，不招供的一方判十年；如果两人同时招供指认对方，那么各判五年。

在这样的谈判条件下，大多数盗贼选择招供，因为自己和同伴被分开，无法得知对方的想法，一旦对方为了尽早出狱而招认，那么自己将被判刑十年。在这种情况下，只能选择不信任和背叛对方，于是两人纷纷招认，警察得到了最大的胜利。

当人们有能力依靠对对方造成伤害来令自己谋利，并且对方也有相同能力时，那么人们会选择尽早伤害对方以避免自己受伤害。这种心理动态轨迹，被称为囚徒困境。囚徒困境最早作为一个经济学博弈论概念提出，但其在国际关系学、谈判法、刑侦学以及心理学方面也有一定的意义。

想要真正意义上了解心理学范畴内的囚徒困境，就必须明白，其产生必须有两个

前提：

第一个前提是，"囚徒"之间无法沟通，抑或无法建立有效信任，形成困境。

试想，如果把两个囚徒关在一起，或者没有有效阻碍他们之间的联系，那么他们一定会想办法取得对方的信任，最终使警方毫无收获。或者，两名罪犯是情人，甚至父子或母子，那么两人之间身后的羁绊一定也会建立强大的信任，使警察的"阴谋"被挫败。

所以，有效地建立囚徒困境，第一步要做的，就是隔离各个"囚徒"之间的信息传递和信任。

第二个前提是，囚徒困境只会产生在两个囚徒之间博弈的最后一个环节。

为什么火车站之类流动性强的地方，小贩卖东西很不注重质量，矿泉水和饼干常常过期，卖茶叶蛋的原料蛋经常是养鸡场的残次品。但为街坊邻居开的小超市却很怕商品过期给人造成伤害，熟食店的东西也相对新鲜。这就是因为，火车站发生的商事活动往往都是"一锤子买卖"，很难产生回头客，属于小贩与顾客之间的最后一次博弈。于是，小贩为了利益最大化，自然不惜以次充好以降低成本。但邻里之间的买卖，几乎都是做得"回头客"生意，每一笔买卖都不是最后一次博弈，为了下一次交易可以进行，商家为了自己的利益也会选择提高商品质量，以便让邻居们变成自己的常客，使自己的利益实现最大化。

因此，囚徒困境心理只会在最后一次博弈中产生。

当经济学界提出囚徒困境之后，立即得到了执法者们的呼应，他们从古往今来的无数案例中，找到了囚徒困境的影子。

晚唐名相李德裕任浙西观察使时，曾接手一件著名的案子：甘露寺的和尚控告上一任主事僧私自挪用寺里财产为自己谋利。他们给出的证据是账本：历届主事僧在离任时，都会清楚地记载着寺内剩余黄金的数目，但这位被告主事僧离任之时的账本上并没有黄金，库房里也确实没有黄金。寺内的高层和尚都一致指认黄金被被告主事僧挥霍掉了。

虽然被告认罪，但这么大一笔钱具体用于何处，供文中却没有交代，李德裕认为此事必有蹊跷，就反复询问被告，最后主事老僧无奈交代：甘露寺的历届主事僧早就有亏空寺内资金的传统，和尚们也都好吃懒做不识佛理。那个账本上虽然一直记载着库房里有一块黄金，但早就被僧人们浪费掉了，那个记载了黄金的账本只是个空账本。而自己为了尽到一个主事的责任，并不打算与众僧同流合污，所以才重新编排了账本，没想到此举被众僧记恨，反而把他诬告到朝堂……

李德裕对于主事僧已经信了一半，但毕竟甘露寺里有太多僧人指证主事僧，所以他必须想个法子证明主事僧的话为真。于是，他命令手下将甘露寺里所有在供词里声称见过金子的僧人叫到一起，给每个人安排一个轿子，轿子的门面正对着一面墙，这样就隔绝了他们与外界的联系。然后他命令手下人准备几块与僧人们声称的黄金块大小相近的黄泥，给每一位隔绝起来的僧人一块，命他们捏出他们所说的黄金的形象。

这下所有作伪证的僧人都傻了眼，因为本来就没有黄金，他们虽然之前在黄金重量大小上串供，但不可能连形状都串供，无奈之下，众僧只得承认自己的伪证行为。

李德裕那个年代肯定没有"囚徒困境"的说法，但他已经自发地领会到囚徒困境的精髓：隔绝双方使之无法进行有效的信息传递。要知道，作为社会性最强的群居动物，人类是很依赖同伴的，当人们无法确认同伴的行为时，内心会变得很薄弱，惶恐心理和背叛心理也会随之产生。

在现代也有许多人能够熟练地利用人们的囚徒困境心理。

杜克大学化工学院有一对朋友，两人关系很要好，且成绩十分优秀，一个学期下来，论文都是 B+以上，几次小考成绩也十分优异。所以，在期末考试前一天，两人去城里的酒吧玩了一个通宵——他们相信，即使这样，他们也能应对简单的期末考试。

杜克大学化工学院

但事与愿违的是，两人第二天睡过了头，睁开眼睛的时候已经到了考试开始的时间，等两人驱车赶回学校时，考试已经结束，一对难兄难弟只得商量着去找教授求情，希望教授能安排他们再考一次，并串供说"晚上从城里赶回学校的时候，车胎爆了，这才耽误了考试"。

教授想了想就同意了。第二天，两人来教室接受教授新安排的补考，教授给每人都派发两张卷子，第一张卷子是一些本科目的学术测试，分值 40 分，聪明的两人用了半个小时就答完了这20分。第二张卷子只有一道题，独占60分：请问你昨天从城里驱车归校时，破的是哪个轮胎。两人面面相觑，又看了看坐在讲台上"监考"的教授，只能乖乖认错。

教授的考卷和李德裕的黄泥给了我们这样的启示：在利用囚徒困境时，应该注意实际，你要尽可能地阻止你讯问的双方之间有所联系，但如果双方已经提前串供，那么你就要找到他们串供的"盲点"，一般来说，这类盲点都是细节问题，比如甘露寺里黄金的形状，比如爆掉的轮胎。

从心理学角度而言，囚徒困境是一种心境，也就是说，你可以不必在客观上营造出囚徒困境的状况，只需要给对方主观上的囚徒困境心理就好。这并不难，比如你可以向对方伪造出另一方已经"招供"。

张冰是一家物流公司的中层管理者，最近，公司在西南地区的物流网铺设失败，70%的流动资金打了水漂，这次挫折很可能导致公司的全面崩盘。为了安定人心，整个公司只有老板和几个高层知晓此事，对中下层员工严防死守，以防此消息流出。张冰是通过他在其他物流公司的高层朋友，才隐约得知此事的大概。虽然他能理解，领导们是担心人心涣散，但他必须为自己的将来考虑，他必须明白此事真伪，好为下一步早做打算。

他想到了一个办法——亲自向老板求证。

第二天，他拿着一张报销单据，进了老板办公室。

老板与张冰之间隔了一级管理层，但他认识张冰，有几次业务处理张冰做得十分冷静老练，所以虽然交谈不多，但他对张冰有着较深的印象。遂问道："张冰啊，来找我有什么事吗？"

张冰拿着手里的报销单据说道："孙总，这是我上次出差的费用，麻烦您给我签一个章。"

老板孙总奇怪地问道："按照我们的规定，出差报销单只要有宋经理的签章就可以了，为什么找到我。"

宋经理就是张冰的直接上司，是公司的老臣，以宋经理的级别和资历，如果公司上层有什么秘密的话，他一定会知道。张冰也正是利用的这一点，于是说道："孙总，我去找过宋经理，但他说公司最近流动资金紧张，要实行银根紧缩政策，以后所有的报销都要得到您的亲自签章才行。"

老板心里泛起了嘀咕，银根紧缩政策确实是他布置的，但同时他也宣布了各部门高层要把此事当成商业机密来处理。宋经理怎么这么冒失，他这么一搞，岂不是公司

所有员工都知道现在资金周转不灵了？

想到此，他先没有理会张冰的要求，而是反问道："你们经理是向你们所有人宣布的？"

张冰说道："不，他没有特意宣布，只是我去找他签单的时候随口告诉我的。"

老板闻言暗暗松了一口气，然后说道："好的，你的单子我会盖章，你先去工作吧，顺便帮我把你们经理叫来……不用了，我现在给他打电话。"

张冰点了点头就走了出去，第二天就开始去各类招聘网站上找工作，没几天就找到了新工作，离开了现在的公司。

他离开不久后，公司流动资金不足的各种迹象开始显示出来，所谓兵败如山倒，没多久就宣告了破产。

这就是囚徒困境的另一个用法：向一方给出一个"你的同伴已经招供"的信息，这时候即使对方不会乖乖就范与你合作，也会露出一些马脚，让你得到可用的消息。

脏脸效应：共同知识和潜规则的运作

根据古斯塔夫·勒庞在他的著作《乌合之众》中的观点，群体心理是盲目的，难以进行复杂的理性思考。所以，一个群体——他们有着某种共同知识，而此时一个不具备这种共同知识的个体妄图闯入其中时，只有两种结果：一是个体被群体同化，同样地掌握了这种共同知识；二是个体坚持拒绝这种共同知识，最终被群体孤立疏远。

逻辑学家里维斯曾经讲过这样一个故事：

一个房间中有三个人，三个人的脸都很脏，房间里没有镜子。这时，一位美女走进了屋子，看到三个人的脸，无奈地说一句：你们之中有人的脸是脏的。

三人各自看了看其他两人，发现另外两人的脸都是脏的，心里稍安，认为自己的脸应该是干净的，便都松了一口气。

但当他们第二次抬起头，发现所有人都松了一口气，就马上明白状况，于是三人一起脸红。

三人为什么一起脸红？原因很简单，因为共同知识的作用。

一开始，他们并不知道自己的脸是否是脏的，但他们能看到其他人的脏脸。所以侥幸认为自己的脸是干净的。美女已经明确告知他们：有人的脸是脏的——所有人就都知道了这个信息，并且知道其他人也知道了这个信息。而此时他们第二次互相审视，发现每个人都露出跟自己一样的侥幸神色，那么只能说明，三人的脸都是不干净的。

一个共同知识，令场面发生了变化，里维斯称这种变化为脏脸效应。而脏脸效应的核心，就是共同知识。

相声大师刘宝瑞先生曾经讲过这样一个段子：

清朝末年，江南有一个大茶商，很懂得做生意，经营了不到十年，就成了大商人，取得了垄断地位。但在封建社会，无论商人做得多成功，都不会取得太大的社会地位，所以，此人决定捐个官。

就这样，从没读过圣贤书的大商人花钱买了一个实缺县官，立即走马上任。县官做了两年，他就听闻，如果走好上官的后门，自己似乎还有继续升迁的空间。于是他命人偷偷给巡抚送了一大笔银子，并得到了一次拜见机会。

几天后，县官来到了巡抚府上，拜见了巡抚。行礼之后，落座上茶。

在清代官场，下官拜见上官时，虽然上官也会赐一杯茶，但下官决不能喝，这杯茶也不是用来喝的。它的用途是，当上官端起茶时，就表示这次会谈的完毕，不管谈话进行到哪里，也都必须立即打住，起身行礼告辞。

但县官并不懂这一套规矩，作为一个斗大的字不识一筐的愣头青，他对茶倒是很有研究。从下人手中接过茶之后，马上迫不及待地尝了尝巡抚的茶是个什么水平。

这种突兀的动作让在场的所有人都惊愕不语，端茶的小厮、门口的侍卫、坐在主位的巡抚大人，都目瞪口呆：要知道，刚进学的秀才都知道上官的茶不能喝，这人已经做到了县令怎么连这点常识都没有。

县官也发现周围的人都看着自己，于是也有些发觉自己似乎哪里做得失礼。便客气地对巡抚大人说道："巡抚大人，我卖茶十多年都没喝过这么好的茶，您也喝啊，别闲着。"

巡抚大人只能抚额长叹，心道：要不是你银子给得足，早就把你轰出去了……

县官的事件中，"上官的茶不能喝""端茶送客"就是这样两条共同认知，进入官场或者准备进入官场的人，都有这样的认知，并且都认为其他的官场之人应该也有这样的认知。这就是"官场"这群人的共同效应，学者吴思称之为"潜规则"。

不明白一个群体的共同认知，就贸然进入这个群体，那么必然要付出更多的成本。这是群体认知心理的一个特点。比如那个县令，他的"不晓事"就令巡抚大人感到厌恶，如果这个故事有后续的话，那么一定是县令付出了更多的银子才得到晋升。

事实上，这种共同认知甚至成了一种可以买卖的商品，在清代官场，"师爷"这种职业就是依靠贩卖共同知识而安身立命的职业。中国幅员辽阔，虽然也有一套通用官场规则，但在各地又略有不同，新官到任，如果想要顺利上任不惹麻烦，就要熟知这些地方特色，但这类东西并没有成文的书籍杂志可以依据，师爷们恰恰对这类事物了

如指掌，所以也就成了新官们的好帮手。但千万不要以为师爷们提供的"共同知识"服务很廉价，也不要以为这些没有功名在身的幕僚身份低微。事实上，几乎所有的师爷都是主官的心腹。而那些素有盛名的师爷，比如绍兴师爷，在打了几年工之后，得到的钱可以让自己摇身一变成为大地主。很多官员甚至借钱也要请到一位好的师爷。

为什么师爷没有功名但却收到如此优厚的待遇？就是因为，官员们都知道共同认知的重要性。群体心理学奠基人库斯塔夫·勒庞曾给群体下过这样的定义：当一群人拥有共同的思维模式、感情时，他们就是一个群体。共同认知其实也是这么一回事，通俗地说，共同认知就是一群人都对某件事物有共同的知识，并且各自知道其他人都有这种知识。

换句话说，如果人们准备进入一个拥有共同知识的群体，但却没有拥有这种共同知识，那么必然会被群体排斥——这就是脏脸效应的力量。也就是说，当你准备进入一个群体的时候，你必须清楚这个群体的共同知识，这样你才能成为这个群体的一部分。

智猪效应：多劳未必多得，不作为未必是偷懒

智猪效应的心理成因，并非是因为惰性，虽然惰性导致的不作为，和智猪效应导致的不作为看起来并无二致，但是其心理成因有很大不同。前者是人们无法克服自主的惰性，但理性上，当事人自己也应该很明白这种不作为对自己是有害，至少是无益的。而后者则是当事人在经过客观考量之后，得出了不作为比作为对自己更有益处的结论。

诺贝尔经济学奖得主约翰·纳什曾描绘过这样一个命题：

猪圈里有两头猪，都有很高的智商，一头大猪，食量很大；一头小猪，食量一般。

猪圈的一头是食物槽，另一头是控制食物槽的按钮。每按一下按钮，在猪圈另一头的食物槽里就会落下 10 斤饲料。由于食物槽和按钮之间距离很远，所以猪从食物槽处跑到按钮处，损耗的体能需要 1 斤饲料补充。

如果小猪去按按钮，大猪在食物槽旁边等待，大、小猪进食比例为 9：1。减去小猪来回奔跑的损耗之后，实际所得为 9：0。

如果大猪去按按钮，小猪在食物槽旁边等待，那么大、小猪进食比例为 6：4，减去大猪损耗所得为 5：4。

由于两只猪都很聪明，所以会选择最适合自己的策略。这样的话，小猪不会选择主动按按钮，因为这样的话，如果大猪以逸待劳，那么小猪自己的食物只能抵偿消耗，

过不了多久就会被饿死。

如果小猪不行动，那么大猪就必须行动，否则没有食物吃，自己也会饿死。因此，最终的分配就变成了，小猪等在食物槽旁边，大猪不停地按按钮。最后小猪得到的食物比大猪少一些。

待着的收益大于行动，纳什教授称之为智猪效应。智猪效应从客观上解释了群体心理的这样一种现象：人们认为，有些能力的个体应该承担更多的责任，付出更多的劳动，也就是所谓的能力越大责任越大。

近两百年的国际关系演变其实从另一个角度说明了群体心理中的智猪效应：工业革命之后，英法率先崛起，他们在国际事务运作中制定规则，攫取利益，同时也责无旁贷地承担了一些调停责任。

到了19世纪，俾斯麦领导的德国与梅特涅领导的奥地利结成了新的强大同盟，他们更积极参与到与英法老霸权的海外殖民地的争夺中，并且确立了新的欧洲秩序。

20世纪至今，美国人则一厢情愿地认为美国价值即世界价值，历史上没有人比他们更热衷于推销自己的价值观了……

在我国明代，作为东亚地区的最强国，也负起了这样的责任：永乐年的郑和下西洋，把国库里无数的财富以赠予的方式赐给了周边小国，使这些国家成了明朝的一部分。到明朝中后期，日本诸侯丰臣秀吉入侵朝鲜，明政府更是责无旁贷地出兵相助，史称关白之乱。

小猪不作为而得益，在很大程度上取决于另一方的"大猪认知"。这种认知让大猪心甘情愿地付出更多的成本，因为在客观上，如果大猪也像小猪那样偷懒，自己也会被饿死。智猪效应是一种双方共有的认知，在拼合到一起之后，产生的共同心理效应。

在生活中，如果你是大猪，那么你要有意识地减少智猪效应，最大限度地减弱小猪的自我"小猪"认知，能够蒙蔽小猪们自我觉醒就不让它们自我觉醒。就算小猪发现即使自己不工作也可获利，局势所迫之下你必须付出更多的劳动或其他成本，但你也要做一种人情补救：让对方尽量觉得欠了你一个人情。最简单的方法是装作这件事很难办，或者装疲劳装可怜。

当然，有些时候，智猪效应给大猪造成的成本负担会超出大猪的承受范围，这时，大猪就必须想办法跳出这种智猪效应的格局。我曾经和五个人一起租了一间大房子住。其他人并没有经常做饭的习惯，但我每天有两顿都要自己做着吃，这样的话，我是最依赖燃气灶的。我的邻居们虽然并不经常自己做饭，但他们也不是全然不用，这样下来，每个月燃气费一共有50元左右。一开始，燃气费均摊，慢慢地他们发现我做饭比

较多，就觉得不公平，找我商量换一种分配方式。我想了想，人家说的有道理，就说以后煤气费我一个人承担，但电费我就不交了。

这样算下来，应该比较公平。但我低估了邻居们的头脑，在我同意全揽燃气费之后，他们竟然开始很放肆地使用起燃气来，第二个月燃气费就翻了一倍不止，达到了惊人的100多元。我忍受了三个月之后，向他们提出改变分配方式，没想到他们竟然一致拒绝：他们很明白我对燃气的依赖很严重，他们可以忍受欠费停气，但我不能。

每个月都要多拿出六七十元，这样下去不是办法。于是第三个月，我也不去缴纳燃气费了，欠费停气之后——我欣欣然拿出只花了几十块钱买的二手电磁炉做饭。

电磁炉很费电，按照之前的协议，我又不用缴纳电费。没几天，邻居们就主动找我商量改变燃气费和电费的分摊问题。

积极改变自己的大猪处境，是大猪们的必修课。小猪则与大猪不同，小猪的箴言是"大树底下好乘凉"。要知道，即使你不去工作，也有大猪帮你做。小猪要做的只是把自己绑在大猪的战车上，并且让大猪明白当前的状态：我不干活没有影响，你不干活大家饿死，而你休想甩掉我。

而猪圈的饲养员，也就是管理者、规则的制定者，则有必要尽量避免智猪效应心态的产生。毕竟一个可能给人"搭便车"的规则会令小猪以外的所有人都感到苦恼，所以在规则制定上，要尽量多劳多得，才有可能激励大猪小猪们拼命工作。

斗鸡效应：绥靖与妥协——武之心，志在止戈

通过妥协避免伤害，这种心理倾向深藏于每一个人的心中，源于人们趋利避害的共同性格。在生活中，我们有必要认清自己和他人的斗鸡效应，看清哪些是可以避免的争斗，哪些是无法避免的争斗。对前者要摸清它们的本性，对后者则要想办法应对。

两个实力相当的人狭路相逢，必须有一个人让路，另一个人才能过去，这时，会有几种发展情况呢？

两个人可能都不打算退却，这样的话，两人大打出手，最后都遍体鳞伤，却还没有分出胜负。

一方不退，而另一方退却，那么退却的一方会稍微损失些面子，不退的一方赢得胜利。或者两人关系对调。

在这几种可能性中，对于一方来说最有利的结局莫过于对方退，但如果对现状判断失误，就会导致最不好的结局：双方不退导致两败俱伤。因此，比较可行的方案是，在该退的时候退。

置换到现实中，可以认为懦夫的性格才可能达成利益最大化，因此美国人称这种现象为：chicken game，意味懦夫的游戏。Chicken 在美国俚语中有懦夫的意思，我国译者引入这个概念后，误取了这个词中"鸡"的意思，于是翻译为"斗鸡效应"。

斗鸡效应实际上是指明人们的绥靖心理在客观博弈上的优势：当与某一方出现利益冲突时，对抗到底导致的结果往往是两败俱伤，而比较可行的方案是：见好就收。民谚有云：退一步海阔天空。

华盛顿领导未曾经过训练的美国民兵们击败了装备精良的英国殖民者，并巧妙地利用了法国与英国之间的矛盾，完成了 13 块殖民地的独立。但他知道，这只是因为英国人没有真正地在乎美国，当日不落帝国解决了与法国的外交冲突之后，把一切战争资源动员起来，投入到美洲大陆的时候，绝不是自己带领的民兵们可以战胜的。因此，在英国人还不能抽身的时候，华盛顿派遣最得力的副手约翰·杰伊秘密潜入英国，与英国人签订了著名的《杰伊密约》，这是个典型的不平等条约，它承认了英国在北美地区仍然享有强势的贸易特权，限制了美国产品的出口，并给美国海军舰队的建设画上了吨位上限。

也就是说，好不容易取得了独立地位的美国人民，仍然要在对外贸易上不平等，受制于英国，甚至变相地承认英国宗主国的地位。这些条款是刚刚依靠战争取得了独立地位的美国人眼中很难接受的。但事实上，大多数谙熟国际事务运作的议员和知识阶层，都明白当时对于美国来说最好的办法就是暂时性地与英国妥协。而历史也证明了，正是华盛顿的这种妥协，令美国避免了过早陷入战争泥潭，得到了 100 多年的和平发展契机，这一个世纪的和平为他们之后在两场世界大战中的崛起奠定了最坚实的基础。

虽然在表面上经常会声称自己决不妥协，但实际上，人类趋利避害的本能使我们会本能地选择更加能够避免伤害的道路，那就是与敌人的妥协和绥靖。斗鸡效应其实就是阐明，在看似不可妥协的外表下，人们对于妥协实际上有多大的容忍。

我从进校门那一天开始，父母就叮嘱我一定要注意谦让，不要惹是生非。后来发现其他的孩子似乎也是被这么教育的。和谐地度过了小学和中学之后，在大学里，打架斗殴的事件逐渐增多。我们大学宿舍窗户前就是一个小广场，而围起来这个广场的其他两幢公寓楼也都是男生宿舍。因此，这个小广场就成为男生约架的专用场所。经常甲和乙约架后又遇到和甲结仇的丙或者甲的室友丁，就这样，人越聚越多，一场由"你欠了我五元八毛钱没还"而引发的单挑，很快成了群殴。

正当大家以为要看戏的时候，这场二三十人参与的大闹剧必定会戛然而止，因为甲的室友 X，可能是乙的同学 Y 的远房亲戚或老乡。两方阵营里出现了互相认识的人，这场仗就打不起来。最后事情也不了了之，甲乙化敌为友也说不定。而事实上，所有这类约架，一开始的肇事人甲乙，其实都是故意拖延时间。大家都知道，人越来越多，架就打不起来。

其实没有人愿意打架：宁做太平狗，不做乱世人。这就可以看出人们对于战争的憎恶，因为争斗的结果往往是双方不讨好。在生活中，斗鸡效应被人们演绎得出神入化，如果你注意观察的话，就会发现，所有的意气之争几乎都是一个"给个台阶"的问题。一旦有了这个台阶，双方必定各退一步，大家不但不伤面子，更不伤和气。

当然，这种害怕伤害，偏向妥协以避免伤害的心理效应，有时候也会令人错估局势。比如"二战"初期，丘吉尔的前任首相张伯伦，就低估了希特勒的野心，在战争初期对德国处处绥靖，最终导致纳粹德国在闪击了半个欧洲之后准备把矛头转向法国，法国几乎没有丝毫的抵抗能力，几个月就被德国占领全境。

这就是斗鸡效应导致的错误。当然，斗鸡效应也不是不可克服，实际上，客观看待事物就是克服斗鸡效应不利影响的办法。"二战"时期，一直主张抗击纳粹的丘吉尔首相就克服了这种懦夫心理，看出了希特勒的野心。

所以，在处理自己可能出现的对手或敌人时，一定要通过客观分析，看清哪些是可以和解的哪些是无法和解的。

前世界首富比尔·盖茨就避免了斗鸡效应对于自己的错误影响，在无数对手中，他能分得清哪些是可以合作的，哪些是不能合作的。

一些掌握了关键技术但资本并不雄厚也没有什么市场和名气的小公司，盖茨往往会直接收购。而当微软的某些行为伤害到小公司利益时，盖茨首先想到的就是和解而不是诉诸公堂。

而那些财力雄厚，和微软形成竞争关系的对手，盖茨一方面争夺市场份额，但另一方面也会与对方合作。苹果就是这样一个例子，苹果电脑不用微软开发的 windows 系统这是人所共知的。可以说，家用电脑几乎被微软统治，唯一的例外就是苹果。按说两者应该是仇敌。但 2000 年微软同样为苹果量身定做了 office 办公系统。

不要被情绪左右，是克服斗鸡效应不利影响的关键，客观上发现对方的容纳底线，才能让自己的利益达成最优。

承诺威胁效应：没出手的刀子永远最锋利

人们害怕受伤害，所以人们害怕威胁。但当你的威胁无法成真的时候，威胁也就失去了效力。想要让自己平时避免伤害，就必须浇灭侥幸之火。所以，承诺威胁有两个组件：一是让对方明白你有伤害他的能力；二是如果越过雷池，自己就一定会受到伤害。

陆象先是唐中前期宰相，早年做同州刺史的时候，他的仆人在街上碰到了同州参军，却没有下马请安。仆人见官员不下马，这有违当时的公序良俗，于是参军大怒，命令随行侍从鞭打陆象先的仆人。

参军明知道这是上官陆象先的仆人，还要鞭打他，其实就是给陆象先下马威，让这个新上任的新官明白地头蛇的厉害。打完仆人之后，参军亲自到陆象先府上，说是来请罪，但语气非常霸道，对陆象先说："下官冒犯了大人您，请大人免去下官的官职。"

这番话看似是请罪，实际上是示威。陆象先手中拿着一本书，看都不看参军一眼，悠然说道："身为仆人，见到官员不下马，打也可以，不打也可以。官员打了上官的仆人，罢官也可以，不罢官也可以。"

说完就不理会参军，开始认真地看书。

参军尴尬地坐了两刻，越发摸不准这位主官大人的脾气，又不知如何回答，只好拱手告辞。从此以后，收敛了很多。

如何做好一个领导，如何做好一个上级，甚至，如何做好一个人？很多人喜欢用温柔可亲的外表包装自己，认为随和、和善就会赢得其他人的爱戴，这并不正确。马基雅维利在《君主论》中说过这样一段话：人们爱戴君主，是基于他们自己的意志，而感到畏惧则是基于君主的意志，因此，一位明智的君主应该立足于自己的意志之上，而不是立足在他人的意志之上。马基雅维利说这样的话不无道理，因为在人们心里，对于可能威胁到自己的事物或人，存在着更重的敬畏心理。所以上帝能够降下洪水和火焰，宙斯的神器是闪电。

这就是承诺威胁效应：人们更加敬畏那些能够拥有加害能力的人，而不是总是和善慈祥的人，或穷兵黩武的人。陆象先事件里，参军的倚仗是自己是地头蛇，社会关系多，同州衙门离开自己就无法运作。所以他认为陆象先不敢把自己怎么样。而陆象先的话点名"我"可以处置你，正如你"可以"处置我的仆人，这个决定权在我不在你。民间有一句谚语是"会咬人的狗不叫"，阐明的就是这个道理。

我有一位美国朋友，我经常跟他谈中美两国的区别。有一次，话题聊到了两国之间的育子策略。我说，在大多数人眼里，中国家长都很严厉，而美国的管教方式简直是自由到了放养的地步。

我的朋友马上反驳我：不不不，至少我不是这样。在小时候，如果我玩耍时间过长，那么就会受到小惩罚。总之，犯了大错大罚，犯了小错小罚，绝不姑息。

我撇了撇嘴：即便在中国，大多数家长也不会这么严厉了。你受到的最严重的惩罚是什么？

我的朋友想了想说：不给饭吃。有一次，一个舅舅来我们家住一段时间，我当时很不喜欢他——事实上现在也不喜欢——于是就在一家人吃晚饭的时候，偷偷把一张保鲜膜蒙在起居室的马桶上。然后我那位舅舅上厕所的时候……

我马上阻止了我朋友继续讲下去，因为这场景想想就觉得太恶心了。

他继续说：父亲知道了对我说：想法很绝妙，童子军，但是从现在起你不准吃饭，直到24个小时之后。看在上帝的分上，我那时候才10岁，真怕自己就这么被饿死。

我来了兴趣：然后你真的24个小时没有进食？

我的朋友摇了摇头，温暖地笑了笑：怎么可能，第二天11点半，我肚子饿得咕咕叫的时候，妈妈就偷偷给我送来了一大盘子玛芬蛋糕和热可可，天知道那是我吃过的最棒的一顿饭。当然，后来我知道了，其实那些蛋糕是爸爸做的，但他不方便出面。我们管这叫好警察和坏警察，你们中国叫一个唱红脸一个唱白脸。实际上，爸爸并不需要惩罚我，他只需要让我明白他有权力惩罚我就好，并且绝不姑息。这给我带来了两个好处：一是在他的监护下没犯过大错；二是明白了在与其他人相处时，如果对方犯错了也无须责罚他，只要让他明白我有惩罚他的能力就行。

与我这位朋友的父亲相比，我也见过许多糟糕的父亲，他们动辄打骂孩子，这样在孩子还小的时候或许能令他很"听话"，到稍微长大之后，可能就会引起激烈的反弹。我考察过几个关于动手打父母的儿子，他们的共同特征是，从小受尽虐待。但一味地骄纵甚至不闻不问也会导致孩子从小就养成"太子病"或"公主病"。因此，好的育子策略，就像我朋友的父亲做的那样，绝不是经常处罚孩子，而是让孩子明白自己有处罚的能力。并且犯了错误就一定会受到相应的惩罚。

亲子关系如此，其他关系同样如此，承诺威胁效应甚至可以用在国际关系中。

冷战开始时，人们就开始对核武器的威力极为惊恐。而且，五大核武器国开始了核武器装备竞赛，原子弹氢弹越造越多越造越大。"核战灭世"成了最常见的科幻小说题材。但是，国际关系学家此时却大松了一口气，他们的观点是：核武器出现后，世界的和平与存续将得益于核武器本身，核武器由多方掌控，造得越多，世界越安全。

因为如果一方向另一方发动核战，只要没有完全毁灭对方，让对方有反击的能力，那么发动战争的一方也会遭到毁灭。明白这个道理之后，核大国都开始把研究的侧重点转向"接受第一次打击之后仍然保留毁灭对方的核打击能力",这就是第二次核打击能力。

所以,21世纪后,各个核大国并没有停止关于核武器的研究。但与以往不同的是,他们不再专注于如何取得更高的杀伤力,杀伤更多的生命,而是研究如何保留第二次核打击能力,和提升第二次核打击能力的威力。

2005年,印度海军上将普拉喀什表示,印度不仅有第二次核打击能力,而且这种能力更具有不可抵挡的毁灭性。

俄国的著名高能科学家所罗门诺夫也说:俄国的核武器挂载器越来越隐秘,白杨系列导弹已经具备移动能力,潜射型"圆锤"导弹也开始服役各艘潜艇。

负责任的核大国确信:核威慑必须根植于其他人心中,让他们明白,使用核武器的毁灭性后果,所以他将永远不敢使用核武器。

可以说,承诺威胁效应令世界得以在灭世武器中艰难地生存,我们都要谢谢它。

猎鹿效应:打破不合作误区,实现共同利益

猎鹿心理给一个社群造成的伤害是很可怕的,即便在小社群中,猎鹿心理也会成为人们彼此的合作障碍。而塑造一种超然力量,就成了突破这种障碍的有效方式。这种超然力量看似很玄,其实只要你找准一个强有力的担保,那么就可以令对方信服。

哲学家卢梭在《论人类不平等的起源和基础》中,讲过一个故事,用以映射人类的某种思维习惯——

森林中有两个猎人,如果他们分头去打猎的话,利用简陋的弓箭,每人只能猎取三只兔子。但如果两人合作,通过大型陷阱,则可以猎到一头鹿。每只兔子够一个人吃三天,一头鹿则可以令每人吃五天。

相比之下,合作给二人带来的收益远远大于分头行动,但是,令人惊讶的是,大多数猎人会选择不合作,即便不合作获得的猎物并不可观。

这后来被称为猎鹿效应,用来描摹人们非理性排斥有益合作的心理轨迹。经济学上提出过一个"理性人"的概念,认为人们的行为是理性的,时刻都会为了自身利益找到最为优化的行为反应。但随着消费者心理学研究的越来越深入,这个词的概念意义越来越强,实用意义趋近于无。到现在,即便再传统的经济学家也要承认,绝对的"理性人"在客观上是不存在的,就像经典物理学界提出的"绝对光滑没有摩擦力的平面"一样。

而猎鹿效应是阻碍人们达成绝对理性的重要原因之一,西方社会会出现周期性的

经济危机，而当经济危机演变成更严重的金融危机时，就会发生挤兑。挤兑使银行流动资金大幅度减少，商业银行纷纷破产，人们的恐慌情绪增加，社会金融和信托体系被破坏殆尽，货币流通和商品交换冻结，大萧条就此开始。挤兑就是猎鹿效应的体现：每个人都知道只要不去挤兑银行就不会倒闭，但却害怕其他人抢先，所以都纷纷去银行取出自己的存款。

实际上，清末大名鼎鼎的晋商领袖胡雪岩就是败亡于"挤兑"。

这场挤兑风潮是从胡雪岩开始囤积生丝开始，19 世纪 80 年代，胡雪岩认准市场，开始囤积大量生丝，这个过程持续了一年，他囤积了 8000 包生丝，是上海全年交易量的 2/3，这是一个非常恐怖的数字。

此时的生丝已经涨到了一个很高的价格，但胡雪岩并不满足，他继续把手上的流动资金购进生丝。他认为，当市场上买不到一包生丝的时候，缫丝厂没有生丝就不能开工，自己就成了市场的唯一庄家，价格将由自己制定。

而此时，市面上忽然风传一则新闻：外国人向胡雪岩讨债，胡马上就要破产啦。

这个传闻并不完全是假的，讨债一事为真。之前胡雪岩曾经给一位商人作担保，向外商借钱。借款到期后，那位商人拒付本息，外商于是转向担保人胡雪岩讨债。

其实，以胡雪岩的经济实力，这笔钱可以很轻松地拿出来，就算眼下胡雪岩流动资金紧张，以他的诚信度和社会地位以及社会关系，还上这笔钱也不是问题。甚至，如果那位老外对中国市场有更大图谋的话，甚至可以直接免去这笔款子来换取胡雪岩的友谊，这也不是没有过的事情。

但民众们并不知道这些事情，一个小事瞬间被人为地放大，1000 块大洋欠款马上变成了万两黄金。人人都在说胡雪岩濒临破产。于是，储户们纷纷涌入胡雪岩的钱庄挤兑，他在各地钱庄的现银，几乎都被抢空。而他又因为囤积生丝导致流动资金周转不灵，庞大的商业帝国几乎瞬间破产。

但胡雪岩的破产只是金融危机的前兆，这种挤兑在接下来造成了极大的恐慌，几乎所有的钱庄都受到牵连。一个月内，北京、扬州、上海、福州、宁波、镇江、汉口有数百家钱庄被挤兑破产。大清帝国刚建立的原始金融信托体制，就被一个谣言粉碎。

无论是古老的清政府，还是现代的美国，只要人们稍微冷静下来就能想明白：如果大家都不去挤兑，那么资金流充足的银行就绝对不会破产，自己可以继续享受便利安全的金融服务，甚至还有一定的利息。但是每当涉及"当大家都如何如何就不会如何如何"这种问题时，每个人想的却都是"如果他们如何如何了而我没如何如何，吃亏的是我"。就像那个不合作的猎人，未尝不是这么想：如果我和他共同猎了一头鹿，但却被他独吞了怎么办。

猎鹿效应给社会和个人造成的伤害是巨大的：每个人都怀疑其他人的行为会加害自己，所以即使稍微冷静合作就可以实现共赢时，却没人愿意合作。

各地出现的民众对于公共资源的不爱惜就是猎鹿效应的另一个体现：各地的室外公共垃圾桶总是破败脏乱的样子，而个人家里却很干净。人们认为家里的设施理所应当干净，而外面的东西不是自己的，就可以随便处置，不用爱惜。可是，所有置办公共设施的资金，说到底还是从纳税人，也就是

胡雪岩

他们自己身上的来的吗？一旦公共设施损坏，一方面对人对己造成了巨大的不便，另一方面也会增加政府的支出，这就意味着更多的征税，说来说去不还是会落到自己身上吗？人们明知道这点，但却无法克制对公共事物的不爱惜。这就是猎鹿效应在作祟了。

当然，猎鹿效应的恶果绝非不可以克服。一个超然的调节力量，可以让人们回归理性。

罗斯福总统上台之前，美国一直实行自由资本主义政策，这个国家的立国者认为：市场的力量可以让每个自私的策略最后变成公共利益的平衡与最优。

这种对市场的盲目崇拜和迷信，最终导致了 20 世纪初的金融危机，一场席卷世界的经济危机爆发，主要资本主义国家经济倒退数十年，霓虹灯下甚至出现了饿死的尸体。

而罗斯福总统制定了新的经济政策，政府开始干预经济，修建大规模公共设施，为银行提供信贷担保。这种欣欣向荣的景象令美国人走出了阴霾，政府成了调节美国经济的超然存在。

而在生活中，当你有了双赢的合作愿望而对方却无意合作时，你可以以塑造或借用这种超然的存在，令对方摆脱这种猎鹿效应。比如，你是一名猎人，准备去猎鹿，而对方担心你私吞整个猎物，不想与你一起去，你就可以用你母亲的名义发誓，一定会公正处理猎物，前提是你是个孝子。也可以去找村长老作担保，令对方放心。

协和谬误：越陷越深，危险的陷阱往往由自己设计

协和谬误给人造成的损失不可估量，但并非不可避免，实际上，避免这种心理只

需要增强对于沉没成本的认识。在任何时候，要不要对某个项目继续投入，都应该取决于其发展前景，而不是已经投入进去的成本。

20世纪60年代英法两国政府准备联合研发一种能够震惊世界的超音速客运飞机，这种飞机不但速度快，而且载客量大，安全系数高，座舱舒适，功能全面……

大笔资金投入到这个项目当中，一个引擎部分的投入就数亿英镑，而超大客舱和稳定性，以及空气动力研究等难题，使得这架飞机变成了吸金无底洞，据说法国政府为了完成超音速客机计划，甚至补发了一次国债。

然而随着工作研究的深入，研究者越发地发现，以英法两国航空公司当前的客流量，这种飞机可能产生的销售额根本无法填补研发它的无底洞。

但是此时英法两国骑虎难下，如果现在放弃超音速客机，那么之前的十几亿投入也等于打了水漂。于是，两国政府明知道这个计划无法实现盈利，却也只能把大把大把的钞票扔进无底洞。

1969年，这架超音速飞机才完成，被命名为"协和飞机"。1976年元旦，协和飞机第一次投入商业使用，用于英法两国往返美洲的航线。由于其高昂的运营成本，导致协和飞机根本不具备太大的市场竞争力，在商业上根本无法达成预计的目标。

明知当前计划无法完成，但由于不想放弃前期投入，导致投入越来越大，损失也越来越大。这种反理性的心理，由于英法两国政府的错误举动，而被命名为"协和谬误"。经济学上，把这种一旦计划无法达成，就难以收回的成本，称之为沉没成本。人们对于沉没成本的眷恋，是导致协和谬误的元凶。协和谬误之所以称之为谬误，就是因为人们止损意识的错误投射，把沉没成本当成了非沉没成本。

相比英法两国政府，美国的波音公司就聪明多了。在得知英法开始研制超音速客机之后，波音公司也开始了超音速客机的研发，并在1971年造出了两架样机，命名为"波音2707"。但紧接着，市场部发现，这种投入根本无法在中短期内收回，于是马上终止了计划。相比之下，英法两国造了20架协和飞机，虽然实现了协和飞机的商业化，但损失就大得多。

协和谬误虽然起源于大国之间的"空战博弈"，但这决不代表着协和谬误就与我们之间没什么关系。

爸爸喜欢吉他，但是忙于工作，却无法学习，于是把希望放在了我的身上，希望我能够完成他的梦想，便花了3000多元给我买了一把巴西玫瑰木做琴箱的古典吉他。

但我生性不爱拘束，虽然喜欢音乐，但却不喜欢我爸爸强逼着我如何如何。

爸爸看我的态度，明白我不太可能好好学，但他仍然觉得，3000元钱不能白花，于是又花了 6000 元给我报了一个少年古典吉他培训班。

学过古典吉他的人都知道这对于一个孩子来说有多枯燥，没多久，我就揪着班上的其他几个小孩调皮捣蛋。整个一个学期，五线谱都没认全。我父亲后来哀叹，这是他最失败的一笔投资。

其实，在我不想学古典吉他的情况下，他明明知道无论在此投入多少钱，都只会打水漂，为什么还会再投入 6000 元学费呢？这就是他对买琴的 3000 元沉没成本过于看重，导致协和谬误同样也发生在他的身上。

而且，不只是钱，一切可以视为成本的东西，都可能出现协和谬误。我曾经带着女友去看电影，电影很烂，就不说名字了。我看了 15 分钟，实在看不下去，准备退场，而我女友坚持要看完，按照她的话：100 多元的电影票，如果不看完，多亏本啊！

这里就可以看出我和女友思维方式的差别，我女友认为，电影虽然难看，但毕竟花了那么多钱，不看完损失就更大了。而我考虑问题是这样的：已经投入的 100 多元，是沉没成本，如果电影好看，说明这笔投入值得。如果电影很平庸，那么也可以看完。可是如果电影很差，那么接下来两个小时的时间等于完全浪费，也就是说，如果电影非常差仍然要看完的话，不但没有任何回报还要在 100 多元的基础上，加上两个小时的时间损失。

在热带雨林，有经验的猎人都知道，被鳄鱼咬住腿之后，一定要用柴刀砍断自己的腿，否则你整个人都会被鳄鱼吞掉。这种"砍腿精神"，就是克服协和谬误的不二法门。看起来悲壮，实际上能够最大程度减少你的损失。

除了客观事物之外，主观感情也可以作为沉没成本。

我留学的时候，隔壁的隔壁住着一对夫妻，他们六岁的独生女儿在街上玩耍的时候，被一辆车撞死。整个社区都见识到了这对夫妻的悲恸，以往乐于助人的夫妻变得冷淡沉默，他们的院子里杂草丛生（这在美国似乎是跟信用破产一样严重的问题）。两人的关系也似乎变得隔阂丛生，以往他们会在黄昏的时候牵着手逛街，而大家在参加葬礼时，发现两人之间几乎没有身体接触。一切都表明，他们失去了对生活的热爱。如果这么放任下去，这对相爱的夫妻很可能会就此离婚，并生活在悔恨中。

于是邻居们凑在一起想了一个办法。

这一天晚上，睡梦中的丈夫听到有什么声音，一开始以为是老鼠，于是准备走到客厅看看这是怎么回事。

忽然，卧室的门被一脚踹开，丈夫一屁股坐在地上，妻子也惊醒。

这时候，五六个头戴面具、手拿卡宾枪的人，已经涌入了卧室。当夫妻俩反映过

来之前，枪口已经顶在了两人头上。

两人不敢反抗，丈夫故作镇定地说："朋友们，这座屋子里的一切你们都可以拿走，但请不要伤害我们。"

几人摇了摇头，一个壮汉用低沉的声音说道："少废话，你看清我们的长相了。"

丈夫说："我发誓我没有。这样，不远处有一家 ATM 机，我账户里有 30 多万美元，我可以把这笔钱取出来，我只求你们别伤害我的妻子。"

不等劫匪说话，妻子马上抱住了丈夫，说："不，要去一起去，我要和他在一起。"

魁梧的劫匪怪叫："闭嘴，别以为我不懂你在打什么主意。你想让我们带你走后，留下你妻子一人报警，好在 ATM 机前抓获我们，是吧？不可能……"

这是，忽然有另一个声音说道："老大，外面似乎有一辆车。不会是警察吧！"

魁梧的人说道："混蛋！没办法了，我们快跑！"

劫匪跑出去之后，并没有走远，而是悄悄蹲在他们卧房窗户前，伪装出越跑越远的声音，并且悄悄地摘掉面具——这几个人竟然是丈夫在社区里最要好的一帮铁哥们——他们蹲在墙角，侧耳倾听房间里的声音。

夫妻俩惊呆片刻，然后抱头痛哭。丈夫也惊魂未定，还一直拍着妻子的背，安慰她。妻子哭泣着说："亲爱的，我无法承受同时失去你们两个人。"

第二天，丈夫准备向最好的朋友，也是这个社区的一名警察报警时，好朋友制止了他，并对他说明了真相：他就是那位彪形大汉……

我作为这件事的见证人，一方面为美国人的大胆开放感到惊讶，另一方面也明白了协和谬误在这里产生的感情作用：两人因为失去孩子的悲恸，无法看见对方，从而导致生无可恋。但实际上，他们是爱着彼此的，丈夫的好友们做的这种极端行为，就是让他们在极度惊恐中，再次看到彼此的存在，让他们明白他们活下去的意义。在生活中失去了挚爱而消沉的朋友，你们一定也有其他爱着的人，那就让已经过去的悲伤沉没，为了生者而好好活着吧！

分蛋糕效应：讨价还价也是一门学问

针对分蛋糕心理可能出现的实际状况，我们可以总结出许多类似的小策略，帮助我们实现利益最优。但需要告诫的是，零和博弈在某些情况下很容易演变成冲突，这就会造成"负数和"，并且双方都受损。因此，在分蛋糕之前，一定要把握对方可以接受的底线，并且尽量不触碰它。

一块蛋糕同时给两个孩子吃，他们都想做分蛋糕的人，因为担心对方会切得不公平。所以一直为此争执不下。

这时候，他们的父亲走过来说：一个人切，另一个人优先选，这样就公平了。

为什么两个孩子会为分蛋糕的事情争执不下呢？因为一方如果切的多了，另一方吃的就少了。蛋糕只有一块，吃完就没了。A吃得多一些，B吃得必定会少一些。假设每人吃了正好一半的时候，收益为0，那么如果一个人多吃了一点，收益是1，另一个人少吃了一点，收益就是-1。双方的收益相加之后，等于零。

像这种，当双方存在于一场博弈中，一方获利另一方就受损的情况，被称为零和博弈。而人们在零和博弈中产生的心理状态就是分蛋糕心理：总是害怕对方会侵害自己的利益。于是出现了随处可见的讨价还价。

讨价还价是分蛋糕心理所主导的最常见行为，双方都存在着这样的心理：如果让你占便宜了，那么我的收益将会减少。所以，卖家核算成本之后，会出现一个利润十倍于成本的价格，而买家开口就要砍掉1/3。

理论上来说，分蛋糕心理最终能够达成的理想成果是双方平分秋色，制定出一个"A来切蛋糕，B来优先选"的相对公平结局。但实际上，由于买卖双方的专业知识以及信息量的不平等，导致了一方很难真正明白如何能达成对自己的利益最大化。100元钱的商品，买家砍价到80之后就沾沾自喜，仿佛得到了胜利。而实际上，其成本可能只有30元。

这就是优秀的定价策略：让消费者认为自己占了便宜。商场里的大让利大酬宾，跳楼大甩卖，都暗合消费者心理学。说得简单些，无非就是在分蛋糕的时候，用黑布挡出一块蛋糕，使另一方错估蛋糕的数量。

消费者不可能知道这件商品的原材料采集成本、工厂车间流水线成本、制作工人人力成本、制造能源成本、市场营销成本等到底是什么数字，我们无法猜测一件商品到底凝结了多少劳动价值。这是商家掌握主动定价的最大倚仗。消费者能做的其实只能是"货比三家"。可是当三家商人达成一个共识，表面竞争，实际勾结控制市场时，消费者也只能乖乖地受骗。

话题回到那块蛋糕上，再加入一个假设条件，如果蛋糕是冰激凌蛋糕呢？也就是说，讨价还价的双方如果不在一定时间内得出共识，那么双方利益均受伤害。讨价还价所用的时间，也是成本，这被称为等待成本。一般来说，等待成本的添加并不是公平地针对双方，而往往是针对一方。

郭德纲相声里有个段子，说某人在街上走，忽然发现街上有一对城管在清理街道，于是此人拔足狂奔到500米外的烤羊肉串小摊，跟老板要了100串羊肉串，老板辛辛苦苦拷完 100 串交到此人手中，城管正好接近这家烤串小摊。老板自然不能等下去，于是卷盖铺弃"串"而去。

如果老板继续等下去，那么他将被城管抓获，没收和罚款使他难以承受等待的成本，所以只能便宜了此人。

当然，很多时候，博弈的一方可以给另一方施加等待成本。老北京城有个大古玩商，手中有三块玉璧。被一位扬州的大商人预定，预约金 300 现大洋。

一星期后，扬州商人来到了京城的古董店，与老板商谈。老板提出，三块玉璧，一口价 800 现大洋。

大商人马上摇头：你这是狮子大开口。这样，我只买一对玉璧，500 大洋！

古玩老板一愣，二话不说，从桌上拿起一块玉璧，轻轻向地上一扔。还不等扬州商人反应过来，玉璧摔在地上应声而碎。清脆的响声明确地提醒着扬州商人，这块玉是难得的珍品。

商人马上站起来，火急火燎地质问古玩老板。老板施施然喝了一口茶：既然您只要两块，那么另一块就没有存在的意义了。这两块，还卖 800 大洋。

大商人更冒火了：三块 800，两块还是 800，你拿我当冤大头？

古玩商人又从桌上拿起一块玉璧，往地上一摔，扬州商人已经惊呆了。老板继续说：现在这桌上只剩一块玉璧，我要价 1000 大洋，一口价的买卖，您要是不识货，我也只能送客了。

扬州商人急道：什么？一块玉璧比三块卖得都贵，你这……

不等商人说完，老板又从桌上拿起了最后一块玉璧，商人见状也顾不上仪表礼貌，窜上前一把抓住老板的袖子，大喊：1000，成交！

交易两讫之后，学徒来接待厅打扫地板，心疼地对老板说：师傅，您也太狠心了……

老板闻言捋了捋胡子，得意地笑说：砸掉的那两块只是赝品，三天前托东城叶师傅做的，花了我小一百大洋呐……

古玩老板给扬州商人捏造了一个等待成本，打消了他的一切讨价还价的理由，并在等待的最后一刻，摧垮扬州商人的心理防线，把价格提升到一个相当高的程度，赚了个盆满钵满。

利用等待成本去砍价，当然不只是卖方的专利。我留学的第二年，与两个要好的同学在学校附近租了一间三人公寓，头一年的合同是月租金 1500 美元。房租在第二年 5 月份到期后，我们三个准备与房东谈续约的事情时，房东提出了要把第二年房租提高

到每月 2000 美元。

房东说：大学城里的留学生越来越多，租房市场越来越热，1500 美元只是一年前的市价，现在给你们涨到 2000 美元，也是市价，并没有占你们便宜。如果你们有困难，可以续租一个月，然后再去找房看看，2000 美元值不值。

我明白老板说得对，也大概把握了老板的小心思：他看到其他房东纷纷涨价，同水平公寓的房租提升到了 2000 美元，有些"眼馋"。但虽然他有他的道理，但我们也有我们的道理：三个留学生租公寓住本来就已经有些捉襟见肘，这么一涨价，我们可能有"睡大街"的危险。

我的室友一个是没什么心机的印度人，一位是不善言辞的秘鲁人。不能指望他们两人了，于是我想了想，给我的房东算了一笔账：先生，你说得合情合理，但你忽略了一件事。

房东一愣：什么事？

我继续说：我们来算一笔账，如果我们现在搬走，新入户住进，按照现在的市价您把房租涨到 2000 美元，相比去年，明年一年你能多拿 6000 美元，对吧？

房东点点头，我继续说道：但你忽略了，现在是 5 月份，半个月之内，这里所有的学院都要放三个月的暑假。而这里是大学城，恐怕至少要到三个月后重新开学的时候，您才能 2000 美元一个月把这房子租出去。也就是说，如果我们不住了，您至少损失三个月房租，4500 美元，对不对？

房东先生说：但这样的话我还是挣了 1500 美元。

我说：是的，但你要考虑很多问题：新来的学生会不会在您的房子里抽烟开派对吸大麻，或者把房子当成柴火烧掉。您也看到我们三个对这座公寓多爱惜了，那些基本用具几乎毫发无损。我们甚至两次被这栋公寓的管理员内定为星级住户。不客气地说，您很难找到我们这么好的房客了。您确定要为了每年 1500 美元就冒这个险吗？

房东叹了一口气，我看出他已经被我说动了。于是继续加了一把劲：但是附近房租涨价也是不争的事实，可我们都是穷学生啊，先生，你得体谅我们。这样吧，我们象征性地涨 100 美元，这样的话，按照我们刚才的算法，您一年只损失了 300 美元。300 美元买到了内心的踏实，300 美元避免了新租户可能带来的麻烦，还买到了我们的友谊，请选择吧，先生。

房东先生被我说得哈哈大笑：你要不是中国人我就建议你去竞选参议员了！就按你说的，成交！

这件事我经常拿出来教育晚辈，算是我众多"还价大战"之中的得意之作。而我

之所以能够游说成功，就是抓住了房东先生的等待成本，所以我应该感谢美国教育制度订下的三个月的漫长暑假，这让他必须在暑假前把房子租出去，否则，就等于损失二三个月房租。

最后要说明的是，很多人对于"分蛋糕效应"会有一定的羞耻感，羞于讨价还价。我毕业十多年后，去看望一位大学期间对我非常照顾的教授，老人家已经年近古稀，赋闲在家。我去看望他时正赶上他在给儿子布置新房，准备去买一套家具。我说我跟这一行的人打过交道，带我去吧，至少不受骗。

老师欣然拉着我前往家具城。看好一套家具之后，老师准备付钱，我马上握住他的手，开始跟商家讨价。最终叫来了店长，打了个八折，省下了 1000 多元。

我正准备邀功，谁知回去的路上老师板着脸把我训了一顿，说我把他的脸丢尽了。之后吃晚饭的时候都一直在给我脸色看。师母大人问明原委之后只是一个劲乐，还跟我说：你老师就这样，别跟他一般见识。

当然不能跟老师生气，只能苦笑，苦笑之后却明白了老师的脾性。作为老一代知识分子，他的清高让他羞于"讨价还价"。很多人或轻或重都有这种情结，这是没必要的，因为人在进入零和博弈之后，必定会避免自己的损失，此乃天经地义，是人的自然心理反应。

枪手效应：置身于是非之外，庶民的胜利

只有那些出类拔萃的人才能获得最终的胜利吗？错，所谓木秀于林风必摧之，又所谓两虎相争必有一伤。你要做的是托庇于秀木的卓越，老虎后面的狐狸。喜欢争斗的人，让他们去斗好了，至于我们，练好本事干好工作，才是王道。

热爱西部片的美国经济学家们，曾经设定过一个这样的博弈环节——

在小镇上，有三个互相仇视的枪手，相约来到街上决斗，他们的仇恨不共戴天，每个人都想杀死另外两个人。由于是世仇，所以每个人都对另外两个人的实力十分了解：

A 枪手枪法精准，十发八中；

B 枪手枪法一般，十发六中；

C 枪手枪法拙劣，十发四中。

三人每人站稳一个点，形成了一个等边三角形。战斗一触即发——

这时候，煞风景的经济心理学家提了一个问题：三个人谁更可能活下来？

按照武侠小说或者美国大片的逻辑，活下来的必定是 A 枪手，因为他枪法精准武

功高强，比另外两人高了一大截。相比之下，C枪手枪法拙劣，没什么战斗力，简直就是传说中的路人甲。

但是，经济学家给出的答案却与此截然相反。原因其实一点即破。A枪手要在他的对手B和C之间选择一个人互相瞄准，那么他必定会选择B，因为B枪手对他的威胁比较大。而B枪手此时也必定要瞄准A，因为A很有可能一枪打死自己。

于是，枪法最为拙劣的C枪手竟然没有被任何人瞄准！他可以在两人互相开枪时，瞄准活下来的，取得先攻权。运气好的话，A、B枪手直接同归于尽也说不定。

解释完之后，经济心理学家会再问一个问题：如果让C先开枪，他会打谁？

他可以瞄准威胁最大的A，毕竟这家伙枪法神准。如果没有打中，A也不会报复自己，因为C向自己证明了自己的枪法有多烂，相比枪法拙劣的C，A更愿意先干掉枪法只比自己差一线的B。

可是，如果C运气好一枪打死了A，怎么办？这时候，C就变成了B的唯一威胁，B不得不与C打上一架。而B比C要厉害不少，所以C可能被B杀死。

说来说去，如果让C先开枪的话，最好的策略竟然是胡乱向天上开一枪，谁也打不中最好。因为只要当前的情势不变，那么C就是场上最不具备威胁的人，他的活命概率也就最大。

最差的枪手，只要不主动打破平衡，他就永远有优势。因为强者在争斗中会忽视弱者，这种由忽视弱者而令弱者产生的策略优势，被称为枪手效应。

三国鼎立，就是一个最为形象的枪手效应示意图，孙刘联军在赤壁打败曹操，曹操北逃，但关羽却在华容道放过了曹操，让曹操跑回许昌，整顿了曹魏政权。

原因很简单，一旦曹操死在长江边，那么孙吴将成为最大的政权，首当其冲的自然是当时还十分弱小的刘备。所以，为了让孙吴无暇他顾，一个统一的有威慑力的曹魏政权必须存在。这样才能保证刘备政权的超然性，继续在两大巨头的夹缝中，寻找生机。

时间过了几年，夷陵之战令西蜀和东吴之间脆弱的协议荡然无存，昭烈帝刘备倾国之力讨伐东吴，但却被陆逊火烧连营，把西蜀军杀得丢盔弃甲。一直把蜀军追到了鱼腹浦，此时诸葛亮领兵进川，而陆逊准备渡河时，发现对面的石头摆放很奇怪，接着便狂风大作、飞沙走石，陆逊见状只得班师回朝，并叹道：孔明真卧龙也，我比不上他。

三国演义里的神话桥段自然不能当真，但在历史上，陆逊确实也有继续追击蜀军扩大东吴版图的能力，但他却并没有这样做。原因很简单：一个具有一定实力的西蜀

政权，可以对曹魏构成更大的威胁。东吴也可以获得战争之后的喘息，保有难能可贵的和平局面。

事实如东吴所料，诸葛亮回西蜀之后，积极整备，在余生疯狂地进攻魏国，史称六出祁山。吴国则作壁上观，享受了多年的和平发展。

国家之间存在枪手效应，而实际上在生活中枪手效应有更广泛的应用空间。因为只要你在群体中，就免不了利益牵扯和利益冲突。这种时候，不要太与其他人针锋相对，即便在工作上做出了较大的成绩，也不要太引人注目。

你要做的是，在没有巨大利益时，尽量不把自己的能力暴露给对手看。工作能力让老板一个人知道就可以了。同一个办公室中，不要总想着出彩，要尽量笨一点，迟钝一点，让其他看似有能力的人针锋相对，互相下绊子。你要做的是把工作做好，让上司明白谁才是真正能够干活的人。

信息甄别效应：数亿元的广告位为何令人趋之若鹜

在没有经过控制的时候，人们进行的信息甄别，是主观的、表面的和一厢情愿的。克服这种主观性信息甄别的过程，往往就是人们从感性主导思维转向理性主导思维的过程。这对于一个人的成熟和成长来说，是必要的。所以，就从"不通过衣着外貌武断地判断一个人"来做起吧！

我在前几年买了一间房子，刚搬家入户的时候，少不了一番折腾。由于需要干脏活累活，所以穿了一身很破旧的衣服。一天下来终于勉强收拾妥当，再看自己的形象，可说是满面尘灰烟火色，两鬓苍苍十指黑。

这时候觉得口渴打算出门买水，在便民超市里买了一瓶矿泉水之后，发现钥匙手机钱包都没带，但那瓶水已经喝了一口，自然不能再还给人家，于是只能尴尬地说：对不起啊，我没带钱，我是这个小区的住户，能不能等我晚上给你。

便利店老板一脸狐疑地看着我：这小区里没几家人家，我怎么没见过你？

我说自己是新搬进来的，住 16 栋。

便利店老板：16 栋就在对面，我可以看见单元门，你可以现在回去取。

我又尴尬地说：我没带钥匙。

老板有些不屑地说：算了算了，拿着这水走吧！你要是没吃饭我可以给你个馒头，你们也挺苦的。这小区的隔壁小区是街道办，可以帮失业人士办理再就业手续，小伙子，倚老卖老地说一句，你这么年轻干点什么不行啊……

面对老板心存善意的喋喋不休，我只能苦笑：我肤色很重，因为要干重活又穿得破破烂烂，买矿泉水的一元钱都拿不出来，被误认为游民乞丐倒也无可厚非。后来由于经常和这位小老板打交道，大家交情不错，谈起这事儿也都哈哈大笑，笑过之后，我却发现，这件事从侧面描摹了人类心理的某种轨迹：信息甄别效应。

信息甄别效应，就是人们对他人或某件事物的认知过程，往往是通过信息归类所取得的。比如一个女孩，当她穿着泡泡裙公主靴的时候，人们会认为她是个娇小可爱的女孩；当她穿着吊带短裙和高跟鞋的时候，人们则认为她成熟妩媚；而当她穿着跨栏背心七分裤和帆布鞋时，大家则认为她活力四射，是个运动女孩……而实际上，这都只是女孩打算展示给外人的那一部分，至于女孩自己到底是什么样的，恐怕连她自己都没有全然把握清楚。

这种信息甄别法，其实来源于人的惰性。一个人真正的性格和内心十分复杂，我们认识一个人时，很难对他进行这种深入的、全方位的认识。但是，可以通过类似的标签对他进行判断，这样就省了不少力。张三是个暴脾气，李四为人忠厚，通过这种贴标签，我们把他人当作一团信息处理，在这个信息甄别的过程中，人被标签化。

对人如此，对物也是如此。

2005年末，央视2006年的"黄金资源"广告位，总共招标额为58.7亿元。很多大商家斥资数亿，仅仅是为了在新闻联播之前，自己的产品能在银屏上出现30秒。

其实有人统计过，那些播放热门娱乐节目或电视剧的频道加在一起，覆盖面积和收视率是要远远高于央视"黄金资源"的。但即使在这些电视台所有的黄金时段的广告费用加在一起，也不如央视同时间的1/5。

作为宣传手段，明明"热门地方台集束买断"的策略要远远优于"央视黄金资源"，为什么仍然有那么多大厂商对央视趋之若鹜呢？

原因很简单，他们投放广告并不仅仅是宣传自己的产品，更重要的是：告诉消费者，本公司有在央视投放广告的能力，那么自然资金雄厚财大气粗，做出来的商品也不会太差。

其实人类的甄别效应在自然界也很常见。在鸟类的族群中，雌鸟挑选雄鸟往往遵循着这样的原则：羽毛越华丽越受欢迎。

按照自然界优胜劣汰的法则，华丽的羽毛实在不利于雄鸟的生存：华丽的羽毛往往厚重，这会令雄鸟更笨拙；同时华丽的羽毛过于显眼，会让天敌和猎人更容易发现。

但雌鸟仍然对长着华丽羽毛的雄鸟趋之若鹜，这是为什么？因为只有强壮健康的雄鸟才能在保留华丽羽毛的同时，生存下来。也就是说，华丽羽毛作为一种生存成本，而敢于背负这种成本的，往往是鸟中精英。这其实和大厂商们投放巨额广告费有异曲

同工之妙：数亿的成本，小商家不敢背负，但是我敢，因为我有实力。

由于信息甄别效应的存在，导致人们在认识事物上会表面化、标签化，这种简单的惰性被人利用之后，就会对我们自身利益产生危害。比如大厂商们，他们其实并没有承担巨额广告成本，而是把这类广告的成本算进了商品定价，让消费者来承担。

所以，聪明人在选择商品时，不会通过"名气"，而是建立另一套巧妙理性的甄别机制：两件同类商品，即便定价差不多，也要买没名气的，因为名气大的那个商品里必定包含这广告成本，那么这件商品里凝结的使用价值就更低。如果担心商品质量的话，则不妨通过没有商业性的纯质量认证方式去审核它：比如看它是否有国际质量体系的认证，贩卖它的商家口碑如何……

对待人，同样可以建立类似的甄别机制。圣经里一则所罗门王的著名故事就可以给我们启示：

两个女人和她们几个月大的孩子住在一间房里，一女在睡觉时不小心压死了自己的孩子，于是将死去的婴儿放进另一位女人怀中，并抱走她怀里活着的婴儿。

天亮后女人发现怀中死去的婴儿不是自己的，于是告到了所罗门王的面前。大堂上，两个女人都说孩子是自己的，所罗门王想了想，决定把孩子从中间劈成两半，给两个女人每人一半。

假妈妈遵从了所罗门王的判罚。

真妈妈听了之后大哭道：孩子不是我的，给她吧，我不要了。

所罗门王把这孩子判给了真妈妈。

所罗门王设定了更加理性和智慧的信息甄别方式，我们平时在对其他人的信息甄别时，也要借鉴所罗门王的智慧。摆脱传统的不动脑子的直观式信息甄别，而进入更深层次的信息甄别。神探福尔摩斯其实就是这种理性信息甄别的极致，通过此人言行举止和衣着外貌的细节演绎，他可以看出一个乞丐在祖上那一代是王国贵族。

当然，福尔摩斯强大到神话级别的推演能力只能出现在小说中，但这种信息甄别的方式，我们完全可以学习。

二、略施小计，令其心服口服

恩威并施，才能贤佞皆服

对待不同的人要用不同的交际策略，因为每个人的处世心理都不相同。对待明理之人就该施以恩惠，对待无理之人则施之以威，这样才能在交际场中无往下利。

人都是有血有肉有感情的，因此，一般情况之下，只要我们能以诚相待、将心比心，多为对方考虑，就很容易说服他按照我们的意思办事。但当我们需要说服的对象无理取闹、顽固不化时，我们不妨施之以威，采取恩威并施之策略。

明太祖朱元璋在明朝初定之时，西南少数民族并不完全归服，一则天高皇帝远，中央势力鞭长莫及；二则一些少数民族与中原汉族素有隔阂，因此，对此边远之地维持有效统治并非易事。

朱元璋

当时，朝廷驻贵州镇守的都督马烨趁水东、水西两邦改换首领之机，想"改土归流"，废掉水西、水东土司，改制郡县。因此，他将水西的女土司奢香抓来，鞭挞凌辱，欲以此挑起云南水东、水西诸邦怒气，来制造出兵借口。

此事一出，水部四十八部彝民都纷纷欲反，这使明太祖认识到武力并不能解决问题，对待云南各部还要采取抚慰政策。

这样一来，可借机让土司交出部分权力，去除各部与内地交通之屏障；二来可成就仁君之美名，收买人心，得到百姓拥戴。

尽管马烨也一片忠心，但这回不得不成为明太祖政治手腕的牺牲品。

明太祖接待了水东土司刘淑贞，听其诉说马烨的劣迹和世代守土之功。马皇后也召见了刘淑贞，并传唤设宴进京入朝，予以抚慰。这使刘淑贞和奢香很是感动。明太祖进一步问："汝诚苦马都督，吾为汝除之，然何以报我？"明太祖已打算用马烨的性命换取二位土司的归顺。奢香说："愿世世代代皆诸罗，令不敢为乱。"

明太祖斩马烨的同时，册封奢香为顺德夫人，刘淑贞为明德夫人。可谓极尽恩赐之能事。但明太祖心中有数，过于亲近厚待必定会使其得意忘形，不服管教，并以为朝廷懦弱。因此，朱元璋仍留了一手。

当奢香、刘淑贞历经回归时，明太祖命令沿途官府在两路中央陈设兵力，紧张武备设施，以震慑二女，让其明白朝廷并非软弱可欺，而是具备相当实力，若举兵反叛，下场将不会很好。

明太祖的这种恩威并施的做法可谓明智至极，效果也极佳，对其册封厚待，使二位帮主领略了中央爱民之仁德；对其耀武陈兵，又使他们明白朝廷的威德。奢香等回

去后，将朝廷兵力告知各部，于是众部心中顿生敬畏之情，归顺之心日强。

需要注意的是，当我们使用恩威并施的方法之时，一定要注意考察对手的相关情况。如果对方具有丰富的经验，并且整个说服的形势对自己不利而对对手有利，那么，恩威并施的方法难以达到预期效果。反之，在整个形势对己有利而对对方不利的时候，特别是对方缺乏足够的经验，或者对方对达成某项协议心情较为迫切的情况下，效果会更佳。

气势夺人，从心理上震慑他人

真正的强者，震慑的是人的心理，而不是肉体。注重内心的修行，锻造自己的气势，也能不战而胜。不战而屈人之兵是最大的胜利。

军事上讲究"攻城为下，攻心为上"，说的就是心理博弈在竞争中的重要性。一个真正的强者是不会将威严流于表面的，他震慑的是人的心理，给人一种高不可测的"距离感"，使人无法真正了解他的内心世界，认为听从他也许是最好的选择，让人不得不屈服、跟随。

强者不声张，不傲气，给人一种捉摸不透、神秘兮兮的感觉，正是这种感觉，彰显了他们的人格魅力，让人心甘情愿地敬畏、崇拜。内心沉稳、不怒自威才是真正的内心气势。

纪渻子不愧为一个斗鸡高手，他将斗鸡培养成大智若愚的木鸡，锻造了斗鸡的内心气势，让别的斗鸡充满恐惧，不战自败。人也应该同斗鸡一样，不要稍微有点能力就四处卖弄、不可一世，这样只会流露出无知的本质。自我魅力的修养要靠长时间的锻炼才能形成。

面对激烈的竞争，我们不要急于与对手搏斗，而要注重气势的培养。急于求成不但不利于竞争，而且会让我们一败涂地。韬光养晦、隐而不发，培养自己内心深沉、淡泊名利的品质，当我们的修行到了一定境界的时候，内心的威慑力就会自然而然地流露出来，不需要激烈的竞争，我们的对手便会甘拜下风，失去了反抗的心理。

如今，很多企业的领导者都属于"木鸡"型，他们在团队中能产生强大的影响力。这是因为这类人平时虽然话语不多，可一旦出口则句句都很存理。所以他们说话总是"惜墨如金"，要么不说，要说一定说到点子上，并产生效果。

做一个强者、智者，需要不怒自威的气势。

因势利导，嫁接成功

人们在办事时，要想争取对方应允或帮忙，就应该设法引起对方对这件事情产生积极的兴趣，或者设法让对方感觉到办完这件事后会得到自己感兴趣的利益。很显然，人们对什么事情有兴趣或认为什么事情有满意的回报，就会乐于对什么事情投入感情，投入精力，甚至投入资金。这种办事方法就叫作情趣诱导法。

我们在求人办事特别是陌生人时，对方能不能答应你的要求，能不能全力帮助你把事情办成，关键是什么？关键在他心里是怎么想的。

心理学家告诉我们，人们怎样想一件事情完全是外在情趣和利益诱惑的结果。比如他对 A 问题感兴趣或者想获得 A，他就会说对 A 有利的话，也会做对 A 有利的事；反之，他便具有原始的不自觉的拒绝注意的心理。也就是说，人们要想求人办事就需要利用情趣诱导激发对方的兴趣。

但需要注意的是，利用情趣诱导法必须让对方感到自然愉悦，深信不疑，大有希望，只有利用情趣或利益把对方吸引住时，对方才肯为你的事情付出代价。

有位车夫拉着车上桥，桥很陡，走到半路实在拉不动了。他急中生智，用力顶着车把，放声唱起歌来。他这一唱，前面的人停下来看他，后面的人想看看发生了什么事。快走着追上他，而车夫则乘机央求大家帮着推车，大家一齐用力，车就推上了桥。

车夫了解人们好奇围观的心理，所以他不靠蛮力一个人拼死拉车，而是靠在车把上唱歌。如果他没有办法召集人来推车，就算他用尽力气也不能把车拉上桥。

这位车夫的求人策略堪称高超过人，无与伦比。本来是求人帮忙，结果却成了别人自觉自愿的行为，求人求得不露声色，浑然无迹。

这就告诉我们在求人办事时，有时"央求不如婉求。劝导不如诱导"，要想诱导，首先就要引起别人的兴趣，让对方带着一份兴趣来为你尽力。

现实中，我们在请人帮忙时，如可以通过对工作的介绍，激发对方的好奇和兴趣，诱导其深入地了解工作的原理和目前所面临的困难，那么，就很可能使对方暂时忽略利益上的得失，从而慷慨解囊。

需要注意的是，利用这种方法让其达到最终目的，还应懂得一个诀窍，就是要学会循序渐进。对人有所请托，应由小到大，由微至著，由浅及深，由轻加重才是，如果一开始就有太大的请求，一定会遭受对方断然拒绝。

可见，学会循序渐进，因势利导，既是求人办事的小技巧，也是嫁接成功的大原则。

三、洞悉人性，智取胜利巧布局

声东击西，让对手难辨真伪

声东击西，即打即离，制造假象，引诱对方做出错误判断，然后乘机歼敌的策略，在古今中外的战争中，是颇受欢迎的一种制敌策略。为了使敌方的指挥发生混乱，本不打算进攻甲地，却佯装进攻；本来决定进攻乙地，却不显出任何进攻的迹象。似可为而不为，似不可为而为之，敌方无法推知对方意图，被假象迷惑，做出错误决断。

东汉时期，班超出使西域，目的是团结西域诸国共同对抗匈奴。为了使西域诸国便于共同对抗匈奴，必须先打通南北通道。地处大漠西缘的莎车国煽动周边小国归附匈奴，反对汉朝。班超决定首先平定莎车。莎车国王北向龟兹求援，龟兹王亲率五万人马，援救莎车。班超联合于阗等国，兵力只有二万五千人，敌众我寡，难以力克，必须智取。班超遂定下声东击西之计，迷惑敌人。他派人在军中散布对班超的不满言论，制造打不赢龟兹就撤退的假象，并且特别让莎车俘虏听得一清二楚。

这天黄昏，班超命于阗大军向东撤退，自己率部向西撤退，表面上显得慌乱，故意放俘虏趁机脱逃。俘虏逃回莎车营中，急忙报告汉军慌忙撤退的消息。龟兹王大喜，误认班超惧怕自己而慌忙逃窜，决定趁此机会追杀班超。他立刻下令兵分两路，追击逃敌。他亲自率一万精兵向西追杀班超。班超胸有成竹，趁夜幕笼罩大漠，撤退仅十里地，部队就地隐蔽。龟兹王求胜心切，率领追兵从班超隐蔽处飞驰而过，班超立即集合部队，事先准备好的东路于阗人马迅速回师杀向莎车。班超的部队如从天而降，莎车猝不及防，迅速瓦解。莎车王惊魂未定，逃走不及，只得请降。龟兹王气势汹汹，追赶一夜，未见班超部队踪影，又听得莎车已被平定、人马伤亡的报告，大势已去，只有收拾残部，悻悻返回龟兹。

兵者讲究"实则虚之，虚则实之"，看似打此处，吸引敌人的全部注意力，其实真正要攻打的却是彼处，趁敌人不备而入，出奇制胜，便是兵之道。声东击西之术不单在行军之中有用，生活处事，职场商战，一样是不可多得的对策。

很多精明的成功者都善于运用声东击西之策，转移别人的注意力，让对手难辨真伪，这样，便为自己赢得最好机遇，无往不利。

制造无他选的困境，让对方别无选择地顺从

掌握制造别无他选一的困境的攻心战术，给人提供有且只有的两个选择，而且其中的一个选择必然好于另一个，再没有其他什么选择的余地，于是就可以达到普遍认同，而最终选择其中的好一个。

在生活中，我们往往会遇到谈判、竞选等场合，这种场合下，当然是需要做出选择，谁都想让对方选择和自己合作，谁都想要群众选举自己担当职务，如果不懂得采取一定的心理战术，则可能会遭受失败。

古代罗马的政治家布鲁斯特在杀害恺撒之后有一场演说："你们是希望让恺撒死，而你们大家过自由的日子，还是希望让恺撒活着而你们都沦为奴隶终至死亡？你们所要选择的是什么？"

布鲁斯特给当时长老院的长老们这样两个选择，再没有其他可以选择的方法，迫使他们从"自由"或"死亡"之中进行选择。很显然，自由比死亡看上去是更有好处、更有意义的。所以，最后的结局可想而知，长老院最终选择了自由，而布鲁斯特也因此获得了胜利。

在现实生活中，我们时常会面临着一些选择，很难下定决心，但是如果犹豫不决，就可能失去机会，在左右摇摆中浪费时光，此时就要善于把自己引到别无他选的境地，这样做选择就会容易一些。比如，当面对着是否该换工作而无法下决心时，就可以说："你是要换个工作，开拓新的人生呢，还是要继续在这里虚度余生？"在这两个选项中，自然很容易做出选择。

设置的两个选择没有优劣之分，还是会让人无法做出决定，虽说"鱼和熊掌不可兼得"。但却很难让人取舍，因此，我们还要强调两个选择中哪个更优，哪个更劣，有着这样的一个对比，就更容易让人做出选择了。

虽然运用这种方法也常会发生许多障碍，但对于处于迷惑不决中的人们，则可以迫使其朝着自己所期望的方向去选择。例如，当你要说服正在选择就业单位的毕业生时，可以说："与其勉强地进入一家好的单位，却因为能力不够而被漠视，进而遭受打击，产生挫败感，还不如进入一家自己能胜任的单位，找回信心，发挥出自己的优势，并且得到有效的提高。"像这种诱导方式，则可以帮助对方消除疑虑和犹豫，尽快地做出选择。

四、善用策略，顺利达到目的

确定共同对手，引起同仇敌忾

在生活中，应坦诚待人，不可钩心斗角。但是，有的时候，还是需要讲究一些策略，比如，要争取某人的支持，就可以把双方的共同点扩大，找到共同的利益，确定共同的对手，使对方与自己"同仇敌忾"，这种方法在要维护自己的合法、合理权益，而自己又势单力薄时是有效也有必要的。

春秋时，吴国和越国是敌国，经常交战。一天，十几个吴人和越人碰巧同乘了一艘渡船，但都互不搭理。

不料，船到江心时，天色骤变、狂风顿起、暴雨如注，巨浪汹涌而来，渡船剧烈地颠簸着，吴国的两个孩子吓得哇哇大哭，越国的一个老太跌倒在船舱里。老艄公一面竭力掌好船舵，一面让大家速进船舱。另两名年轻的船工，马上奔向桅杆解绳索，想把篷帆解下来，可一时又解不开。而如果不赶快解开绳索把帆降下来，船就可能翻掉。

在这个千钧一发之际，乘客们都争先恐后地冲向桅杆去解绳索，此时也不分谁是吴人谁是越人了。他们那么默契，配合得就像左右手。

过了一会儿，渡船上的篷帆终于被降下来了，船颠簸得也不那么厉害了。老艄公望着风雨同舟、共度危难的人们，叹道："吴越两国如果能永远和睦相处，该有多好啊！"

本来素有恩怨的吴越两国人，在面临更大的敌人，即暴风雨的袭击时，结果为了共同的利益而同心协力、合作默契。由此可见，即使是敌对的双方，当面临更大的敌人时，双方也会消除恩怨，同仇敌忾。

这种心理真的很微妙，为此，心理学家曾做过一个实验来加以证明：

3个人为一组做简单的"撞球游戏"，谁最后被淘汰，谁就是获胜者。显然，这3个人分别构成了敌对关系。结果显示，如果在比赛中，有一个人遥遥领先，那么其他两个人就会联合起来，共同阻挠领先者得分。

了解人们普遍存在的这种心理，善加利用，就有可能解除对立者之间的警戒状态，让对方与自己达成一致，获得共赢。例如，具有同等竞争力的中小企业，彼此间难免存在矛盾，进而产生纠纷，甚至会演变到水火不容的地步。这时，如果让对方意识到，如果继续敌对下去，会让某公司，尤其是大公司坐享渔翁之利。这样，对方就会产生一种危机感，不敢再"自相残杀"，让共同的对手获益。而原先的那种敌对情绪也就大大减弱了，彼此间的关系也就更加和谐，从而"化敌为友"，积极解决问题，尽可能实现共赢。

在全球的软饮料市场上，可口可乐和百事可乐是前两强，没有哪个品牌能够挤进去。这就在于可口可乐和百事可乐这两个"夙敌"的默契配合。所以，无论两个"夙敌"如何激烈地竞争，都不靠打"价格战"来挤兑对方，只要防住第三方，它们的市场份额就可以继续维持了，利润也就得到了保证。

同仇敌忾，有助于双方"化敌为友"，达成共识。这样才能通力合作，促进彼此共同发展。

利用"期望效应"使他人按自己的意图行事

拜托别人、对他人有所期望是出于现实的需要，毕竟每个人的能力是有限的。当别人来拜托你的时候，你心中会有一股满足感、成就感油然而生，做起事来也干劲十足。因此，如果你想要他人听从你的指示。不妨将自己对对方的期望明确地表现给对方知道。

1960 年，罗森塔尔在加州一所学校中做了一个著名的实验来论证"期望效应"。

那是一年新学期刚开始的时候，罗森塔尔请求校长对两位教师说："根据以往的教学考察，我认为你们是本校最优秀的教师。为此今年学校特地挑选了一些极为聪明的孩子给你们当学生。但是，为了不伤害到其他的教师和学生，请你们尽量像平常一样教这些聪明的孩子，一定不要让其他人知道你们是挑选出来的最优秀的老师，你们的学生也是被特意挑选出来的高智商的孩子。"

之后的一年里，这两位教师更加努力地教学。在学年考试中，这两个班级的学生成绩成为全校中最优秀的，将其他班级远远地抛在了后面。

接着，校长公开了一个令人惊讶的事实：这两位老师和他们的学生都不是被特意挑选出来的优秀者，而是随机选出的。

在这个实验中，校长撒了谎，所谓的"天才学生"和"最优秀的老师"其实都是平凡人。但是由于校长的权威性，以致所有人都相信了这个谎言。首先，两位教师相信了它，接着教师又在不知不觉之间通过自己的语言和行为将期望传递给学生——我期望你们是最优秀的。这样，无论是教师还是学生，他们的自尊、自信都被前所未有地激发起来，并且推动着他们去取得成就。

由此可见，利用"期望效应"来使他人按照自己的意图行事，是一个非常明智的方法。尤其是当你处于对方上级的地位的时候，对下属满怀期望，这种"降级拜托"的行为往往能在更大程度上激发起对方的干劲儿，使"期望效应"产生更大的影响。

绝大多数人都有过这样的经历：当上级对自己说"我对你的将来抱有很大的期望"或者"我对你很有信心，你一定能将这份工作干好"的时候，心中就会产生一种无法形容的兴奋感，并下定决心好好干，以免辜负了人家的期望。

值得注意的是，适度地对他人寄予期望是一件好事，但如果超过他人的能力范围，期望过度的话，就会给对方造成沉重的心理负担，令人惶恐不安，进而产生反抗心理。为了避免你的期望产生副作用，需要注意几点：

首先，你的期望需要综合当事人的能力加以考虑，如果是对方根本做不到的事情，就会产生副作用；不过，期望对方解决其力所能及范围之内的适当困难，能够增加对方的满足感；

其次，当对方达到了你的期望，别忘记赞赏他；

再次，如果对方没有达到你的期望，也不要指责他，应给他激励与安慰，顾全他的自尊和自信，这样更有利于你赢得人心。

给予对方适当的期望，能够满足对方实现自我价值的需求，同时，还能够激发对方的责任感、自尊心、自豪感等一系列积极的心理因素，催促他听从你的指示，并且竭尽全力将事情做好。

恰当的反馈能使对方更积极地为你办事

生活中，反馈效应是普遍存在的。我们应该记住：有反馈比没有反馈好，正面反馈比负面反馈好，即时反馈比远时反馈的效应更大。

心理学家赫洛克曾做过一个有关反馈的著名的实验：

他把106名四五年级的小学生分成四个组，让他们每天练习相同的数学题目。当然，不同的组练习后，所受到的"待遇"是完全不同的。

第一组为受批评组，每次练习后，都挑出学生们的错误，并严加批评。

第二组为受表扬组，当学生们练习完以后，针对他们不同的良好表现予以表扬和鼓励。

第三组为被忽视组，对这组的成员，既不批评也不表扬，只让其静听其他两组挨批评和受表扬。

第四组为控制组，这组和前三组是隔离的，并且也不会得到来自外界的任何评价。

一段时间后，赫洛克对四个组的练习效果进行了考察，结果表明：控制组的练习效果是最差的。而在前三组中，被忽视组的练习效果明显低于其余两组。而在练习效果相对较好的受表扬组和受批评组中，受表扬组的练习效果最好，并且呈现不断上升的趋势。

由此可见，不同的评价对学生们的活动效果有着不同的影响，而没有评价是最坏的情况。其实，评价就是对他人活动的一种反馈，而所谓反馈指的是行为者对自己行为结果的了解，这种了解能够强化先前行为的作用，从而使行为者更加积极地做出类似的行为，提高行为的效率，这一现象，被心理学家称为"反馈效应"。也就是说，给予对方合适的反馈信息，能够使他更加积极地努力。

一个人的活动没有办法得到他人的反馈，会极大地打击他的活动积极性。因此，如果你想要他人积极地为你效力，那么你就一定要给予及时、恰当的反馈，这样才能使对方保持积极性。

收放自如，把对手控制在你的手中

一张一弛，文武之道。在做人做事方面，只有懂得收放自如的人。才能将主动权稳固地把握在自己的手中。当然，要善于把握人心，懂得收放分寸。

刘秀当上东汉开国皇帝后，有一段时间很是忧郁。群臣见皇帝不开心，一时议论纷纷，不明所以。

一日，刘秀的宠妃见他有忧，怯生生地进言说："陛下愁眉不展，妾深为焦虑，妾能为陛下分忧吗？"

刘秀苦笑一声，怅怅道："朕忧心国事，你何能分忧？俗话说，治天下当用治天下匠，朕是忧心朝中功臣武将虽多，但治天下匠的文士太少了，这种状况不改变，怎么行呢？"

宠妃于是建议说："天下不乏文人大儒，陛下只要下诏查问、寻访，终会有所获的。"

刘秀深以为然，于是派人多方访求，重礼征聘。不久，卓茂、伏湛等名儒就相继入朝，刘秀这才高兴起来。

刘秀任命卓茂做太傅，封他为褒德侯，食二千户的租税，并赏赐他几杖车马、一套衣服、丝绵五百斤。后来，又让卓茂的长子卓戎做了太中大夫，次子卓崇做了中郎，给事黄门。

伏湛是著名的儒生和西汉的旧臣，刘秀任命他为尚书，让他掌管制定朝廷的制度。

卓茂和伏湛深感刘秀的大恩，他们曾对刘秀推辞说："我们不过是一介书生，为汉室的建立未立寸功，陛下这般重用我们，只怕功臣勋将不服，于陛下不利。为了朝廷的大计，陛下还是降低我们的官位为好，我们无论身居任何职，都会为陛下誓死效命的。"

刘秀让他们放心任事，心里却也思虑如何说服功臣朝臣，他决心既定，便有意对朝中的功臣们说："你们为国家的建立立下大功，朕无论何时都会记挂在心。不过，治理国家和打天下不同了，朕任用一些儒士参与治国，这也是形势使然啊，望你们不要误会。"

尽管如此，一些功臣还是对刘秀任用儒士不满，他们有的上书给刘秀，开宗明义便表达了自己的反对之意，奏章中说："臣等舍生忘死追随陛下征战，虽不为求名求利，却也不忍见陛下被腐儒愚弄。儒士贪生怕死，只会动唇舌，陛下若是听信了他们的花言巧语，又有何助呢？儒士向来缺少忠心，万一他们弄权生事，就是大患。臣等一片忠心，虽读书不多，但忠心可靠，陛下不可轻易放弃啊！"

刘秀见功臣言辞激烈，于是更加重视起来，他把功臣召集到一处，耐心对他们说："事关国家大事，朕自有明断，非他人可以改变。在此，朕是不会人言亦言的。你们劳苦功高，但也要明白'功成身退'的道理，如一味地恃功自傲，不知满足，不仅于国不利，对你们也全无好处。何况人生在世，若能富贵无忧，当是大乐了，为什么总要贪恋权势呢？望你们三思。"

刘秀当皇帝的第二年，就开始逐渐对功臣封侯。封侯地位尊崇，但刘秀很少授予他们实权。有实权的，刘秀也渐渐压制他们的权力，进而夺去他们的权力。大将军邓禹被封为梁侯，他又担任了掌握朝政的大司徒一职。刘秀有一次对邓禹说："自古功臣多无善终的，朕不想这样。你智勇双全，当最知朕的苦心啊！"邓禹深受触动，却一时未做任何表示。他私下对家人说："皇上对功臣是不放心啊，难得皇上能敞开心扉，皇上还是真心爱护我们的。"

邓禹的家人让邓禹交出权力，邓禹却摇头说："皇上对我直言，当还有深意，皇上或是让我说服别人，免得让皇上为难。"

邓禹于是对不满的功臣一一劝解，让他们理解刘秀的苦衷。当功臣们情绪平复下来之后，邓禹再次觐见刘秀说："臣为众将之首，官位最显，臣自请陛下免去臣的大司徒之职，这样，他人就不会坐等观望了。"

刘秀嘉勉了邓禹，立刻让伏湛代替邓禹做了大司徒。其他功臣于是再无怨言，纷纷辞去官位。他们告退后，刘秀让他们养尊处优，极尽优待，避免了功臣干预朝政的事发生。

功臣在历史上所起的作用是巨大的，可功臣若走向反面，他们的影响力和破坏力也是惊人的。对待他们，社会地位不能降低，以示恩宠，但不给实权，就可防患于未然了。

五、赢家通吃的商场掌控

施计弄巧，无条件时创造条件

许多人认为创造条件难度太大，而且总是无从下手。其实，这是因为大家总喜欢用常规的思维去思考问题，如果我们懂得施计弄巧，很多情况就大不一样了。

亚历山大当年称霸之后，有人对他说，他的成功是善于把握有利的时机和条件，他大声回答："这一切无不是我创造出来的！"可见，没有条件不代表不能成功，关键是看你能否自己创造条件。

1850年2月，清道光皇帝驾崩，咸丰皇帝即位。这时，由于清政府的腐败，导致民不聊生，进一步激化了社会的各种矛盾。南方农民起义不断发生，仅广西一省就有二三十支起义队伍，其中最有影响的是洪秀全领导的太平天国运动。他们讨伐清廷，打得清军焦头烂额，弄得刚刚即位的咸丰皇帝心神不宁。

后来，咸丰帝起用了曾国藩，创建的湘军镇压太平军，取得了一些胜利，并占领了湖北的武汉等地。消息传到京城，咸丰帝十分高兴，心神欣慰，设宴与各位大臣庆贺。庆贺之余，咸丰帝率嫔妃去圆明园游玩。咸丰帝与嫔妃正在边玩边笑，忽然听到"桐荫深处"传来南方的曲调，委婉动听。咸丰帝就问身边的太监："是谁在唱？"

太监答道："是宫女兰儿。"

这兰儿便是叶赫那拉氏的小名。她是安徽道台、满族人惠徵的女儿。那拉氏从小生得机灵，又长得仙女一般，还有圆润的嗓音，会唱南方江浙一带的小调，因此18岁便被选入宫了。

咸丰帝听到动人的歌声，似有听其喉知其貌的感觉，身不由己地朝"桐荫深处"走来。走至近前，果然见到一位丽质少女：她的身材长得恰到好处，真个是增之太高，减之太矮，亭亭玉立，无一不韵。那满头的万缕青丝，格外润泽；一双眸子，明如黑玉。

太监见皇帝两眼发直，心中暗笑，便请皇帝坐了下来，向那拉氏喊道："皇帝驾到，兰儿还不快快过来见礼！"

那拉氏闻言，不敢怠慢，急急忙忙来到咸丰帝面前跪倒请安："向万岁爷请安！"这六字出口，似雏黄莺之声，清脆悦耳，咸丰帝顿觉浑身酥软，忙让她站起来。接着，又让她唱了几曲，并且让她端茶。众人一见，知道皇帝不想走了，一个个便自觉地离去。随后，咸丰帝便在那拉氏的服侍下，来到别宫住了下来。

咸丰帝

一宵恩爱，那拉氏便被封为贵人。从此，那拉氏善于察言观色、甜言蜜语、竭力奉承。过了几年，那拉氏为咸丰帝生了一个小皇子，这就是后来的同治皇帝。

咸丰皇帝虽然嫔妃众多，却没有一个能为他生出儿子来。这回那拉氏为他生了个儿子，咸丰皇帝哪有不高兴之理？这是命运的巧合，还是功到自然成的结果？母以子为贵。不久，那拉氏就被封为懿妃，随后，又被封为懿贵妃。

咸丰帝死后，同治皇帝即位，那拉氏垂帘听政。朝廷为那拉氏加徽号为"慈禧"，故称为慈禧太后；又因她住在西边的长寿宫，所以又称她为"西太后"。

临危不乱，以机智赢得生机

有时，看似波澜不惊的环境中，却暗含着无限的杀机；有时，一派风和日丽的景象里，却酝酿着暴风骤雨；有时，在把盏笑谈之间，祸患已悄然逼近……在危及自己生命的紧要关头，灵活地应对，不失为一大机变智慧。

朱元璋打败陈友谅、张士诚，定鼎南京，建号称帝，由刘伯温亲自选定风水宝地，开工兴建宫殿。朱元璋住进建好的皇宫后，没事便到处走走，熟悉一下环境。

一天他走到一间刚完工的大殿里，看着雕梁画栋，金碧辉煌，回想自己当年当和尚的情景，不禁感慨丛生，四下顾望无人，便信口把心中所想说了出来："唉，我当年不过为饥寒所迫，想当个盗贼，沿江抢掠些金银财物而已，哪曾想能有今日这番气象。"

说完后，仰面观看棚壁，却吓了一跳。原来有一个漆匠正在一个大梁上做最后的油漆工作，由于梁木宽大，朱元璋先前竟没发现他。

朱元璋马上意识到自己一时冲动失言，一番只能藏在心底、不能让任何人知道的真实想法可能都已经落入这名漆匠耳中了。如果不杀人灭口，势必会传扬得四海皆知，那可是丢人丢脸又不利于自己以天命愚弄百姓的大事。

他开口让那名漆匠下来，连喊了几遍，漆匠充耳不闻，继续慢条斯理地做着手中的活。朱元璋大怒，加大了音量喊，那名漆匠仿佛才听到声音，忙下来跪在朱元璋面前，叩头说："小人不知陛下驾到，没有及时避开，冒犯了陛下，请陛下恕罪。"

朱元璋怒声道："你耳聋了怎的？我叫了你几遍你都不下来？"

漆匠叩头说："陛下真是英明皇帝，连小人耳朵有点聋都知道。陛下圣明，这是小人和万民的莫大福分。"

朱元璋生性多疑，但看漆匠脸上神色并无太大变化，心想他骤然听到这样大的秘密，自然知道厉害，不吓得掉下来，也会面无人色，不会如此平静，看来他真是耳朵有些不灵敏的人。

也是朱元璋心情好，又见漆匠殿活做得也不错，且很会说话，便摆摆手让他继续干活。

这名漆匠当晚找个借口逃出皇宫，连夜逃回家中，携带妻小躲避他乡。而朱元璋后来因为国事繁忙，根本记不得这件事了。

那名漆匠的才能或许并不比朱元璋差，看其骤然听到天大的秘密却不惊不慌的态度，真有"泰山崩于前而色不变"的大将风度，马上想到用耳聋来保护自己，这份机智也是人所难及。

事实上，在现实社会里，这种临危应变的机智常常能够帮助我们巧妙地趋利避险。

连横合纵，将天下资源为我所用

连横合纵是一种智慧。生意场上，将一切能利用的资源聚拢到自己身边，才能给自己带来更多财富。

想要致富，不能孤军奋战，要懂得连横合纵，让天下人为己所用。商场竞争激烈，个人能力再强，也难免势单力薄。做孤胆英雄并不是明智之举，费时费力，结果也并非如意。经商时必须利用各方势力，必要时"化干戈为玉帛"将使你受益匪浅。

有"巧手大亨"美誉的张果喜在开拓日本市场时能够照顾好各方利益，善待盟友和对手，很快便成为日本佛龛市场的"龙头老大"。

张果喜在日本市场初战告捷后，就与日商建立了稳固的代理关系，全部佛龛产品都由日商代理经销。随着张果喜生产的佛龛畅销日本市场，一些日本商人也想通过经营佛龛获利。为降低进货成本，他们绕过代理商直接从张果喜那里进货。

面对这种新情况，张果喜进行了慎重考虑。从眼前利益看，销售商直接订货，减少了中间环节，厂方确实可以得到实惠。但从长远考虑，接受直接订货，意味着失去以往花费了很大力气开辟的销售渠道，会使以往的销售渠道背离自己，走到自己的对立面，得不偿失。所以张果喜回绝了那几家要求直接订货的日本零售商，继续维持与日本代理经销商的盟友关系。日本代理商得知此事后很感动，对张果喜比以往更加信任。他们在推销宣传方面加大力度，为张果喜打出了"天下木雕第一家"的招牌。与此同时，张果喜清醒地看到，生产佛龛是一种利润丰厚的产业，除了他的果喜集团公司，其他国家或地区制作的产品也非常具有竞争力，日本本土还有很多同类中小企业，如果单靠原有的销售网络和一两个合资的株式会社，根本无法与强大的竞争对手抗衡。张果喜决定扩大"同盟军"。把一些原先的对立派拉到自己身边。他与智囊团仔细分析日本各地中小企业，经过多方协调，张果喜于1991年成立了"日本佛龛经销协会"，专门经销果喜集团的漆器雕刻品，变消极竞争为积极合作。当年立竿见影，他在日本佛龛市场的份额占到六成，取得了更大的市场主动权。

这就是张果喜的连横合纵。摆脱眼前利益和一己之利的束缚，开阔视野，正确处理与盟友、竞争对手之间的关系，变小钱为大钱。张喜果被称为改革开放后第一个亿万富翁，他只有初中文化水平，却通过自己超强的商业智谋打拼出一片天下。很多时候，一个人的胸怀和眼光决定他能拥有多少财富。假设张喜果贪图小利。答应那些日本小企业的要求，腰包暂时会鼓，葬送的却是长远利益。张果喜说："台上靠智慧，台下靠信誉。"这就是他不舍弃日本代理商的信念．也是他最终能够联合各方力量的基础。

大财富只属于大智慧的人。目光短浅，只盯眼前利益，不会有长久的财富。一个梦想致富的人，不能与对手保持永远的竞争关系。世事难料，审时度势联合对手，将对立变成合作，就可能在竞争中获利。宁可与对手抗争，也不与其合作争取潜在利益，受害的终将是自己，这样的人也不会得到财富的青睐。所以，致富过程中，灵活处理与对手的关系，才会取得成功。

洞察对方所需，打开成功之门

在商务往来中，为了在竞争中取胜。不妨看看对方的需求，适当满足，他将放弃抵抗，为你所用。同时，要提醒自己，切勿因小利而放弃自己的原则。

汉高祖刘邦在天下大定之后，在一片等待论功行赏的气氛当中，却只先分封了20多名功劳不大的部将。其他在他眼里说大不大、说小不小的部将，如何分封都还在斟酌考量中。

那些自恃功劳不凡的部将无不伸长脖子，望眼欲穿，而且生怕论功不平、赏赐不公，一个个焦虑难安，同僚之间钩心斗角。

刘邦非常苦恼，于是便唤张良前来，想听听他的想法。

张良有些沉重地回答他说："陛下来自民间，依靠这些人打得天下。过去大家都是平民百姓，平起平坐。现在你成为天子之后，先分封的人大部分都是世交故友，所诛杀的都是关系较疏远的人，不然就是得罪你、让你看不顺眼的人。这样下去，难免会有人心生反意。"

刘邦听了之后，面色凝重，便问张良该怎么办。

张良想了一下，便先反问刘邦说："在这些一起打天下的部将当中，你最讨厌的人是谁？这个人不被陛下喜欢的原因，最好又是大家所熟知的事。"

刘邦回答说："雍齿常常捉弄我，他是我最讨厌的人，我想这也是大家早就知道的事情。"

张良马上提出建议："那么，今天就先将雍齿封为王侯。这样一来，我看就可以解除一些不必要的疑虑，安定大家的心了。"

刘邦采纳了张良的建议，立刻宣布将雍齿封为什邡侯。

这件事果然产生了良好的效果。在这些人看来，连皇帝最讨厌的人都有"糖"吃了，还有什么好担心的呢？于是，君臣之间的紧张关系自然得到了暂时的缓解。

抓住对方的心理，洞察对方内心的想法和需求，而后在某件事上给予对方一点好处，对方就会从心理上贴近你。有人说，人都是利益的动物。虽然有失偏颇，但这种方法有时确实能产生神奇的效果。在生意场上，巧施一些小恩惠，就能放长线钓大鱼，财源滚滚而来。

无事也要常登"三宝殿"

中国人常说"无事不登三宝殿"，意思就是登门拜访必然有事相求。然而，现在商务场上的那些应酬达人，早就抛弃了这个陈旧的观念，他们懂得用电话、短信、邮件或上门拜访等方式，牢牢拽住商场上的那个"贵人"。

王妍是某大学人文学院学工处的一名普通职员，她与经管系的系主任刘某关系处得非常好，而据小道消息说经管系系主任很可能年内就会调任学工处处长一职。然而世事难料，年底人员调整时，刘某却被调去当图书馆馆长了。这样一来，许多原本巴结刘某的人立刻散得一干二净，让刘某见识到了什么叫"人一走茶就凉"。就在这时，王妍来找刘某，说道："刘主任，这没什么大不了的，哪天咱们一起去逛街散散心吧！"这正是刘某最难过的时候，王妍的出现让刘某很感动。

一年半后，该学院的院长调走了，新来的院长把刘某提拔为主管人事的副院长，许多人这时开始羡慕王妍与刘院长的亲密关系了。

所有的贵人在成为贵人之前都是一座"冷庙"，平日常去冷庙烧香，在危急之时才能顺利抱住"佛脚"，获得贵人的提携和帮助。生活中如此，利益攸关的商务应酬场上更是如此。先做朋友，后做生意，这才是绝妙的商务应酬法则。只要有时间，就要去拜访一下那些商场上的朋友，一起坐坐，聊聊天，互通信息的有无，说不定在这看似细微的言谈之间，你就抓住了绝佳的发展契机。

然而，前去拜访客户时要格外注意拜访的一些礼节，以免因小失大，引起客户的反感。

遵时守约

要想做一个受欢迎的客人，首先就要严格遵守预约的拜访，切忌迟到，要知道浪费别人的时间等于谋财害命；预约的拜访不能准时赴约，要提前打电话通知对方，即使责任不在自己，也要表达一定的歉意。

妥善处置自带物品

在进客户办公室之前，要先看看鞋上是否带泥。擦拭之后，先敲门再走进去。雨具、外衣等要放到主人指定的地方。如果主人较自己年长，那么主人没坐下，自己不宜先坐下。自己的交通工具如自行车要锁好，放在不影响交通的地方，如果放的位置不好或忘锁被盗，不仅自己受损失，也给主人带来麻烦。

言行谨慎

任客户处做客，不能大大咧咧地径直坐到席上，而要等主人力邀才"恭敬不如从命"；等人时，不要左顾右盼；主人奉茶之后，先搁下来，在谈话之间啜之最为礼貌。如果要抽烟，一定要征得主人的同意，因为吸烟会危害他人的健康；如果客户处未置烟灰缸，多半是忌烟的；如果掏烟打火，让主人匆忙替你找烟灰缸，是尤其不尊重人的举动。

无事也登"三宝殿"，其实也是为了将来有事相求，不必吃"闭门羹"。然而，商务拜访中如果忽视了这些细节，在这些"冷庙"烧上再多的香，也不能在危难之时顺利抱住"佛脚"，难以拯救自己的职业命运。

六、减少内耗的博弈心理

老虎怕毛驴，假信息迷惑真敌人

在动态博弈中，每个局中人都要根据对方的行动做出下一步行动。就如下棋一样，你走一步，对方走一步，行动策略上有一个先后顺序，谁先动第一步，紧后谁动第二步。这就给了被动方反被动为主动的余地。

话说一头毛驴刚到贵州的时候，老虎见它是个庞然大物，不知道有多大的本领，感到很神奇。——给定这个信息，老虎就躲在树林里偷偷地瞧毛驴，这就是一种最优选择。

过了一阵子，老虎走出树林，逐渐接近毛驴想获得有关这个庞然大物的真实本领的信息。有一天，毛驴突然大叫一声，老虎吓了一跳，急忙逃走。——这也是最优选择，因为毛驴的叫声是老虎预料之外的。又过了一些天，老虎又来观望，发现毛驴并没有什么特别的本领，对毛驴的叫声也习以为常了，但老虎仍然不敢下手——因为它对毛驴的真实本领好没有完全了解。

再后来，老虎跟毛驴挨得更近，往毛驴身上又挤又碰的，故意冒犯它。毛驴在忍无可忍的情况下，用蹄子去踢老虎。这一踢向老虎传递的信息是毛驴不过就这点本事而已。所以，老虎反倒高兴了。到这时，老虎对毛驴已经有了完全的了解，毫不费力地扑上去把它吃掉了。

在故事中，老虎通过观察毛驴的行为逐渐修正对它的看法，直到看清它的真面目，再把它吃掉，老虎的每一步行动都是在给定它的信息下最优的。

老虎没有见过驴子，因而不知道自己比驴子强还是弱。老虎的战略是：如果自己弱，那就只能躲，如果自己强，那就吃驴子。对于自己并不了解驴子，老虎的做法是不断试探，通过试探，修改自己对驴子的看法。如果驴子表现温顺无能，老虎就认为驴子是美食的概率比较大，起初驴子没有反应，老虎认为驴子不像强敌，胆子越来越大。后来驴子大叫，老虎以为驴子要吃它，吓得逃走，但后来想想，又觉得不一定，于是继续试探，直到驴子踢老虎，老虎才觉得驴子"仅此技耳"，于是采取自己强时的最优行动——吃驴子。

在北京的秀水街一个摊位前，一个女孩子问摊主："这个包多少钱？"

摊主回答："480。"女孩子头也不回地就往前走。

摊主急了，随口一喊："我可以便宜一些，360 怎么样？"

她回头一笑，继续往前走。摊主又喊："这位美女，那你给个价吧！"

女孩子不慌不忙地回到摊位，伸了两个手指头："80。你不卖我就走。"

然后，摊主就例行地表达了一下这个价格太低啊、亏本啊等为难之情。当然，女孩子最后没花多少力气，就以 80 块的价格把这个包拿走了。

其实这个女孩子和摊主的故事也是不完全信息下的一个博弈，作为摊主，并不知道女孩子的购买底线只能一次次去试探；而作为女孩子，也不知道摊主的价格底线，只能用不理睬去试探。

策略欺骗

在现实博弈活动中，参与者之间往往对自己和对方的优势和劣势都了如指掌，而且往往会想方设法地加以利用，把弱点作为突破对方防线的重点。正因如此，也就提了策略欺骗的基础。

在现实博弈中，参与者都会想方设法地去猜测对手的策略，以图打破平衡。基本策略是：先随机出招，维持一个平局的局面，同时尽量从对方的行动中寻找规律，当捕捉到这种规律时就利用它。但是如果博弈双方都采用这种保守策略，博弈将永远维持在平衡状态，必须有一方首先出击，从而诱使对方也走出堡垒，这时才能开始一场真正的斗智。

一个善用策略行动的人，既要有自知之明，更要能利用对手对自己习惯及固有特点的了解，出其不意，把对手诱入局中。不过最重要的是，我们应该在生活中合理利用其中的策略。

明朝正德年间，福州府城内有位秀才郑堂开了家字画店，生意十分兴隆。有一天，一位叫龚智远的人拿一幅传世之作《韩熙载夜宴图》来押当，郑堂当场付银 8000 两，龚智远答应到期愿还 15000 两。一晃就到了取当的最后期限，却不见龚智远来赎画，郑堂感觉到有些不大对劲，取出原画一看，竟是幅赝品。郑堂被骗走 8000 两银子的消息，一夜之间不胫而走，轰动全城。

两天之后，受骗的郑堂却做出一个让人大跌眼镜的决定，他在家中摆了几十桌大宴宾客，遍请全城的士子名流和字画行家赴会。酒至半酣，郑堂从内室取出那幅假画挂在大堂中央，说道："今天请大家来，一是向大家表明，我郑堂立志字画行业，绝不会因此打退堂鼓；二是让各位同行们见识假画，引以为戒。"待到客人们一一看过之后，郑堂把假画投入火炉，8000 两银子就这样付之一炬。郑堂的烧画之举再次轰动全城。

　　第二天一大早，那个本已销声匿迹了的龚智远早早来到郑堂的字画店里，推说是有要事耽误了还银子的时间。郑堂说："无妨，只耽误了三天，但是需加三分利息。"铁算盘一打，本息共计是15240两银子。龚智远昨夜已得知自己的那幅画已经被他烧了，所以有恃无恐的要求以银兑画。郑堂验过银子之后，从内堂取出一幅画，龚智远冷笑着打开一看，不由得头晕目眩两腿发软，当下就瘫倒在地。

　　原来，郑堂依照赝品仿造了另一幅假画，而烧掉的是自己仿造的假画。

　　郑堂的策略欺骗之所以能奏效，在于郑堂将计就计，反过来运用自己的策略，请骗子龚智远入瓮，聪明的龚智远反倒成了傻子。这里的关键在于为了赢对方而自愿增加自己的行动步骤，甚至付出暂时的代价以诱敌深入。

　　在现实生活中，我们所接收到的信息十分庞杂，真信息、假信息叠加在一起，即使是理性的经济人也无从分辨。在博弈过程中，博弈的参与者所发出的信息往往并不真实。比如你要买一件价格比较贵的羽绒服时，就需要鉴别羽绒的真假。当你正在犹豫要不要买时，老板有可能将他进货的发票在你面前虚晃一下，以表示这是正品，并且表示这样的价格他已经是在亏本出售。实际上这只是虚晃一招，他压根不会让你看到发票的真实信息。所以，千万不要被"眼前的假象"所迷惑了。

　　博弈论中的策略欺骗对于我们的启示在于，我们应该将自己所收集到的信息，综合起来加以利用，运用全部策略智慧，尽可能获取整个事情的真相，从而让自己生活在"真实的世界"中。

　　需要明确的是，策略欺骗并不是让我们学会"骗"，而是要利用博弈论的知识，在市场行为中，在人际交往中为自己谋取最大的利益。

螃蟹为什么爬不出篓子

　　职场人员，应理性选择职业，做到高瞻远瞩，善于将自己的理想与组织目标保持一致，不要甘心当篓子里的螃蟹，而应勇敢地面对现实，追求职业增值，像老鹰一样去搏击长空。这就像博弈一样，需要不间断地博弈才会成为最后的利者。

　　或许钓过螃蟹的人知道，篓子中放了一群螃蟹，不必盖上盖子，螃蟹是爬不出去的。其实，这正是运用了博弈理论。为什么呢？因为只要有一只想往上爬，其他螃蟹便会纷纷攀附在它的身上，结果是把它拉下来。到了最后，就没有一只螃蟹可以爬得出去了。

　　毕业于某大学英语专业的罗强，在国内某高校涉外部门工作，他希望能在教育交

流领域创出一番自己的事业。因此，在正常的工作以外，罗强在业余时间又自学了市场营销和电子商务等课程，并主动承担起部门网站的组建和国际交流活动策划等工作，成功组织了各项活动，网站质量也受到上司的好评。几年后，因为部门管理的混乱，而且自己也感觉如此干下去毫无前途可言，罗强跳到一家国际教育发展投资公司做市场调研员，开始时每天都要跑业务。

罗强只用了一年多的时间就成为公司的业绩标兵，升职做了主管。后来罗强被安排到市场部，担任市场部经理助理，在这个阶段，他开始全面接触市场工作，工作激情和绩效非常高。在助理的位子上，罗强充分发挥出自己的特长，特别在市场策划方面显示出了过人的能力。

就这样日复一日，年复一年，转眼间三年就过去了，下一阶段的发展问题摆在了罗强的面前：他感觉自己对目前从事的媒体、公关和广告管理三大部分都很感兴趣，可是不知道以后应该朝哪个方向持续发展，而且哪个方向他都感觉自己不具有足够的竞争力。一些朋友劝他知足常乐，他不甘心；也有一些朋友劝他踏实工作，不要老想"跳槽"，他有些犹豫。这次，他真的感到自己迷失了未来发展的方向。

罗强所处的环境就有一些这样的人，他们不喜欢看到别人的成就与杰出表现，更怕别人超越自己，因而天天想尽办法破坏与打压他人。如果一个组织受这样的人影响，久而久之，公司里只剩下一群互相牵制、毫无生产力的"螃蟹"。

职场中，罗强吸取了螃蟹的教训，以不懈的努力和敢于面对困难的毅力，找到了自己合适的工作，可谓是他奋斗的成就。但是人在职场，安于现状，不进则退。罗强过去的成功和现在面临的职业选择，值得每个人去深思。

七、博取他人信服的权威心理

时刻让人知道你是"有身份"的人

"身份"是一个很奇怪的东西，看不见摸不着，但能够被真真切切地感。受到成功的领导者和员工待在同一间办公室里，即使衣着差不多，别人也能一眼看出来谁是员工，谁是领导。领导的身份不是靠权力和制度来划定的，而是日常工作中有意"经营"出来的。领导要适当表现自己的"身份"。如果不能表现出这一点，那么这个领导者就是不合格的。

生意场上的人要有意做一些可以显示身份的事情，比如，时不时在高尔夫球场露露脸，请业务伙伴到高档酒店消费，请记者和官员到歌厅唱歌，偶尔出国度假也要把消息"悄悄地"传给他人。有些消费并不一定是他们真正需要的，但这样做可以坚定下属乃至合作者的信心，并消除外界的怀疑。一旦企业的高层管理者长期没有这类举动，就会有一些不利的"流言"传播。一个人长期低调、谨慎，就会有人猜测，他是不是职位不保、面临调整？

为了显示身份，领导还要注意自己的讲话方式。一般来说，在办公室里跟员工讲话，要亲切自然，不能让员工过于紧张，以利于对方更好地领会自己的意图。但是在公开场合讲话，比如在公司大会演讲，做报告，就要威严有力，有震慑效果。

如果遇到员工意见与自己意见相左的情况，可以明确给予否定。如果员工的意见确是对公司、对自己有利的，也不要急于发表看法，可以先说"让我仔细考虑一下"或"容我们研究、商量一下"。领导可以利用时间从容仔细考虑是取是舍，提出意见的员工也不会沾沾自喜，而会愈加谨慎。这样做在无形中增加了领导的权威，比草率决定要好得多。

除了注意言语，行为更加重要。领导的权威身份，一般都是由适合的行为动作表现出来的。聪明的领导者切不可在员工面前举止失度，行为轻佻。

你如果在单位内部获得了提升，就会发现：原来平级的同事对自己的新身份表现得满不在乎，甚至不服气。如何突破这一考验呢？不可以摆架子，那样就容易把自己孤立起来。但可以有意拉开距离，不再一起吃吃喝喝、随意聊天，也可以在人事上进行一些调整，杀一杀不服之人的傲气。只有这样，才能让他们意识到谁才是领导。

利用情感树威

在人际交往中，感情是必不可少的因素。感情是相互间建立良好关系的润滑剂。聪明的管理者，都十分注重感情投资。感情投资，必须持久，不能只做表面文章、保持三分钟热度。以情动人贵在真诚持久。"路遥知马力，日久见人心"，大多的感情投资需要较长的时间才能结出果实，因为人与人之间的理解与信赖需要一个过程。

感情投资不讲究一日之功。如果管理者能长期注重感情投资，对管理将会大有裨益。感情作为联系人际关系不可缺少的纽带，存在于管理者与下属之间，这种感情是互相影响的。想得到下属的理解、尊重、信任和支持，首先应懂得怎样理解、信任、关心和爱护他们。有投入才会有产出，有耕耘才会有收获，不行春风，哪得春雨？所以，作为一名管理者，一定要高度重视对下属以心换心，以情动情。

与下属以心换心、以情动情之所以必要，是因为人人都有这种需要。马斯洛的

"需求层次说"认为：凡是人都希望别人尊敬和重视自己，关心体贴自己，理解信任自己。这种需要是属于心理上和精神上的，是比生理和物质更高级的需要。物质只能给人以饱暖，精神才能给人以力量。"士为知己者死"，如果管理者能够对下属平等相待，以诚相见，感情相通，心心相印，从思想上理解他们，从生活上关心和爱护他们，在工作上信任支持他们，使他们的精神得到满足，他们就会焕发出高昂的热情，奉献出无私的力量，就会把工作做得更好。

许多古代政治家都善于以心换心，以情动情。刘邦的"信而爱人"，唐太宗的"以诚信天下"，都是颇为动人的领导行为。每个人都需要别人的尊重、理解和信任。如果管理者能够注意这一点并身体力行，那么组织就会出现和谐、融洽的气氛，内耗就会减少，凝聚力和向心力就会大大增强。

让自己保持"竞技状态"

一般地说，下属对新任的管理者总是十分注意的。管理者的一言一行、一举一动，都会给大家留下难以忘却的印象。这"第一印象"如何，对管理者以后的工作会产生长久的影响。所以，管理者在此时一定要给大家留下一个良好的印象。上任时要充满信心地去上任，千万不能有怯阵的表现，要像发起冲锋前的战士那样，满怀必胜的信念去迎接战斗，在下属面前树立起一个精力充沛、开朗乐观、勇往直前的形象。

这种精神状态不仅为开创新局面所必需，而且对所有成员都有极大的影响。所以，管理者一定要使自己处于良好的"竞技状态"，杜绝任何犹豫和胆怯。要精神饱满，斗志旺盛，勇敢坚定，以义无反顾、所向披靡的冲击力，信心百倍地前进。没有这样一种良好的精神状态，什么事情也做不好。

管理者在塑造自我形象时，要避免走入误区。一个出色的管理者必然会有其过人之处，但这种过人之处只可能集中在某些侧面上。有人认为管理者为树立权威就要时时处处显得比下属高明。其实，这毫无必要。

某厂长一次下车间巡视，指出一车工技术粗糙，该员工微有不服之态。此厂长二话不说，换上工作服，上车床操演起来，果然又快又好。一时围观者为之叹服。如果事情到此为止，那么不失为以行动树立威信的范例。错就错在该厂长以下的言行。大概得意忘形，该厂长竟一拍胸脯言道："技术不比你强，我敢做这个厂长吗？这不是吹牛，无论车钳铆焊，只要有谁的技术比我好，我马上拱手让位。"

结果，后来真有一好事青年工人要和此君比试焊接，该厂长自知失言，并未应战。此事在当地企业界传为笑谈。

此君把威信理解为轻狂了。这种狂傲反倒是给人一种极端不自信的感觉，显然，此君对自己作为一厂之长的工作性质和存在价值并没有一个清楚自信的认识，他把自己降为一个和员工比技术的角色。

以清高的方式来表现"威信"，不但不利于树立权威，而且可能拉大管理者与下属的距离，增加隔阂，其所要塑造的威信也会大打折扣。因而一个管理者勿以清高为威信，走入"威信"误区。

积极挖掘下属的闪光点

不是每个下属在工作和业务中都会有显著的成绩。这些下属虽然表现一般，但并非说明他们没有能力，有些是很不错的，只不过他们的能力还没有被激发出来，而且，他们也更需要管理者的关注和激励。这就要求管理者要有挖掘下属优点的眼光，如果管理者能够在日常的工作事务中发掘出他们的优点并予以哪怕口头的表扬，就可能改变很多人，大大激发他们的潜能。

小王是广州一家公司的技术员，由于刚从高校毕业，对实际工程操作还不顺手，在第一年中几乎没有任何可圈可点的表现，他自己也灰心丧气。但老板却发现小王有一个可贵的优点，就是理论基础扎实，于是老板不仅私下里找小王谈心，表扬他这个优点，并把他放到车间里进行锻炼。结果一年以后，小王凭他深厚的理论功底再加上实践经验，设计出了一种新颖的操作流程，为该公司带来了高额利润。

即使下属没有潜在的才能，但只要他诚诚恳恳、兢兢业业，就值得赞扬。某单位的一个清洁工，本来是一个最被人忽视、最被人看不起的角色，但就是这样一个人，却在一天晚上单位保险柜被窃时，与小偷进行了殊死搏斗。

事后，有人为他请功并问他的动机时，答案却出人意料。他说，当公司的总经理从他身边经过时，总会不时地赞扬他"你扫的地真干净"。

年利润高达 6 亿美元的美国玫琳凯化妆品公司经理说，有两件东西比金钱和性更为重要——认可和赞美。

的确，金钱在调动下属们的积极性方面不是万能的，而赞美却恰好可以弥补它的不足。因为生活中的每一个人，包括你的下属都是有自尊心和荣誉感的人。你对他真诚的表扬与称赞，就是对他价值的最大认同。而能真诚赞美下属的管理者，能使员工们的心灵需求得到满足，因此更容易得到他们的拥护，缩短了他们与管理者之间心理的距离。

八、精明生存，借力搭车

罗思柴尔德的成功秘诀：跻身上流社会

在好莱坞流行一句话，就是"成功，不在于你知道什么或做什么，而在于你认识谁"。现代商业理论中也有类似的观点：看一个人的才能，不是看他的口袋里有多少钱，而是看他的朋友的层次。由此可见人脉资源是对于个人乃至企业发展的重中之重。所以，要想成功，要想将事业做大，就必须想方设法结交贵人，尤其是上流社会中的大人物。

19世纪20年代初期，罗思柴尔德在巴黎发迹，不久之后他就面对最棘手的问题：一名犹太人，法国上流社会的圈外人，如何才能赢得排斥外国人的法国上层阶级的尊敬呢？罗思柴尔德是了解权力的人，他知道他的财富会带给他地位，但是他会因此在社交上被疏离，最后地位与财富都将不保。因此他仔细观察当时的社会，思考如何受人欢迎。

慈善事业？法国人一点也不在乎。政治影响力？他已经拥有，如果再在上面花心思只会让人们更加猜疑。他终于找到一个缺口，那就是无聊。在君主复辟时期，法国上层阶级非常无聊，因此罗思柴尔德开始花费惊人的巨款娱乐他们。他雇用法国最好的建筑师设计他的庭园和舞厅，他雇用最有名的法国厨师卡雷梅准备了巴黎未曾目睹过的奢华宴会。

没有任何法国人能够抗拒这些宴会，即使它们是来自德国的犹太人举办的。罗思柴尔德每周的晚会吸引来越来越多的客人。

终于，罗思柴尔德的晚会反映出他渴望与法国社会打成一片，而不是混迹于商界的形象。透过在"夸富宴"中挥霍金钱，他表现出他的欲望不只在金钱方面，而是希望进入更珍贵的文化领域。罗思柴尔德或许透过花钱赢得社会接纳，但是他所获得的支持基础不是金钱本身就可以买到的。事实证明，在以后相当长的一段时间里，他一直受惠于这些贵族客人。

博弈论法则告诉我们，跻身上流社会，与成功人士在一起，至少使你看起来也像一个成功者，尽管你可能还没成功。但是，跻身于上流社会后，你将更容易获得成功的机会。

积极主动地寻找贵人

常言道："七分努力，三分机运。"很多时候，机运对我们成功来说太重要了，它可以缩短你的奋斗时间，让你事半功倍。想得到这些机运，就需要我们积极主动地攀附身边的贵人——那些能够提携、帮助我们的人。

每个人的身上，都有着走向成功的条件，而如何使这些条件发挥出来，却由你身边无数的贵人所控制。你接受了贵人的帮助，就好比一粒种子投入一块适合自己生长的土壤，充分得到土壤的滋养。从这个意义上讲，你的命运操纵在贵人的手中。

这些贵人，由于与众不同，一般都有着很强的个性，即使是一些地位比你高的贵人，也不会轻易屈尊人下，因此，要想得到贵人的帮助，你必须放下身份和面子，用真情感动贵人。

戴维·史华兹年轻的时候和一个朋友合伙，用 7500 美元开办了一家小小的服装公司。史华兹将全部精力都投入到了这家服装公司，在他的出色经营下，公司发展得很快，生意相当不错。

但不久，史华兹发现了问题。他认为，公司老是做与别人一样的衣服是没有出路的，必须要有一个优秀的设计师，能设计出别人没有的新产品，才能在服装业中出人头地。然而，这样的设计师到哪儿去找呢？

一天，他外出办事，发现一位少妇身上的蓝色时装十分新颖别致。经历了一些周折，史华兹了解到这套衣服是她丈夫杜敏夫设计的。于是，他有了聘请杜敏夫当自己公司设计师的念头。

然而，当史华兹登门拜访时，杜敏夫却闭门不见，令史华兹十分难堪。但他知道，一般有才华的人难免会有些傲气，只有用诚心才能去感化他。所以他并不气馁，接二连三地走访杜敏夫的家，三番五次地要求见面。他这种求贤若渴的态度，终于使杜敏夫为之动容，接受了史华兹的聘请。

杜敏夫果然身手不凡，他向史华兹建议采用当时最新的衣料——人造丝来制作服装，并且设计出了好几种颇受欢迎的款式。

史华兹是第一个采用人造丝来做衣料的人。由于造价低，而且抢先别人一步，尽占风光，公司的业务蒸蒸日上，在不到 10 年的时间里，就成为服装行业的"大哥大"。

杜敏夫就是史华兹的贵人，如果没有他的帮忙，史华兹公司的发展就要大打折扣。但是，在他们的合作中起决定作用的是史华兹的真诚和耐心。他面对拒绝毫不气馁，敢于放下面子，以堂堂老板的身份三番五次地请求接见，这样才得以获得贵人的帮助

取得事业的成功。

不过，攀附关系不是生拉硬套，要循循善诱、顺理成章、委婉自如，让他们感受到虽是不经意地提起，却一语中的，牵动着贵人的旧情，甚至让他们陷于旧情旧事的沉湎之中。如果能把与贵人的关系攀附到这种状态，还何愁贵人对你托办的事情冷眼旁观呢？

不过，在众目睽睽之下是不便与别人攀附关系的，因为绝大多数人不情愿公开自己的身世和社会关系。所以，与贵人拉关系最好是在背后与贵人扯家常、聊天的时候，或者在酒桌上小酌、在茶余饭后散步的时候，这样最容易切中贵人的心意，让他买你的账。

请时刻牢记：贵人的引荐和提拔是你成功强有力的敲门砖，能够为你赢得更多的机会和广阔的舞台。与其任凭自己的单薄力量"白手起家"，不如借助贵人的光彩与热量，为自己铺就一条平坦的通道。

"寄生"于人，成长加速

作为"寄生者"，你与你想投靠的寄主地位是不平等的，要想成功地"寄生"，你必须要让对方明白允许你"寄生"是值得的。事实也是如此，很多成功的人都从它的"寄生者"身上得到了很多好处。

提起"寄生者"，很多人会感觉很不舒服，因为它让我们联想到许多糟糕的东西，如寄生存我们身体之中、吸食我们的养分并使我们生病的那些微生物。

"寄生者"意味着"不劳而获"和"损人利己"，我们也常常称那些不肯付出努力而混吃混喝的人为"寄生虫"。

但在这个"巨兽"横行的时代，做一个"寄生者"是很不错的选择。毕竟大树底下好乘凉。想要做事，先要立身；想要做大事，先要立稳身。有了"大树"作为依傍，不仅根基稳同，办起事来别人也会"不看僧面看佛面"了。

如果你还不具备成功所需的卓越能力，如果你艰苦卓绝的毅力和征服一切的胆识尚且不够，那么要想成为杰出人才的话，就应该好好地考虑下，下一步该怎么走。寄生于人，不是一种耻辱，而是一种智慧。从别人的身上吸取自己需要的能量，既省去了到处"觅食"的艰辛，也令自己成长的过程加快了很多。

现在，你不妨去寻找一棵生命中的"大树"，做一个暂时的"寄生者"以此从中受益。

乾坤大挪移，化人之力为我所用

古话说得好："三个臭皮匠，胜过一个诸葛亮。"个体不同，就各有各的优势和长处，所以一定要善于发现别人的优势和长处，取之所长，补己之短。

一个人不能单凭自己的力量完成所有的任务、战胜所有的困难、解决所有的问题。须知借人之力也可成事。善于借助他人的力量，既是一种技巧，也是一种智慧。

一个小男孩在沙滩上玩耍。他身边有他的一些玩具——小汽车、货车、塑料水桶和一把亮闪闪的塑料铲子。他在松软的沙滩上修筑公路和隧道时，发现一块很大的岩石挡住了去路。

小男孩企图把它从泥沙中弄出去。他是个很小的孩子，那块岩石对他来说相当巨大。他手脚并用，使尽了全身的力气，岩石却纹丝不动。小男孩一次又一次地向岩石发起冲击，可是，每当他刚把岩石搬动一点点的时候，岩石便又随着他的稍事休息而重新返回原地。小男孩气得直叫，使出吃奶的力气猛推。但是，他得到的唯一回报便是岩石滚回来时砸伤了他的手指。最后，他筋疲力尽，坐在沙滩上伤心地哭了起来。

整个过程，他的父亲在不远处看得一清二楚。当泪珠滚过孩子的脸庞时，父亲来到了他的跟前。父亲的话温和而坚定："儿子，你为什么不用上所有的力量呢？"男孩抽泣道："爸爸，我已经用尽全力了，我已经用尽了我所有的力量！""不对，"父亲亲切地纠正道，"儿子，你并没有用尽你所有的力量。你没有请求我的帮助。"说完，父亲弯下腰搬起岩石，将岩石扔到了远处。

可见，不要羞于向强者求助，有时对自己来说是天大的难事，对强者而言不过只需要动动手指头。甚至在另外一些时候，即使是敌人，也可为己所用。

在亚热带，有一个由三种动物组成的生物链：毒蛇、青蛙和蜈蚣。毒蛇的主要食物是青蛙，青蛙却以有毒的蜈蚣为美食，在青蛙面前是弱者的蜈蚣却能够使比自己体形大得多的毒蛇毙命，一般的毒蛇对它都无可奈何，三者间是两两水火不相容的。然而在冬季，捕蛇者却在同一洞穴中发现三个冤家相安无事地同居一室，和平共处。

它们经过世代的自然选择，不仅形成了捕食弱者的本领，也学会了利用自己的克星保护自己的本领：如果毒蛇吃掉青蛙，自己就会被蜈蚣所杀；而蜈蚣杀死毒蛇，自己就会被青蛙吃掉；青蛙吃掉蜈蚣，自己就会成为毒蛇的盘中餐。这样一来，为了生存，青蛙不吃蜈蚣，以便让蜈蚣帮助自己抵御毒蛇；毒蛇不吃青蛙，以便让青蛙帮助自己抵御蜈蚣；蜈蚣不杀死毒蛇，以便让毒蛇帮助自己抵御青蛙。三者相克又相生，形成了一个美妙的平衡局面。

借人之力，利用他人为自己服务，以让自己能够高居人上，这是一个人很难能可贵的地方。尤其对自己所欠缺的东西，更需要多方巧借。善于借助别人的力量，善于利用别人的智慧，广泛地接受多家的意见，多和不同的人聊聊自己的构想，多倾听别人的想法，多用点脑子来观察周遭的事物，多静下心来思考周遭发生的一些现象，将让你受益匪浅。

正如奥地利著名作家斯蒂芬·茨威格说的："一个人的力量是很难应付生活中无边的苦难的。所以，自己需要别人帮助，自己也要帮助别人。"所谓孤掌难鸣，独木不成桥，在这个世界上没有完美的人，巧妙地借助他人的力量为我所用，自然会有事半功倍的效果。

小人物也有大作用

小人物就像小螺丝钉，用得得当，就能推动大机器的运转。不要小看"小人物"，有的时候，"小人物"却有"大用处"。

借人之力成己之事，是获取成功的捷径之一，但在这条捷径上，人们却总是习惯于将目光聚焦到那些有权势、有财富的名人和富豪们身上，认为只有这些人才可能是自己人生路上的贵人，才能给自己的成功添砖加瓦。于是，很多人都成了"势利眼"，瞧不起小人物，只会仰望大人物。

可事实上，"大小"并不绝对，再平凡的人，身上也会有别人所没有闪光点；再庸碌的人，也会有别人所不具的才能。所以对待"小人物"，不要一味趾高气扬，而要懂得变通，善于借助他们的力量。

我们不得不承认，小人物有人小物的优势，因此，在人际交往中，要灵活变通，千万不要只逢迎那些所谓的达官贵人，而要懂得和小人物建立关系，而且，更不可得罪"小人物"，尤其是那些大人物身边的"小人物"，虽小却能亲近大人物，只要能巧妙地借助他们的力量，同样可以助你办成大事情。

所以，平时无论是说话还是办事，一定要记住：把鲜花送给身边所有的人，不要小瞧了那些目前不如你的人。俗话说："不走的路去三回，不用的人用三次。"说不定哪一天，某个小人物就会在某个关键时刻成为影响你前程和命运的"大人物"。

每个人不论他目前的境况如何，但都有别人不能替代的地方。所以，待人接物切忌以权贵、贫富为分而有所差别，善待"小人物"也就是善待自己，重视并利用"小人物"也是成功路上不可不知的"常识"。

制造舆论，壮大你的声势

从明星的绯闻到政客的传奇，诸多事件都验证了舆论的强大威力。在社会上，舆论就像汹涌的波涛，可以把你淹没海底，也可以把推上天空。真正有心计的人，几乎都善于用舆论来为自己服务，牢牢地锁定目标，制造"非我莫属"的声势。

唐高宗在位时，因患有头眩病，自公元660年起，便把大小政事多半委托皇后处理，自己好清心养性，武皇后也因此渐渐掌握了朝中大权。高宗一死，继位的又是她的儿子，要想废黜只是一句话而已。这样，武皇后不觉野心萌动，想要尝试一下当皇帝的滋味。

然而，在一个夫权为上的男性社会里，传统的男尊女卑的观念早已深入人心，要撼动谈何容易。中宗被废后，武皇后故意试探性地问群臣："此后应由何人承续帝位？"宰相应声答道："就立豫王李旦为帝。"李旦是武皇后和唐高宗所生的最小的儿子。其他人也众口一词，没有一个人会想到武皇后自己想过一把当皇帝的瘾。群臣的意见让武皇后意识到，自己现在做皇帝还不是时候。

无奈，她只好暂立豫王李旦做了挂名皇帝，是为唐睿宗。即使这样，仍有不少大臣屡屡站出来劝谏，要武皇后尽早把权力还给皇帝李旦。

武皇后表面上装作归政于李旦，暗地里却让李旦写表坚决推辞，而自己则好像是迫不得已才临朝，掌握皇权。

接着，她又让侄子武承嗣派人在石头上刻上"圣母临人，永昌帝业"八个大字，涂成红色，扔进洛水，再由雍州人唐同泰取来献给朝廷。武皇后亲祭南郊，告慰神灵，称此石为"授圣图"，改洛水为永昌水，封洛水神为显圣侯，给自己加号圣母神皇，封唐同泰为游击将

武则天

军，并举行了声势浩大的拜洛守瑞仪式，使人以为她当皇帝乃是奉循上天的旨意。

此外，她又令侍御史傅游艺率关中的百姓九百余人，来朝廷上表，恳请武皇后亲临帝位。武皇后佯装不答应，却马上把傅游艺提升为给事中。如此升官捷径，哪个不会效法？于是，百官宗戚，远近百姓，四夷酋长，沙门道士竞相仿效傅游艺，上表奏请武皇后当皇帝。有一次上表者竟多达6万余人。

如此大造舆论，众人都觉得武皇后做皇帝已是上应天意下顺民心，势所必然。百官群臣也乐得顺水推舟，请求武皇后早日登基，就连挂名皇帝李旦竟也认为自己这个皇帝是抢了母亲的位，亲自上表请求改姓武。

时机成熟之后，武皇后才废了李旦，亲自登基为帝，反对者声息皆无，她这个皇帝也就坐稳了。

像武皇后一样"工于心计"的人都明白，要想争得成功机会，制造声势、抬高自己的身价是很必要的。只有这样，你才能为众人所认同，也才能避免很多不必要的危险。

那么，具体如何抬高自己的身价呢？最直接的办法就是提高自己在对方心中的位置。这时，你要善于人为地制造一些焦点和声势。即使有雄心，也不要急于行动，而是利用方方面面的力量，为达到自己真正的意图摇旗呐喊，最终达到自己的目的。

九、看穿操纵模式，谁也别想操纵我

活在现下的社会里，免不了的，就是操纵他人和被人操纵。即使我们不想去操纵别人，但活在被别人操纵的世界里，总是一件"憋屈"的事儿。所以，在人际交往中，我们需要学习如何通过对方的行为、动作、表现来看穿他的心理，洞穿他的图谋，了解他所采用的操控手法，才能冲破被操纵的窘境。

正向强化：利人利己的肯定模式

聪明的父母和高明的领导者都懂得如何运用正向强化，来用最少的资源，换取孩子或下属最多的忠心和动力。这种愉快的经历并不会造成被操纵者的反感，这也正是正向强化最突出的魅力。

心理学家曾做过这样一个实验，他们将一只实验用的小白鼠放进一个特制的笼子里。那个笼子分为两个隔间，一个是白色的，一个是黑色的，在两个隔间相邻的地方，有一扇白色的门。

小白鼠被放进了黑色隔间里，而在白色隔间中，被放进了一大块优质的奶酪。也许是闻见了奶酪的香味，也许是看见了黑色隔间墙壁上那扇白色的小门，小白鼠试着推开那扇门，移动到了白色隔间，吃到了那块奶酪。

在接下来的时间里，心理学家们将小白鼠重新放进黑色隔间里，同时在白色隔间里又放进一块奶酪。这一次，小白鼠从黑色隔间移进白色隔间的时间要少得多，它似乎"聪明"了一点儿。

同样的实验被连续做了几次，每一次，小白鼠从黑色隔间移到白色隔间的时间都比上一次要少。最后，心理学家们不在白色隔间放奶酪，小白鼠也会在很短的时间里从黑色隔间跑向白色隔间，似乎那已经成为它的一种习惯。

关于这个实验，心理学家们想要证明的，就是正向强化。实验过程中，小白鼠在完成了从黑色隔间跑向白色隔间的实验任务之后，它很快地得到了奖励，在它的脑海里，白色隔间已经和美味的奶酪画上了等号。

人类操纵小白鼠的这种方式被称为正向强化，正向强化基于人们普遍都有着讨人欢心的心态和习惯，并对他人的赞许始终抱有渴望态度的心理。如果你现在所做的事情被人所肯定、奖励，并且对方表现出希望你继续这么做的意图，那么他的肯定与奖励，就是正向强化的操纵方式。这种操纵不会让被操纵者产生厌恶、烦腻的感觉，而是会带来愉快的经历，这也正是正向强化之所以会奏效的原因。

在生活中，我们也经常可以见到正向强化。当我们在工作中取得一定的成绩时，老板会对我们嘉奖，或者是以升职作为奖励；当我们考试取得好成绩时，父母老师会对我们予以赞许和表扬；甚至是一个微笑、一句认可，都可以成为我们继续努力、继续前进的动力。这样的强化方式为我们带来的是愉快的经历，会给予我们满足的心理。因而，正向强化，在操纵关系中，是最常见，也是最让人喜闻乐见的一种。

换一句话来说，正向强化方式与其说是操纵，更像是一种相互影响的过程。对于我们所爱、所依赖还有尊敬的人来说，我们会不自觉地关注他的一举一动，通过各种形式来"赞许"他的行为，同时，他也会因为我们所反馈的信息，而不自觉地强化自己的某些行为。这种互动的关系，在正向强化中尤其常见。

有一位朋友，舍弃了大企业年薪数十万的丰厚待遇，跑去了一家民营企业做 CEO。我曾经非常怀疑过他是否被人蛊惑，但他却这么说："这年头找个好工作不容易，但是要想找个好老板就更难了。"

士为知己者死，这句话说得一点都不错。经过一段时间的观察，我发现他的老板并不是以金钱或是丰厚的待遇打动他，而是以时时刻刻的夸奖与赞许，让他心甘情愿地为自己效命。

每当朋友做成了一个项目，或是谈好了一个单子之后，他的老板总是不失时机地对他施以赞许，对他的能力表示肯定，并与他"拓展现在，展望未来"。如此一来，朋友的斗志更为高昂，对老板也更是忠心。相比之下，他原先在大企业时，虽然薪资高出几倍，但因为周围人才济济的关系，始终得不到重视和表扬，总是一副郁郁寡欢的样子，提不起一点干劲。

这真是一位聪明的老板。他以极少的资本，加以正向强化，就换回了一个有能力的手下，并且让手下为自己甘心效命。赞美、鼓励、体贴、微笑、关注、认可，不要小看这些不需要花任何资本的小事，真正高明的操纵者，懂得如何利用这些最细枝末节的事情，以正向强化来满足对方潜意识里的虚荣心、自信心或是急于被人肯定的心理，从而让对方心甘情愿地听命于自己，认为自己是"知音""伯乐"，听从他们的命令做事。

当然，更高明的操纵者，除了这些口头上的表扬之外，还会根据被操纵者的愿望来设定一些奖励。这些奖励比起一般的鼓励来说，会更让人感觉到渴望和快乐，因此，被操纵者就会更乐于重复自己先前被肯定的行为，并更加用心。

在操纵过程中，正向强化是最不惹人排斥的一种。因此，如果陷入了被正向强化的操纵中，也不用太过担忧，你所需要注意的，只是操纵者是否会兑现他的诺言。不管怎么说，持续的正向强化关系，总是会令双方都很高兴的。

负向强化：向邪恶妥协的心理惯性

与正向强化相比，负向强化带给人的是恐惧、恼怒、不快的感觉，但是，由于害怕想象中的坏结果发生，负向强化中的被操纵者，总是会向操纵者妥协。殊不知，这样的行为会更助长对方负向强化的做法。

在做了黑白隔阂的实验之后，心理学家们紧接着，又对另一只小白鼠做了另一个实验：

他们将另一只小白鼠放进了黑色隔间，并且在黑色隔间里布上了电线。电线密布在整个黑色隔间内，只要有轻微的触发，小白鼠就会有电击疼痛感产生。

数秒钟内，可怜的小白鼠不停地躲避蹦跳，在高压下甚至产生了颤抖和撒尿的反应。很快，它在四处躲藏的时候，碰到了白门，进入了安全的地带——没有电线的白色隔间。

在白色隔间里待了一段时间之后，可怜的小白鼠再次被移到黑色隔间，这一次，它花了很短的时间，就从黑色隔间跑进了白色隔间。

在后面的几次实验里，小白鼠从黑色隔间跑进白色隔间的时间越来越短，甚至在最后，当心理学家们撤掉了黑色隔间的电线之后，小白鼠也会在第一时间内下意识地飞奔进白色隔间，在它的意识里，黑色隔间已经和电击的疼痛感联系到一块儿了。

在这整个实验中，还有一个令人惊奇的现象：就是这一只小白鼠从黑色隔间跑到白色隔间的时间，比受到正向强化的小白鼠短上许多。

为什么没有奶酪的奖励，小白鼠的动作反而会更快呢？在行为心理学领域，这种现象被称为负向强化。小白鼠因为完成了科学家们所期待它做的事情——从黑色隔间跑进白色隔间，因此免除了疼痛、电击这些让它感到恐惧、不快的感受，而在这之后，当它再次被放进黑色隔间时，电击的危险也立刻印入了它的脑海中，所以，即使是黑色隔间已经被撤掉了电线，小白鼠也会飞快地跑向自己认为的安全地带。

所以说，负向强化又被称为"厌恶制约法"。当受害者向操纵自己的人表示妥协之后，得到的回报并不是让人快乐的赞扬、奖赏，而是停止或避开一些让他不快的负面的事情。可以说，操纵者正是利用被害者对负面事情的恐惧、厌恶感，而让其落入自己的掌控，对自己言听计从。

刚进公司时，小华的上司方主管对她很是看重，经常夸小华聪敏机智，办事稳妥。得到了上司这样的青睐，小华觉得自己顺利转正应该是没有任何问题了。

可是，离实习期结束越来越近了，方主管虽然总是表扬小华，却一点儿也没表露出小华一定会留用的消息。不仅如此，他还总是指使小华去干这个干那个，一些本来需要他做的任务，也扔给小华去加班。

总处于被压榨的位置，却得不到一个准信儿，小华有些不安了。一天，趁着方主管心情好，她试探着问了声："方主管，您看，我都到这儿来工作快两个月了，转正的事您看能行吗？"

"转正是很简单的，只要你努力工作，没什么难的。"方主管依旧是打着哈哈，没给小华确切答案。

"那……我想请两天假可以吗？最近加班实在是太辛苦，有很多东西都不熟悉，实在是累坏了。"小华嗫嚅着说出了自己的请求。

正赶上一个非常重要的任务要交，小华这时候请假，自己不就得加班了？听小华这么说，方主管的脸拉了下来："小华啊，我也能理解你的辛苦，不过刚进公司的新人不都是这样吗？正因为懂得少，所以才要付出加倍的努力去钻研。专业技术不扎实，怎么可能给你转正呢？"

"这……"身心上的疲惫与转正相比，还是工作更重要些。小华硬着头皮，无奈地点了点头："放心吧方主管，您今天交给我的报表，我明天一定能完成。"

"嗯，这还差不多。"方主管满意地点了点头。

小华与方主管之间，就是典型的负向强化的控制过程。操纵者方主管通过被操纵者小华对"丢工作"的恐惧心理，牢牢地掌控住她的行为，让她心甘情愿地为自己效命。

负向强化的本质，是操纵者通过某些行为，例如恫吓、冷战、威胁、喊叫等，让被操纵者产生恐惧、自卑、内疚等负面的情绪，为了制止住这种痛苦不安的感觉，被操纵者只有对操纵者的无理要求顺从、默许、让步，以换取暂时的平安和稳定。

虽然能够让被操纵者服从操纵者的心理意愿，但是由于负向强化带给人的负面感受，被操纵者往往会产生烦躁、恼怒、怨恨的心理情绪，这种情绪积压过多，很有可能让被操纵者积累抑郁心理，自暴自弃，甚至产生恶性循环，让他们以同样的手法去对待别人。

不仅仅是强硬性的威吓，有些操纵者会做出痛苦、可怜、受伤的表情，抑或是唠唠叨叨地责备对方，让对方觉得羞愧、对其产生内疚感，从而心甘情愿地听命于操纵者，这同样也是负向强化的一种。

与正向强化相比，负向强化无疑是令人不快的。人们总是会想"如果我不这么做，他就会再也不理我"，"如果我不加班，老板可能会炒我鱿鱼"，"如果我告发了这件事，他说不定会赖在我头上"，正是这种种的"如果"，让被操纵者觉得只有屈从于对方，才不会产生坏的结果，而正是这种心理惯性，才让操纵者屡屡"得逞"。

间歇强化：不可自拔的"赌局"式操纵

这个世界上最恐怖的事情，不是神魔，也不是鬼怪，而是未知。间歇强化正是基于这一点，利用未知的事情，来操纵被操纵者的心理，让他们永远无法确定下一次事件会在何时发生，总是牵挂、焦虑、不安着，让操纵者牵着鼻子走。

无论是正向强化，还是负向强化，说起来，都是一味地"好"或者"坏"，但在现实生活中，没有任何一个人会一直对另一个人好，或是一直对其坏，有时候，操纵者往往会将两种操纵方式结合起来，这样，会收到更显著的效果。

关于这一点，心理学家们做实验时，没有再次选择小白鼠，而是选择了两只鸽子：

鸽子 A 被放进笼子里，整整一天没有喂食，出于饥饿感的驱使，鸽子 A 在笼子里到处啄，当它啄到笼子里专门放置的那根杠杆时，心理学家们就会往饲料槽里添加一点食物，很快，鸽子 A 就把食物吃完了。

第二次啄杠杆，也许仍然是出于偶然，但是不久之后，鸽子 A 就发现：当自己每啄一次杠杆，饲料槽里就会出现一些美味的食物。很快，鸽子 A 就养成了习惯，只要一感觉到饿，就会去啄杠杆。

接下来，心理学家们将目标对准了被放进笼子里的鸽子 B。

鸽子 B 一开始的境遇与鸽子 A 一样，心理学家们对其进行了 10 次啄杠杆的培养，当鸽子 B 刚养成了啄杠杆的习惯，心理学家们就改变了对它的奖励策略。鸽子 B 的每次啄杠杆行为不会都得到奖励，奖励时有时无，变得没有规律。有时候，鸽子 B 啄 2 次杠杆，就可以得到奖励，但有时候，它啄了十几次之后，才会得到奖励。

在两只鸽子都养成了习惯之后，心理学家们停止了对这两只鸽子的奖励，也就是说：无论它们怎样啄杠杆，都不可能再得到食物了。

心理学家们拿出秒表，记录了两只鸽子坚持的时间。鸽子 A 只坚持了很短的一段时间，在啄了几下之后，它的频率明显放慢了，很快，它就觉察到啄杠杆的奖励被完全撤销了，因此，没过几分钟，它就放弃了这种无意义的行为。

但是，反观鸽子 B，却在一直啄杠杆，直到自己体力不支为止。

在整个过程中，鸽子 A 得到的食物明显比鸽子 B 要多，可是为什么它坚持的时间反而比鸽子 B 要短呢？

这种情况，在行为心理学中，被称为间歇强化，又称为局部强化。这种强化过程不同于持续的正向或是负向强化过程，而是将两种强化过程间歇、无规律地进行。而这种间歇性，会让被操纵者产生成瘾的感觉，就像实验中的鸽子 B，由于它一开始的奖励就是时有时无，毫无规律的，因此它根本无法判断它的行为是否有奖励出现。于是，即使是在奖励没有出现的时候，它也对可能会来的奖励心存幻想，更依赖于那根杠杆；而始终得到正向强化的鸽子 A，因为发现没有了奖励，很快就果断放弃了杠杆。

间歇强化不仅仅对鸟类有用，对人来说，也能产生一样的效果。我们平时在电视里看到的赌徒，虽然明知道"十赌九输"，但仍然光着膀子站在赌具前，将自己的积蓄一次次地押上去。他们的行为，就像是那只心存幻想的鸽子 B，偶尔有一次赢了，即得到了奖励，就会更沉迷于赌局而不能自拔。

持续的正向强化，一旦断开了连接，或是强化的奖励已经不足以让被操纵者满足，那么很有可能就会失效；而持续的负向强化，则会让被操纵者产生怨恨愤懑等负面情绪，累积得多了，极有可能产生让操纵者意想不到的后果。但是，间歇强化却能够加深被操纵者的成瘾性行为，因为其中所包含的不确定性，让被操纵者忐忑不安。在间歇强化的过程中，被操纵者的心始终悬在半空，他无法确定操纵者在下一次会给自己奖励，还是再也不理他，因此在屈从的过程中，会更战战兢兢，诚惶诚恐。

阿爱不可自拔地爱上了一个男人。

那个男人英俊成熟，有着一定的事业。一开始，阿爱是被他的翩翩风度和温柔体贴所征服的，这种感觉，她在与她同龄的小男生身上从来没有感受到。

世界传世藏书

心理学全书

博弈心理学

然而，当阿爱完全爱上那个男人，甚至愿意为他洗衣做饭操持家务时，那个男人却对她冷了下来。她的全心全意，往往只换来他皱一皱眉头，甚至有时候会冷眼相向。阿爱有些不明所以，她继续倾尽全力对他好，但是，却换来了他本就是有妇之夫的消息。

这个消息让阿爱痛不欲生，她好不容易下定决心想要分手，可是这时候，那个男人却信誓旦旦地告诉她：他非常爱她，而先前对她的冷遇，完全是因为觉得自己配不上她……

男人的愧疚唤起了阿爱善良的母性，她又重新跟他在一起。然而，男人的脾性却让她觉得捉摸不透了，有时候，他会对自己呵护备至，嘘寒问暖，对自己为他所做的事情而感动不已，但是有时候，他会恢复成那种冷漠的态度，对自己的所作所为不闻不问。

这样的情况让阿爱十分疲惫，但是每当那个男人对自己说他是多么爱她的时候，她心中的满足感就会打败好不容易建立起来的理智。整整三年，三年的时间，阿爱都陷入了那个男人若即若离的"爱"中，无法脱身。

阿爱的遭遇，无疑就是间歇强化的操纵过程。作为操纵者的那个男人，利用忽冷忽热，若即若离的态度，让阿爱始终存有幻想与疑虑，从而无法干脆地放手。

间歇强化的强大，即在于这种类似"赌局"的操纵。那种无法肯定，却又有着希望的感觉，会冲淡被操纵者对本身利益的关注，因而养成一种冲动的、有违自身利益的行为，那或许存在或许不存在的奖励，让被操纵者无法死心，沉迷于这种"赌博"中不能自拔。

擅长于间歇强化的操纵者，他们会让被操纵者时时刻刻感觉到焦躁不安，如履薄冰，却又不想放弃希望，由此而影响被操纵者对操纵者的看法，以及他们接下来要做出的反应。

惩罚：规定是一座难以逾越的大山

惩罚操纵手法的本质，是利用人们对负面经历的恐惧感，通过这种恐惧感，来操纵他人听从自己的命令。可以说，他人的威胁、单位的规定，甚至是法律法规，都是以惩罚的方式表现出来的。

小白刚进公司，看着办公室墙上镶着的一眼望不到头的条条框框，脑袋胀得一个比两个大。

早就听说自己部门的CEO很难伺候，没想到连部门的规定，都比公司规定要多出那么多条。

"早，你是刚来的新人吧？我就是你的上司迈克·陈，你可以叫我迈克。"看起来精明干练的上司冷着脸向小白伸出了手，小白连忙伸手，与他握了一握。

"虽然是新人，但是公司的规定，也是必须要遵守的。"话锋一转，迈克给了小白一个"下马威"，"另外，在我们部门，我不希望看见手下犯一些幼稚型的错误，因此，我们部门的规定，要比其他部门的多上一些。很多需要注意的事项，我已经在规定里标明了，所以，你最好把这些规定记熟了。"

"好的，好的。"小白忙不迭地答应着，心里却有些不以为然。

似乎看出了小白的想法，迈克眼中的光芒凌厉起来："我给你三天的时间，这三天，不用做别的事情，把墙上的规定背下来就行了。三天之后，到我办公室来考核。"

自己这是摊上个什么样的上司啊？小白暗暗叫苦，但又不敢违抗。

三天的时间很快就过去了，墙上的规定，也被小白背得滚瓜烂熟。在这之后，他步入了工作的正规，但是，连他自己也没有察觉到的是：这三天的背诵，并不是如他所想的，一点作用也没有。每当他想要偷个懒，或者是想要在策划中敷衍了事时，他的脑海中就会浮现出规定中相应的条款。

这样做也许会省一点事，但是如果被迈克发现了，以他的性格，一定会秉公处理吧？那样的话，自己可就麻烦了。

有了这样的想法，小白在工作上再也不敢随便偷懒了。

迈克那一墙面的"规定"，看来烦琐，但对于他的管理来说，却能起到很大的作用。正是由于那一墙规定的威慑，像小白这样的手下，在偷懒之前，都会掂量掂量，也正是由于这样，迈克的部门在公司中总是名列前茅，因为在他部门中的每一个人，都是打起200%的精神在工作。

迈克的操纵手法，在行为心理学中，被称为"惩罚"。与它所表现出的字面意思一样，惩罚，是表示如果被操纵者产生了操纵者不允许的行为时，那么作为惩罚，他将直接承受一些负面的经历。一般来说，被操纵者会意识到自身的行为与负面经历之间的联系，因为害怕受到惩罚，所以就会停止自身将要做出的行为，并试着去做能够取悦操纵者的事情，来降低自身对惩罚的担心程度。

这样看来，惩罚与负向强化有着非常多的共同点，它们都是利用被操纵者对负面事件的厌恶和恐惧感来迫使其就范，但是，二者之间唯一不同的一点在于：进行负向强化的操纵时，被操纵者没有遵循操纵者的意愿做事，负面经历就产生了，由于负面经历的压力，被操纵者才被迫向操纵者妥协，而负面经历是否中止，取决于被操纵者

是否愿意顺从操纵者的意愿。

而在惩罚操纵方式里，做不被允许的事情，和导致负面经历是直接相连的。操纵者定出了规矩，"如果你做了让我不高兴的事，那么就要接受这样的惩罚"，也就是说：负面经历并没有产生，可已经让被操纵者产生了危机感，从而避免他做出可能让操纵者生气的行为。

负面经历产生的先后性，正是惩罚与负向强化之间最明显的区别。

惩罚通常被当成纪律，或是规定条款而广泛应用。除了明面上规定的条条框框之外，生活中也有许多常见的"惩罚"现象：

小金和小楠是一家电器行的销售人员，二人每天的工作，就是看好自家电器行的店铺，在顾客光临时推销产品。

两个人原本是平等的同事关系，但是，由于小金资历比较老，对于售后和报表方面十分熟悉，所以总是时不时地"欺负"一下新来的小楠。

"我要吃街角那家的炒饭。"一到中午，小金总是指使小楠去给她买午饭，大多数的时候，还以没零钱的借口不给她钱。

已经忍无可忍的小楠忍不住反驳："为什么每次都是我去买？难道你不会自己去吗？"

"自己去？"小楠的反抗让小金愣住了，呆了半晌，她冷笑了一声，"好啊，那我以后都自己去吧！不过，中午没有时间好好休息，下午来了难缠的客户，我恐怕没有那么多精力去应付。以后你销售出去的单子，就自己负责吧！"

"等……等一下。"一想起那些气势汹汹的客户，小楠的气势顿时弱了下来。因为不熟悉业务的关系，每次她都被客户训得晕头转向，不知道该如何应对。这些天，小金确实帮她解决了不少难题。

如果不去给小金买饭，那么下次遇到那样的情况，她一定不会管自己了吧？这样的想法让小楠有些恐慌，她赶忙三步并作两步赶上去拉住小金，赔着笑脸说道："小金姐，我刚才是不太舒服，所以口气才有点冲，你别跟我计较。你要吃炒饭是吗？我去买，再给你加两个蛋好不好？"

看着小楠离去的背影，小金得意地笑了。

小金和小楠之间，无疑是十分明显的操纵关系。在操纵过程中，小金是操纵者，而小楠则充当着被操纵者的角色。操纵者小金通过"如果不听我的使唤就不给你业务上的协助"这样的惩罚，来控制着小楠听从自己的命令。

如果单纯就控制被操纵者的行为而言，惩罚也许没有正向强化或是负向强化有用，但是，惩罚的关键，在于一种"威吓"性的作用，在这种作用之下，被操纵者会自动自发地做出取悦于操纵者的行为，对于大面积的、广泛的操纵非常有效。而为了达到更好的效果，通常，惩罚是与其他几种操纵方式联合使用的。

创伤：一朝被蛇咬，十年怕井绳

操纵者通常会通过一些失控的行为，来吓唬和威胁被操纵者。俗话说，有了第一次，就有第二次，在第一次创伤性的一次性学习奏效之后，被操纵者最为恐惧的"第二次、第三次"，迟早都会降临在自己头上。

中国有一句俗语：一朝被蛇咬，十年怕井绳。讲的是如果一个人被蛇咬过，那么很长的一段时间之内，都会保持着惧怕心理，哪怕是看见与蛇形态相似的物品，也会没来由地心惊肉跳。

这种特征，与我们下面讲的操纵手法极为相似。

操纵者在控制被操纵者时，经常采用的第五种手法，名叫创伤性的一次性学习。

阿华刚认识张力时，觉得他是个好好先生，待人处事都彬彬有礼，于是，在接触了没几个月之后，条件相仿的两个人就商量起了结婚的事宜。

一切都如阿华预想一般进行着，直到有一天，二人相约去买婚床。

在这之前，家里的一切大小事宜都由阿华来做决定，虽然繁重的事务让她有些疲惫，但是在新婚当前的喜悦下，还是可以承受的。

走进家具城之后，阿华看中了一款款式新颖的圆床，标价1.8万。虽然价钱有些高了，但样子和颜色她十分喜欢，于是，阿华习惯性地问也没有问张力的意见，便掏出银行卡来想要付账。

"等一下。"张力隐含着怒气的声音在阿华身后响起，"你非要买这张床不可吗？"

"怎么了？"一向是自己做主，张力从来不多一句嘴，阿华已经成了习惯，所以这种情况，让她颇为诧异。

"我不喜欢圆床。"张力梗着脖子哼了一声。

"可是你不觉得那边的床样子太单调了吗？而且圆床最近也很流行啊！"阿华并没有发现张力的异样，以为他在简单地闹脾气，还想说服他。

"我说不行就是不行！"

张力接下来的表现，让阿华大惊失色。她从来没有看见过张力如此愤怒的样子。即使是在家具城里，他也没有抑制自己的怒气，圆睁着双眼瞪着阿华，粗鲁地一把拉过她的胳膊："买那张！"

"可是那张好难看……"

阿华辩解的话还没有说完，就淹没在张力狂风暴雨般的咆哮中："我说买那张就买那张，不然就不要结婚！从头到尾，所有的事都得听你的，所有的东西都得买你喜欢的，我的意见在哪？我是一家之主，你把我的位置放在哪里了……"

这一顿歇斯底里的怒吼吓得阿华呆若木鸡，她一边掉着眼泪，一边将张力指的那张床买了下来，就连家具城里的工作人员，也被这对情侣独特的购买方式惊呆了。

从那之后，阿华与张力的位置硬生生扭了过来，家里的一切事务，都变成了张力做主。每次阿华一想提点自己的意见，张力只需要一瞪眼，她就会想起那天在家具城里发生的状况，于是便再也不敢多一句嘴了。

阿华与张力之间的关系，与其说是快要结婚的情侣，还不如说是被操纵者与操纵者的关系。操纵者张力，通过创伤性的一次性学习，威慑住阿华的情绪，将她牢牢地掌控在自己手中，不敢反抗，也不敢违逆。

我们每个人，都曾有过创伤性的经历。小时候被狗咬，长大些被父母揍，被同年级强壮的同学欺负，这些埋藏在我们心底的最深的伤痛，并不会随着时间的推移而慢慢淡去，大部分都会给我们带来严重的后遗症，在行为心理学中，被称为创伤后压力心理障碍。

创伤性的一次性学习，即是基于创伤后压力心理障碍产生的，这种障碍是人们在经历了极度恐怖的事情，比如说目睹他人死亡，或是自己濒临死亡或受了重伤等情况之后，所表现出的衰弱症状。受害者不仅在事件发生的当时会感觉到绝望和恐惧，如果在日后发生了类似的事情，他那可怕的回忆就会被再一次激发起来，于是恐惧就再一次光临受害者的心灵。

在创伤性的一次性学习的操控过程中，操纵者会以口头或身体上的攻击对被操纵者进行强有力的打击，在巨大的威胁下，被操纵者会失去对自己行为的控制能力。并且，在以后的日子里，当操纵者露出相类似的表情或是动作时，被操纵者的情绪就会立刻紧张起来，极力想要避免恐怖事件的再一次发生。

名牌大学毕业的艾丽在公司里算是新的生力军，她为人勤勉，聪慧机灵，很是得上司的喜爱。

但是，在最近的一次任务中，艾丽由于过于疲惫，忘记打一个很重要的电话。当对方的负责人打电话过来之后，项目经理把艾丽叫进办公室里，狠狠地骂了一顿。

也许正赶上心情不好，经理教训艾丽时，言语十分刻薄辛辣，还时不时地指着艾丽的鼻子，拍着桌子表示愤怒。这一场辱骂将艾丽吓得魂不附体，最终，她是哭着跑出经理办公室的。

从那天之后，艾丽一看见经理，脑海中就会浮现他发火的样子。为了避免再度遭受他的怒气，她在他面前表现得小心翼翼，无论他说什么，都会立刻去照办。

但是人不可能一点错误都不犯，不久之后，艾丽再一次遭到了经理的训斥。这一次，经理的火气并没有上次那么大，但是艾丽心中的恐惧已经升到了顶点，她看着经理开合的嘴巴，耳朵里充斥着嗡嗡的响声，甚至听不清他在说什么。

自此之后，艾丽对经理可以说是言听计从，不管经理提出多过分的要求，她都不敢反抗，在她心里，经理的存在，就好像洪水猛兽一样可怕。

艾丽的情况，就属于典型的创伤性的一次性学习。经理通过口头的恐吓，让艾丽心神巨震，从而达到了他的目的，操纵住了艾丽所有的情绪和行为。

不仅仅在情场上、职场上，在家庭中，我们也随处可见创伤性的一次性学习。那些殴打妻子、对孩子施暴的丈夫，就是最明显的例子。可悲的是：被施暴者大多数不会预见到自己被操纵的情况，只是默默地承受着，直到无法忍受时，才爆发出失控的情绪。

想要避免创伤性的一次性学习，需要清楚地认清形势，摆正自己与他人之间的位置，克服自己的恐惧心理。要知道，被操纵者的妥协，对于操纵者来说，正是鼓励他这么做下去的动力。

互惠原理：你对我好，我就对你好

人心都是肉长的。互惠原理就是说，别人对我们好，我们也会对别人好，尽量以相同的方式报答别人给我们的恩惠，否则就会产生负债感。施恩与受惠都是一种责任，偿还或者报答更是一种责任，不容推卸。

"怎么搞的，检查组明天就来，事先怎么没人告诉我？"局长接了部里的电话，气冲冲地闯进办公室主任的工作间。

"我，我，我把通知……"办公室主任本想解释，可局长的表情不容分说。

"你看，这事怎么处理？什么准备都没做！"

"对不起，局长，是我粗心大意，我马上去准备。"

……

其实，责任还真不在办公室主任那里。办公室主任一接到上级的检查通知，就马上把通知送往局长办公室。当时，局长正在打电话，见他手拿通知进去，就用眼睛示意他把通知放在桌上。

"可能我一走，局长就把这件事给忘了。"办公室主任心想，但他没有吭声。

他只是快速跑去局长办公室，找出那份通知，按照通知要求，连夜加班加点，打电话、催数字……最后，终于在检查组到来之前，把所需要的材料全部准备好了。

检查顺利通过。

办公室主任松了一口气，局长也松了一口气，他决定好好培养办公室主任。

局长为什么决定好好培养办公室主任，是因为办公室主任有责任心，敢担当吗？

确实如此，不过，更重要的原因并不在此，而在于他对办公室主任产生了一种"互惠心理"。

下属替自己承担了罪名，还当众挨了自己的批评。虽然局长维护了权威，保住了面子，但他的心理失衡了，他觉得自己欠了下属的人情，要找个机会回报才行。

从心理上来讲，一般人都有一种互惠心理，就是说，得到别人的好处后，就想要回报对方。比如一个人帮了我们的忙，我们也会帮他的忙，或者送他礼品、请他吃饭以示回报。

有位汽车营业员在卖车时，突然拿出一条纯白色的手帕，铺在顾客那台本来就想换的破旧车辆前，然后客气地说："请让我为您的车检查一下。"旋即钻到车底下。过了一会儿，他边拍着沾满泥土的手帕边说："一切都好。"当顾客看到那条被弄得肮脏不堪的手帕时，心里不禁十分感动，同时也为这位营业员的细心体贴而感激不已。本来他不想马上换车的，但看到这位营业员有如此好的服务精神和付出态度，想来向他买车绝对不会错，于是当下就决定换一辆新车。那名营业员就是常常运用这种技巧，靠一条因为顾客而弄脏了的手帕来感动对方进而从事推销，从而大大提高了个人的销售业绩。

一位心理学教授曾做过这样一个实验：在一群素不相识的人中随机抽样，给挑选出来的人寄去了圣诞卡片。结果，大部分收到卡片的人都给他回寄了一张。那些给他回赠卡片的人，根本就没有想到过打听一下这个陌生的教授到底是谁。他们回赠卡片的原因就是：不管怎样，自己不能欠别人的情，哪怕这个"别人"是自己的敌人。

在第一次世界大战中，某些德国特种兵的任务是，深入敌后去抓俘虏回来审讯。

有一个德军特种兵曾多次成功地完成这样的任务，这次他又熟练地穿过两军之间的地域，出现在敌军战壕中。

一个落单的士兵正在吃东西，毫无戒备，一下子就被缴了械。他手中还举着刚才正在吃的面包，这时，他本能地把一些面包递给对面的德国兵。

面对这个突如其来的举动，德国兵很震惊。结果，他没有俘虏这个敌军士兵，而是自己一个人回去了，虽然他知道回去后长官会大发雷霆。

德国兵为什么会这么做？

那是因为对方递送面包的举动唤起了他的互惠心理，让他产生了一种自己得到了对方的恩惠，应该回报对方的想法。而那一刻，不把对方当作俘虏抓回去是他所能给予对方的唯一回报，于是，他就这么做了。

想想看，在你死我活的战场上，一块小小的面包就能打动敌人，由此保存性命。在职场，我们是不是可以用一点小小的恩惠感动我们的上司、同事或下属，以此拥有良好的人际关系呢？答案是肯定的。

互惠原理认为，我们应该尽量以相同的方式报答他人为我们所做的一切。如果有人送生日礼物给我们，那我们就要在对方生日时给他买上一件礼品。由于互惠原理的影响，我们会觉得在将来某个时间回报我们曾经受到的恩惠是一种责任，所以"理应回报"成了表达谢意的代名词。

某机场，一名旅客正在休息，一个募捐者悄悄地走到他面前，突然将一朵玫瑰塞给了他。旅客本能地接过了玫瑰，但他马上反应过来，要将玫瑰还回去。可是募捐者拒绝收回玫瑰，并向他提出募捐的请求。旅客再次还玫瑰，但募捐者再一次回绝了他，这时旅客的脸上露出了矛盾的表情。其实，他完全可以把玫瑰拿走，然后不掏一分钱就走开。但是他却在稍微转身之时又被一种力量拉回来，犹豫不决。一秒钟之后，旅客再次转身，可是，他还是没有走开。最后，他不得不捐了两元钱。之后，旅客如释重负，但他并没有保留他的礼物，而是把它扔进了垃圾桶。

就这样，很多人内心拒绝玫瑰，却又不得不接受玫瑰，最后又把它扔掉。因此，垃圾桶的玫瑰就多起来，但是我们不用担心这些玫瑰会有悲惨的命运，因为最初的送礼者还会收集这些被扔掉的"垃圾"，加以重复利用，直到它们不能再用为止。这就是互惠原理的本质：尽管某种礼物让人生厌到一有机会就把它扔掉的程度，但它仍然可以在互惠过程中继续发挥作用。

互惠原理的威力在于，即使是一个陌生人，无论是一个让人生厌还是不受欢迎的人，如果他先给我们一点小小的好处然后再提出他的请求，我们答应对方请求的可能性就会增加。某些人不请自来地帮我们一个忙，就能使我们产生负债感。

认真思考一下，互惠原理只是说我们应该回报他人对你的关照，但并没有说我们主动要求了这个关照就有回报的义务。例如，某伤残军人组织报告曾证明，在募捐信

中放上礼物（例如背面涂了胶的、个性化的地址标签），收到募捐款的比率是 35%，而没有放上小礼物，收到募捐款的比率是 18%。当然，如果我们主动向他人要求某种好处，那么回报的责任就会更大，即使这个好处是不请自来的，这种负债的感觉依然十分强烈。

那么，人们为什么会产生这种心理呢？我们需要从互惠原理的社会意义上寻找其根源。其实，互惠原理的确立，就是为了促进互惠关系的发展，使人们在主动开始这种关系时不必担心有任何损失。如果达到了这个目的，不请自来的好处一定会让接受者产生负债感。人们的心中普遍有这样一种想法：给予是一种责任，接受也是一种责任，偿还更是一种责任。

在生活中，偿还的责任不仅减弱了我们选择施恩者的权力，还把这种权力交到了其他人的手中。在这个过程中，因为双方力量悬殊，真正的选择权被施恩者牢牢地掌握在手中。施恩者决定了最初给予恩惠的形式，也选择了回报恩惠的形式。因此，即使是一个不请自来的好处，一旦被接受，也会让我们产生一种负债感。

事实上，即使是没人想要的礼物，也会造成人们的负债感。因为强大的互惠压力使我们必须回报送我们礼物的人，即使这些礼物并不是我们真正想要的。但是，对于我们并不真正需要的商品，我们并没有任何压力要去购买。

喜好原理：为什么人们会爱屋及乌

喜好原理，这是个简单而有用的原理，人们总是比较愿意答应自己认识和喜欢的人提出的要求，因此有时也称为自己人效应。其应用的关键就在于如何获得他人的好感，及建立友谊。为此，你可以通过提高外表的吸引力，寻找并增强与对方的相似性、与对方多接触等途径来实现。

王乐是某外企销售部门的一名干将，也是部门最有人缘的人。

她非常善于与客户打交道，无论对方年老还是年少，是男还是女，她都能在很短的时间内赢得对方的好感。因此，她的销售业绩提升很快，工作不到两年，就被提升为销售首席代表的助理。

后来，销售首席代表移民加拿大，便把自己大部分的业务交给她做。工作到第三年，她的业绩已经远远超过了部门的其他人，成为部门的销售冠军。

像她这样优秀的人，在公司里遭到同事的妒忌与排斥不足为怪，但王乐却成功地避免了这些，与同事们的关系相当好。无论她遇到什么事情，大家都乐意帮忙。

有一次，一位朋友向她抱怨人际关系复杂、人情淡漠，并问她："你怎么会得到那么多人的喜欢与帮助？"

"因为我喜欢他们。"王乐说。

"我不相信所有与你打交道的人你都喜欢。"朋友仍旧不解。

"但我会表现出喜欢对方的样子，这就够了。"

曾经红极一时的魔术师哈瓦德·萨史顿有句名言："我由衷地喜爱我的观众们！"这句话深刻包含了值得我们学习的心理技巧，就是"喜爱引起喜爱"。

人有一种强烈的倾向，就是喜欢那些喜欢自己的人，即使他们的价值观、人生观与自己都不同。

美国社会心理学家阿伦森曾向他的朋友们做过一个调查："为什么我们对一些伙伴比对另一些人更喜爱？"得到的回答是各种各样的，"因为那些人反过来也喜爱自己"是最典型的回答之一。

想想看，在这个世界上，你最爱的人是谁？恐怕大部分人都会回答"自己"。这就说明，人的本性是以自我为中心的，或多或少都有些自恋。于是，喜欢自己的人，也就成了自己喜欢的人。他不一定很漂亮、很聪明或者很有社会地位，仅仅是因为他很喜欢自己，自己也就很喜欢他。这就是心理学上所谓的"相互吸引定律"。

为什么自己会喜欢那些喜欢自己的人呢？

从心理学的角度来看，原因有以下几点：

一是对方的喜欢让自己体验到了愉快的情绪。一想起对方，自己就会想起与之交往时所拥有的快乐，一看到他们，自然就有了好心情。

二是对方的喜欢满足了自己对尊重的需要。人与人交往，都希望获得他人的尊重。对方喜欢自己，通常会在言行中表示他们的尊重，这会令自己感到欣慰。

三是对方的喜欢带给自己自信。在实际生活中，严格地讲，没有人是完全自信的，大多数人都是通过评价自己的成就和吸引力来判断自己的价值，调整自己的目标。因此，大多数人都特别需要别人的肯定。对方的喜欢就是对自己的肯定，有谁会不喜欢这种肯定呢？

四是对方的喜欢让自己有志同道合的感觉。我们总会这样想，对方喜欢自己，就意味着对方认可自己的某些行为特征，意味着对方在某些方面与自己相似。我们喜欢与自己相似的人，这完全在情理之中。

因为上述四种原因的存在，所以在社交场合，我们经常表现出对别人的喜欢，就很容易赢得对方的好感。

在日常生活和工作中，为了更轻松更快地赢得他人的好感，我们不妨表现出喜欢对方的样子。

如果你是一名推销员，面对从未谋面的目标客户，不妨表现出喜欢对方的样子，这会让对方也喜欢你，从而喜欢你推销的产品。

如果你是一名职场新人，初到一家公司，与性情各异的同事接触时，不妨表现出喜欢对方的样子，这会让他们在最短的时间内接纳你。

当然，这种方式也不是绝对有效的。有时人们也会遇到这样的情况：自己喜欢某个人，但这个人并不喜欢自己；相反，自己不喜欢某个人，但这个人却很喜欢自己。

遇到这种情况，不妨对自己喜欢而不喜欢自己的那个人继续示以好感，对自己不喜欢而喜欢自己的人报以感激。这样一来，你就会发现，原先喜欢你的人更加喜欢你，原先不喜欢你的人也慢慢对你产生了好感。

在人际交往中，表现出喜欢对方的样子，假以时日，你的朋友会越来越多，你办事也会越来越顺利。

人们总是答应自己认识和喜爱的人提出的要求，没有谁会对这种现象表示奇怪。可是，你知道吗？这也反映了喜好原理。只是这条原理一度被一些陌生人以各种方式利用了，从而让我们答应他们提出的要求。

生活中，那些善于利用人心的人总是能够与我们建立共同的目标，并共同努力，以给人留下我们是为了双方的共同目标而"齐心协力"、我们是同一个战壕中的战友的感觉。这也反映了一个心理学原理：接触和合作。

2001年5月，在加纳首都阿克拉举行的一场足球比赛中，当非洲冠军橡树队以2：1战胜科托科队后，科托科队的支持者被激怒了，他们毁坏了看台上的座椅，并与橡树队的球迷发生了冲突。

当警方发现事态的持续发展将会造成不可挽回的损失时，他们向球迷们投掷了催泪弹。这让观众产生了恐慌心理，人们开始四处逃窜，之后便发生了挤压踩踏事件。最终导致150人死亡，将近20人受伤。

在激烈的体育比赛中，运动员有些激动是可以理解的，但体育爱好者们如此冲动，却有些让人不可思议了。

不用说，体育活动的确具有神奇的、势不可当的力量，它与观众之间的关系完全是一种个人化的东西。但由于受喜好原理的影响，观众们的形象会与他所喜爱的运动队或运动员联系在一起。如果他所喜爱的运动队失败了，那么他自己也就失败了，因此产生激动、沮丧情绪便可以理解了。

一场比赛并不是以固有的表现或艺术性来供我们消遣的，而是让我们以自身为赌注来为一场比赛的输赢打赌的。正是出于这个原因，观众们才会对自己国家的胜利如此热爱和感激，同样，他们才会对导致比赛失败的运动员、教练员或官员们心生厌恶，甚至用残忍的行为对待他们。

由此，我们可以得出一个结论：我们总是希望与自己有关的运动队赢得比赛，以此来证明自己的优越。那么，我们想向谁证明这点呢？是我们自己，也是其他人。根据喜好原理，如果我们能够成功，我们在公众面前的威望就会大大提高。

从以上的事例中，我们可以看出，我们总是有目的地操纵着自身与胜利者及失败者之间的关系，并且这种关系呼之欲出，为的就是让自己在那些能看到这种关系的人面前显得更具威望。通过彰显正面的联系、掩盖负面的联系，我们试图让旁观者对我们有更高的评价，并对我们产生更大的好感。

在国外，最有趣的一个现象就是，为了获取罪犯的口供，警察在审讯过程中运用了心理学的方法，他们使用最多的恐怕就是"好警察"和"坏警察"的方法了。

例如，一个嫌疑犯因为抢劫而被带到警察局里，在录口供之前，他被告知他有权保持沉默。当这个嫌疑犯刚坐到椅子上时，那个所谓的"坏警察"就开始大声地叫骂，接下来，这个"坏警察"一直在不停地对嫌疑犯进行辱骂，有时，他甚至会去踢嫌疑犯的椅子。他的眼神中满是轻蔑，如果嫌疑犯拒绝回答任何问题，他就会火冒二三丈，他会愤怒地说自己会让这个嫌疑犯把牢底坐穿。他还会说如果有可能，他会请人让检察官对这个案子提出最严厉的控诉。

那么，在这个过程中，"好警察"会听任"坏警察"为所欲为吗？不会，刚开始，"好警察"一言不发，慢慢地，他会加入其中。最初，他只是劝说"坏警察"不要发那么大的脾气，劝说其冷静。但"坏警察"不会听他的，他会大声表达自己对嫌疑犯的不满之情。

就这样，一会儿工夫，"好警察"就当场帮助嫌疑犯说好话了，但"坏警察"还是不为所动，并且脾气会越来越坏。

此时，"好警察"开始直接对嫌疑犯说话了。他会叫出对方的名字，会向对方指出在这个案子中任何一个对嫌疑犯有利的细节。如果此时，嫌疑犯还是坚称自己不合作，那么"坏警察"就会继续对嫌疑犯进行谩骂和威胁。但这时，"好警察"会阻拦他，并掏出一些钱，让他去买点咖啡或者其他饮料。

当"坏警察"离开后，"好警察"就会开始真正的表演。他会对嫌疑犯说："你看，不知是什么原因，我的同事就是不喜欢你。他一定会想方设法抓住你的把柄，而他的确也有这种能力，因为我们已经掌握了足够的证据。另外，检察官也会严惩那些

不合作的嫌疑犯，这样一来，你有可能就要坐五年的牢了。

"我真的感到很遗憾，我真的不希望这种事情会降临落在你的头上。如果你现在承认你抢了东西，在他回来之前，我会把案件接过来，我保证会在检察官面前替你说好话。如果你愿意合作，刑期会从五年减到两年，甚至一年都有可能。现在就看你自己了。告诉我事情的经过吧，我们一起想办法，相信可以渡过难关。"

此时，通常嫌疑犯会招供自己的所有罪行。这样，一个"红脸"和"黑脸"相结合的策略已经完全取得了成功。

其实，这也是一种有效的谈判策略。仔细研究之后，我们就会发现，原来在这一切的背后所起作用的是喜好原理，让嫌疑犯建立了对"好警察"的好感之后，就能服从"好警察"的吩咐。

这个方法能奏效的原因不外乎以下几点：第一，"坏警察"的威胁让嫌疑犯产生了对坐牢的恐惧，相比之下，"好警察"的言行就特别通情达理；第二，由于"好警察"为嫌疑犯说话，甚至自己花钱为其买咖啡，互惠原理让嫌疑犯产生了心理压力，觉得有必要还"好警察"一个人情；第三，"好警察"总是设身处地为嫌疑犯着想，把他的利益放在心上，即使在正常情况下，这样的人也会给人留下好印象，何况是一个需要帮助的嫌疑犯呢？这样的救星，无疑值得信赖，那么向救星吐露真情就是顺理成章的事了。

只要面对两个人，我们总是可以创造出喜欢一个人而讨厌另一个人的情形。这样，被喜欢的那个人就得到了机会。这不仅仅是喜好原理的作用，对比原理也有着一定的作用。

从众原理：被人孤立的滋味不好受

从众心理又称趋众心理，是一种为适应团体或者群体的要求而改变自己的行为和信念的心理。很多人看到别人做什么，自己也去做什么；别人怎么说，自己也随声附和，总是想随大流，这就是从众心理。

有个人走进一家医院的候诊室，他向四周一看，感到非常惊讶：所有的人都只穿着内衣裤坐着等候。他们有的穿着内衣裤喝咖啡，有的穿着内衣裤抽香烟，有的穿着内衣裤阅读报章杂志，有的穿着内衣裤聊天。

这个人起初非常惊奇，后来判断这群人一定知道一些他所不知道的内情。于是20秒之后，这个人也脱下外衣，仅穿内衣裤，坐着等候医生。

上述情景取材于美国作家艾伦·芬特20世纪60年代创作的电视剧本《小照相

机》。

这件事可笑吗？

你肯定认为可笑。不过，在我们的日常生活中，还真存在不少此类令人捧腹大笑的事情。

某街角，一个人忽见一长队绵延，以为有什么难得的好机会，赶紧跑过去排队，唯恐错过。结果排队的人越来越多，最后队伍都排到了大街上。等到队伍拐过墙角，他才发现大家排队原来是上厕所，不禁哑然失笑。

生活中，大多数人都有这样一种心理动向：看到有人排队就希望排过去，看到有人扎堆儿就希望靠上去。

在心理学上，这种心理动向被称为从众心理。从众心理也叫趋众心理，是一种为适应团体或群体的要求而改变自己的行为和信念的心理。

从众心理可以表现为在临时的特定情境中对占优势的行为方式的采纳，也可以表现为长期对占优势的观念与行为方式的接受。

从众心理，几乎人人都有。

一个小青年，看到满大街都是穿大喇叭裤的人，自己也去买了一条大喇叭裤穿上，尽管自己身材瘦小。

一位职业女性，看见同办公室的人都烫了卷发，自己也想去烫一个，尽管自己的头发又多又硬。

一个上小学的孩子，看到别的孩子都有史努比模样的玩具，也想买，尽管自己的玩具多得都没地方摆放。

想想我们自己，也不例外。如果去某商业区买东西，里面一家家的小店卖的东西可能大同小异，但有的小店人满为患，有的小店却冷冷清清。这时，你多半会选择进什么样的店里购物？那些人流涌动的店，对吧？

我们在每天的电视节目里，总能听到不断的配音笑声，无论是在娱乐晚会上，还是在真人秀节目、相声或小品里，甚至电视剧、电影里。

其实不只是电视，广播也同样如此。如果你喜欢听广播，那么一些讲笑话趣事的节目，你也应该听过，无论是主持人还是讲述者在讲完一个笑话，或者说完一个有趣的段子的时候，都会有一阵笑声或者掌声传出。如果你仔细听，你就会发现这些笑声或者掌声每次都一样。其实这些都是配音笑声。你也许会问，有必要这样吗？是的，存在即合理，这些都是必要的，必要到甚至顶着一些人的声讨，他们也不肯放弃。

　　人类有一个天性，即喜欢真诚地与人交往，喜欢看到事物的真相。实际上，幽默也是如此，人们喜欢发自内心的、真诚的笑声，所以那些使用配音笑声的小品和情景喜剧受到了不少人的排斥。这些人认为配音笑声是愚蠢、虚假而且肤浅的。

　　既然观众不喜欢配音笑声，那么为什么制片人仍然热衷于此呢？这是因为少部分人不喜欢，并不代表大部分人也不喜欢，他们懂得迎合公众的需要，而且他们对一些科学研究的结果有所了解。研究表明，配音笑声能使观众在观看幽默题材的节目时笑得更加频繁而持久，而且这会让他们觉得节目内容非常有趣。此外，配音笑声更能让那些蹩脚的玩笑，甚至不可笑的节目变得更受观众欢迎。

　　因此，给喜剧节目配上配音笑声以后，节目的幽默性和观众的反应大大增强。当节目不具观赏性时也是如此，那些内容低俗、毫无艺术性的节目就更需要配音笑声了。所以，制片人要按照自己的逻辑和利益行事。如果他们按照观众或你我的逻辑和利益行事，那才叫奇怪呢！他们并没有欺骗我们，因为大家都能分辨出录制的笑声，那种吵闹的笑声和真实的笑声有着本质的不同。但是，我们还是会受到它的影响以致做出错误的判断。

　　其实，这反映了一个心理学原理——从众原理。即我们进行是非判断时，通常先看别人是怎么想的，尤其是当我们要决定什么是正确的行为的时候。如果我们看到其他人在某个地方做某件事情，我们就会断定这样做是对的，周围人的做法或看法都影响着我们的行为方式。

　　这个结论不无道理。大多数人是怎么看的，我们就会认为这是正确的。因为按照众人的经验去做某件事可以使我们少犯很多错误，这是社会认同原理的优点。它为我们的思考和行动提供了一条捷径，同时也让我们更易受到投机商的"青睐"。

　　当我们不自觉地对得到社会认同的事物做出反应时，就会被一些不完全或虚假的认同所蒙骗，这时问题马上就会出现。

　　我们的错误不在于用其他人的笑声来帮助我们判断什么是真正的幽默，什么时候应该发出笑声。我们的错误在于我们根据虚假的笑声做出了错误的判断，虽然这个配音笑声并非幽默特征的因素，却像真正的幽默一样对我们产生了影响。

　　作为普通观众，我们已经习惯于将他人的反应当作判断节目是否幽默的依据，因此我们也能够被一种声音而不是事实所蒙蔽。观众真实开心的笑声也能让我们跟着大笑，电视公司制片人正是利用了我们对虚假认同也会自动做出反应的倾向。

　　当然，最善于利用人们的这一心理来为自己谋利的应该是大大小小的商家。

　　20世纪70年代末，日本索尼公司生产出一种能边走边听的"随身听"录放机。为了打通销路，索尼公司决定采取一种更新颖、更有效的营销方式。

当时在日本的学校内兴起了学英语的热潮，学校要求每位学生必须有一台录放机。索尼公司知道这一情况后，立即派出10名年轻的员工，携带"随身听"在学校的大门口来回走动，并且故意放大音量，做陶醉欣赏状。

索尼公司

学生们看到这一现象，便纷纷打听是从何处买的"随身听"。几天后，索尼的"随身听"遍及日本各大、中、小学校。

索尼的广告宣传真可谓一本万利，他们并没有向大众推荐他们的产品，而是锁定了一部分中小学生群体，利用他们的从众心理，让他们纷纷跟随潮流，加入了抢购"随身听"的行列中。

当然，这一心理战术的运用并非某些人的专利，只要你活学活用，也会有所收获的。

如果你想自主创业，开家小店，不妨在开张时，邀请你的各家亲戚或者各色朋友围在店里店外，或进进出出假装消费。这样，你就无须担心门庭冷落，那些亲戚朋友自会给你引来大批的顾客。

如果你想举行一次座谈会，又担心冷场，不妨事先安排几个人，让他们准备好问题，在会场上积极提问，以带动其他人提问。只要气氛足够活跃，那些原本不爱提问的人，看到大家都在提问，也可能跃跃欲试。

如果你负责主持公司会议，讨论某项棘手的改革方案，你知道改革的阻力很大，很可能大多数的参会者将在会上保持沉默，拒绝表态，你不妨在会议召开之前，私下找几个人交流意见，安排他们在会议上带头发言，迫使其他的人也跟着表态。

权威原理：为什么人们会盲从他人

社会等级制度形成的强大心理压力，使一直在服从权威的人已经习惯了被命令，天性已经被抑制，即使让他们去杀人他们也会毫不眨眼地去做。在生活中，如果我们盲目听从权威，就可能导致错误的发生。

1961 年，美国康乃狄克州纽黑文市的报纸上有一天出现了这样一则广告：

"耶鲁大学寻求志愿者进行记忆力和学习方法的研究。任何非大中学在校生中 20~55 岁身体健康的成年男性都可报名申请，参加者可获每小时 4 美元报酬。"

耶鲁大学！每小时 4 美元！没听错吧！于是，很快就有 15 名工人、16 名售货员、9 名在校专家怀着各自的目的，成了应征者。

然而，这 40 名应征者却不知道，他们将要成为时年 27 岁的耶鲁大学心理学助理教授斯坦利·米尔格兰姆精心设计的心理学实验的被试者。这个招聘广告是一个骗局，是依靠耶鲁大学的威名和高额报酬施展的小小阴谋。之所以说它是个阴谋，是因为米尔格兰姆的实验惊世骇俗，英国《焦点》月刊 2005 年将它列为震撼世界的十大实验之一。

这项实验引发了巨大的争议，为此，美国 1975 年颁布了针对人类心理学实验的严格准则，并在几十年间将所有企图重复这项实验的心理学家拒之门外。为什么会出现这样的现象呢？还是让我们从这项实验本身说起。

这项实验的初衷是研究普通人会不会执行有违道德准则的指令。米尔格兰姆除了招聘 40 名被试者，还专门聘请了两位合格的"演员"，其中一位扮演表情严肃、一丝不苟的权威人士，负责在实验中对被试者下达实验的各种命令；另一位负责扮演一名被要求进行联想记忆的学生，同时也是电击的"承受者"。

实验过程中，那名一丝不苟的"权威角色"向实验参加者发出指令——要求他们电击那名扮演"承受者"的学生，并且告诉他们，这边的电击强度越大，对面的受虐者越痛苦。于是，他们开始了电击，随之就传来了受虐者的惨叫声，当然这不是真的，叫声也是模拟的。

受虐者开始发出一些抗议，要求终止这项实验。施虐者这时询问那名"权威角色"，接下来还要进行吗？"权威角色"回答道，是的，继续。通过这 40 位实验参加者的表现，米尔格兰姆惊奇地发现，有 2/3 的人一直在奉命行事，毫不理会对面的惨叫，而最可怕的是：当受虐者不再发出任何声音时，有些人还在执行"权威角色"发出的"荒唐"指令。

你可能会觉得这个心理实验有些残酷，但米尔格兰姆的服从权威实验却向我们展现了一个更加残酷的事实，说出来都有些可怕，因为你会对人性有更加深刻的理解。也许，你未曾想过一个心智正常的人会去听从某个所谓权威人士的命令而对一个无辜的人施以重刑！

之所以产生这种心理现象是由于施虐者把责任推到了权威身上。就像那些在第二次世界大战的集中营和大屠杀惨案中对无辜平民施以暴行的士兵在军事法庭上所说的那样："我们对那些平民的死亡不应当负任何责任，因为我们只是在简单地执行上级命令。"

当然，除了责任分散还有一个原因，那就是身处"权威梯度"（authority gradient）底层的人，会在心理和道德上形成一种抑制效应。也就是说，社会等级制度形成的强大心理压力，使一直在服从权威的人已经习惯了被命令，天性已经被抑制，即使让他们去杀人他们也会毫不眨眼地去做。

据一份来自航空部门的统计，在 20% 的坠机空难中，副驾驶不愿挺身指出机长的错误判断是导致灾难发生的主要因素之一。这些副驾驶宁愿牺牲自己、乘客和其他同事的性命，也不愿去挑战机长的权威。这是一个令人吃惊的发现！

1993 年 12 月 1 日，一架西北航空飞往美国明尼苏达州希宾市的班机发生了重大事故，机上所有人员无一幸免。事后，通过机舱录音显示，副驾驶警觉到飞机降落时飞行高度偏高，但他没有立刻指出机长的错误，仅仅是小心翼翼地试图提醒机长："机长，您是不是要一直维持在这个高度啊？"最后，这架飞机由于下降角度过大，致使飞机完全偏离了跑道。而就在飞机坠毁的前一刻，副驾驶还在毕恭毕敬地回答着机长的问题。真是一个悲剧啊！

何谓权威？权威就是指在某种范围内最有地位的人或事物。权威相对而言只是指它的地位，并不能证明它就绝对正确，权威和正确是两个概念。如果盲目相信听从权威，就可能导致错误的发生。认识到盲目服从权威心理现象的危害性，我们就要理智地看待每一个所谓的权威人士。不能盲目地去服从他们的指令，我们要有自己的思想，千万不能唯命是从！每当遇到权威的时候，请先问自己一句：我为什么要对你言听计从？

承诺原理：为什么人们会信守承诺

每个人都倾向于信守承诺。因为，言行前后不一的人，会被看成是头脑混乱、表里不一，甚至精神有毛病的人。另一方面，言行高度一致大多跟个性坚强、智力出众挂钩，表现出一个人的逻辑性、稳定性和诚实性。

两位加拿大心理学家完成的一项研究提示了赛马场上人们的奇妙心理：只要是赌马者一旦下了赌注，他们立刻对自己所买的那匹马的信心大增。其实这匹马获胜的概率一点也没有改变，马还是原来那匹马，赛道还是原来那条赛道，赛场还是原来那个赛场……

一旦我们做出了某个决定，或选择了某种立场，就会面对来自个人和外部的压力迫使我们的言行与它保持一致。这被称为承诺一致原则。

千万不要低估承诺的力量，绝大多数人，只要做出了某种声明，就会一直按照这声明做下去。这是外部压力和内部压力的共同作用使然：外界的舆论让人不想做一个背信弃义者，而来自人内心"自我"和"超我"的约束则令人对承诺极为重视。

在我们的文化里，一个人高度的言行一致是备受称道的——也理应如此。大多数时候，要是我们在做事时始终如一地坚持不懈，肯定会做得很好。没有了一致性，我们的生活会困难重重，散乱不堪。

得知了承诺一致原则的效果，我们不妨思索一下，是否能把这种心理动态应用于生活。

我记得我小时候住的是类似大杂院的地方，几个院子的孩子都在一块玩。

十岁那年，爸爸给我买了个足球。这个稀罕物自然让我成了孩子们的新中心，甚至远处院子的孩子都来找我玩。

其实，我更喜欢远处的那几个院子，因为那里的漂亮女孩比较多，而我们这几个院子里都是男孩。

我的背叛行为自然引起了大家的不满。有一次，恰巧远处院子的几个孩子都不在，我拿着球不能自己踢，于是就去找附近院子的玩伴，结果竟遭到了拒绝。他们统一表示："我们不跟你玩了，除非你以后不再背叛我们。"

不再背叛的意思自然是只和他们玩。我其实是不愿意的，但当时没有其他人陪我踢球，所以只能糊里糊涂地答应了他们。

事后，每次我准备找其他院子的孩子的时候，我们院子的玩伴们必定拿起这件事来敲打我。我碍于面子，也只能打消了"背叛"的念头。

慢慢地，我竟然自动自觉地就疏远其他的孩子了。甚至后来上学，我和班里的同学们不亲，反而和这些幼时玩伴关系很要好。

我想，这其实就是承诺一致原则的应用：威逼也好利诱也好，总之先让对方把自己的条件答应下来，然后慢慢地他会自动自觉地遵守这个条件。

承诺一致原则在零售方面，其实也很有优势。我见过的成熟的电脑装机员，都很会把握说话的节奏和顺序。他们不会盲目地向你推荐那些能让他赚大钱的机型，而是会先详细地问你要买电脑干什么。表现得就像他们真的很关心你买电脑的目的一样。

接下来，他们会给你介绍一种配置，在他们的语境下，你会发现他的介绍让你认为这机器简直是为你而生的。

在你产生这种感觉的时候，他会忽然问一句："怎么样，这机器很合适吧！"

这时候你无论如何都无法不点头，而当你点头回答"是"的时候，你就中计了。你会发现你自己的脑海里都产生了这样的想法：这还真是一台很配我的机器啊！

而在之后，装机员无论说出多少款这机器的缺点，你可能都会帮这台机器辩护。

所以，聪明的你必须明白，装机就像赌马，不要轻易下注。

"死脑筋地保持一致愚不可及。"这是拉尔夫·沃尔多·爱默生的一句名言。他的意思是说，尽管保持一致一般而言是好的，甚至十分关键，但我们也必须避免愚蠢的死脑筋。我们必须警惕不假思索自动保持一致的反应，因为有些要花招的人正想利用它谋利呢！

所以，当我们不假思索地保持一致时，我们要问问自己，这个保持一致真的是理智的吗，是否还有其他更合适的选择。

当然，当想要别人做某件事时，我们可以利用一致性原理：如果我们能叫对方做出承诺，我们就帮对方铺垫好了舞台，促使对方不假思索地自动照着先前的承诺去做。

书面承诺就更加好了，是预防对方撕毁合同的一种重要心理机制。它能有效地真正改变人，原因之一在于它很容易公之于众。公开承诺往往具有持久的效力。只要让人们把承诺写在纸上，就会出现神奇的事情：他们当真会照着写的去做。

稀缺原理：资源越是稀缺，人们争夺得越激烈

每个人都有竞争意识。俗话说，"手快有，手慢无"。人们害怕输给竞争对手，不甘心错过降临的机会，也不愿放弃争取一下就可能得到的东西。精明的商家往往会利用竞争意识设置心理陷阱，一不小心，你就会陷进去。

在日常生活中，商家经常会开展一些让顾客限时抢购的活动，这种活动往往一开展，就能让商家赚得盆满钵满。

这究竟是什么原因呢？

第一，每个人都有竞争意识。广告商经常利用我们的这种心理倾向赚钱，他们会在广告中展示他们的商品是如何受欢迎，我们必须"赶快去买"，否则就买不到了。与此同时，在电视画面上我们能够看到，商店还没有营业，人们就已经将商店门口围得里三层外三层了。我们还能看到，很多手迅速伸向货架，货架上的东西被一抢而光。

这种情景传达的信息是，这种商品非常畅销，有很多人想得到这种商品，而且他们也在与我们直接争夺这种商品。

与人争夺稀缺资源的感觉具有很强的刺激性。冷漠的恋人会因为竞争对手的出现而变得热情奔放，因此恋爱中的男女常用的一个策略就是有意或无意地透露自己有了追求者。推销员也会使用这种手法。例如，一个售楼员在把房子推销给一个态度模糊的顾客时，他会告诉这位顾客有很多人想要这个房子，有的人已经看过房子或将要来看房子。这个策略通常会取得很好的效果，由于怕输给竞争对手，这位顾客马上会变得积极起来。

第二，希望拥有被争夺的事物的愿望，几乎是人的本能。在大规模的停业抛售或大降价中去抢购的顾客，几乎都是不由自主地被卷了进去。他们被疯狂的人群所感染，奋不顾身地挤入人群，加入抢夺的行列，甚至连平时不屑一顾的商品都被装进了自己的购物袋。这与荒野中的动物群胡乱抢食没有太大的差别。

捕鱼人就善于利用这种心理。他们先将鱼饵投入水中，引诱鱼群一窝蜂地拥上来。待整个水域被张大嘴巴争食的鱼儿覆盖之后，他们将没有放饵的鱼钩抛入水中，此时的鱼儿近乎疯狂，生怕自己的食物被其他的鱼儿吞掉，所以就连没有鱼饵的金属鱼钩也会咬。就这样，捕鱼人轻松地钓到了大量的鱼。

商家为了引人上钩而制造出疯狂争抢的手法，与捕鱼人捕鱼有异曲同工之妙。大甩卖的商家也会大肆宣传，声称自己是挥泪大甩卖、亏本大跳楼、鳄鱼大放血等。不论是哪一种形式的"鱼饵"，一旦起了作用，便会形成一个争抢鱼饵的人群。在你争我夺的过程中，受现场气氛的影响，顾客会变得焦躁不安、心急如焚，完全失去自控力。他们忘记了自己到底需要什么，只是盲目地争夺任何被争夺的东西，甚至疯狂到争抢别人手中的东西。最后，那些背着大包小包回到家的顾客，都会在内心之中困惑：我这是怎么了？

某种东西变得短缺时不仅会让我们更想得到它，而且当我们必须通过竞争才有可能得到它时，我们想得到它的愿望就变得更加强烈了。所以一个理性的人，应该判断自己究竟需要什么，然后才决定购买。而非理性的人，就有可能被广告攻势或者其他的信息所左右，去消费那些本可以不去消费的东西。

竞争有可能是商家给你设置的心理陷阱，反过来，你可以通过给对方制造竞争的假象来打压或者要挟对方。

比如在一个新建的小区里，只有一家理发店，理发店的老板就可能因为"独门冲"心理，抬高理发的价格以获利更多，而不是通过提高服务质量来吸引更多顾客。在这种情况下，即使小区居民多次反映价格太贵，估计这家理发店也不会降价，因为他吃定了你——只此一家，你别无选择。

如果某一天，小区里又新开了一家理发店，第一家理发店就有了竞争对手。如果对手的服务价格比自己低，或服务质量比自己好，那自己的顾客肯定会流失。在这种情况下，为了防止自己的顾客被第二家理发店抢去，第一家理发店就会主动提高服务质量，或者降低服务价格。

可见，让与你利益相对立的一方让步，最好的办法就是让他认为，他不是你唯一的选择。

在现实生活中，这种方法应用很广泛：

一个年轻男子去追求一个年轻女子，女子清高内向，男的好不容易走近了女的，但女的总是若即若离。一天，男的告诉女的，有人给他介绍了一个女孩，各方面条件都很好，家里人非逼着他去见面，他不知道怎么办。结果，女的一听，立马改变了态度，两人的关系急速升温。

一位项目经理，开发了某个项目，为公司创造了很大的利润。他期盼老板主动给他涨工资，结果却没有一点儿动静。于是，他对老板说，有一家更大的公司准备招揽他，职位比目前高，薪水比目前多，他打算年后就去上班。老板一听就急了，忙给他加薪，并承诺一旦机会成熟，就给他升职。

一个企业的谈判代表，在与对方谈判陷入僵局时，他的秘书敲门进来，说是有紧急电话需要马上去接。这时谈判代表显得很慌乱，手中的"机密材料"也忘记在谈判桌上。对方偷偷翻阅了这些材料，原来是其他竞争者的"报价单"。等他重返谈判桌时，对方的态度发生了180度的大转弯，做出了很大程度的让步。结果，谈判双方很快就达成了协议。其实，那些"机密材料"不过是谈判代表精心伪造的。

一个年轻男子去追求一个年轻女子，女子清高内向，男的好不容易走近了女的，但女的总是若即若离。一天，男的告诉女的，有人给他介绍了一个女孩，各方面条件都很好，家里人非逼着他去见面，他不知道怎么办。结果，女的一听，立马改变了态度，两人的关系急速升温。

一位项目经理，开发了某个项目，为公司创造了很大的利润。他期盼老板主动给他涨工资，结果却没有一点儿动静。于是，他对老板说，有一家更大的公司准备招揽他，职位比目前高，薪水比目前多，他打算年后就去上班。老板一听就急了，忙给他加薪，并承诺一旦机会成熟，就给他升职。

一个企业的谈判代表，在与对方谈判陷入僵局时，他的秘书敲门进来，说是有紧急电话需要马上去接。这时谈判代表显得很慌乱，手中的"机密材料"也忘记在谈判桌上。对方偷偷翻阅了这些材料，原来是其他竞争者的"报价单"。等他重返谈判桌时，对方的态度发生了180度的大转弯，做出了很大程度的让步。结果，谈判双方很快就达成了协议。其实，那些"机密材料"不过是谈判代表精心伪造的。

十、令对手自乱阵脚的心理暗示

在竞争日益激烈的社会环境下，人们被微妙的竞争关系压得喘不过气来。我们在面对竞争对手时总会不知所措，更有甚者，因一时的求胜心理．反而使自己方寸大乱。其实面对竞争，要想取得胜利，就要学会运用各种方法，使对方自乱阵脚。生活中那些真正的智者，就懂得运用心理暗示的方法，来让自己的对手不战而败；通过对竞争对手的心理暗示，使得对方的心理防线崩溃，进而扰乱对方的阵脚，使自己最终站在胜利的巅峰。

适时发威，让对手乱了方寸

在生活中，我们都会遇到很多困扰，尤其是在现在竞争日益激烈的社会环境中。很多人在面对竞争对手的时候不知所措。这时，应当在对方面前适时地显示自己的威力，进而让对方产生畏惧心理，最终达到扰乱对方阵脚的目的。

适时地显示自己的威力，暗示自己非常棒，这是一种积极的心理暗示，会让自己更加有信心，表现得也更加出色；同时，给对方压力，暗示对方自己是个很有实力的人，产生畏惧心理，自乱阵脚。

大学毕业后，小王来到一家外贸公司工作。在公司，他算不上最好的，却是最努力的。所以工作干得非常出色，常常得到领导的表扬和同事的认可，且连续几年获得了最佳员工的光荣称号。

这次公司内部人事改革，原来负责欧美市场的副经理引咎辞职了。公司董事会决定在员工中提拔。小王作为业务尖子，是优先考虑的对象。

在员工竞聘大会上，谁都以为这个岗位非小王莫属。可是就在关键时刻，一个20出头的年轻人走上了台。他叫何剑，是公司去年刚刚招聘进来的业务员。何剑外语能力很强，过了专业八级，平日里业务做得非常棒，几乎跟小王不相上下。说实话，公司上下也只有他能跟小王一决雌雄。

在公司设置的各项比赛中，小王和何剑表现得都非常出色。在最后一道题目中，董事会认为一定要分出输赢，于是设置了一个非常特别的项目。那就是聘请了公司的海外总监，美国人鲍威尔，让小王和何剑与鲍威尔面谈一桩30万美元的生意。

这种面对面的谈判，有一定的难度，小王和何剑谁也没有必胜的把握。在比赛前，小王和何剑都在积极地做着准备。小王明白，何剑的外语口语绝对比他优秀，但是刚来公司一年多，很多业务还不是很熟悉，要想取胜只能从专业上做史章。

抽签的结果，小王先与鲍威尔谈判。上场后，小王积极地向专业化靠拢。在和鲍威尔的谈话中，尽管彼此交流得不是太好，但是他业务能力的展现非常出色。尤其是专业领域的谈判，进行得非常顺利。谈判结束后，鲍威尔竖起了大拇指。

这时，台下的何剑渐渐坐不住了。虽然他的口语好，但是专业领域的业务接触得很少，小王所说的很多专业名词他根本就不会。等到上台的时候，本来信心十足的他却显得非常狼狈。在与鲍威尔的交谈中，不但专业领域的东西不会，就连他平常拿手的口语交流也说得结结巴巴。还没等谈判结束，就被鲍威尔赶下了台。

在实例中我们可以看出，面对竞争对手，小王适时地显示出自己的威力，让对手何剑自乱阵脚，从而轻松地赢得了最终的竞聘。在面对对手进攻的时候，应适时地向对方展示自己的威力，以让对手产生畏惧心理，最终扰乱其阵脚，达到胜利的目的。

竞争要想获胜，无非是自己足够强大，或者是对手足够弱小。在相差无几的对手之间，说白了就是心理的较量。适时地显示自己的威力，让自己变得更加自信、发挥得更加出色，从而震慑对手，让对手心生畏惧，产生消极的心理暗示，最终达到不战自败的结果。

当我们面对强大的对手时，到底该如何通过心理暗示让自己适时地发威呢？

1. 将自己的优势发挥到极致

任何人都有优势，也都有劣势。因此，在面对竞争对手的时候，要将自己的优势发挥出来，以掩盖自己的劣势。既然是优势，那么自然就有自己独到的东西。在关键时候，要将自己的优势发挥出来，而且发挥到极致。就像故事中的小王一样，把自己在专业领域的优势发挥出来，而且发挥到极致。这样一来，不但弥补了外语交流上的劣势，还给对手造成了一定的心理压力。

2. 向对手的弱项进攻

要想让对手产生畏惧，那么就要找到对手的软肋，然后攻击。这样，即使你表现得不是很优秀，只要比对手表现得好。就会给对手一定的压力，从而产生畏惧心理。所以在竞争前，一定要对对手有个清晰的了解。不但要了解对手的弱项，还要了解对手的强项，以免反被对手所制。

直击对方心理弱点，让对方输给自己

只要是人，都会存在心理弱点。而很多时候，心理弱点是对手攻击最有利的条件。每个人都不想被社会所淘汰，也不想落于人后。面对这种情况，很多人会选择攻击对手的心理弱点，让对手的心理堡垒倒塌，使自己立于不败之地。

心理决定着行为。一个人心理坚强，才能有足够的信心来赢得对手；相反，一个人心理堡垒倒塌了，那就意味着他在竞争中会不战自败。因此，对对手的心理弱点进行攻击，无疑是赢得最终胜利的良机妙策。

老王是一个多疑的人，这种多疑让他在公司经营中错失了很多良机。

刚开始老王的生意很好，可是自从被一个外地人骗过一次之后，总有一种患得患失的情绪，总是怀疑人家会欺骗他。

一次老王得到消息，有一家私人纺织厂要出售。他一直都想兼并一家纺织厂来扩大经营范围，所以早早就着手考察这家企业。在他暗地里调查的时候，另外一家企业也很看好这个纺织厂，也想收购。

对手得知老王也有这个想法后，就对老王进行了摸底调查。当对手得知老王的这个缺点之后，随即使用了一个计策，让老王最终一败涂地。对方没有用抬高价钱的方式和老王竞争，而是派手下故意在市场上放出风，说有企业也很看重这家纺织厂，打算兼并，而且现在已经在暗地里对纺织厂进行评估。

老王听到这个消息后，觉得是这家纺织厂在作秀，目的是想让他抬高价钱。他心想：既然对方想借此来逼迫我抬价，那我就先停止收购的脚步，晾它一段时间。于是，他没有再接触这家纺织厂谈论收购的事。

谁知大概过了两个月，老王派人再去这家纺织厂打探消息的时候，纺织厂已经易主。

在这个事件中，老王并不是输给了自己的谋略，而是输给了自己的心理弱点。老王多疑的心理弱点使得他总是怀疑，而对手就是利用了这点成功地使老王退出了竞争。对手直接攻击的是老王的心理弱点，进而击垮了老王的心理堡垒，扰乱了老王原本的

计划，最后成功地击退了老王的进攻。

直接攻击对方的心理弱点，可让对方的心理堡垒倒塌，最终自乱阵脚。只要一个人的心理防线瓦解，意志也同样会受到影响，这样就容易给对手以可乘之机。

那么，在攻击对方的心理弱点，让对方心理堡垒倒塌的时候，有什么技巧和方法呢？

1. 调查了解是前提

正所谓"知己知彼，百战不殆"，要想对对方的心理弱点进行攻击，就必须了解对方的心理弱点。因此，调查了解是前提。在调查的时候，可以通过对方身边的人，也可以通过对方的竞争对手。只要是和对方有接触的人，或多或少都有一些了解。对调查得来的信息进行分析，得出正确的结论，再制定相应的策略。

2. 制定相应的策略是关键

当了解了对手的心理弱点之后，要根据实际情况制定相应的策略。比如故事中的竞争对手了解了老王多疑的心理弱点，从而制定了让老王起疑心的策略。结果在对方的精心策划下，老王果然中招，最终错失良机，主动退出了竞争。所以，根据对手的具体情况制定相应的策略，是赢得竞争的关键。

3. 掌握对方的反应

在对对方进行心理弱点的攻击之后，一定要对对方的反应有个清晰明了的了解。明白自己所做的攻击是否起到了作用；否则攻击就没有实际意义。竞争瞬息万变，随时都有可能出现各种情况和变化，掌握对手的情况才能更好地制定相应的对策。

沉默是成竹在胸最好的暗示

生活中有这样一种现象，当我们被别人误解的时候，越是解释，就越解释不清楚，结果把原本没有的事情也解释得像真的一样；如果不解释，则结果恰恰相反，误会自然解除，流言不攻自破。在面对别人攻击的时候，也是这样。只要你以不变应万变，以沉默泰然处之，对手就会狂奔乱跳。因为他的攻击遭到了失败，方寸已大乱。

因此，在竞争对手向你发起进攻的时候，不妨把自己定位为观众，看这只顽皮的"猴子"如何"表演"。不管他做出多少滑稽可笑的动作，只要保持内心的稳定、不要笑，那么"猴子"自然索然寡味，灰溜溜地退下场去。因此，以不变应万变，用沉默来暗示自己胸有成竹，不被对方所影响，就会是最终的胜利者。

40岁的王虎成功晋升为总裁，可谓一路艰辛。由于公司采用新的竞争模式，即模

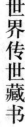

拟西方总统竞选的方式来竞选新的总裁，因此竞选场面异常火爆。

王虎之前是公司的总经理，也是这次竞选董事长的关键人物之一。他的对手叫邓聪，是以前董事长的顾问，也是一位非常有实力的选手。在竞争之前，双方都进行了充足的准备，包括对对手的调查了解、在公司动员大会上的演讲等。

最终的角逐在公司会议大厅举行。全公司上下几万人参加了这次大会，而且还聘请了当地媒体进行相关的跟踪报道。

事实上，公司的员工很多都非常支持邓聪。因为他跟随董事长多年，对公司总体的运营策略把握准确，对公司的发展起着举足轻重的作用。而作为总经理的王虎，相对来说实力有点弱，因此支持率并不高。

按照规定，在竞选投票前双方都要进行最后的演讲。先上场的是王虎。他上场后，谈了一下公司的现状、谈了一下他的下一步计划，以及承诺要为员工做的各项实事，包括提高伙食补助和工资待遇等。但是说实话，员工对他的承诺似乎没有多大兴趣。

随后上场的是邓聪。他上场之后，也谈了一下自己对未来的想法和计划。但是让所有人没有想到的是，谈完计划之后，他竟然开始对王虎进行人身攻击，说王虎的夫妻关系处理得不好，甚至怀疑王虎有外遇，并且提供了很多王虎和年轻女孩的亲密照。场上一片哗然，甚至一度出现了失控的局面。邓聪不但对王虎的人品进行了攻击，还对他进行了大肆地中伤和辱骂。

邓聪的所作所为无疑向在场的人证明他是一个品行极端恶劣的人，像这种人是根本没有资格做公司的董事长的。员工对他失望至极。

邓聪以为自己暴露了王虎的作风问题，给予王虎以致命的一击，却没想到因为私自对他人进行人身攻击而失去了民心，最终员工们把选票投给了并不被看好的王虎。当投票结果出来之后，邓聪像霜打了的茄子一样，蔫了。当他得知是因为自己多此一举，又蹦又跳的攻击王虎导致最终的失败后，非常懊悔。

其实在这个事件中，王虎镇定自若地面对邓聪的攻击，便显示出他的胸有成竹。而邓聪狂奔乱跳，反而被员工所抛弃，因为没有人会相信一个不能善待对手的人能善待员工。在面对邓聪的攻击时，王虎以沉默应对，正是这样的镇定自若，使得对手不得不接受搬起石头砸自己脚的事实。

面对对手的进攻，要学会用以不变应万变的心态来应对；面对对手的怀疑，面对众人的疑惑，面对对手的进攻，要学会保持沉默，并且以此来向对方暗示自己是胸有成竹的，进而扰乱对方的阵脚，最终达到自己的目的。这种方法既不会损害自己的利益，又可以有效地击退对手的进攻，可谓一举两得。

那么在实践当中，可以用什么好的方法和策略来保持沉默，暗示自己的胸有成竹呢？

1. 绝对的自信是必不可少的

面对别人的进攻，绝对的自信是必不可少的。无论对方有什么手段和策略，只要你绝对自信，相信自己必胜无疑，那么对方所做的任何动作都将失去意义。事实上，对方对你进行攻击，那是因为他们不够自信，怕输给你。所以你只需保持沉默，暗示对方你有必胜的把握。这样的暗示会让你更加优秀，却让对方受到致命的打击。

2. 充分的准备是必不可少的

要想让对方的攻击失去作用，充分的准备是必不可少的。只要准备充分，把所有的情况尽可能考虑清楚，则不管对方使出什么伎俩，你都不会胆怯。那么剩下的就是沉默地微笑，尽情地看对方的表演了。对方表演累了的时候，就是你成功的时候。对方会因为攻击你而失去继续竞争的精力，同时在攻击你的时候还会葬送自己。

将错就错创造新的成功

拿破仑有句名言："世上没有废物，只是放错了地方。"此话说明世间的一切事物都可以变成财富，就看你会不会应用。在现在激烈的社会竞争中，很多人为了使自己永远立于不败之地，总会从别人的创作中寻找瑕疵，并借此大做文章，最终目的就是想打垮对方，让自己成为主角。

这时，对于错误和问题要以将错就错的态度坦然面对，这样会让对方的策略和方法失去作用，从而方寸大乱。所以，将错就错以打乱对方阵脚，无疑是应对对手挑刺的最好办法。

二十世纪八十年代，人们以穿"雪花呢"大衣为时髦，这种南斯拉夫生产的"雪花呢"面料一时间风行我国城乡。关于这种"雪花呢"面料，还有一段离奇的故事。

"雪花呢"生产厂家之前主要生产的是黑呢子。当他们把货送到销售商手中的时候，竞争对手却为了挖走这个客户，故意说面料质量有问题。这家销售商就决定查明情况。

等调查人员到这家纺织厂询问时，技术人员很坦然地承认，对方所说的是事实。面对销售商退货的情况，这家纺织厂决定将错就错，生产一种更别致的面料。

他们生产的布料上，的确有许多难以除去的白色斑点。为了挽留这个销售商，技术人员决定把这些面料上原本的斑点扩大、增多一些，然后重新配图生产，并给新产品起了个别致的名字"雪花飘"。

后来，当这家纺织厂把这个新产品的样品带到销售商面前时，销售商非常满意。他不仅没有退货，反而还增加了更大的一笔订单。结果这种"雪花呢"面料一经投放市场，即被抢购一空。

面对这种情况，纺织厂的竞争对手一时间目瞪口呆、不知所措。他的本意是想借此机会击垮这家纺织厂，却没有想到人家将错就错，创造出了更好的品牌。而他们生产的黑呢子市场被"雪花呢"面料占领，生存越来越难，最终不得不退出市场。

在这个事件中，这家生产"雪花呢"面料的纺织厂在面对竞争对手的挑剔与纰漏时，并没有掩盖事实；相反，很坦然地承认了事实。但是他们没有因此退缩，而是选择了将错就错的方法，利用面料本身存在的缺陷创造出了全新的品种，进而扰乱了对方的阵脚，使得自己在市场上有了独一无二的品牌，也使得对方不战而退。

如果面对别人的挑剔惊慌失措，那么势必正中了对手的下怀，对手就是希望你出丑，希望你因此而衰弱。但是，如果你运用将错就错的方式来迎接对方的挑战，那么你不但没有衰弱，反而变得强大。这样对方的阵脚就会被打乱，最后你可以轻而易举地获得成功。

那么，在利用将错就错以打乱对方阵脚的时候，要注意哪些方面的问题呢？

1. 要镇定，不要慌乱

当你的缺点和毛病被对方公布于众的时候，无疑会降低你的声誉和信誉。这对于你来说，确实是个致命的打击。这时，一般人都会惊慌失措。如果你能保持镇定，思维就不会慌乱，从而能迅速想出办法处理突变；如果你不够镇定，那么势必会输得很惨。所以，无论发生什么事情，都要镇定，不要慌乱。

2. 要敢于拿错误做文章

一般情况下，当你的毛病和缺点被人披露之后，大家关注的不再是你的好，而是在你的缺点和毛病上会投入120%的注意力；等着看你的笑话，等着看你如何倒下去。尤其是你的竞争对手，巴不得你立刻崩溃掉。这时要敢于拿错误做文章，抓住大家注意力集中的特点，一鼓作气，变得更加优秀。这样，不但不会受过大的影响，还会因此而受到追捧。当你并没有因为自己的错误和缺点走向失败，反而走向成功的时候，你的对手便会方寸大乱。因为，他还没有找到应付你的方法。

用问题攻势扰乱对方心理

问题攻势就是不断地向对方提出问题，并要求对方进行回答的方式。让对方纠缠于回答你的问题中，让他的逻辑思维出现混乱，从而出现语言错乱。这样一来，对方的说话节奏和逻辑就会被打乱，攻击也就失去了杀伤力，甚至陷入你的问题里不能自拔。

因此，问题攻势是应对对方进攻的好办法，同时也是攻击对方的好计谋。只要应用得当，再厉害的对手也会被你冲击得七零八落、方寸大乱，从而被你钻空子，赢得最终胜利。

在学校组织的辩论赛中，王栋得了第一名。他的辩论看起来非常精彩，但最精彩的莫过于那连续发出的 11 个问题，竟然把对方问得哑口无言。也正是因为这场辩论，王栋在学校里出了名，被同学们戏称为"11 问君子"。

辩论的主题是"大学生要不要谈恋爱"，王栋是正方。反方是曾经得过全国辩论大赛 3 等奖的余喜娜。能将全国得过奖的辩手逼到绝路上，可见王栋的口才确实非同寻常。

辩论一开始，王栋陈述了自己的观点：大学生应该谈恋爱。随后举出了很多例子，列出了很多数据来证明。可是一不留神，被对方抓住了语言上的错误。这一下，王栋好不尴尬。但是他反应快，迅速做出了补救，将对方的第一轮进攻化解了。

在反方提出的观点上，王栋也伺机抓住了对方语言逻辑上的错误，并进行了反击。当然，对方也巧妙地化解了。王栋厉害，对方也不弱。

就这样几个回合下来，双方胜负未见分晓。反方辩手余喜娜突然之间抓住了王栋的一句误言，发动了对王栋的猛烈进攻。女孩子超强的逻辑思维，再加上伶牙俐齿，使王栋一时间似乎只有招架之功，没有还手之力。好在王栋知识储备丰富，记忆力超强。在短短的几分钟，就把场上的局势迅速地扭转了过来。

接下来，王栋开始发威了。他抓住对方语言逻辑上的失误，一连问出了许多问题。"大学生的恋爱与道德究竟有什么关系？难道普通人谈恋爱就是合理的，大学生谈恋爱就不行了吗？难道大学生不是正常人吗？……"王栋问得极其刁钻，对方不管怎么回答，逻辑上都与自己的观点相左。对此，余喜娜哑口无言，全场爆发出了热烈的掌声。

在这个事件中，王栋采用一系列问题对余喜娜进行了问题攻势，把对方逼得无路可退。对方的思路被扰乱，逻辑被搞混，顷刻间乱了方寸、乱了阵脚，最终只好哑口无言，乖乖地缴械投降了。

因此在生活中，面对别人的步步紧逼不妨发出一连串的问题，让对方的思路在这些问题中相互缠绕，最终首尾不能相顾。逻辑思维混乱，语言自然条理不清。这样即使你不再攻击，对方也会败下阵来。那么，在用问题攻势进行心理暗示的时候，要注意哪些方面的问题呢？

1. 问题不妨刁钻一些

在和对手进行言语斗争时，可以用问题把矛盾的焦点指向对方。因此，要想让对手自乱阵脚，那么就要在言语上给对方增加一定的压力，让对方回答起来小心翼翼而又吃力不讨好。所以在发问的时候，不妨刁钻一些。问题问得越刁钻，对方回答起来越难，越容易出现方寸大乱的局面。对于你来说，才有更多机会。

2. 采用问题组合

单个问题，对方有足够的时间来考虑，因此攻击力度不大。在发问的时候，不妨多问几个问题。最好采用组合问题的方式，这样对方来不及考虑，就会心理紧张。只要一紧张，思维就会混乱，就会词不达意。这时你再加把劲，对方除了乖乖投降外，别无他法。

3. 语气要犀利一些

向对方进行问题攻势的时候，言语一定要犀利一些，说话的口气要有攻击性。这样才能给对方心理造成一定的压力。如果言语过于平淡，口气过于缓和，对方心理就不会出现紊乱和紧张，也不会感觉到压力。这样问题攻势也就失去了作用。

用最后通牒攻破对方心理防线

生活中，我们在做出决定的时候深思熟虑，会把各种可能的情况都考虑到，而这要花一定的时间。在双方对立的时候，进攻对方的好办法就是下最后通牒，压缩其思考时间。时间短了，对方难免紧张。仓促之下做出的决定自然漏河百出，从而为你的攻击创造了条件。

因此在下最后通牒的时候，一定要表明自己的态度，没有商量的余地。事实上，这个时间段就成为对方内心深处的定时炸弹。每靠近一秒，对方就会心惊肉跳。到了那个规定的时间，即使你不会把对方怎么样，对方也会乱了阵脚。这时，你可以说是胜券在握。

王娜和张永福小两口这几日因为赡养老人的问题，发生了激烈的争吵，双方谁也不肯让步。几次交锋，都是两败俱伤，累得两人够呛。

最终，王娜使出了杀手锏。她给张永福下了最后通牒：在本周六晚上，要是再得不到同意的话，她就要和丈夫分居。面对王娜的威胁，张永福一开始态度非常强硬，坚决不同意。王娜做好了准备，等着关键时刻的到来。

日子一天一天过去，离周末越来越近了。张永福开始担心，他知道王娜的脾气——说到做到。要是到时候真分居了，往回请可是要花时间和精力的。再这么闹下去，两人的婚姻指不定要出什么问题呢！

时间每过去一秒，张永福的心就紧张一下。就这样，当周六晚上到来的时候，张永福已经疲惫不堪，他说："这种日子实在太痛苦了，我受不了了。"

王娜问："怎么样，做好决定了吗？你今晚要是再不同意，我立马搬出去住，说到做到。"

张永福低头抽烟，半天不说话。王娜提着东西，准备出门。这时张永福说："这种日子实在太痛苦了。"

王娜生气地拉开了门，张永福说："我都方寸大乱了，你还想怎么样啊？"

听到这话，王娜才明白过来，丈夫所说的日子太痛苦，是指被通牒的日子，而不是指他们的婚姻生活。

就这样，王娜以最后通牒的方式逼迫张永福做出了最后的决定。

在这个事例中，王娜以最后通牒的方式让张永福不得已而迅速做出了决定。很显然这个决定对于他来说并不是最好的决策，但是对于王娜来说却是再好不过了。所以，用最后通牒的方式给你的对手施加压力，让对手在权衡利弊之后迅速做出并不是完美的决策，从而为你的胜利赢得最后的机会。

通过向对方下达最后通牒，而扰乱对方的计划，使得对方自乱阵脚，最终催使对方在不得已的情况下做出有利于自己的决定。这种方法直接攻击的是对方的心理防线，只要对方的这个心理防线被攻破，那自己距离成功也就只有一步之遥。

在下最后通牒的时候，要注意以下几个方面的问题。

1. 态度要严肃，暗示对方没有后路可退

在向对方下最后通牒的时候，态度一定要严肃，以暗示对方自己是认真的，不是开玩笑的。你说到做到，没有任何可以商量的余地。只有这样，最后通牒的心理暗示才会起作用；否则，对方把它当作儿戏，不放在心上，通牒也就失去了意义。因为对方明白，即使到了最后通牒的时间，也不会怎么样。

2. 强调时间

最后通牒的意思就是在最后的时间内做出决定。所以在向对方下最后通牒的时候，一定要强调时间，且尽可能明确化，绝不能模棱两可。这样对对方的心理暗示作用才能更加明确，更加有作用。时间越紧，对方的焦虑就会越重，也就越容易被击败。

3. 强调结果

在下最后通牒的时候，一定要将通牒的结果告诉对方，"如果……就会……""如果不……就会……"这样，事实上给了对方两种选择。随着时间的逐渐靠近，对方会内心烦乱，做出的决定自然比较仓促。对于你来说，这时候是赢得胜利的最佳机会。

通牒的心理暗示才会起作用；否则，对方把它当作儿戏，不放在心上，通牒也就失去了意义。因为对方明白，即使到了最后通牒的时间，也不会怎么样。

第十章　职场心理学

一、聪明地工作才能让机会垂青于你

如何让工作非你莫属？

在应聘时，有人采取"广种"的策略，投出去了海量的简历，但很少接到面试的电话通知；而有人却注重"精收"，他们将漂亮的简历投向心仪的企业。问题是，简历越漂亮，就越可能得到面试机会吗？当然，应聘娱乐业、客户服务、商品促销，贴上漂亮的照片，无疑会为自己加分，因为在这些非常在意相貌的职业类型中，美貌可以赚取报酬。

为什么美女在求职中不占优势？

长相在生活中的影响力很大。比如，如果妻子漂亮，丈夫会比那些妻子姿色一般的男性多挣 10%。银行也更愿贷款给外貌出众者，即使他们还款的可能性更小。在法律诉讼实验中，法官会不自觉地轻判长得好的罪犯，也倾向于让长相好的受害者获得更多的赔偿金。

但是，漂亮的女性应聘男性主导的行业，长相反而会成为面试的绊脚石。以色列本古里安大学经济学家莱夫（Bradley Ruffle）为了确定求职者的外貌是否会影响获得面试的机会，于是和同事将五千多份不同的简历成对的寄到了 10 个不同领域里的两千多个招聘岗位。一份简历中贴着一张英俊男人或美貌女人的照片，或者长相一般的男人或女人的照片；另一份则没有照片。

有帅哥照片的简历得到回应的比例达 20%，而没有照片的男性简历得到回应的比例是 14%。那些相貌平平的男性简历得到回应的比例是 9%。但是在女人中，没有照片的简历得到回应的比例最高，比那些相貌平平的女人高出 22%，比美女高出 30%。

公司直接筛选简历时外表可能会起作用。漂亮女人会比相貌平平或者是没贴照片的女人得到的面试机会少一半，其中的一个可能原因，是人力资源部的员工有相当比例是比较嫉妒职场美女的单身女人。另一种可能是，我们往往认为，女人不能同时拥有智慧和美貌。这在由男性主导的行业中更为明显。

这说明，在应聘无关相貌的职位时，帅哥在面试时更有优势，但是美女们则不然。研究发现，贴着帅哥照片的简历进入面试的可能性会加倍。但是贴着女人照片的简历得到回应的比例会降低 30%，不管这个女人漂不漂亮。相反，如果男性长相好，则会被认为聪明、人品好、能力强。

所以，如果女性求职者想增加面试机会，或许简历中不贴照片会更好。而自认为长得很帅的男性应聘者，不妨在简历中贴上自己的照片。

但女人的漂亮并不总是成为聪明的对立面，如果能抓住机会展示自己同时拥有聪明的头脑和漂亮的外表，那么就容易在职场中取得成功，至少能拿到更高的薪水。

长相、智力和自我评价是影响薪水的重要因素：智力和相貌上的优势会提升个体的自我价值感，反过来，会使得他更容易拿到较高的薪水。因此，面试时机智的表现，出众的外表和自信，都能增加应聘的成功率。

男人，为什么占尽便宜？

体重对职场生涯也有类似的性别差别。身材越苗条的女性，薪水可能也越高：身材苗条的女性，比拥有正常体重水平的女性一年多赚 2.2 万美元；而超重和肥胖的女性，会分别比正常体重的女性一年少挣 9000 美元和 1.9 万美元。因为女性超重经常被认为是缺乏自控力的表现，这无形中降低了面试官对她们能力的期望，因此留给这类人的工作机会也会相应地减少。

对男性而言，则刚好相反：越是高于正常体重，收入越高。这种情况无论在美国还是德国都存在。

事实上，除非是女性更擅长的行业，否则多数企业都更倾向于录用男性应聘者。许多主管人员认为，年轻女孩的工作责任心欠缺，而中年女生则经常破坏团队凝聚力。职场上中年女性的最大压力，并不在于金钱、子女和婚姻，而是她的老同事。她们比男性更爱攀比，很难平衡竞争与共处。

而且，根据进化心理学观点，女性最在意的并非事业，亲密关系才是她们首先考虑的问题。因此，她们会将大量的精力放在维持亲密关系上。这与企业以营利为目的的本质有冲突。所以，在男女能力相当时，面试官们更可能录用男性。

如果获得了面试机会，关键就看表现了。首先，对于求职者而言，面试官侧重考察工作能力，但很少对刚走出校门的大学生抱有很大的专业期望。他们看重专业背景而非专业知识。

关掉几扇门

回到最开始提到的两种简历投递策略。广种难收的原因是，选择太多导致我们没有精力去研究真正可能被录用的企业。麻省理工学院行为经济学教授艾瑞利（Dan Ariely）认为，一件事情的选择越多，越难做出决定。因此，为了集中精力，我们应该拿出破釜沉舟的勇气。有时候，我们无法忍受自己的策略落空，甚至包括其中一些非常愚蠢的策略。

在实验中，艾瑞利让大学生玩一个电脑游戏：屏幕上有红绿蓝三种颜色的门，点击鼠标就可以打开一扇门，门打开后再点击门内就可以赢得或损失随机数额的金钱。每人有 100 次点击机会，目的是得到尽可能多的钱。没有被点击打开的门会慢慢变小，甚至消失。也就是说，如果阻止门消失，就会损失用于赚钱的点击机会；如果任由门消失，就会损失通过其他门赚更多钱的机会。

实验中，许多人看见门不断缩小时，就会赶紧去点击一下，因为他们担心这些正在消失的门后面有更多的奖励。所以努力让门都开着。但是，最好的策略是尽量多地点击打开的门。

而另一次实验的规则是，屏幕上的门虽然消失了，但游戏者可以随时让门出现，只要点击一下就可以做到，并且不会扣减点击次数。

按理说，游戏者完全没有必要担心门消失后失去机会。但有趣的是，他们仍努力防止门消失。很明显，他们真正的动机是避免看着门关上时产生的痛苦。在他们看来，关上一扇门，就好像是一种失败，人们愿意支付一部分成本来避免心理上的失落感。结果，他们的游戏奖励最少。因此，在投递简历时，我们应关掉几扇门，选择最可能得到面试并被录取的几家，然后下功夫熟悉它们。

无论哪种面试官，都喜欢对自己企业熟悉的应聘者，就像我们更愿与熟人打交道一样。英国一项研究发现，我们普遍觉得，越熟悉吸引力就越大。充分了解企业、职位的情况，将更可能得到面试官的青睐。

"精收"模式更有效，也表明内向的人应聘的成功率会更高，尤其是应聘那些不经常与人打交道的职位。内向害羞的人多表现出行为拘谨，甚至神经质，但这意味着他们更爱深思问题，比性格外向的人更注重细节。在做决策时，他们愿意花大量的时间思考，不喜欢闲扯其他的话题，能更专心致志地奔着一个目标努力。

面试的技巧

面试的时间和顺序也会影响面试官的决定。在《你控制大脑，还是大脑控制你?》一节，我们已经提到，决策能力会随着大脑能量的消耗而倾向于选择默认的选项。

由于首因效应和近因效应，面试完一大群人后，面试官们很可能只记得两位应聘者：第一位和最后一位。更有趣的是，他们可能将中间应聘者一些不错的表现也张冠李戴到这两个人身上。因此，如果有可能，那就争取做第一位面试者。如果争取不到第一个，而且对自己的能力很自信，那最后一个出场或许更有利。

诚信是面试官非常注重的问题，履历造假是致命的错误。一般而言，面试官都通过提问来验证应聘者的诚信程度。如果你主动展示出诚信的态度，自然更可能被聘用。由于多数面试官的微表情分析，完全是根据自以为是的经验，所以回答他们的提问时要尽量坦诚。

当然，如果在面试过程中意识到将是一份坏工作，老板也不是好相处的人，那就要多衡量一番了。一般而言，坏工作的定义是：活多，钱少，老板刻薄，关键是看不到希望。这种工作，对心理造成的负面影响比失业更严重。然而，由于我国的失业保障制度不完善，人们普遍都觉得，好死不如赖活着，认为就业竞争如此大，能得到一份工作就不错了，还敢挑三拣四？但澳大利亚的一项研究表明，这类工作比失业更让人焦虑和沮丧。

哪种人更可能成为领导？

公司选拔管理者，每次都会有很多女性失望，上层领导似乎看不到她们的努力和成绩。领导们究竟是以什么标准提拔员工呢？是我们在前面所讲的外貌吗，比如脸的宽度？其实秘密竟然在于毫不起眼的嗓音。

为什么女性很难成为领导

前面介绍过费恩伯格和克勒夫斯特德的研究成果，人们更偏爱嗓音低沉的人。如果只选择女性，那么男女都认为嗓音低的女性才是合适的人选。如果选择男性，男性倾向于支持嗓音低沉的人，而女性却不关心嗓音。

嗓音低沉是睾丸素水平较高的体现，而后者又与吸引力和领导力有关。嗓音低沉的男性和嗓音高的女性更具吸引力。然而，相比吸引力，选民对候选人领导力的印象更具决定性的影响。因此，人们选择领导者时会倾向于嗓音低沉的一方。

由于女性的嗓音普遍高于男性，这就是说，女性获得提拔的难度要大于男性竞争对手。至于嗓音高的男候选人，一方面可以通过特殊训练降低嗓音，另一方面也要努力争取女性选民。一般而言，音调高和说话慢会被认为说话内容不真实，缺乏说服力，而说话快的人则会被视为聪明、博学。先知摩西因为说话结巴，担心没人会相信他，于是上帝让他说话流利的哥哥亚伦替他传达意思。

从这个角度看，女性领导者比例偏低，并非她们的能力不如男性，也不是她们不愿努力争取，而是人们的偏见：女人的嗓音太尖，所以觉得她们不如男人。比如，男人完成一项任务，我们普遍认为这是他的能力，而女人完成同样的任务，我们则归功于她的努力；相反，如果男人不能完成这项任务，则会被认为是运气不好或努力不够。而换成是女人，一般都会认为是能力有限。

女性不如男性的刻板印象在很早就形成了：小学四年级的男孩完成困难的智力题时会认为是自己能力强，而同龄女孩则会贬低自己成功的表现。

这种现象在初中生身上更为明显。具体来说，初中女生普遍认为数学考得不错主要是运气好，而男生则觉得数学考得好是因为自己聪明。并且，如果母亲从没指望女儿能出人头地，那么女孩长大后或许真的不会有多大的成就。

另一个原因是女性领导者难以处理角色问题：如果她按照通常的社会规范去行事，也就是比男性更敏感、更重社交、更有爱心，人们便会觉得她缺少领导能力，这是由于绝大多数人都认为成功的领导者更果断、坚强，而不是敏感、重社交和充满爱心。可是，一旦她表现出坚强，下属们就觉得这不符合印象中的女性角色，并因此给出负面评价。

或许正是这些因素，导致了职场女性获得升迁的机会比男性要少得多。比如，世界 500 强企业中首席执行官为女性的比例只有 1%，而全球的首相和总统中女性只占 5%。

负面身份也有正能量

不过，女性可以利用自己的负面身份来增加升职的机会。在职场中往往存在性别歧视，如果女候选人想办法暗示上级，那么上级可能会改变立场，尤其是两个候选人能力相当只是性别不同时，因为谁也不想背上歧视女人的心理负担。

钟晨波注意到了负面身份的力量。比如，绝大多数非洲裔选民会赞成黑人当选，而大部分亚裔和拉丁裔选民则愿意选他的白人对手。

但是，如果黑人候选人的竞选团队暗示，他们的候选人和亚裔、拉丁裔一样，都不是白人，他当年在美国的生活因不是白人而受到影响，那么这些选民会改变立场，支持他当选。

这也回应了美国总统竞选胜出的原因既非经历，也非种族，而是出版图书最多的原因——候选人在他的著作中唤起了负面身份的选民对自己的支持。

研究人员将美国西北大学的一些亚裔学生分成两组，第一组在实验前先写下亚裔身份在美国的生活影响，第二组则写下不是白人在美国的生活影响。然后让他们投票

给奥巴马或希拉里。

结果，第一组由于回忆了正面身份，支持奥巴马的比例只有 26%，而第二组因为回忆起非白人身份带来的生活不便，于是便有 63% 的人选择同样是非白人的奥巴马。

加州大学的拉丁裔学生也在实验中做出类似的选择。如果能找到选民与自己有共同的负面身份，然后让对方回忆负面身份给他带来的影响，那么便能为自己拉到更多的选票。

这种策略在职场上同样适用，毕竟你的老板也希望跟与他有同样经历的人共事。人们相互吸引的基础是相似性而非差异性。

保守的人难获重用

女性难以获得升迁的另一个可能原因，是她们面对压力时比较保守，这在追求利益的企业里显然是不受欢迎的。因此，女性即使获得了升迁，也多是较少涉及重大决策的部门——这在国家重要机构和大型企业中最为明显。

南加州大学心理学家莱特霍尔（Nichole Lighthall）用电脑游戏实验证实了女性处理危机的保守倾向。研究人员把一群人随机平均分成两组在电脑上给气球充气：鼠标点击一下即充一次气；每个气球可充气的次数是随机的，超过程序设定的次数气球就会爆炸。只要气球没爆炸，点击一下就可以得到 5 美分；如果充爆气球就一分钱也拿不到。他们可以随时停止游戏，拿走得到的钱。

实验开始前，第一组把手伸进冰水中浸泡几分钟，以使他们感到有压力；而第二组则把手放入常温的水中浸泡相同的时间。结果，常温水浸泡的人平均给气球充气的次数是 40 次。但手用冰水浸泡过后，女性平均充气次数为 32 次，而男性平均为 48 次。更重要的是，在没有压力时，女性的决策比男性快，但在压力袭来时，她们会变得犹豫。在压力状态的游戏中，男性因为敢于冒险而比女性多赚了 50% 左右。

事实上，年老的人更少获得升迁，同样也是出于保守的缘故。比如，有心理学研究表明，当有压力时，33 岁以下的年轻人比 65 岁以上的老年人更可能开快车，而且也更不愿等待交通灯。这说明，年轻人更可能在需要进行重大决策的部门获得重用。

好名字、高个子也有优势

名字好念也是获得升迁的一个因素，而且也容易赢得朋友和比赛。这种效果不在于某个姓名的长度，或者不同寻常，而在于它容易发音。这是因为好念的名字容易使人熟悉，而我们都对熟悉的东西有好感，因此，名字好念的人容易得到别人的正面评价。

比如在墨尔本大学心理学家拉罕（Simon Lahama）的实验中，有 40% 的人表示名字好念是他们喜欢这个人的理由，而大概有 1.5% 的律师得到提拔，纯粹是名字帮了他们的忙；而模拟投票的结果显示，名字好念的候选人胜出概率更高。

事实上，如果你的名字很难念，或是太冷僻，那么上司，尤其是新来的上司会非常担心念错你的名字而出丑，所以他会尽量避开与你打交道。这说明名字好不好念会影响我们的职业生涯。

因此，给孩子取名时应尽量顺口一点，生僻的名字虽能引起人们的注意，但只会让人好奇，而不会真正喜欢。的确，我们都希望自己比较独特，但过于独特则可能被同龄人视为异类。而异类要得到认可的难度相当大。

其实，这项研究是合作者之一奥尔特（Adam Alte）于 2006 年在普林斯顿读研究生时所做研究的一个延伸。那项研究发现，投资 1000 美元在名称好念的股票上，一天就比那些购买难念股票的人多赚了 112 美元。不过，这种名称效应似乎在短期内效果最为明显。

这些研究表明，上司提拔下属不完全是根据表现。其实，就连最严肃的国家领导人竞选，有时也像是孩子们的玩笑。比如，瑞士经济学家安东纳基斯（John Antonakis）就曾利用 2002 年法国议会选举候选人的照片进行实验。

研究人员向成人展示选举获胜和失败者的面部照片，并请他们判断谁更称职，然后又让 5~13 岁的儿童选择。结果，无论是成人还是孩子的面部判断准确度都差不多：60% 左右。这说明，成年人和儿童都使用同样类型的面相推断方法来判断领导人的能力。

个子高的人在进化中更占优势，而身材又是权力和力量的象征。因此，一般认为个子高的人具有领导才能，因此更容易得到晋升。而有趣的是，当地位上升后，我们也会觉得身高变高了。

华盛顿大学心理学家杜吉德（Michelle Duguid）的一项研究显示，职位会影响我们对自己身高的感觉：所处的职位越高，会感觉自己越高。这再一次表明了身心的相互影响。

选对老板

权力大而地位不高的人，最喜欢把人踩在脚下，比如掌权的宫廷宦官、山高皇帝远的地方官和监狱警察等。

斯坦福大学心理学家津巴多（Philip Zimbardo）和同事让一群学生扮演狱警，这些通过抛硬币"当上"狱警的学生穿上统一的制服，配有警棍和口哨。实验原计划进行两周，但这些学生很快就完全进入了角色，他们总想方设法侵扰和羞辱犯人。最后，

这个实验不得不在进行到第六天时就终止了。

南加州大学心理学家法斯特（Nathanael Fast）的研究兴趣是职位高低和权力间的关系。他认为，权重而位不高的人是相当可怕的，这类人经常利用手中的权力迫害和侮辱别人。

在实验中，大学生被随机指派扮演地位高的"创意人"或地位低的"员工"，再从 10 项指令中选择一项让别人做，包括说羞辱人格的话比如"我很脏"5 次、"我没用"5 次、学狗叫 3 次，列举自己的缺点或贬损人的行为。结果，权力大但地位不高的人命令他人进行丢脸指令的次数，明显比其他人要高。

也就是说，无权无职和有权有职的人一样，都较少做出伤害他人的事情，没有实权但职位高的人也会做出一些贬损别人的行为，最严重的是有权力却没地位的人，他们最爱利用自己的权力逼别人做贬低尊严的事。

法斯特在另一项研究中证实了这种现象：越是没有能力的老板，越爱给人穿小鞋，反倒是有能力的老板比较友善。

不过，感觉自己的领导能力没有得到认可，认为自己权力小的老板比其他类型的老板更刻薄：这类人比那些能力没有得到认可但觉得有权的老板要刻薄两倍以上。

自然，这类领导者很难取得长远的成功。以色列心理学家发现，只有那些慷慨的人才容易取得长远的成功。慷慨这种利他行为符合人类的进化规律，因为做好事的人将会得到回报。比如，慷慨的人在一个团队里常能与他人开展更好的合作，更乐意花时间去帮助同事。

情商越高，升职越难

情商高的人也较难得到提拔。一方面这类人不太喜欢努力争取晋升。另一方面，他们经常被骗，让公司蒙受损失。北卡罗来纳州立大学心理学教授波特（Stephen Porter）认为，情商高的人容易被骗，因为他们经常无法识别骗术。

在一个实验中志愿者观看了 20 个视频，视频的内容是全球各地人们祈祷离散亲人归来的画面，其中有一半的视频中，祈祷者要对亲人的失踪或者被谋杀负责。志愿者们的任务，是判断哪些人是真诚的，哪些是虚假的，讲出理由，并且回答对自己的判断有多大把握。

结果发现，情商高的人过度自信，并且更有同情心，尽管那些人是谋害亲人的罪犯。这是因为情绪敏感，或善于表达自己情绪的人不擅长识别别人说谎。自然，这种人容易成为办公室政治的牺牲品。即使是获得了晋升，也容易被人暗算。

升职不一定全是好事

但对于没有获得升迁的人而言，也并非没有好处。法国经济学家博伊斯

（Christopher Boyce）通过分析上千件个人升职案例，发现晋升并不像很多人预期的那样带来很大愉悦。相反，职位得到提升后，许多管理层人员的心理健康状况明显恶化，而且这种恶化是长期的。

研究人员原本是想证明职位越高的人，心理健康状况越好，结果却大相径庭。事实上，一次升职大约可以增加 10% 以上的压力，剥夺 20% 看医生的时间。而增长的压力可能来源于更加沉重的工作负担，需要担负的新责任以及休闲时间的缩短。

更重要的是，这类人的任务加重了，但他们对整个事务的控制权却并没有增加多少。有研究发现，首席执行官肩负起增加公司赢利的重任，压力很大，但是他副手的压力更大：所有事务都要去处理，但却没被授予同等的权力。

任务重但缺乏决策权的职场人士，不但免疫力下降，而且易患高血压、背部疼痛、头痛、颈椎病，甚至死于心脏病的风险也相当大。这种人就像关在动物园的大象，虽然物质条件丰富，但寿命都会大大缩短：野生大象一般能活 56 年，但动物园的大象平均年龄仅为 17 岁。所以，如果得到提拔后压力更大，则意味着这次晋升可能并不是件好事。

加班是个坏主意

面试时，不少面试官都会问：能接受加班吗？这看似简单的问题，却考验着求职者的诚信。为了找到一份难得的工作，即使不愿加班，也较少说出来。最后实在受不了炼狱式的工作，再走也不迟。

加班有不为人知的伤害

我们不愿加班，最主要的原因不是经常不给加班费，而是长时间工作会影响身体健康。由于最近全球经济不景气，企业裁员，或是业务外包和转包越来越普遍，同时又要求产品精益求精，有时还要求产品全球同步上市，这使得加班成了家常便饭。

事实上，除了日本和欧盟，其他多数国家的职员工作时间都呈延长趋势，这在新兴经济体国家更为常见。企业看到了利润的增加，但却忽视了长期加班会对职员的身体和心理造成很大的伤害。

半数以上的伤害和疾病都是由加班引起的。确切地说，如果一天工作超过 12 个小时，出现危险情况的可能性会增加 37%，如果考虑到性别和年龄，那么加班导致受伤的风险会更高，达 60% 左右。长时间的工作之所以风险更大，并不仅仅因为这类工作所在的行业或职业本身有危险，而是人们的注意力和体能无法保持太长的时间。

而且，每天的工作时间长期超过 11 小时的人，与每天工作七八个小时的人相比，

患抑郁症的风险要高出两倍多。另外，倒班也是增加抑郁症的重要因素，根源是倒班容易使人失眠。夜间接触过多人造光，也会增加抑郁和焦虑的风险。

俄亥俄州立大学心理学家方肯（Laura Fonken）利用老鼠实验发现，夜间接触过多人造光可能导致抑郁。研究人员将 24 只健康的老鼠平均分成两组：第一组放在有正常光暗循环的房间，这个房间里每天 16 小时有灯光照明，其余 8 小时是黑夜；第二组放在全天都有光照的房间。三周后，与处于正常光暗循环环境中的老鼠相比，一直受到光照的老鼠表现的抑郁症状更明显。

倒班还是潜在的糖尿病风险因素。哈佛医学院神经学家巴克斯顿（OrfeuBuxton）等人让一些健康人在受控环境中度过近 6 周。

在开始的 3 周内，这些人的饮食和活动水平跟平时一样。在随后 3 周，为了模拟倒班员工的作息，他们每天只睡五六个小时，睡眠有时在白天，有时在黑夜。研究人员还通过改变他们的睡眠时间，模拟 4 小时航空飞行时差的影响。最后，这些人通过 9 个夜晚的"修复睡眠"恢复正常作息。

结果，由于作息时间不固定，这些人分泌胰岛素的胰腺细胞受到影响，饭后的血糖水平明显提升。但是经过修复睡眠后，血糖下降到正常水平。这说明，即使是偶尔倒班或加班，也要留出时间来恢复。所以，对于倒班人员，比如护士等，应该多安排假期。

伤不起的夜班

长期上夜班比加班和倒班对身体的伤害更大，甚至可能导致癌症。上夜班的人患乳腺癌的比例要比正常作息的人高 40%；如果每周的夜班在 3 次以上，只要持续 6 年，患乳腺癌风险就会增加 1.3 倍；而且，那些既上夜班又喜欢早起的人患乳腺癌的风险最高，比不上夜班者高近 4 倍。熬夜的女性患乳腺癌的风险也会倍增。另外，上夜班还会使女性的生育能力下降，怀孕难度上升，流产概率增加。

由于有 10%~20% 的女性上夜班，比如护士及其他服务人员，因此，她们的健康状况令人担忧——50% 以上的护士都表示自己上班太累。当然，上夜班对男性同样有患癌风险。夜班也可能致使男性罹患前列腺癌的风险上升。

虽然这不能证明夜班就是患乳腺癌和前列腺癌的罪魁祸首，但也不能掉以轻心。因此，如果夜班不能避免，那就要限制持续时间，至少要保证一周上夜班的次数少于 3 次，并且，那些喜欢早起的人，更应该减少夜班。

结合方肯的研究可以看出，上夜班患癌风险增大的原因，是灯光减少了褪黑激素生成，这种激素可能有助预防某些癌症。同时，上夜班的人往往睡眠质量不高，这使得他们的免疫力较弱，无法遏制肿瘤细胞的生长。而且，夜间灯光扰乱了人体生物钟，会使压力加大。

其实，工作压力大的职业女性患心脏病的风险也高。丹麦的亨德鲁普（Yrsa Andersen Hundrup）发现，感觉工作压力"非常大"的女性比工作压力"一般"的女性，患心脏病的风险高50%，即使综合考虑吸烟等与生活方式有关的因素，也仍高出35%；工作压力"有点大"的女性患心脏病的风险也比普通女性高25%。这项长达15年的跟踪研究发现，工作压力和年龄是诱发心脏病的关键因素。

有些人认为，现在长假越来越少，没时间出去游玩，因此比较赞同将一些短假积累起来，凑成一个长假，或是通过加班来换取一个长假机会。

但心理学研究表明，经常休短假比一次性长假更让人快乐。长假中只有最初两天能给人带来激动与喜悦，而到第7天时，人们已经习惯了假期生活，愉快的感觉就会逐渐消退。甚至还可能因为假期太长而打乱正常作息和饮食规律，造成身体不适。而且，人们从短期假日中获得的快乐记忆比从长假中获得的更多。因此，将假期分开休更能让人从中获益。

然而，如果遇到一个"坏老板"，那么注定加班会是一种常态。坏老板是专指那些认为自己付钱员工就得替他卖命的企业管理人员。这种老板根本不在乎员工的健康，只把员工看作资源，完全不计后果地开采。他们恨不得员工都像机器一样，24小时不停机地为他卖命。这类老板也较少肯定员工的成绩，使所有人都保持"不行就下来"的竞争状态。所以，表面上看坏老板是员工患心脏类疾病的因素，但事实上是长期的竞争压力透支了员工的健康。

总体而言，加班是个很坏的主意。短期加班，会导致疲劳和睡眠问题，这是严重伤害和意外事故的重要原因之一，同时也会使血压升高、增加患心脏病的风险，比如每天睡眠在4~6个小时会增加心脏病风险。

而且，长期加班还会导致心理和行为问题。心理问题主要包括抑郁、焦虑、紧张、易怒和压迫感；行为问题主要是酗酒和吸烟。而每周工作时间超过60小时，会使伤残的风险增加1.75倍，心脏病发作的风险增加90%；如果每周工作40小时以上，患高血压的风险会增加1.87倍。此外，长期加班可能导致工作效率下降，婚姻危机，孩子的成长问题和老年的生活质量下降。

职场冷暴力

经常有媒体报道职员跳楼，或是某机关的职员或领导因抑郁自杀。一般来说，媒体较少分析自杀的根源。事实上，相当多的职场人士自杀都是由于长期遭受暴力。

美国职场暴力研究所对职场暴力的定义是，任何攻击职员的行为，使其工作环境充斥敌意，并对职员身体或心理上造成负面影响，包括所有肢体、语言攻击、威胁、强迫、恐吓，以及各种形式的骚扰。

一些私营企业的基层员工也可能遭受肢体暴力。而在国有企业、事业单位或行政机构则冷暴力较多。这是因为这些机构普遍福利较好，人们不愿主动离职，而不幸的是官僚主义盛行。事实上，越是福利好的机构，职场冷暴力越普遍。这些暴力主要体现为不受领导重用、领导经常给小鞋穿和被人排斥。从这里可以看出，职场冷暴力主要来自领导，其次是同事。

冷暴力的形式和危害

国内一项调查显示，七成职员遭受过冷暴力，排在前三位的分别是漠视和打压、逼人主动辞职以及心理虐待。由于长期饱受漠视、讥讽等冷暴力会使人容易出现负面情绪。比如，在一项调查中近六成受访者表示，职场冷暴力使人感觉疲惫不堪，一半左右表示情绪抑郁和信心严重受挫。

冷暴力也会引起行为和身体问题，比如吸烟、喝酒、猛吃零食或迷恋网络。身体问题主要表现在失眠、头痛、胸闷、惊慌、无食欲等。

更严重的是，职场冷暴力甚至可能使人走上自杀的道路。挪威的一项研究发现，遭受欺负的受害者中有40%在某一阶段有自杀的念头。对日本企业员工的研究也发现，被欺负是导致自杀的重要原因。

职场冷暴力还会导致受害者与亲人和朋友的社会关系紧张，也会使目击者产生压力。有调查显示，70%的目击者感到紧张，22%因此辞掉了工作。

哪些老板爱用冷暴力？

除了权威主义文化导致了领导者容易对下属实施冷暴力，领导者的早期受虐经历也是重要的原因。

根据暴力循环理论，反复连续的暴力环境将使同一家庭的成员成为暴力行为者。也就是说，童年受虐史有可能造成其暴力行为。比如，经常遭到同龄人拒绝的孩子，更可能暴力，这是因为他们觉得缺少身份认同。

长期和父母吵架，心中就会形成很稳固的冲突对抗模式，当事情不如自己所愿时，就会把这种模式投射到别人身上，认为别人故意跟自己对抗，这样自然很容易生气，爱欺负下属。事实上，很多职场施暴者都在儿童时期受过虐待。

此外，南加州大学心理学家法斯特说，无能的老板，或是权重位低的老板，都爱欺负人。这类老板感到无能时，喜欢通过欺负下属的方式来维护虚弱的自我心灵。因为权力提高了对人的要求，使无能的掌权者感到不安全。

他的几个心理学实验表明，缺乏安全感的上司在得到自尊心的激励后，会减少专横的行为。也就是说，让他们在某个方面自我感觉良好，避免使他们感觉窝囊，比如恭维上司的嗜好或工作以外的表现，也能减少被欺负的机会。

其实，领导者们也往往专挑软柿子来捏，比如资历低或技能低的新人，或习惯逆来顺受的职员，他们得到的支持少，自尊心弱，而且性格内向，容易烦恼，情绪不稳定。

简单说，在童年时期父母管教限制太多的孩子，进入职场后容易成为冷暴力的受害者。由于他们在4~6岁时父母不允许自由探索，还经常被父母否定，严重挫伤他们的自尊心，使他们的自我价值感低，缺乏安全感。因此，他们认为忍受是唯一的办法。殊不知，正是如此才促使了别人更肆无忌惮地对待他。

如何应对冷暴力？

如果我们遭遇冷暴力该如何处理呢？毕竟连狗和猴子都会对不公平待遇做出反应。维也纳大学动物心理学家兰吉（Friederike Range）将30只狗排成一排，每人负责一只狗，每只狗面前都放着黑面包和火腿两种食物，任何一只狗都可以看到其他狗与实验人员之间的交流。

实验人员要求狗做"握手"的动作。如果狗发现自己与同伴一样，都跟实验人员握手了，但并没有像同伴一样得到食物奖励，那它就会舔嘴唇、打哈欠、挠挠自己，并拒绝再次按照实验人员的指令握手。但如果同伴和自己都获得了奖励，无论自己得到的是面包还是火腿，狗都乐意继续听从指令。

狗不在意自己是否和同伴获得的是同种奖励，黑面包和火腿都可以让它们继续听从命令，但必须要奖励。但灵长类动物，比如猴子的公平意识则更强烈，它们会因同类得到比自己更多的奖赏而表现出愤恨。

有些人对冷暴力的反应是表面承受，背后发泄减压。这种方式的效果如何？或许，用飞镖射老板画像的感觉很爽，玩暴力游戏能获得一时的安慰。而且，发泄负面情绪的确有一些好处。

瑞典斯德哥尔摩大学心理学家莱内韦伯（Constanze Leineweber）研究发现，如果男性遭受职场冷暴力而不发泄出坏情绪，那么心脏病发作甚至导致死亡的风险会增加4倍。所以，遭受职场冷暴力选择忍耐，对男性伤害很大。

这项研究虽然也发现，回家后发脾气的人心脏病发病率没有升高，但将工作中的怨气发泄到家人身上显然是不对的。

更何况，暴力的减压方式只能暂时发泄愤怒的情绪，而且我们一旦习惯暴力减压后，很可能无意地把暴力带到实际生活中，伤害家人和朋友。所以，暴力减压并不是一种非常有效的减压方法。

多数人对冷暴力敢怒不敢言的主要原因，是担心失业。但是，经常担心失去工作甚至比真正失业更伤身心。密歇根大学社会学家博卡（Sarah Burgard）研究发现，总是担心失去工作的人，要比已经失业的人更容易出现健康问题。

导致这种现象的原因是，经常担心失业的人会长期处于紧张不安状态，他们既为工作难保而忧心忡忡，同时心存侥幸，但又不知道应该采取什么措施应对，所以面临的心理压力更大。

这也说明，虽然工作难找，但并不能一味地忍让，然而应对的方式要巧妙，切莫形成硬碰硬的对抗，比如努力提高技能，多沟通，学会拒绝。如果这些方法最终还是无法奏效，那么或许走为上策。

二、赢得上司，你的岗位无可挑剔

替你的老板打圆场

上司的尊严不容侵犯、不容亵渎。当上司理亏时要给他留台阶。消极地给上司保面子不如积极地给上司争面子。

慈禧爱看京戏，常赏赐艺人一点小东西。一次，她看完著名演员杨小楼的戏后，把他召到眼前。指着满桌子的糕点说："这一些赐给你，带回去吧！"

杨小楼叩头谢恩，他不想要糕点，便壮着胆子说："叩谢老佛爷，这些尊贵之物，奴才不敢领，请……另外恩赐点……"

"要什么？"慈禧心情很好，并未发怒。

杨小楼又叩头说："老佛爷洪福齐天，不知可否赐个字给奴才。"

慈禧听了，一时高兴，便让太监捧来笔墨纸砚。举笔一挥，就写了一个"福"字。

站在一旁的小王爷，看了慈禧写的字，悄悄地说："福字是'示'字旁，不是'衣'字旁的呢！"杨小楼一看，这字写错了，若拿回去必遭人议论，但不拿回去也不好，慈禧一怒就会要自己的命。要也不是，不要也不是，他一时急得直冒冷汗。

气氛一下子紧张起来，慈禧太后也觉得挺不好意思，既不想让杨小楼拿走错字，又不好再要过来。

旁边的李莲英脑子一动，笑呵呵地说："老佛爷之福，比世上任何人都要多出一'点'呀！"杨小楼一听，脑筋转过弯来，连忙叩首道："老佛爷福多，这万人之上之福，奴才怎么敢领呢！"慈禧正为下不了台而发愁，听这么一说，急忙顺水推舟，笑着说："好吧，隔天再赐你吧！"就这样，李莲英为二人解脱了窘境。

慈禧

中国人酷爱面子，视尊严为珍宝。有"人活一张脸，树活一张皮"的说法，尤其做老板的更爱面子。作为老板，他要树立起威信，若不慎做了错误的决定或说错了什么话，如果下属直接指出或揭露他的错误，会让他很没有面子，会损害他的尊严，刺伤他的自尊心。

金无足赤，人无完人，老板也有错的时候。这时候，你要装作不知道，事后尽力去弥补就是了。

老板有错时，不要当众纠正。如果错误不明显不关大局，其他人也没发觉，不妨"装聋作哑"，等事后再予以弥补。

切忌不要在公众场合或同事的面前跟老板顶嘴，那反而会弄巧成拙。因为有些老板极重"面子"，即使明知自己错了，也拉不下脸当众承认，如果你一味地穷追猛打，在大家面前让他出丑的话，吃亏的只会是自己。

领导相争，选择站中间

作为下级，要想在单位中求生存，获发展，就必须搞好与领导集体中每个成员的关系。

在领导之间，也不可避免地会出现或明或暗的竞争。表面上可能相处得很好，实际情况或许并不是这样。如果单位里的领导之间存在矛盾，无论你是向左还是向右，都会失掉一边。因此，聪明的做法是站在竞争派别的中间。

美国总统大选期间，基辛格给尼克松的竞选团队打了一个电话，十分明确地表示他可以向尼克松阵营提供宝贵的情报，尼克松团队当即高兴地采纳了他的提议。在这次竞选中，洛克菲勒也是其中的竞选人之一，但他失败了，而基辛格一直和洛克菲勒

保持盟友关系。

最终胜利者是尼克松，基辛格自然也如愿以偿地当上了国务卿，但他仍然小心翼翼地与尼克松保持着一定距离。因此当福特上台时，原来与尼克松非常亲密的人都被迫下台时，唯独基辛格成了福特的官员。

基辛格正是因为先前与尼克松保持了适当的距离才幸免于难，继续在动荡的年代里叱咤风云。

在职场上，追求工作成绩和报酬，希望获得升迁，以及其他种种利害冲突，使得领导之间不可避免地存在着一种紧张的竞争关系。而这种竞争往往又不是一种单纯的真刀实枪的实力的较量，而是掺杂了个人感情、好恶、与上司的关系等十分复杂的因素。

如何与互相有矛盾的上司相处呢？

与领导做到"等距外交"

"等距外交"的意思是指无论在工作上或生活上，你与所有的上级领导大致保持等距，大都处于关系均衡状态，对每个领导在态度上同样尊重、友好、不卑不亢。要善于控制自己的情感状态，不以个人的喜恶作为评价上级的标准，对所有的上级都努力做到以礼相待。

不越级越位请示、汇报工作

凡事都找"一把手"，也会搞得他很为难，而直接负责的上级知道后，不仅会影响他们之间的关系，你以后的工作也有可能无所适从了。

谨慎对待领导之间的矛盾与争斗

完全从一种纯工作的角度着想，谨慎对待领导之间的矛盾与争斗，没事尽量少与上司们打交道，特别要注意不让其中一个上司认为你是另一个上司的人。不要陷入领导间的矛盾冲突中，不然的话，你不但会在无谓的纷争中浪费自己的精力，而且容易在两败俱伤中使自己受到牵连。

恭维赞美，适时适度

为人处世，没有必要追求"水至清"的效果。如果你觉得拍马屁很肉麻，那你至少也应该常去赞美别人。

赞美别人，仿佛用一支火把照亮别人的生活，也照亮自己的心田。赞美，能让听者心里暖洋洋的，对你好感大增。越是身居高位的人，越需要别人的称誉和赞美。

赞美老板，需要一定的技巧。老板是职位比你高一层的人士，所以你不能像对待同事朋友那样随意赞美；如果赞美得牵强附会则有奉承恭维之嫌，以致他未必照单全收，倒还有可能生出反感。赞美老板时，要考虑成熟后再予以赞美。

周末员工聚餐，经理在路上指着一个路人的皮包说："这个包蛮别致的，不知在哪儿买的。"

说者无心，听者有意，半个月后，南希就把一个同样款式的皮包送到了经理的办公室："经理，我上周去参加客户的发布会，人家给了个商场的消费卡，到商场一看，正好有这个款式的皮包，我就帮您选了一个，您看喜不喜欢？"

经理站起身说："不行不行，你留着自己用吧！"南希连忙说："难得您看中一件东西，说真的，您的眼光就是和别人不一样。再说没您的照顾，我哪有机会参加那个发布会啊！"

于是经理又拿出一张请柬说："下周五在国宾饭店有个酒会，我也不喜欢凑热闹，你替我去吧！"南希接过请柬，假装埋怨地说："看您说的，好像您真老了似的，上次参加发布会好几个女客户还问我，您怎么那么年轻啊！"南希说得经理面露喜色。

南希的成功之处在于她抓住了经理爱美、怕老的心理，非常自然地加以赞美，让慨叹年华已逝的经理得到了心理的愉悦，南希的皮包也没有白送。同为赞美，知道对方美在哪里，有针对性的赞美比空洞的赞美有价值得多。在人际交往中，要想赢得上司的好感，可以留意对方的兴趣、爱好，明白上司的意图，理解上司的心思，这样才能"对症下药"，赞到实处。

当然，如果你实在认为你的上司不值得赞美，就不必去赞美。虚伪的赞美会使自己陷入无法摆脱的困境，而对方也会觉得你是在嘲讽而不是赞美他。

替你的上司背一次"黑锅"

也许替上司背一次黑锅，他会把你看作"自己人"而努力栽培你。

大多数老板是闻功则喜、闻奖则喜，在评功论赏时，老板总是喜欢冲在前面；而犯了错误或有了过失后，许多老板都有逃避的心理。此时，老板亟待下属出来保驾护航，代老板受过。

作为公司的一员，谁都不愿意犯错误，如果犯了错误，你的内心会非常的不安。当然，别人的错误如果让你来承担，也就是说，让你背黑锅，你更会觉得憋得慌。

在公司中。老板有绝对的权力。许多事情的好与坏，都是由老板来决定的。

有的时候，老板犯了错误，为了逃避责任，往往会找一个"替罪羊"，也就是说找一个人给他"背黑锅"。

阿芳刚从学校出来，是个不谙世事的小丫头，喜欢跟老板直话直说。老板不喜欢她，总是把重要的工作交给办公室里另一个大学生。阿芳一直不明白，自己的能力明明比那个女孩强，为什么得不到重用？看着那个同事步步高升，自己却挪不了窝，阿芳急了。

同事"高价"跳槽的那一天，阿芳在洗手间遇到了她。女孩主动叫住她说："你知道为什么你的能力很强，老板却不喜欢你吗？"阿芳茫然地摇了摇头。女孩笑着说："老板终究是老板，面子和威信对他们很重要。你以为他们不清楚自己做错了吗？只是他们不好在下属面前承认。如果你帮他扛下来了，他会感谢你，信任你，日后会加倍回报你。你呀，就是个性太强了。"

阿芳如醍醐灌顶。现在，她是一家著名合资公司的人力资源部经理，在公司是出了名的八面玲珑，和谁都是一团和气。

所以，作为下属，除了严重性、原则性的错误外，把大事化小，小事化了，不影响工作的正常开展，可以适当地代为受过，但要是涉及带有严重性、原则性的"黑锅"时，必须坚持抵制老板的"栽赃"行为。

这样，从整体上讲，因为你能在必要的时候替老板分忧解难，从而能够赢得老板的信任和感谢，这对你日后的发展非常有益。

挑战权威，也能赢得上司喜欢

在面对上司时，我们需要做的是尊重对方的前提下，进行有效的质疑，这种质疑有利于我们理解上司的命令，明白他的真实意图，更准确和有效地予以执行。这样你的上司会更加赏识你。

大发明家爱迪生发明电灯时，输电网的建设因直流电的局限而延缓了进展速度，与此同时，乔治·威斯汀豪组织了一个科研班子，专门研制新的变压器和交流输电系统。爱迪生认为应用交流电是极其危险的，他极力反对这件事情。为了阻止威斯汀豪的创新，爱迪生花费数千美元，利用新闻、杂志和广告画向外界宣传交流电如何可怕，使用它将会给人类带来多么大的危险。在维斯特莱金研究所，爱迪生召见新闻记者，当众用1000伏交流电做电死猫的实验；他还为此发表一篇题为《电击危险》的权威性文章，表达了自己反对研究和应用交流电的观点。

面对爱迪生这位权威，威斯汀豪丝毫没有气馁，对围攻交流电的宣传也不甘示弱，他竭尽全力为交流电的推广奔走、努力，并且针锋相对地在杂志上发表了《回驳爱迪生》的文章，对爱迪生的观点进行了质疑。但是，正当威斯汀豪为交流电推广奔走时，令他做梦也想不到的事情发生了，纽约州法庭下令用交流电椅代替死刑绞架，这给威斯汀豪带来致命的一击。可是，对爱迪生来说，这真是上天赐给他的最好机会，他借着电椅大做文章，再次把恐怖气氛煽动起来。而受到意外打击的威斯汀豪，虽然在大名鼎鼎的爱迪生这个权威面前处于劣势，但他并不气馁，始终坚信交流电的应用将给世界带来新的光明。

不久，美国在芝加哥准备举办纪念哥伦布发现美洲大陆 400 周年的国际博览会。会上的精彩展品之一就是点燃的 25 万只电灯。为此，很多企业争相投标，以获取这名利双收的"光彩工程"。爱迪生的通用电气公司以每盏灯出价 13.98 美元投标，并满怀信心能拿下这笔生意。威斯汀豪闻讯赶来，以每盏灯 5.25 美元的极低标价与通用电气公司竞争，这大大出乎所有人的意料，主办博览会的负责人吃惊地问他：

"你投下如此的低价，能获利吗？"

"获利对我并不重要，重要的是让人看到交流电的实力。"威斯汀豪坦然地回答。对威斯汀豪的抱负，人们将信将疑。国际博览会隆重开幕了，人们发现数万盏电灯在夜幕下光彩夺目，非常壮观。人们也争先传颂，是威斯汀豪用交流电照亮了世界。望着无比灿烂的灯光，爱迪生这才低头沉思，并对自己的失误深感遗憾，同时也对后来居上的创新者表示敬佩。

假如威斯汀豪迷信权威，对爱迪生的多次攻击束手无策，交流电绝不会迅速在社会上崛起，也不可能有威斯汀豪电气公司的辉煌。人贵有自己的独立见解。当今社会，毫无主见的人是没有立足之地的。无论是在生活当中还是在工作当中，都要有自己的见解。作为下属，如果不赞同上司的意见和见解，要勇于说"不"。一般而言，只要你认为自己的意见是完全正确的，你的不同意见是为了公司考虑，是为了上司好，就要努力说出来。如果事实证明你的提议是完全正确的，上司就会对你欣赏不已。有的下属在工作中因为怕得罪上司，对上司的一言一行唯唯诺诺，当上司的意见或者见解不正确的时候，他即便知道，也不提出来。这样的下属或许会赢得上司一时的喜欢，但是绝对不会是长久的欣赏。

上司之所以不喜欢那些没有主见的下属，是因为上司任用下属的目的是为了让他们做事，不但要他们为自己工作，还要工作好。要想好好工作，不能只凭借工作热情，还要知道怎么样才能把工作做好，要有自己的主见。

一个人如果无论做什么事情都要依赖别人、没有自己的主见，是不行的。当自己有了什么见解或者想法的时候，不要将它们埋在脑海里，要敢于主动地说出来。即使你的意见或者见解和你的上司相反也不要害怕。如果你因为害怕上司，不将自己的想法表达出来，时间一长，上司就会以为你是不会思考、没有主见的人。通常情况下，那些没有主见或者不将自己的主见表露出来的下属是得不到上司青睐的。

第一次就把事情做对

"第一次就把事情做对"是一种最简单、最高效的工作方法。

许多员工做事只求差不多，尽管从表现上看来，他们也很努力、很敬业，但结果却总是无法令人满意。

"第一次就把事情做对。"是著名管理学家克劳士比"零缺陷"理论的精髓之一。第一次就做对是最合适的经营之道！第一次就把事情做对的概念是提升中国企业管理水平的灵丹妙药，同时也是每个人应当信守的职业理念。

当我们被要求"第一次就把事情做对"时，许多人会反驳："我很忙。"因为很忙，就可以马马虎虎地做事吗？其实，返工的浪费最冤枉。第一次没做好，再重新做时既不快，花费的精力也不少。

有位广告经理由于完成任务的时间比较紧，在审核广告公司回传的样稿时不仔细，在发布的广告中弄错了一个电话号码——服务部的电话号码被他们打错了一个数字。就是这么一个小小的错误，给公司带来了一系列的麻烦和损失。后来因为一连串偶然的因素使他发现了这个错误，他不得不耽误其他的工作并靠加班来弥补。同时，上司和其他部门的数位同仁陪他一起忙了好几天。幸好错误发现得早，否则造成的损失必将进一步扩大。

由此可见，第一次没把事情做对，忙着改错，改错中又很容易忙出新的错误，恶性循环的死结越缠越紧。这些错误往往不仅让自己忙，还会放大到让很多人跟着你忙，造成巨大的人力和物资损失。

由此可见，企业中每个人的目标都应是"第一次就把事情完全做对"，至于如何才能做到在第一次就把事情做对，克劳士比先生也给了我们正确的答案。这就是首先要知道什么是"对"，如何做才能达到"对"这个标准。

克劳士比很赞赏这样一个故事：

一次工程施工中，师傅们正在紧张地工作着。这时一位师傅手头需要一把扳手。

他叫身边的小徒弟："去，拿一把扳手。"小徒弟飞奔而去。他等啊等，过了许久，小徒弟才气喘吁吁地跑回来，拿回一把巨大的扳手说："扳手拿来了，真是不好找！"

可师傅发现这并不是他需要的扳手。他生气地说："谁让你拿这么大的扳手呀？"小徒弟没有说话，但是显得很委屈。这时师傅才发现，自己叫徒弟拿扳手的时候，并没有告诉徒弟自己需要多大的扳手，也没有告诉徒弟到哪里去找这样的扳手。自己以为徒弟应该知道这些，可实际上徒弟并不知道。师傅明白了：发生问题的根源在自己，因为他并没有明确告诉徒弟做这项事情的具体要求和途径。

第二次，师傅明确地告诉徒弟，到某间库房的某个位置，拿一个多大尺码的扳手。这回，没过多久，小徒弟就拿着他想要的扳手回来了。

克劳士比讲这个故事的目的在于告诉人们，要想把事情做对，就要让别人知道什么是对的，如何去做才是对的。在给出做某事的标准之前，我们没有理由让别人按照自己头脑中所谓的"对"的标准去做。

给自己找个对手，让自己成为"无敌手"

有时候，职场上一个优秀的对手是自己最大的财富。

我们每个人都听说过或玩过一种叫"陀螺"的玩具，它是一种只有在外力抽打的情况下，才会旋转的玩具，而且外力越强大，它旋转得越快。身在职场，我们要学习陀螺的精神，在压力面前让自己永葆旺盛的斗志和持久的耐力。

人在职场，不可能没有竞争压力，许多人视竞争对手为心腹大患，视异己为眼中钉、肉中刺，恨不得欲除之而后快。其实，能有一个强劲的对手，反而是一种福分、一种造化，因为一个强劲的对手会让你时刻都有危机感，会激发你更加旺盛的精神和斗志。

传闻，有一位享有盛名的长跑教练，由于在很短的时间内培养出好几名长跑冠军，所以很多人都向他探询训练秘密。谁也没有想到，他成功的秘密仅在于一个神奇的陪练，这个陪练不是一个人，而是几只凶猛的狼。

因为这位教练给队员训练的是长跑，所以他一直要求队员从家里出发时一定不要借助任何交通工具，必须自己一路跑来，作为每天训练的第一课。有一个队员每天都是最后一个到，而他的家并不是最远的，教练甚至想告诉他改行去干别的，不要在这里浪费时间了。

但是突然有一天，这个队员竟然比其他人早到了 20 分钟，教练惊奇地发现，这个队员这天的速度几乎可以打破世界纪录。

原来，在离家不久经过一段 5 公里的野地，他遇到了一只野狼。那野狼在后面拼命地追他，他在前面拼命地跑，最后，那只野狼竟被他给甩下了。

教练明白了，这个队员超常发挥是因为一只野狼，他有了一个可怕的敌人，这个敌人使他把自己所有的潜能都激发了出来。

从此，这个教练聘请了一个驯兽师，并找来几只狼，每当训练的时候，便把狼放开，没过多长时间，队员的成绩都有了大幅度的提高。

敌人的力量会让一个人发挥出巨大的潜能，创造出惊人的成绩，尤其是当敌人强大到足以威胁你的生命时。敌人就在你的身后，只要你一刻不努力，生命就会有万分的惊险和危难。

现实生活中，大多数人都是懒惰的，都会尽可能地逃避工作。他们大部分没有雄心壮志和负责的精神，宁可期望别人来领导和指挥。一部分人就算有着宏大的目标，也缺乏执行的勇气。

他们对组织的要求与目标漠不关心，只关心个人；他们缺乏理性，不能自律，容易受他人影响；他们工作的目的在于满足基本的生理需要与安全需要。只有少数人勤奋，有抱负，富有献身精神，他们能自我激励、自我约束。

人们之所以天生懒惰或者变得越来越懒惰，一方面是所处环境给他们带来安逸的感觉；另一方面，人的懒惰也有着一种自我强化机制。由于人大多追求安逸舒适的生活，贪图享受在所难免。

此时，如果引入外来竞争者，打破安逸的生活，人们立刻就会警觉起来，懒惰的天性也会随着环境的改变而受到节制。

所以，善待你所面对的压力吧！千万别把它当成你前进的"绊脚石"，而应该把它当作你的一剂强心针，一台推进器，一个加力档，一条警策鞭。欢迎生活、工作中的一切压力吧！因为它们的存在，才让你成为一只旋转越来越快的陀螺。

巧提建议，让领导发现你的价值

巧妙地向领导提出建议，把自己的"意见"，转化为"建议"，更能获得老板的尊重和重视。

上司犯的错影响力肯定要比一般员工大，为了公司和部门的利益，下属应该指出上司的错误之处。但给上司提意见一定要讲究技巧。

生活中，很多人都因为害怕得罪领导不敢给领导提意见。其实，给领导提出必要的意见，也是让领导重视你的一种方法。当然在提意见时，你一定要注意提意见的方式，并且保证自己提的意见要有一定的质量，只有这样，你才能让领导看到你的主见，让领导觉察到你也在为公司思考。

对上司发出的正确而合理的指令，当然要认真及时地执行，但上司也是人，有时可能会发出不恰当的甚至完全错误的指令。作为下属，我们该怎么做呢？

很多人或许会说："当然是按照上司的指令去做了，决策是领导做的，我的任务就是坚决执行。"还有一些人或许会说："给领导提意见，我可不敢，得罪了上司怎么办？"

显然，第一种人误解了"执行"的含义。执行的目的在于达到效果，如果南辕北辙了，执行就没有意义了；第二种人，害怕得罪领导，首先这是人之常情，可是公司的一分子，我们就应该为公司的命运负责，不能因为个人得失，明知道领导的决策错了，却还要去执行。

面对不恰当的指令到底该怎么做？我们可灵活地采取以下对策：

暗示法

接到不恰当的指令时，你觉得不能执行或无法执行，可先给上司以某种暗示，让其悟到自己的指令不甚恰当。有些指令不恰当，不是因为上司素质差、水平低，而是没考虑周全，或是只看到了事物的表象，没看到事物的本质。你稍加暗示，他可能就会马上意识到。

提醒法

有些不恰当的指令，可能是上司不熟悉、不了解某一方面的情况，有的可能是上司一时遗忘了。你明白地提醒他，上司认识到了，一般都会收回或修正指令。当然，提醒不是埋怨，也不是直通通、硬邦邦地批评。提醒要讲究策略，语气上尽可能委婉些。

推辞法

对上司不恰当的指令，有的可以考虑推辞。推辞要有理由，有的可从职责范围提出，譬如说："总觉得这件事不是我的职责，要不，同事关系就不大好处理了。"有的可从个人的特殊情况提出。但不管从哪一方面，理由一定要真实和充分。你推辞了，有的上司还可能会这样问："那你觉得这件事应该由谁来做？"你不能随便点名，也不要随口说"除了我，其他谁都可以"之类的话，比较巧妙的回答是："这事谁来做，我了解得不全面，还是您来定夺好。"推辞不是要滑头，而是委婉地拒绝。

拖延法

有些不恰当的指令，是上司心血来潮时突然想出来的，倘你唯命是从，马上付诸行动，那就铸成了事实上的过错。对这种上司心血来潮而向你发出的指令，如果你在暗示或提醒之后都没有效果，推辞也没多少理由时，那么，最好的对策就是拖延。虽然默认或口头上答应，实际上迟迟不动。若闲着不动，上司会产生疑心的，因此，你必须以忙别的事作为拖延的理由应付上司的追问。拖延法是消极的，但对有些非原则

性问题的不恰当指令，只能如此。

该不该批评上司？当然！聪明的员工应该懂得，如何在自保的前提下巧妙地把意见表达出来。你应该这样想，上司也许恰恰非常渴望下属的反馈信息。

把他当成辩论对手

要让胸怀韬略的上司接受你的观点是件困难的事情。因此，要把他当成一等的辩论对手迎战。事前的准备工作马虎不得，不仅要搜集详尽的事实，而且要预想上司可能会提出哪些观点来反驳。这样，你才不会被他的几句话抵挡回来。

不要人身攻击

很可能你的上司人品恶劣：心胸狭隘、刚愎自用，但是供你拿上台面与之交涉的只有他的工作失误。否则，你的批评就变成了公私不分的人身攻击。

最后的决定权仍在上司手里

明白地向上司表示，你不是想强迫他改变己见，只不过需要一个向他表明观点的机会，最终裁决权仍然在他手里。无论他怎样决定，作为下属，你都将给予全力配合。

不卑不亢，才能让上司另眼相看

经常可以看到有的下属对上司唯马首是瞻，马屁拍得让人感到肉麻。遇到马屁精，要是糊涂的上司，可能会重用一下；如果是非常精明的上司，这种人是很难得到重用的。在工作中，我们不应该因为上司比我们职位高就表现出奴颜婢色的样子，不论与什么样的上司共事，都要抱着不卑不亢的态度，只有这样，才能让上司对我们刮目相看。

例如，当自己在上司面前处于不利境地时，很多人为了迎合上司，讲了假话，那就违背了自己的内心，也未必会得到上司认可。在这个时候如果讲究点技巧，不卑不亢，既讲了真话，不违背自己的本心，又能使对方接受，岂不是一举两得。下面就是这样一个例子：

宋代有一位大臣，为官公正，为人刚正不阿。年轻时四处游学，机缘巧合，竟然认识了微服私访的当朝皇帝。皇帝心血来潮，写字画画去卖，只可惜水平实在不高。为官者告诉皇帝，他的画只值一两银子。皇帝听了既不服气又生气，但也不好发作。

来年这位青年进京赶考，高中状元，成了天子门生。觐见皇帝时才发现，原来当年卖画的老兄竟然是皇帝，皇帝也认出了他。皇帝屏退左右，只将这位状元留了下来，拿出当年只值一两银子的那幅画，问道："卿家认为这幅画价值几何？"

这位大臣赶紧前进一步说道："这幅画如果是陛下送给臣的，那就价值万金，因为无论陛下送的是何物，对臣来说，都是无价之宝。但如果拿去卖的话，这幅画就值一两银子。"皇帝听了，不禁拍掌大笑，知道自己有了一位才学渊博、品行端正的忠心之士。

这位大臣在这里并没违背自己的本意，而是讲了真话，这种不卑不亢的巧妙表达，也使皇帝觉得在理，因而也非常高兴。职场上也是如此，听惯了好话、奉承话的上司，常常苦于没有人能在他面前说句真话，而一旦有人真正从工作出发、就事论事，在上司面前不卑不亢，只要把握好说话的尺度，不伤上司的面子，反而能够得到另眼相看。相反，那些对上司低三下四的下属，不惜牺牲自己的尊严去奉承领导，只会惹人厌恶。俄国作家契诃夫曾写过一个小公务员的故事：

一个小公务员上班时，不小心打了一个喷嚏，当时上司就在他旁边，因此他总是担心自己打喷嚏会溅到了上司身上，上司会因此讨厌他。因此，小公务员多次找机会向上司解释这件事。

其实，上司根本没把这事儿放在心上。然而，小公务员多次解释，让上司十分厌烦和恼火，并为此责骂了小公务员。

作家笔下的这个小公务员或许表现得有些夸张，但细想起来，我们很多人在上司面前不也是如此吗？面对上司，有些人经常唯唯诺诺、卑躬屈膝，这样做或许不会招来什么麻烦，但上司也不会把你放在眼里，连你自己都看不起自己，谁还会重视你呢？

虽然下属和上司在职位上有高低之分，但彼此在人格上是平等的，对上司要做到有礼貌、谦逊，但是，绝不要采取"低三下四"的态度。绝大多数有见识的上司，对那种一味奉承、随声附和的人，是不会予以重视的。在保持独立人格的前提下，你应采取不卑不亢的态度。在必要的场合，你也不必害怕表达自己的不同观点，只要你是从工作出发，摆事实、讲道理，上司一般是会予以考虑的。

办事到位而不越位，低调而不张扬

在不该说话的时候说话、不该做主的时候做主，是职场新人常犯的毛病。无论你帮老板管了多少事，也无论你的老板多糊涂，甚至依赖你到了你不在他连电话都不会打的程度，他毕竟还是你的老板，大事小情毕竟还得由他来做主。事情要做到位，但千万不能越位，你做了上司该做的事情，表面上是你能力强，实际上是你越俎代庖，伤害了上司的自尊心，也是不尊重的表现。人都是有自尊心的，渴望被人尊重，作为下属更应该读懂上司的这种心理，不能随意越权办事。

有个杂志社给一个作家做了一期专访，等杂志出版以后，这个作家收到了一本，

他想多要几本送给朋友，便打电话给这家杂志社主编。

主编不在，小张接了电话。"麻烦你转给一下主编，我希望多要几本这期杂志。""这个啊，没问题！您直接派人过来拿就成。"小张爽快地说。

作家正打算驱车去拿杂志时，却接到主编的电话："对不起！刚才我不在，杂志收到了吧？我刚才派人给您多送了几本过去。"停了一下，主编又说："可是，对不起，我想知道是哪位说您可以立刻过来拿。"

作家很奇怪，于是问道："有问题吗？""当然没问题，您要10本都可以，我只是想知道，是谁在自作主张。"

既然是别人点名找你的上司，作为下属就该转告，而不是替他做主。想想看，像小张的行为，上司能不为此反感吗？领导就是领导，下属就是下属，不要自以为聪明，就可以自作主张，真正的好下属要懂得什么时候该说、什么时候该做。

不自作主张，这是你在处理公司事务时起码要做到的，而要想在这一方面做得更好，你还需要做到遇事时多和上司商量，多让上司给你做主。

你有没有常常向上司询问有关工作上的事，或者是自己的问题有没有跟他一起商量？如果没有，从今天起，你就应该改变方针，尽量详细地发问。下属向上司请教，并不可耻，而且是理所当然。有心的上司，都很希望他的下属来询问。下属来询问，表示他的眼里有上司，尊重上司，尊重上司的决定。另一方面也表示他在工作上有不明之处，而上司能够回答，才能减少错误，上司也才能够放心。

如果员工假装什么都懂，一切事都不想问，上司会觉得"这个人恐怕不会是真懂"而感到担心，也会对你是否会在重大问题上自作主张而产生担忧。在工作上，作重大问题的决策时，你不妨问问上司，"关于某件事，某个地方我不能擅自下结论，请您定夺一下"，或者"这件事依我看不这样做比较好，不知您认为应该如何"等。这样不管功过如何，都与你没多大关系。

其实，从客观来说，仅就工作而言，下属自作主张带来的后果，往往都不会是十分严重也并非全都是消极的方面。可以想象，哪有那么多员工笨到不知轻重的地步，敢于擅自替上司做出关乎单位整体利益的主张？除非他真的是个没有自知之明的人。然而，这种自作主张所带来的对职场上的等级及人际关系常态的冲击，往往是十分明显的。

上司反感下属的自作主张，其实不在于他的擅自决定给工作带来的损失——通常说来，这种损失是微小的。上司心中真正在意的是下属越权行事的行为，以及这种做事风格所反映的下属心中对上司的态度。

在职场上，必须时刻牢记一条：上司永远是决策者和命令的下达者，无论我们有多大的把握相信自己的判断力，无论你代替上司决定的事情有多么小，都不能忽略上司同意这一关键步骤。否则，当上司意识到本应由自己拍板的事情，被下属越俎代庖，他所产生的心理上的排斥感和厌恶感，以及对于下属不懂规矩的气恼，足以毁掉你平时小心经营、积极努力所换来的赏识。所谓"一招不慎，满盘皆输"，莫过于此。

让矛盾在自己手里解决，别把问题留给老板

为老板解决问题是每个员工应尽的职责，在遇到问题时，首先要想到的应该是如何解决这个问题，而不是将这个问题留给领导去处理，因为老板是负责公司整体管理、为公司制定发展战略的人，而不是全体员工的"问题汇总站"。老板雇用员工的目的，就是解决工作中的各种问题。老板有老板自己的问题需要解决，而员工也应该认识到，解决问题是自己的工作职责。所以，工作中遇到问题时，要明白到这是自己分内的事。能够解决问题，就有更多发挥潜能的机会，同时也能建立起自己的职场信誉和形象——这就是你在工作中该做的事。

但是，很多人会有这样一种错误认识，那就是老板应该比员工更积极，因为那是他自己的公司，而员工只不过是打工的。因此，解决问题是老板的事，员工要做的只是执行命令。

其实，在工作的过程中，不论级别、不分工种，所有人都免不了会遇上许多问题、挑战、压力，而解决这些问题，化解这些麻烦，也正是企业老板聘用员工的目的所在。所以，在自己的工作岗位上，一定要知道如何及时处理问题、如何正确地解决问题，切记不能把问题都留给上司。一般上司都喜欢富于责任感和主动性的下属，作为下属应该把握好这一点，更加积极主动地工作。

著名的出版家、作家阿尔伯特·哈伯德曾经说过："每个雇主总是在不断地寻找能够助自己一臂之力的人，同时也在抛弃那些不起作用、不能适应公司文化的人——那些到哪个岗位都无法发挥作用的人迟早都要被淘汰。"

要令自己与众不同，要让上司感到你是一位出色的员工，就要处处表现出你可以独立处理问题，可以为公司找出解决问题的方案，只有这样才能凸显自己的责任感、主动性和独当一面的卓越素质。

当你在工作中遇到问题，如果你不正视它，不设法解决它，它往往会给你带来更大的压力。与其动心思琢磨怎么逃避问题，不如把这种心机和才智运用到寻找解决办法上。

不仅如此，躲避问题的做法，势必会影响到你的同事与上司。因此，你要做的就是

积极主动地发现问题、解决问题，而非等老板过来督促了才做。这个过程，能帮你提升自己思维技巧，了解工作细节，吸收行业日新月异的知识，锻炼自己做决策的勇气，提高自己的能力和信心。渐渐地你会发现，工作上的问题很容易在你自己那里得到解决。

波恩在商场里上班，他自认为是一个好雇员，做了自己应该做的事——记录顾客的购物款。然而有一天，当他正在和一个同事闲聊时，老板走了进来，他环顾四周，然后示意波恩跟着他。

老板一句话也没有说，就开始动手整理那些被订购出去的商品。然后他走到食品区，开始清理柜台，将购物车清空。

波恩惊讶地看着这一切，仿佛过了很久，才终于明白了：老板是在以行动告诉他，他应该像老板一样负责而主动地工作。老板望着发愣的波恩，告诉他："你是商场的主人翁，你的工作应该是积极主动的！"

清理柜台、摆放商品，也许不是老板给予波恩的"命令"。但柜台空了、商品摆放乱了，这确实是波恩工作中出现的问题。这个问题的存在，首先影响了商场的形象，其次影响了商场各个环节的工作效率，从而影响了波恩的工作效率。波恩还能说这些问题与自己的工作职责无关吗？

公司的问题与员工自身息息相关。能够解决问题，就有更多发挥潜能的机会，同时也建立了自己在职场中的信誉和形象，这也就是一个员工能为自己及公司做的事。

解决问题是自己的职责，把问题留给上司和老板就意味着工作不力。我们要把问题看作是自己的机会和发展空间，努力地借助问题来体现自己的价值，发掘出自己的潜能。

管理学家史蒂文·布朗曾经说过："领导并不是问题的解决者，而是问题的给予者。"事实上，你和上司、老板的工作关系就是这样的简单——你去工作，而不是由你去安排上司的工作（把问题推给上司）。所以，在完成任务的过程中，你应该随时地提醒自己——解决工作上的问题是我分内的职责！

多做事，等于为自己加价

卡洛·道尼斯是世界知名的投资顾问专家，他最初为杜兰特工作时，职务很低，但现在已成为杜兰特先生的左膀右臂，担任其下属一家公司的总裁。他之所以能快速升迁，秘密就在于"每天多干一点儿"。

"在为杜兰特先生工作之初，我就注意到，每天下班后，所有的人都回家了，杜兰特先生仍然会留在办公室里继续工作到很晚，因此，我决定下班后也留在办公室里。

是的，的确没有人要求我这样做，但我认为自己应该留下来，在需要时为杜兰特先生提供一些帮助。工作时，杜兰特先生经常找文件、打印材料，最初这些工作都是他亲自来做。很快，他就发现我随时在等待他召唤，并逐渐养成了招呼我的习惯……"

道尼斯自动留在办公室，使杜兰特先生随时可以看到他，并且诚心诚意为他服务。这样做获得了报酬吗？没有。但是他获得了更多的机会，赢得老板的关注，最终获得了提升。

道尼斯先生之所以能够在众多的同事中脱颖而出，就在于他每天都主动地加班。别的同事都走了，只有他还在那里工作，这样的人，想不引起老板的注意和重视都难。最后他也终于得到老板的赏识，获得了提升。

加班，从法律意义上来讲，的确不是你的义务，但有时候工作繁忙时，适当加班也是需要的。从表面上来看，主动加班是一种"吃亏"，因为它占用了你的私人时间。但是，对于公司来说，加班却是一种贡献，所以，当你贡献得越多，那么得到的回报也会越多。

三、将心比心，赢得同事支持

把荣誉的蛋糕多切几块与人分享

行走职场，必须明白一个道理：没有人能独自成功，在取得成就的时候，把荣誉的蛋糕多切几块送给同事，才能得到长久的帮助和支持。毕竟，成功不是仅靠单打独斗得来的，让同事分享你的荣誉，会让你取得更大的成功。反之，如果总是自己独享胜利的果实，就会让身边的人丧失合作的积极性，下面的例子就值得我们反思。

一位销售主管当月的业绩突出，她部门的业务员销售总额超出了同级其他部门之和的两倍还多。按照公司相关规定，主管可按业绩提成，得到一笔可观的奖金。老板很是为有这样一位得力助手而高兴，也暗自庆幸自己以前没有看错人，于是决定在公司开个例会，并把她推为大家的榜样，以此激励其他员工努力工作，还在最后特意安排了让这位主管当众做演讲。

这位主管在她的演讲中把自己的业绩归功于自己调配人员的技巧、处理大订单的果断和如何辛苦加班等。虽然说的这些也确实属实，她的确也是这么做的，但她唯一犯的错误就是自始至终都没提及一句感谢同事、下属之类的话。

会后，下属和同事们开玩笑要她请客庆祝，她一脸不屑、毫不客气地说："我得奖金，你们用得着这么开心吗？下次我会拿更多，到时再说吧……"

可是等到下个月，这位主管不仅没能再拿到奖金，甚至还因为没能完成销售任务而被扣掉了工资。更让人奇怪的是，她的下属越来越懒散，就连老板似乎也对她冷淡了许多。

由此可见，当你在工作中做出一些成就时，千万记得不要独享荣耀，否则这份荣耀会为你带来人际关系上的危机。"居功"的确可以凝聚别人羡慕的目光，可以给自己带来很大的成就感，但如果你只想把功劳一个人占尽，企图让光环只围绕自己一个人转，那就不是自私而是极度愚蠢了。一般每个人都会渴求荣誉，我们应该洞悉人性，适当与人分享荣誉，不可独自贪功。

独自贪功就是抢别人的好，这不仅不会给自己带来更多的好处，甚至还会引火烧身，激起公愤，最终害人害己。

谨记这个忠告，你就会受益无穷。不论在什么样的场合都适用，而且屡试不爽。工作上有了业绩，升职了、加薪了，不妨和同事们庆祝一番，对老板说声"谢谢"，对下属的配合与支持表示真诚的感谢，甚至是那些嘲笑过你的人，也要为他们给了你前进的动力而有所感谢，回到家中也不要心安理得地享受舒适的床铺、可口的饭菜，而要拥抱一下辛苦持家的妻子和养育自己的父母，让大家都感到你内心真诚的感激而一并与你分享快乐。

假如你真的照做了，相信你会有惊奇地发现。你身边的人将扶持着你走向更高的位置，他们期待着，仰望着你的高度，希望你能给自己带来荣誉的同时，也给他们带来荣誉，而不是嫉妒或冷眼旁观。

避雷针效应：能疏善导，化解职场矛盾

许多高大建筑物的顶端都安装有一个金属棒，打雷时，金属棒将电流通过金属线传到埋在地下的金属板，以保护建筑物免受雷击。金属棒并不能阻止雷电，但它能够疏导雷电，保护建筑物。

在职场上，个人的性格、脾气不同，加之同事之间复杂的利益关系，难以避免产生矛盾和冲突。同事之间有了矛盾并不可怕，只要我们能够面对现实，读懂对方行为背后潜藏的心理，积极采取措施去化解矛盾，同事之间仍会和好如初，就像避雷针一样，通过疏导和沟通化解矛盾。正所谓"善疏则通，能导则安"，不妨采用以下几个技巧：

1. 主动向他示好

既然他对你的敌意十分明显，在这种情况下，你就不能佯装不知了，而应当主动

向对方示好，你可以在没有其他同事在场的情况下问他："我究竟有什么不对呢？"一般情况下，他会冷冰冰地回答你："没什么不妥。"此刻，你也许觉得自己是自找没趣，不知该如何是好，其实你完全可以巧妙应对。

既然他说没有不妥，你就趁机说："真高兴你亲口告诉我没事，因为万一我有不对的地方，我很愿意改进。我很珍惜咱俩的合作关系。一起去吃午饭，如何？"

这样，就可逼他面对现实和表态。要是一切如他所言的没事，共进午餐交流感情则是很自然的事。或者，邀他与你一起吃下午茶。在你离开办公室时碰上他，开心地跟他天南地北地聊一番。总之，尽量增加与他联络的机会。友善地对待，对方怎样也拒绝不得。

2. 勇敢地承认自己的错误

如果同事对你的敌意是由你的不当而引起的，你就该勇敢地承认自己的错误。这样不仅可以有效地防止对方对你的进一步攻击，避免你们之间的关系进一步恶化，同时，还可以挽回你与同事之间的合作，迅速扭转不利局面。

承认错误，最佳和最有效的策略是向他简单地道歉："对不起，我实在有点过分，我保证不会再有下一次。"

记住，在道歉时千万不要重提旧事，要是你重提旧事，企图狡辩些什么，只会惹来另一次冲突，同时，也显得你缺乏诚意，人家日后再也不会相信你了。记着，你的目标是将事情软化下来，与同事化敌为友。所以，最好静待对方心情好转或平和些时，再正式提出道歉。

3. 对你的同事微笑

对你身边的每一位同事微笑，尤其是那些对你不满、怀有敌意的同事。微笑是可以感染的，如果你平常总以亲切的微笑对待同事，即使是那些与你为敌的同事也如此，那你的同事关系一定会处理得很好，至少在工作中与你为敌的同事会感到你的友善，也许以后就不会再像以前那样对待你了。

4. 表示你的尊重

认真倾听对方的话，表现出你的礼貌和尊重，向对方表示你需要其帮助，就是让这位同事知道你需要他（她）。当然，你是否真的需要，那则是另外一回事。我们就是要利用这样的一种接纳，抬高对方的自尊，对方一高兴，就可以避免把谈话激化，尽可能减少或消除将来的敌对情绪。

5. 关注对方的成绩

你一定要时刻关注对方的成绩，即使是与工作无关的，也能够成为你们之间建立感情桥梁的机会。要记住，对别人的行动和成就表示真正的关心，是一种表达尊重与欣赏的方式，如果你的同事处处反对你是出于要证实他自己的能力，那么你承认对方在工作中某一方面的特长，就很有可能会平息冲突。

你做出以上努力以后，基本可以化解同事之间的矛盾。如果遇上一些顽固不化的人，在你做出努力后，他仍然不愿意和你和解，你也不要难过，遇上这样的人，谁也没办法。问题并不在你，你只管放心地去工作，别理会这类人就是了。

每天向周围的人问声"早上好"

在职场中处理好错综复杂的人际关系，往往就来自于一句小小的问候语。不管你昨天睡得多晚，有多累，在早起后，在这新的一天里，你都要精神百倍地向你周围的人问声"早上好"，尤其要向你的老板和同事问声"早上好"。

也许你认为说早安是很简单的事，或者没有这个必要。有些人向别人道早安时连身边的人都听不到，或蜻蜓点水似的一带而过，有的则极不情愿，毫无感情色彩地例行公事而已；有的看一眼别人便一声不响地坐下。

问声"早上好"就是打破从昨天下班之后到今天早上一直处于停顿状态的同事关系，重新开始新的一天的人际关系，所以这是一个很重要的行为。你如果希望在新的一天当中，自己的人际关系更加圆满新鲜，无论如何都要亲切、明朗地和周围的人道早安。有这样一个小故事，说明了"早上好"的作用。

在去芝加哥上班的路上，一车的人谁也没有讲话，大家躲在自己的报纸后面，彼此保持着距离。

汽车在泥泞的路上前进。

"注意！注意！"突然一个声音响起，"我是你们的司机。"他的声音威严，车内鸦雀无声。"你们全都把报纸放下。""现在转过头去面对着坐在你身边的人。转啊！"全都照做，无一人露出笑容，这是一种从众的本能。"现在，跟着我说……"是一道用军队教官的语气喊出的命令："早安，朋友！"

大家跟着说完，情不自禁地笑了笑。

一直以来怕难为情，连普通的礼貌也不讲，现在腼腆之情一扫而光，彼此的界限消除了。有的又说了一遍后彼此握手、大笑，车厢内洋溢着笑语欢声……

"早安，朋友！"四个字一出口，奇迹出现了：彼此的界限消除了，为什么这四个字有如此巨大的魔力呢？

"早上好！"不仅仅是一句问候语，更是亲善感、友好感的表示，更是一种信任和尊重。"早上好"一旦说出了口，双方都有了亲切、友好的愿望，彼此间的距离缩短了，不仅增进了信任，还沟通了关系。

行走职场中，我们应该学会轻松地与人打招呼，不仅如此，还应该学会添加一些亲切的话题。比如："早上好！今天真热啊！""辛苦你了！今天忙得够呛吧？"这样的话题，可以说也属于问候语的范畴，所以，如果添上这么一两句的话，无疑会有更佳的效果。又如："天真热啊！真想跳到游泳池里凉快凉快！""今天真累，好好地休息一下吧，明天再努力干！"像这样的话题，既轻松自然，又不失礼节。

如果有一天，一位泛泛之交的同事点头向你说了上面的问候语，你一定会先感到惊讶，然后喜形于色吧！说不定这一问候语就是你俩友谊的开端，让你们成为无话不谈的好朋友呢。如果你特意赞美了别人，那就更加锦上添花了。比如："今天的领带真漂亮！是你太太专门为你挑选的吧？""最近你好像干劲十足！好好加油吧！"像这样的话题，自然轻松，平易近人，足以让对方听后心里喜滋滋的。

工作一天的开始，同事之间刚见面的第一句话，几乎百分之百是常用的礼节性问候语，真挚亲切的问候，对于加深同事间的感情具有至关重要的作用。聪明的你不要忘了，在踏进办公室的同时，带着8颗牙齿的微笑，像周围的人问声好。

关键时刻帮同事一把，更易赢得人心

每个人在工作中肯定都会遇到一些困难，在同事遇到困难时帮他一把，不仅播下人情，得到同事的感激，还为彼此的关系抹上甜甜的蜜，融洽而甜美。况且，帮助别人搬开脚下的绊脚石，有时恰恰也是为自己铺路——帮助同事即是帮助自己。在帮助别人时，任何一种努力都不会白费。帮助同事，既赢得了同事的尊重，更容易得到老板的器重，因为你在帮助同事的同时也向老板展示了自己的能力。

潘敏在一家塑料制品企业经营部上班。

一天，经理心急火燎地过来问："杨丽呢，她的那份合同做好了没有？"

恰巧杨丽出去办私事，临走时对潘敏说了一下。

潘敏说："杨丽刚刚出去，可能上厕所了吧，您需要哪份合同书？"

"就是与宏达塑钢窗厂签订的那份合同，越到节骨眼儿上越找不着人！"经理很着急。

"杨丽一会儿就回来，我先找一下。"

经理走后，潘敏马上给杨丽打电话，找到了那份合同，及时给经理送了过去。关键时刻潘敏主动帮助杨丽解决了难题，杨丽非常感动，此后两个人的关系也越来越好。

帮助有困难的同事，是我们分内的事情，切不可以此作为人情记在心头，不要沾沾自喜，自鸣得意，时常将对别人的帮助挂在嘴边，这样的人，人们也不愿意接受他的帮助。也不要期望对方给你的回报，否则不但加深不了感情，反而落得个"势利"的帽子。

同事间的相互帮助并不一定表现在工作上，有时生活中的小事会给人极深刻的印象，从而改变同事对你的看法。

玛丽是一个单身女子，住在纽约的一个闹市区。有一次，玛丽搬一个大箱子回家。电梯坏了，玛丽只好自己扛着箱子上8楼。琳达与玛丽是同事，但玛丽平时看不起琳达，有时还冷嘲热讽。因为琳达工作很差，有时还会弄巧成拙。此时，恰巧碰上琳达，琳达想帮玛丽把箱子搬上楼去。玛丽很难为情，琳达却主动上前，将箱子搬上楼去。事后，玛丽对琳达表示感谢，并开始重新认识她。经过交往，玛丽发现琳达其实是一个很好的女孩，爱好广泛而且热情周到，她俩后来成了很好的朋友。

像琳达这样，热情地帮助那些对自己有偏见的同事，可以有效地化解彼此之间的尴尬，让对方重新认识自己，你的热心会使同事乐于帮助你，从而营造一个融洽的办公环境。

很多人在工作中都懂得与上司建立良好的关系，认为只要上司欣赏自己就万事大吉。其实同事之间的融洽关系也同样宝贵，试想，如果天天都要见面，坐在同一个办公室里工作，两人却互相讨厌甚至排挤，工作时的心情肯定大受影响，业务上也不能相互配合，最后只会影响你的工作表现。因此，心胸要开阔一些，同事有困难时主动帮一把，这不仅是对别人好，而且也是对自己好。

尊重职场里的老前辈，赢得老前辈支持

在工作中，与同事和上下级搞好关系十分重要，人际关系搞不好，工作就不好开展。有这样一位职员，工作年限不长，但能力很强，深受领导赏识，很快被提升为部门主管。但是下属中有位老职员，仗着自己资格老，以前有功劳，对他不服，让他很难办。遇到这种情况该怎么办呢？

要想改变这种境况，必须认清一点：职场中的"老前辈"对打通职场人际关系至关重要。每个人都自我感觉良好，认为自己并不比别人差，对别人不服气是正常心理，尤其是那些业务上比较强、对公司有贡献的老前辈们。他们通常有较强的自尊心，渴望获得别人尊敬，了解他们的这种心理十分重要。所以，我们必须遵循一条准则，尊重老前辈的优点，承认他们的优势，慢慢解开他们心里的疙瘩。与这些老前辈们的关

系处好了，必然对你拓展人际关系大为有利。

战国时候的廉颇和蔺相如就曾有这样的矛盾，不过蔺相如巧妙地将矛盾化解了，从而为自己拓展了良好的仕途人际关系。

蔺相如本来是赵国一名宦官的门客，地位低下，因为偶然的机会被赵王所知，赵王派他带着和氏璧出使秦国，他不辱使命，出色完成了任务。从此以后，他接连被提拔。最后官拜上卿，名字还排在廉颇之前。

这下廉颇很不服气了，说："我是赵国的将军，有攻城野战、保卫国家的汗马功劳，可是蔺相如仅仅靠耍嘴皮子立了一点功，他的爵位却在我的上面。况且，蔺相如出身低微，他原来不过是宦官手下的一个门客。我同一个出身低贱的人担任同样的职务，实在是感到耻辱，而且现在还要我做他的下手，这让我简直受不了。"他对外扬言："我如果碰到蔺相如，一定要羞辱他一番。"

蔺相如听到这些话，总是避免和廉颇见面。每次朝会的时候，蔺相如常常假托有病，不愿和廉颇争位次的先后。后来有一次蔺相如外出，远远看见廉颇来了，蔺相如立即把车子掉转方向躲避，手下人对此不解。

后来蔺相如对自己的手下说："其实我哪是怕廉将军啊，我是为了国家着想啊！现在强秦之所以不敢发兵来攻打我们赵国，那是因为我和廉将军两人还活着。两虎相斗，必有一伤。我之所以忍辱退让，是由于我首先考虑到国家的患难和安危，而把个人之间的仇怨摆在次要地位的缘故。"

这话传到廉颇的耳朵里，廉颇感到很惭愧，觉得自己的境界实在太低了，于是负荆请罪，两人终于和解。

回到当今职场，新主管要以敬重、真诚的态度对待老的资深同仁，比如在聚会时，表示敬重之意，真诚地赞美他们为公司做出的贡献。在工作中不懂的事要和他们商量，不能因为对方职位不高或生性老实而有失敬意，这种人对公司上上下下很清楚，听他讲讲公司的历史，对新主管也是有益的。如此一来，年轻主管不但加深了对公司的了解，而且在老员工及众人心中也能留下好的印象。

如果你在晋升之前和资深的前辈们搞好关系，表示出你对他们的关心，在他们需要帮助时热心支援，那么，无论在你晋升的过程中还是晋升后的工作中，他们都会给你很大的帮助。

当然，还有一点非常重要：你要加强自身业务素质，最好在业务上要强于他们，让他们心中服气，让他明白你的晋升靠实力，而不是靠关系爬上去的。

与同事相处，不能乱发脾气

处于情绪低潮当中的人们，容易迁怒于周围的人，这是自然的，但是办公室是有规则的，为了展示真正的职业风范，更好地在职场中生存，则必须根除自己的陋习，不在同事面前发脾气。事实上，人们往往喜欢受到表扬，没有人愿意受气。在职场中，更应该洞悉人的这种心理。

林科长任财务科长的第三年，上司给他委派了一名新主任。新主任是老会计出身，没有多少文化，对所管辖的部属，谁工作认真、昼夜加班、出了成绩，他看在眼里，忘在脑后；谁迟到早退、不请假，或者没有给他及时送材料，他却牢牢记在心上，时不时地给点颜色瞧瞧。尤其是对财务科的工作总是挑毛病、找破绽，好像怎么看怎么不顺眼。

面对蛮不讲理的新主任，林科长既没有当面顶撞，也没有逢迎巴结。他经常和本科室的人员开会，定出工作程序，交给主任过目后，再切实执行，并做好系统记录，以便主任翻阅。这样自行安排工作，既减少了他这个财务科长与新主任的摩擦，也减轻了自己的负担。

有几次，林科长被主任严厉批评，但他没有任何的异常情绪，也没有把这种情绪带到工作中去。相反，林科长每受到委屈，必当机立断，检查自己的工作、处事是否有错误，并且有错必改，或是重新评价自己，进一步做好本职工作。

此外，对待这样的"大老粗"主任，林科长为自己的前途着想，时时小心、处处小心、步步小心，每一件事、每一句话都对主任格外尊敬，尊重主任的意见，多向主任请教，多多体谅主任的难处。

这样一年下来，主任对财务科长褒奖有加，再也不像以前那样恶声恶气了，又过了半年，林科长被提升为财务部主管。

愤怒常常使人失去理智，在愤怒的情况下做出的举动和判断往往是错误的。身在职场，你应学会控制自己的情绪，应像林科长一样懂得尊重上司，控制自己，才能更利于发展。

大凡身心健康者，每个人都有喜、有怨、有悲，也有愤怒心理情绪的存在或表现。生活是多变的，在多变的生活中每个人都会面临挫折、失望、沮丧、失败。在正常情况下，人会在遇到高兴事时，眉飞色舞；遇到伤心事时，愁眉苦脸。但是在办公室里，这种情况一定要控制。成功者碰到因这些问题引发的愤怒时，总是以积极的态度、积极的情绪来适应，这就是情绪控制。

控制发怒的目的不是压迫愤怒，而是把愤怒的情绪巧妙地转移，导引为一种努力背后的动力，以推进自己的事业向前发展。这是通常说的聪明人的做法。

很多人经常把工作以外的怒气和不满带到工作中来，同事觉得你像随时都可能爆炸的炸弹，尽量绕开你的办公桌。客户打电话给你，你莫名地冲着他吼叫，然后不等对方说完就把电话挂掉。一整天，你总是用双手抱着头，一声不响地坐在那里，工作懒得做，话也懒得说，办公室的气氛因为你而变得死气沉沉。殊不知，你这种不够成熟的表现影响了你的工作，而且这样做也并不能使你解脱，你让你的同事们也感到不快，他们不喜欢这样。最重要的是，你的客户永远不会再与你联系。

办公室是一个集体场合，不同于你自己的家——即使在家里也要考虑家人的情绪，而同事是与你共同做事的人，不是来看你脸色、受你脾气的。正所谓"一人向隅，举座不欢"，即使你有一千个理由，也不应该把坏情绪带到办公室里来。

读懂不同类型的同事，才能制造融洽的氛围

一个公司就是一个社会的缩影，各种性格的人在一个公司里都有可能遇上，有些还是工作当中无可避免地麻烦人物。面对不同性格类型的人，如何调动他们，以使大家相处融洽，促进工作顺利进展呢？

1. 推卸责任的人

对那些习惯推卸工作职责的同事，在请他们协助工作时，目标必须明确，时间、内容等要求要讲清楚，甚至白纸黑字写下来，以此为证据。不为他们所提出的借口而动摇，请温和地坚持原来的决议，表达你知道工作有困难性，但还是需要在一定范围内完成的期望。

如果他们试图把过错推给别人，不要被他们搪塞过去，你只需坚定说明那是另一回事，现在要解决的是如何达成原定的目标。如果他们真的遇到问题，除非真有必要，你不用主动帮他们解决，防止养成他们继续对你使用这招以摆脱工作的习惯。

2. 过于敏感的人

一些同事生性敏感，应尽量避免在其他人面前对他们做出可能冒犯的评语，要批评请私底下讲。即使像"有点""可能""不太"这类有所保留的语气，都会让他们心乱如麻，因此在批评时尽量客观公正，慎重选择你的用词，指出事实就好。尤其要让他们了解你只是针对事情本身提出意见，而不是在对他们做人身攻击。

针对他们过度的反应，你不要跟着乱了手脚急于辩解，那可能会越描越黑，只要重申事情本身就好。提出意见时也同时指出他们的优点以及表现出色的地方，以建立

他们的自信心。

3. 喜欢抱怨的人

他们之所以抱怨，是因为他们在意事情的发展。如果抱怨的内容跟你负责的业务有关，最好能有立即的响应或改善；如果他们抱怨的是无关紧要的琐事，听听就算了，也不需要动气反驳。遇到问题时，问问他们觉得最好的解决方法是什么，怎么样才能避免问题再度发生，将他们的力气引导到解决问题上。

4. 悲观的人

脸上总带有悲观情绪的同事害怕失败，不愿意冒险，所以会以负面的意见阻止工作、环境上的改变。你不妨问问他们认为改变后最坏的结果是什么，事先准备好应对的方法。

与悲观的同事合作时，告诉他们如果失败的话是整个团队的责任，而不会只责怪他们，解除他们的心理压力，他们就不会在一旁唠叨。

5. 喜怒无常的人

有些同事属于黏质型，会喜怒无常。当他们表现出喜怒无常的行为时，不要回应他们无理的行为，找个借口离开现场，等他们冷静一点再回来。面对他们的情绪失控，不要被情绪影响，应以冷静、客观的态度响应，陈述事实即可，不需辩解。一旦他们恢复理智，要乐于倾听他们的谈话。万一他们中途又开始"抓狂"，就立即停止对话。

6. 沉默的人

办公室里总有一些不善说话、只在默默工作的同事，在与他们说话时不能语带威胁，要不带情绪并放低姿态。

花时间与他们一起将每个工作步骤写成白纸黑字，了解彼此对工作的认知，尽量让他们做自己分内的工作就好。

尽量多问一些开放性的问题，鼓励他们说话，如果他们一时无话可说就耐心等待，给他们时间思考，不用对彼此之间的沉默觉得不自在。称赞他们的成就，以符合他们需求的方式鼓励他们。

7. 清狂高傲型

对清狂高傲的同事，你根本用不着与之计较，他喜欢吹嘘自己，那就由他去吧！即使他贬低了你，你也不要去与他们较量，更不要低三下四，你只需长话短说，把需要交代的事情简明交代完即可。

在公司里，面对不同类型的同事，要把握他们各自的性格特点，积极调动，营造一个和谐融洽的工作氛围。

坚守和谐共处四项原则

与同事相处，"和谐"二字非常重要。不过，这两个字说起来容易，但做起来并不是那么简单。当同事在工作上有困难时，我们应该尽心尽力予以帮助，而不是冷眼旁观，甚至落井下石；当同事征求我们的意见时，不要向他发出毫无意义的称赞；当同事在无意中冒犯了我们，又没有跟我们道歉时，要以无所谓的心态真诚地原谅他，如果今后他还有求于你，你依然要毫不犹豫地帮助他……

具体情况可能很多很多，但总结起来，想与同事和谐相处，一定要遵循四项基本原则：

1. 友好为前提。不要有亲疏远近

同一个部门的同事，与脾气相投的 A 每天都高兴地寒暄，中午约在一起吃午饭；相反，对不易结交的 B 就不大爱打招呼。由于亲善与疏远而改变了与对方的交往方式，尽管这是个人之间的小事，但同在一个办公室，这样做并不好。

2. 不要随便插手同事的工作

无论多么要好的同事，背着上级互相分担或帮助别人工作都是不允许的。公司有各种各样的职务分工，它是一种有序的制度，无视这一点，会使某一方面的工作受到损失。互相帮助、鼓励是件好事，但应当禁止多余的帮助与随意的插手。

3. 与同事交谈时不要涉及他人隐私

"交给了老婆多少奖金？""是不是被女朋友给甩了？"说话时涉及这类内容，即便单位里只有一人在场，也是冒犯了他人的隐私。的确，两个人谈一谈个人生活方面的心里话，会增加双方的亲密感，并且也并非"谁都不愿说"这种秘密，但是在公司里说出来，就很容易形成谣传。因此，要想保持同事间的良好关系，就不要随便涉及他人的隐私。无话不说的"知心朋友"保留一两个人就可以了。

4. 对新同事既要指导，又要给予自主权

对于新同事，在他们熟悉工作之前，要耐心指导他们，这样才能显示出你的胸襟宽广。但是，也要给他们一定的自主权，不要因为他们是新同事而事事代劳。此外，不要没头没脑地批评。培养新参加工作的同事，最重要的是"加强表扬"。当然，每个人无论做什么事都可能会失败，但如果在此时不分青红皂白地训斥，则会产生不利影响。要么使没有做好工作的人更加畏缩不前，要么会造成对方的反抗行为。如果说"我也经历过同样的失败""如果改为这样做，就会更好了"，对方就会认为你能够理解他，会深受鼓舞。这样做效果很好，有益于今后的工作。

四、掌握分寸，知彼知己

时常微笑，能解决很多难题

一张微笑的脸让人看上去即礼貌又友好。在工作过程中，只有每位员工都有敬业、勤业以及乐业的精神，才会有轻松、友善的微笑，这种真正的微笑会改善员工之间的关系，给客户留下好印象，使公司形象长盛不衰。

伦敦著名的沙威馆的总经理肯罗是一位意大利人，这家旅馆有100多年的历史了。肯罗每天都需要做很多琐碎的事，如房间预约、床位安排、床单更换、食物供应等，但他却总是安排得很好，没有一点失误。

作为一个总经理，每天要管理从侍者到厨师，从女仆到乐队等一大堆职员，而且还要解决许多其他问题，但是他都能够处理得如此有条有理，人们问他有什么秘诀时，他说他的办法很简单。"我在问题还没有发生以前，就用微笑把它笑走了，至少可以避免将小问题变成大问题。微笑，是我性格的一部分，我就用微笑来避免遭遇问题。"

或许你会有疑问，有些事是用微笑处理不了的。所以，最好的解决问题的方法是一开始便避免问题的发生。也就是说，在问题发生以前，你就把它消灭掉。而一个真心的微笑，不管是从眼睛里看到的还是从声音里听到的，都是一个很好的开端。

奇宾·当斯是一个通过声音传达微笑的人。当斯是美国底特律地区最受欢迎的节目主持人之一，他的受欢迎并不仅在底特律而是遍及全美。有的听众写信给这位声音里带着微笑的主持人，告诉当斯说，他们透过他的声音看到了他的微笑。听众经常给他说这样的话："当斯，你的微笑与我听你的广播时所想象的完全一样。我本来害怕会失去你的微笑，但是并没有。"

有人问当斯，为什么总是那么高兴，他说他的秘诀是从来不把烦恼摆在脸上，而是深藏在心中。因为，他的工作是娱乐别人，他说："为别人创造一个愉快的生活，这要从微笑开始，但必须是发自内心的微笑。"

当斯经常用"带上一张快乐的脸"去工作，并不是偶尔，而是经常，他把微笑加进他的声音，配合上帝赋予他的演说水平，给观众以享受。

当斯说："当你微笑的时候，别人会更喜欢你，而且微笑会使你自己也感到快乐。它不会花掉你的任何东西，却可以让你赚到任何股票都付不出的红利。"

这是一位用微笑解决问题的切实例证。

在一个适当的时候、恰当的场合，一个简单的微笑可以使陷入僵局的事情豁然开朗；一个简单的微笑可以解决棘手的问题；一个简单的微笑可以创造奇迹。

要想获得一个成功的微笑要做到以下几点：

微笑要做到真诚，要发自内心。虚伪的假笑、牵强的冷笑只会令对方感到别扭和反感。

微笑要做到甜美。这种表情由嘴巴、眼神、眉毛及面部股肉等方面来协调完成。

微笑要有尺度，即热情又不过度。表情不能过于夸张，太夸张的表情不仅让对方感到不舒服，而且会令对方摸不着头脑。

微笑要加上得体的手势，这样会显得更自然、大方、协调。

与人握手，可以多握一会儿

握手是现代社会交际中一种最普通的礼仪，它是世界上最通行的常用礼节。在各类商务、公务及普通的社交场合，握手礼是使用最频繁的礼节形式，不同的握手方式展现给人不同的形象。握手这种状态能发展成为心与心的沟通，即人们能够更多地从中感到一种强烈的连带关系。通过这种有力的握手，对方会对你的诚意、热情，特别是坚强的意志、强硬的外表等留下深刻的印象。

刘艳军在某著名房地产公司任副总裁，她是个精明而敏感的女士。有一天，她接待了来访的某建筑材料公司主管销售的于经理。于经理被秘书领进了刘艳军的办公室。

刘艳军离开办公桌，面带笑容，走向于经理。于经理先伸出手来，让刘艳军握了握。刘艳军客气地对他说："很高兴看到你们公司的产品。这样吧，让我看一看这些材料，有需要我再和你联系。"

刘艳军在几分钟后把于经理送出了办公室。几天内，于经理多次打电话询问这笔生意，但得到的都是秘书的回答："刘总不在。"

刘艳军在一次形象讨论课上说出了这位于经理让她在短时间内反感的原因，她说："首次见面，他留给我的印象不仅是不懂基本的商业礼仪，而且还没有绅士风度。他是一个男人，位置又低于我，怎么能像个王子一样伸出高贵的手让我握呢？他伸给我的手不但看起来毫无生机，握起来更像一条死鱼，冰冷、松散、毫无热情。当我握他的手时，他的手掌也没有任何反应。握手的这几秒，他就留给我一个极坏的印象，他的心可能和他的手一样的冰冷。他的手没有让我感到对我的尊重，他对我们的会面也并不重视。作为一个公司的销售经理，居然不懂得基本的握手方式，他显然不是那种经过高度职业训练的人。而公司能够雇用这样素质的人做销售经理，可见公司管理人中的素质和层次也不会高。这种素质低下的人组成的管理阶层，怎么会严格遵守商业道德，提供优质、价格合理的建筑材料呢？我们这样大的房地产公司，怎么能够与这样作坊式的小公司合作呢？怎么会让他们为我们提供材料呢？"

心理学家及身体语言专家们认为，通过握手能判断人的性格。在同性的陌生人中，主动伸出手的人性格坚定、热情或者有丰富的人际关系经验；性格支配欲望强的人会让自己手心朝下压在别人的手上。

加拿大形象设计师凯伦说道："握手是一门如此有趣的艺术，它让我们在瞬间产生种种推测和判断，握手的信息是无言的，但它却是那么丰富和微妙。握手是如此感性，但它却在对方开口之前，让我们感受到他的内心活动。"

真诚的人握着你手的时候是暖暖的，虽然他手的实际温度或许并不高，但他的真诚通过两只手热情地传递过来，让人对他产生一种真诚的信赖和好感。

缺乏诚意的人在与人握手时，只不过是轻轻一碰就松开，或是一面与人握手，一面斜视其他地方，或东张西望，这是极不尊重对方的表现。这样不尊重对方的毫无活力的握手对自己的形象是有百害而无一利的。

巧用"冷热水"，增添制胜砝码

保持一盆温水温度不变，如果先把手放入冷水里，再放到温水中，会感到温水热；如果先将手放在热水中，再放到温水中，就会感到温水很凉。同是一盆温水，出现了两种不同的感觉，这就是"冷热水效应"。

一次，一架民航客机即将着陆时，由于机场拥挤，无法按时降落，机组人员通知乘客，预计推迟1个小时着陆。顿时，机舱里一片抱怨之声，乘客们在焦急中等待着这难熬的时间。几分钟后，乘务员宣布，再过30分钟，飞机就会安全降落，乘客们如释重负地松了一口气。又过了5分钟，广播里说，现在飞机就要降落了。虽然晚了十几分钟，乘客们却喜出望外，如同提前到达般愉快。

在这个事例中，机组人员就是运用了"冷热水"效应，对于正点这个热水来讲，晚十几分钟是冷，而对于晚一个小时这个冷水来讲，晚十几分钟又成了热的感觉了。经过这样一个先降低乘客预期的过程，对晚点这个事实，乘客们不但不厌烦，反而异常兴奋了。

在办公室里，善于运用这种冷热水效应就可赢得某种心理优势，进而获得主动，增添制胜砝码。

当你不能直接端给别人一盆"热水"时，不妨先端给他一盆"冷水"，再端给他一盆"温水"，这样，你的这盆"温水"同样会获得扰如"热水"般的效果。

人们在判断事物时下意识要进行相互比较，有时为了让某人接受一件有些勉强的事情（温水）时，不妨用另一件更困难的事（冷水）作反衬，出于趋利避害、两难当中取其易的本能，他会痛快地接受想让他接受的（温水）。

假若首先让对方尝尝"冷水"的滋味，就会使他心中的"秤砣"得以缩小，因此他会对获得的"温水"感到高兴。

人与人之间要互相体谅和适应。人和人之间的关系是一个从不适应到适应，从矛盾到和谐的过程。经历曲折后，你会获得进步。

别做办公室里的"孤独者"

公司是一台大机器，员工就好比零件，只有各个零件凝聚成一股力量，这台机器才可能正常启动。

梁昱进入 H 公司工作，由于他在学校时就是班上的优等生，所以在进入公司后，常常恃才傲物，个性强硬，从不认输服软。当时和他一起进入公司工作的还有安东。安东和梁昱一样也非常优秀，然而到了公司上班之后，他看到身边的人都很踏实地工作，而上司又是个好嫉妒的人，于是他就收敛锋芒，勤奋工作，连喜欢抽烟的毛病也因办公室无人抽烟而戒掉了。他还主动热情地和同事打交道，于是很快就赢得了同事和上司的喜欢。

在年终评选优秀员工的奖励大会上，由于安东的优秀工作业绩和同事的支持，他受到了表彰，而梁昱也非常努力地工作，甚至工作成绩比安东还好，可是由于同事背地里常说他的坏话，上司不喜欢他，在评选大会上一票也没得到，有好成绩也没受到表彰。梁昱认为自己不受重视，感觉英雄无用武之地，因此辞职而去。

其实生活中不难发现，有的员工因为不能很好地与同事相处而无法在公司立足。所以作为一名在职人员，尤其要加强个体和整体的协调统一。因为员工作为个体，一方面有自己的个性，另一方面，就是如何很好地融入集体。所以，无论自己处于什么职位，首先需要与同事多沟通，因为你个人的视野和经验毕竟有限，要避免给人留下"独断专行"的印象。况且，随着社会分工的越来越细，这种沟通协调也是必需的，千万不能做公司里的孤独者。

就算一间办公室里只有你和部门经理两个人，而你就坐在经理的身边。这个办公室对你来说，也不只是那小小的一间，而是除了这"一亩三分地"以外的很多地方。一个年轻人，整天在领导身边固然可以更好地锻炼自己、表现自己，但是如果不和其他员工接触，工作一定很难做好。所以，你要经常到其他办公室走走，和同事们聊聊天，这是与人交往的需要，你要避免总被同事们说成是"领导身边的人"。

和同事做朋友，其实大家都在一条船上，把自己融进去，而不是跳出来，这是新世纪"团队协作"的要义。它对封闭自我的人提出了新的挑战——增强人际交往的能力，跳出自我的小圈子，融入集体中去，这是不容回避的现实要求。让自己成为团队中的一员，大家共同拼搏，才能谈得上胜利。同事友情如此有价值，如果你还在做流浪的孤儿，是不是太愚蠢了？

为避免成为公司里的孤独者，以下几点供你参考：

主动与同事交流沟通

人在职场，难免会遇到同事的误解。有的是他人造成的，有的则是自己不经意间造成的，对此决不能采取消极的态度听之任之，更不要以对抗的方式去面对，而是要通过沟通来解决。通过沟通，不仅有助于消除同事对你的误会，更会加深同事对你的认识。当然，与同事在人际关系上的沟通，并不意味着只有当同事出现误解时才去进行，必须贯穿于工作的始终。职场中的每一个人都必须突破沟通障碍，致力于建立正常的人际沟通，人际沟通解决好了，成功的机会也就会自然而然地多起来。

不要拒绝同事进入你的生活

只把同事当成工作伙伴是不对的。在你生活圈的朋友里面有自己的同事吗？如果没有，就要检讨一下自己对同事的交往态度了。其实和同事进行生活中的交往有很多好处，比如一起出去郊游、一起打车上下班、一起逛街买衣服、一起租房等。这样可以加深彼此的了解，促进工作的合作愉快，在经济上也可以互利互惠，在生活上可以互相照顾，工作上取得的成绩可以共同分享，有了难处也能够互相帮助。

寻找共同兴趣

只有有共同的爱好、兴趣才能让人走到一起。小红所在单位大部分同事都是男性，中午吃饭时的短暂休息时间，同事们往往会聚集在一起谈天说地，可惜小红总感觉到插不上嘴，起初的一段日子只能存旁边远听。男同事们喜欢谈论的话题无非集中在体育、股票上面，但他们即使不懂时装的流行趋势，也不妨碍他们与女同事的交流。不过要想和这些男同事搞好同事关系，首先得试着让自己去接受他们的一些爱好。于是小红开始"有意识"地关注体育方面的消息和新闻，遇到合适机会甚至还和男同事们一起去看球赛。"现在有了共同话题后，和男同事相处容易多了。每次和他们闲聊的过程中，也会将自己在工作中的一些感受和他们进行交流，我们之间的工作友谊也增进了不少。"小红如是说。

低调处理内部矛盾

在长时间的工作过程中，与同事产生一些小矛盾是很正常的。不过在处理这些矛盾的时候，要注意方法，尽量不要让你们之间的矛盾公开激化。办公场所也是公共场所，尽管同事之间会因工作而产生一些小摩擦，不过千万要理性处理摩擦事件。不要表现出盛气凌人的样子，非要和同事做个了断、分个胜负。退一步讲，就算你有理，要是你得理不饶人的话，同事也会对你敬而远之的，觉得你是个不给同事留余地、不给他人留面子的人，以后也会在心中时刻提防你的，这样你可能会失去一大批同事的支持，成为孤独的人。

向你的同事求助

轻易不求人，这是对的，因为求人总会给别人带来麻烦。但任何事物都是辩证的，有时求助别人反而能表明你对别人的信赖。你不愿求人家，人家也就不好意思求你；你怕人家麻烦，人家就以为你也很怕麻烦。良好的人际关系是以互相帮助为前提的。因此，求助他人在一般情况下是可以的。当然，要讲究分寸，尽量不要让人家为难。

五、深藏不露，韬光养晦

隐藏目的，看准时机在行动

把自己的目标深深地埋在心里，然后静待时机。时机合适时，再出手握住，也是办公室智慧的体现之一。

有位记者曾经向好莱坞著名演员查尔斯·科伯恩问过这样一个问题："一个人如果要想成大事，最主要靠的是什么？头脑？精力？还是教育？"

查尔斯·科伯恩摇摇头："这些东西都可以帮助你成大事。但是我觉得有一件情甚至更为重要，那就是把握时机。"

"这个时机，"他接着说，"就是行动——或者按兵不动，说话——或是缄默不语的时机。在舞台上，每个演员都知道，把握时机是最重要的因素。我相信生活中它也是个关键。如果你掌握了审时度势的艺术，在你的婚姻、你的工作以及与他人的关系上，就不必去刻意追求幸福和成大事，它们会自动找上门来！"

显然科伯恩是正确的。如果你能学会在时机来临时识别它，在时机溜走之前就紧紧抓住它，会大大简化你的成功路。

鹏程公司调来了一位新主管，员工们既紧张又兴奋，因为据说新来的主管是一个能人，所以被派来专门整顿业务。

都说新官上任三把火，可是，日子一天天过去，新来的主管却毫无动静，每天彬彬有礼地出入办公室。那些紧张得要死的懒员工，现在反而更无所忌惮了。"他哪里是个能人，根本就是一个没本事的人，比以前的主管更容易唬。"于是有人开始在工作中松懈了。

当三个月过去时，新来的主管却发威了，那些松散的员工一律开除，能者则获得提升。下手之快，断事之准，与三个月中表现保守的他，简直像换了一个人。

年终聚餐时，新来的主管在酒后致辞：相信大家对我新上任后的表现和后来准确的大刀阔斧一定感到不解，现在听我说个故事，各位就明白了："我有一位朋友，买了栋带着大院的房子，他一搬进去，就对院子全面整顿，杂草杂树一律清除，改种自己新买的花卉。某日，原先的房主回访，进门大吃一惊地问，那些名贵的牡丹哪里去了。我这位朋友才发现，他居然把牡丹当成野草给割了，他很后悔，觉得自己不该不分良莠一起除掉了。"

说到这儿，主管举起杯来："让我敬在座的每一位！如果这个办公室是个花园，你们就是其间的珍木，珍木不可能一年到头都开花结果，只有经过长期的观察才认得出来啊！"

这位新来的主管是真正做大事的人。他能在新来的三个月中充分地摸清底细，熟悉办公室的环境和员工的能力大小，然后再在合适的时机，采取重大的措施，实施自己的管理方案。既保证了公司的精英员工得到重用，也清除了公司不合格的员工。

许多人以为会看时机是一种天分，是生来就具备的能力，就像是具有音乐细胞一样。但事实并非如此，观察那些似乎有幸具备这种天分的人，你会发现这是一种任何人只要努力培养就能获得的技能。

放下身份，以退为进，由低到高

如果你仔细看清楚，办公室里只有两种人：主角和龙套。在办公室里要不想往上爬，只想过得轻轻松松，那就做好做一辈子龙套的准备吧！但要明白做龙套的坏处就是：送死你先去，功劳全没有，裁员先考虑，升职没机会。职场不是修身养性的地方，你要比别人生存得好，就唯有当主角，让别人去跑龙套。你不能踩着别人肩膀，就只能做他人的垫背。

究竟是因为你牢骚满腹而得不到升迁，还是因得不到升迁而牢骚满腹，就像是"鸡生蛋"还是"蛋生鸡"这个问题一样，谁也说不清。但有一点是可以肯定的，那就是二者相互影响只会形成恶性循环。

不要总是抱怨自己怀才不遇或被大材小用。首先你要认清自己的才在哪里，然后再给自己合适的定位。

有一位留美的计算机博士，毕业想在美国找一份薪水不错的工作，却接连碰壁，许多公司都将这他拒之门外。他有些困惑，这样高的学历，这样吃香的专业，为什么找不到一份高薪工作呢？

这位博士决定换一种方法试试。他收起了所有的学位证明，以一种最低身份再去求职。不久他就被一家计算机公司录用，做了一名基层的程序录入员。这是一份稍有学历的人都不愿去干的工作，而这位博士却干得兢兢业业、一丝不苟。

没过多久，他的上司就发现了他才华出众，不同于一般的程序录入员：他居然能看出程序中的错误，并且能提出修正意见。这时他亮出了自己的学士证书，于是上司给他调换了一个与本科毕业生对口的工作。

在新工作岗位上工作一段时间后，老板发现他在新的岗位上工作得游刃有余，还能提出不少有价值的建议，这比一般大学生高明，这时他才亮出自己的硕士身份，老板又提升了他。

有了前两次的经验，老板也比较注意观察他，发现他不仅有硕士的水平，其专业知识的广度与深度都非一般硕士生可比，就再次找他谈话。这时他才拿出博士学位证明，并叙述了自己这样做的原因。此时老板才恍然大悟，于是就毫不犹豫地重用了他，因为对他的学识、能力及敬业精神在这段时间的工作中都已逐步了解了。

这个博士十分聪明，碰了几次钉子后，他放下身份，甚至让别人看低自己，然后在实际工作中一次次地展现自己的才华，用自己的能力而不是学历让别人一次一次地对自己刮目相看，他的形象就逐渐高大起来了。

如果这位博士有"大材小用"的想法，以学历为倚靠，不肯屈尊，那么他的才华很可能就真的没有地方可以施展了。

在不顺心的境地里，如果总是感叹自己"大材小用""明珠暗投"，而不肯从一点一滴的小事中证明自己的能力，只能让自己的生活更加糟糕，你会看不到生活中美好的东西。这样只会消磨你的志气，是你成功进取的致命伤。

即使你真的遭遇了不公平的事情，自怨自艾也绝对不是解决问题的办法。靠自己的努力，靠你的实力证明自己吧！当你取得有目共睹的成就的时候，就没有什么能够阻挡你升迁的路了。

把荣耀送给别人，千万莫贪功

在办公室里，把荣耀送给别人是一个聪明的做法，独自贪功是自私和愚蠢，它会给你带来人际关系上的危机。

有位服装设计师很有才气，他设计的服装很受欢迎。有一年他的作品得到了大奖，一开始他还很快乐，但过了不久，却再也笑不起来了。因为与公司同事的人际关系开始别扭起来，似乎人人都在有意无意地和他作对。

造成这种状况的原因是什么呢？是因为他犯了"独享荣耀"的错误。

他得了大奖，公司还给他发了特别奖金，并且老板当众表扬发他的工作成绩。但是他并没有现场感谢上司和同事们的协助，言语之间显得很高傲。更没有把奖金拿出一部分请客，所以大家虽然表面上流金当然不便说什么，但心里却感到不舒服，和他产生了隔阂。

就这件事情而言，他的作品之所以能得奖，当然他贡献最大，但是当有"好处"时，别人都会认为有自己的功劳，并且同是一起工作的同事相互嫉妒是难免的。所以他不与人分享所得，就会引起别人的不舒服。尤其是他的上司，更容不下他这种好大喜功的作风，这位先生自然就没有好日子过了。

造成这位服装设计师最后这种局面的根源还是在他自己。谁让他不顾忌别人的感受呢？其实在一起合作的领导和同事都认为别人的成功总有自己的一份功劳和苦劳，而他却傻乎乎地独自抱着荣耀不放，别人当然会因为他如此自私的做法而感到不舒服了。

1931年，因为卢瑟福在科学界的地位而被英国政府授予"勋爵"称号。他本人从来不把这些荣誉当作光环，他声明说："我并不看重这个勋爵形式，因为它对我这样的科学家有明显的不利。"

卢瑟福忘记别人的功劳，他总是怀着无限感激的心情来记述那些曾经帮助过他的朋友和团体。

1932年，他在《麦克吉尔新闻报》上发表的一篇文章中强调说："关于原子转变的第一个确切证明的荣誉是属于麦克吉尔大学的。"他还进一步指出，1902~1904年两年间所积累的实验证据是索迪和他本人一起取得的，并且明确指出，"这个近年来激动人心的发现，它的第一步是在蒙特利尔完成的。"

卢瑟福从来都不把他所获得的一切荣誉和成就记都到自己的功劳簿上，他认为："科学家不是依赖于个人的思想，而是综合了几千人的智慧，所有的人想一个问题，并且每人做它的部分工作，添加到正在建立起来的伟大的知识大厦之中。"

卢瑟福在英国皇家文学学会的一次演讲中，详细论述了玻尔的原子结构学说，并且指出，在他看来，25 年来，精确地说，从 19 世纪末开始算起，总共只有三个基本的发现，那就是：1895 年的 β 射线、1896 年的放射性和 1897 年为汤姆生所证实的电子。

按照卢瑟福的这一说法，后来的一切科学研究工作所取得的成绩，实际上都是来源于这三大发现。他所列举的三个重大的发现，竟然没有一个是属于他本人的——从这里，人们也可以再一次看到他那谦虚、淳朴的思想作风和高尚的情操。

与别人分享你的成功。要像蜡烛照亮自己也照亮别人，如果你只照亮自己，你的前途将一片黑暗；如果你只照亮别人，你将成为灰烬。

卢瑟福

不要轻易把自己的隐私示人

每一个人都有自己的隐私，都有一些令人不快、痛苦、悔恨的往事。比如恋爱的失败，夫妻的纠纷，生活的挫折……这些都是自己过去的事情，不愿意轻易示人。

马克·吐温说过："每个人像一轮明月，他呈现光明的一面，但另有黑暗的一面从来不会给别人看到。"

但是在职场中，如果和一位以上的同事成为亲密朋友，你的所有缺点与隐私将在办公室内被公开；和一位以下的同事成为亲密朋友，所有人都会对你的缺点与隐私感兴趣。所以，职场之上，人的隐私想藏住也不是一件容易的事。

隐私可能是私事，也可能与公司有关的事。如果你无意之中说给了同事，很快这些隐私就不再是隐私了，它会成为公司上下人人皆知的故事。这样，对你极为不利，至少会让同事多多少少对你产生一点"疑问"，从而对你的形象造成伤害。

一旦你把隐私告诉了一个别有用心的人，他虽然不可能在办公室里传播，但在关键时刻，他会拿出你的隐私作为武器回击你，使你在竞争中失败。因为许多人的隐私是一些不甚体面、不甚光彩甚至是有很大污点的事情。这个把柄若让人抓住，你的竞争力就会大大削弱。

蔺涛和方剑在同一家公司工作，又住在同一个宿舍，关系非常好，下班后没什么事的时候，经常在一起喝酒。

一个周末，蔺涛请方剑喝酒。两人酒越喝越多，话也越说越多。多喝了两杯的蔺涛向方剑说了一件自己不轻易示人的一件事。

他说他在初中毕业后没考上高中，不想在家里种地，也不知道该干什么，整天和几个朋友无所事事。

有一次，和几个朋友喝了些酒，走在回家的路上，看到一辆摩托车停在路边，周围没有人，也没有锁，就悄悄地把挂在车把上的一个手提包拿走了，打开一看，包里有几千元钱和一些证件，他们把证件扔了，把钱分了。他们几个朋友用这些钱玩乐了几天，后来就被警察抓住了，他们几个都因此被判了刑。

在服刑的过程中，自己认识到了自己的错误，出来后他决定改过自新，要靠自己的努力好好生活，这才来到这里工作。蔺涛觉得向自己的好朋友说这些没什么，方剑也同情蔺涛的遭遇。

蔺涛和方剑在这家公司踏踏实实干了3年后，公司根据他们的表现和业绩，把他们确定为业务部副经理候选人。总经理找他谈话时，他们表示一定加倍努力，不辜负领导的厚望。

谁知道，没过两天，公司人事部突然宣布方剑为业务部副经理，蔺涛调出业务部另行安排。这样的安排让蔺涛觉得很突然，不知道问题到底出在哪里。

事后，蔺涛从人事部了解到，是方剑从中搞鬼的缘故。原来，在他们俩被确定为候选人后，方剑便马上找到总经理，向总经理谈了蔺涛曾被判刑坐牢的事。虽然蔺涛的表现一直挺不错的，但是综合各方面考虑，一个曾经犯过法的人，是不敢轻易重用的。

知道了事情的真相后，蔺涛又气又恨又无奈，只得接受调遣。这个时候最让他悔恨的就是当初不应该什么话都跟方剑说。

工作认真、勤于思考、业绩良好被公司确定为副经理候选人，本来是出人头地的一个机会。可惜由于自己在无意间透露了一个属于自己的隐私而被竞争对手在关键时候抖了出来，最终无缘升迁，这是引人深思的。

我们每个人都有自己的隐私，都有一些压在心里不愿让别人知道的事情，但是总有一些人守不住自己的隐私，往往一冲动就把自己的隐私倒了出去。是亲戚朋友还好一点，毕竟没有太大的利害关系，如果同事关系，放在平时可能不会有什么问题，一旦涉及利益纷争，就有可能成为别人的把柄。所以，职场之上，哪怕感情不错，可以以姐妹或兄弟相称，也不要随便把自己的隐私告诉他们，否则真的会有一天悔之晚矣。

隐私就应该是隐私，无论何时也不能对同事讲。你不讲，保住属于自己的隐私，没有什么坏处；如果你讲给了同事，情况就不一样了，说不定什么时候别人会以此为把柄攻击你，使你有口难言。

所以，身在职场，如果要想在职场中一帆风顺的话，一定要严守自己的隐私，务必做到"守口如瓶"。与人推心置腹，虽然可以赢得朋友，但你若滔滔不绝，忘了留点隐私的话，你的祸端就可能就来临了。

不要轻易亮出自己的底牌

不到最后一刻不亮底牌，这是办公室里重要的生存原则！

聪明的老板往往会对守口如瓶的人进行提升，这是非常有道理的，因为这类人是身心成熟的人。

尤其在大公司中，因为人多，难免会有争权夺利、钩心斗角的事情发生。而有许多人非常善于钻营奔走、挑拨离间。每逢公司有人事上的升迁调动时，就流言满天飞，同事之间的关系也变得微妙起来。

所以会发生这种情形，当然是有人泄露了人事上的机密，于是搞得人心惶惶，既破坏公司的和谐，又影响士气。

如果你是候选人，你的上司必定会召见你，对你有所提示，此时不管你的上司是否对你有具体的承诺，你一定要守口如瓶，这样既可以避免节外生枝，也显示了你处事的成熟，那么你才会让别人认为你是可共大事的人。等到此事确定敲定下来，这时才可亮出你的牌。

日本前首相佐藤荣作就是一个能够严守秘密的人。

当年他担任运输省次官时，吉田藏邀请他出任内阁官房长官，他按手续向运输大臣提出辞呈，只字不提自己被内定为官房长官的事，甚至对其夫人也都闭口不谈。

他这种性格深为吉田藏所赏识，最后终于登上首相宝座，而且到目前为止，他是日本战后在位最久的首相。

要做到严守底牌的最好办法是以静制动，或是干脆不预பり会。如果说你的地位重要到能够引起人们的心理预期，就更要谨慎。即使你必须亮出真相，也最好避免什么都和盘托出的情况。不要让人把你里里外外一览无余。

你决心要做的事一旦披露，就会遇到很多无谓的阻碍。如果事后结局不佳，则你更容易遭到双倍的不幸。

聪明人应当对不怀好意的人置之不理，并且深藏起你个人的烦恼或家庭的忧虑，因为即使是命运女神有时也喜欢往你的痛处下手。你的那些不好的事或好事，都不应

轻易宣扬，以免前者不胫而走，后者烟消云散。

一定不要和盘托出全部真情，因为吐露真言并得到真诚的回报，如从心脏放血，需要极高的技巧。并非所有真相皆可讲，亮出自己底牌的人可能会输掉人生的很多机会。

隐藏你的心思。刚入职场的"菜鸟"总是把办公室当成大学宿舍，见到一个合得来的同事便恨不得把自己的事情一股脑地全倾诉出来，全然不懂得保护自己。隐藏你的心思是对你自己的一种保护，除非你另有目的，否则就认真遵守这个规则。

遇事多商量，不要自作主张

仅就工作而言，下属自作主张不会带来十分严重的后果，也并非都会造成错误和损失。可想，哪有员工笨到不知轻重的地步，敢于擅自替上司做出关乎单位重大利益的主张？除非他是个没有自知之明的人。但是，这种自作主张的致命错误在于它是对职场上的等级及人际关系的冲击。

上司反感下属的自作主张，其实不在于他的擅自决定给工作带来的损失——通常来说，这种损失是不确定的。

楚经理突然发现自己找的这家便宜的供货商所供应的产品不合格，而两个星期前他因以前的供货商价格过高，不顾供货商老板的解释写信去骂了他一顿。现在可有些棘手了，因为他们公司所需产品的供应商在全国屈指可数，而且其他厂家不是价格过高就是质量不合格，看来难免要放下身段去向人家道歉以修复以前的合作关系了。可是当他跟助理小张说起这件事时，小张却得意地一笑，说："楚经理，您不用为难，那封信我根本没有寄。"

"没寄？"

"对！"小张笑吟吟地说。

"嗯……"楚经理坐了下来，如释重负，停了半晌，又突然抬头："可是我当时不是叫你立刻发出吗？"

"是啊！但我猜到您会后悔，所以压下了。"小张转过身，歪着头笑笑。

楚经理若有所思，最后对小张表达了谢意。

但是至此事后，小张发现自己的工作不那么好做了，自己的顶头上司楚经理似乎有意在为难自己。而到有了晋升机会的时候，楚经理居然直接提升了比自己职位低的秘书。这让小张不得不以离职来结束这一段不愉快的上下级关系。

上司真正在意的是下属越权行事的行为，以及这种做事风格所反映的下属心中对上司的重视程度。尽管这种行为不一定说明下属不注意上司的存在，不把上司放在眼里，但在上司的理解上，会把这种行为与下属对自己的个人态度联系起来，最后认定这种做法不仅是对自己的无视，也是下属工作经验与能力欠缺、办事不稳重的表现。

这样一来，你无意中的一次私自定夺行为，带来的可能就是上司以后的冷遇与不信任。这种误会与不信任，不是一朝一夕能够改变的，对你的前途的损害也是难以弥补的。

不自作主张，是你在处理公司事务时起码要做到的，而要想在这方面更进一步，你还需要做到遇到相对重要的事多和上司商量，多让上司给你做主。

你要常常向上司询问有关工作上的事，最好自己私人的问题也跟他一起商量一下。要向上司尽量地发问，部下向上司请教并不可耻，而且是理所当然和正确的。

上司不但不会厌烦而且希望他的部下来询问。部下来询问，表示部下眼里有上司，相信上司。另一方面也表示他在工作上有不明了之处，而上司能够回答，才能减少错误，显示了上司比自己高明，上司也能够放心。

如果员工装做什么都懂，一切事都不请教，上司会因为对你的工作情况不了解而觉得心里不踏实，也会对你是否会在重大的问题上自作主张而产生担忧。

提防职场小人，不可轻易得罪

这世界上的人形形色色，说不准我们会遇见什么样的人。俗话说，宁可得罪十个君子，不要得罪一个小人。小人最喜欢无事生非、挑拨离间、兴风作浪、暗箭伤人。在职场中，也要谨防小人的算计。办公室里就是有这样的小人，他们挖空心思地寻找漏洞，然后见缝下"蛆"，当"蛆"长大了，爬上桌面时，那种滋味不只是让人恶心，最重要的是给人带来伤害。

所以，职场中我们要眼观六路，耳听八方，仔细辨认，看透办公室里的人，有些人最好别惹，和他们保持一定的距离，不要给自己找麻烦。

但是，高明的职场小人通常做得非常巧妙，不到关键的时候，他们不可能让你知道"蛆"的存在，到了关键的时候，你就是知道了，也已经来不及了。所谓"明枪易躲，暗箭难防"，说的就是这种情况。

在职场之中，小人当然不会公然显示自己阴暗的一面，他们总要披一件伪善的外衣。仇视小人固然足以显出你的正义，但在人性丛林里，这并不是保身之道，反而凸显了你的正义不切实际，小人自然有小人的生存之道。因为你的"正义"公然暴露了这些小人的无耻、不义，照出了小人的原形。这就是故意和小人过意不去，一旦让他怀恨在心理，你的日子还能好过吗？小人之所以为小人，是因为他们始终在暗处，用的始终是不法的手段，而且不会轻易罢手。千万别说不怕他们的阴招，看看以往的悲剧，哪个不是小人捣鬼的结果？

所以，要想让自己更好地保护自己、更好地生存，和小人保持一定距离就可以了，没有必要疾恶如仇地和他们划清界限，不要轻易伤害他们的利益和面子，小人是很难被消灭的。因为"小人"是一种人性现象，而人性是亘古存在的，因此不如和他们保持一种"生态"上的平衡，人不犯我我不犯人就是了。

"多个朋友多条路，多个敌人多堵墙"。在没有彻底解决小人的问题的时候，忍让可避免无端树敌，树敌过多，会使自己在工作中迈不开步，增添种种不应有的麻烦。

工作中，不要只注重搞好与重要人物的关系，而对位居其次的人或是暂时处于低谷的人多是瞧也不瞧。这种从众的冷漠态度很容易令对方误会，一旦你有求于他，他对你根本没有好感，自然也不会伸出援手。

春生在机关工作，工作能力强，为人机灵，很受大家的喜爱与认可。

可是，令人奇怪的是，他对"一把手"的态度总是公事公办、不远不近，保持一定的距离，而对并无多大实权的"二把手"却十分热情。

春生自有他的道理，"二把手"是个尴尬的角色，虽是领导，却总不为人所重视，我若和大家一样对他不冷不热，也就是无形中把他排斥出去。虽然讨好他不一定能起到什么好的作用，但是如果他想在背后给你起点消极作用的话，也是吃不消的啊！亲近他的目的，并不是想与他交下多深的关系，只是不想多一个暗敌。

工作中，如果你不想与他人结下仇怨，不想造成紧张的关系，最好的办法莫过于以德报怨、宽怀待人。然而，要做到忍而不争，这却需要很大的毅力和勇气去忍受他人对自己的伤害，更需要宽广的胸怀。

不要太过善良，小心被人利用

有时候就是这样，你真心待人，对方未必真心待你，甚至对你造成伤害，这让你感到很气愤。所以在办公室里要不时告诫自己什么人值得真心对待，什么人你应提防他。

王增和李明几乎同时来到一家广告公司，两人同属一个部门，分在了不同的小组。王增平时总是憨憨地笑着，偶尔也和同事们开玩笑。35岁在他们公司算是少有的高龄了。

现在广告公司的人员都趋向年轻化，公司改组，送走了好几位年过三十的"老朽"。没想到，王增平时不显山不露水，却成为李明的领导了。

李明对王增很有好感，觉得他挺朴实的。况且，他们都是来自农村的人，能够到北京发展，大家还有很多共同之处，感觉格外亲切。除了憨厚，他的节俭也给同事们留下了很深的印象……

很多时候李明感觉工作上一定要跟对人，这次改组成了王增的下属，李明挺满足的，有王增的关照应该不会吃亏。

接着公司有了一个很大的项目，小组成员都会拿出自己的方案，最后择优选用。偏偏新官上任的王增迟迟不开会商讨。这是怎么回事？急性子的李明找到了王增，他的回答是："公司刚改组，开始不会好做的，这次的策划由我自己来做。"

李明无话可说了，按照公司的规定，只有参与了策划才有钱挣，好点子会有额外奖金。成功的策划是可以名利双收的，王增此举显然有他的意图。

几次事后，李明发现王增实际上很有心计，会取巧。他的策划有很多是从别人那里信手拈来的，改头换面推出去。他还会把大家的好点子融合在一起，变为自己的创意。

不久，一件事情让李明彻底认识了王增的为人。

那次李明出差三天回来，发现应由李明做的好几个方案都由王增接手了，李明的创意，王增的署名，并且有一个方案受到客户的赞许，老总发给王增为数不少的奖金。

李明愤怒了，找到王增，李明还没有开口，王增就歉疚地对李明解释，说客户要得太紧，实在没办法，本来只是想拿李明的策划书应付一下，想不到客户很是满意，只好做了出来。还说他跟老板说过了，奖金分文不要。

话说到这，不好再说什么，工作上的摩擦在所难免，况且他是李明的直接上司，只要客户满意……

想不到过了两天，王增走了！是因为那份赢得奖金的策划书，另一家公司把他挖走了。他把李明的客户也带走了，还有公司的好多客户……他走得实在是太突然了，公司为此一下子陷入低谷。

要记住，有些人是很可怕的，可怕的人在别人不知道他（她）潜在的内心，他（她）可能在向你微笑时，从背后戳上一刀。所以对于面似忠厚的人，在没有了解他的真面目之前，得防着他一些。

善良是友谊的桥梁，但在职场中不得不有所保留。善良可以是一种手段和心态，但不应该成为你价值观的桎梏。因此我们要心存善念、心地善良，却要防止善良僵化你的思维。

六、话不说满，语不噎人

别人讲话时不要随便插嘴

心理学家提出一个概念——心理定式：若一个人肚子里有事，他就会启动其心理定式准备讲话，直到他把事情全部说完，他的心理定式才会转而听你的意见。

培根曾说："打断别人，乱插嘴的人，甚至比发言者更令人讨厌。"每个人都会有情不自禁地想表达自己想法的时候，但如果不去了解别人的感受，不分场合与时机，就去打断别人说话或抢接别人的话头，这样会扰乱别人的思路，引起对方的不快。

有一个老板正与几个客户谈生意，谈得差不多的时候，老板的一位朋友来了。这位朋友插进来了，说："哇，我刚才在大街上看了一个大热闹……"接着就说开了。

老板示意他不要说，而他却说得津津有味。客户见谈生意的话题被打乱，就对老板说："你先跟你的朋友谈吧，我们改天再来。"客户说完就走了。

老板的这位朋友乱插话，搅了老板的一笔大生意，让老板很是恼火。随便打断别人说话或中途插话，是有失礼貌的行为，但有些人却存在着这样的陋习，结果往往在不经意之间就破坏了自己的人际关系。

要知道，每个人都有自我防范意识，如果你唤起了他的自我意识或把它激发过重的话，他绝不会接受你的意见。因此，想说服对方时，先不要打断他，让他陈述他的意见和理由，即使你无法同意和接纳，也不要打断对方，尤其是提出正面反对意见时，更应先听对方的意见。

在职场中，更要注意自己的语言。如果你看到你的同事和另外不认识的人在办公室里聊得起劲时，可能有加进去的想法。但是如果你不知道他们的话题是什么，突然加入，会令他们觉得不自然，也许因此话题接不下去。

假设一个人正讲得兴致勃勃时，你突然插嘴："喂，这是你在昨天看到的事吧？"说话的那个人因为你打断他说话，绝对不会对你有好感，其他人也是。

许多不懂礼貌的人，总是在别人谈着某件事的时候，在说到高兴处时，冷不防半路杀进来，让别人猝不及防，不得不偃旗息鼓。这种人不会预先告诉你，说他要插话了。他插话时有时会不管你说的是什么，而将话题转移到自己感兴趣的方面去，有时是把你的结论代为说出，以此得意扬扬地炫耀自己的口才。无论是哪种情况，都会让说话的人顿生厌恶之感，因为随便打断别人说话的人根本就不知道尊重别人。

所以，一定不要随便插话，如果别人正在进行着一项重大的谈判，却由于你的加入，使他们无法再集中思想而无意中失去了这笔交易；或许别人正在热烈讨论，苦苦思索解决一个难题，正当这个关键时刻，也许由于你的插话，会导致对他们有利的解决办法告吹，到后来场面气氛就会转为尴尬而无法收拾。此时，大家一定会觉得你没有礼貌，从心里不喜欢你，导致社交的失败。

拒绝那不合理的请求

你可能遇到过这种情况：一个素行不良的熟人来缠住你，非要向你借钱不可，但你知道，如果借给他便是肉包子打狗一去不回头；你的顶头上司在增减人员上向你提出一些建议，但是这些建议又不符合公司现实情况。诸如此类的事你必定要加以拒绝，可是拒绝之后，就要伤和气，引人恶感，被人误会，甚至积怨。

要避免这种情形发生，唯一的方法便是要运用自己的智慧。

当你要拒绝别人的求助时，首先态度要温和，尽管说"不"是自己的权利，仍需先说"非常抱歉"或者说"实在对不起"。然后再详细陈述自己不能"帮忙"的各种理由。这样，对方在感情上就能接受下来，从而避免一些负面影响。

让对方在感情上体会到，我拒绝的是这件"事"，而不是"人"，使他感觉这件"事情"虽然被拒绝了，而我们俩还是要好的朋友。

你可以这样说："这件事我非常乐意干，只是不巧，我现在手头正做一个急件，下次您再有这样的美差，我一定干。"

你还可以这样说："这几天我实在脱不开身，您可以请老张来帮忙，他在这方面业务比我精通，您若是不方便找他，我可以代您向他求助。"

在拒绝时，不要生硬，应该让人意识到你是为了他的"利益"而拒绝的。你可以这样说："我非常同情您，也非常想帮助您，但对这件事我并不在行，一旦干坏了，既耽误了工作，又浪费了财物，影响也不好。您不如找一个更稳妥的人办。"

或者说："您的事限定的时间太短了，我若轻易接下来，在这么短的时间内，肯定干不好。您可以先找别人，实在不行了咱俩再商量。"他即使转了一圈回来再求你，你已有言在先，这时你就可以提出一些诸如推迟完成日期之类的条件。如果他认为不行，他自己就会另请高明去了。

当然，拒绝他人不是件容易的事，需要一些技巧。例如，拒绝接受不善体谅他人而又十分苛刻的上司的要求，通常都被视为不可能的事。但是，有些老练的时间管理者却深谙回拒方法，经常将来自上司的原因过多的工作，按轻重缓急编排办事优先次

序表，当上司提出额外的工作要求时，即展示该优先次序表，让上司决定最新的工作要求在该优先次序表中的恰当位置。

拒绝的语言是有讲究的。不善拒绝的人，一次拒绝就可能得罪多年的深交；善于周旋的人，尽管可能每天都在拒绝，仍然能广结人缘，极少招来非议和埋怨。所以说，如果掌握了拒绝的语言技巧，无论你是委婉还是直接，是找理由推托还是以情理服人，都能处理好。

背后说别人的好话更有效

品质恶劣的人总是以议论人及诽谤人为中心，仿佛这个世界上人人都不行，只有他最行，或者通过指责别人的不是来抬高自己，这种人正是自尊心极低的人。他没有真本事去表现自己，只有借助于挑别人的短处来提高自己的身价，这样的人令人不齿。

做人做事有这样一条规则：判断别人时你自己也被别人判断。一个经常说别人坏话、挑别人短处、指责别人错误的人，只会让人感到其爱挑剔而难于与其相处；让人感到其品质恶劣而对其厌烦。如果你总是认为这个也不好，那个也不行，人人都有问题，那么只能说明你自己不善于与人相处，自己有问题。别人正是通过你对别人的判断，来判断你的为人。

喜欢听好话似乎是人的一种天性。当来自社会、他人的赞美使其自尊心、荣誉感得到满足时，人们便会情不自禁地感到愉悦，并对说话者产生亲切感，这时彼此之间的心理距离就会因一句好话而缩短、靠近，自然就为交际的成功创造了必要的条件。

背后说别人的好话，远比当面恭维别人说好话的效果好得多。我们在背后说他人的好话，是很容易就会传到对方耳朵里去的。

假如我们当着上司和同事的面说上司的好话，同事们会说我们是在讨好上司，拍上司的马屁，从而容易招来周围同事的轻蔑。另外，这种正面的歌功颂德所产生的效果是很小的，甚至还会起到反效果。

同时，上司脸上可能也挂不住，会说我们不真诚。与其如此，还不如在上司不在场时，大力地"吹捧一番"。而这些好话，总有一天会传到上司耳中的。

有一位员工与同事们闲谈时，随意说了上司几句好话："刘经理这人真不错，处事比较公正，对我的帮助很大，能够为这样的人做事，真是一种幸运。"这几句话很快就传到了刘经理的耳朵里。

刘经理心里不由得有些欣慰和感激。而那位员工的形象，也在刘经理心里上升了。就连那些"传播者"在传达时，也忍不住对那位员工夸赞一番：这个人心胸开阔，人格高尚，真的难得。

在背后赞扬别人，能极大地表现说话者的"胸怀"和"诚实"，有事半功倍之效。比如，夸赞上司，说他办事公平，对你的帮助很大，还从来不抢功，那么，往后上司在想"抢功"时，便可能会手下留情。

当别人了解到你对任何人都一样真诚时，对你的信赖就会日益增加。

你可以不聪明，但不可以不小心。不聪明的人，最多笨拙一些，事情做得差一些。但不小心就随时会触犯到别人的利益，犯下得罪人这个职场大忌。到那时，穿小鞋都不晓得是为什么穿的。管住嘴，能说人好话时就别说坏话。

说话一定要注意场合

氛围不同，场合不同，人们的心绪也不同。对一些问题的感受和理解的程度也不一样。同样一句话，在此场合会被认为合理、有见解，在彼场合则会引起人家的厌恶和反感。因此，在不同的场合，就要说符合场景气氛的话，说话要特别注意分寸，否则，不看场合说不合情景的话就会出现种种尴尬。

一位在教育岗位勤勤恳恳工作了几十年的老教师退休了，为此，学校为他和另一位曾多次荣获过"先进个人"的退休老同志一并举行了一个离休会。

领导对这两个人的工作和为人进行了热情洋溢而又非常得体的肯定和赞扬。相比之下，对那位曾多次荣获过"先进个人"的老同志的美誉要多一些。当轮到两位受欢迎的退休老同志致答谢辞的时候，他们对大家的赞誉做了深情的感谢。一时间，会场里充满了一种令人感动的温馨氛围。

两个人的答谢本该答谢完就可以了，然而，那位退休老教师却并未就此打住，而由人们对另一位"先进"的赞扬中引发了很多的感触，他带着忧伤的口气说道："说到先进，很遗憾，我从来也没有得过一次，我做得远远不够……"

这位教师的话还没说完，坐在他对面的、平日与他相处得不是很融洽的一位中年教师突然抢过了话头说："你这话说得，那是我们不好，不是你不配当先进，是怪我们没有及时给你评。"话语带着不肯饶人而又让人难堪的语气。就是这样的几句话，让老教师的眼角眉梢都流露出了一股感伤的表情，一时间会场中出现了令人难堪的气氛。

这个时候，领导见势不对，马上接过话茬，想把气氛缓和一下。照理说，这时，他应避开"先进"这个敏感的话题，转而谈论其他的事情，转移大家的注意力。然而，这位领导却反反复复劝慰那位退休老教师，让他对"先进"的问题不要在意，说没有评过先进，并不等于不够先进，先进不仅在名义，更要看事实。如此等等，一席话，

又让那位曾多次荣获过"先进个人"的老同志难堪不已，把本应避而不谈的话题做了重复和引申，使本已尴尬的局面显得更为尴尬。

人，总是在一定的时间、一定的地点、一定的条件下生活，在不同的场合，面对着不同的人，不同的事，从不同的目的出发，就应该说不同的话，用不同的方式说话，这样才能收到理想的效果。

由于受特定因素的制约，有些话只能在某些特定场合说，换一个场合就不行。同样一句话，在这里说和在那里说也有不同的效果。因此，说什么，怎么说，一定要顾及场合、环境，才有利于沟通，职场中人，要牢记这一点才好。

谎言是职场生涯的必修课

在某公寓的一个房间里，住着一位身患重病的女人。她的房间外有一棵树，树叶在秋风的摇曳下，一片一片地飘落下来。患者守望着落叶，身体也随之每况愈下，一天不如一天。她想：当树叶全部掉完时，我也就要死了。

女患者的一位邻居老画家得知后，被这种悲伤深深地打动了，他用画笔画了一片能够以假乱真的叶子，固定在树枝上。寒冷的冬天到了，只有那片叶子还孤零零、顽强地挂在高高的树枝上。那位濒临死亡的女患者守望着那片唯一的树叶，心想那片叶子是那么的顽强，能在寒风中傲立枝头，自己的生命也不能那么脆弱，是上帝为她留下了一片叶子，让她重新看到了生命的希望。于是她坚强地活了下来。

美国作家欧·亨利写过一篇题目为《最后一片叶子》的短篇小说。的确，生活中我们需要谎言。作为医生，面对一个生命垂危的重症患者，经常会宽慰患者说："只要配合治疗，很快就会康复。"而几乎没有一个医生会对患者说："你根本没有希望了，很快就会死。"

同样，作为亲友，在去探望患者时，即使知道他活不了几天了，也要与医生配合，把谎话接着编下去，让患者满怀信心地接受治疗。因为经常保持快乐的心情往往会创造出生命的奇迹，即使没有奇迹出现，让患者在生病的日子充满快乐和希望也是一种人道精神的表现。这个时候，你不撒谎，还能做些什么？

宋天舒在一家商贸公司上班。一天下班后，他和同事郑爽走在一起。郑爽这些天心里很郁闷，和上司的关系十分紧张。

两人边走边聊，郑爽控制不住自己的情绪，说了上司对他的种种不公平，还把上司的无知、浅薄及一些丑事统统信口说了出来。最后，怒犹未尽，忍不住又大骂了一通。

过了些日子，上司在宋天舒面前也谈起了郑爽，言语之间非常不客气，怒斥郑爽的不顾大局、平庸无能、不思进取、不善开拓等诸多缺点。最后，上司问宋天舒，可曾听见郑爽在他面前说过自己什么坏话。

宋天舒是一个诚实的人，此时，他该怎么办呢？

无疑，宋天舒面临两种选择：一种选择是不把郑爽的话告诉上司，另一种选择是十分诚实地把郑爽的话原原本本地告诉上司。

如果宋天舒选择前者，上司的气会慢慢地消下来。有一天当他冷静下来后，会比较公正、合理地处理好这种关系的。

但如果上司是个非常精明的人，他会进一步设想，宋天舒在我面前讲他同事的坏话，肯定也会在其他人面前讲我的坏话。因此，对你也不能信任，至少要留一手。

上面的这件事，使用谎言，能使三方面都得到好处；而讲实话，却会让每个人都受到损害。可见，谎言在适当的时候会起到很大的作用。

然而，要说好善意的谎言并不比真话容易，首先我们应消除对谎言的偏见和犯罪感。只有做到这一点，我们才能把谎言说好。

谎言是职场生涯的必修课。说谎是种语言技巧，它可以让我们省却很多无谓的麻烦、猜疑和负面影响。说谎的精髓是：要有细节，并且要准确地描述；在夸张某事之前，要先做铺垫，不要让人觉得反差太大；表情要严肃，语气要平缓；你诉说的内容要满足受众的心理预期。

别为办不到的事情夸下海口

职场做事，千万莫说过头话。说过头话比做过头事要糟糕得多。做了"过头事"，别人会不高兴，但是反正生米已经煮成熟饭，结果无法更改，别人在心里难受一阵，事情慢慢也就被淡忘了。但是说了"过头话"，由于事情未定，别人只能猜测，或期许、或企盼、或担心、或惶恐……你说的话越过头，可能给别人的心理压力也就越大。

在公司里，大多数年轻人都喜欢给自己定很高的目标，想让别人肯定自己的能力，这都是可以理解的。但是在向领导承诺之前一定要考虑自己有没有实现的能力，如果没有，那么不要轻许诺言。

从前，有个精明的商人，在临死前曾告诫自己的儿子："你要想在生意上成功，一定要记住两点：一是守信，二是聪明。"

"那么什么叫守信呢？"儿子焦急地问。

商人说："如果你与别人签订了一份合同，而签字之后你才发现你将因为这份合同而倾家荡产，那么你也得照约履行。"

"那么什么叫聪明呢？"儿子又焦急地问。

商人一字一字地说道："不要签订这份合同。"

别为办不到的事情夸下海口，谨慎对待你的诺言。既然你许下诺言，无论刀山火海都不能反悔。不管怎样，不能言而无信。千万不要轻易向人承诺，绝不轻易向人许诺你可能办不到的事。这是不失信于人的最好方法。

将守信理解为一种回报率很高的长期投资，则比较容易变成一种自觉的行动。当你获得了一个守信用的形象时，就会获得越来越多人的信任，因而带来越来越多的机会。这就好似拥有了一座金矿。反之，缺此一条，别的方面再优秀，也难成大器。谈话中的每一个观点都是对一个人品质的检阅，每一项承诺都是对其人格的担保，言而有信才能取悦于人。可见，言而有信，是展现人格魅力不可或缺的。有些人是不好意思拒绝别人而向他人承诺，而有些人则喜欢胡乱吹嘘自己的能力，随随便便向别人夸下海口，承诺自己根本办不到的事情。结果不但事情没有办成，自己的人缘也搞臭了。

某厂职工芳芳，经常向同事炫耀自己在市房管所有熟人，能办房产证，而且花钱少、办事快。开始人们还信以为真，有些急于办理房产证的同事便交钱相托，但时过多日，不见回音，问到芳芳，她说："近来人家事儿太多，再等等。"

拖得时间长了，同事们对她的办事能力产生怀疑，便向她要钱，她找理由说："谋事在人，成事在天。懂不懂？你的事儿虽然没办成，可我该跑的跑了，该请的请了，你不能让我为你掏腰包吧？"

言下之意，钱没了。

从此以后，芳芳的话再也没人信了，以至于人们在闲暇聊天时，只要芳芳往人群里一站，大伙好像有一种默契似的，始终缄默不语，继而纷纷散去。

我们一般崇尚"一言九鼎""落地砸坑""张嘴就能见到肠子"的直爽性格，而不喜欢转弯抹角的弯弯绕，更讨厌貌似有口无心、直言快语，实则机关算尽、言而无信的滑头。

职场之中，当你承诺一件事情时，在综合考虑自身能力和其他因素后，尚需留有一定余地，使你最终达成的结果不低于你承诺的。也就是说，可以给人一个意外的惊喜，但是不要让人希望越大失望越大。

多使用敬语的谦辞说话

要多使用"敬语"，可以以此来表示对人尊重之意。如果我们在语言交际中记得使用这些词汇，相互间定可形成亲切友好的气氛，减少许多可以避免的摩擦和口角。

有一位服务于某大型电脑公司、担任系统工程师的职员。他在公司已服务了五六年，技术优秀，工作兢兢业业，上级对他也另眼相待。但他却在一次与客户的交涉中，犯了个意想不到的错误。

某大客户准备买这家公司的计算机，因而召集员工听该电脑公司的人讲解。这位系统工程师极认真而详细地解说计算机的操作和内容。在说明会的休息时间里，他前往洗手间，要洗手时，才发现没有洗手液了。他看见隔壁放着一瓶，但正好有一位老人在用，这位工程师由于赶时间，并未向老人打声招呼就径自伸手将洗手液取过来用，然后在隔壁随便抓把卫生纸擦手，就匆匆走了出去。

那位老人对这位工程师的所作所为很生气，认为不招呼一声就随便用别人的东西，是很不礼貌的行为。而这位老人正是这家大客户公司的董事长。

这位董事长经过询问，知道这个年轻人就是电脑公司派来说明的工程师，当即决定把原来要成交的计算机退了回去。这么一来，电脑公司的损失就大了。电脑公司总经理带着这位工程师特地到这家公司谢罪，但是无法让这家公司的董事长回心转意。最终造成损失的工程师只好引咎辞职。

本来很有前途的优秀工程师，若能在洗手时多说一句："对不起，借用一下您的洗手液可以吗？"整个情形都将为之改观。由此可见，短短的敬语和谦辞，有时候会起到很大的作用。

倘若经常觉得"这种小事不说也无妨，对方一定会知道的"或认为"芝麻小事，不说也罢"，这就错了。

你自己虽然这样想，对方难道真的也是这样想吗？所以，经常说敬语和谦辞绝对不是芝麻小事，只有经由嘴里讲出对方才能明白、谅解。

虽然电脑公司的人前去对生气的董事长道歉，但并没有缓和彼此间的气氛，造成这样的结果真是太遗憾了

所以，身在职场，一定要多用敬语和谦辞，千万不要等真的出现错误的时候，再去弥补。当然，如果失误已经造成，一定要及时地进行道歉。道歉之前，一定要想好要说的话，切不可没有章法的胡乱解释一番。那样的话反而会更引起对方的不满。

去道歉的话，看到对方要马上先说："真对不起，我错了。"然后再说明事情的来龙去脉。在解释说明的时候，也不要忘记强调歉意，要常说："真的很抱歉"，"你所说的很有道理"，"我了解你的意思"。

我们在听对方说话时，在必要时候，还要点头附和，这样对方的火气才会降下来，

并通过这次会谈使彼此意见更加沟通。在这种与人交涉方面很能干的人，在公司容易受上级看重，并受客户欢迎。

职场之中，特别要记下以下敬语和谦辞。"打扰"有如下词汇：劳驾、劳神、费心、烦劳、麻烦、辛苦、难为、费神等委婉的用词；"请问"有如下说法：借问、动问、敢问、请教、借光、指教、见教、讨教、赐教等。

不听是非不传是非

搬弄是非的人，是那些把不该传的话有意拿来传来传去并品头论足的人。虽说古人最有"谣言止于智者"的忠告，但智者毕竟很少，谣言总是会被传来传去。言者捕风捉影，信口开河；传者人云亦云，添油加醋；闻者半信半疑，真伪不分；被害者莫名其妙，有口难辩。搬弄伤害他人的是是非非，不是出于嫉妒、恶意就是哗众取宠，自抬身价。不论是哪种情况，都应视为不光彩的行为。

在工作的空档说些无关痛痒的是非，可以有效地促进同事间的情谊，为平淡的工作增添一些色彩。但是如果你把握不好尺度，一旦变成了不实的谣言，就是把自己的快乐建立在别人的痛苦之上了。

某公司的几个女同事，中午聚在一起吃午餐，聊着聊着，就开始发挥每个人说是非的专长，批评起这个部门的主管不好，那个部门的主管看起来色眯眯的。连董事长的家庭私事也难逃一劫，一个一个被拿出来评头论足一番。

这几个女同事七嘴八舌的，东一句西一句，越说越起劲。她们叽叽喳喳，比外面真正的小鸟还热闹。

正当她们聊到精彩部分时，看到行政部门的芬芬拿着便当走过来，就热情地叫她过来一起用餐。多了位听众，女人聊闲话的功力更是发挥到极致。一位姓沈的小姐正在批评刚上任的男经理，她悻悻然地说："哼！什么都不懂，还老是摆个臭架子，依我看，我们芬芬都比他强多了。芬芬！你说是不是啊？"

芬芬正低着头吃饭，无端地被卷入这场战局里，为了阻止这个话题继续，芬芬忽然抬起头来，望望四周，神秘兮兮地说："但是，我听经理说过他非常欣赏你，还想约你出去看电影，到底他约了没？告诉我们好不好啊？"

大家听了，原本一肚子的话顿时卡在喉咙里，众人眼光不约而同地集中在沈小姐泛红的脸上。这下子，沈小姐成了八卦新闻的女主角。

其实，新上任的经理，人才和品德都出类拔萃，早已经有了一个相交多年的女朋友，哪里会去喜欢一个成天在背地里说人是非，唯恐天下不乱的女人呢？这只不过是芬芬为了耳根清净，故意放出的一颗烟幕弹。

你别说，芬芬的这招还真管用，接下来的时间里，大家都低着头默默无语，几个狐疑的目光轮流在沈小姐脸上打转。说人者成了被说的对象，沈小姐终于尝到被人在背后论长论短的滋味了。

报载，某市对"上班族"进行了一次抽样调查，其中当被问到"什么是吸引你每天上班的理由"时，竟有相当一部分人在"不上班，就听不到许多小道消息了"之后打了对号。这个结果既令人深思，又让人啼笑皆非。

人与事在今天的办公室变得越来越错综复杂、微妙神秘，要想完全置身于一切流言之外是不可能的。几乎很少有人能一生都不曾被人造谣中伤过，但我们必须相信：别人的嘴巴是长在别人的脸上，不可能管得了，但自己的耳朵和嘴巴却是长在我们自己身上的，完全有可能让它们少听少传。更重要的是，手脚是在自己身上的，自己勤快些做事，以行动成果来对抗流言蜚语是最有效的。

同事间相处，大家整天在一起，说话、谈论问题的时机多得很，谁也不能保证交谈一点也不涉及人与人之间的关系。谁也并不能够做到每说一句话都思考再三，每一句话都是绝对与别人无关，且对别人一点褒贬都没有。关键是要实事求是，心地纯正。同事在特定场合说的话，不能全盘照"搬"。对于同事无意中说出的话要"不当回事"。

七、职场人士压力心理诊断

我想、我想，我做、我做——强迫心理

强迫症，即强迫性神经症，是一种神经官能症。患有此病的患者总是被一种强迫思维所困扰，患者在生活中反复出现强迫观念及强迫行为。患者自知力完好，知道这样是没有必要的，甚至很痛苦，却无法摆脱。

现实职场当中，由于工作压力和生活压力都很大，不少上班族就患上了这种强迫症，他们做事追求完美，务求面面俱到，这看上去似乎很有必要，但这种习惯容易使自己的双手和大脑欲罢不能，而不断重复"我想、我想，我做、我做"的恶性心理症状。

"我觉得自己最近很忙，但不知道在忙些什么！工作效率很低！"30岁的陈雪对心理咨询师焦虑地说。陈雪是一家知名保险公司的区域主管，因为做事一丝不苟，赢得

了下属的敬佩和尊重。但她最近却悄悄来到一家心理咨询事务所。

陈雪告诉心理咨询师："我总是担心助手的报表做得不好，虽然放手让他做，但最后自己总忍不住再检查一遍，而且检查一遍后还是不放心，会反复检查、核对好几遍。这样折腾来折腾去，常常别人早就下班了，我的大脑和双手仍然停不下来。更让我担心的是，自己明明知道这种习惯非常不好，但却无法控制自己的行为——如果不这样折腾，会憋得慌，很难受；只有这样反复折腾，才会觉得舒服了，好过了。"

"这可能是典型的强迫症状。"听了陈雪的话，心理咨询师心里有了答案，但没有点破。通过聊天，他发现陈雪还有其他的强迫症状：每天上班停好车，回到办公室，总是担心车门没锁好，有时一天竟会去车库查看五六次；她会反复锁自己的抽屉，生怕抽屉没有锁好；从家里出来之后，她总担心家门没关好，会跑回家去检查……

这些症状更加证实了心理咨询师的判断。

以上案例中，正如心理咨询师所言，陈雪患的的确是一种强迫症。强迫症是以强迫观念和强迫动作为主要表现的一种神经症。以有意识的自我强迫与有意识的自我反强迫同时存在为特征，患者明知强迫症状的持续存在毫无意义且不合理，却不能克制地反复出现，愈是企图努力，愈感到紧张和痛苦。你是否有着这样的症状呢？

据某权威心理医生临床观察指出，近几年来，咨询强迫行为的人群逐年上升，在上海、北京、广州等竞争压力大的城市尤其多见，男女比例约为6：4。这些人的主要特征是苛求完美，对自己要求过分严格，长期处于紧张和焦虑状态。很多人，特别是管理阶层人士，做事力求完美，有时表现过度，会出现强迫行为，但多数人能自我控制。

据统计，全球有超过3000万人罹患这种"完美强迫症"，其中有不少成功人士。由于在有强迫行为的人群中，追求完美的高管和大学生相对较多，不少专家形容其为"时尚病"。有些专家认为，电视、电脑、手机、互联网等各种现代化的通信设备和传播手段给人们带来方便，也给职场人士带来新的困扰，容易使人出现焦躁、恐慌，甚至头晕、胸闷等症状。

强迫症的临床表现为强迫性观念和强迫性行为两方面，同时伴有焦虑和苦恼状态。

1. 强迫性观念

（1）强迫怀疑。患者对自己言行的正确性反复产生怀疑，并由此产生强迫性检查行为，如怀疑出门是否关好门窗、写信是否写错地址等，并反复检查。

（2）强迫性思虑。患者对日常生活中的一些事情反复思虑，明明毫无意义，但无法控制，如某患者会反复考虑人为什么要洗澡、谁最先洗澡、如果不洗澡会出现什么问题。

（3）强迫性联系。患者脑子里出现和听到某一观念或某一句子时，便不由自主地联想起另一观念或词句。

（4）强迫性回忆。患者对经历的某些事件，不由自主地在脑海里反复出现，虽自知毫无必要，而且是有害的，但无法控制。如病人与他人谈话后，要反复思考谈话时的情景、对象、内容，自己说了什么，对方说了什么，如果不能回忆清楚便觉得十分苦闷。

（5）强迫性计数。以一定形状的物品进行强迫计数，虽知无此必要，但无法控制自己。

（6）强迫性情绪。病人对某些事物担心，明知不对，但无法摆脱。如一位女患者老是担心在陌生的男性面前，做出下流举动，明知不可能，但每一次出门前都得这么想。

（7）强迫意向。患者有反复做某种违背自己意愿的动作或行为的强烈内心冲动，如走在马路上，总是要想到自己冲上马路，被汽车撞伤。

2. 强迫性动作和行为

强迫性动作和行为主要是患者为了摆脱强迫观念引起的焦虑和烦恼，而被迫采取的一种顺从行为。它包括以下几个方面：

（1）强迫性检查。为减轻强迫性怀疑而引起的焦虑所采取的行为。如自己总是担心把信的地址写错，为了减轻这种疑虑而引起的焦虑，必须反复检查书信的地址。

（2）强迫性询问。强迫症患者往往不相信自己，为了消除因怀疑自己造成的焦虑，患者反复询问他人，并要求得到解除。如一个平时很少说话的女孩因为偶然一次被同学讽刺为哑巴，然后不停问医生、周围人，自己是否真是哑巴。

（3）强迫性清洗。为了消除自己可能受到不干净物品污染的担心，必须反复洗手、洗澡或洗衣物。有的病人反复用肥皂水洗手，以致皮肤被洗破仍不罢休。病人也知道这样做无益，但是没有办法控制，如果不做，就会感到焦虑、难受。

（4）强迫性仪式动作。指病人必须完成一系列的复杂动作行为或重复出现某些动作，才能消除由强迫观念引起的不安和焦虑。如某患者出门前必须先在门内把门锁一次，然后打开，再出门。

通过总结和社会观察，专家发现，患上强迫症的主要原因有社会心理因素和性格因素两种。其中，社会心理因素是本症发生的主要诱发原因。比如，社会压力的各个方面，工作压力、生活压力、经济压力、责任加重、处境困难、担心意外等，都可能

诱发强迫症。患者病情严重时，常有中度甚至重度的社会功能受损，导致自己不能正常工作。

强迫症的危害是很大的，因为有不由自主地思想纠缠，或刻板的仪式或无意义的行为反复，严重影响患者注意力的集中，以及学习和工作，严重的甚至完全丧失学习能力和工作能力，导致精神残疾。

那么，怎么治疗强迫症效果最好？下面就请专家为您解答。

1. 缓解方法

（1）找方式宣泄。说出自己的紧张情绪，如自己过去曾在某个情景或某个时候受到的心理创伤、不幸遭遇和长期的紧张、焦虑、恐惧心理等，把内心的痛苦情绪尽情地发泄出来。说出自己的恐惧，也就降低了恐惧；说出自己的紧张，也就缓解了紧张。

（2）多参加活动，转移注意力。如何治疗强迫症？患者从事各种有趣的文体活动，可以解除生活或工作中的单调、乏味，减少精神压力和紧张情绪。坚持正常的学习与生活，做自己应该做的事，让生活充实起来，就会减轻症状的干扰，恐惧和焦虑也会逐渐减轻。

（3）听其自然法。任何事情听其自然，该咋办就咋办，做完就不再想它，不再评价它，如好像有东西忘了带就别带它好了，担心门没锁好就没锁好算了，东西没收拾干净就脏着乱着吧！经过一段时间的努力来克服由此带来的焦虑情绪，强迫症状会慢慢消除。

2. 自我治疗

对那些有强迫行为的人，有关专家提出了几种自我防治的方法。

（1）不怕它。强迫症其实很普遍，大部分的人都出现过，甚至是小孩子。强迫症患者经过治疗之后，一般情况就会得到缓解，甚至很长的时间都不会再出现，但是部分患者害怕再次出现，于是越害怕就越容易再出现，越出现就越紧张，然后不断地将这种意识强化和巩固下来了。所以患者首先要改变思路，不要形成心理上的压力，逐渐建立起自信心，这样才能有足够的力量和强迫症战斗，并且战胜它。

（2）不理它。部分的患者在患病多年之后，依然没有办法彻底根治，很大一个原因其实就是因为他们无法做到顺其自然，只有忽视强迫症的存在，症状才能慢慢地消失，才能得到根治。"顺其自然"不是症状出现后放任自流，无所作为，而是按照正确的方向去行动和努力，坚持正常的学习与生活，做自己应该做的事。

（3）心理暗示法。怀疑车门没锁好，可以在第一次锁好车门后，站在车子旁，心里反复告诉自己："我已经锁好车门了，现在转身离开，没事！"如此这样反复念叨几遍，并坚持这样做下去，强迫症就会显著减轻。

（4）纸条提醒法。可以在办公桌上的醒目位置贴一张纸条，上面写着"我已经做得很好了，不要再去浪费时间"，以提醒自己不要事事太过于追求完美。

（5）自我统计法。就是做一个统计表格，查看自己一天下来，有哪些方面会重复强迫行为，记录重复的次数，并给自己设立目标，要求自己逐渐减少强迫次数。

紧张、不安——焦虑心理

不知你是否有过这样的经历：工作忙不完、同事之间竞争压力过大、客户电话响个不停、期限到了工作还未完成……我们可能都体会过这种由于压力过大而产生的紧张、不安的焦虑心理。现如今生活压力大，职场生活必然不轻松，调查显示，过大的职场压力最易引起焦虑。焦虑是一种可怕的情绪，它会让你的心理和生理都受到损害。

案例一：

30出头的秦先生看起来像40多岁，他是某大型企业的项目经理，他面临的几乎都是"不可能完成的任务"。近期，秦先生一接触工作就开始紧张、不安，唯恐自己把工作搞砸了。他甚至担心由于做不好工作而被公司辞退。为此，他频频失眠，常常躺在床上超过两个小时还不能入睡，即使睡着了也很容易被一点点吵闹声惊醒过来，醒后再入睡同样困难。

案例二：

在某公关公司工作的曼丽显得很无助，她说自己现在工作压力太大了，每天都因任务没完成而不得不加班，已经没有业余生活了。尽管如此，曼丽上班时总提不起精神，效率很低。周而复始便陷入了一种恶性循环。"再这样下去，我真的很不安，担心自己有一天会坚持不下去。"曼丽这样和朋友说，她现在感觉自己脾气越来越暴躁，尤其是回家面对家人的时候。

案例三：

吴琛今年33岁，6月的时候跳槽去了一家大公司，公司的业绩很好，但相对压力也比较大。临近十一，部门领导要求整个部门全力冲刺，她看见周围同事都是一副拼了命的样子，也不敢有丝毫懈怠，每天要打几十通电话联系客户。但是客户也都很忙，很少有人能耐心听吴琛把话说完。工作之余，吴琛和同事交流，发现大家都做得很轻松，只有她一个人拖了整个部门的后腿。吴琛很着急，每天都紧张、不安，回家更是一句话都不想说，连睡梦里都是和客户签单的事。由于长期入睡困难、做噩梦、易惊醒、眩晕、心悸、尿频，十月底的时候，吴琛发现自己已经连续两个月没有月经了，当时她以为是怀孕了，结果去医院做了妇科检查，医生告诉她，她没有怀孕，而是压力过大，月经不调。

从以上三个案例的症状可以判断，三位职场人士都患了职场焦虑症。有关调查显示，近90%的职场中人都缺乏安全感，患有职场焦虑症。尤其是在金融风暴的阴霾下和工作压力过大的情况下，安全感丧失所造成的心理伤害，攀升到了职场身心健康杀手榜单的高位。一个紧急的工作任务、一场激烈的职位竞争、一次职场危机处理……这是许多职场中人都会遇到的挑战。然而，在挑战过后，他们中的一部分人却开始出现了奇怪的症状：丢三落四、脾气急躁、情绪冷漠、晚上睡不好，等等。心理专家指出，这是职场急性焦虑的表现。

适当的职场焦虑，往往能够激发出职场人士的潜力，促使人鼓足力量，去应付即将发生的危机。然而，过度、长期地处于焦虑状态中就会发展成为焦虑症。

患上职场焦虑症的职场中人，表现为焦虑、恐慌和紧张，感到最坏的事即将发生，常坐卧不宁，缺乏安全感，整天提心吊胆，心烦意乱，对外界事物失去兴趣。严重时有恐惧情绪，对外界刺激易出现惊恐反应，常伴有睡眠障碍和植物神经不稳定现象。如入睡困难，做噩梦，易惊醒，面色苍白或潮红，易出汗，四肢发冷，手指发麻，肌肉跳动，眩晕、心悸，胸部有紧压或窒息感，食欲不振，口干，腹部发胀并有灼热感，便秘或腹泻，等等。

职场焦虑可能诱发神经症，包括疑病症、心境恶劣、恐惧症、强迫症甚至癔病症等。而对年轻人来说，长期的过度焦虑则危害更大。虽然20多岁的人往往人格已初步成型，但又具有很大的不稳定性，在遭受重大挫折或某段时间过度疲劳后，可能会因此导致其人格扭曲，出现理性、智慧水平下降，工作、思考能力下滑等。而人格改变后要进行调整、治疗，是相当困难的。伴随着焦虑，必然会引起工作效率的明显下降，原因是注意力无法集中、精力减退、思维混乱、理不出头绪、静不下心等。

焦虑和压力是人们应对感知危险（不一定是真实的）时生理和心理上的反应。由于工作压力和竞争压力过大，上班族都存在一定程度的焦虑心理。

那么，上班族如何化紧张为轻松，化不安为镇定，大步甩开职场焦虑呢？

一般来说，职场急性焦虑在短期内可慢慢恢复，但如果焦虑症状始终无法缓解，或者是职场中人已经陷入了长期的焦虑之中，可以采取以下方法来面对和自我调适。

1. 心理疗法

心理疗法就是要消除紧张情绪，保持心理放松，合理地安排好工作与休息。当你感到焦虑、紧张、疲倦时，如果你能把这些不良情绪分散开来，让"忙时"不要太忙，见缝插针地娱乐一下，"闲时"也不要太闲，则会有效地帮助你减轻或远离紧张、不安。

2. 运动疗法

在现实职场中，不要给自己过多的工作压力和思想压力，也不要一天到晚埋头于加班、加班、加班，要多到户外进行体育锻炼，尽量放松情绪。

3. 物理疗法

其目的是促进紧张的肌肉放松，改善头颈部肌肉的血液循环。如对头颈部肌肉进行按摩、理疗；用中度刺激手法进行针灸治疗。

4. 养成一次搞定的习惯

工作上，如果发现问题再返工，往往得花比第一次多几倍的功夫来调整，折腾得你心烦意乱。因此，动手前想清楚，争取一次就"搞定"，会有一种胸有成竹的洒脱自在。

5. 提前开始

日本时间管理专家高井伸夫发现，早上1小时的效率，能抵下午2、3个小时。因此，提前1~2小时开始工作，这个办法虽然"老土"，但确实有效，能让人减轻不少压力。

6. 吃好睡好，增强抗压性

如果把人的抗压能力比作一个杯子，当压力源源不断注入时，保持良好的饮食、睡眠、运动习惯，能让杯子的容量增大，心理学称之为"杯子理论"。

7. 找到固定的倾诉对象

面对压力和紧张等不良情绪，我们需要找个出口，定期清理。倾诉对象可以是知心朋友、家人、心理医生等，甚至也可以对着小狗、大树说一说。

8. 安静下来，什么也别想

大脑放松了，整个人也就放松了。当棘手的问题让你焦虑不安时，不妨先停下来，休息一会儿再开始。

9. 充足的睡眠

睡眠不足会导致严重后果：不仅影响我们的身体健康，还会造成全天焦虑和紧张。有时还会形成恶性循环，因为焦虑通常会阻碍睡眠。尤其当你感到烦躁不安时，试着制订一个7~9小时的睡眠计划，饱饱地睡上几晚，看看白天的焦虑是不是减轻了。

10. 大声笑一笑

当工作让我们情绪低落时，迅速调整心态，咯咯地笑几声吧！研究表明笑声能够

缓解抑郁和焦虑，所以不妨从网络上找些搞笑的段子平复一下紧张的神经吧！

11. 吃对食物

焦虑会让我们的身体乱作一团，胃口也会跟着改变。为了给身体提供所需的支持，应该选择富含维生素 B 和脂肪酸 Ω-3 等营养元素的食物，并配以健康的全谷物碳水化合物。

研究证实维生素 B 与良好的精神状态有关，而脂肪酸 Ω-3 可以减少抑郁症和焦虑症。不过要注意，吃含糖量较高和加工的食品会加重焦虑症状，因此，最好少摄取这类食物。

12. 冥想

现在我们应该都知道冥想就是放松，但科学家们同时也发现冥想实际会增加大脑内的灰质——可令体内的压力减少的物质。很多专业人士都强调了冥想对焦虑、情绪和压力症状的积极作用。此外，冥想还是一种观察大脑的方法，让我们搞清楚耐人寻味的焦虑情绪到底是如何产生的。而理解大脑的思维模式有助于让我们远离那些负面情绪。

13. 绝对安静

计划出一段时间，让自己与外界完全隔离。先从适合自己的一小段时间开始，以便能持续下去，哪怕是很短的 5 分钟也行。

绝对安静意味着在此期间你关掉手机，关掉电视，不看邮件，不看新闻，统统关掉不看。让别人这段时间内联系不到你，这样就能暂时远离焦虑。

噪声过多会增加紧张程度，那就在嘈杂的日常生活中为自己留出绝对安静的片刻吧！

14. 提前制订计划

提前抵抗焦虑的方法就是事先准备好。试着制订一份工作计划或列出待办事项，养成提高工作效率的好习惯。与其每天早上花十几分钟疯狂地找钥匙，倒不如养成每天回到家就把钥匙放到同一个地方的习惯。

前一晚就找出明天要穿的衣服，装好背包并将其放在门口，或提前订午餐。一定要提前准备才能避免焦虑产生。

15. 及时地给自己减压

职场中的压力非常大，如果发现最近压力增大，不妨用参加各种运动及娱乐活动的方式及时排遣不愉快情绪，及时给自己减压；而不是不知所措，采用自暴自弃或坐等帮助等行为来企图熬过难关，这样难以解决问题，因为过度压力带给人们的大多是消极的负面情绪。

朋友和家人是你非常大的依靠，如果你的心理压力很大，出现焦虑情绪时，不要总是想要一个人来承担，没必要把自己变成个闷葫芦。你应该主动地多和朋友或家人，总之和你感到可以信赖的人聚聚会、聊聊天，将压抑的情绪通过倾诉发泄出来。即使你没有得到锦囊妙计，但你心中的石头也会大大地减轻的。

16. 合理地安排时间

工作中如果事情多、头绪杂，焦虑等不良心理自然就产生了。所以，不妨先冷静一下，或找个安静的地方，整理一下自己的工作安排，这也是非常必要的。当列出自己所要做的事情，根据轻重缓急进行安排，按部就班地去做，你会发现你的心情平静了很多。

17. 给自己一点儿快乐

焦虑心理大多是人为给自己施加的，所以在工作中要多给自己一点儿快乐。别忙着在桌面上摆新台历，也别打探别人的节日怎么过；在年前，可以安排一些温馨的家庭小活动，整理一年的照片、打扫卫生等，这些工作既轻松，又温馨，非常适合年关焦虑的职场人。

18. 做一些简单易行的放松操，帮助自己降低焦虑

选择幽静舒适的环境；选择一种自我感觉较舒适的姿势，站、坐、躺均可；活动身上一些大的关节与肌肉，动作不需要规范或固定格式，但要做得速度均匀、缓慢，直至关节放开，肌肉放松；保持自然、流畅的呼吸，达到在悠然自得中忘掉呼吸的境界；集中注意力，把意念归于某一对象或有意识地将注意力放松到整个身体，而达到一种清静的清醒状态。

天天睡不着，脑子里全是工作——失眠

在职场中，工作压力过大还会造成不同程度的失眠。有些人天天睡不着，满脑子里都是工作，尽管如此，他们也没有把工作做好。并且，他们还因长期服用安眠药而对该药产生了依赖性，由失眠症而引起了安眠药依赖症——不服用安眠药就无法入睡的症状。

刘玲是一家国际贸易公司的职员，由于工作关系，她常常出差去国外洽谈合作事宜、开研讨会。每次出差她都会在动身前一晚反复考虑一些工作上的问题，是不是所有的专业术语翻译都确认过了？资料有没有备齐？有没有错误？见客户的时候穿哪件衣服比较得体合适？这次的合作能否顺利达成？这样想着想着，她的大脑就开始兴奋

起来，一晚上就别想睡觉了。因此，安眠药成了她出差时的必备药。

现在，刘玲对安眠药都产生了依赖性，一旦缺了这种药，她就会六神无主，昏昏沉沉。没有这种药，她会天天睡不着，脑子里全是需要解决的工作。

通过诊断，我们发现，刘玲不但患有严重的失眠症，而且还患上了安眠药依赖症。从表面来看，安眠药依赖症是由于失眠者过度相信安眠药的神奇作用，并且长期服用安眠药成瘾而造成的。而从根本上来看，却是由于患者长期工作压力过大造成的。安眠药虽然可以辅助睡眠，但长期服用安眠药也会产生不少副作用，比如镇定过度、运动缺乏协调性、肌肉过度松弛、暂时性失忆、失控行为和梦游、抑制呼吸、影响性功能、肠胃不适，等等。

据上海市中医院失眠症医疗协作中心在国内率先对服用镇静类催眠药的失眠症病人进行的临床流行病学调查表明，在收集的 820 例失眠症病人中，其中近 82% 的病人已吃过镇静催眠药，70% 的病人已经出现明显的依赖性，50% 以上的病人出现各种副作用。

据负责该调查的上海市中医失眠症医疗协作中心副主任施明介绍，由于个人体质不同，副作用的出现时间有早晚，程度也有不同。例如一些青光眼患者使用后眼压上升，肝病或肾病患者会反应激烈，而另一些病人则可能反应较麻木，但可以肯定的是，服用这类药物，病人的失眠症状开始变得更复杂，治疗难度加大，而且其催眠效果也不够稳定。

调查还发现，2/3 的失眠症病人第一次服用的镇静催眠药是由非精神科医生开出的，其中，苯二氮卓类药物如舒乐安定、佳静安定、氯硝安定和三唑仑等使用得最多，占 89%。施明认为，这说明大部分病人睡不好并不是马上求助失眠专科或精神科医生，而是等到失眠引起高血压、内分泌紊乱等相关症状后，才求助于内科、神经内科等一般医生。他指出，如何加强镇静类催眠药的管理，尤其是安定的正确合理使用已迫在眉睫，这不仅是精神科医生要承担的任务，也是整个医疗界面临的难题。

工作压力过大，会引起失眠症，而失眠症无法得到治疗和调适，反过来还会严重影响工作，如此一来，就会形成恶性循环。

如果你因工作压力过大而患上了失眠症，可以采用以下方法来调适。

1. 科学服用安眠药

（1）按需服用。就是根据失眠的情况进行服用，短期失眠患者，用药 2 周后就可以停药；慢性失眠者可长期使用，如一周失眠 3 次以上不能入睡，需天天服用；如果在 3 次以下就应该按需服用，千万不可养成靠安眠药入睡的习惯。

（2）选对用药时间。对于入睡困难的失眠者，应选用超短效类药物，这类药物半衰，短期只有半小时到 3 个小时，服用后可很快入睡，并且第二天起床后没有酒醉感；对于睡眠困难、噩梦频频的失眠者，可选用短效或中效类药物，这类药物半衰期稍长，6~8 个小时后可加深睡眠；对于早醒的失眠病人，应采用中效或长效类药物，这类药物半衰期长，12~15 小时后可以延长睡眠时间。

值得提醒的是，服用安眠药会在一定程度上影响次日早晨的认知功能，特别是半衰期长的药物，睡眠时间是延长了，但次日的困倦感也相对较重。因此，安眠药最好不要天天吃，只要睡眠质量改善了，就要马上停止使用，否则易引起耐药性和依赖性。

2. 不用药物，进行合理调适

合理调适就是在不服用安眠药的情况下，使用一些有效的方法，来达到克服失眠、助眠的效果。专家给出了以下几种有效的调适方法。

（1）使用薰衣草催眠。睡前两个小时左右可以喝一杯用薰衣草泡的花茶，薰衣草有镇静作用，对催眠很有效。另外，滴几滴薰衣草精油在枕头上也很管用，但要买纯的，不要买那些含香精和酒精的薰衣草。

（2）选择合适又舒适的床上用品。合适又舒适的床上用品是可以诱发睡意的，比如高弹性床垫能使人的头部、肩部及腰部得到有力的支撑，从而使人体各部位放松而得到充分休息；枕头的高度在 6~8cm，宽度要能容下整个肩部为佳。

（3）听音乐。睡不着时可以听一些旋律舒缓的音乐，有助于入睡。

（4）布置幽暗的灯光。如果没有必要工作，卧室最好使用灯泡，因为灯泡的光线幽暗，有助于营造睡眠氛围。

（5）睡前停止思考。睡前不要去想工作上的事情，尤其是和数字有关或关于计划性的。

（6）少喝咖啡类饮品。咖啡类饮品如茶、咖啡等，最容易引起人的大脑兴奋，晚上睡眠前千万不要喝，否则就会因情绪更加兴奋而失眠。

总是想不起来自己说过的话、做过的事——健忘症

大家都听说过这样一句话：抱着孩子找孩子。意思是说，一个人忘记自己的孩子就抱在手里，然后到处找孩子。显然，此人很可笑，可不少职场人都有过类似的经历：刚整理过的文件，却不知道放到哪里了；刚要提笔，却忘记了自己想要写什么；刚要到领导办公室，却把刚才背熟的台词又忘记了；已经收到客户发来的邮件，却还要求客户发邮件……上班族一般年纪不大，年龄也是三四十岁居多，却变得健忘、糊涂、

记性差。他们到底是怎么了？是不是离痴呆不远了？确切地说，他们是由于工作压力大而患上了严重的健忘症。

钱雪晴是一家化妆品营销公司的销售顾问，因为工作压力大，生活节奏快，自我要求高，钱雪晴的大脑长时间处于高速运转的状态，白天头昏、烦躁，到了晚上又睡不好觉，还一直多梦，结果整天睡眠不足，身心疲惫，记忆力开始出现下降。

为此，钱雪晴的大脑常常出现这样的短路：明明很熟悉的人却突然想不起他叫什么名字；话刚到嘴边就忘了；做事情常常丢三落四；刚看完的小说，一合上就不记得内容了；走出电影院大厅，就不记得电影名字了；刚给客户打过电话，一会儿又打了一遍，还以为没有打过；老板上午吩咐过的事，过了一会儿就忘得一干二净；为了找钥匙把家里翻了个底朝天，结果发现它却在自己手里；到银行取钱时却发现密码记不起来了；曾经去过的地方再去却找不到路；配偶生日、结婚纪念日等重要的事情总是忘记；对同一个人经常重复相同的话；物品在经常放置的地方找不到，却在想不到的地方找到了……

刚开始的时候，钱雪晴并没有把自己的健忘放在心上，还认为因为忙健忘很正常，直到症状极为严重，已经影响到工作效率和心理健康时，她才求助于心理医生。

通过诊断与分析，我们可以得出这样的结论：钱雪晴患的是一种严重的健忘症。什么是健忘症呢？医学用语称之为暂时性记忆障碍。简单讲健忘症就是大脑的思考能力（检索能力）暂时出现了障碍。健忘症，本是一种老年病，现在却成了职场人群的高发病。

健忘症会让一个人有时感到大脑一片空白，注意力无法集中，视力模糊，头晕，做事丢三落四，自己的东西总找不着，同事交代的事情常常忘记，被同事封为'猪脑子'。

专家指出，健忘症产生的原因很多，一般都是外环境和内环境两方面因素造成的。内部原因有年龄的原因、压力的原因、不良生活方式的原因、一些复杂的心理原因，等等。还有一个外因，就是上班族过度依赖数码产品，大脑缺乏锻炼，再加上喝酒和抽烟对神经的伤害，使记忆力和计算能力大幅下降。从外部环境分析，现在的上班族都喜欢窝在空调制造的"温室"里，空调间里通风不畅，空气含氧量降低，空气相对浑浊，在这样的空间里待久了，人容易昏昏欲睡。在注意力下降的时候，记性也就随之减退了。

健忘，偶尔发生一次，是一件很寻常的事，对于每个人来说，可能都有过这样的情况发生。而经常丢三落四、忘东忘西的，就是严重的健忘症了。如今的上班族，在压力的锤击下，健忘症患者越来越多了。可以说，工作压力和竞争压力大，是上班族健忘的主因。

对于压力下的健忘症，不少上班族往往认为自己年轻气盛，不予以重视，直到症状严重，乃至影响到工作效率，才不得不到神经科就诊。

那么，如何克服和治疗健忘症呢？专家开出了这样的妙方。

1. 经常锻炼，劳逸结合

专家建议，即使平时工作再忙，也要注意劳逸结合，张弛有度。

不用为自己定下一周锻炼一次的死规定，而需要将体育锻炼视为自己的一种生活方式，真正做到劳逸结合。不喜欢锻炼的可选择一些上肢活动相对简单的体育项目，如羽毛球、乒乓球。并保持每周三次运动，工作两小时后起身做伸展跳跃运动。

2. 营养疗法

在饮食上，专家还提倡多吃蔬菜，增加鱼类等优质蛋白的摄入。专家还建议，上班族平时要多补充蛋白质、微量元素等营养物质，如牛奶、大豆等。核桃、芝麻及沙丁鱼等，均有补脑健脑及增强记忆力的作用。尽量避免喝酒抽烟，少食辛辣和口味重的食物。一些食物中含有相对较多的重金属成分，如果食用后这些重金属在体内滞留、蓄积，会造成脑动力的减慢，影响记忆力，如皮蛋、爆米花等食物就属于"记忆力杀手"，不宜多吃。

3. 交流疗法

可根据自己的爱好加入一些社团，加一些 QQ 群，工作间隙，聊聊自己喜欢的东西，对放松心情有很好的疗效。尽可能记忆电话号码、物品的名称等并培养手写、亲自计算的习惯。

4. 音乐疗法

许多上班族缺少锻炼归根结底就是"工作太忙，没时间"。因此可在工作时和工作之余，放些旋律优美的舒缓音乐。古人将"听琴"当作除健忘、启心智的好方法。所谓"耳聪则智明"，现在看来，这确是一种改善健忘的好方法。可以多听一些愉悦身心的乐曲，如《梅花三弄》《流水》《怀乡行》《牧歌》《姑苏行》等。

5. 养成良好的工作习惯

比如，物品放在相对固定的位置，使用后放回原位；对于一些重要的事情可以采取用笔记录的方式。单位一个同事，手上老是密密麻麻地写着很多小字。后来一问，才知道她十分健忘，什么事情转眼就丢到脑后了，所以她就随时把当天要做的事情写在手上，这样，一抬手就能看见。另一个同事，随身携带一本备忘录，还是便利贴的

那种，可以扯下来贴在她随时能看到的地方。或者常常使用手机备忘功能，并设置闹铃提醒。

6. 保持良好情绪

良好的情绪有利于神经系统与各器官、系统的协调统一，使机体的生理代谢处于最佳状态，从而反馈性地增强大脑细胞的活力，对提高记忆力颇有裨益。

7. 保证充足的睡眠

睡眠不足，记忆之门也会关闭。可以说，失眠是健忘的罪魁祸首。经常失眠，大脑得不到休息，长期处于弱兴奋状态，就会极不容易接纳外来信息，记忆之门关闭，无法将记忆固化，某些信息也会因此丢失。长期下去会导致身体超负荷，气血失衡，变成习惯性健忘。

因此，上班族平时一定要注意睡眠，尤其不能因为工作压力大而经常加班到很晚。

不挑担子不轻松——压力上瘾症

现代社会是个压力社会，很多上班族都要应对家庭、社会的双重压力，尤其是一些单身贵族或是一些家庭亲和力较弱的职业人，在工作上会投入更多的精力以弥补他们在家庭生活上的缺憾，而一旦停下了日常周而复始的工作，他们反而会感觉不习惯，对于突然打破已经习惯了的忙碌节奏和压力惯性不知所措，甚至产生失落感。心理专家把这种被埋没于重重任务之中而不能自拔的症状称为"压力上瘾症"。

梦晓是一家大型公司的市场总监，平时由于工作太忙，工作压力过大，她总是埋头于工作中。老公经常心疼地劝她说："你能不能先把工作放一放，好好休息休息、轻松轻松？你每天都这样忙，小心累坏了身体。"梦晓不是不明白老公的良苦用心和疼爱之意，只是她不知道自己患上了"压力上瘾症"——不挑担子不轻松。

梦晓对老公说："放松是什么样的一种状态，我反倒不记得了。一旦没有了压力，生活好像也就没有了意义，觉得自己很失败，很没用，所以，我喜欢不停地给自己找压力，一刻也不放松，如果放松了，我反倒觉得不习惯。"

作为公司的市场总监，梦晓在办公桌的隔板上永远贴着一张工作计划表。3天之内所要处理的工作，被她罗列得十分清楚、详细。她会每天重写一张，将能想到的后几天的计划补充上去，哪怕加班到很晚，在被窝里也要把计划写完整。

在每天上班的时候，梦晓会把正在考虑与之合作的客户的电话通通打一遍，尽管前一天下班前已经跟所有的客户都通过电话了，而且其中的一些客户根本不重要。如果朋友或家人打来电话，她总会说一句："忙死了，忙死了，回头打给你。"而之后她往往会忘了打回去。

到了周末，梦晓会留出一点时间给朋友，朋友问她为什么总不接电话，她还是那句老话："我忙得要命啊！"没聊几句，梦晓铁定会把话题扯到工作上，让朋友给她多介绍几个客户。

好不容易放长假了，梦晓本来计划要好好休息一番的，可假期刚过两天，她就觉得心烦意乱的，好像生活不正常了一样。为了摆脱这种情绪，她就在每晚睡觉前浏览工作计划表。

通过诊断，我们可以肯定地说，梦晓患的是"压力上瘾症"。心理专家说，部分现代职业人是通过工作上的紧张和压力来缓解生活中的其他矛盾和不快，通过工作的压力来冲抵生活中的孤独感，甚至抑郁感，让自己无暇感知痛苦与不快，久而久之就形成了"压力上瘾"。

压力上瘾症的临床表现如下：

（1）如果度假时间超过两天，就觉得心烦意乱；

（2）原本全家人一起看电视的晚上，你却缩在床上，拿着各种大商场的优惠券上网搜罗各种促销信息；

（3）朋友聚会前，你翻出家庭相簿绞尽脑汁地考虑如何将其编辑成具有外交水准的家庭宣传册；

（4）想不起来上次没吃早餐是在什么时候；

（5）想不起来上次没吃午饭或晚饭是在什么时候；

（6）即使身处激情时刻也从来没产生过任何激情幻想，因为脑子里总惦记着明早如何收拾厨房；

（7）匆匆游走于超市的各个货架间，完全按事先列好的清单购物，很少考虑别的事；

（8）把睡前浏览日程表视为一种放松；

（9）如果不在纸上记下"喂狗"一项，铁定会忘记；

（10）生日的时候家人送你一台 MP3，至今还被原封不动地放在盒子里，因为你根本没时间下载歌曲。

心理专家分析说，压力之所以会让人上瘾，是源于压力的"魅力"。具体来说，压力之下，你尽可以对着别人发牢骚，而且这种感觉相当好。人们都渴望"被需要"的感觉，女性尤其如此。为了让自己的存在更加重要，人们总是把日程填得满满的，并乐此不疲地筹划着下一个行动计划。反之，"压力上瘾"族如果放松下来，就会有一种

罪恶感。即使找不到压力的理由，他们也会没事找事，把小事夸大，使之升级到"高度紧张"的状态，给自己制造一点压力。否则就会觉得心里空落落的，好像自我价值没有得以充分实现。忙，说明你很重要，如果不忙，就会产生挫败感。这和当今社会将忙碌视为一种成功的风气有关，如果某个人说"我忙得连朋友的聚会都没工夫参加"，那么，言者必然是以一种自豪的语气说的，听者也必然投以钦佩的目光。很多人都认为自己做得越多，就越成功，越有价值。

其实没有人在压力之下活得轻松愉快，长期生活于压力之下，身心健康必然会为此付出代价。特别是一些想通过工作上的紧张和压力来缓解生活中的其他矛盾和不快，或者试图通过工作的压力来冲抵生活中的孤独感的人，"压力上瘾"更会带来严重后果。

压力上瘾症会造成如下症状：

（1）身体症状：如便秘、颈椎病、头痛、腰酸等。

（2）行动症状：如购物依存症、酒精依存症等。

（3）精神症状：如急躁、易怒等。

（4）压力过大，会使交感神经的作用过强，导致血管收缩，血压上升；同时也会使血流不畅，引起身体发冷。

那么，如何克服和调适压力上瘾症呢？专家的建议是这样的：

1. 对自己压力成瘾的状态要有清醒的认识

不要认为压力只来自外部，其实压力还来自内心。当你意识到压力成瘾的时候，不妨立刻停止手上的工作，给自己几分钟的时间，心里默念"我不做，看看能把我怎么样"几遍，你就会发现，情况并不像你想象的那样糟糕，即使你停下来，世界仍然安然无恙。

2. 改变以工作量和密度考核自身价值的标准

在工作中，绝对的忙碌并不比劳逸结合的状态更有效率，这是众所周知的道理，做得多，并不意味着就做得好。

3. 分清问题的轻重缓急

巨大的压力来自你把一些很远的或是很次要的事情都搬到眼前来做。比如下周末郊游需要的帐篷，非要在今天去超市把它买回来吗？

4. 接纳失误或者失败

如果不能坦然接受自己的失误或者失败，就可能无法停止给自己施加压力。不妨腾出一小片地方给自己的失误或者失败——接纳它们，你会发现其实它们并不可怕，因为它们和快乐、成功一样，都是你心灵的收获。

5. 让自己的生活丰富起来

工作之余，可以花费一些时间开发被搁置已久的兴趣，寻找新的朋友，陪家人出去郊游度假，让自己的生活丰富多彩起来。

6. 学会展现自己软弱的一面

再强的人也要学会示弱、学会倾诉，让朋友和自己的爱人为自己分担一些烦恼与忧愁，这样才不至于自己一个人在压力的泥潭里越陷越深。

7. 不要追求完美

尽量少拿自己和别人比较，力图事事完美，肯定会增加许多压力。你只需把最重要的事情做好，然后其他小事洒脱地放手。

压力上瘾，其实也是一种现代都市病，对于都市职业人的身心健康没有好处。现代都市人应该重新建立自我价值的评价标准，不能唯事业论、财富论，与身边的人盲目攀比，而要对幸福进行健康的定义，关注自己的现实需求并由近及远地去逐步实现。

不想上班，无端请假——退缩心理

现实职场中，我们常常会发现这样一类人：经常不想上班，无端请假，什么都不想干，只想在家歇着。这种人面对工作，具有的是一种不可取的退缩心理。

如今，在工作压力很大的时候，不少上班族都习惯选择逃避。在现实生活中，有时候难免想回到从前以重温旧梦，只要无伤大雅，均可用退行作用来进行心理调节。如夫妻谈心，父子玩耍。这种短时间、暂时性的退行现象，不但是正常的，而且是极其需要的。假如一个人遇到困难常常退行，用较原始而幼稚的方法应对困难，或是利用自己的退行来获得别人的同情和照顾，以避免面对现实的问题和痛苦，就变成了心理问题。因为退行毕竟是一种逃避的行为，而不是面对问题解决问题，况且不成熟的行为只会把问题和困难变得越来越糟。

李祥今年32岁，在一家机械公司担任业务经理，负责整个公司产品的销售工作。他每天工作勤勤恳恳，尽职尽责，一心想把工作做好。可事与愿违，随着社会竞争日趋激烈，同类产品不断涌出，经济效益每况愈下，李祥感到越来越难做。而当初立下的军令状就像一座大山一样重重地压在他的身上，使他喘不过气来。

最近，李祥越来越感到一种莫名的恐惧，感到自己力不从心，重压之下，他一点也不想上班，干脆选择逃避，请假三天没上班，手机也关掉，在家什么事情也做不了，约朋友出来聊天也显得心事重重。

到了第四天，垂头丧气的李祥找到心理医生诉苦："现在的我真是累啊，一进公司就感到紧张，自己以前的那种干劲儿不知到哪里去了。现在我只想找个安静的地方，静静地睡上一觉，再也不想面对这些烦恼的问题。我现在该怎么办呢？"

以上事例中，李祥就是一个典型的具有退缩心理的人。面对工作压力，他不是想办法去缓解、去减轻，而是选择了请假，这不是退缩是什么？

在以往的工作中，李祥过于看重工作，或者过于看重业绩，而忽略了一些实际运作中的问题。另外，对市场的残酷估计不够，一旦事与愿违，又过分自责，把责任都归咎在自己的身上，造成心理负担过重。因此，焦虑与恐惧的情绪随之而来，压得他透不过气来。为了释放几乎快崩溃的情绪，缓解内心的压力，李祥以一种不负责任的方式来逃避，是不对的。

选择退缩与逃避，虽然可以暂时得到解脱，但事情却并没有就此了结。许多问题都还在等着我们去解决。所以，选择退缩与逃避是一种不负责任与不成熟的表现。

心理学家认为，当一个人面临某一应激情境，无法以适合该年龄身份的适当行为独立应付时，转而以较早阶段的幼稚行为方式来求得他人的支持和安慰，或满足自己的欲望，这种行为称为"退行"。这是在遭受外部压力和内心冲突不能处理时，借此回到幼稚行为以使自己感到舒服、安慰的一种心理防御机制。随着年龄的增长，一个人的人格是以循序渐进的方式逐步走向成熟的，而人在长大以后，应对事情的方式也应变得比较成熟。

我们每个人都会面临来自各个方面的压力，如青少年时期，以学业为主的压力；到成年时期，有工作、家庭与经济方面的压力；到老年，有健康、孤独的压力等。在激烈的社会竞争中，每个人面对压力的态度也是不同的。李祥在压力面前采取了退缩、逃避的态度，是用小孩子解决问题的方法来应对自己出现的问题。

大自然赋予人类神奇的生命力，同时也给人类带来了永不停息的压力。压力从生命诞生的那刻起，就与人们形影不离，从某种意义上说人们无法从根本上消除压力的存在。诞生压力也给不同的人赋予了不同的意义。压力，是懦弱者不可任意逾越的鸿沟，是开拓者激发动力的源泉。因此，一个人要想取得成功，有所作为，就不能在压力面前退缩。

的确，工作中有各式各样的压力，我们也没有办法去选择承受哪一种压力，但我们可以决定用什么样的方法去面对压力，解决压力。实际上，压力并没有我们想象的那么大、那么可怕，只是我们低估了自己的能力，没有找到合理的减轻压力的方法。如果我们能够勇敢地站起来，好好地思考一下如何应对压力，我们就能在职场中不断

迎接新的挑战。

1. 保持好心态，发挥自己的潜能

同样的一件事情，以积极的心态和消极的心态去面对，两种结果是截然相反的。有位心理学家认为，在人类的天性中，原本就有一种寻求发展和自我实现的需求。面对压力，如果你选择的态度是"我能行"，那么它会让你少一点失败，多一点成功。

2. 学会宣泄

多交朋友。内心有了烦恼，找个朋友倾诉衷肠，适当宣泄一下自己的感受，最好有一个心理医生做朋友，以便及时得到他们的帮助。

3. 及时修订目标

认清自己所面临的问题，及时给自己制订一个更现实、更接近的目标，能够产生满足感、控制感，减少心理冲突和心理压力，变被动为主动，避免更大的损失。

4. 学会放松

自我放松减压的方法很多，如放松训练、听音乐、运动等。只要我们平时放轻松，以积极乐观的态度去面对人生，即使面临压力，我们也能从容应对，化解压力。

5. 冷静下来，寻求解决方法

在工作中遇见了难题，应该冷静下来，认真分析为什么会出现这样的问题，以及解决问题的方法。而一味地退缩只会使原有的优势荡然无存，甚至你的问题会越来越多。

八、职场人士跳槽心理诊断

别人都跳槽了，我也要跳槽——盲从心理

盲从，就是没有主见，没有原则，没有见地，随着别人说话、做事。生活中，个别小事的盲从无伤大雅，可连换工作这么重要的事也盲从别人，那就是一件不理智的事情了。

跳槽，本是职场上很常见的事，可谓屡见不鲜。然而，不理性的盲目跳槽定会给自己的职业生涯带来不利，绝不是什么好事情。

花木蓝在一家广告公司做平面设计，本来工作做得好好的，薪水也不错，可突然间就辞职了。妈妈惊讶地问她为什么，她回答说："唉，哪有那么多为什么啊？最近我身边的几个同事都辞职了，我的几位好闺蜜也辞职了，别人都跳槽了，我也跟着

跳呗。"

事情就像花木蓝所说的那样。最近，公司设计部的几个小姑娘，好像商量好的一样，一个月内都辞职了。其实她们各有各的原因，有的是要结婚了，想好好结个婚，婚后重新找工作；有的是觉得工作没意思，想换份比较感兴趣的工作；有的是老家人想让自己回去发展；有的是想自己创业单干……加之，花木蓝的几个好闺蜜一个个都跳槽到了新单位，并十分夸张地告诉她新单位有多好，所以她在公司再也呆不下去了，也决定跳槽跳个好单位。

听到花木蓝辞职的要求时，她的老板也大跌眼镜，并对她寄予厚望说："你是个设计人才，也有丰富的工作经验，设计部经理马上要出国发展了，你能留下来接任他的职务吗？"

花木蓝没有被设计部经理的职位所打动，连考虑一下都没有就辞职了。

花木蓝辞职后，每天东奔西跑地找工作，还没有找到她认为的"好单位"，她已经厌倦了。后来，为了早点结束找工作的苦恼，她就到一家很普通的广告公司上班了。

现在，花木蓝提起跳槽就后悔，要不是盲目跳槽，她应该是前公司设计部经理了。

如今的跳槽族大多很盲目，理由也是五花八门，有对待遇不满的，有看不到前景的，还有跟同事有矛盾或看不惯老板的，等等。理性的跳槽无可厚非，但像以上事例中的花木蓝一样跳槽，见别人都跳槽了，自己也跟着跳槽，着实太不应该了。

在跳槽这件事上，花木蓝的心理就是标准的盲从心理。其实她做着一份很不错的工作，没有任何合理的理由辞职，但她的确就那样做了，难怪她的妈妈和她的老板都很吃惊！

职场中，那些见别人跳槽自己就跳槽的职员，往往在跳槽前并没有做好跳槽准备。这种准备不仅仅是自己提升能力以满足新雇主、新职位的要求，另外一个更重要的准备是，充分了解新职位的信息。只有了解所跳为何方，彼处在哪里，是否有陷阱，前途怎么样，是否符合自己预期之后，才能想到该如何做，否则，就会被"盲从心理"所误。

有一句老生常谈的话：最适合自己的就是最好的。不仅找对象是这样，职业选择更是这样。任何一次理性的跳槽，都可能给自己的职业生涯带来质的飞跃；而任何一次盲目的跳槽，或将让自己陷入恶性循环。所以，在没有完全了解企业和经营者的情况下绝不能盲目跳槽。

现实中总有一些人选择工作并非根据自己的爱好及个人能力特点，而是随波逐流，见不得别人跳槽，看到别人跳槽自己也想跳槽，这将会给自己的职业生涯造成非常不利的影响！其实，行行出状元，不同的工作虽然整体看来有收入、社会地位、工作条件等各种区别，但对于每个人来说，最重要的是工作要适合自己。如果从事的本来就是一份比较适合自己的工作，职业发展前景也不错，何必随风摇摆、见跳就跳呢？

跳槽是一项技术活，并非任何人、任何情况下都适合跳槽。针对"别人都跳槽了，我也要跳槽"的盲从跳槽问题，专家建议跳槽前需要做到以下几条。

1. 保持冷静

对于"见跳就跳"的职员，业内专家希望职场人士能保持冷静，不仅要全方位地了解目标行业及目标公司的现状和前景，更要深刻地剖析自我、准确定位。

2. 评估风险，选对时机

别人跳槽可能是早已计划好的，如若这样，他们跳槽就没有多少风险。而你看到别人跳槽自己就想跳槽时，往往是没有任何计划和安排的。因此，建议你跳槽前，要寻找"病根"，对症下药。如果是自身能力不足，要想办法提高水平。如果是目前的平台不合适，那一定要明确自己的职业定位，找到适合自己的平台，并评估换工作后的风险，寻找适当的跳槽时机。

3. 找工作先找自我

很多盲从跳槽者都缺乏正确的自我认识，对自己的兴趣、能力、价值观一无所知。当看到别人跳槽就想跳槽的时候，自己要想清楚：我平常喜欢做什么？是否想在这个领域有所作为？我是否尝试过寻找其他可能的机遇？对于这个可能的方向，我能否克服困难坚持下去？如果你能找到答案，那你的职业定位已初具雏形了。

4. 充分了解上下家情况

跳槽前，先要审视自己公司的情况，看看公司是否没有了发展前景；对于下家，不仅要了解其薪酬、福利、发展前景，更要了解有没有健全的人才管理和升迁机制。对这些做好充分的了解之后，再做出是否跳槽的决定也为时不晚。

干得多，拿得少，我也要跳——急于求富心理

在市场极为活跃的今天，人才作为一种资源，也表现出了极快的流转性，正所谓"铁打的营盘流水的兵"。跳槽，在市场经济高度发展的今天，已经不再稀奇。

跳槽，也许是你提高身价和增加薪水的最佳选择和通行做法。很多调研机构的相关调查表明，一个普通员工每年超过十次考虑过离职。有 21.89% 的员工通过跳槽涨薪达 50% 以上，有 30.24% 的员工通过跳槽涨薪达 10%~30%。当然，也有跳槽没有加

薪的。

案例一：

景小姐毕业于国内某重点大学，学的是市场营销专业。为了进一步提升自己的专业知识，让自己今后在职场中更具有竞争力，景小姐曾去美国学习进修，并顺利拿到了美国一所世界知名大学的营销管理硕士学位。回国后，景小姐在北京顺利地应聘到了一家中外合资的外贸公司做市场部经理助理工作，薪资为每月6000元。

在公司工作的两年内，景小姐摸索行业中的每一个细节，突破了一个又一个难题。其间，景小姐几次向老板提出加薪，结果都没有下文，薪资从没有实质性地增长过。同时，生活的压力一天天增大，景小姐有了自己的生活圈子，加上北京较高的消费，让景小姐越发感到吃力。房租不断涨，生活费不断提高，收入实在跟不上节奏了。所以，景小姐非常渴望自己多挣些钱，赶快富起来，买一套属于自己的房子。

就在这时，景小姐被一家从事文化传播事业的知名企业看中，这家公司主要是从事中欧文化交流工作，产品涉及语言教育、艺术工艺品、地理旅游等方面的内容，和国际贸易也有很大联系。这是景小姐比较喜欢的一个领域，而且和自己所打交道的人群都是有一定社会地位的人。景小姐终于忍不住跳槽了，跳槽第一个月就拿了12000元的工资。

案例二：

陈金是学广告设计专业的，毕业后在一家大型公司的市场部担任广告宣传策划，这是一份相当有前途的工作。但由于他刚进公司不久，处于历练阶段，公司给他的薪水比较少，只有2000元左右。随着时间的推移，他越来越觉得自己的薪水太低，总觉得自己"干得多，拿得少，付出与收获不成正比，猴年马月也实现不了有车有房的愿望"。为了能在短时间内挣更多的钱，陈金决定辞职。辞职后的陈金一心想进更好的广告公司，然而，一次次面试，成功总是与他失之交臂，失业的日子让他开始不安起来，他逐渐对自己失去了信心。

以上事例中，景小姐和陈金跳槽的心理都是一样的，可以说都是因急于求富所致，不同的是，景小姐跳槽完成了她的华丽转身，而陈金却陷入了糟糕的境地。

为什么呢？下面我们就从他们跳槽的经历来具体分析一下。

景小姐跳槽完全有足够的资本，一方面，她积累了丰富的工作经验，另一方面，她找到了一份非常适合她专业的工作，这种跳槽当然会越跳越高。而陈金就不同了，他仅仅是为了薪水而跳槽，不但没有找到理想的高薪工作，还把一份原本很有前途的工作也丢掉了。之所以会这样，是因为他跳槽之前没有做好反思，也没有明确的职业规划。多反思、多充电、做好职业规划是跳槽的关键所在。陈金本该好好反思自己为何只能拿 2000 元的月薪，并找出自己的核心竞争力。但他没有这样做，而是急于求富，急于找到下一份薪水丰厚的工作，这就为他后来的危机埋下了隐患。在职场上，不少人都希望通过跳槽使自己身价上涨，但他们经常犯的一个错误就是只注重所谓的目标，却没有充足的准备和合理的规划。

职场专家指出，职场人士在"干得多，拿得少"这种心态失衡状态下考虑跳槽，是没有经过理性思考的表现，容易陷入"病急乱投医"的误区，甚至形成一种恶性循环。而通过总结工作经验、充电、挖潜在竞争力，达到提升身价、获得高薪的目的并不难，重要的是恰当地运用技巧，有策略地经营自己的职业规划，坚定信心去应对一切。

对于急于求富的跳槽者来说，跳与不跳，各有利弊，应视具体情况而定。对此，专家给出了以下几条有效建议。

1. 永远不要单纯为了薪水而跳槽

哪怕你面临很大的经济压力。当你想换工作时，也要对两份工作所能提供的总体价值进行比较。除薪酬外，还有企业实力、个人发展机会、工作环境等很多方面的内容。对于年轻人来说，个人的发展机会是其中最重要的，因为它意味着你未来的薪酬。

2. 看中薪水，更要看中个人前途

薪水？个人前途？哪个更重要？或许大部分上班族都会说："我是为了挣钱而工作的。"关心薪水没有错，但把心思全部放在薪水上的做法是有偏差的。如果你的眼睛只盯着每月的薪水转，又怎么能看到薪水背后的成长机会呢？要知道，薪水重要，个人前途更重要。

3. 加薪无望才可以考虑跳槽

相信每个上班族都希望自己的职业生涯一帆风顺，都希望自己能通过工作实现自我价值，并获得满意的薪酬。但希望仅仅是希望，和现实总有一定的差距。如果你在公司实在加薪无望，那就跳槽吧，为拿更高的报酬而跳槽不是罪。

在这个物价趋于上涨的社会，为薪水而跳槽并不是什么不光彩的事。当你各方面做得都非常好，早已符合加薪标准，但你的薪水却不随着公司创利而节节高升，老板不再考虑给你加薪时，勇敢而聪明的你大可英勇地搬开这块绊脚石，为自己谋取高薪。

4. 跳槽要做到知己知彼，不可盲目辞职

如果你特别渴望一份丰厚的薪水，而留在现在的公司又加薪无望，那就跳槽吧！这时跳槽决不能草率行事，一定要理智，一定要保证自己的薪水增加。

那么，怎样跳槽才能保证你的薪水增加呢？这需要你认真考虑以下几点：

（1）劳动力市场供需是否平衡。如果你有通过跳槽实现加薪的打算，你需要时刻关注你所从事的行业、专业在当时条件下劳动力市场的供需状况。如果你在市场人员需求较大的时候跳槽，你就有可能得到一个好的薪酬待遇；如果你在市场人员需求较小的时候跳槽，你所从事的行业、专业没有出现大的人员短缺现象，你想通过跳槽加薪也不大可能。

（2）目标公司的薪酬水平策略如何。跳槽时，你需要好好地研究一下目标公司的薪酬水平策略。一般来说，公司的薪酬水平策略分领导型、匹配型和滞后型三种。领导型薪酬水平策略，是指该公司的工资水平比行业平均工资水平要高；匹配型薪酬水平策略，是指该公司的工资水平与行业平均工资水平大致相等；滞后型薪酬水平策略，是指该公司的工资水平比行业平均工资水平低。所以，你打算跳槽时，如果你的能力和专业水平较高，你就应该选择一个实行领导型薪酬水平策略的公司，这样你的薪水才有可能提升。

（3）目标公司经营状况的好坏。通常情况下，一个公司的业绩处在迅速成长期时，他们需要从同行业那里挖取大量的骨干人物，这时，如果你跳槽过去，并提出高一点的薪酬待遇，你的要求是容易被满足的。如果你要跳槽的目标公司的经营状况不理想，你依然要求一个好的薪酬水平，那你的愿望就可能很难实现了。

（4）了解目标公司是否发生重大人事事件。如果你想去的那家公司出现了大的人事事件，比如，某个部门的负责人和大部分下属都被连锅端的话，为保证公司正常运转，跳槽进去的人，提出一个较好的薪酬待遇要求，通常都比较容易被接受。

（5）了解目标公司的发展前景如何。跳槽不一定就必须提高自己的薪酬水平。如果你要去的那家公司发展前景好，有利于你在各方面积累、成长，那你不妨先考虑放低姿态，只要进去后充分发挥和利用你的能力，让公司发现并重用你，你加薪就比较容易实现。

然而，跳槽虽然能给你带来更高的薪酬，但跳槽并非没有风险。更何况，跳槽意味着你在原单位的奖金损失，在新单位要重新投入精力、财力建立人际关系、赢取信任等。所以，在决定跳槽前，你千万别忘了考虑风险，算算跳槽成本，不要"丢了西瓜捡了芝麻"。

对目前的工作厌倦了，提不起精神——厌倦心理

任何一份工作，做久了都可能会令人厌倦。当你提不起工作精神，没有了工作激情和兴趣时，最好不要立马做出跳槽的决定。因为，厌倦工作向来都不是换工作的最佳理由。

工作就像学车，新手上路的时候总是充满了热情和干劲，但是兴奋了一段时间之后，看惯了沿途的景色，找不到新鲜东西的时候，慢慢地就会有疲惫的心理——如疲劳驾驶很危险一样，当你对工作厌倦了的时候，你的职业生涯也会转入危险的境地。

案例一：

2012年，靠自己的努力，石万拿到了一张自考本科文凭，在北京一所民办中学做校务管理工作，这让他兴奋、得意了很长时间。但是现在，他非常厌倦这份工作，工作激情尽失，总觉得工作特别枯燥、乏味。每天都重复一些琐碎的事务，使他对这项工作已经没有了兴趣。本来他打算考个"MBA"读一读的，又因为学费太贵读不起而打消了这个念头。无奈之下，他选择了跳槽，进了一家在他看来还不错的公司。但以后他还会不会厌倦这份工作，会不会因为厌倦工作再次辞职，连他自己都说不清楚。

案例二：

陈晓芸今年25岁，毕业后在一家通信公司做会计。在别人看来，年纪轻轻又漂亮无比的陈晓芸有着一份令人十分艳羡的工作。然而，却没有几个人知道，其实她光鲜的外表下隐藏着一颗枯竭的心灵。她早已厌倦了自己的工作，每天在单位都如坐针毡。

用陈晓芸的话说："一想到工作就烦，烦死了！"每天早上，她都懒得起床，都会为上班之事苦苦挣扎一会儿；上班后，她也会因为责任心和使命感而不得不机械式地重复着在她看来无聊透顶的工作。她经常会冒出辞职跳槽的念头。终于有一天，她真的辞了职，在同事们诧异的眼神中，卷起背包，跳槽到了一家新公司。

可新工作没有坚持多久，她又干烦了，又不想干了，只好再次辞职跳槽。

案例三：

赵明峰毕业于国内一所旅游学院，就读的是旅游专业。毕业后，在一家小小的旅游公司就职。后来，他因厌倦工作而不断地跳槽，才来到现在的旅行社，负责人事管理工作。

旅游是赵明峰的兴趣，也是他的专业，能把工作和兴趣结合在一起可以说是一种幸运。但是，在这家单位工作不到一年，赵明峰又开始觉得"没劲、无聊、无趣"，时

常怀念每个新工作开始的那段日子，很有激情，很有干劲。而现在，他每天早上都不想去上班，进入公司后也只是按部就班地做点事，没有任何积极性可言。其实，在工作期间，赵明峰也曾经为这份工作付出了很多努力，可他连一点职业成就都没有，对工作也是厌倦至极。现在，他又产生了跳槽的念头，他说："很想换一份有激情的工作，再也不想做现在这份工作了。"

以上几个事例中，石万、陈晓芸、赵明峰，都是对目前的工作厌倦了，提不起精神，才辞职的。可见，厌倦心理也是很多职场人士跳槽的一个根源。

其实，在诸多企业或公司里，也有不少像石万、陈晓芸、赵明峰一样的员工，他们每天恨不得撒个小谎不去上班，哪怕生病也好；他们坐在单位提供的环境舒适的办公室里，消极怠工；工作让他们厌倦甚至沮丧；他们无法控制内心暗长的倦怠感和消极情绪……可想而知，这样的工作状态，就算他们不辞职，迟早也会被炒鱿鱼的。

在刚刚跨入职场之初，你也许不但干劲十足、激情高涨，而且对自己职业前途的自我期望值也寄予"厚望"。但半年甚至三个月时间不到，也许就会感觉到自己简直与机器人一样，每天上了班就希望能早点下班，一点也没有原先的激情了。每一次工作中出现了不顺心，就会"鼓励"自己换个工作环境，然而每一次的跳槽结果，都会使自己的情绪出现一阵低落。热情高涨的工作激情到底"跑"哪里去了呢？想找回当初工作时的那个激情飞扬的自己吗？你需要做的，就是想办法帮自己找回工作激情！

无可否认，很多上班族都是因为厌倦了工作、消磨了热情而跳槽的。就算不辞职，他们也不会做好工作的。因为他们的内心并不快乐。他们也曾有过梦想和追求，但在各种挫折面前，在生存压力面前，被磨去棱角的他们激情不再，变得安于现状，越来越懒散，不愿再去拼搏。他们在原来的单位已经失去了前进的动力，只好靠换工作来换状态了。

因厌倦工作而跳槽，多半都不是工作的原因，而是自己心态的原因。所以，当你对工作厌倦、提不起精神时，不妨按照专家的几点建议去做。

1. 工作之外，培养多种兴趣爱好

一个没有兴趣爱好的人是很容易产生倦怠情绪的，这种倦怠情绪很快就会蔓延到工作中，严重影响工作。工作之外，培养多种兴趣爱好，不但会使我们疲惫的神经和疲劳的心理得到适时的放松，也会点缀和调剂我们乏味、枯燥的职场生活。

另外，如果长时间只做一件工作，我们就会产生厌烦心理。如果这种厌烦心理一直得不到调节，我们就会越来越没有精神，越来越没有心思和精力工作。如果我们在工作之余找一些别的事情来做，将注意力从单调、乏味的工作中转移出去，那么，我们就能慢慢地忘记令自己日日感到烦恼和厌倦的工作，让自己的心情渐渐愉快和轻松起来。

因此，如果你在繁忙而劳累的工作中感到疲乏和厌倦的话，那么工作之余不妨多培养几种兴趣爱好，相信它们会很快改变你的精神面貌和工作状态。

2. 换工作不如换心态

因厌倦工作而跳槽是一种很不理性的行为。一名职员，如果干烦了就想换工作，却不反思自己的工作态度，结果只会使自己陷入更恶劣的工作环境中。因此，跳槽前最好先自我反省一下，也许你会发现，转换对工作的态度与认知，可能才是解决问题的最好办法。

3. 适时求助心理医生

现代职场中，因工作中长期提不起精神而跳槽的上班族并不鲜见，他们总感觉工作枯燥、乏味、无聊，丝毫没有工作激情，每天都处于困顿、疲惫的状态，久而久之，他们就会工作效率低下，业绩可怜巴巴，成为公司里的"掉队人员"，甚至面临被"扫地出门"的局面。其实他们也不想这样，只不过是他们无法通过自己的能力来改变和调适厌倦心理。

当我们通过自我心理调节无法调适厌倦心理时，我们就有必要适时求助心理医生了。否则，心理上长时间深陷厌倦状态，就会严重影响我们的工作和生活。

4. 重燃工作激情

美国著名剧作家尼尔·西蒙说："激情是主宰和激励一切才能的力量，如果没有激情，生命会显得苍白和凄凉。"一份激情不可或缺。激情是一种人生态度，也是一种工作态度。人生没有了激情就会变得暗淡无光，工作没有了激情就会变得前途渺茫。

工作中，一旦没有了激情，做任何事都会感到厌烦。因此，当你因厌倦工作而想跳槽时，就要想方设法重燃你的工作激情，再一次培养工作兴趣。

5. 努力让环境"新鲜"

新公司陌生的工作环境会让你感到好奇、兴奋、新鲜，什么事情都想跃跃欲试，不过逐渐熟悉工作环境之后，这些心态将渐渐离自己远去，更多的体验是谨慎、见怪不怪、程序化地完成工作任务。长此以往，工作积极性自然下降。为此，你可以想办法为自己创造各种"陌生"环境，让自己好奇、兴奋、新鲜的心态永远存在，让自己感到永远"实在"。

6. 树立使命感，挖掘前进的动力

长时间做某一份工作，我们很容易成为"技术娴熟的工作骨干"，但日复一日地重复相同而琐碎的事务，就有一种空虚的感觉，自己无法左右自己的状态。出现这种情绪，主要是因为有的人只知道单一工作，而没有明白自己工作的价值。其实只要在工作中树立起使命感，明确自己要实现一定的价值的话，就能在个人工作中产生前进的动力。

不满现状，我要跳槽——追高心理

在每年的求职大军中，因不满现状而跳槽的求职者不在少数。而每年春节后涌起的"跳槽潮"中，不满现状也是主要原因之一。诚然，因不满现状跳槽的跳槽者，其目的都是实现职业的攀升，而通过跳槽果真就能实现吗？我看未必！

案例一：

汪华今年26岁，已有几年的工作经验，最近刚从一所培训学校辞职，而他辞职的原因就是：不满意现在的工作。

2011年，汪华从学校毕业后，便到了省城一家培训学校做课程顾问。对于培训学校的工作，汪华用"培训业的老江湖"来定义自己。从上大二时开始，汪华就开始在教育培训机构做兼职，因此大学毕业后，他也自然而然地进入了一家培训机构当起了课程顾问。而有着四年课程顾问经验，并且在一家培训机构工作两年后的汪华，却越发不满意自己现在的工作，这使他决定辞职，重新找一份更好的、干起来更有激情的工作。

汪华曾对同学说："我本身就是一个不喜欢安分的人，但毕业后却选择了一份比较安分的工作，每天都是坐在办公室里向前来咨询的家长们解说，干久了一点激情也没有了，所以我决定年后就把工作辞了，重新找一份有激情的工作。"

可辞职后的汪华并没有达到自己的心愿，找了两个月工作，又干回自己的老本行，而且进的还是一家师资力量和规模都不如从前单位的培训学校。

案例二：

郝宁2012年毕业于河南某医科大学，学的是医药管理专业。在参加工作的短短两年时间里，他已经就职了三家工作单位，在不同的医药公司里做医药销售。

刚开始，郝宁只是一个小小的医药业务员，没什么工作经验，为了生活，也不敢从小公司辞职。在第一家公司工作半年后，郝宁积累了一些工作经验，生活上也有了一些积蓄，就想到大公司工作，于是，他辞去了小公司的工作跳槽了。

到了大公司后，郝宁工作很拼命，也取得了不错的成绩，被提拔为销售主管。可后来他又因不满公司的某些制度和福利待遇而选择了跳槽。

第二次辞职后，郝宁经过了很长一段时间的努力，才被一家很一般的公司聘用为地区销售代表，而且待遇不算高。这一次，郝宁后悔极了，因为辞职后他才现，原来的公司还是不错的，他很难再找到那样有实力的公司了。

可以肯定地说，任何一个跳槽者都期望通过跳槽让自己的职业生涯攀升到一个新的高度，他们的这种心理其实是一种"追高心理"，汪华是如此，郝宁也是如此。

成功的跳槽都是一个从低到高的过程，而失败的跳槽只会越跳越糟糕。汪华不满现状而辞职跳槽，本来就是一个不明智的决定，因为他的目的很单纯，但对自己的职业规划却不清晰。郝宁一开始因为没有工作经验，只能从小公司做起，跳槽后能做到销售主管，已经相当不错了。可以说，第一次跳槽，他是成功的。可他又辞去了那份很不错的工作跳槽，这次就很失败。因不满现状而跳槽的朋友，之所以有的会成功，有的会失败，就是因为他们没有把自己的目的和实力联系起来。不满足现状，另寻高枝，可以理解，但如果自己根本没有攀高枝的实力，甚至辞掉工作后根本没有信心和实力去找一份更好的工作，那还不如不跳。

其实，目前许多求职者不是找不到工作，而是在找最适合自己的工作。不少跳槽者都持有这样一种观点：如果对现在的工作环境不满意，跳槽意味着一个新的开始。但在业内人士看来，频繁跳槽绝对不是人生发展的上策。因为不管身处哪个企业哪个岗位，都要具备吃苦耐劳精神，而频繁跳槽则显示了一种不安分和浮躁。

专家指出，因不满现状而频繁跳槽的追高心理非常不利于职业规划，因此，如果你属于这种情况，就在专家的指导下，赶快调适这种追高心理吧！

1. 要解决问题，不要逃避问题

现实中，很多职场人士都会因对目前的工作不满而巴不得尽快逃离，殊不知，新工作上手以后老问题又会浮现出来。那时你怎么办呢？再跳槽吗？仅仅因为一些客观的因素限制而没有慎重思考就跳槽其实是一种逃避。所以，对现在工作的某方面不满而决定跳槽的朋友，一定要扪心自问："换一份工作能否真的解决我现在工作中遇到的问题？"成熟的人，会尽力找到目前工作的问题所在，尽力改善，逐渐拓展自己的职业生存空间。

2. 看中发展，不以跳槽为目的

跳槽不是目的，发展才是根本，频繁跳槽不利于个人的长期发展。很多人之所以跳槽，一方面是因为薪酬问题，另一方面是因为目前的工作岗位实现不了其人生价值，束缚了其发展。但在跳槽之前，你一定要想清楚自己的需要是什么，决不能单纯因为不满现状而跳槽，还要看看目前的工作对自己长远的发展是否有帮助，能否给自己提供一个更广阔的舞台。

3. 合理规划职业生涯

职业指导专家认为，职场人士在职业发展过程中应充分了解自己的能力和需求，合理规划职业生涯。除了选择跳槽外，个人价值提升的方法和途径是多种多样的。因此，职场人在确定跳槽之前，最好还是先确定自己到底为什么要找新工作，三思后再行动，避免一旦发现与期待的待遇有距离，又要重蹈覆辙。

4. 冷静分析个人现状

针对因不满足现状而跳槽的跳槽者，有关专家指出，在就业形势严峻、就业压力大的情况下，跳槽者在跳槽之前一定要静下心来，冷静分析自己适不适合换工作。同时还要考虑自己的能力、年龄、专业、性格等因素，在换工作时一定要找准自己的位置，以获得进步为目的，这样才能保证自己职业生涯的"可持续发展"。

不假思索，一时决定跳槽——冲动心理

都说年轻人爱冲动，可不是吗？冲动跳槽就是最好的例子。我们一定还听说过这样一句话："冲动是魔鬼"。所以，工作中无论发生什么事情，我们都不能太冲动，更不能不假思索地轻易辞职，否则，对你个人的职场前途而言绝无任何益处。

可是，现在有不少年轻的职场人，他们一旦碰到问题，或是对工作产生厌倦感后，就凭着冲动立马想着换工作。其实，绝对没有完美的工作。如果不能摆正自己的职业心态，那么一份新的工作，也必将是另一轮新厌倦的开始。并且，经过一跳再跳，把跳槽当成习惯后，更多的人会对自己的职业生涯感到茫然，对未来不知道该何去何从。

案例一：

刘慧就职于深圳一家IT公司，是该公司的程序员，月薪达到八千元以上，日子可以说过得有滋有味，而且工作之余经常去泡吧、品茶、打高尔夫，是个十足的小资女人。然而，过了两年的时间，她发现自己的薪水还是原来的八千元，而且受行业影响，她的薪水在今后将很难得到增长。在深圳，这点钱顾生活还可以，可她有了买车买房的想法和压力。而且，公司人才济济，自己的职位也没有上升的趋势。于是，她琢磨着要不要跳槽。

恰好在这时候，做猎头顾问的好友找上门，请刘慧到一家小公司做副总经理，薪

水可观。于是，她没来得及细想，就将一纸辞呈递交到公司领导处，然后草草收拾行李，就兴冲冲地投奔到新公司。让刘慧始料不及的是，新公司开发的产品，知名度低，市场销售前景一片黯淡。她上岗之后，不但需要做技术方面的工作，而且，还要兼职相关方面的销售。令刘慧头疼的是，她并不善于交际，不适合做销售工作。公司销售没有做好，开发出来的东西堆积如山，公司的运营越来越差。在此情况下，公司先前承诺给她的薪水也大打折扣。不仅如此，公司领导还每天要求她拼命地加班，又不付任何的加班费用。

刘慧本来是想着跳槽后前途会一片光明，可哪知现在生存都快要成问题了。对此，她感到异常的焦虑和迷茫。她不知道自己接下来的路该怎么走，是继续留在现在的公司做下去，等待好的转机，还是再找机会回到以前的公司。可是，回以前的公司人家还要不要？

案例二：

李全意原本有一份令人羡慕的工作，薪水高，福利待遇也好，能带薪休假，而且还可以带家属住单位分配的住房。可最近，朋友听说他再也不去单位上班了，还以为发生了多大的事，一问才知道，只是跟领导闹了点小矛盾而已。

李全意大学毕业后就进了这家大型国有企业上班，如今已经工作五年多了，五年来总的来说也是顺心顺意，但前不久因为一些矛盾和上司发生了争吵，他便在一气之下主动递交了辞职书。辞职之后，李金意完全迷失了方向，这些年来他从没有辞职的打算，辞掉了工作，他一下子不知道自己该做什么。为了承担家庭的责任，他不得不一次又一次地去各家公司面试，可面试的单位很多，愿意聘用他的却极少，最后，他只好屈就于一家小公司。

现如今，踏入社会短短几年时间就马不停蹄地换了好几份工作的职场人可谓不在少数。不停地跳来跳去真能让你一步步接近理想状态吗？还是越跳越心慌，越跳越找不到感觉？其实，跳槽无可厚非，但是那种因冲动而过于频繁的跳槽则弊大于利。

刘慧的跳槽经历告诉我们：千万不要不假思索就跳槽。对于刘慧的跳槽，职业专家指出，跳槽虽然是我们每个人实现职业目标的方法之一，但在跳槽前如果你能做好职业定位，充分考虑自己的内在职业取向和独特的商业价值，并了解清楚新公司的企业实力、环境和文化背景，以及对自己即将从事的岗位进行充分调研和全面了解，做到心中有数，做好准备再去应聘，那么，你获得的新工作自然就会变得稳定许多。

然而，目前很多跳槽者都属于刘慧这种冲动型跳槽者。他们在没有做好职业规划的情况下就冲动跳槽，感性跳槽，结果不是在频繁的跳槽中迷失了职业方向，就是每次职场能量的积蓄在起跳之后快速缩减，然后，不知道自己该何去何从。因此，年轻的职场人，千万不要学刘慧做"跳槽狂人"。职场的生存和攀升之道，是先做职业定位，只有定位准确了，才能得到稳步的发展。否则，跳来跳去后，只能落得个"竹篮打水一场空"的结局。

当然，还有一些像李全意一样的跳槽者，由于一些突发事件，如未获得期望的奖励，与同事、上级发生争执，被人误解等，执意要离开现单位，而全然不顾所付出的代价。

事实上，这些跳槽者所关注的并不是将要加入的新单位，而是要尽快摆脱目前的工作环境。这就难免造成他们在挑选新单位时显得过于急切。他们往往抱有"不管新工作如何，先离开这里再说"的想法，很显然，在这种情况下，是很难一下子找到合适的工作的，因而不得不屈就某处。即使以后有了更好的机会而另谋他职时，也已浪费了不少时间和精力。

跳槽是当今职场中的一道"靓丽风景线"，每年都会有很多的年轻职场人马不停蹄地奔走于各大人才市场，或是在网络上频频投发简历，寻觅着自己的下一个东家。但凡事都不要太冲动，尤其是面对跳槽这么严肃的一件事。

那么，职场人如何才能避免因冲动而跳槽呢？专家的建议是把握好以下三个环节。

1. 做好自我评估

职业定位首先从自我评估开始，对自己了解越充分，就越能获得理性，对职业方向和目标就越能做出正确的选择。自我评估主要从三个方面进行：价值观、职业能力、职业兴趣。

（1）价值观是基础，是一种持久的信念和原则，处于个人生活和职业定位系统的核心位置。它决定了你认可的生活状态和职业形态，你希望给予社会什么和得到什么回报。

（2）职业能力是执行工作的技能，它直接影响到工作的效率，决定你能做什么。

（3）职业兴趣决定你从事哪种工作最快乐。它能开发人的潜力、激发人的探索精神与创造力，可以增强人的职业适应性和稳定性。如果你从事与你兴趣不符的工作，就很容易厌倦和缺乏激情，影响工作成绩，长远来说，会影响你职业发展的持续性。

2. 做好外界需求评估

在跳槽这件事情上，知道自己想要什么只是准确定位的前提，你还要知道社会能够提供自己什么样的机会和平台，以及对你有什么具体的要求。只有当个人需求与社会需求完美结合的时候，个人才能在社会中实现自己的职业理想。

3. 遇事要冷静，不要感情用事

职场关系是一种非常复杂的人际关系，什么事情都可能发生在你身上。但无论遇到任何事情，都不能感情用事，更不可轻易被别人的言论所影响，冲动做出跳槽的决定。要知道，跳槽永远都不是摆脱职场困境的唯一出路，冲动跳槽只会让你搭进去更多的时间和精力。

为是否跳槽而苦思冥想很久——犹豫心理

跳槽，几乎是一般人的职业生涯中都要经历的事情。跳槽如一把双刃剑，正确的跳槽，会将你带入职业成长的快车道，而错误的跳槽则会将你带往职业生涯的停车场。正因为此，很多人在跳槽前才会左思右想，犹豫不决。这种心理，不但会影响工作，还会影响职场前程。

秦海牧大学毕业后考上了国家公务员，被安排在一家国企上班。他的工作很清闲，无外乎就是喝茶水、看报纸、检查检查下面的工作。平时若没有特别的安排，还可以外出休假。每月薪水 2000 元左右。他同时兼职写稿，每月外挣 1000 元左右。但是每天工作时间加起来有 12 小时了。他说他的工作既清闲又无聊，但是很稳定。

后来，有一份对秦海牧比较有吸引力的工作，是他本专业所学，也是他很感兴趣的行业，月薪是 4000 元加提成，但是私企，稳定性差。面对这份工作，秦海牧犹豫了很久，每天都为换不换工作而苦思冥想。为此，他一点工作的心情都没有了。最终，秦海牧考虑到工作的稳定性而没有跳槽，但单位领导却因他"近段工作不认真"而取消了提拔他的决定。

再后来，秦海牧结婚了，有了自己的儿子，家里的生活压力越来越大。老婆提议他跳槽，以求拿更多的薪水为家里创造更好的物质条件。秦海牧这时又犹豫了，每天为要不要换工作纠结得要死。恰在这时，同学的单位招聘行政助理，秦海牧还没有想好便去面试了。通过面试，用人单位对他的条件非常满意，当即答应与他签订用人合同，并给出了月薪 6000 元的待遇。按理说这样的待遇已经相当不错了，但秦海牧却没有爽快地答应，而表示要考虑一下，因为他无法在两份工作中做出果断的取舍，一份是体面、悠闲、稳定的公务员，一份是待遇不错却需要每月出差几天的行政助理，究竟该如何选择呢？他可犯了难。

老婆知道秦海牧被录用却没答应的事情后，"恨铁不成钢"地数落了他一番。

十天后，等秦海牧同意去用人单位上班时，人家已经找到更合适的人选了。很显然，他这次又因犹豫不决而失去了一次不错的就业机会。

儿子两岁的时候，家里买了房子，经济压力更大了，秦海牧的老婆又逼他跳槽。秦海牧尽管犹豫不决，但迫于生活压力，不得不考虑换份工作了。这次，他还没有想好要干什么，就稀里糊涂地进了一家生产单位做起了销售员。然而，从未做过销售工作的他，根本不适合这份工作，半年才签了几个小单子，每月挣的钱还没有公务员的月薪高呢。

信心尽失的秦海牧顿时感觉，自己彻底陷入了生活、工作两难的境地。

跳槽，并非是我们想跳即跳这么简单的一件事，很多上班族在准备跳槽之前，都会产生诸多不确定因素，考虑的问题很多，也会无数次问自己究竟跳还是不跳。

其实在现实职场中，不少人在需要做出是否跳槽的决定时都会表现得犹豫不定，不知是否应该冒险舍弃眼前的工作。抱有这种心理的人一方面对新工作很感兴趣，另一方面又害怕放弃原来的工作会带来太大的损失。他们患得患失，反复权衡，难以从大局出发，立下决心。这样的心理往往会导致两相权衡时莽撞行事，而最终做出转换工作的错误决定。

职场专家认为，职业发展比较好的模式，是"T"型发展，即在职业生涯初期，先在一个相对狭窄的领域做深，写好那一竖，成为这个领域的专家，然后再写那一横，培养自己广博的知识和全面的技能，使自己具备成为高级管理人员的素质。

而当你已经具备足够实力时，跳槽要当机立断，不要犹豫不决，宁可冒点风险早做改变，也不要踌躇不定错失良机。当你真的决定跳槽了，那就尽快进行相应的准备。成功的跳槽至少需要2个月至3个月左右的准备时间。不要把跳槽仅仅当成换一个工作，而要把它当作自己职业生涯中的一个重要环节，当作了解自己、评估职业目标的契机。

而这些，都是秦海牧不知道的，如果他深谙其中的道理，并按照这样的道理去做，相信他也不会最终陷入生活、工作两难的境地。

现实职场中，没有足够的信心跳出重围，没有信心获得更高薪资的大有人在，因此，如何摆脱犹豫，尽快做出决断为高职高薪助力，就成了犹豫型跳槽者关注的主要问题。

对此，专家为那些正在犹豫不决的跳槽者提出了最佳的解决方案。

1. 认真思考，对症下药

如果你想跳槽，但是又不确定跳槽好不好的时候，建议冷静地考虑以下7个问题：

（1）公司的前景是否光明？

（2）你是仅为高薪而盲目跳槽吗？

（3）新单位的待遇是不是除了工资，其他什么都没有？

（4）没有福利的公司你愿意跳进去吗？

（5）高薪跳槽背后是压力，你能承受吗？

（6）跳槽后职位降低，要不要去？

（7）用健康换金钱，这样的跳槽值不值得？

当你还是犹豫不决的时候，不妨对照以上几种情况，看看其中是否有让自己感到困扰的方面。经过以上思考，相信你定会从职业规划的角度做出明确的选择。而不是剃头挑子一头热，或者在温水煮青蛙的环境下浪费每一天，耽误自己的大好前程。

2. 全面精准地给自己定位

没有定位就没有目标，不知道自己最适合做什么，很可能误入歧途。在错误的职业道路上发展，吃力不说，还不会取得成绩，更不用谈高薪资。

精准的定位源于对自己的了解，全面、系统、客观地评价自己的能力，自己的优势和劣势，得出最适合的发展方向。准确的定位是发展的保障。

3. 建立顺畅职业生涯通道

职业发展呈上升趋势，从低级职位晋升到高级职位是一个经验和专业知识积累的过程。但是，没有进行科学职业规划的人，不能把握晋升的顺畅性。最初的职业定位不准、转行错误、晋升不顺都可能导致职业发展的各个阶段连接不上。而系统的职业规划，通过职业倾向性、兴趣、擅长领域等综合测评，选定最适合做的职业，可以保证职业发展不会偏离大方向。

因此，要保证职业发展通道顺畅，进行职业生涯规划非常必要。由于个人对经济、行业、职种等整体的发展缺乏认识，所以，专业和科学的规划，可以借助专业职业顾问机构。

4. 找准机会，果断跳出

有了明确的定位，科学合理的职业规划，还要相机而动，抓住最好的时机跳槽或进行转型，才能够成功转换适合的职业。那么如何抓住最恰当的时机呢？需要考虑两个方面，一个是外部时机，一个是内部时机。所谓外部时机即市场人才需求的旺盛时期，这时候虽然有大量的竞争者，相应的机会也多，能够从众多的竞争者中胜出，更能证明自己的潜力。而内部时机则是说，你在某一个职位上已经发挥到了极致，你的能力已经超过职位所能提供的空间，这时候不跳槽就会停滞。所以，当两个时机都符合你情况的时候，应迅速行动，找准目标职位，了解企业具体情况，适当地展现自己的优势和核心竞争力，果断地跳出旧环境，寻求持续的发展机会。当然，个人能力是在竞争中磨炼出来的，没有将自己放到市场的激流中体验逆水行舟的艰难，就不能练就过硬的渡关本领。

"我不服气"——攀比、负气跳槽心理

在当今职场中，跳槽可谓司空见惯，而跳槽的原因也是林林总总，这其中就不乏一种因攀比、负气而跳槽的情况。有关职业顾问指出，职业发展就像跑马拉松，短时间的比较没有意义。年轻人容易和别人去比，总想着找一份更高薪的工作让同学、朋友等刮目相看。事实上，最初薪水高的人未来的发展未必比起点低的人好。更重要的是，不同行业、不同职能岗位没有什么可比性，盲目地与周围的人比较，只会让自己心态失衡，跳槽失误。

案例一：

叶君君读大学的时候，是学校里有名的校花，学习成绩也总是名列前茅，年年都能拿一等奖学金。由于条件优越，毕业时，她很顺利地被中国移动聘用，月薪5000元有余。这份工作在别人看来，是相当不错的。可是，一次大学同学聚会却动摇了叶君君在中国移动继续工作的决心，因为她得知班里一位很普通的从事销售工作的女孩现在月薪竟然过万。叶君君想：凭什么啊？她读书的时候那么普通，连一个追求她的男孩都没有。论相貌、论成绩，她都无法与我相比，我比她强多了，我不服气！她能拿过万的月薪，我也一定可以！基于这种想法，叶君君果断地辞掉了她那份在别人看来很有发展前途的工作。

辞职后，叶君君花了两个月的时间，才找到了一份销售化妆品的工作。然而，销售工作并非人人都能做得风生水起，也并非人人都适合这份工作。事实证明，叶君君并不适合做销售工作，连续三个月下来，她腿都跑细了，销售业绩依然平平。

就在叶君君对销售工作丧失信心的时候，她得知自己的室友跳槽到了世界500强之一的一家大型企业，并得知其待遇相当好，不仅薪水丰厚，配有住房和轿车，而且还可以带薪休假。这让叶君君那颗骄傲的心再一次受到刺激：就她？一向都胆小怕事，学习成绩年年倒数，考试不给她传纸条保准不及格，我不服气！我不服气！以我的条件，找到她那样的工作绝对没问题。再说，我是个高才生，在事业上混得连个差等生都不如，同学聚会时，让我的脸往哪儿搁啊？于是，叶君君还没有在销售行业站稳脚跟，就又带着她那颗高傲的心辞职了。

第二次辞职后，叶君君每天为工作的事东奔西跑的，为了找到比室友待遇更好的工作，她甚至动用了所有的人际关系。然而，上天也许不眷顾她，半年多也没有找到理想中的工作，连自己的存款也花光了，生活都成了问题。为了解决燃眉之急，她只好"屈就"于一家很一般的小公司。而这家的待遇，还没有她在中国移动的待遇好呢。

案例二：

阿明与阿亮在学校时是同窗好友，毕业后，都先后找到了工作。可没多久，阿明就有些心灰意冷了。原来，阿亮做的是管理职位，工作相对轻松，薪酬也比较高，颇有发展前途。而阿明被一家大公司录用后，只是普通员工，工作劳累不算，月薪比阿亮还低了不少。阿明心想，自己学历、能力同阿亮不相上下，怎么我这么窝囊？心态失衡的阿明选择了跳槽，可奔波了近3个月，不仅没找到如意的工作，连基本生活也只能靠借钱维持。

以上事例中的两个人跳槽就是攀比、负气心理所致。这种跳槽往往是以别人的工作为标准，想方设法为自己找一个符合此标准的职业，这个标准可能会是收入、住房福利、出国机会等。这种心理的危害是片面强调单方面因素而忽视其他重要方面。

人，在不同阶段都有不同的认识。在刚毕业时，总希望自己能找个好的工作，在有了好的工作后，又期望有好的职位，这些本身很正常，可如果有一同进入单位的同事获得了升迁机会的话，就会一石激起千层浪，心里很不是滋味。较为典型的症状表现就是，在心里无数次地嘀咕"他凭什么"，"我哪里做得比他们差"，归根到底就是"不服气"。还有的人从小就成绩优秀，学历也高，各方面都比较优越，但与之前不如他（她）的人相比，他的事业几乎无法与别人相提并论，因而也会产生不服气的心理。一名职员，一旦被这种攀比心态折磨得夜不能寐，渐渐就会像逃学的孩童一样，患上严重的心理失衡症而想跳槽。

职场中因攀比、负气而跳槽的现象并不鲜见，谁不追求理想的职业？谁不想获得丰厚的报酬？如果把握得好些，恰当的攀比也是不断向前的动力。然而，有些求职者，往往出现心态失衡，又无法及时纠正。其实，无论就业或择业，不仅受到知识、技能等的制约，而且兴趣、性格、机遇等因素也很重要。每个人都有自己的人生轨迹，求职也是同样道理。也许两人条件差不多，但别人善于推销自己，把握机会的能力强些，最终的职业取向，乃至职位、薪酬、福利等回报就都要好些。更不用说有些人原本自身实力就与他人相差甚远，只适合做普通员工，却一厢情愿地同别人比岗位、比薪酬，这是不符合实际的。

因此，怎样保持理智、清醒的头脑，对自己的职业定位、选择有准确的了解，是十分关键的。自己能做什么，如何能干出成绩，若离开了实事求是的自我定位，便容易陷入盲目攀比的误区，既可能妨碍目前的就业与择业，更会给长远的发展留下后患，实在得不偿失。即使对自己的处境不满意，向往更高目标，也应立足于先保住饭碗，脚踏实地等待时机。

"我不服气"这种攀比、负气的跳槽心理，是一种很不正常、很不理智的心理状态。一味地与人攀比，就会对自己、对自己的工作产生不满而跳槽。

专家指出，与其攀比、负气，你更应该做的是合理地评价自己的各种方面。

1. 做事态度的评估

一名职员，如果对待自己的工作不能持有一份认真和执着的态度，就无法取得上司的认可。要以工作的效率和成绩来证明你的努力，而不是一定要加班加点。或许别人为升职付出的代价是你不愿付出的，而你只甘于现在的状况。同事升职了，但是相比较他们的巨大付出，你的价值观会帮你判断那是不是值得。

2. 自我能力的评估

别老盯着别人的薪水和攀升的表象，要静下心来较为客观地看看自己的工作能力怎么样。如果确是能力的问题，那么，就别无选择。建议你利用专门的时间为自己充电，并在实际的工作中学会总结和归纳，经常分析工作得失，扬长避短，稳步向前。

3. 人脉关系的评估

其实工作中的很多烦恼都是由于没有通畅的沟通渠道和缺乏有效沟通造成的。如果你已经意识到未得到提升是由于交流和人际关系的原因，那你最好强化一下你的沟通技巧。

除以上三点之外，专家还提醒大家的是：不要一味地拿自己与别人相比，更不要只看别人工作的优越。当你因攀比、负气而想跳槽的时候，一定要想想自己的职业规划。

职业发展过程中，职场人士需要通过个人的职业能力、资源、素养等的不断提升来使自己增值，这就意味着，界定一次跳槽是否成功的标准在于，新的岗位是否表明自身职业价值的提升，新的平台能否为自身职业价值的增值提供保障。跳槽不是"转学"而是"升学"，跳槽要符合自己的职业规划，有利于自己的职业增值，要尽可能减少同水平跳槽。所谓同水平跳槽就是新的工作和你原来的工作基本处在同一个水平线上，既没有让你增加多少薪水，也没有让你去承担更大范围的责任，你的职业技能水平也没有本质上的提高。

因此，身在职场，要想有所作为、飞黄腾达、事业有成，一定要看清自己，设计好自己的职业规划，决不能因为攀比、负气心理而跳槽。

"我该怎么办"——杞人忧天，焦虑跳槽心理

"我该怎么办？"是一个人面对问题的时候，最爱问自己的一句话。可是，有多少人能给自己清晰的答案呢？人们往往还没有找到明确的答案，内心早已焦虑不安了。人们在独自面对重大困难或者挫折的时候，往往有一种焦虑感。这种焦虑感如果不能及时解决，会对工作和职场前程十分不利。所以，我们绝不能有杞人忧天的焦虑跳槽心理。

蔡永华是一家大型国企的市场部经理。一次，他没经过认真调查就批复了为新加坡一家公司生产6万部高档相机的报告。等产品生产出来准备报关时，己方公司才知道新加坡那边的公司负责签约的那名高管早已被"猎头"公司挖走了。因此，那批货如果一到新加坡就会遇到接收的麻烦，货款自然也会打水漂。

蔡永华一时想不出补救对策，一个人在办公室里焦虑不安，不停地问自己："我该怎么办？我该怎么办？我该怎么办……这下可把事情搞砸了，给公司造成那么大的损失，自己如何承担得起呢？"由于怕承担不起损失，蔡永华夜夜难眠，无心工作。

由于工作状态越来越糟糕，蔡永华向公司递交了辞呈。老板看了他的辞呈，脸色非常难看，不但没有同意他辞职，还狠狠地批评了他一顿。老板对他说："如果你主动承认错误，公司愿意同你一起面对，共同解决问题。"蔡永华答应了。于是，公司拨出一笔款让他到新加坡去考察一番。经过努力，他联系好了另一家客户。一个月后，这批照相机以比原来还高的价格转让了出去。这才让蔡永华焦虑不安的跳槽计划胎死腹中。

可是，后来发生的一件事，令蔡永华又无法安心工作了。一次，公司因承担一个大项目的策划而造成资金暂时缺乏，别说给员工发工资了，就连日常的费用也只有向银行伸出求援之手了。老板召集全体员工陈述公司的现状时，一下子人心涣散。尽管老总说公司的困难都是暂时的，就算公司无法以自身的能力渡过难关，政府也会出手扶持，员工完全没有必要担忧，但仍然有不少员工辞职离开了。这时候，蔡永华不断地问自己："我该怎么办呢？我该怎么办呢？房贷、车贷、孩子的奶粉钱、家里的生活费……都要靠工资来支撑，公司目前面临困境，是走？还是留？"就在吃不香、睡不好、坐不住时，他开始实施他的跳槽计划了。

而就在蔡永华刚刚跳槽不到一个月时，公司在政府的扶持和催促下，又东山再起了。这一次，力挽狂澜的老板给每个留下来的老员工都加了薪、升了职。

　　在我国历史上的春秋时代，有一个杞国人，总是担心有一天会突然天塌地陷，自己无处安身。他为此事而愁得成天吃饭不香，睡觉不宁。

　　后来，他的一个朋友得知他的忧虑之后，担心这样下去会损害他的健康，于是特意去开导他说："天，不过是一些积聚的气体而已。而气体是无处不在的，比如你抬腿弯腰，说话呼吸，都是在天际间活动，为什么你还要担心天会塌下来呢？"

　　那个杞国人听了，仍然心有余悸地问："如果天是一些积聚的气体，那么天上的太阳、月亮、星星，会不会掉下来呢？"

　　开导他的朋友继续解释："太阳、月亮、星星，也都只是一些会发光的气团，即使掉下来了，也不会伤人的。"

　　可是杞国人的忧虑还没有完，他接着问："那要是地陷下去了呢？又该怎么办？"

　　蔡永华这种焦虑跳槽心理无疑就是杞人忧天。工作上出现差错的时候，企业面临暂时的困境的时候，他都会不知所措、诚惶诚恐、焦虑不安，以图用跳槽来解决问题。其实，他完全没必要这样做，无论是个人或是公司遇到问题和困难，相信都会有解决的办法。

　　俗话说得好："常在河边走，哪有不湿鞋？"对于职场中人，难免会遭受一些来自工作上的压力，遭受上司的一些误解，有时候也的确可能会犯下一些错误。面对这些压力、委屈和错误，并不是每个人都具备足够的解决能力的，随之而来的就是沮丧、失望，内心总会有错误的自我判定，认为自己会失败，认为自己这样下去会没有什么前途。

　　接下来，这些心理反应就会在行动中表现出来，在承担任何事务的时候，他们会人为地夸大这件事在完成过程中的负面因素，看到这些后就会本能地逃避问题、规避责任。甚至会把自己的工作放在整体项目甚至是公司发展中去掂量自己所做工作的分量，而且得出的结论往往是自己所做的事情是可有可无的，自己在单位这个团体中也是可有可无，自然也就会没有归属感。如果在这时候，没有外力的正面介入，又无法给自己注入一种正能量，就可能对眼下的工作产生一种倦怠，最终淡化群体的意识而从中脱离出来。

　　如今的职场中，因"杞人忧天"这种焦虑心理而跳槽的不少。上班族一旦产生了"焦虑跳槽心理"，就会阶段性地厌倦工作，想要换个新环境；在工作岗位上的心态就会受到影响，当然不会再那么努力了。最严重的是，只想着跳槽，却没有想到跳到哪，如何跳，结果跳槽后才发现职业满意度还不如从前，职业生涯却越跳越乱，越跳越糟。

那么，如何调适这种焦虑跳槽心理呢？让专家告诉你"该怎么办"吧！

1. "以己为本"，修炼自己

所谓的"以己为本"，就是要加强自身的修炼，勇敢面对问题，并且一切从自身出发找原因，这样就会使自己很快得到完善，让自己变得更有行动力。

2. "合理化"安慰自己

俗话说："人生不如意十之八九"，所以，不要被现实或者可能存在的问题和困难捆绑。在内心受外界环境刺激时，要试图透过"合理化的借口"来理性地安抚自己。或许在行动上我们主张"没有任何借口"，但在自我内心悄悄地来点安慰或许可让那些不良的情绪得到释放和挥发。比如，对于那些小错误，你要坚信如果一个人什么都不做，他可能不会犯你犯的那些错误，但没有冒险和开拓的精神，公司的发展可能也就停滞了。

3. 正确面对责任

工作是员工的使命所在，在成就事业的过程中，你必须始终对自己所从事的工作怀有一种使命感与责任感。一旦你领悟了责任的重要，你就掌握了获得成功的真理。即使你的职业是平凡的，如果你能勇于正确地面对责任，也能做出不平凡的业绩来。

任何人在工作中的一丁点儿不负责任，都有可能导致整个公司蒙受巨大损失。职场上容不得半点推卸责任的行为。一个人在工作中犯了错，即使有一千个理由，也不能找借口推卸自己的责任。因为责任面前，是没有任何借口的。

4. 勇于承认错误，并及时补救

职场中，有些人总是犯了错误不敢承认，还要为自己辩解一番，又不去弥补。更有人因此耿耿于怀，万般焦虑，因担心公司处罚而不辞而别，这更是错上加错。一定要记住，犯了错误并不可怕，可怕的是犯错后不想办法及时补救。犯错的时候千万不要大臂一甩，悄悄走人。你要吸取教训谨慎行事，不要铸成大错，否则就会于事无补，令你抱憾终生。

"我要从头再来"——苛求完美、苛求自身跳槽心理

追求完美，本来是好事，是对某件事负责的表现，也是严格要求自己的表现。可在工作上，过于苛求完美，不允许一点缺陷存在，是对工作很不利的。

现实职场中，总有一些人对自己的工作一丝不苟，对每一个细节都反复推敲琢磨，不愿意接受工作上的任何缺陷。乍听上去，这样的员工在工作上一定做得非常出色，

是职场中的佼佼者。事实果真是这样吗？非也！现实情况恰恰相反，作为过于苛求完美的职场人，他们往往活得很累，甚至想从现有的工作中逃脱出来，从头开始。

董燕做了五年的财务工作，最终不堪忍受职业的压力而离开公司，跳槽到了别的行业。在公司老板和身边的同事看来，她的工作非常出色，而且对自己要求也特别严格。这一点在她本人那里也得到了证实，但恰恰就是因为这一点她离开了工作多年的岗位。

提起自己的财务工作，董燕谈到了这样一件事：一次她在给一家合作单位邮寄快件的时候，忘记将邮编批注在快递单上，尽管快递公司最终按地址准确无误地投递到了对方单位，但她还是认为自己的错误是不可原谅的，为此，她寝食难安。在后来对家人的倾诉中她表示："我不能输给任何人，如果别人能做到，自己没能做到就是一种失败，是不可原谅的，但事情已经出现，我唯一能做的就是从头再来。"

在工作中，为了"不输给任何人"，为了将财务工作做得更加完美，董燕在公司里没有一个"知心"的朋友。在她看来，财务每天接触公司的账务，涉及每位员工的薪酬隐私和单位的一些机密，因此，一有同事和她说话，尤其是提到财务方面的事情时，她就会立刻警惕起来，过度紧张演变成条件反射。在公司里，由于她自己有意无意地和同事保持距离，其实内心却又总有想靠近他人且想倾心交谈的愿望，因此，她感觉情绪受到了很大的压抑。

事实上，那些职场的"白骨精"们之间就有不少像董燕这样的女性，把追求完美演变为苛求完美，对一点小的纰漏也无法容忍、原谅，变态地逼着自己从头再来。

在现实职场中，有很多人都和董燕一样，由于过于苛求完美反而把工作给辞掉了。我们总是以为把问题或细节尽量想得面面俱到，就能使我们的工作更加完美，但事实却并非如此。当今的职场中，许多人都饱受职场完美主义之累。为了塑造一个更成功的自我，许多人过分看重细节，有着强烈的成功欲念，把日程排得满满的，结果忙得团团转，这样下去必定会使自己的工作陷入"困境"——对工作锱铢必较，对别人过分苛责。

心理学中，完美主义是一种人格特质和思维方式，它要求做任何事情都达到尽善尽美的地步，缺乏弹性和灵活性。而工作中的完美主义，是指在工作表现上对己或对人要求的一种完美主义的态度，有完美主义心理的职场中人，对任何事都要求达到毫无缺点的地步，难免只按理想的工作标准苛求，而不按现实情境考虑应否留有弹性或余地。

有完美主义心理的职场中人的突出特点是：辛苦工作，注意细节，做事务求尽善

尽美；认为自己在智力上和道德上高于别人；要求规矩、缺乏弹性，容易陷入定势思维；行事谨慎，力图成功，不能宽容自己与他人的失误；非常在意生活中重要人物的评价和期待。

苛求完美者会一再否定自己，因为他永远达不到自己设定的任何一个目标；过于完美意味着不知轻重、不分主次，他会强迫自己在每一个细节上做过分的不必要的停留。

完美主义的人表面上很自负，内心深处却很自卑。因为他很少看到优点，总是关注缺点。如果总是不知足，很少肯定自己，自己就很少有机会获得信心，当然会自卑了。不知足就不快乐，痛苦就常常跟随着他，周围的人也会不快乐。

心理学研究证明，试图达到完美境界的人与他们可能获得成功的机会，恰恰成反比。追求完美给人带来莫大的焦虑、沮丧和压抑。事情刚开始，他们在担心着失败，生怕干得不够漂亮而辗转不安，这就妨碍了他们全力以赴去取得成功。而一旦遭到失败，他们就会异常灰心，不是从失败中获取任何教训，而是想尽快从失败的境遇中逃避开去。

这种在工作中"不允许一点缺陷存在"的完美主义心理，对个人而言，是一种沉重的心理负担。很显然，背负着如此沉重的精神包袱，不用说在事业上谋求成功，即使在自尊心、家庭问题、人际关系等方面，也不可能取得满意的效果。他们抱着一种不正确和不合逻辑的态度对待工作，永远无法让自己感到满足，每天都是焦虑不安的。

那么，如何克服职场中的完美主义心理呢？看看专家的建议吧！

1. 接纳不完美的自己

人无完人，金无足赤，没有一个人是完美无瑕的，难道有缺点和不足就注定要悲哀，要默默无闻，无法成就大事吗？其实，只要你把"缺陷、不足"这块堵在心口上的石头放下来，别过分地去关注它，它也就不会成为你工作的障碍了。

现代职场里，在那些往往被称为"白骨精"的职场精英的观念里，自己在一定程度上就是榜样，就是标杆。所以，心中常常形成一个对自己的错误判断："只有成功，我才能被接受"，"我不能输给任何人"，这几乎完全剥夺了他们犯错的权利，久而之，职场生活的焦虑感让他们要"超越这平凡的生活"，最终纷纷"跳船求生"。

因此，即使身居高位，即使多么成功，也要学会接纳不完美的自己。

2. 工作生活两条线

人际关系是一种复杂的社会关系，我们要认真区分工作中的人际关系与生活中的人际关系，不要把它们混为一谈。在工作中，人际关系主要以协作下的整体目标的实现为主，其间会有个人利益穿插其中，此时个人之间的情感成为行为的次要因素。而在生活中却恰恰相反，个人的决定往往来源于情感的判断和驱使。所以，在职场中，决不能因为不完美的人际关系而动摇了自己的工作。你要知道，职场人际关系是一张巨大的网，走到哪里都一样。

3. 追求完美，但不苛求完美

完美是一种境界，可以适当追求，但不必过分苛求。尽可能地完成属于自己的本职工作，将工作做到完美，这种要求和境界是可以的，但如果将此作为一种压力和负担则可能徒增烦恼。追求完美没有错，但是因为不完美而郁郁寡欢就是一种错，因为你在不完美的时候，会把情绪状态不佳的那个更为糟糕的自己带进新的工作状态。

4. 重新认识"失败"和"瑕疵"

一次乃至多次的失败并不能说明一个人价值的大小。仔细想一下，如果从不经历失败，我们能真正认识生活的真谛吗，我们也许一无所知，沾沾自喜于愚蠢的无知中。因为成功仅仅只能坚定期望的信念，而失败则给了我们独一无二的宝贵经验。人只有经受住失败的悲哀才能到达成功的巅峰，不必为了一件事未做到完美的程度而自怨自艾。没有"瑕疵"的事物是不存在的，盲目地追求一个虚幻的境界只能是徒劳无功。我们不妨问一问："我们真的能做到尽善尽美吗？"既然不行，我们就应该尽快放弃这种想法。

5. 跳出自我，与同事成为一个团队

不要以为只要自己尽心尽力去做事，就一定会达到完美。应认真思考自己到底需要什么？不要压抑自己，也不要太在乎别人的言论，要为活出自己的特色，活出自己的风格而努力。同时，要培养积极的同事关系和团队精神，分摊压力，相信同事，做到该放手时就放手。

"他们肯定在说我什么"——过分敏感、猜疑跳槽心理

俗话说，哪个人前不说人？哪个人后不被人说？是啊，生活中，我们不免会评论别人，别人也不免会评论我们，这都是很正常的事。职场中，如果把这些事看得太重，且每天都敏感地猜疑别人在说自己什么，只会给自己造成心理压力，严重影响自己工作的稳定。

有一个漂亮的女孩子，她工作一直很努力，在自己的岗位上干得很出色，常常得

到上司的认可、赞美和赏识，因此，她进公司不久就被提拔为公司的小领导了。

对此，身边的同事除了羡慕之外，也对其多了一份异样的目光和一些不友好的评论：有的说她生活不检点，靠跟老板的暧昧关系上位；有的说她走了职场晋升的潜规则；有的说她孤傲狂妄，连主管的毛病都敢挑。甚至对她个人的言行都加以指责，说她居功自傲、目中无人、不可一世；说她对同事摆派头、摆高姿态，等等。

其实，同事那些不中听的话也只是在女孩晋升的那几天说说而已，并没有哪个同事故意跟她过不去。而且，半个月过后，大家各忙各的工作，也不再议论她什么了。

然而，这位很出色的女孩却每天疑神疑鬼地以为同事在私下里议论她，说她的坏话；感觉好像有人在用异样的目光盯着她。甚至几个同事在她不远处一起说话聊天的时候，她都不能静下心来做事，而会不停地闪出这样的念头："他们肯定在说我什么"。为此，她每天都黯然神伤，顿觉生活都失去了颜色，变得暗淡无光，甚至产生了轻生的念头。

后来，敏感、多疑的女孩实在承受不了思想上的压力，决定辞职再换一份工作。

从以上事例可以看出，造成女孩辞职跳槽的原因正是她那颗敏感、猜疑的心。别人之前的确因为她的升职而议论纷纷，然而事后，当同事的议论停止时，她仍然不能释怀，仍然以为同事们每天都在议论她，这就是她自己的问题了。

对于现代职场中的林林总总，大多数被描绘得很残酷，好像职业高度的攀升都是杀出了一条血路后踏着别人的尸体才能实现的。什么职场生态，什么狼道，什么潜规则等，无一不在诉说职场上复杂的人际关系，而这些关系对职场中人的心理影响自然不容忽视。女性尤其如此，她们天生就比男性更为敏感，情感也更加细腻，心理的稳定和工作的稳定容易受外界的影响。要强和脆弱让她们的敏感变得异常，时间长了，一些女性越来越多疑善感、心胸狭隘，整日疑神疑鬼，揣测别人的动机。事实上，职场中利益和机会的有限，可能加剧这种认识，有的人过分防范和猜疑，这无疑会导致周围的人对其疏远、反感和冷落；有的则总是倾向于把别人的批评指责或不友好表示当作是对于她们自身价值的回馈和反击，从而动辄对自己产生怀疑，以为自己是矛盾的核心，而这并不总是事实。

很多时候，过分在意别人说什么，并不是别人真的说了什么，而是自己太敏感、太多疑了。一旦敏感、多疑成了心魔，就会感觉自己在公司呆不下去了，你会选择逃避，离开现在的公司，跳槽到新的公司。可是，如果你自己无法克服这种过分敏感、多疑的心理，那么，去了新的公司后，可能还会因此而辞职的。

职场上不会事事如意，一帆风顺，做人做事无愧于心、尽职尽责就好。对于他人不友好的言论，只要以平常心、宽容心视之即可。为了你的工作和前程，也为了能在一个公司安稳地留下来，你必须及时调适这种过分敏感、猜疑的跳槽心理。

那么，如何克服过分敏感、多疑心理呢？专家建议你这样去做。

1. 宽慰自己：是非成败转头空

是是、非非，成功、失败，终将成为过去，今天的你将会在某一天离开公司，公司里所有的上司和同事也都会在某一天离开公司，你们终将分别或永别。所以，无论发生了什么事，都要宽慰自己：是非成败转头空，原谅他人，宽慰自己。

另外，不管在职场中处于何种位置，几乎人人都会不同程度地遇到一些挫折和不顺心的事情，面对这些事情，都会在不同程度上影响到自身的心情。因此，很多时候，上司对你或者挑剔或者无理的训斥，同事对你或者风言风语或者冷嘲热讽，在很大程度上就是一种情绪的释放，因此，对于他们严厉的或者失态的言谈举止，不要细细玩味，也不要过度解读，更不要过分在意。相反，设身处地为别人着想，没准还会豁然开朗，给自己一个好心情。

2. 相信身正不怕影子斜

一定要记住：别人议论什么你管不了，因为嘴巴长在别人身上。常在职场飘，无论你的权限有多大，也无论你有多大的本事，都无法阻止别人对你的评价。所以，无论别人说你什么，你都要相信"身正不怕影子斜"。只要自己行得正、坐得直，就没有必要对一些言论耿耿于怀，心存愧疚。从一个方面来说，那些不好的话也许并非真的针对你。即使人家真的在针对你，你烦恼伤神也于事无补。从另一个方面来说，对于被动的你，需要考虑和做的是，不去计较，让那些说你坏话的人成为你自身形象宣传的活广告。

3. 不要总做滥好人

俗话说："林子大了，什么鸟都有"，一个公司，那么多人，各色人等都有，"以和为贵"有时未必行得通。也许你想用"和气"博得好人缘，但有时会事与愿违，众口难调也让你疲于应付。因此，不要为了维护表面上的和谐而迁就一些人，甚至失去原则，否则就是愚蠢的表现，得不偿失。有时强硬一点，坚持自己的立场，也是有魄力的体现。